허바드의 화폐와 금융시스템

Money, Banking, and the Financial System

R. 글렌 허바드 · 앤서니 패트릭 오브라이언 · 주상영 지음

PEARSON

허바드의 화폐와 금융시스템

Money, Banking, and the Financial System 1th Edition

1쇄 발행 | 2012년 12월 26일

지은이 | R. Glenn Hubbard · Anthony Patrick O' Brien · 주상영
발행인 | 유재성
발행처 | (주)피어슨에듀케이션코리아
등 록 | 제13-579호(1999. 3. 31.)

판매처 | 경문사
전 화 | (02)738-7035(주문 및 고객지원)
팩 스 | (02)722-4678
이메일 | kmsp@korea.com

ISBN | 978-89-450-1078-0

값 32,000원

한국어판을 내면서

이 책은 허바드와 오브라이언의 공저인 *Money, Banking, and the Financial System*(2012, Pearson)의 한국어판으로, 편역과 공저의 역할을 맡은 주상영 교수에 의해 편집되었다. 가급적 원문에 충실하였지만 본문 가운데 보완이 필요한 부분에 대해서는 군데군데 보충설명을 달았고, 한국의 현실에 비추어 불필요하다고 생각되는 부분은 일부 생략하기도 하였다. 주목할 점은 학생들이 한국의 금융시스템을 이해하는 데 필수적이라고 생각되는 부분을 적지 않게 추가했다는 것이다. 원서나 번역본으로 공부하는 학생들은 보통 책을 읽으면서 한국의 현실은 어떠한지 궁금해할 것이다. 따라서 학생들의 이해를 돕기 위해 주요 장의 부록에 한국의 통화지표, 금융기관, 통화정책 등에 대해 기본적인 설명을 추가하였다. 부록으로 추가된 내용은 다음과 같다.

제2장 한국의 통화지표
제3장 한국의 채권시장
제6장 체계적 위험의 측정 : CAPM
제7장 한국의 파생금융상품시장
제9장 금융시스템의 유형
제10장 일반은행의 대차대조표
제11장 한국의 비은행금융기관
제13장 한국의 중앙은행
제15장 한국의 통화정책

이 책의 한국어판을 제작하는 데 많은 분들이 도움을 주었다. 무엇보다 피어슨코리아는 이미 오래전부터 '화폐와 금융' 분야에 참신한 교재가 출판되어야 한다는 점을 강조해 왔다. 사실 학생뿐만 아니라 금융시스템 전반에 관심을 가진 일반인들에게도 글로벌 금융위기 이슈를 종합적으로 다루는 체계적이고 업데이트된 학습 교재가 필요했다. 이 책의 한국어판은 여러 사람의 공동 작품이다. 공저자로 이름을 올리기를 사양했지만, 건국대학교의 김대환 교수는 이 책을 돋보이게 하는 '관련 사례' 부분을 직접 번역하였다. 또한 대학원생인 권선희, 김영민, 이정현, 전수민은 제작의 처음부터 끝까지 번역과 교정 작업에 노고를 아끼지 않았다. 초판으로서의 한계가 있겠지만 독자들의 질책에 힘입어 꾸준히 개선되기를 기대해 본다.

머리말

이것이 중요하다고 생각하는가

이 책이 다루는 주제는 중요하면서도 흥미진진하다. 2007~2009년의 금융위기와 경기침체로 인해 보통 사람들도 화폐, 은행, 금융시장에 대한 연구의 중요성을 절감하게 되었다. 어쩌면 흥미롭다는 것이 당연한지도 모르겠다. 사실 1930년대 대공황 이후로 금융시스템에 발생하였던 사건 중에 2007~2009년의 금융위기와 필적할 만한 사건은 없었다. 금융위기는 자금을 빌리고 빌려 주는 방식, 은행과 기타 금융기관이 운영되는 방식, 정책 당국이 금융시스템을 규제하는 방식 등 모든 면에서 큰 변화를 가져왔다. 대공황의 여파가 그랬던 것처럼 2007~2009년 금융위기의 여파도 오래 지속될 것이라는 데 의심의 여지가 없다.

이 책의 접근 방식

이 책은 금융위기를 폭넓게 분석한다. 단지 사례를 박스(box)로 처리하기보다 금융위기와 관련된 사건들을 본문에 넣어 직접 다룬다. 특히 정책입안자들이 힘겹게 깨달은 교훈도 소개하는데, 그 교훈이란 상업은행과는 별도로 금융시스템에서 끊임없이 팽창해 온 부문이 경제 전체에 미치는 영향이 엄청나게 커졌다는 것이다.

금융위기와 경기침체 과정에서 발생한 세부적인 사건들도 결국에는 역사가 된다. 다만 이 책이 제공하고자 하는 것은, 학생들이 외워야 할 사건의 리스트가 아니라 왜 금융시스템이 조직되었고 금융시스템이 경제와 어떻게 연결되어 있는지에 대한 근본적이고 경제학적인 설명이다. 또 중요한 것은 경제이론을 경제현실에 적용하는 것이다. 이 책을 읽다 보면 2007~2009년의 금융위기, 기타 과거의 사건들, 그리고 향후 금융시스템의 발전 방향에 대해서도 이해할 수 있을 것이다. 독자들의 이해를 돕기 위한 방법으로 이 책은 다음 네 가지를 강조한다.

1. 이해 · 평가 · 예측의 틀
2. 현대적 접근
3. 글로벌 이슈의 통합적 이해
4. 중앙은행에 초점 맞추기

이해 · 평가 · 예측의 틀

이 책이 다루는 모든 내용은 3단계로 구성되어 있다. 첫째, 학생들은 경제분석을 **이해**(understanding)하는 법을 배운다. 여기서 '이해'란 여러 개념과 사실을 체계화하는 데 필요한 직관을 개발하는 것을 말한다. 둘째, 학생들은 현재 진행되고 있는 상황과 금융관련 뉴스를 **평가**(evaluating)하는 법을 배운다. 최근의 사건들을 이해하고 비판적으로 사고하며 경제분석과 금융데이터를 사용하는 방법을 연습하게 된다. 셋째, 학생들은 경제 및 금융시스템에 어떠한 변화가 발생할지 **예측**(predicting)하는 법을 배운다. 사실 중앙은행의 임원, 국회의원, 월스트리트의 CEO뿐만 아니라 거의 모든 사람이 이 거대한 금융위기를 예측하는 데 실패하였다. 물론 이 책을 통해 금융시스템의 미래를 예측해 보자는 발상이 너무 야심 차게 보일지 모르며 중요한 사건을 예측하기 쉽지 않다는 것도 인정한다. 그러나 이 책에서 제공하는 경제분석의 지식은 금융시스템이 어떻게 발전할 것인지 예측할 수 있는 토대가 될 것이다. 예를 들어 우리는 제12장 '금융위기와 금융규제'에서 '금융위기 → 금융규제 → 금융혁신 → 추가적인 금융규제'로 이어지는 순환 과정에 대해 논의할 것이다. 이렇게 되풀이되는 순환 과정에 관한 최신 사례는 2010년 7월 월스트리트 개혁과 소비자보호에 관한 도드-프랭크 법이 통과된 것이다. 우리의 접근 방식에 따르면 학생들은 단지 도드-프랭크 법에 포함된 새로운 금융규제의 내용만 배우는 것이 아니라, 앞으로 시간이 흐르면서 새로 도입된 도드-프랭크 법하에서 금융기관들이 또 어떻게 혁신하고 변모할 것인가를 배우게 될 것이다. 즉 금융시스템은 정지된 상태로 있는 것이 아니므로 경제분석을 통해 그 진화의 과정을 파악하고자 한다.

현대적 접근

교과서에는 재미있는 면이 있다. 일반적으로 교과서에는 오래된 전통적인 내용과 함께 최근의 현대적인 내용이 한데 섞여 있다. 그런데 학생들에게 유익할 것이라고 포함된 내용들이 별로 유익하지도 생산적이지도 못한 경우가 많다. 우리가 생각하는 이상적인 교과서란 가능한 한 최신의 내용을 담는 것이다. 한때 유행했던 경제학과 금융학의 모든 조류를 다 포함시키는 대신 통화정책과 금융시스템에 대한 최신 이론들을 중심으로 현대적인 구성을 하는 것이다. 이처럼 우리는 새로운 시각에서 화폐와 금융에 관한 주제를 살펴볼 것이다. 따라서 현대 금융시스템과 관련이 적거나 이론적으로 확고하지 않은 불필요한 내용은 제외시켰다. 대신 오늘날의 금융시스템과 정책 결정에서 무엇이 중요하고 중요하지 않은지를 학생들에게 직접 알려 주려고 하였다. 예를 들어 통화정책수단의 하나인 지급준비제도의 역할의 경우에, 그에 대한 전통적인 논의를 자세히 포함하기보다는 연준(Fed, 미국의 중앙은행)이 1992년 이래 지급준비제도를 변화시키지 않았던 이유와 제도의 간략한 개요만을 살펴볼 것이다. 마찬가지로 연준은 이미 오래전부터 M1, M2와 같은 통화량 지표에 큰 관심을 보이지 않고 있다. 따라서 제18장 '화폐이론 Ⅱ : *IS-MP* 모형'에서는 십여 년 전에 로머(David Romer)가 처음 제시한 모형을 다루기로 했다. 중앙은행이 통화량을 조절하는 것을 목표로 한다는 가정에 입각한 전통적인 *IS-MP* 모형을, 대부분의 현대적인 중앙은행은 이자율 조절을 목표로 한다는 가정하에 *IS-MP* 모형으로 대체하는 것이다. 우리는 이러한 현대적 접근이 교과서와 현실의 관련성을 높여 줄 것이라고 믿는다(*IS-MP* 모형은 제18장의 부록에서 다룬다).

진부한 내용을 제외시킴으로써 두 가지 중요한 목적을 달성하였다—(1) 훨씬 더 간결하고 읽기 쉬운 내용을 제공한다. (2) 금융위기의 원인과 결과뿐만 아니라 투자은행, 헤지펀드, 뮤추얼펀드 등 '그림자 은행시스템'과 같이 최근 들어 중요성이 커진 문제들을 자세히 살펴본다. 예를 들어 제11장 '투자은행과 비은행금융'과 제12장 '금융위기와 금융규제'는 이러한 문제들을 집중적으로 다룬다. 다른 교과서는 이러한 주제들을 제외시키거나 간략하게 소개하는 데 그치고 있다.

우리는 수년간 학부생과 대학원생에게 화폐와 금융에 관해 강의해 왔다. 이 책은 다른 교과서에서 볼 수 없는 다양한 방식을 사용하여 현대적이고 현실에 밀접한 접근 방식을 시도한다.

글로벌 이슈의 통합적 이해

서브프라임 모기지(subprime mortgage) 사태가 발생하였을 때, 연준 의장인 버냉키는 미국 주택시장뿐만 아니라 전반적인 경제에 대해 피해가 크지 않을 것이라고 했다. (우리는 제12장 '금융위기와 금융규제'에서 버냉키의 주장에 대해 논의한다.) 그러나 서브프라임 사태가 미국 주택시장뿐만 아니라 미국의 금융시스템과 경제 전반, 그리고 대부분의 선진국 경제에 엄청난 충격을 주었다는 것은 다 알고 있는 사실이다. 이는 미국 경제와 다른 나라의 경제가 밀접하게 연결되어 있다는 것을 의미한다.

이 책은 18개의 장으로 아주 간결하게 구성되어 있으며 진부하거나 난해한 내용들을 제외했다. 국제 문제도 이러한 원칙에 따라 다루는데, 국제금융 부문은 제8장 '외환시장'과 제16장 '국제금융시스템과 통화정책' 2개의 장에 포함된다. 이 두 개의 장에서 유럽의 채무불이행 위기(sovereign debt crisis)와 중앙은행 간 통화정책의 조정과 같은 문제들을 논의하였다. 물론 어떤 교수에게는 필수적인 장이 다른 교수에게는 선택이 될 수 있을 것이다. 따라서 우리는 국제 문제에 관해서는 강의를 담당하는 교수가 한두 장을 생략할 수 있도록 설계했다.

중앙은행에 초점 맞추기

보통 화폐와 금융에 관한 교재들은 연준에 초점을 맞추고 있으며 우리도 그렇게 하려고 한다. 그런데 대부분 연준에 관한 내용은 거의 교재의 마지막 부분에 있기 때문에 학기가 끝나서 다루지 못하는 경우가 많다. 사실 우리의 경험도 그렇고 다른 교수들도 이러한 문제를 절감하고 있었다. 학생들 또한 화폐금융 교재에 있는 내용들을 통합적으로 이해하는 데 어려움을 겪고 있었다. 관련 없는 주제들이 뒤섞여 있는 것처럼 보이기 때문이다. 그러나 이 책은 처음부터 끝까지 연준의 역할을 하나의 통합된 주제로 다룬다. 제1장 '화폐와 금융시스템 소개'에서 연준을 소개한 뒤 이후의 장들에서도 계속 연준의 역할을 다룬다. 제13장 '연방준비제도와 중앙은행'에서는 연준의 운영에 관한 세부사항을 논의하는데, 이때가 되면 학생들은 연준의 중요성과 시스템의 역할에 대해 충분히 알게 될 것이다.

책 구성의 특징

이 책의 목적은 아주 간결하고 현대적인 접근 방식으로 금융시스템을 분석하고 또 금융시스템과 경제의 연관성을 밝히는 것이다. 이러한 목적을 이루기 위해 몇 가지 특징적인 부문을 도입하였다.

'이슈와 질문' 접근

2007~2009년의 금융위기와 경기침체로 인해 보통 사람들도 온라인이나 신문을 통해 접한 내용을 가지고 금융시스템이 어떻게 작동하는지에 대해 서로 토론할 기회를 갖게 되었다. 제1장 '화폐와 금융시스템 소개'에서는 금융시스템의 핵심 요인을 간략히 설명하고 연준을 소개하며 금융시스템이 직면한 주요 문제를 사전에 검토한다. 그리고 제1장의 후반부에서는 이 책의 나머지 부분에 대한 로드맵을 제공하는 17개 이슈와 질문을 제시한다. 금융위기와 관련된 사건들을 일일이 기억하는 것은 중

요하지 않다. 그보다는 금융시스템을 경제학적으로 분석하는 것이 더 중요하기 때문에 각 장마다 이슈와 질문을 제기하여 최근에 벌어진 사건들을 분명하게 이해할 수 있도록 했다. 이슈와 질문은 각 장의 초반에 제시되고, 질문에 대한 답은 그 장에서 배운 개념들을 이용하여 각 장의 끝부분에 제시했다.

2장의 이슈와 질문

▶정답은 36쪽에

Issue 금융위기 기간 동안 연준이 취한 조치들로 인해 연준의 독립성에 대한 의문이 제기되었다.

Question 중앙은행은 정부로부터 독립되어야 하는가?

2장의 질문에 대한 답변

Question 중앙은행은 정부로부터 독립되어야 하는가?

Answer 한 국가가 중앙은행에 부여하는 독립성의 정도는 결국 정치적으로 결정될 문제이다. 그러나 대부분의 경제학자는 독립적인 중앙은행이 인플레이션을 억제한다고 믿고 있다.

관심을 유발하는 도입부

각 장의 도입부는 관심을 유발하기 위한 현실경제의 상황을 제공한다. 이는 화폐와 금융에 대한 학생들의 흥미를 자극하며 그 장의 의미를 파악하는 데도 도움을 줄 것이다. 예를 들어 제11장 '투자은행과 비은행금융'의 도입부는 '은행이 은행이 아닐 때는 언제인가? 그림자 은행일 때!'라는 문제를 제기하고 그림자 은행이라는 용어가 어떻게 나오게 되었는지에 대해 설명한다. 그리고 본문 전반에 걸쳐 그 문제를 탐구한다.

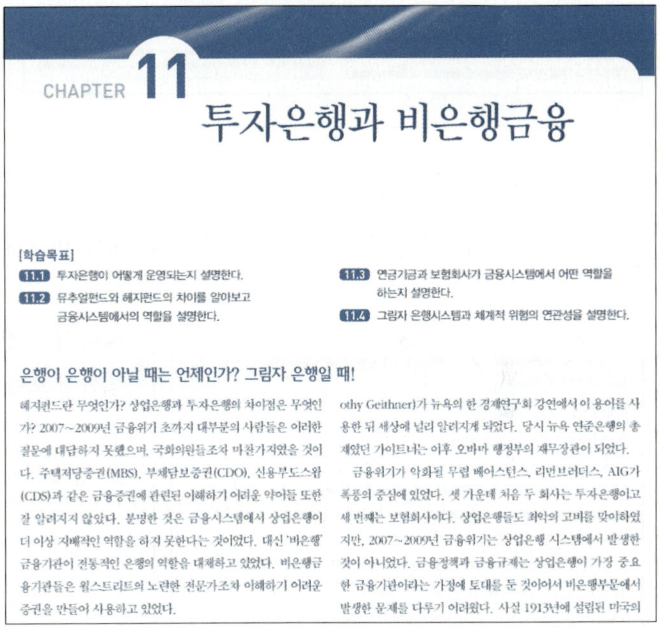

CHAPTER 11 투자은행과 비은행금융

[학습목표]

11.1 투자은행이 어떻게 운영되는지 설명한다.

11.2 뮤추얼펀드와 헤지펀드의 차이를 알아보고 금융시스템에서의 역할을 설명한다.

11.3 연금기금과 보험회사가 금융시스템에서 어떤 역할을 하는지 설명한다.

11.4 그림자 은행시스템과 체계적 위험의 연관성을 설명한다.

은행이 은행이 아닐 때는 언제인가? 그림자 은행일 때!

헤지펀드란 무엇인가? 상업은행과 투자은행의 차이점은 무엇인가? 2007~2009년 금융위기 초까지 대부분의 사람들은 이러한 질문에 대답하지 못했으며, 국회의원들조차 마찬가지였을 것이다. 주택저당증권(MBS), 부채담보증권(CDO), 신용부도스왑(CDS)과 같은 금융증권에 관련된 이해하기 어려운 약어들 또한 잘 알려지지 않았다. 분명한 것은 금융시스템에서 상업은행이 더 이상 지배적인 역할을 하지 못한다는 것이었다. 대신 '비은행' 금융기관이 전통적인 은행의 역할을 대체하고 있었다. 비은행금융기관들은 월스트리트의 노련한 전문가조차 이해하기 어려운 증권을 만들어 사용하고 있었다.

othy Geithner)가 뉴욕의 한 경제연구회 강연에서 이 용어를 사용한 뒤 세상에 널리 알려지게 되었다. 당시 뉴욕 연준은행의 총재였던 가이트너는 이후 오바마 행정부의 재무장관이 되었다.

금융위기가 악화될 무렵 베어스턴스, 리먼브러더스, AIG가 폭풍의 중심에 있었다. 셋 가운데 처음 두 회사는 투자은행이고 세 번째는 보험회사이다. 상업은행들도 최악의 고비를 맞이하였지만, 2007~2009년 금융위기는 상업은행 시스템에서 발생한 것이 아니었다. 금융정책과 금융규제는 상업은행이 가장 중요한 금융기관이라는 가정에 토대를 둔 것이어서 비은행부문에서 발생한 문제를 다루기 어려웠다. 사실 1913년에 설립된 미국의

관련 사례

각 장마다 현실경제를 파악하는 데 도움이 되는 관련 사례를 2~4개 정도 포함시켰다. 대부분의 관련 사례는 시급한 정책 문제에 초점을 맞춘 자극적이면서도 흥미로운 뉴스기사이다. 예를 들면 다음과 같다.

- 은행, 주택저당채권으로 큰 손해를 보다. (제3장, 57쪽)
- 검은 백조를 두려워하라. (제4장, 72쪽)
- 농부들은 도드-프랭크 법에 대해 걱정해야 하나? (제7장, 151쪽)
- 금융위기 때 연준이 외국의 중앙은행에 달러를 빌려 준 이유는 무엇일까? (제8장, 188쪽)

관련 사례

초인플레이션 시기의 도이치뱅크

- 인터넷뱅킹이 소말리아의 경제를 살려낼 수 있을까? (제10장, 232쪽)
- 2007~2009년 경기침체의 심각성을 예측하기 어려웠던 이유는? (제12장, 271쪽)
- 본원통화량의 폭발적 증가에 대한 설명 (제14장, 320쪽)
- 연준이 때로 연방기금금리 목표를 달성할 수 없는 이유는? (제15장, 350쪽)

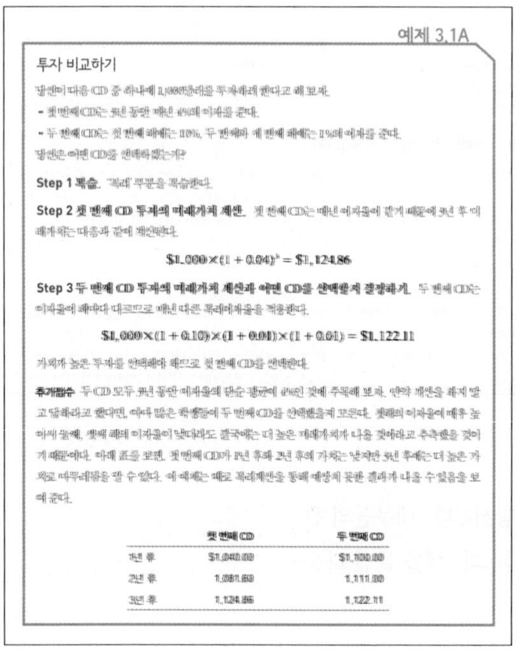
예제 3.1A

투자 비교하기

당신이 다음 CD 중 하나에 1,000달러를 투자하려 한다고 해 보자.

- 첫 번째 CD는 3년 동안 매년 4%의 이자를 준다.
- 두 번째 CD는 첫 번째 해에는 10%, 두 번째와 세 번째 해에는 1%의 이자를 준다.

당신은 어떤 CD를 선택하겠는가?

Step 1 복습. '복리' 부분을 복습한다.

Step 2 첫 번째 CD 투자의 미래가치 계산. 첫 번째 CD는 매년 이자율이 같기 때문에 3년 후 미래가치는 다음과 같이 계산된다.

$$\$1,000 \times (1 + 0.04)^3 = \$1,124.86$$

Step 3 두 번째 CD 투자의 미래가치 계산과 어떤 CD를 선택할지 결정하기. 두 번째 CD는 이자율이 해마다 다르므로 매년 다른 복리이자율을 적용한다.

$$\$1,000 \times (1 + 0.10) \times (1 + 0.01) \times (1 + 0.01) = \$1,122.11$$

가치가 높은 투자를 선택해야 하므로 첫 번째 CD를 선택한다.

추가점수 두 CD 모두 3년 동안 이자율의 단순 평균이 4%인 것에 주목해 보자. 만약 계산을 해 보지 말고 답하라고 했다면, 아마 많은 학생들이 두 번째 CD를 선택했을지 모른다. 첫해의 이자율이 매우 높아서 둘째, 셋째 해의 이자율이 낮더라도 결국에는 더 높은 미래가치가 나올 것이라고 추측했을 것이기 때문이다. 아래 표를 보면, 첫 번째 CD가 1년 후와 2년 후의 가치는 낮지만 3년 후에는 더 높은 가치로 마무리됨을 알 수 있다. 이 예제는 때로 복리계산을 통해 예상치 못한 결과가 나올 수 있음을 보여 준다.

	첫 번째 CD	두 번째 CD
1년 후	$1,040.00	$1,100.00
2년 후	1,081.60	1,111.00
3년 후	1,124.86	1,122.11

본문 안의 예제

많은 학생들이 응용문제를 풀면서 경제학을 익히는 데 어려움을 겪는다. 따라서 각 장의 본문 안에 2~3개 정도의 예제를 포함하여 문제를 푸는 방법까지 보여 줌으로써 스스로 문제를 해결할 수 있는 능력을 높이고자 하였다. 이렇게 하는 이유는 학생들이 각 장의 주요개념을 익히고 단계적으로 경제 문제를 해결하는 것을 돕기 위해서다.

그래프와 표

이 책은 그래프를 읽고 해석하는 것을 돕기 위해 네 가지 방법을 사용한다.

1. 상세한 제목
2. 박스 안의 메모
3. 색깔로 표시된 곡선
4. 그래프 내용의 요약

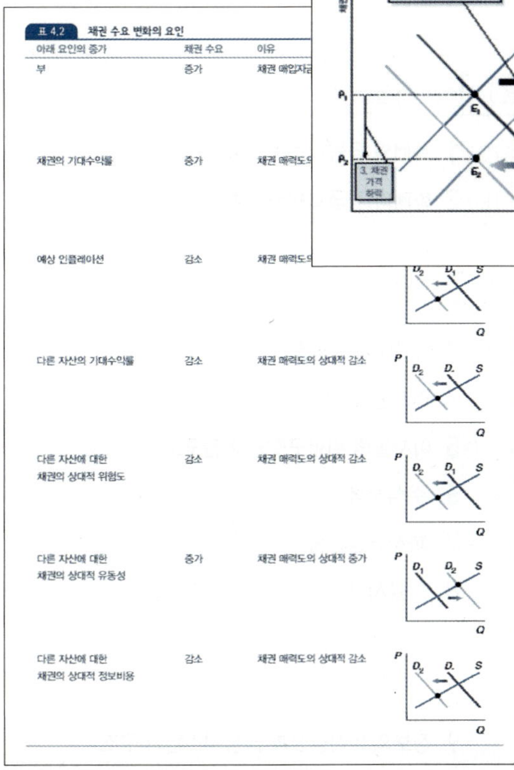

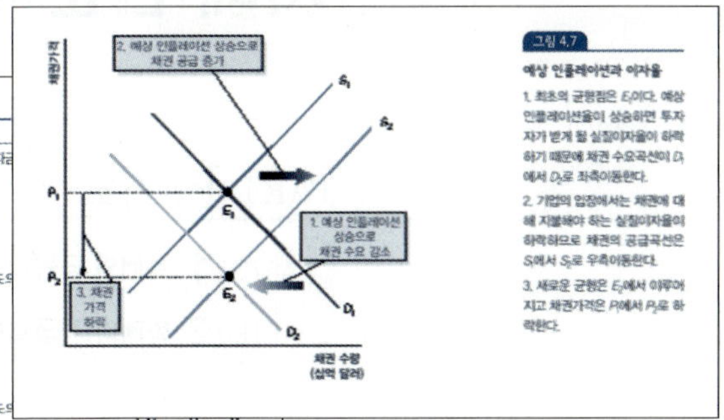

연습문제

각 장의 연습문제는 어려운 내용들을 효율적으로 복습하는 데 도움을 준다.

수업시간에 연습문제를 다루거나 과제로 사용할 수 있다.

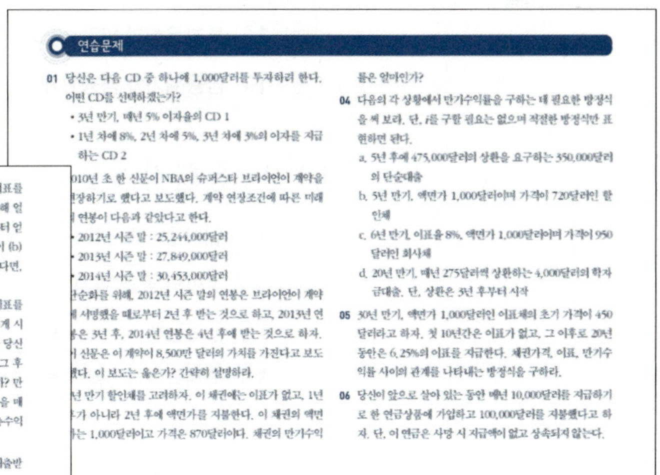

연습문제

01 당신은 다음 CD 중 하나에 1,000달러를 투자하려 한다. 어떤 CD를 선택하겠는가?
- 3년 만기, 매년 5% 이자율의 CD 1
- 1년 차에 8%, 2년 차에 5%, 3년 차에 3%의 이자를 지급하는 CD 2

010년 초 한 신문이 NBA의 슈퍼스타 브라이언이 계약을 연장하기로 했다고 보도했다. 계약 연장조건에 따른 미래 연봉이 다음과 같았다고 한다.
- 2012년 시즌 말 : 25,244,000달러
- 2013년 시즌 말 : 27,849,000달러
- 2014년 시즌 말 : 30,453,000달러

단순화를 위해, 2012년 시즌 말의 연봉은 브라이언이 계약에 서명했을 때로부터 2년 후 받는 것으로 하고, 2013년 연봉은 3년 후, 2014년 연봉은 4년 후에 받는 것으로 하자. 신문은 이 계약이 8,500만 달러의 가치를 가진다고 보도했다. 이 보도는 옳은가? 간략히 설명하라.

년 만기 할인채를 고려하자. 이 채권에는 이표가 없고, 1년 가 아니라 2년 후에 액면가를 지불한다. 이 채권의 액면 는 1,000달러이고 가격은 870달러이다. 채권의 만기수익률은 얼마인가?

04 다음의 각 상황에서 만기수익률을 구하는 데 필요한 방정식을 써 보라. 단, i를 구할 필요는 없으며 적절한 방정식만 표현하면 된다.
a. 5년 후에 475,000달러의 상환을 요구하는 350,000달러의 단순대출
b. 5년 만기, 액면가 1,000달러이며 가격이 720달러인 할인채
c. 6년 만기, 이표율 8%, 액면가 1,000달러이며 가격이 950달러인 회사채
d. 20년 만기, 매년 275달러씩 상환하는 4,000달러의 학자금대출. 단, 상환은 3년 후부터 시작

05 30년 만기, 액면가 1,000달러인 이표채의 초기 가격이 450달러라고 하자. 첫 10년간은 이표가 없고, 그 이후로 20년 동안은 6.25%의 이표를 지급한다. 채권가격, 이표, 만기수익률 사이의 관계를 나타내는 방정식을 구하라.

06 당신이 앞으로 살아 있는 동안 매년 10,000달러를 지급하기로 한 연금상품에 가입하고 100,000달러를 지불했다고 하자. 단, 이 연금은 사망 시 지급액이 없고 상속되지 않는다.

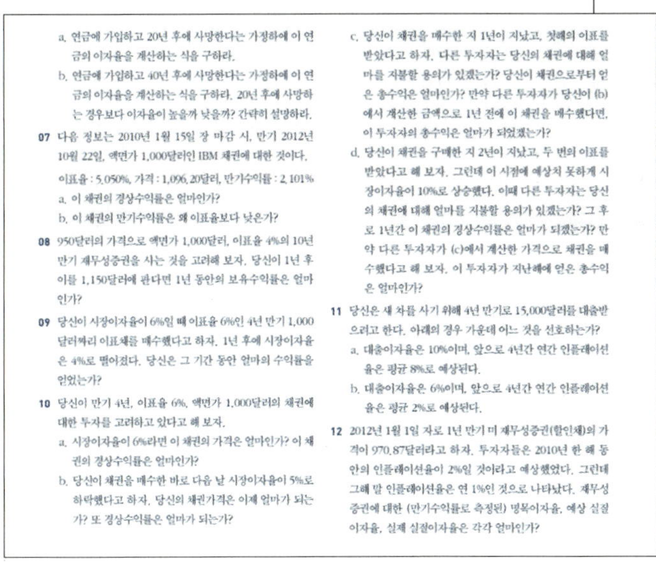

a. 연금에 가입하고 20년 후에 사망한다는 가정하에 이 연금의 이자율을 계산하는 식을 구하라.
b. 연금에 가입하고 40년 후에 사망한다는 가정하에 이 연금의 이자율을 계산하는 식을 구하라. 20년 후에 사망하는 경우보다 이자율이 높을까 낮을까? 간략히 설명하라.

07 다음 정보는 2010년 1월 15일 장 마감 시, 만기 2012년 10월 22일, 액면가 1,000달러인 IBM 채권에 대한 것이다.
이표율 : 5.050%, 가격 : 1,096.20달러, 만기수익률 : 2.101%
a. 이 채권의 경상수익률은 얼마인가?
b. 이 채권의 만기수익률은 왜 이표율보다 낮은가?

08 950달러의 가격으로 액면가 1,000달러, 이표율 4%의 10년 만기 재무성증권을 사는 것을 고려해 보자. 당신이 1년 후 이를 1,150달러에 판다면 1년 동안의 보유수익률은 얼마인가?

09 당신이 시장이자율이 6%일 때 이표율 6%인 4년 만기 1,000달러짜리 이표채를 매수했다고 하자. 1년 후에 시장이자율은 4%로 떨어졌다. 당신은 그 기간 동안 얼마의 수익률을 얻었는가?

10 당신이 만기 4년, 이표율 6%, 액면가 1,000달러의 채권에 대한 투자를 고려하고 있다고 해 보자.
a. 시장이자율이 6%라면 이 채권의 가격은 얼마인가? 이 채권의 경상수익률은 얼마인가?
b. 당신이 채권을 매수한 바로 다음 날 시장이자율이 5%로 하락했다고 하자. 당신의 채권가격은 이제 얼마가 되는가? 또 경상수익률은 얼마가 되는가?
c. 당신이 채권을 매수한 지 1년이 지났고, 첫해의 이표를 받았다고 하자. 다른 투자자는 당신의 채권에 대해 얼마를 지불할 용의가 있겠는가? 당신이 채권으로부터 얻은 총수익은 얼마인가? 만약 다른 투자자가 당신이 (b)에서 계산한 금액으로 1년 전에 이 채권을 매수했다면, 이 투자자의 총수익은 얼마가 되었겠는가?
d. 당신이 채권을 구매한 지 2년이 지났고, 두 번의 이표를 받았다고 해 보자. 그런데 이 시점에 예상치 못하게 시장이자율이 10%로 상승했다. 이때 다른 투자자는 당신의 채권에 대해 얼마를 지불할 용의가 있겠는가? 그 후로 1년간 이 채권의 경상수익률은 얼마가 되겠는가? 만약 다른 투자자가 (c)에서 계산한 가격으로 채권을 매수했다고 해 보자. 이 투자자가 지난해에 얻은 총수익은 얼마인가?

11 당신은 새 차를 사기 위해 4년 만기로 15,000달러를 대출받으려고 한다. 아래의 경우 가운데 어느 것을 선호하는가?
a. 대출이자율은 10%이며, 앞으로 4년간 연간 인플레이션율은 평균 8%로 예상된다.
b. 대출이자율은 6%이며, 앞으로 4년간 연간 인플레이션율은 평균 2%로 예상된다.

12 2012년 1월 1일 자로 1년 만기 미 재무성증권(할인채)의 가격이 970.87달러라고 하자. 투자자들은 2010년 한 해 동안의 인플레이션율이 2%일 것이라고 예상했었다. 그런데 그해 말 인플레이션율은 연 1%인 것으로 나타났다. 재무성증권에 대한 (만기수익률로 측정된) 명목이자율, 예상 실질이자율, 실제 실질이자율은 각각 얼마인가?

차례 한눈에 보기

PART 1 기초

PART 2 금융시장

PART 3 금융중개기관

PART 4 통화정책

PART 5 금융시스템과 거시경제

차례

PART 1 기초

PART 2 금융시장

CHAPTER 3 이자율과 수익률

CHAPTER 4 이자율의 결정

CHAPTER 5 이자율의 위험구조와 기간구조

CHAPTER 6 주식시장

CHAPTER 7 파생금융상품

PART 3 금융중개기관

CHAPTER 9 정보의 비대칭성과 금융시스템의 구조

CHAPTER 10 은행

CHAPTER 11 투자은행과 비은행금융

CHAPTER 12 금융위기와 금융규제

PART 4 통화정책

CHAPTER 13 연방준비제도와 중앙은행

CHAPTER 14 통화의 공급 과정

CHAPTER 15 통화정책

CHAPTER 16 국제금융시스템과 통화정책

PART 5 금융시스템과 거시경제

CHAPTER 17 화폐이론 I : *AD-AS* 모형

CHAPTER 18 화폐이론 II : *IS-MP* 모형

Money, Banking, and the Financial System

제 1 부

기초

CHAPTER 1

화폐와 금융시스템 소개

[학습목표]

1.1 금융시스템의 주요 요소에 대해 알아본다.

1.2 2007~2009년의 금융위기를 개관한다.

1.3 금융위기가 제기한 주요 이슈와 질문을 설명한다.

연준이 자금의 흐름을 복구할 수 있을까

미국 애리조나 남부와 캘리포니아의 센트럴밸리 같이 광활한 지역은 토양이 비옥하지만 강수량은 적다. 저수지와 수로 같이 정교한 관계시설이 없으면 농산물을 잘 재배할 수 없을 것이다. 금융시스템은 이러한 관개시설과 같다. 대공황을 겪고 난 1930년대 이래 미국의 금융시스템은 비교적 잘 작동했지만, 2007년에 시작한 위기로 시스템은 붕괴되었고, 여러 부문에서 자금의 흐름이 차단되기 시작했다. 관개시설이 끊어지면 농산물 생산이 멈추는 것처럼, 금융위기로 인해 경제 전반에 걸쳐 재화와 용역의 생산이 크게 감소했다. 결국 정부의 개입이 필요했다. 재무성과 연방준비은행(연준)은 마치 망가진 관개시설을 보수하는 기술자처럼 자금의 흐름을 복구하기 위해 강력한 조치를 취했다.

2007~2009년의 침체는 얼마나 깊었는가? 이 기간에 800만 개가 넘는 일자리가 사라졌고, 실업률은 30년 만에 처음으로 10%를 넘었다. 대학을 졸업해도 일자리를 구하기 힘들었고 직장을 구하더라도 이전보다 못한 대우에 만족해야 했다. 금융위기로 미국 산업의 두 축인 제너럴모터스와 크라이슬러가 파산했고 리먼브러더스, 베어스턴스 같이 수십 년 된 월가의 투자회사가 사라졌다. 주가는 폭락했고, 나이 든 근로자들은 저축한 돈이 줄어드는 것을 보고 은퇴계획을 보류해야 했다.

금융위기와 경기침체를 비켜 갈 수 있는 사람은 별로 없었다. 그동안 사람들은 금융시스템이 얼마나 중요한지 잘 알지 못했다. 이해하기도 힘들었다. 게다가 지난 10년간 금융시스템은 아주 복잡해졌다. 경제에 무슨 일이 일어나고 있는지를 알려면 월가의 투자전문가가 가진 정도의 지식이 있어야 할지 모른다.

이 책의 첫 장에서는 금융시스템을 구성하는 중요한 구성요소가 무엇인지 알아보고, 책 전체를 통해 우리가 탐구하게 될 주요 이슈와 과제가 무엇인지 소개하기로 한다.

1.1 금융시스템의 주요 구성요소

이 책의 목적은 현대적 금융시스템을 이해하는 데 있다. 일단 금융시스템이 다음 세 가지 요소로 구성된다는 점에 익숙해져야 한다.

[학습목표]
금융시스템의 주요 요소에 대해 알아본다.

1. 금융자산
2. 금융기관
3. 중앙은행 및 금융감독기구

이제 각 요소에 대해 간략히 살펴본 다음, 자세한 내용은 이후 장들에서 다루기로 한다.

금융자산

개인이나 기업이 소유한 것으로 가치(value)를 갖고 있는 것은 무엇이든 **자산**(asset)이다. **금융자산**(financial asset)이란 금융 청구권(claim)으로, 금융자산을 소유하면 다른 사람에게 돈을 지불하라고 요구할 권리를 가진다. 예를 들어 은행예금은 금융자산인데, 그 이유는 은행에게 예금계좌에 들어 있는 금액의 지급을 청구할 수 있기 때문이다. 금융자산은 **증권**(securities)과 기타 금융자산으로 구분될 수 있다. 증권은 거래할 수 있는 자산으로서 금융시장에서 사고팔 수 있다. **금융시장**(financial market)은 뉴욕증권거래소와 같이 주식, 채권, 기타 증권을 사고파는 장소이거나 거래할 수 있는 통로이다. 애플(Apple)이나 구글(Google) 주식을 가지고 있으면, 그 지분(share)을 주식시장에서 사고팔 수 있다. 그러나 시티은행(Citibank)이나 웰스파고(Wells Fargo)에 있는 예금계좌는 팔 수 없다. 따라서 예금은 자산이지만 증권은 아니다. 이 책에서 많은 금융자산을 다룰 것이지만, 다음 다섯 가지가 자산의 주요 범주이다.

자산 개인이나 기업이 소유한 것으로 가치를 갖고 있는 것

금융자산 지급 청구권이 있는 자산

증권 금융시장에서 사고팔 수 있는 금융자산

금융시장 주식, 채권 및 기타 증권을 사고파는 장소 또는 통로

1. 화폐
2. 주식
3. 채권
4. 외환
5. 대출저당증권

화폐 동전과 지폐만 '화폐'라고 생각할 수 있지만, 가장 협소한 범위로 정의할 때에도 화폐에는 은행예금이 포함된다. 경제학자들이 사용하는 일반적인 정의에 따르면, **화폐**(money)는 재화와 용역에 대한 지불이나 채무 상환의 수단으로 사람들에게 일반적으로 받아들여지는 것이다. 제2장에서 살펴보겠지만, 화폐가 중요한 역할을 함에도 불구하고 그것을 측정하는 방식에는 논란이 있을 수 있다. (앞으로 화폐 또는 통화를 같은 의미로 사용하기로 한다.)

화폐 재화와 용역에 대한 지불이나 채무 상환의 수단으로 사람들에게 일반적으로 받아들여지는 것

주식 **주식**(stock 또는 equity)은 기업을 부분적으로 소유하고 있다는 것을 표시해 주는 금융증권이다. 마이크로소프트(MicroSoft) 주식을 사면 **주주**로서 마이크로소프트의 일부를 소유하게 된다. 주식을 조금이라도 갖고 있으면 그 지분에 해당하는 만큼 기업의 자산과 이윤에 대한 법적 청구

주식 기업의 부분적 소유권을 나타내는 금융증권

권을 가진다. 기업은 이윤이 발생하면, 일부를 내부유보(retained earnings)로 남겨 놓고 나머지를 주주들에게 **배당금**(dividends)으로 지급한다.

배당금 기업이 주주들에게 지급하는 금액

채권 회사나 정부가 발행한 **채권**(bond)을 산다는 것은 일정 금액을 회사나 정부에 빌려 주는 것이다. **이자율**(interest rate)은 차입의 비용(또는 대출의 대가)으로서, 보통 차입금에 대한 비율로 표시된다. 예를 들어 친구에게 1,000달러를 빌리고 1년 후에 1,100달러를 갚는다면 대출에 대한 이자율은 0.10 또는 10%이다. 채권은 보통 이표(coupon)라고 부르는 고정금액을 이자로 지급한다. 채권의 발행자는 채권이 만기에 이르면 원금을 갚는다. 예를 들어 IBM이 만기가 30년이고 매년 지급하는 이표가 65달러인 채권을 발행했고, 당신이 이를 1,000달러에 구입했다면, IBM은 30년 동안 해마다 65달러를 지급해야 하고 만기에는 1,000달러의 원금을 상환할 것이다. 만기가 1년 이내인 채권을 단기채권, 만기가 1년을 넘는 채권을 장기채권이라 부른다. 채권은 주식과 마찬가지로 금융시장에서 사고팔 수 있기 때문에 증권이다.

채권 정부나 기업이 발행한 것으로, 정해진 금액의 상환을 약속한 금융증권

이자율 차입의 비용(또는 대출의 대가)으로서, 보통 차입금에 대한 비율로 표시

외환 외국의 재화, 서비스, 자산을 구입하기 위해서는 자국 통화를 외국 통화로 바꾸어야 한다. **외환**(foreign exchange)이란 외국 통화의 단위를 말한다. 실제로 외환거래의 가장 중요한 주체는 대형 은행이다. 은행은 해외 금융자산을 매입하려는 투자자를 대신하여 외환을 거래하며, 재화와 서비스를 수입 또는 수출하고 외국의 공장 같은 실물자산에 투자하려는 기업을 대신하여 외환을 거래한다.

외환 외국 통화의 단위

대출저당증권 대부분의 대출은 금융시장에 파는 것이 불가능하기 때문에 금융자산이긴 하지만 증권은 아니다. 그런데 제11장에서 자세히 살펴보겠지만, 정부와 몇몇 금융회사는 대출을 살고팔 수 있는 여러 형태의 시장을 만들어 냈다. 은행은 자신이 보유한 대출자산을 증권으로 전환하여 시장에 팔 수 있게 되었다. 이러한 과정, 즉 대출을 증권으로 전환하는 과정을 **증권화**(securitization)라고 한다.

증권화 대출 및 거래할 수 없는 금융자산을 증권으로 전환하는 과정

하나의 예는 은행이 모기지(mortgage)를 매도하는 것이다. 모기지는 차입자가 집을 사기 위해 이용한 장기 분할 상환 대출로, 은행의 입장에서는 대출자산이다. 은행이 모기지를 금융회사(또는 정부기관)에 매도하면, 금융회사에는 여러 은행이 양도한 모기지가 모이게 된다. 금융회사는 이를 묶어 새로운 증권을 만들어 낸다. 이러한 증권을 주택저당증권(mortgage-backed securities, MBS)이라 하며, 채권과 같은 기능을 하게 된다. 투자자는 IBM 채권을 살 수 있는 것처럼 금융회사로부터 MBS를 살 수 있다. 비록 모기지를 양도했지만, 애초에 모기지를 만들어 낸 은행은 주택매입자가 내는 이자를 받아 모아 금융회사에 보낸다. 그리고 금융회사는 MBS를 매입한 투자자들에게 이를 배분한다. 은행은 모기지에 대한 이자를 받아 금융회사에 전달해 주는 대가로 수수료를 취득한다.

금융자산은 그것을 차입한 사람에게는 **금융부채**(financial liability)가 된다. 금융부채는 개인 혹은 기업이 갚아야 할 금융 청구권이다. 만약 자동차를 사면서 은행으로부터 대출을 받았다면, 이 대출은 은행의 관점에서는 자산이지만 자동차를 구입한 사람에게는 부채이다.

금융부채 개인 혹은 기업이 갚아야 할 금융 청구권

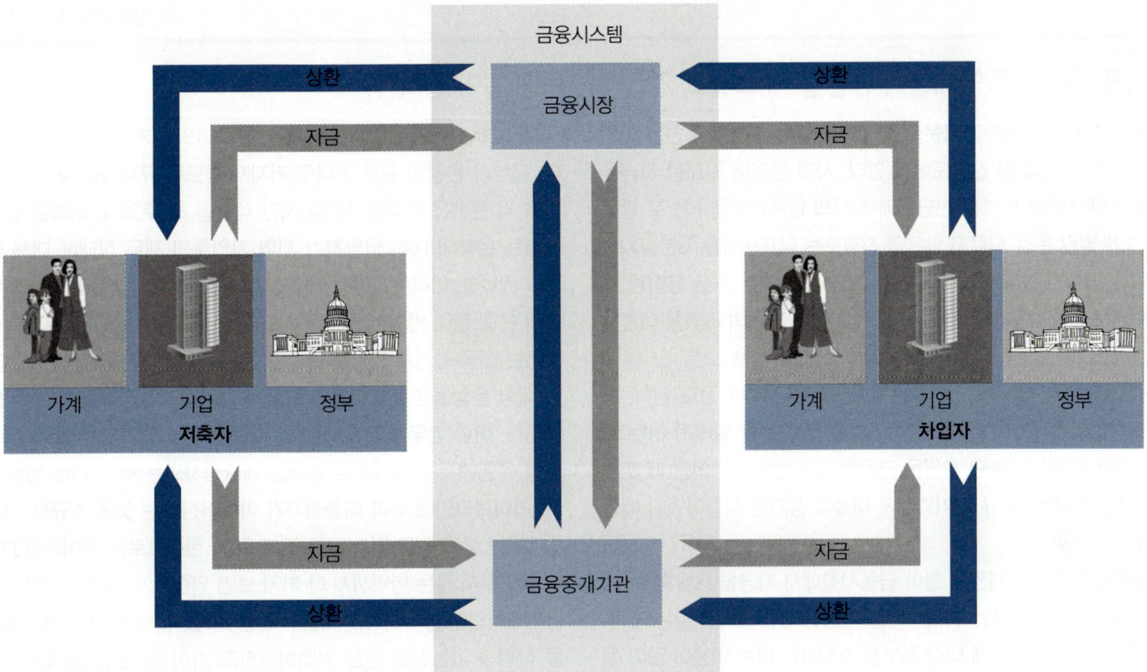

그림 1.1 **금융시스템을 통한 자금의 이동**

금융시스템은 저축자에게서 차입자로 자금을 이동시킨다. 차입자는 금융시스템을 통해 저축자에게 자금을 상환한다. 주요 저축자와 차입자는 국내외의 가계, 기업, 정부이다.

금융중개기관

금융시스템은 두 가지 경로를 통해 저축자(saver)와 차입자(borrower)를 연결해 준다—(1) 은행 및 기타 **금융중개기관**, (2) **금융시장**. 이 두 가지 경로는 저축자 혹은 대부자(lenders)에서 차입자로 자금이 어떻게 전달되며 그 과정에 금융기관이 개입되는가에 따라 구별된다.[1] 은행과 같은 **금융중개기관**(financial intermediary)을 경유하여 간접적으로 이전되기도 하지만, 증권거래소와 같은 금융시장을 통해 직접 전해지기도 한다.

금융중개기관 은행처럼 저축자로부터 자금을 빌려 차입자에게 빌려 주는 금융회사

자동차를 사기 위해 은행에서 대출을 받는다면 이는 **간접금융**(indirect finance)에 해당된다. 은행이 빌려 준 자금은 은행에 예금한 사람들로부터 나온 것이기 때문이다. 이런 의미에서 볼 때, 은행이 자금을 직접 빌려 주는 것은 아니다. 한편 회사가 발행한 주식을 산다면 이는 **직접금융**(direct finance)에 해당된다. 자금이 투자자에서 회사로 직접 흘러가기 때문이다.

그림 1.1은 금융시스템을 통해 저축자와 차입자 사이에 자금이 흘러가는 직간접적인 방식을 보여

1 우리는 편의상 자금을 빌려 주거나 투자할 의사가 있는 가계, 기업, 정부를 *대부자*(lenders)라 하고, 자금을 사용하길 원하는 가계, 기업, 정부를 *차입자*(borrower)라고 부른다. 그러나 엄밀하게 말하면 자금의 흐름이 항상 대출의 형태를 취하는 것은 아니기 때문에 이런 명칭이 정확하지는 않다. 예를 들어 주식에 투자하는 사람은 회사 소유권의 일부를 산 것이지 회사에 돈을 빌려 준 것은 아니다.

관련 사례

전당포 금융 : 은행대출이 중단될 때 소규모 기업에는 어떤 일이 생기나?

2008년 12월 어느 날, 그라운드 업 건설이라는 회사의 주인은 메인 주 루이스턴 시의 한 전당포에 있었다. 사업 운영에 필요한 자금을 빌리기 위해서였다. 그는 전당포에 자신의 덤프트럭을 *담보*로 맡겼다. 그가 빌린 돈을 되갚지 않으면 전당포는 덤프트럭을 처분할지도 모른다. 평상시 전당포가 하는 일은 보석이나 다른 처분 용이한 재산을 담보로 저소득층 개인에게 50~100달러 사이의 소액을 대출해 주는 것이다. 단기대출이 주를 이루고 이자율은 보통 한 달에 10~20% 정도인데, 이는 보통 은행대출이자의 20배 정도 된다. 소규모 기업의 주인이 그렇게 높은 이자를 내고 돈을 빌리려 하는 이유는 무엇인가? 2008년 12월은 금융위기가 한창 진행되던 때였고, 많은 지역 은행이 소규모 기업에게 대출을 중지한 상황이었기 때문이다.

대기업은 주식과 채권을 팔아 금융시장에서 자금을 조달할 수 있다. 하지만 소규모 기업에게는 이런 가능성이 존재하지 않는다. 투자자들이 소규모 기업에 대한 정보를 수집하는 데는 비용이 많이 들기 때문에 소규모 기업들은 주식과 채권을 팔 수 없고 대신 은행대출에 의지해야 한다. 은행은 기업들에게 *운영자금*을 대출해 주는데, 이러한 대출은 단기대출인 것이 보통이다. 기업은 이 자금을 다양한 용도에 사용하는데, 직원과 공급업체에 돈을 지불하는 날짜와 제품 판매로 발생한 수입을 지급받는 날짜 사이에 간격이 있을 때 사용하는 것이 한 예다. 은행은 또 부동산대출을 하기도 하는데, 기업들은 이 돈으로 사무실 건물, 공장, 쇼핑센터 등을 짓거나 구매할 수 있다.

지난 20년 동안 은행과 소규모 기업 사이의 관계에는 변화가 있었다. 정부가 은행의 규모가 너무 커지지 않도록 규제하던 때가 있다. 이때 각 은행은 특정한 지역에서만 대출을 해 주었다. 이러한 상황에서는 은행의 대출 담당자가 지역 기업들의 재무 상태에 대해 잘 알고 있었고, 이러한 지식은 대출심사에 활용되었다. 2000년대에 이르러 은행 관련 법의 변화로 인해 많은 소규모 기업은 여러 지역, 심지어는 전국에 걸쳐 영업을 하는 은행들로부터 대출을 받게 되었다. 이 대형 은행들은 대출심사에 고정된 가이드라인을 적용하는 게 보통인데, 이럴 경우 심사자 개인의 판단을 반영할 여지가 별로 없다. 소형 은행에서 전통적으로 행해진 대출심사와는 매우 다른 방식이다. 가이드라인에 따라 대출심사가 이루어진다는 것은 소규모 기업들에게는 좋은 점도 있고 나쁜 점도 있다. 한편으로는 가이드라인에서 확인하지 않는 영역까지 다 따져 보면 위험도가 높은 기업이라도 가이드라인만 충족시키면 대출을 받을 수 있다. 또 한편으로는 대출을 상환할 가능성이 높은 기업이더라도 가이드라인을 충족시키지 못하면 대출을 거부당할 수 있다.

그러나 2000년대 중반에 이르자 많은 은행이 대출 가이드라인을 완화해서 더 많은 대출자에게 신용을 제공하는 것이 이익에 도움이 된다는 점을 확신하게 되었다. 이 은행들은 완화된 가이드라인으로 인해 더 많은 수의 대출자가 채무불이행 상태에 놓이게 되더라도 늘어난 대출자들로부터 받는 금액이 이를 상쇄할 수 있을 것으로 보았다. 이 기간 동안 가계가 주택, 자동차, 가구 등을 사기 위한 대출을

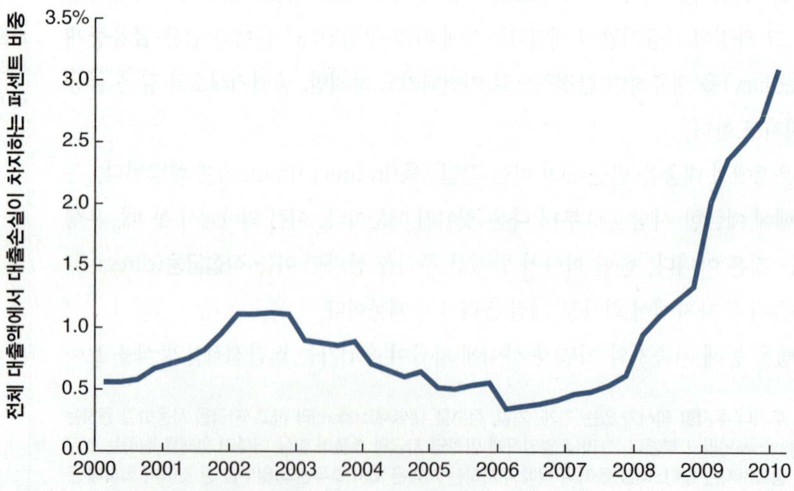

출처 : Federal Reserve Bank of St. Louis.

받는 것도 쉬워졌고 기업이 운영자금 및 부동산대출을 받는 것도 쉬워졌다. 불행하게도 2007년 중반 시작된 금융위기 동안 채무불이행 상태에 빠진 가계와 기업이 은행들의 예상보다 훨씬 많았다. 앞 페이지의 그래프는 2000년 초부터 2009년 말까지 미국 은행들의 전체 대출금액에서 대출손실이 차지하는 비중을 보여 준다. 그래프를 보면 2001년 경기침체 때 은행들의 대출손실이 증가했으나 2007~2009년 침체기의 대출손실이 이보다 훨씬 더 심각했음을 알 수 있다. 대출손실은 2008년 봄에 증가하기 시작하여 2009년 말에는 2007년 말의 4배에 이르게 됐다.

사실 2007~2009년 기간의 대출손실은 1930년대의 대공황 이후 최대 수준이다. 이 같은 손실의 결과로, 또 금융감독 당국의 압력으로 인해 대부분의 은행은 대출 기준을 강화하였는데, 이는 가계와 기업이 대출자격을 얻는 것을 더욱 어렵게 만들었다. 아래 그림은 2000년 1월부터 2010년 4월 사이 전체 은행대출액을 보여 준다. 2001년 침체기 전체 은행대출액은 약간 감소하는 데 그쳤다. 2007~2009년의 금융위기와 침체기 동안 은행대출은 훨씬 크게 감소하였다. 금융위기가 악화되던 2008년 가을까지는 대출액은 사실 증가하였다. 2008년 10월 7조 3,000억 달러까지 치솟았던 대출액은 2010년 2월에는 6조 6,000억 달러로 10% 감소했다가 그다음 달부터는 다시 증가하기 시작했다.

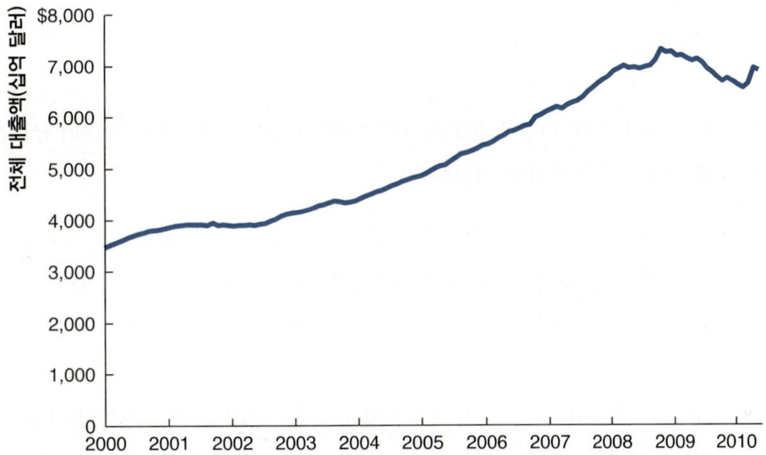

출처 : Federal Reserve Bank of St. Louis.

정상적인 자금 조달 경로를 상실한 상태에서 그라운드 업 건설과 같은 많은 소규모 기업은 살아남기 위해서 전당포에서 돈을 빌린다든지, 신용카드 대출을 이용한다든지, 친구와 가족으로부터 돈을 빌리는 등의 극단적인 방식을 택해야 했다. 이렇게 생각하면 위기 때 경제를 되살리기 위해서는 은행들이 소규모 기업에 대한 대출을 증가시켜야 한다고 경제학자들이 주장한 이유를 이해할 수 있다.

출처 : Gary Fields, "People Pulling Up to Pawnshops Today Are Driving Cadillacs and BMWs," *Wall Street Journal*, December 30, 2008.

준다. 저축자는 자금을 제공한 대가를 받는데, 주식에 대해서는 배당금, 채권에 대해서는 이표, 대출에 대해서는 이자 형태로 수취한다.

금융중개기관 **상업은행**(commercial bank)은 가장 중요한 금융중개기관이다. 상업은행의 주업무는 예금을 받아 대출하는 것이지만, 국채나 대출저당증권(securitized loans)과 같은 증권에 투자하기도 한다. 가계는 주로 집이나 자동차처럼 값비싼 것을 구매할 때 은행대출을 받는다. 기업은 재고 유지에 드는 비용이나 직원들 급여를 지급할 때 부족한 단기자금을 대출받으며, 기업 확장에 필요한 자금과 같이 장기자금이 필요할 때에도 대출을 받는다.

상업은행 예금을 받아 대출하는 금융중개 역할을 하는 금융회사

비은행금융기관 저축대부조합(savings and loans), 저축은행(savings bank), 신용조합(credit unions) 등의 '비은행기관'은 예금을 받아 대출한다는 점에서는 비슷하지만 은행과는 법적으로 구분되어 있다. 이 밖에도 비은행금융기관에는 보험회사, 연금기금(pension funds), 뮤추얼펀드(mutual funds), 헤지펀드(hedge funds), 투자은행(investment bank)이 포함된다. 이러한 기관들은 은행과 다른 것처럼 보일 수도 있지만, 결국 금융시스템 내에서 저축자와 차입자를 연결해 준다는 점에서 은행과 유사한 기능을 수행한다.

보험회사 보험회사의 전문성은 화재나 자동차 사고 같이 특별한 사건에서 발생하는 손실로부터 보험계약자를 보호하는 계약서를 작성하는 데 있다. 보험회사는 계약자로부터 받은 **보험료**를 가지고 보험금 지급에 필요한 자금과 기타 비용을 마련하기 위해 여러 곳에 투자한다.

연금기금 은퇴를 대비한 저축은 많은 사람에게 가장 중요한 저축 형태일 것이다. 연금기금은 근로자와 회사가 낸 기여금을 가지고 연금 지급에 필요한 자금을 마련하기 위해 주식, 채권, 모기지 등에 투자한다. 미국의 경우 2010년 현재 민간과 정부를 합친 연금기금의 규모는 10조 달러에 달하며, 금융증권 수요의 중요한 원천이다.

포트폴리오 주식, 채권과 같은 자산의 모음

뮤추얼펀드 투자회사인 피델리티의 마젤란펀드 같은 뮤추얼펀드는 그 지분을 투자자들에게 팔아 돈을 번다. **포트폴리오**(portfolio)에 투자하고 그 서비스에 대하여 약간의 관리비용을 부과한다. 뮤추얼펀드의 지분을 매입한 사람들은, 그들이 개별적으로 주식과 채권을 매입한다면 치르게 될 비용을 절약하게 된다. 또한 뮤추얼펀드의 포트폴리오에는 다수의 주식과 채권이 포함되어 있기 때문에 그 지분을 매입함으로써 투자위험을 낮출 수 있다. 어느 회사가 파산하여 회사 주식과 채권의 가치가 폭락하는 경우, 만약 그런 주식과 채권에 개별적으로 투자했더라면 막대한 손실을 입겠지만, 뮤추얼펀드의 포트폴리오에 미치는 영향은 크지 않을 것이다. 뮤추얼펀드는 소액투자자라 할지라도 적은 비용으로 위험을 분산할 수 있게 해 준다.

헤지펀드 억만장자 소로스(George Soros)가 운영하는 퀀텀그룹 같은 헤지펀드는 투자자들의 자금을 모아 포트폴리오에 투자한다는 점에서 뮤추얼펀드와 비슷하다. 그러나 헤지펀드는 보통 99명 이내의 투자자만 받는데, 이들은 부자거나 연기금과 같은 기관투자자들이다. 헤지펀드가 뮤추얼펀드와 다른 점은 좀 더 위험이 높은 데 투자하여 고수익을 노리고, 대신 높은 수수료를 부과한다는 것이다.

투자은행 골드만삭스, 모건스탠리와 같은 투자은행은 예금을 받지 않고 일반 가계를 상대로 대출을 하지 않는다는 점에서 상업은행과 다르다. 대신 그들은 채권과 주식을 발행하거나 다른 회사와 합병을 하려는 회사들을 상대한다. 또한 투자은행은 인수(underwriting) 작업에 참여하는데, 어떤 회사가 새로 채권이나 주식을 발행하는 경우에 적절한 가격을 책정하여 신규발행증권을 대량 매입한 다음에 시장에서 더 높은 가격으로 파는 방식으로 수익을 얻는다. 이들은 1990년대 후반에 들어서면서 대출의 증권화(특히 모기지의 증권화)에 깊게 관여했으며, **프롭트레이딩**(proprietary trading)에 몰두하기 시작했다. 프롭트레이딩이란 금융회사가 고객의 예금이나 자산이 아닌 자기자본 또는 차입금을 이용하여 주식, 채권 등에 직접 투자하는 것을 말한다.

관련 사례

사람들은 모아 둔 돈으로 어떤 자산을 사들이나?

대부분의 대학생은 은행예금 외에는 별다른 금융자산을 갖고 있지 않다. 하지만 직장에 다니기 시작하고부터는 다양한 종류의 자산을 축적하게 될 것이다. 연방준비제도는 가계의 금융자산 보유 데이터를 분기와 연 단위로 모아 발표한다. 아래 표는 주식과 채권처럼 금융시장에서 거래되는 자산, 은행예금과 뮤추얼펀드처럼 금융중개기관에서 제공하는 자산 등의 보유 현황을 2010년 1분기까지 보여 주고 있다.

가계 보유 금융자산(전체 금융자산에서 차지하는 퍼센트 비중)

	1990년	2000년	2007년	2010년 1분기
금융시장의 금융자산을 통한 저축				
미국 재무성증권	3.6%	1.8%	0.7%	1.7%
준정부기관과 공기업 증권	0.8	1.8	2.1	0.2
주 및 지방정부 증권	4.4	1.6	2.0	2.2
회사채	1.7	1.9	3.3	4.7
부동산담보채권	0.9	0.3	0.3	0.2
기업어음	0.6	0.3	0.4	0.0
주식	13.4	24.6	12.0	17.1
비상장기업 주식	20.8	14.1	17.4	14.3
소계	**46.2%**	**46.4%**	**38.2%**	**40.6%**
금융중개기관의 금융자산을 통한 저축				
은행예금	19.9%	10.2%	13.3%	14.2%
MMF	2.7	2.9	3.0	2.6
뮤추얼펀드	3.5	8.1	11.2	9.5
생명보험 유보금	2.7	2.7	2.7	2.8
연금 유보금	22.8	27.6	28.2	27.1
소계	**51.6%**	**51.5%**	**58.4%**	**56.1%**
기타 금융자산	**2.1%**	**2.3%**	**3.5%**	**3.3%**

출처 : Board of Governors of the Federal Reserve, *Flow of Funds Accounts of the United States*, various issues.

이 자료에 따르면 가계 금융자산의 절반 이상은 금융중개기관을 통해 보유되고 있다. 이 자료를 보면 또 경제상황이 가계 저축에 미치는 효과도 볼 수 있다. 예를 들어 1990년대 말 주식시장 호황으로 인해 기업 자본, 즉 주식이 전체 가계 금융자산에서 차지하는 비중이 1990년 13%에서 2000년에는 25%로 증가했다. 이 비중은 2010년에는 17%로 하락했다. 가계가 은행예금, 재무성 증권(대부분 연방정부가 발행한 채권), 주정부 및 지방정부 증권(대부분 주정부 및 지방정부가 발행한 채권) 등에 투자한 비중은 1990년에 비해 2010년에 더 낮았다. 반면 회사채와 뮤추얼펀드에 투자한 비중은 더 높았다. 은행예금의 중요성은 1990년 이후로 낮아졌으나 2007년에 시작된 금융위기 때는 안전한 곳으로 저축을 옮기려는 경향으로 인해 중요성이 다시 높아졌다. 마지막으로 가계 저축의 4분의 1 이상이 연금계좌에 있음도 흥미롭다.

금융시장 금융시장은 주식, 채권 및 기타 증권을 사고파는 장소 또는 통로이다. 전통적으로 금융시장은 뉴욕과 런던에 위치한 증권거래소처럼 물리적 장소였다. 그러나 오늘날 대부분의 증권거래는 전산으로 연결된 딜러(dealer)들 사이에서 이루어지며, 이를 '장외거래(over-the-counter trading)'라 한다. 대표적인 예로 나스닥(National Association of Securities Dealers Automated Quotation System, NASDAQ)은 애플, 인텔과 같은 하이테크(high-tech) 기업의 주식이 거래되는 장외거래시장이다. 특정 시장에서 매매되는 주식과 채권에 대해 그 시장에 '상장(listed)'되었다는 용어를 쓴다. 예를 들어 GE는 뉴욕증권거래소에, 애플은 나스닥에 상장되어 있다.

발행시장 주식, 채권 및 기타 증권이 처음 팔리게 되는 금융시장

유통시장 투자자들이 이미 발행된 증권을 사고파는 금융시장

금융시장은 **발행시장**(primary markets)과 **유통시장**(secondary markets)으로 구분되기도 한다. 발행시장은 신규발행증권이 처음 팔리게 되는 시장이다. 구글은 2004년에 기업을 공개(initial public offering, IPO)하면서 발행시장에서 주식을 팔았다. 유통시장은 이미 발행된 증권이 매매되는 시장이다. 발행시장과 유통시장이 일치하는 경우도 있는데, 예를 들어 IPO가 뉴욕증권거래소나 나스닥에서 이루어지는 경우가 그러하다.

중앙은행과 금융감독기구

대부분의 시장에서 정부가 하는 역할은 제한적이다. 대부분의 경우에 무엇을 어떻게 얼마나 생산하고 가격을 얼마로 할지는 시장에서 자연스럽게 결정된다. 그러나 금융시스템의 경우는 좀 다르다. 금융시스템이 불안정한 상태에 빠지게 된 경우가 많았고, 그로 인해 경제가 전반적으로 침체된 경우도 많았기 때문이다. 2007~2009년의 금융위기가 발생하자 사람들은 도대체 누가 이 시스템을 책임지고 있는지에 대한 의문을 제기했는데, 이는 다른 부문과 달리 금융시스템에 대해서는 정부가 맡아야 할 특별한 역할이 필요하다는 것을 반증하는 것이기도 하다.

미국에는 다음과 같이 금융시스템을 규제하는 여러 정부기구가 존재한다.

- 증권거래위원회(Securities and Exchange Commission, SEC) : 금융시장 규제기구
- 연방예금보험공사(Federal Deposit Insurance Corporation, FDIC) : 예금보호기구
- 통화감독청(Office of the Comptroller of the Currency, OCC) : 주정부 인가 은행을 감독하는 기구
- 연준(Fed) : 미국의 중앙은행

연준 미국의 중앙은행

연준 **연방준비은행**(The Federal Reserve, 영어로는 줄여서 'The Fed'라 하고 우리말로는 줄여서 '연준'이라 함)은 미국의 중앙은행이다. 미 의회는 1913년 은행시스템 문제를 해결하기 위해 연준을 설립하였다. 은행의 주된 업무는 예금을 받아 대출하는 것인데, 예금주는 언제든지 예금을 인출할 권리가 있기 때문에 은행은 곤경에 처할 수 있다. 만약 수많은 예금주가 동시에 인출을 요구한다면 은행은 그 요구를 다 충족시킬 수 없을 것이다. 해결책은 중앙은행이 최종대부자(lender of last resort) 역할을 하거나, 은행이 예금자에게 지급할 자금을 단기로 대출해 주는 것이다. 미 의회는 1930년대의 대공황 기간에 연준이 최종대부자의 역할을 하지 못했다고 판단하였고, 1934년에 연방예금보험공사(FDIC)를 설립했다. 현재 FDIC는 예금계좌당 25만 달러까지 지급을 보장한다.

연준이 하는 일 연준이 탄생할 때 맡겨진 임무는 최종대부자였지만, 오늘날 연준은 그 이상의 일을 하며 특히 **통화정책**(monetary policy)을 담당한다. 연준은 거시경제 목표를 설정하고 이를 달성하기 위해 이자율과 통화량을 관리하는데, 이 과정에서 연준이 취하는 정책을 통화정책이라 한다. 연준의 정책 목표에는 높은 수준의 고용, 낮은 인플레이션율, 높은 성장률, 금융시스템의 안정이 포함된다.

통화정책 중앙은행이 거시경제 목표 달성을 위해 이자율과 통화량을 관리하는 과정에서 취하는 조치들

연준은 연준이사회(Board of Governors)에 의해 운영된다. 이사회는 대통령이 임명하고 상원이 승인한 7명으로 구성되며, 이들 가운데 한 사람이 의장으로 임명된다. 현재 의장은 버냉키(Ben Bernanke)로 2006년 부시 대통령에 의해 임명되었고 2010년 오바마 대통령에 의해 다시 임명되었다. 미국 전역에 걸친 연준시스템(The Federal Reserve System)은 12개 지역으로 나뉘며, 그림 1.2에서 보듯이 지역마다 하나의 지역 연준은행(The District Bank)이 있다. 연준 내에서 주요 정책을 결정하는 조직은 연방공개시장위원회(Federal Open Market Committee, FOMC)이다. FOMC는 12명으로 구성되는데, 연준이사 7명에 5명이 추가된다. 이 5명 가운데 뉴욕 연준 총재는 반드시 포함되고, 나머지 네 자리는 뉴욕을 제외한 11개의 지역 연준은행 총재 가운데 4명이 순서대로 차지한다.

FOMC는 1년에 8번 통화정책을 결정하는 회의를 개최하며, 이 회의에서 **연방기금금리**(federal funds rate) 목표를 정한다. 연방기금금리는 은행 간 단기 대출금리로서 시장의 다른 금리에 영향을

연방기금금리 은행 간 단기 대출금리

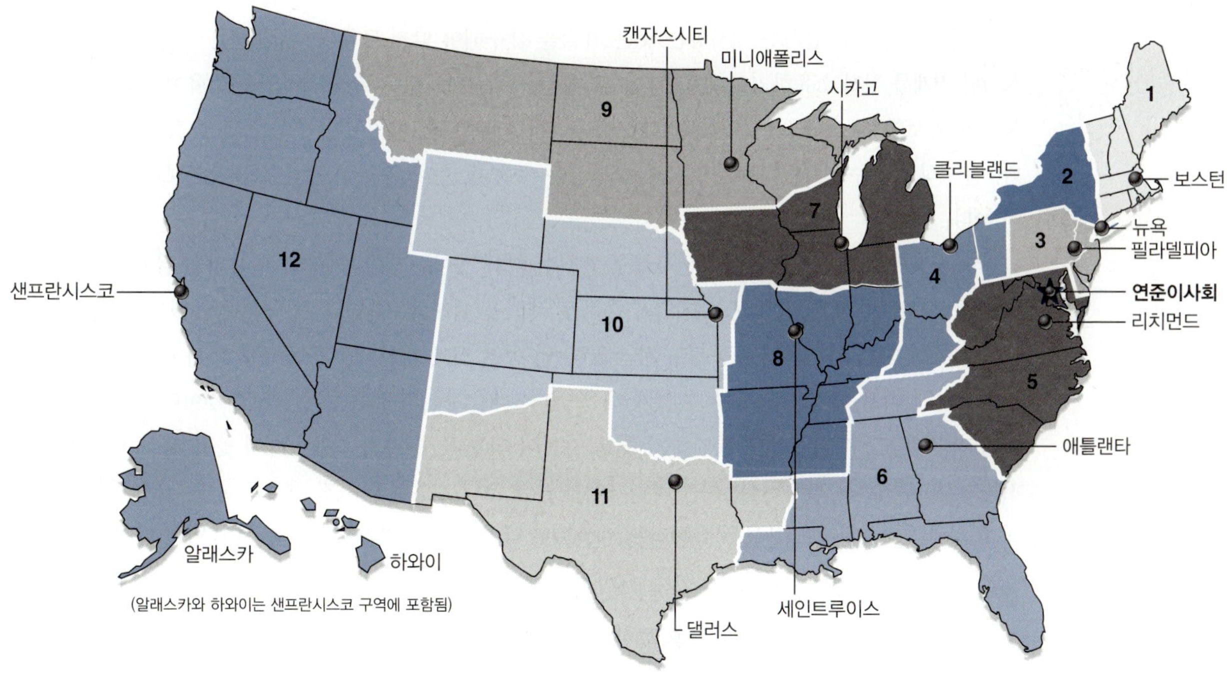

그림 1.2 연준시스템

모두 12개 지역으로 연준시스템이 구성되며 지역마다 지도에 표시된 도시에 지역 연준은행을 두고 있다.

주기 때문에 매우 중요한 정책 금리이다.

금융시스템의 역할

금융시스템이 사람들에게 제공하는 세 가지 중요한 서비스는 위험분산, 유동성, 정보이다. 금융회사는 서로 다른 방식으로 이러한 서비스를 제공한다.

분산투자 위험을 줄이기 위해 부를 여러 자산으로 나누어 구성하는 것

위험분산 위험을 줄이거나 이전하는 행위

유동성 자산 현금화의 용이성

위험분산 위험은 금융자산의 가치가 기대와 다르게 나타날 가능성이다. 금융시스템의 이점 가운데 하나는 위험을 분산시켜 준다는 것이다. 예를 들어 200달러의 애플 주식을 매입하면 1년 후에는 100달러가 될 수도 있고, 300달러가 될 수도 있다. 투자자는 들쭉날쭉한 수익보다는 안정적인 수익을 원한다. 이 가능성을 높이는 방법은 포트폴리오를 구성하는 것이다. 여러 자산으로 포트폴리오를 구성했을 때 그 안에서 개별 자산의 수익률은 높고 낮을 수 있지만 평균적인 수익률은 상대적으로 안정적이다. 이렇게 부(wealth)를 여러 자산으로 나누어 구성하는 것을 **분산투자**(diversification)라고 한다. 투자자는 금융시스템을 통해 여러 자산을 손쉽게 보유할 수 있으며, 이런 의미에서 금융시스템은 **위험분산**(risk sharing)의 기회를 제공한다. 위험의 분산이 가능해지면 투자자들의 금융자산에 대한 수요가 증가하고, 차입자도 그만큼 자금을 조달하기 쉬워진다.

유동성 금융시스템이 제공하는 두 번째 서비스는 **유동성**(liquidity)이다. 유동성은 자산을 현금화하기 쉽다는 것을 말한다. 사람들은 금융자산의 유용성이 유동성에 있다고 본다. 자산 중에는 쉽게 팔 수 있는 자산이 있고 그렇지 못한 자산이 있다. 자동차를 판다고 해 보자. 시간이 걸리고 광고비를 내거나 중고차 딜러가 제시하는 낮은 가격을 감수해야 할지 모른다. 사람들은 기업의 공장에 설치된 기계를 직접 소유하기보다 그 기업이 발행한 채권, 주식 같은 금융 청구권을 소유함으로써 유동성을 확보할 수 있다. 돈이 필요할 때 기계를 파는 것보다는 채권이나 주식을 파는 것이 훨씬 쉽다. 일반적으로 주식, 채권, 예금 같은 금융자산은 자동차, 기계, 부동산 같은 실물자산보다 유동성이 높다.

금융시장과 중개기관은 금융자산의 유동성을 한층 더 높이는 역할을 한다. 투자자는 금융시스템을 이용해 정부가 발행한 증권, 대기업의 주식 및 채권을 쉽게 팔 수 있다. 앞에서 언급했지만 주식, 채권이 아닌 다른 자산들의 유동성도 지난 20여 년 동안 크게 개선되었다. 증권화의 과정은 대출을 기초로 만들어진 증권을 사고팔 수 있게 해 주었다. 대출자산의 유동성이 높아진 것이다. 그 결과 모기지나 대출도 이전에 비해 투자하기 좋은 자산이 되었다. 투자자는 유동성이 높은 자산에 대해서는 낮은 수익률을 감수한다. 이는 차입자에게 자금 조달 비용이 낮아진 것을 뜻한다. 금융시스템의 효율성은 비유동적인 자산을 유동적인 자산으로 얼마나 쉽게 전환할 수 있는가에 달려 있다.

정보 차입자 및 자산의 수익에 관련된 사실

정보 금융시스템이 제공하는 세 번째 서비스는 **정보**(information)를 수집하고 교환하는 일이다. 은행은 일종의 정보 창고이다. 은행은 차입자에 관한 정보를 모아 그가 대출을 갚을 수 있을지 예측한다. 차입자는 상세한 대출서류를 작성하고 대출 담당자는 그가 대출을 감당할 재정적 능력이 있는지 판단한다. 한 개인에 비해 은행은 정보를 수집하고 처리하는 데 전문성이 있다. 은행이 대출을

통해 얻는 수익 가운데에는 정보 수집과 분석에 투자한 대가가 포함되어 있는 셈이다.

금융시장은 증권의 가격을 결정함으로써 정보를 제공해 준다. 만약 당신이 소유한 애플의 주가가 오르면, 당신은 다른 사람들이 애플의 수익 전망을 밝게 본다는 점을 알아차릴 수 있다. 이런 정보는 애플 주식을 계속 보유할지 여부를 결정하는 데 도움을 준다. 애플의 주가는 애플의 경영자에게도 정보를 준다. 기업 확장을 위해 채권이나 주식을 더 발행해야 할지를 결정하는 데 주가는 좋은 참고자료이다. 자산의 가격에는 이용 가능한 정보가 녹아 있으며 금융시장이 잘 작동할수록 정보는 가격에 정확히 반영된다.

예제 1.1

대출저당증권이 제공하는 서비스

새로운 금융자산의 형태로서 지난 20년간 대출저당증권의 중요성이 커지게 되었다. 대출저당증권은 위험분산, 유동성, 정보라는 주요 서비스를 얼마나 잘 제공하고 있는가?

Step 1 복습. 이 문제는 대출저당증권이 제공하는 서비스에 관한 것이므로 '금융자산' 부분과 '금융시스템의 역할' 부분을 복습한다.

Step 2 증권화된 대출을 정의한다. 증권화되지 않은 일반 대출은 되팔 수 없다. 따라서 대출은 금융자산이지만 금융증권은 아니다. 반면 대출저당증권은 여러 대출을 묶어 투자자들에게 되팔 수 있게 만든 것이다. 대출저당증권은 금융자산이자 금융증권이다.

Step 3 대출저당증권이 위험분산, 유동성, 정보 제공의 서비스를 제공하는지 설명한다. 대출저당증권은 세 가지 주요 서비스를 제공한다. 예를 들어 모기지가 증권화되기 전에는 차입자가 파산하거나 대출금을 갚지 못할 위험을 은행이 모두 떠안았다. 그러나 비슷한 모기지가 모여 MBS(mortgage-backed securities)로 합쳐지면, 이 증권의 매수자가 채무불이행의 위험을 공동으로 나눈다. 개별 모기지는 MBS의 일부만 차지하기 때문에, 이 모기지에 채무불이행이 발생하더라도 증권 매수자들이 입는 손실이 제한된다.

증권화되지 않은 대출은 되팔 수 없기 때문에 비유동적이다. 반면 대출저당증권은 유통시장에서 거래될 수 있게 유동성이 부여된 것이다. 개인 투자자가 기업이나 가계에 직접 대출하기 꺼리는 이유는 차입자의 재정 상태에 대한 정보가 부족하기 때문이다. 대출이 증권화되면 투자자는 차입자의 재정 상태에 대한 정보를 직접 구할 필요가 없다. 은행이나 애초에 대출을 일으킨 기관에게 필요한 정보를 얻으면 된다.

이와 같이 대출저당증권은 세 가지 주요 금융 서비스를 모두 제공한다.

추가 점수 여러 가지 이점 때문에 대출저당증권은 투자자들에게 인기를 끌었다. 그러나 불행하게도 2007~2009년의 금융위기는 이 새로운 금융자산에 결함이 있다는 점을 여실히 보여 주었다. 최초에 모기지를 제공한 기관들은 신용도가 낮은 차입자에 대하여 제대로 된 정보를 얻지 못했다. 예상 밖으로 많은 차입자가 채무를 갚지 못하게 되자 대출저당증권의 가격은 폭락했고, 투자자들은 큰 손실을 입었다. 증권의 유동성도 떨어졌고 위험분산의 정도도 기대에 미치지 못했다.

1.2 2007~2009년 금융위기

[학습목표]
2007~2009년의 금융위기를 개관한다.

이제 2007~2009년 금융위기에 대해 간략히 알아보기로 하자. 금융위기는 그 파급의 범위와 지속성이 대단하기 때문에 이후의 장에서도 계속 다룰 것이다.

금융위기의 시작

금융위기의 시작은 2000~2005년의 주택시장거품에서 비롯되었다. **거품**(bubble)은 기업의 주식, 원자재, 주택가격 등이 지속 불가능할 정도로 상승하는 현상을 일컫는다. 그림 1.3은 주택거품이 발생하고 결국에는 붕괴되는 모습을 보여 준다. 그림 (a)는 신규주택 판매, (b)는 케이스-쉴러(Case-Shiller) 주택가격지수를 보여 준다. 그림 (a)에 따르면 신규주택 판매는 2000년 1월과 2005년 7월 사이에 60%나 증가했다. 그러나 놀랍게도 2005년 7월과 2010년 7월 사이에는 80%나 하락하였다. 그림 (b)는 주택가격도 비슷한 양상을 따른다는 것을 보여 준다. 주택가격은 2000년 초에서 2006년 초까지 거의 90% 증가했는데, 2006년 초에서 2009년 초 사이에는 30% 이상 떨어졌다.

과연 주택시장거품은 주택가격이 영원히 증가할 것이라고 낙관한 건축업자와 주택 구매자 때문에 발생한 것일까? 사람들의 지나치게 낙관적인 기대가 주택시장거품의 형성에 일정 부분 기여했다 하더라도 대부분의 경제학자는 모기지 시장의 변화가 더 큰 역할을 했다고 본다. 미 의회는 사람들이 돈을 빌려 쉽게 주택을 살 수 있도록 모기지 유통시장을 만들어 주었다. 이를 위해 연방정부의 지원

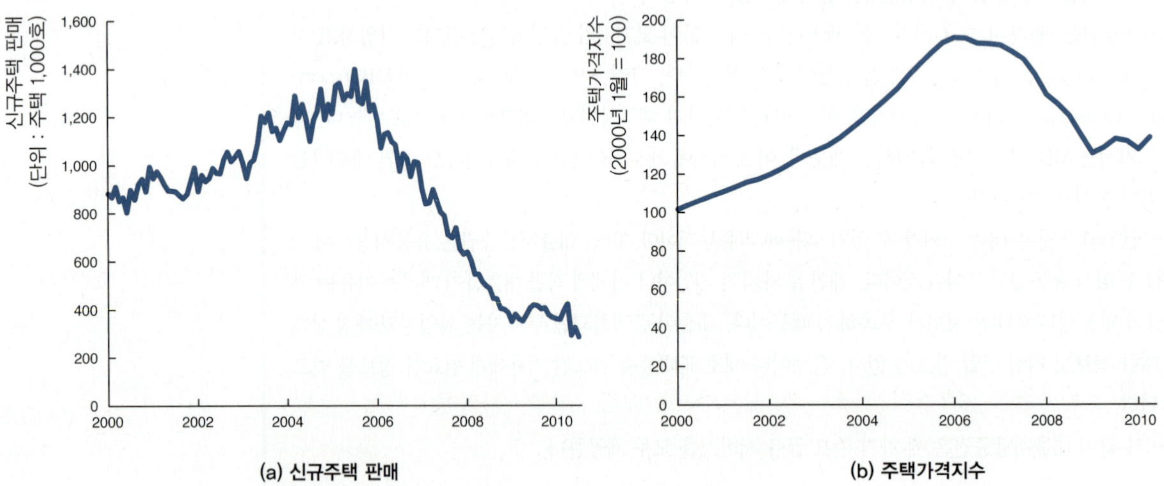

그림 1.3 주택시장거품

(a)는 주택시장거품으로 2000~2005년 사이에 신규주택의 판매가 급증했음을 보여 준다. 그러나 2006년 초부터 2009년 초까지 판매가 급락했고, 그 이후는 더디게 회복되는 모습을 보여 주고 있다. (b)에서 주택가격도 주택 판매와 같은 양상을 보인다는 것을 알 수 있다.

출처 : U.S. Bureau of the Census; and S&P/Case-Shiller, standardandpoors.com.

을 받는 두 개의 **공공기관**, 즉 패니매(Fannie Mae, Federal National Mortgage Association)와 프레디맥(Freddie Mac, Federal Home Loan Mortgage Corporation)을 이용했다. 패니매와 프레디맥은 채권을 발행하여 모은 자금으로 은행의 모기지를 매입했다. 1990년대 말까지 투자자, 패니매와 프레디맥, 은행, 주택 매입자로 자금이 이전되는 광범위한 유통시장이 형성되었다.

2000년대에 들어서자 모기지 시장에 중요한 변화가 발생했다. 첫째, 투자은행이 모기지의 유통시장에서 큰 비중을 차지하게 되었다. 투자은행은 다량의 모기지를 매입하고 이를 묶어 MBS를 만들어 투자자에게 팔았다. MBS는 비슷한 위험을 가진 다른 증권에 비해 수익률이 높았기 때문에 투자자 사이에 인기가 높았다. 둘째, 2005년과 2006년 초 사이 주택시장의 거품이 한창이었을 때 은행의 모기지 대출 기준이 느슨해졌다. 전통적으로는 신용도가 높고 집값의 20%를 미리 지불할 능력이 있는 사람들만 모기지 대출을 받을 수 있었다. 그러나 2005년에 이르자 신용도가 낮은 **서브프라임**(subprime) 계층에도 모기지가 제공되었다. 또한 **Alt-A 차입자**(프라임과 서브프라임 사이의 신용등급)는 이전보다 더 쉽게 모기지를 얻을 수 있었고, 소액의 계약금만으로도 대출이 가능했다. 게다가 대부자들은 처음 몇 년 동안은 낮은 이자만 내고 나중에 높은 이자를 내는 **조절가능 모기지**(adjustable-rate mortgages)를 만들어 냈다. 새로운 형태의 모기지 대출을 받은 사람들의 채무불이행 위험이 높은 것은 당연했다. 그러면 차입자는 왜 갚기 벅찬 모기지를 얻고, 대부자는 왜 이런 모기지를 내어주는 것일까? 대부자나 차입자 모두 주택가격이 계속 오를 것이라고 믿었다. 주택가격이 오르면 채무불이행 가능성이 낮아지고 나중에 가서 전통적인 형태의 모기지로 전환하면 되기 때문이었다.

그러나 불행하게도 2006년에 시작된 주택가격의 하락으로 서브프라임 차입자, Alt-A 차입자, 조절가능 모기지의 차입자, 소액만 걸고 집을 계약한 차입자의 채무불이행이 늘어나기 시작했다. 모기지에 대한 채무불이행이 늘어나면서 MBS의 가격이 급락했고 투자자들은 두려워졌다. 연준 의장 버냉키를 포함한 많은 경제학자는 주택시장의 거품이 붕괴되더라도 금융시스템에 미칠 여파는 제한적일 거라고 생각했다. 그러나 이런 예상은 빗나갔다. 수많은 상업은행과 투자은행이 MBS를 보유하고 있었고 손실을 감수해야 했다. 게다가 부동산 개발업체에게 돈을 빌려 준 상업은행들은 막대한 손실을 입었다. 2007년 중반에 이르자 MBS 가격 하락과 은행들이 입은 막대한 손실로 금융시스템이 혼란에 빠지기 시작했다. 투자자들은 MBS를 외면했고 몇몇 투자자는 국채만 매입했다. 자금의 흐름은 극도로 위축되었다.

2008년 봄에 연준과 재무성은 이례적인 조치를 취하였다. 연준은 원래 상업은행에게만 자금을 빌려 주지만 투자은행에도 빌려 주기 시작했다. 그해 3월 연준과 재무성은 JP모건체이스가 파산에 처한 투자은행 베어스턴스를 인수하도록 했다. 연준은 JP모건체이스가 베어스턴스를 인수할 경우 베어스턴스 보유 MBS에서 발생하는 손실을 290억 달러까지 보전해 주기로 했다. 만약 베어스턴스가 파산하면 금융시장이 패닉 상태에 빠져 다른 투자은행들도 단기자금을 융통하기 어려울 것이라고 보았기 때문이다.

연준과 재무성의 대응

몇몇 경제학자와 정책 당국자는 베어스턴스를 JP모건체이스에 매각하도록 한 연준과 재무성의 결정을 비판했다. 가장 우려되는 것은 도덕적 해이(moral hazard) 문제였는데, 베어스턴스와 같이 큰 금융회사가 파산 상태에 몰리더라도 연준이 구제해 줄 것이라 믿고 위험한 투자를 감행할지 모르기 때문이었다. 재무성과 연준은 대규모 금융회사의 파산이 불러일으킬 경제적 파장을 우려해 베어스턴스를 구제해 주었다. 같은 해 9월 리먼브러더스가 파산 직전에 몰리게 되었을 때에도 연준과 재무성은 금융시스템에서 자금 흐름이 막히게 될 것을 걱정했다.

그러나 결국 9월 15일 리먼브러더스의 파산을 허용했다. 금융시장의 반응은 예상보다 훨씬 부정적이었다. 바로 이틀 뒤에 연준은 미국 최대의 보험회사인 AIG(American International Group)에 주식의 80%를 정부에 넘기는 조건으로 850억 달러를 대출해 주었다. 이로써 AIG는 연방정부의 통제하에 들어가게 되었다. 리먼브러더스 파산의 여파는 엄청나게 컸고, 모든 종류의 대출이 급격히 축소되었다. 마침내 2008년 10월 의회는 부실자산구제프로그램(Troubled Asset Relief Program, TARP)을 통과시켰고, 이를 근거로 재무성은 상업은행에 대해 주식을 대가로 자금을 지원했다. 일부일지라도 정부가 민간 상업은행의 소유권을 갖는 것은 전례 없는 조치였다. 연준과 재무성이 취한 정책은 논란을 불러일으켰다. 금융기관을 부분적으로 소유하고, 대형 금융기관이 파산하지 않도록 암묵적으로 보장하였으며, 또 금융시장에 전례 없는 개입을 실시했기 때문이다. 연준과 재무성의 의도는 자금의 흐름을 회복시켜 주는 것이었다. 자금의 흐름이 정상화되지 않으면 가계와 기업이 소비와 투자에 필요한 자금을 조달하지 못하는 사태가 발생할 것이기 때문이다.

대부분의 경제학자와 정책 당국자는 금융위기의 심각성 때문에 연준의 혁신적인 조치들이 정당화된다고 믿었지만, 그로 인해 연준의 독립성이 약화될지 모른다고 우려하는 사람도 많았다. 전통적으로 연준 의장은 재무성을 포함한 행정부와 의회로부터 연준의 독립을 지켜 왔다. 그러나 금융위기 동안 연준은 여러 조치를 취하면서 재무성과 협력했다.

1.3 금융위기가 제기한 주요 이슈와 질문

[학습목표]
금융위기가 제기한 주요 이슈와 질문을 설명한다.

2007~2009년 금융위기와 경기침체에 대한 세부사항은 흥미로우면서도 중요하다. 그러나 더욱 중요한 것은 금융시스템이 작동하는 방식에 대해 금융위기가 알려 준 점들이다. 금융위기에 대해 아주 간략하게 살펴보는 것만으로도 다음과 같이 수많은 질문이 제기되며, 이후의 장들에서 차례대로 그에 대한 답을 구해 보기로 하자.

제2장 : 화폐와 지급결제시스템

Issue 금융위기 기간 동안 연준이 취한 조치들로 인해 연준의 독립성에 대한 의문이 제기되었다.

Question 중앙은행은 정부로부터 독립되어야 하는가?

제3장 : 이자율과 수익률

Issue 금융위기 기간 동안 주택저당증권 같은 자산의 이자율이 급상승하자 해당 자산의 가격은 급락했다.

Question 이자율과 금융자산의 가격은 왜 반대로 움직이는가?

제4장 : 이자율의 결정

Issue 일부 경제전문가는 연준이 2007~2009년 침체에 대항하기 위해 사용했던 정책들로 인플레이션율이 상승하고 장기채권에 대한 투자가 위험해질 것이라고 전망했다.

Question 예상 인플레이션 및 그 밖의 요인은 투자의 결정에 어떤 영향을 주는가?

제5장 : 이자율의 위험구조와 기간구조

Issue 금융위기 기간 동안 신용평가기관들은 위험하다고 판명된 증권들에 대해서도 높은 등급을 주어 비판을 받았다.

Question 정부는 신용평가기관을 더 철저히 규제해야 하는가?

제6장 : 주식시장

Issue 금융위기 동안 소액투자자들은 두려움에 보유 주식을 매도했다.

Question 2007~2009년 금융위기가 개인의 주식 투자 의지에 장기적으로 영향을 줄 것인가?

제7장 : 파생금융상품

Issue 투자자와 경제전문가들은 파생금융상품이 금융위기의 심각성을 키웠다고 주장했다.

Question 파생금융상품은 금융의 대량살상무기인가?

제8장 : 외환시장

Issue 금융위기 동안 환율은 극심하게 변동했고, 국제금융시스템을 안정화시키기 위해 연준과 여타 중앙은행들은 공조정책을 취했다.

Question 금융위기가 최고조에 달했을 때, 왜 미국 달러의 가격이 치솟았는가?

제9장 : 정보의 비대칭성과 금융시스템의 구조

Issue 기업이 자금 조달 원천으로 주식보다는 채권에 더 의존하는 성향 때문에, 채권시장에서 문제가 발생하면 금융위기와 경기침체가 더 심해질 수 있다는 우려가 제기되었다.

Question 기업은 외부자금을 조달하는 데 왜 주식보다 채권에 더 의존하는가?

제10장 : 은행

Issue 금융위기로 파산한 은행의 수가 급격히 증가했다.

Question 은행업은 위험한 사업인가? 만약 그렇다면, 은행은 어떤 종류의 위험에 직면하는가?

제11장 : 투자은행과 비은행금융

Issue 1990년대 이후 은행시스템 밖에서 이루어지는 자금흐름이 증가했다.

Question 2007~2009년 금융위기에서 그림자 은행시스템은 어떤 역할을 했는가?

제12장 : 금융위기와 금융규제

Issue 2007~2009년 금융위기는 1930년대 대공황 이래 가장 심각한 위기였는가?

Question 2007~2009년 금융위기의 심각성이 그 기간의 경기침체의 심각성을 설명해 주는가?

제13장 : 연방준비제도와 중앙은행

Issue 금융위기가 발생하자 미 의회는 연준의 독립성을 줄이는 문제에 대해 논쟁을 벌였다.

Question 의회와 대통령은 연준에 대해 지금보다 더 강한 권한을 행사해야 하는가?

제14장 : 통화의 공급 과정

Issue 금융위기 이후 은행 지준이 급격히 증가하였다.

Question 은행 지준은 왜 급증했으며 정책 당국자들은 어떤 점을 우려했는가?

제15장 : 통화정책

Issue 위기에 직면한 연준은 금융안정을 위해 새로운 정책수단을 많이 도입했다.

Question 중앙은행에게는 여전히 물가안정이 제일 중요한 목표가 되어야 하는가?

제16장 : 국제금융시스템과 통화정책

Issue 금융위기는 유럽중앙은행의 통화정책에 대한 논쟁을 불러일으켰다.

Question 유럽국가들은 단일 통화의 사용을 포기해야 하는가?

제17장 : 화폐이론 I : *AD-AS* 모형

Issue 금융위기가 회복되는 과정에서도 실업률은 여전히 높았다.

Question 2009년 시작된 경기회복 기간에도 실업률이 높게 유지된 것은 무엇 때문인가?

제18장 : 화폐이론 II : *IS-MP* 모형

Issue 2008년 12월 연준은 연방기금금리 목표를 제로에 가깝게 낮추었다.

Question 경기침체 극복을 위한 금리 인하가 효과가 없다면, 그것은 어떤 경우인가?

핵심용어

거품
금융부채
금융시장
금융자산
금융중개기관
발행시장
배당금
분산투자
상업은행
연방기금금리
연방준비은행
외환
위험분산
유동성
유통시장
이자율
자산
정보
주식
증권
증권화
채권
통화공급
통화정책
포트폴리오
화폐

연습문제

01 한 학생이 다음과 같이 말했다. "나는 보험회사에 보험료를 내지만 그 돈을 돌려받은 적이 없다. 나는 보험료가 보험회사로부터 받는 서비스에 대한 대가로 지급하는 금액이라고 생각한다. 은행에 예금하면 내가 원할 때 언제든지 돈을 인출할 수 있으므로 은행예금은 나에게 금융투자이다. 따라서 은행은 금융중개기관이 맞지만 보험회사는 아니다." 이 학생의 의견에 동의하는지 간략히 설명하라.

02 전당포가 높은 이자율을 부과하는데도 사람들은 왜 돈을 빌리는가? 의회가 전당포가 부과할 수 있는 이자율 상한을 연 10%로 하는 법을 통과시켰다고 하자. 이 법이 저소득 계층을 도울 수 있을까? 간략히 설명하라.

03 금융중개기관이 존재하지 않고 직접금융만 가능하다고 하자. 사람들이 자동차나 주택을 매입하는 절차에 어떤 영향을 미치게 되겠는가?

04 2007~2009년 경기침체기에 주택을 매입한 많은 사람이 모기지를 갚는 데 어려움을 겪었다. 주택가격은 대출액 이하로 하락했고 많은 사람이 채무불이행 상태에 있었다. 그에 따라 주택압류(foreclosures)가 늘어났다. 이는 돈을 빌린 사람뿐만 아니라 빌려 준 사람에게도 고통스러운 일이었다. 사실 이 경우에 주택을 압류하는 것보다는 모기지 상환조건을 재협상하는 것이 나을 수도 있다. 그러나 문제가 된 것은 바로 증권화였다. 왜 증권화가 대출의 상환조건을 다시 정하는 것을 어렵게 하는가?

05 거품 현상은 왜 자동차나 냉장고시장이 아니라 주택시장에서 일어날 가능성이 더 큰가?

06 모기지를 거래하는 유통시장의 출현이 국민의 주택 소유를 촉진시키는 데 어떤 도움을 주는 것인가? 주택 소유 촉진을 위해 미국 정부가 주택시장에 개입한 이유는 무엇인가?

CHAPTER 2

화폐와 지급결제시스템

[학습목표]

2.1 물물교환의 비효율성을 분석한다.

2.2 화폐의 네 가지 주요 기능을 살펴본다.

2.3 지급결제시스템의 역할을 설명한다.

2.4 통화량이 어떻게 측정되는지 설명한다.

2.5 화폐수량설을 이용하여 화폐와 물가의 장기적인 관계를 분석한다.

연준이 독립성을 지키기 위해 싸우다

미 하원은 2009년 12월 연준에 대한 감시를 강화하는 법안을 통과시켰다. 이 법안의 지지자들은 금융위기 기간 동안 연준이 취한 조치들에 비판적이었다. 특히 급격한 통화량 증가가 인플레이션을 야기할 것을 우려했다. 그러나 연준 의장 버냉키는 이 법안이 원안대로 통과되면 연준의 독립성이 약화될 것이라고 항변했다. 버냉키는 연준의 독립성을 줄이는 일이야말로 인플레이션 위험을 증가시킨다고 주장했다. 결국 버냉키의 주장이 먹혀들었고, 도드-프랭크의 월스트리트 개혁과 소비자보호에 관한 법(Dodd-Frank Wall Street Reform and Consumer Protection Act) 최종안은 연준의 독립성을 거의 건드리지 않았다.

중앙은행의 독립성과 그것이 잠재적으로 인플레이션에 미치게 될 영향에 대한 논쟁은 단순히 정치적 논쟁거리만은 아니다. 상상이 가지 않겠지만, 2008년 아프리카 짐바브웨의 인플레이션은 150억%였다. 짐바브웨 중앙은행은 엄청나게 많은 돈을 찍어 냈고 과도한 인플레이션으로 생산과 고용이 크게 감소했다. 마침내 2009년 자국 통화를 포기하고 미국 달러를 공식 통화로 사용하기로 결정했다. 미국에서 짐바브웨처럼 인플레이션이 일어날 것 같지는 않지만, 대부분의 경제학자는 중앙은행의 독립성과 인플레이션이 관련되어 있다고 믿는다. 많은 나라에서 누가 통화량을 통제하는가 하는 문제가 뜨거운 정치적 이슈가 되는 것은 바로 이 때문이다.

출처 : Luca Di Leo, "Bernanke Continues Fight Against More Fed Scrutiny," *Wall Street Journal*, May 26, 2010.

2장의 이슈와 질문

▶정답은 36쪽에

Issue 금융위기 기간 동안 연준이 취한 조치들로 인해 연준의 독립성에 대한 의문이 제기되었다.

Question 중앙은행은 정부로부터 독립되어야 하는가?

통화량, 인플레이션, 중앙은행의 정책 간에는 밀접하고도 미묘한 관계가 있다. 이 장에서는 이런 관계들을 알아보고 화폐가 무엇이고 어떻게 측정되는지 살펴볼 것이다. 끝부분에서는 통화량과 인플레이션의 장기적 관계를 보여 주는 화폐수량설을 다룬다.

2.1 우리는 화폐를 필요로 하는가

경제학자들은 **화폐**(money)를 재화와 서비스에 대한 대가를 지불하거나 채무를 변제할 때 일반적으로 받아들여지는 것으로 폭넓게 정의한다. 정말 화폐가 필요한가? 경제가 작동하기 위해 화폐가 필요한 것은 당연한 것처럼 보인다. 하지만 경제원론 강의를 떠올려 보자. 수요, 공급, 생산, 경쟁, 여타 미시경제학 주제를 다룰 때 아마 화폐는 언급되지 않았을 것이다. 물론 화폐가 사고파는 모든 행위를 촉진시킨다는 데는 의심의 여지가 없다. 그러나 화폐 없이도 시장이 작동하는 기본 원리를 이해할 수 있다는 사실 자체가 화폐가 제공하는 서비스가 자명한 것이 아니라는 점을 암시한다.

[학습목표]
물물교환의 비효율성을 분석한다.

화폐 재화와 서비스에 대한 대가를 지불하거나 채무를 변제할 때 일반적으로 받아들여지는 것

물물교환

경제발전 초기에 사람들은 생산물을 직접 교환하였다. 예를 들어 옛날 식민지 미국에서는 소 한 마리에 돼지 몇 마리 하는 식의 거래가 이루어졌다. 이처럼 화폐 없이도 경제가 돌아갈 수 있지만 **물물교환**(barter) 경제는 비효율적이다. 물물교환 경제가 비효율적인 이유에 대해 다음 네 가지 정도를 지적할 수 있다. 첫째, 판매자와 구매자는 거래상대방을 찾기 위해 노력해야 한다. 소와 돼지가 교환되려면 서로 그것을 원하는 당사자를 찾아야 한다. 소위 **욕망의 이중적 일치**(double coincidence of wants)가 있어야 하며, 그에 따른 **거래비용**(transactions costs)이 발생한다. 둘째, 재화마다 너무 많은 가격이 필요하다. 재화가 2개 존재하면 가격은 하나만 있으면 된다. 그러나 재화가 3개 있으면 모두 3개(3×2/2)의 가격이 생긴다. 재화가 10개 있으면, 45개(10×9/2)의 가격이 생기고, 재화가 100개면 4,950개(100×99/2)의 가격, 재화가 10,000개면 49,995,000개(10,000×9,999/2)가 생긴다. 셋째, 표준화(standardization)의 부재로 인한 불편을 겪게 된다. 소와 돼지가 교환된다고 하더라도 소와 돼지의 크기, 품질, 기타 특성이 다 같은 것은 아니다. 넷째, 물물교환 경제에서는 부(wealth)를 축적하기가 곤란하다. 여러 종류의 재화를 가득 쌓아 놓을 수밖에 없기 때문이다.

물물교환 재화와 서비스를 직접 다른 재화 및 서비스와 거래하는 교환시스템

거래비용 재화와 서비스의 교환 과정에서 발생하는 제비용

화폐의 발명

물물교환 경제는 사람들을 자급자족하게 만든다. 식민 시대를 돌이켜 볼 때, 사람들은 직접 작물을 재배하고 집을 짓고 옷과 필요한 기구들을 만들었다. 하지만 이런 경제는 성장하기 어렵다. 사람은 어떤 일은 잘하지만 다른 일은 잘 못하기 때문이다. 교환 방식을 개선하기 위해서는 사람들에게 일반적으로 받아들여지는 재화가 필요했다. 즉 화폐를 만들어 낼 강한 동기가 생겼던 것이다. 예를 들어 식민 시대에 동물 가죽은 의복을 만드는 데 아주 유용했는데, 테네시 주의 초대 지사는 사슴 가죽 1,000개를 연봉으로 받았고, 주 재무장관은 450개의 수달 가죽을 받았다. 화폐로 사용되지만 화폐

관련 사례

무엇이 화폐인가? 택시기사에게 물어보라!

몇 해 전, 이 책의 저자 중 한 사람은 러시아의 택시 기사로부터 화폐에 관한 훌륭한 교훈을 얻었다. 1989년 8월, 그는 모스크바와 레닌그라드(지금의 상트페테르부르크)를 방문하는 미국 경제학자 그룹의 일원이었다. 이곳은 당시 소련에 속해 있었다. 여행의 목적은 소련 경제학자들과 미국, 소련 두 나라가 당면한 경제 문제를 협의하는 것이었다.

모스크바에서 택시를 타고 이동하는 것은 고역이었다. 저자를 초청한 측에서는 미국 경제학자들에게 루블(당시 소련의 화폐)을 주었지만, 러시아 상인과 택시 기사는 택시비를 루블로 받는 것을 꺼렸다. 그리고 미국 달러화, 독일 마르크화, 일본 엔화로 택시비가 얼마가 되는지를 쭉 나열했다. 또 택시비는 택시마다 달랐다.

저자가 택시 타는 번거로움에 대해 아내에게 말하자, 아내는 택시 타는 데 아무 어려움이 없었다고 했다. 아내는 화폐 대신에 말보로 담배로 택시비를 지불했단다! 저자도 그다음 날 말보로를 사용했다. (다른 담배 브랜드는 그만큼 잘 통하지 않았다.) 성공적으로 택시비를 지불할 수 있었다. 그는 택시 기사들이 아주 쉽게 모든 주요 통화를 등가의 말보로로 환산할 수 있음을 알게 됐다.

적어도 그 기간 동안에 모스크바의 택시 기사 사이에 가장 광범위하게 사용된 돈은 공식적인 통화(루블)가 아니라 말보로 담배였다.

상품화폐 화폐로 사용되지만 화폐용도와 상관없이 가치를 지닌 화폐

용도와 상관없이 가치를 지닌 화폐를 **상품화폐**(commodity money)라고 한다. 어떤 재화가 화폐로 사용되면, 당장은 쓸모가 없더라도 사람들은 그것을 받아들였다. 식민 시대의 농부나 테네시 주지사가 사슴 가죽을 원한 것은 아니지만, 다른 물건과 교환할 때 쓸 수 있었기 때문에 받아들인 것이다.

전문화 다른 사람들과 비교해 각자 최선의 능력을 발휘하여 재화와 용역을 생산하는 시스템

화폐가 있으면 여러 장소에서 오랜 기간 쓸 수 있기 때문에 교환에 드는 거래비용이 크게 줄어든다. 사람들은 필요한 재화와 서비스를 모두 다 생산하려고 애쓸 필요가 없다. 자신이 잘하는 일을 하고 필요한 것들을 화폐로 구입하면 된다. 현대에 와서 사람들의 소득이 높아진 것은 **전문화**(specialization)의 결과이며, 화폐의 존재가 그것을 가능하게 했다.

2.2 화폐의 주요 기능

[학습목표]
화폐의 네 가지 주요 기능을 살펴본다.

화폐는 네 가지 주요 기능을 수행한다.

1. 교환의 매개수단
2. 회계의 단위
3. 가치의 저장
4. 연지급의 기준

이 절에서는 위의 네 가지 기능을 간략히 살펴본다. 그리고 화폐, 부, 소득이 어떻게 구분되며, 또한 왜 지폐에 가치가 부여될 수 있는지 알아본다.

교환의 매개수단

화폐는 **교환의 매개수단**(medium of exchange) 기능을 제공한다. 이 기능은 화폐의 정의와 직결된다. 화폐는 재화와 서비스에 대한 대가를 지불할 때 일반적으로 받아들여지는 것이다.

교환의 매개수단 재화와 서비스에 대한 지급수단으로 일반적으로 받아들여지는 성질

회계의 단위

화폐를 이용하면 어느 재화의 가격을 다른 재화에 대한 상대가격으로 표시하는 번거로움 없이 하나의 가격을 매길 수 있다. 화폐를 기준으로 가치를 측정할 수 있으므로, 화폐는 **회계의 단위**(unit of account) 기능을 수행한다.

회계의 단위 화폐를 기준으로 가치를 측정하는 방식

가치의 저장

화폐는 **가치를 저장**(store of value)하는 서비스를 제공한다. 갖고 있는 돈을 지금 당장 쓰지 않더라도 나중에 쓰기 위해 남겨 놓을 수 있다. 물론 물가가 상승하면 화폐의 가치는 감소한다. 그럼에도 불구하고 화폐는 엄연히 가치를 저장할 수 있는 자산 가운데 하나이다. 사실 주식, 채권, 부동산과 같은 자산이야말로 가치를 저장하는 훌륭한 수단이다. 이러한 자산은 배당과 이자를 지급하거나 가치가 더 올라갈 수 있기 때문에 화폐에 비해 장점이 있다. 가치를 저장하는 데 더 나은 자산들이 있음에도 불구하고 사람들이 화폐를 보유하는 이유는 무엇일까? 그 답은 아마도 **유동성**에 있을 것이다. 화폐는 그 자체로 완전히 유동적이다. 차를 사기 위해 주식, 채권을 팔아야 한다면 수수료를 지불해야 한다. 먼 곳으로 직장을 옮기기 위해 급하게 집을 팔아야 한다면 중개업자에게 수수료를 지불해야 하고 시세보다 낮은 가격도 감수해야 한다. 비록 가치의 저장수단으로 다른 자산이 더 매력적일지라도 이러한 불편을 덜기 위해 사람들은 일정량의 화폐를 보유하려고 한다.

가치의 저장 미래에 재화와 서비스를 구입하기 위한 부의 축적

연지급의 기준

화폐는 신용거래(credit transactions)에서 **연지급의 기준**(standard of deferred payment) 역할을 한다. 교환의 매개수단이자 회계의 단위로서 화폐는 어느 주어진 시점에서 교환을 촉진시킨다. 나아가 화폐는 시간이 소요되는 거래도 용이하게 해 준다. 예를 들어 어느 상점이 물품을 주문하면서 그 대금을 60일 내에 지불한다고 약속할 때, 그 액수는 일반적으로 화폐로 표시된다.

연지급의 기준 시간이 소요되는 거래를 용이하게 해 주는 화폐의 특성

화폐, 소득, 부의 구분

화폐, 소득, 부의 차이를 명확히 해 보자. 우리는 흔히 부자들이 많은 돈을 갖고 있다고 말한다. 하지만 그들이 주머니(또는 저택과 요트)에 돈을 숨겨 두었다기보다는 주식, 채권, 부동산 같은 자산을 많이 보유하고 있다고 생각한다. 한 개인의 **부**(welath)란 개인의 총자산에서 총부채를 뺀 것이다. 화폐는 부의 일종이며, 어느 자산이 교환의 매개 역할을 하면 화폐로 간주된다. 한 개인의 소득은 그가 일정 기간 동안에 벌어들인 수입이다. 사람들은 보통 소득 및 부보다 훨씬 적은 양의 화폐를 보유한다. 앞으로 이 세 가지 용어를 적절한 방법으로 조심스럽게 사용할 것이다.

부 개인의 총자산의 가치에서 부채의 가치를 뺀 것

무엇이 화폐 역할을 할 수 있는가

무엇이 화폐 역할을 할 수 있는가? 앞에서 화폐란 재화와 서비스에 대한 대가를 지불하거나 채무를 변제할 때 일반적으로 받아들여지는 것으로 정의되었다. 실제로 다음과 같은 조건을 충족해야 자산이 교환의 매개수단으로 쓰이기에 적합할 것이다.

- 대부분의 사람들에게 받아들여져야 한다.
- 질적인 면에서 표준화되어야 한다.
- 내구성이 있어야 한다.
- 대규모 거래를 할 때 쉽게 운반될 수 있도록 무게에 대비한 가치가 높아야 한다.
- 가격이 다양하기 때문에 가분성(divisibility)이 있어야 한다.

법정불환화폐의 신비

지폐(paper currency)에는 내재적 가치가 없다. 가령 20달러 지폐로 물건을 구입할 수 있겠지만, 그 이상 특별한 용도는 없다. 물론 책갈피로 쓸 수는 있다. 연준은 미국 지폐를 발행하지만 이를 금이나 다른 상품과 바꾸어 줄 의무는 없다. 지폐와 같이 화폐의 용도로만 쓰일 수 있는 화폐를 **법정불환화폐**(法定不換貨幣, fiat money)라 한다.

법정불환화폐 지폐와 같이 화폐의 용도로만 쓰일 수 있는 화폐

법화 세금 납부와 부채 상환 수단으로 인정되도록 정부가 지정한 화폐

사람들은 재화와 서비스를 제공한 대가로 지폐를 받아들이는데, 정부가 이를 **법화**(legal tender)로 지정했기 때문이다. 세금 납부나 부채 상환에는 정부가 지정한 법화의 사용이 요구된다. 그러나

관련 사례

애플사는 내 현금을 원하지 않았다

연방준비제도의 지폐가 법정통화라는 말은 미국에 있는 모든 사람과 상점이 이 지폐를 받아야 한다는 뜻이 아니었나? 이 질문에 대한 답은 '아니요'이다. 캘리포니아에 사는 한 여성은 팔로알토에 있는 애플 상점에 가서 현금 600달러를 내고 아이패드를 사려다가 이러한 사실을 알게 됐다. 당시는 아이패드가 출시된 직후였고 애플은 이베이, 크레이그리스트, 혹은 다른 곳에서 아이패드를 되팔려는 사람들에게 다량의 아이패드를 팔지 않고자 했다. 그래서 애플은 아이패드를 사고자 하는 고객이 신용카드나 체크카드로만 지불하도록 했다. 그렇게 하면 최대 허용치인 두 개를 초과해서 사려는 사람이 누구인지를 알아내는 게 쉽기 때문이었다.

연방준비제도의 지폐가 법정통화이기 때문에 채권자들이 대출금을 돌려받을 때나 정부가 세금을 거두어 들일 때 이를 지불수단으로 받아들여야 한다. 하지만 위 예가 보여 주듯, 기업이 재화와 용역에 대한 대가의 지불수단으로 현금만 받아들여야 하는 건 아니다. 미국 재무성 웹사이트에는 다음과 같은 설명이 올라와 있다.

사기업, 개인, 혹은 기관이 재화 혹은 용역에 대한 대가의 지불수단으로 지폐나 동전을 받아들여야 한다는 법률은 존재하지 않는다. … 예를 들어 버스 회사는 1센트짜리 동전이나 1달러짜리 지폐로 요금을 내는 것을 금지할 수 있다. 또한 극장, 편의점, 주유소 등도 고액권(보통 20달러 이상의 지폐)을 받지 않는 것을 내부 방침으로 삼을 수 있다.

현금으로 아이패드를 사려던 여성은 장애인이었고 소득이 제한적이었기 때문에, 이 일로 인해 애플사에 대한 나쁜 이미지가 만들어졌다. 그래서 애플사는 현금으로 아이패드를 사지 못하도록 한 방침을 철회하기로 했는데, 단 한 가지 조건은 고객이 구매 시점에 애플사에 계좌를 만들어야 한다는 것이었다. 애플사는 현금으로 사려다가 거절당했던 그 고객에게 공짜 아이패드를 선물했다.

출처 : Michael Winter, "Apple Ends No-Cash Policy and California Woman Gets Free iPad," usatoday. com, May 20, 2010; "FAQs: Currency," www.ustreas.gov/education/faq/currency/legal-tender.shtml.

사실 지폐가 통용되는 것은 사람들의 신뢰 때문이다. 기본적으로 자기충족적 기대(self-fulfilling expectations)에 해당된다. 즉 다른 사람들이 지급수단으로 받아들일 것이라고 믿는 경우에만 당신도 그것을 화폐로 여긴다. 연준이 발행한 녹색 종잇조각이 화폐인 것은, 그것이 교환의 매개수단으로 사람들에게 기꺼이 받아들여지기 때문이다.

앞으로 알게 되겠지만, 사람들의 신뢰를 잃는다면 화폐는 더 이상 교환의 매개 기능을 수행할 수 없다.

2.3 지급결제시스템

화폐는 거래를 촉진시킨다. 거래를 수행하는 메커니즘을 **지급결제시스템**(payment system)이라고 한다. 지급결제시스템은 금화 및 은화 지급 방식에서 지폐, 수표, 온라인자금이체 방식으로 진화했다.

[학습목표]
지급결제시스템의 역할을 설명한다.

지급결제시스템 거래를 수행하는 메커니즘

상품화폐로부터 법정불환화폐로의 이동

이미 기원전 10세기 중국과 기원전 7세기 그리스에서 금속주화가 사용되었다는 기록이 있다. 그 이후로 오랫동안 금, 은, 동과 같은 귀금속이 화폐로 통용되었다. 그러나 금화와 은화에는 몇 가지 단점이 있었다. 이미 로마제국 시대부터 동전을 녹인 다음 싸구려 금속을 섞어 쓰는 일이 있었다. 게다가 금화와 은화에만 의존하는 것은 성가셨다. 거래를 위해 대량의 금화를 운송해야 했고 강도를 만날 위험도 있었다. 15세기경 유럽에서는 이런 불편을 해소하기 위해 정부와 민간기업(초창기 은행)이 금을 안전한 장소에 보관하고 대신 보관증을 발행하기 시작했다. 요구만 하면 언제든 금으로 바꿀 수 있다고 사람들이 믿는 한, 이 보관증은 교환의 매개수단으로 통용될 수 있다. 사실상 지폐가 발명되었던 것이다.

현대 경제에서는 미국의 연준과 같은 중앙은행이 지폐를 발행한다. 연준은 지폐를 금이나 다른 상품으로 교환해 주지 않는 불환시스템을 사용한다. 연준은 지폐를 발행하고 은행과 정부로부터 예금을 받으며, 은행은 이 예금을 이용하여 서로 간의 거래를 청산한다. 비록 19세기에는 민간은행이 자체적으로 화폐를 발행했지만, 오늘날에는 그렇게 할 수 없고 중앙은행이 화폐 발행을 독점한다.

수표의 중요성

지폐에도 단점이 있다. 대규모 거래를 할 때는 어쩔 수 없이 비싼 운송비를 치러야 한다. 자동차를 사기 위해 가방에 돈을 잔뜩 넣는 것을 생각해 보라. 지급결제시스템의 또 다른 혁신은 20세기 초에 수표 사용이 급증한 것이다. **수표**(checks)는 요청하면 은행이나 금융기관에 예치된 금액을 지급하겠다는 약속이다. 금액을 자유롭게 써 넣을 수 있기 때문에 거래를 성사시키는 데 편리하다.

수표 요청하면 은행이나 금융기관에 예치된 금액을 지급하겠다는 약속

그러나 수표거래에는 많은 절차가 필요하다. 당신이 수표를 받아 은행으로 가면, 은행은 수표를 써 준 사람의 거래은행에게 지급을 요청하여 금액을 빼서 당신의 계좌에 넣어 준다. 미국에서는 막대

한 양의 수표를 결제하는 데 매년 수십억 달러의 비용이 들어간다. 수표를 이용하는 거래에는 정보비용도 든다. 수표를 쓴 사람의 계좌에 그만한 금액이 있는지 확인해야 하기 때문이다. 판매자의 입장에서 볼 때 지폐 대신 수표를 받는 것은 더 많은 신뢰를 요하는 일이다.

전자자금과 전자화폐

전자통신의 발전으로 수표를 청산하고 자금을 이전하는 데 시간이 줄어들고 지급결제시스템의 효율성이 증가했다. 이제는 많은 거래의 결제와 청산이 전자결제시스템으로 이루어진다. 데빗카드(debit card, check card로 불리기도 함), 자동이체시스템, 현금자동인출기(ATM), 전자화폐(e-money)와 같은 장치들이 있다.

데빗카드는 수표처럼 사용할 수 있다. 상점에 있는 금전등록기가 은행과 연결되어 있어, 고객이 데빗카드를 이용하면 은행은 즉시 고객의 계좌에서 상점의 계좌로 자금을 이전시킨다. 은행의 전산시스템이 거래를 승인하기 때문에 수표거래에서 발생하는 신뢰의 문제를 없애 준다. 자동이체시스템은 정해진 날짜에 급여를 지급하거나 대출금에 대한 이자를 납부할 수 있게 해 주며, 수표발행의 번거로움을 덜어 주고 지불이 누락될 가능성을 줄여 준다. 또한 ATM을 이용하면 은행 창구에서 기다릴 필요 없이 편한 장소에서 거래를 할 수 있다.

전자화폐 인터넷을 통해 재화와 용역을 구입할 때 사용하는 화폐

전자이체거래가 확대되면서 인터넷 거래에 쓸 수 있는 **전자화폐**(e-money)가 탄생했다. 소비자는 인터넷 은행으로부터 전자화폐를 구입하고 물건을 구매할 때 인터넷 은행이 판매자의 컴퓨터로 돈을 이전해 준다. 가장 잘 알려진 전자화폐는 이베이(eBay)가 운영하는 페이팔(PayPal) 서비스로서, 온라인 경매 사이트이다. 예금이나 신용카드로 자금을 이체하여 페이팔 계좌를 만들어 물건을 사고, 판매자는 구매자의 계좌에서 이체된 금액을 받아들인다. 이렇게 결제가 이루어지기만 한다면 전자화폐는 정부가 발행한 통화와 같은 기능을 하는 셈이다. 중앙은행은 전자화폐를 통제하지 않으므로, 이는 순수하게 사적인 지급결제시스템이다. 페이팔은 원래 온라인 경매를 위해 개발되었지만 최근에는 아마존닷컴(Amazon.com)의 페이프레이즈(PayPhrase)와 같은 전자화폐 공급자가 온라인 거래의 확장을 시도하고 있다.

전자화폐의 발전은 흥미를 불러일으켰고, 몇몇 논평자는 '현금 없는 사회'에 대해 언급하기 시작했다. 연준의 한 연구에 의하면 비현금 거래의 비중이 크게 늘고 있으며, 비현금거래 가운데 전자결제가 3분의 2 이상을 차지하고 있다. 수표 사용량은 매년 20억 개 이상 줄어들고 있다. 그럼에도 불구하고 실제로 현금(또는 수표)이 없는 사회가 올 것 같지는 않다. 전자결제시스템을 구축하는 데 많은 비용이 들 뿐만 아니라, 사람들이 해킹에 노출된 시스템에서 개인정보를 보호할 수 있을지 두려워하기 때문이다. 지폐나 수표의 사용이 줄어들겠지만, 그렇다고 사라질 것 같지는 않다.

지급결제시스템의 효율성은 매우 중요하다. 은행시스템이 붕괴해서 모든 거래를 현금으로 해야 한다고 생각해 보라. 당장 많은 현금을 가지고 다녀야 하고 은행으로부터 대출을 받을 수도 없다. 지급결제시스템에 교란이 발생하면 무역거래와 신용거래가 위축된다. 많은 경제학자들이 1930년대 대공황이 심각한 사태로 전개된 것이 은행시스템의 붕괴 때문이라고 생각한다. 효율적인 지급결제시

스템의 구축은 공공정책의 영역으로, 정부는 교환의 매개 기능을 규제하고 시스템을 보호하기 위한 안전망을 구축해야 한다.

2.4 통화량의 측정

통화량의 변화는 이자율, 물가, 생산, 고용과 같은 경제변수의 변화와 관련되기 때문에, 우리는 통화량을 어떻게 측정하는가 하는 문제에 관심을 갖게 된다. 화폐의 기능 가운데 하나가 교환의 매개수단이라는 점을 상기해 보자. 만약 이것만이 화폐의 유일한 기능이라면 화폐에는 재화와 서비스를 구입하는 데 편리하게 사용할 수 있는 현금, 수표발행예금(checking account deposits), 여행자수표(traveler's check)만 포함될 것이다. 그러나 이 세 자산만 포함시키면 화폐를 너무 좁게 정의하는 것이다. 이 세 자산만큼 유동적이지는 않지만 다른 자산들도 교환의 매개 기능을 할 수 있다. 필요하면 저축예금계좌도 쉽게 현금으로 전환할 수 있고, MMF에 투자한 금액도 현금화할 수 있다.

[학습목표]
통화량이 어떻게 측정되는지 설명한다.

통화량 측정하기

통화량 조절의 책임을 가진 연준은 두 가지 정의를 사용하여 통화량 자료를 제공한다. 그림 2.1은 두 종류의 **통화량**(monetary aggregates)자료를 보여 준다.

통화량 현금 범위를 넘는 통화의 총량 측정치로 M1 또는 M2가 이에 해당된다.

M1 **M1**은 협의통화, 즉 좁게 정의된 통화이다. 그림 2.1(a)에서와 같이 M1은 전통적인 교환의 매개수단인 현금, 수표발행예금, 여행자수표로 이루어진다. 1980년대 초반까지 정부는 은행이 수표발행예금에 대해 이자를 지급하는 것을 허용하지 않았기 때문에 이 예금은 현금과 매우 밀접한 대체재였다. 그러나 1970년대, 1980년대, 1990년대를 거쳐 탈규제와 금융개혁의 물결을 타고 유사한 기능을 하는 예금이 많이 생겨났다. 저축은행이나 신용조합도 수표발행예금을 제공하기 시작했고, 상업은행은 이자를 지급하는 수표발행예금을 출시했다. 오늘날 M1에는 이자를 지급하지 않는 **요구불예금**(demand deposits)과 함께 이와 같이 수표발행예금도 포함된다. 즉 M1은 현금, 여행자수표, 요구불예금, 기타 수표발행예금으로 정의된다.

M1 협의의 통화량으로 현금, 요구불예금 및 수표발행예금, 여행자수표로 정의된다.

M2 **M2**는 M1보다 넓게 정의된 통화(광의통화)로 단기투자성 자산들이 추가된다. 비록 M1만큼 쉽지는 않지만, 이런 계정들은 현금으로 전환될 수 있다. 그림 2.1(b)에서 보듯이 M2에는 M1 외에 다음과 같은 것이 포함된다.

M2 광의통화로 M1에 들어가는 모든 자산에 10만 달러 미만의 정기예금, 저축성예금, 은행 발행 MMDA, 개인용 MMF가 추가된다.

- 10만 달러 미만의 정기예금 : 주로 은행의 양도성예금증서(CD)가 포함됨
- 저축성예금(savings accounts)
- 은행이 발행한 MMDA(money market deposit accounts)
- 개인용 MMF(money market mutual fund) : 기관투자자 소유의 MMF는 제외

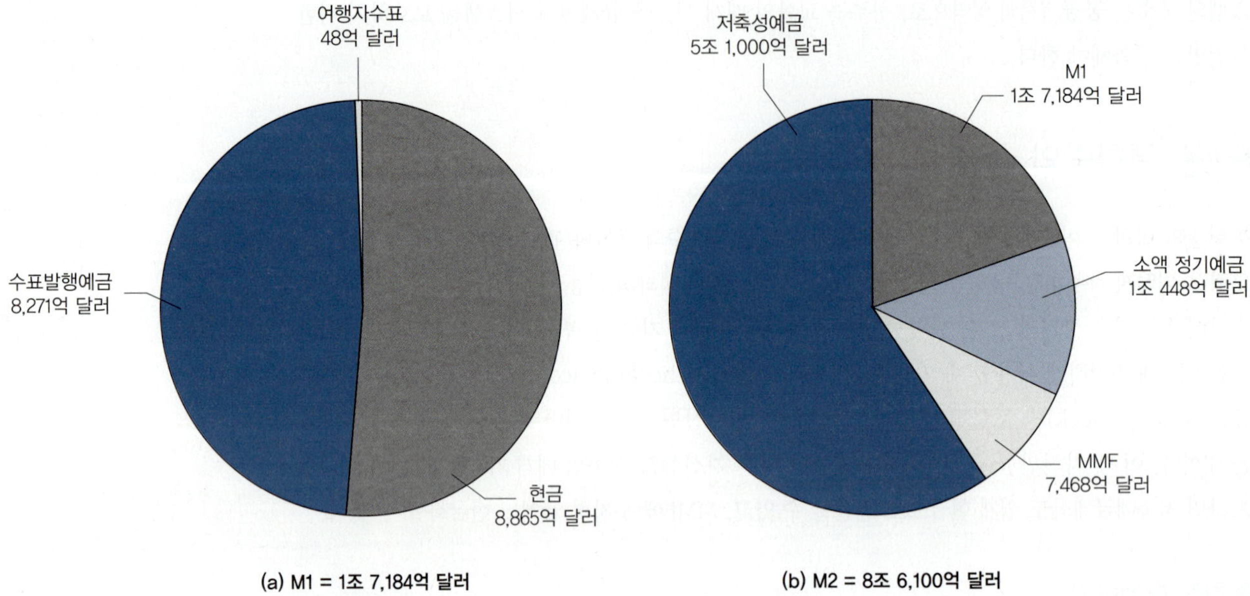

그림 2.1 통화량의 측정 : 2010년 7월

연준은 두 가지로 통화량을 측정한다. M1과 M2에는 현금, 수표발행예금, 여행자수표가 포함되며, M2에는 여기에 (b)에 표시한 자산들이 추가된다.

주 : (b)에서 저축성예금에는 MMDA가 포함되어 있다.
출처 : Board of Governors of the Federal Reserve System, *Federal Reserve Statistical Release, H6*, September 2, 2010.

통화량의 정의는 중요한가

어느 정의가 맞을까? 만약 M1과 M2가 서로 밀접하게 움직인다면 아무거나 이용하면 되지만, 그렇지 않으면 그 이유에 대해 주목할 필요가 있다.

그림 2.2(a)는 1959년 1월부터 2010년 7월까지의 M1과 M2 수준을 보여 준다. 이 기간 동안 M2는 M1보다 훨씬 더 많이 증가했다. M2에만 속하는 CD, MMF와 기타 자산들이 현금과 수표발행예금보다 더 빠르게 증가했기 때문이다. 경제전문가들은 보통 경제변수의 변화율이 변수의 수준보다 중요하다고 생각한다. 예를 들어 미래 재무계획을 세울 때 물가의 수준보다는 **인플레이션율**에 관심을 갖는다. 통화량의 변화가 인플레이션을 유발한다고 믿으면 M1과 M2의 증가율을 보여 주는 그림 2.2(b)가 (a)보다 더 유용하다.

그림 2.2(b)는 지난 20년간 M1과 M2의 증가율이 상당히 다르게 전개되어 왔다는 것을 보여 준다. 전반적으로 M2의 증가율이 더 안정적이었다. 반면 M1의 증가율은 1990~1991년, 2001년, 2007~2009년 동안 아주 크게 증가했고, 몇몇 기간 중에는 마이너스 값을 보이기도 했다. 음의 증가율은 M1으로 측정된 통화량이 감소했다는 뜻이다. 그러면 연준과 기타 예측기관은 산출, 물가, 이자율 같은 경제변수의 변화를 설명하기 위해 어떤 통화량을 사용해야 하는가? 사실 경제 예측에

관련 사례

돈을 보여달라

그림 2.1(a)를 보면 2010년 7월 미국 현금통화의 총가치는 8,865억 달러다. M1에 포함된 현금통화의 가치는 은행권 밖에 있는 모든 지폐와 동전을 포함하기 때문에 '현금잔고'라고도 불린다. 8,865억 달러라는 수치는 미국에 있는 모든 개인이 1인당 2,800달러 이상 보유하고 있음을 의미한다. 이 중 일부를 개인이 아닌 회사가 보유하고 있다는 점을 감안하더라도 2,800달러는 일반적으로 개인이 보유하는 액수보다 훨씬 많아 보인다. 대부분의 사람들은 곧 사용하고자 하는 돈 대부분을 현금보다는 수표발행예금에 보관했다. 아래의 그림은 1959~2010년 사이 수표발행예금 대비 현금의 비율이 어떻게 변했는지를 보여 주는데, 이 비율은 사람들이 수표발행예금 보유액과 현금 보유액을 어떻게 조절해 왔는지를 이해하는 데 도움이 된다.

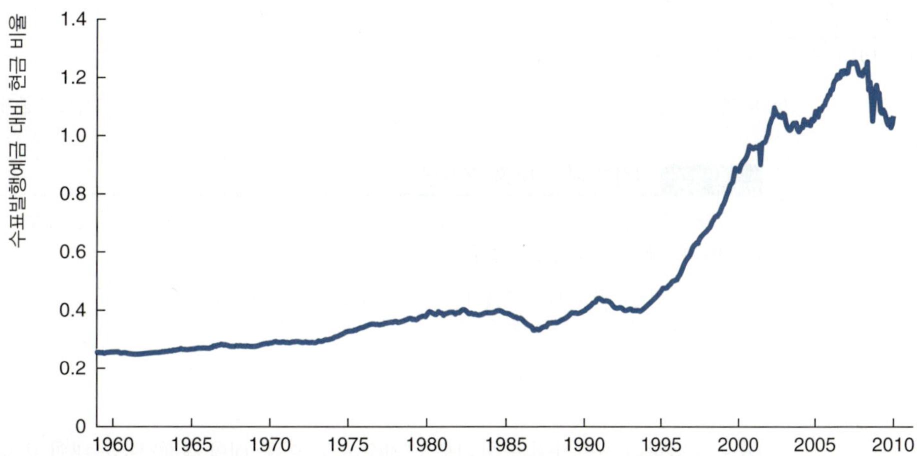

출처 : Federal Reserve Bank of St. Louis.

이 비율은 1990년대 중반 상승하기 시작하여, 2007년 시작된 금융위기 때는 매우 높은 수준에 도달했다가 2009년 위기가 완화되었을 때 다시 감소하였음을 볼 수 있다. 지난 15년에서 20년 동안 돈을 은행에 넣어 두기보다 현금으로 보유하려는 성향이 높아졌는데 그 이유는 무엇일까? 이 질문에 대한 답은 1990년대 중반 이후 미국 통화에 대한 수요를 증가시킨 사람들 대부분이 미국 밖에 살고 있다는 데서 찾을 수 있다. 실제 연준의 추정에 따르면 2010년 7월 현재 현금잔고 8,865억 달러의 3분의 2가량이 미국 밖에 있다. 1990년대 많은 아시아, 라틴아메리카, 동유럽 국가들은 높은 인플레이션율 혹은 다른 통화 관련 문제를 경험했다. 이 국가들의 가계와 기업들은 국내 통화 대신 미국 달러로 거래하기 시작했다. 심지어 국가원수가 거액의 달러를 감춰 놓은 경우도 있었다. 2003년 미국이 이라크를 침공했을 때 미국 군대는 사담 후세인의 가족이 숨겨 놓은 수억 달러의 현금을 발견하기도 했다. 미국 외 대부분의 나라에서 미국 달러는 법정통화가 아니지만 대부분의 가계와 기업이 거절하지 않는다면 미국 달러는 여전히 교환의 매개수단으로 사용될 수 있다. 파나마, 엘살바도르, 에콰도르를 포함한 몇몇 나라는 미국 달러를 공식 통화로 사용한다. 앞 장에서 보았듯이, 2009년 초 짐바브웨 정부는 고유 통화를 버리고 달러를 채택했다.

마지막으로 그림을 보면 미 달러화에 대한 수요는 금융위기가 절정에 달한 2008년 후반 크게 증가했다. 물론 위기가 완화되자 2009년에는 다시 감소하였음을 알 수 있다. 미 달러에 대한 수요가 증가한 것은, 비록 일부는 은행 파산을 우려한 미국 소비자들이 수표발행예금을 현금으로 전환한 데 따른 것일 수 있지만, 대부분은 자국 통화의 안정성이 의심되는 시기에 달러가 안전한 피난처라고 여긴 외국의 가계와 회사들이 보유를 늘렸기 때문이다.

출처 : Federal Reserve Bank of New York, "The Money Supply," July 2008. Dexter Filkins, "Hussein's Son Took $1 Billion Just Before War, Bank Aide Says," *New York Times*, May 6, 2003.

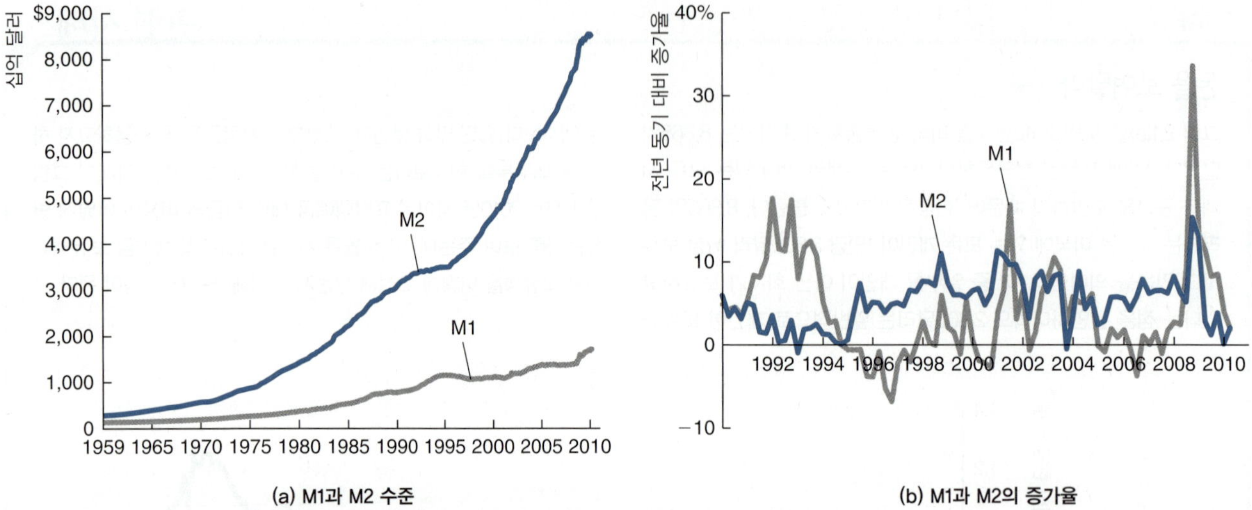

그림 2.2 M1과 M2 : 1959~2010년

(a)는 1959년 이래로 M1보다 M2가 더 급격히 증가했다는 것을 보여 준다. (b)는 1990년 이후의 연간 증가율을 나타내는데, M1은 M2에 비해 불안정한 모습을 보여 준다.

주 : (b)의 증가율은 분기자료를 이용하여 연율(%)로 전환한 것이다.
출처 : Federal Reserve Bank of St. Louis.

어느 통화량이 적합한지는 아직도 미지수이다. 연준 내의 경제전문가뿐만 아니라 학계의 경제학자와 민간금융회사의 분석가들 모두 이 문제에 대한 연구를 계속하고 있다. 이런 연구들에 대해서는 이후의 장들에서 더 자세히 살펴보기로 하자.

2.5 화폐수량설 : 화폐-물가 관계에 대한 첫 번째 고찰

[학습목표]
화폐수량설을 이용하여 화폐와 물가의 장기적인 관계를 분석한다.

통화량 증가와 물가 상승의 관계는 일찍이 기원전 4세기 아리스토텔레스 시대부터 논의되었다. 16세기에는 스페인이 멕시코와 페루를 정복하여 금과 은이 유럽으로 대량 수출되었고, 이것이 동전으로 주조되면서 유럽의 통화량이 급증하는 현상이 발생했다. 역사가들은 이 시기에 통화공급 증가가 물가 상승으로 이어져 사람들의 구매력이 감소한 사실을 기록하고 있다.

피셔의 교환방정식

화폐수량설 화폐유통속도가 상수라고 가정하는 화폐와 물가 간의 관계에 대한 이론

20세기 초 예일대학의 경제학자 피셔(Irving Fisher)는 통화공급과 인플레이션에 관한 **화폐수량설**(quantity theory of money)을 발전시켰다. 그는 다음과 같은 교환방정식(equation of exchange)을 사용하였다.

$$MV = PY$$

이 식은 통화량(M)에 **화폐의 유통속도**(V)를 곱한 것이 물가(P)와 실질GDP(Y)의 곱과 같다는 것을 나타낸다. 물가는 경제 내에 있는 재화와 서비스의 평균적인 가격의 수준으로, 물가를 측정하는 데는 몇 가지 방법이 있다. 여기서 가장 적절한 방법은 **GDP 디플레이터**(deflator)로서, 이는 GDP에 포함된 모든 재화와 서비스의 가격을 포함한다. 실질GDP에 GDP 디플레이터를 곱하면 명목GDP가 되고, 이것이 교환방정식의 우변이다. 여기서 유통속도는 통화량 가운데 각 달러가 GDP에 포함된 재화와 서비스를 구매하는 데 몇 번이나 쓰였는가를 나타낸다.

$$V = \frac{PY}{M}$$

미국의 경우 2009년 명목GDP는 14조 2,560억 달러, M1은 1조 6,930억 달러였으므로, M1의 유통속도는 14,256/1,693=8.4이다. 이는 2009년 동안 M1에 속한 각 달러가 GDP에 포함된 재화와 서비스의 구매에 평균 8.4번 쓰였다는 것을 뜻한다.

화폐유통속도를 $\frac{PY}{M}$ 로 정의했기 때문에 교환방정식은 항상 성립한다. 즉 식의 좌변과 우변은 항상 같다. 그러나 이론이란 틀릴 수도 있는 진술이다. 따라서 교환방정식 자체는 이론이 아니다. 피셔는 화폐유통속도가 상수라고 주장함으로써 항등식이었던 교환방정식을 이론으로 바꾸었다. 피셔는 돈이 거래에 평균적으로 사용되는 횟수는 사람들이 얼마나 자주 급여를 받고 얼마나 자주 쇼핑을 하며 회사가 얼마나 자주 청구서를 내보내는가 등에 달려 있는데, 이러한 관행은 아주 천천히 변할 것이라고 생각했다. 이와 같은 근거로 유통속도를 상수로 놓았지만, 이것은 맞을 수도 틀릴 수도 있는 주장이다. 따라서 화폐수량설도 하나의 이론인 것이다.

인플레이션 이론으로서의 화폐수량설

인플레이션에 대한 효과를 나타내기 위해 교환방정식을 변화율로 써 볼 필요가 있다. 변수의 곱으로 된 식은 변화율의 합으로 전환될 수 있다는 수학 법칙을 이용한다.

$$\text{통화량 변화율} + \text{유통속도 변화율} = \text{물가 변화율} + \text{생산량 변화율}$$

피셔의 주장대로 유통속도가 상수라면 유통속도 변화율은 0이다. 물가 변화율은 인플레이션율이므로 다음과 같이 쓸 수 있다.

$$\text{인플레이션율} = \text{통화량 변화율} - \text{생산량 변화율}$$

통화량이 실질GDP보다 빠르게 증가하면 인플레이션이 발생한다. 미국의 장기 실질GDP 성장률은 약 3%이며 연준이 이보다 빠른 속도로 통화공급을 증가시키면, 그 결과는 인플레이션이다.

화폐수량설에 입각한 인플레이션 예측은 얼마나 정확한가

화폐수량설의 정확성은 유통속도가 일정하다는 가정에 달려 있다. 유통속도가 일정하지 않으면 통화량과 물가의 관계는 사라진다. 예를 들어 통화량의 증가가 유통속도의 감소에 의해 상쇄되면 물

예제 2.5

통화와 소득의 관계

한 학생이 다음과 같이 주장한다. "통화량 증가 없이 총산출가치가 증가하는 일은 없다. 결국 추가적으로 이용할 수 있는 통화가 없는 한 재화와 서비스의 가치도 증가할 수 없다." 당신은 이 주장에 동의하는가?

Step 1 복습. 피셔의 교환방정식 부분을 복습한다.

Step 2 통화량 증가 없이 경제의 산출량이 증가할 수 있는지 설명하라. 총생산가치는 명목 GDP 또는 기호로는 PY로 측정된다. 교환방정식의 우변인 PY가 증가하면 좌변의 MV 또한 증가한다. 위의 학생은 통화량 증가 없이는 명목GDP가 증가할 수 없다고 주장하지만, 교환방정식에 따르면 유통속도가 증가하는 경우에는 통화량이 일정해도 명목GDP가 증가한다. 즉 돈의 총량이 일정하더라도 돈이 쓰이는 평균 횟수(유통속도)가 증가하면 경제의 총지출량(명목GDP)이 증가하는 것이다.

가는 영향을 받지 않는다. 단기적으로 유통속도가 변칙적으로 움직일 수 있기 때문에, 단기적으로는 수량방정식으로 인플레이션을 예측하기 어렵다. 그러나 장기적으로는 통화량 변화와 인플레이션 사이에 강한 상관관계가 존재한다. 그림 2.3(a)는 10년간의 M2 증가율과 10년간의 인플레이션율 간의 관계를 보여 준다(M2에 대해서 M1보다 더 긴 시계열이 존재하므로 M2를 이용한다). 물론 실질GDP 성장률과 유통속도의 변화 때문에 M2 증가율과 인플레이션율 사이에 정확한 관계가 존재하는 것은 아니다. 그러나 통화 증가율이 높은 기간에 인플레이션율이 높은 경향이 있다는 것은 분명하다. 장기적으로 보아 인플레이션 변화의 대부분은 통화량 증가율로 설명된다.

그림 2.3(b)에는 국가별로 1999~2008년의 10년간 인플레이션율과 통화 증가율이 나타나 있는데, 화폐수량설을 지지하는 증거를 보여 주고 있다. 비록 정확한 관계는 아니지만 통화량이 빠르게 증가한 국가일수록 인플레이션율이 높은 경향이 있음을 알 수 있다. 이 장의 서두에서 언급했던 짐바브웨는 여기에 포함되지 않았지만, 이 기간 동안 짐바브웨의 통화량은 연 7,500% 이상 증가했고 그 결과 **초인플레이션**(hyperinflation, 연 100%를 초과하는 인플레이션율)으로 고통을 겪었다.

초인플레이션 연 100%를 초과하는 인플레이션율

초인플레이션의 위험

초인플레이션의 사례는 그리 많지 않다. 남북전쟁 후반의 미국, 1920년대 초반의 독일, 1990년대의 아르헨티나, 그리고 앞서 본 최근의 짐바브웨 정도이다. 초인플레이션 상황에서는 어떤 일이 발생할까? 극단적인 인플레이션하에서는 가격이 너무 빨리 상승해서 주어진 돈으로 살 수 있는 재화와 서비스의 양이 계속 줄어든다. 화폐가치가 급속히 떨어지므로 사람들은 화폐 보유를 꺼린다. 2008년의 짐바브웨처럼 물가가 급격히 상승하면 화폐는 단 몇 시간 만에 대부분의 가치가 사라져 버린다.

이렇게 되면 화폐는 더 이상 교환의 매개 기능을 하지 못한다. 화폐가 없으면 경제의 생산성 유지

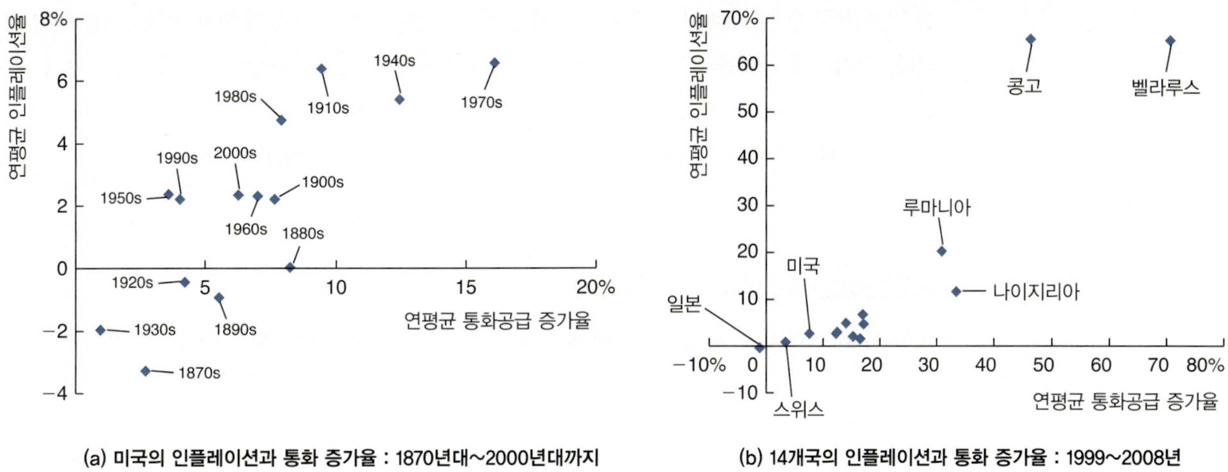

그림 2.3 통화 증가율과 인플레이션

(a)는 미국의 경우 대체로 통화량이 급격히 증가한 기간에 인플레이션율이 높았고 반대의 경우에는 낮았다는 것을 보여 준다. (b)는 1999~2008년 사이에 벨라루스, 콩고, 루마니아 같은 국가들은 높은 통화 증가율과 높은 인플레이션율을 겪었지만 미국, 일본, 스위스 같은 국가들에서는 통화 증가율과 인플레이션율 모두 낮았음을 보여 준다.

출처 : (a) 1870년대에서 1960년대까지는 Milton Friedman and Anna J. Schwartz, *Monetary Trends in the United States and United Kingdom: Their Relation to Income, Prices, and Interest Rates, 1876-1975*, Chicago: University of Chicago Press, 1982, Table 4.8; 1970년대에서 2000년대까지는 Federal Reserve Board of Governors and U.S. Bureau of Economic Analysis. (b) World Bank.

에 절대적인 전문화의 과정이 중단된다. 1920년대 초 독일에서는 월급을 받아도 가치가 금방 하락해 버렸기 때문에 노동자들은 차라리 직장을 그만두는 게 나을 정도였다. 당연히 경제활동이 위축되고 실업률이 올라갔다. 결국 초인플레이션으로 인한 경제적 고통은 히틀러(Adolf Hitler)와 나치(Nazi)에게 길을 열어 주었다.

초인플레이션의 원인

화폐수량설은 산출에 비해 통화가 급격히 증가하면 초인플레이션이 발생한다는 것을 알려 준다. 화폐가 가치를 잃어버릴 정도로 물가가 급하게 오르면, 사람들은 아주 짧은 시간 동안만 화폐를 보유하려 한다. 즉 화폐가 더 빠른 속도로 사람들 손과 손을 옮겨 다님에 따라 유통속도가 증가한다. 교환방정식 좌변의 M과 V는 급격히 증가하는데, 우변의 Y가 성장하는 데 한계가 있으므로 불가피하게 P가 치솟는다.

화폐수량설은 초인플레이션이 어떻게 발생하는지 산술적으로 이해하게 해 주지만, 왜 발생하는지는 설명해 주지 않는다. 일국의 중앙은행은 통화량을 통제하므로 초인플레이션을 피할 수단을 가지고 있다. 그런 중앙은행이 왜 통화량을 급격히 증가시키는 것일까? 이에 대한 대답은 중앙은행이 항상 독립적인 것만은 아니라는 데 있다. 초인플레이션의 근저에는 정부의 재정적자가 있다. 정부는 보통 적자를 국채발행으로 보전한다. 국채가 민간에게 팔리는 것은 정부의 이자 지급능력을 믿기 때문이다. 그러나 투자자들은 짐바브웨 같은 국가의 채권을 사려고 하지 않는다. 민간에 국채를 팔 수 없게 된 정부의 마지막 판로는 중앙은행이다. 국채 매수에 대한 지불로 인해 통화량이 증가한다. 돈을 찍어 정부지출 재원을 마련하는 것이다. 이 과정을 **정부부채의 화폐화**(monetizing the government's debt)라고 부른다.

중앙은행은 독립적이어야 하는가

초인플레이션은 주로 개도국에서 발생한다. 그러나 선진국의 중앙은행도 정치적 압력을 받아 국채

관련 사례

초인플레이션 시기의 도이치뱅크

은행은 인플레이션을 싫어한다. 은행은 많은 돈을 빌려 주는데 인플레이션이 있으면 대출자들은 구매력이 낮아진 통화로 대출액을 상환하게 된다. 만약 인플레율이 대출개시 시 은행이 기대했던 것보다 높게 되면, 인플레는 은행의 이윤을 줄일 것이다. 특히 초인플레이션 기간 동안 은행은 심각한 문제에 당면하는데, 가치가 거의 없는 화폐로 대출금이 상환될 것이기 때문이다.

가장 유명한 초인플레이션은 1920년대 초 독일에서 발생했다. 1918년 독일이 제1차 세계대전에서 패했을 때 미국, 영국, 프랑스, 이탈리아 등 연합국은 새 독일 정부에 전쟁 배상금을 부과했다. 몇 년 후 독일 정부는 배상금을 체납하기 시작했다. 1923년 1월, 프랑스 정부는 독일의 산업 지역인 루르에 군대를 파견, 배상금을 직접 징수하려 하였다. 루르의 독일 노동자들은 파업에 돌입했고 독일 정부는 지지 차원에서 파업 노동자들에게 임금을 지불하기로 했다. 정부는 라이흐스방크(당시 독일의 중앙은행)에 채권을 팔아 필요한 자금을 마련했는데 그 결과 통화공급이 증가하였다.

통화공급량은 엄청나게 증가했다. 독일 화폐인 마르크화의 총유통량은 1922년 1월 1억 1,500만 마르크에서 1923년 1월에는 13억 마르크로 증가했고, 1923년 12월에는 4억 9,700만 조 마르크, 즉 497,000,000,000,000,000,000마르크로 증가했다. 화폐수량설이 예측하듯이 결과는 어마어마한 인플레이션이었다. 독일의 물가지수는 1914년을 100으로 하면 1922년 1월에는 1,440이었고 1923년 12월에는 126,160,000,000,000으로 상승했다. 마르크화는 가치가 없어졌다. 독일 정부는 다음 방법을 통해 초인플레이션을 끝냈다. (1) 동맹국들과 배상금을 줄이는 새로운 협정에 합의했다. (2) 정부의 다른 지출을 줄이고 세금을 올려 재정수지가 균형을 회복하도록 했다. (3) 기존의 마르크화를 새로운 마르크화로 대체했다. 새 화폐 1마르크는 옛 화폐 1조 마르크의 가치를 가졌다. 또한 독일 중앙은행은 새 화폐를 32억 마르크만 발행하도록 제한을 받았다.

도이치뱅크는 초인플레이션 당시 독일에서 가장 큰 은행이었고, 지금도 독일에서 가장 큰 은행이다. 초인플레이션은 이 은행에게 큰 골칫거리였다. 화폐의 가치가 빠른 속도로 떨어졌기 때문에 가계와 회사는 최대한 빨리 거래를 처리하려 했다. 늘어난 거래를 감당하기 위해 은행은 직원 수를 제1차 세계대전 이전 수준의 6배로 늘렸다. 가계와 기업은 늘어나는 지출을 감당하기 위해 대출받기를 원했고, 갚는 것은 구매력이 크게 떨어진 화폐로 할 수 있을 것이라고 생각했다. 한 경제사학자에 따르면 대출에 대한 수요는 하루하루 기하학적으로 증가했다. 대부분의 대출이 은행에게는 이익이 되지 않았기 때문에 은행 경영진은 대출 건수를 크게 줄일 것을 지점에 명령했다. 결국 독일 화폐가 거의 가치가 없게 됐을 때 도이치뱅크는 외국 화폐나 석탄, 밀과 같은 상품으로 갚겠다는 사람들에게만 대출을 허가했다.

심한 재정적 압박에도 불구하고 도이치뱅크는 초인플레이션을 겪은 후 독일에서 더 우월한 위치를 차지하게 되었다. 은행 경영자들은 통화와 금융투자의 가치가 빠르게 감소하는 상황에서 다른 은행을 인수하는 것이 더 낫다고 믿었는데, 그 과정에서 토지와 건물을 획득하게 되면 토지와 건물은 그 가치를 보존할 것이기 때문이다. 이것은 현명한 전략이었던 것으로 판명됐다. 1924년 초인플레이션이 끝났을 때 독일 경제는 성장을 회복했고, 도이치뱅크는 다시 성장을 통해 이윤을 추구할 수 있는 위치에 있었다.

출처 : Thomas Sargent, "The End of Four Big Hyperinflations," in *Rational Expectations and Inflation*, New York: Harper & Row, 1986. David A. Moss, "The Deutsche Bank," in Thomas K. McCraw, *Creating Modern Capitalism*, Cambridge, MA: Harvard University Press, 1997.

를 매입하는 경우가 있다. 중앙은행이 독립적이면 정부의 압력을 잘 견뎌내고 인플레이션은 더 낮아질 수 있을 것이다.

하버드대학의 앨리지나(Alberto Alesina)와 서머스(Lawrence Summers)는 16개 선진국의 1955~1988년간 자료를 이용하여 중앙은행의 독립성과 인플레이션의 상관관계를 조사했다. 그림 2.4는 그 결과를 보여 준다. 미국, 스위스, 독일 같은 국가는 뉴질랜드, 이탈리아, 스페인 같은 국가에 비해 중앙은행의 독립성이 높고 인플레이션율은 낮았다. 그림에는 없지만 최근 뉴질랜드와 캐나다에서는 이전에 비해 중앙은행의 독립성이 높아졌는데, 이는 인플레이션 억제에 중점을 두었기 때문이다.

연준의 독립성은 과거 20년간 미국의 인플레이션율이 상대적으로 낮았던 이유를 설명해 준다. 그러나 2007~2009년 기간에 연준이 취한 조치들로 인해 많은 의회 의원들이 연준의 독립성을 제한해야 한다고 주장하기 시작했다. 일부 의원은 연준의 독립성에 대해 오래전부터 비판적이었고 민주주의 국가라면 통화정책도 의회와 대통령이 결정해야 한다고 생각했다. 현 제도하에서 연준이 독립적으로 작동할 수 있는 이유는, 비록 대통령에 의해 임명될지라도 7명의 이사 임기가 각각 14년이나 되기 때문이다. 선거로 뽑힌 사람들이 아니기 때문에 이들은 유권자에 대해 책임을 질 필요가 없다. 의원들이 연준에 대해 제동을 걸고 싶어 한 이유는 연준이 위기 기간 동안 자신에게 부여된 권한 이상의 조치를 취했다고 보았기 때문이다. 또 통화량 증가로 인플레이션이 발생할 것을 우려했다.

의회는 금융개혁에 관한 법안을 놓고 논쟁을 벌였다. 금융개혁법의 초안에는 연준의 독립성을 축소하는 조항이 많았지만, 2010년 7월 도드-프랭크의 '월스트리트 개혁과 소비자보호에 관한 법'이 통과되었을 때 연준의 독립성은 사실상 더 강화되었다. 이 법에 따라 연준은 상업은행 이외의 금융회사도 규제할 수 있게 되었다. 게다가 금융위기 재발 방지를 위해 신설된 금융안정위원회(Financial

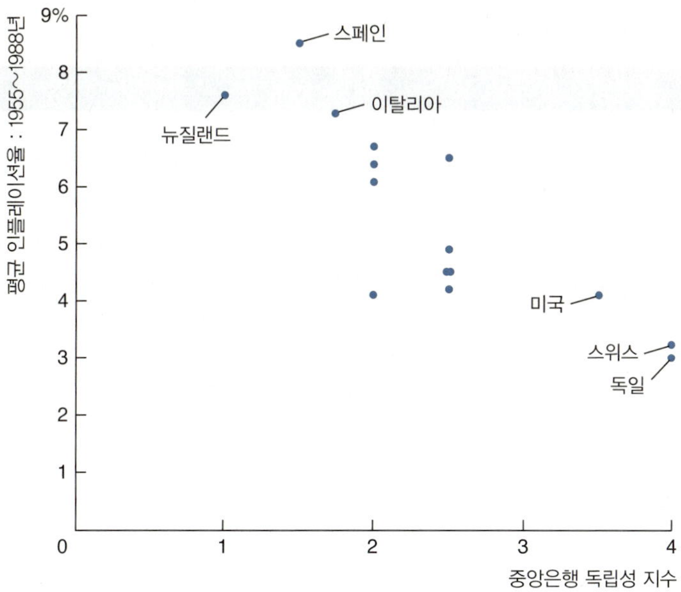

그림 2.4

중앙은행 독립성과 인플레이션의 관계

16개의 선진국을 볼 때, 중앙은행의 독립성이 높을수록 인플레이션이 낮아지는 경향이 있다. 여기서 중앙은행의 독립성은 1(제일 낮은 독립성)부터 4(제일 높은 독립성)에 이르는 지수로 측정된다.

출처 : *Journal of Money, Credit and Banking* by Alberto Alesina and Lawrence H. Summers. Co-pyright 1991 by Ohio State University Press(Journals). Reproduced with permission of Ohio State University Press via Copyright Clearance Center.

Stability Council)에서 핵심적인 역할을 맡게 되었다. 물론 이 법이 통과되었다 하더라도 연준의 독립성을 제한해야 하는가에 대한 논쟁은 앞으로도 계속될 것 같다.

2장의 질문에 대한 답변

Question 중앙은행은 정부로부터 독립되어야 하는가?

Answer 한 국가가 중앙은행에 부여하는 독립성의 정도는 결국 정치적으로 결정될 문제이다. 그러나 대부분의 경제학자는 독립적인 중앙은행이 인플레이션을 억제한다고 믿고 있다.

핵심용어

가치의 저장	전문화
거래비용	전자화폐
교환의 매개수단	지급결제시스템
물물교환	초인플레이션
법정불환지폐	통화량
법화	화폐
부	화폐수량설
상품화폐	회계의 단위
수표	M1
연지급의 기준	M2

연습문제

01 1980년대 후반 러시아에서 택시비를 지불하는 데 사용된 말보로 담배는 화폐로 볼 수 있는가? 만약 화폐로 간주될 수 있다면 상품화폐인가 법정불환화폐인가?

02 2009년 11월, 북한 정부는 기존의 화폐를 새로운 화폐로 교체할 것이라고 발표했다. 단, 북한 정부는 사람들이 보유한 화폐 가운데 제한된 양만을 새 화폐로 바꾸어 주기로 했다. 월스트리트 저널의 한 기사는 이 조치가 북한 주민 대부분의 화폐와 저축을 동결시킬 것이라고 주장했다.

a. 왜 이 조치가 북한 주민의 화폐와 저축을 동결시킬 가능성이 높은지 설명해 보라.

b. 북한 정부의 충격적인 조치에 주민들은 어떻게 대응하였겠는가?

출처 : Evan Ramstad, "North Koreans Protest Currency Issue," *Wall Street Journal*, December 9, 2009.

03 의회가 기업이 제품을 판매할 때 현금만 받도록 하는 법안을 제정했다고 하자. 이로 인해 누가 이득을 보고 누가 손해를 보겠는가?

04 기원전 10000년경 사람들이 희귀한 돌을 화폐로 이용했다고 가정해 보자. 그런데 사고로 부서지거나 무기로 사용되어서 돌의 숫자가 점점 줄어들었다고 하자. 돌의 가치에는

어떤 변화가 생기는가? 만약 누군가에 의해 새로운 돌이 대량으로 발견되었다면 어떤 일이 발생하겠는가?

05 유동성을 정의하라. 그리고 다음 자산을 유동성이 높은 것부터 순서대로 나열해 보라—MMF, 저축성예금, 주식, 지폐, 주택, 금괴.

06 당신이 1,000달러를 수표발행예금에서 인출하여 양도성예금증서를 매입했다고 가정하자. 이는 M1과 M2에 어떤 영향을 미치는가?

07 왜 신용카드는 M1이나 M2에 속하지 않는가?

08 2009년에 발표된 어느 보고서에는 금이야말로 '진짜 화폐(real money)'라는 언급이 있다. 이 의미는 무엇인가?

출처 : E. S. Browning, "Adjusted for Inflation, Bad Run Looks Worse," *Wall Street Journal*, December 27, 2009.

09 다음 진술을 평가해 보라. "연준은 M1에 포함된 통화의 3분의 2가 사실상 미국 밖에 있다고 믿는다. 이것이 사실이라면 M1은 외국에 있는 통화를 제외하고 다시 정의되어야 한다."

10 어느 해에 통화공급이 4% 증가하고 인플레이션율이 2%, 그리고 실질GDP 성장률이 3%라면 화폐유통속도는 얼마가 되어야 하는가?

11 19세기 후반 미국은 지속적인 물가의 하락, 즉 디플레이션을 경험하였다. 화폐수량설의 관점에서 어떻게 디플레이션이 가능한지 설명해 보라. 디플레이션이 발생하는 데 통화공급의 감소가 꼭 필요한가?

12 독일 정부는 1924년에 초인플레이션을 종식시키는 데 성공했다. 차입자와 대부자 중 어느 쪽이 유리하게 된 것인가?

13 영국의 경제학자 케인즈는 1919년에 쓴 명저『평화의 경제적 귀결(The Economic Consequences of the Peace)』에서 독일이 미국, 프랑스, 영국, 이탈리아에 전쟁 배상금을 지불해야 한다면 이는 파괴적인 결과를 가져올 것이라고 주장했다. 독일이 지불한 전쟁 배상금과 초인플레이션은 무슨 상관이 있는가? 초인플레이션은 왜 정치적 불안을 야기하는가?

출처 : John Maynard Keynes, *The Economic Consequences of the Peace*, New York : Harcourt, Braceand Howe, 1920, p. 251.

14 2009년에 짐바브웨는 미국 달러화를 법화로 받아들임으로써 초인플레이션을 종식시켰다. 이 조치로 짐바브웨 정부가 안게 될 잠재적인 문제는 무엇인가?

15 2009년 후반 미 연준 의장 버냉키는 워싱턴포스트 지에 다음과 같은 글을 기고했다.

"연준의 독립성을 줄이려는 의회의 제안들은 중앙은행의 적절한 역할에 관한 국제적 합의에서 벗어난 것으로 미국의 경제안정과 금융안정에 대한 전망을 심각하게 훼손하고 있다. 연준이 급격한 인플레이션 없이 통화정책을 수행해 나갈 능력은 얼마나 신뢰를 받는가, 또 단기적인 정치적 압력으로부터 얼마나 독립적인가에 달려 있다."

왜 연준의 독립성을 줄이는 것이 '미국의 경제안정과 금융안정을 훼손'하는가? 버냉키가 언급한 '단기적인 정치적 압력'이란 무엇을 의미하는가? 연준이 단기적인 정치적 압력으로부터 독립적이지 못하면 왜 '급격한 인플레이션'이 유발될 수 있는가?

출처 : Ben Bernanke, "The Right Reform for the Fed," *Washington Post*, November 29, 2009.

부록 한국의 통화지표

통화지표를 정의하는 방식은 나라마다 다르다. 한국은 1951년부터 통화지표를 공식 편제하기 시작한 이래 여러 통화지표를 추가로 편제해 왔으나, 2002년부터 IMF의 통화금융통계매뉴얼(2000년) 기준에 부합하는 새로운 개념의 통화지표로서 협의통화(M1) 및 광의통화(M2)를 통화지표로 작성해 오고 있다. 그리고 2006년 6월부터는 통화지표보다 더 넓은 범위의 금융상품을 포함하는 유동성지표를 작성하기 시작하였다. 이들 지표는 금융기관이 취급하는 금융상품의 유동성 정도를 기준으로 그 포괄상품을 구성하고 구분한 것이다. 이제 각 지표의 개념과 구성요소를 살펴보기로 하자.

통화지표

첫째, M1은 화폐의 지급결제수단으로서의 기능을 중시한 지표로 민간이 보유하고 있는 현금과 예금기관의 결제성예금의 합계로 정의된다. 여기서 결제성예금이란 예금기관의 당좌예금, 보통예금 등 요구불예금과 저축예금, 시장금리부 수시입출식예금(money market deposit account, MMDA) 등으로 구성된다.[1] 비록 현금은 아니지만 결제성예금은 수표발행이나 자동이체 등을 통해 지급결제수단으로 사용되거나 즉각적으로 현금과 교환될 수 있으며 기능 면에서 현금과 거의 같다고 볼 수 있기 때문에 M1에 포함된다.

둘째, M2는 M1보다 넓은 의미의 통화지표로서 M1에 포함되는 현금과 결제성예금뿐만 아니라 예금기관의 준결제성예금까지 포함한다. 여기서 준결제성예금이란 정기예 · 적금 및 부금, 거주자외화예금, CD(양도성예금증서)뿐만 아니라 환매조건부채권, 표지어음 등 시장형 금융상품, 금전신탁, 수익증권 등 실적배당형 금융상품, 금융채, 투신증권저축, 종금사 발행어음 등도 포함한다. 다만 유동성이 낮은 만기 2년 이상의 장기 금융상품은 제외한다. 이와 같이 M2에 기간물 정기예 · 적금 및 부금 등 단기 저축성예금뿐만 아니라 시장형 금융상품, 실적배당형 금융상품 등을 포함하는 것은 이들 금융상품이 비록 거래적 수단보다는 저축수단으로 보유되지만 약간의 이자소득만 포기한다면 언제든지 인출이 가능하여 결제성예금과 유동성 면에서 큰 차이가 없다고 보기 때문이다. 또한 거주자외화예금도 국내에서의 지급결제수단으로는 약간의 제약이 있지만 언제든지 원화로 바뀌어 유통될 수 있기 때문에 M2에 포함하고 있다.

M1 = 현금 + 결제성예금

M2 = M1 + 준결제성예금

그림 2.A.1에는 2000년 이후의 통화지표 추이가 나타나 있다. 2011년 말 기준으로 우리나라의 M1(MMF 제외)은 442조 원, M2는 1,751조 원을 기록하고 있다.

1 원래는 개인 MMF(money market fund, 단기금융상품펀드)도 M1에 포함되었으나 2007년 3월부터 인출요구 당일이 아닌 다음 날이 되어야 현금화할 수 있게 되었으므로 M1 집계에서 제외되었다.

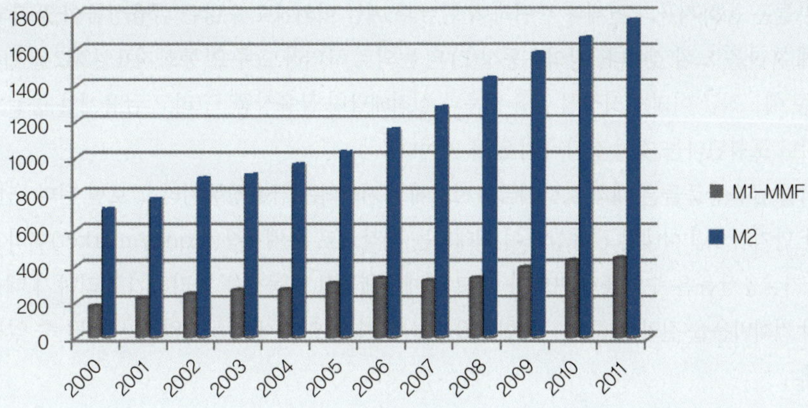

그림 2.A.1

우리나라의 통화지표 : 2000~2011년(단위 : 조 원)

출처 : 한국은행 경제통계시스템.

유동성지표

한국은행은 유동성지표를 금융기관 유동성(Lf)과 광의유동성(L)으로 나누어 발표한다. 여기서 금융기관 유동성(Liquidity Aggregates of Financial Institutions)은 금융기관이 공급하는 유동성만을 측정하는 지표로, 광의통화(M2) 이외에 예금기관의 만기 2년 이상 정기예·적금과 금융채, 생명보험회사의 보험계약준비금과 금융채, 증권금융회사의 예수금과 금융채가 포함된다.[2] 다만 금융기관이 보유하고 있는 유동성일지라도 성격상 금융중개 기능이 미미한 일부 금융기관(손해보험회사, 연금기금 등)이 보유한 유동성은 Lf에서 제외된다.

광의유동성(Liquidity Aggregates)은 금융기관 유동성(Lf) 이외에 기업과 정부 등이 발행하는 기업어음, 회사채, 국채, 지방채 등의 유가증권도 포함된다. 광의유동성(L)은 원칙적으로 비금융기업과 정부가 보유한 유동성을 추가하여 측정하는 것이지만, 금융기관이 보유하고 있는 유동성 가운데 금융기관 유동성(Lf)에서 제외되었던 유동성까지를 모두 포함한다. 2011년 말 기준으로 우리나라의 Lf는 2,277조 원, L은 2,973조 원을 기록하고 있다.

이해를 돕기 위해 두 가지 유동성지표를 개념적으로만 간략히 요약하면 다음과 같다.

Lf = M2 + 만기 2년 이상의 정기예·적금 및 금융기관의 기타 예수금

L = Lf + 정부와 기업이 발행한 유동성 금융상품

유동성지표에 추가된 금융상품들은 일반 경제주체의 입장에서는 결제성이 떨어지는 것들이기 때문에 협의의 통화지표(M1)는 물론 광의의 통화지표(M2)에도 포함되지 않지만, 사실 이러한 금융상품들을 일상적으로 거래하는 금융기관의 입장에서는 유동화하는 데 별 어려움이 없는 것들이라고 볼 수 있다. 회사채와 국채까지 포함하는 것을 보면 이를 잘 이해할 수 있을 것이다.[3]

2 Lf는 2002년 통화지표를 개편하기 이전에 많이 사용되던 통화지표인 (구)M3를 새로운 명칭으로 바꾸어 계속 편제하는 것이다.

3 물론 주식과 부동산은 유동성지표에 포함되지 않는다. 사실 주식의 경우에는 회사채 못지않은 유동성을 가질 수도 있으나, 주식의 상당 부분은 기업 소유주들의 고정된 지분으로 좀처럼 유통되지 않기 때문에 기술적으로 이 같은 지분을 다 가려내어 활발히 유통되는 주식만 분류해 내기가 쉽지 않다.

독자들은 통화지표의 편제와 관련하여 현금과 예금 이외에도 수많은 금융상품이 포함되는 데 적지 않게 혼란을 느낄 것이다. 광의유동성(L)은 논외로 하더라도 주요 통화지표인 M2를 편제할 때에도 각종 예·적금 이외에 시장형 금융상품과 실적배당형 금융상품, 그리고 금융채와 종금사 발행어음까지도 포함된다는 것이 실감나지 않을 것이다.

이러한 금융상품들은 대체로 단기금융시장에서 거래되는 금융상품이라고 보면 된다. 단기금융시장이란 만기가 1년 이내인 금융상품이 거래되는 시장으로 화폐시장(money market)이라고도 불린다. 단기금융상품은 수익률의 변화가 작고 경제주체들이 유동성을 관리하기 편리하기 때문에 현금 보유의 기회비용을 절약해 준다. 즉 현금을 대신할 수단으로 예금 못지않게 사용될 수 있는 금융상품이다.

단기금융상품으로는 콜, RP(환매조건부채권), CD(양도성예금증서), CP(기업어음), 통화안정증권, 표지어음 등이 있다. 이 가운데 기업이 단기자금을 조달할 목적으로 발행하는 CP 이외의 단기금융상품은 주로 한국은행을 포함한 각 금융기관이 상호 간에 자금을 조절하거나 단기자금을 조달할 목적으로 거래하는 것들이다.

일반인은 특정한 단기금융상품에 개별적으로 투자하여 직접 유동성을 관리하기도 하지만, 자산운용회사 등을 거쳐 간접투자함으로써 포트폴리오 형태로 유동성을 관리하게 된다. 최근 한국에서 판매량이 급격히 늘어난 MMF와 CMA(어음관리계좌) 등은 고객의 유동자금을 모아 단기금융상품들에 분산투자하고 그 실적을 배당하는 금융상품으로, 통화지표 가운데 M1에는 포함되지 않지만 M2에는 포함된다.

Money, Banking, and the Financial System

제 2 부

금융시장

CHAPTER 3

이자율과 수익률

[학습목표]

3.1 이자율이 현재가치와 미래가치를 어떻게 연결해 주는지 설명한다.

3.2 여러 가지 채무수단을 구분하고 각각의 가격이 어떻게 결정되는지 알아본다.

3.3 채권의 만기수익률과 채권가격의 관계를 설명한다.

3.4 채권가격과 채권 수익률 간의 역의 관계를 이해한다.

3.5 이자율과 수익률의 차이를 설명한다.

3.6 명목이자율과 실질이자율을 구분한다.

문제에 빠진 은행

2008년에서 2010년 사이 미국 은행시스템이 처한 문제는 매우 심각했다. 파산이 증가하였고, 큰 은행마저도 2008년 가을 정부가 은행의 지분 매입에 2,500억 달러 이상을 투입하는 유례 없는 조치를 취한 후에야 겨우 생존할 수 있었다. 은행시스템에 무슨 문제가 있었던 것일까? 상업은행은 예금을 받아 그 자금을 대출과 증권에 투자한다. 그러나 은행이 행한 투자의 가치가 예금자들이 맡긴 예금의 크기보다 작으면 은행은 **지급불능**(insolvent) 상태에 놓이게 되는데, 이 경우 다른 은행에 합병되거나 자발적으로 폐쇄하거나 또는 규제기관에 의해 강제로 폐쇄된다. 금융위기 동안 파산 은행의 수가 급증했고 파산 근처까지 간 은행은 훨씬 더 많았다. 2009년 3월 미국 최대 은행인 BOA의 주가는 1년 반 전에 비해 무려 94%나 하락했다. 이 지경에 이르게 된 것은 은행이 지급불능 상태에 도달했고 파산 가능성이 높다고 본 투자자가 많았기 때문이다.

은행들이 한 투자의 가치는 왜 그렇게 하락했을까? 제1장에서 살펴본 것처럼 주택거품이 붕괴되었기 때문이다. 2007년에 들어서면서 모기지 이자를 갚지 못하는 사람들이 늘어났고, 대출을 해 준 은행의 가치는 하락했다. 중요한 것은 많은 대출이 소위 증권화의 과정을 거쳐 채권과 같은 형태의 주택저당증권으로 변환되었다는 것이다. 좋은 투자처라고 생각한 은행은 이러한 증권을 많이 사들였다. 그러나 불행하게도 주택저당증권의 가격은 50%나 하락했고, 2008~2009년 동안에는 그 이상 떨어졌다. 이 증권의 위험을 잘못 판단한 것이다.

출처 : Jason Zweig, "Inefficient Markets Are Still Hard to Beat," *Wall Street Journal*, January 9, 2010.

3장의 이슈와 질문

▶정답은 64쪽에

Issue 금융위기 기간 동안 주택저당증권 같은 자산의 이자율이 급상승하자 해당 자산의 가격은 급락했다.

Question 이자율과 금융자산의 가격은 왜 반대로 움직이는가?

이 장에서는 채권 및 그와 유사한 증권들에 대해 살펴본다. 채권은 금융시스템에서 매우 중요한 역할을 한다. 채권의 원리를 알아야 2008~2009년 동안 은행시스템에 불어닥친 재난을 이해할 수 있고, 또 자금이 저축자에서 차입자로 이동하는 기본 메커니즘을 이해할 수 있다. 채권을 이해하려면 먼저 이자율을 이해해야 한다. 즉 금융시스템과 관련된 문제에 접근하려면 채권에 대한 정확한 이해가 필수적이다.

3.1 이자율, 현재가치, 미래가치

[학습목표]
이자율이 현재가치와 미래가치를 어떻게 연결해 주는지 설명한다.

중세 유럽에서는 돈을 빌려 주고 이자를 받는 것이 금지되었다. 성경이 이자를 금지한다고 해석했고, 여윳돈이 있으면 생필품이 필요한 가난한 이웃에게 이자 없이 빌려 주어야 한다고 믿었다. 현대 경제에서는 생필품 지출과 관계없는 대출이 얼마든지 많다. 대부분의 국가에서 이자가 허용되며, 사람들은 이자를 돈을 빌리는 대가 또는 비용으로 생각한다.

왜 대출에 대해 이자를 부과하는가

사과를 재배하는 사람이 사과에 대해 0의 가격을 매겨야 한다면 사과는 거의 공급되지 않을 것이다. 마찬가지로 대출자가 이자를 받지 못한다면 공급되는 대출의 양은 거의 없을 것이다. **기회비용**의 개념을 생각해 보라. 기회비용은 어느 한 가지를 선택하기 위해 포기해야 하는 다른 무엇의 가치이다. 사과의 가격이 사과 공급의 기회비용을 포함해야 하는 것처럼, 이자율도 대출을 공급하는 데 대한 기회비용을 포함해야 한다.

다음과 같은 상황을 고려해 보자. 당신은 1년 후에 꼭 갚겠다고 약속하는 한 친구에게 1,000달러를 빌려 주었다. 이자를 얼마나 받을지 결정할 때 고려해야 할 세 가지 요소가 있다—(1) 돈을 빌려 준 기간에 물가가 상승하면, 나중에 돈을 되돌려 받더라도 당신은 그 돈을 빌려 주지 않고 다 써 버렸을 때보다도 적은 양의 재화와 서비스밖에 구매할 수 없다. (2) 친구가 돈을 갚지 않을 수 있다. **채무불이행**(default) 가능성이 있는 것이다. (3) 돈을 빌려 준 기간에 친구는 당신 돈을 사용할 수 있지만 당신은 그럴 수 없다. 친구가 당신에게 빌린 돈으로 컴퓨터를 사면 그는 1년간 컴퓨터를 사용하지만 당신은 그가 돈을 갚기만 기다릴 뿐이다. 돈을 빌려 주면 당신은 재화와 서비스 구입으로 누릴 수 있는 것을 포기해야 한다. 즉 기회비용이 수반된다.

이렇게 볼 때 대출이자에는 결국 다음과 같은 보상이 포함되어야 한다.

- 인플레이션에 대한 보상
- 채무불이행 가능성에 대한 보상
- 돈을 쓰지 못하고 기다려야 하는 기회비용에 대한 보상

다음 두 가지 사항을 고려해 보자. 첫째, 인플레이션이 없고 채무불이행 확률이 없더라도, 기다림을 보상받기 위해 대출자는 여전히 이자를 부과해야 한다. 둘째, 사람마다 대출마다 위의 세 요소에

차이가 있다. 예를 들어 인플레이션이 높을 것이라고 믿는 기간 동안에는 높은 이자가 부과될 것이다. 채무불이행 가능성이 높아 보이는 차입자에게는 높은 이자가 부과될 것이다. 기다림에 대한 보상 또한 시간과 대출자에 따라 달라질 수 있다.

대부분의 금융거래에는 미래 시점의 지급이 예정되어 있다

이자율은 금융시스템의 모든 측면에서 중요하다. **대부분의 금융거래에는 미래에 지급한다는 내용이 포함되어 있기** 때문이다. 자동차를 할부로 구매하면 당신은 대출 만기 때까지 매달 일정한 시점에 할부금을 지급하겠다는 약속을 한다. 당신이 GE가 발행한 채권을 매입하면, GE는 채권의 만기가 될 때까지 당신에게 매년 이자를 지급하겠다고 약속한다. 미래 시점에 지급한다는 내용이 포함된 금융거래는 수없이 많다. 그런데 금융거래가 미래의 지급을 포함하고 있다는 사실은 한 가지 문제를 발생시킨다. 서로 다른 거래들을 어떻게 비교할 수 있는가? 당신이 차를 구입하기 위해 은행에서 15,000달러를 빌려야 한다고 하자. 여기서 당신은 두 가지 대출을 선택할 수 있다.

- 48개월간 매월 366.19달러를 갚는 대출 A
- 60개월간 매월 318.71달러를 갚는 대출 B

어느 대출이 나을까? 이자율은 이런 질문에 답할 수 있게 해 준다. 이자율이 **현재가치와 미래가치를 연결해** 주기 때문이다. 대출 A는 매월 갚는 액수는 크지만 이자율은 낮다. 대출 A에 대한 이자율은 8%지만 대출 B에 대한 이자율은 10%이다. 대출을 평가하는 데 이자율은 중요한 요소이다.

이자율이 현재가치와 미래가치를 연결하는 방식을 정확히 이해하기 위해서는 두 가지 중요한 개념을 알아야 한다. 그것은 복리와 할인이다.

복리와 할인

미래가치 오늘의 투자를 미래 일정 시점의 가치로 나타낸 것

복리에 관한 예제를 연습해 보자. 당신은 5%의 이자를 지급하는 양도성예금증서(CD)에 1,000달러를 예금하였다. 이 투자의 미래가치는 얼마인가? **미래가치**(future value)는 오늘의 투자를 미래 일정 시점의 가치로 나타낸 것이다. 1년 후 당신은 1,000달러의 원금과 1,000달러의 원금에 대한 5% 이자를 돌려받을 것이다.

$$\$1,000 + (\$1,000 \times 0.05) = \$1,050$$

간단하게 다시 쓰면

$$\$1,000 \times (1 + 0.05) = \$1,050$$

이자율을 i, 미래가치를 FV_1으로 표기하면

$$\text{원금} \times (1 + i) = FV_1$$

여기서 미래가치에 아래첨자 1을 추가한 것은 1년 후의 가치라는 것을 나타내기 위한 것이다. 위의 식과 같이 투자 원금에 (1+이자율)을 곱하여 1년 후의 미래가치를 계산할 수 있다.

예제 3.1A

투자 비교하기

당신이 다음 CD 중 하나에 1,000달러를 투자하려 한다고 해 보자.

- 첫 번째 CD는 3년 동안 매년 4%의 이자를 준다.
- 두 번째 CD는 첫 번째 해에는 10%, 두 번째와 세 번째 해에는 1%의 이자를 준다.

당신은 어떤 CD를 선택하겠는가?

Step 1 복습. '복리' 부분을 복습한다.

Step 2 첫 번째 CD 투자의 미래가치 계산. 첫 번째 CD는 매년 이자율이 같기 때문에 3년 후 미래가치는 다음과 같이 계산된다.

$$\$1,000 \times (1 + 0.04)^3 = \$1,124.86$$

Step 3 두 번째 CD 투자의 미래가치 계산과 어떤 CD를 선택할지 결정하기. 두 번째 CD는 이자율이 해마다 다르므로 매년 다른 복리이자율을 적용한다.

$$\$1,000 \times (1 + 0.10) \times (1 + 0.01) \times (1 + 0.01) = \$1,122.11$$

가치가 높은 투자를 선택해야 하므로 첫 번째 CD를 선택한다.

추가점수 두 CD 모두 3년 동안 이자율의 단순 평균이 4%인 것에 주목해 보자. 만약 계산을 하지 말고 답하라고 했다면, 아마 많은 학생들이 두 번째 CD를 선택했을지 모른다. 첫해의 이자율이 매우 높아서 둘째, 셋째 해의 이자율이 낮더라도 결국에는 더 높은 미래가치가 나올 것이라고 추측했을 것이기 때문이다. 아래 표를 보면, 첫 번째 CD가 1년 후와 2년 후의 가치는 낮지만 3년 후에는 더 높은 가치로 마무리됨을 알 수 있다. 이 예제는 때로 복리계산을 통해 예상치 못한 결과가 나올 수 있음을 보여 준다.

	첫 번째 CD	두 번째 CD
1년 후	$1,040.00	$1,100.00
2년 후	1,081.60	1,111.00
3년 후	1,124.86	1,122.11

복리 1년이 지났을 때 당신은 CD에 재투자할 필요가 있다. 둘째 해에 1,050달러를 다시 투자하면 초기 투자 원금 1,000달러에 대한 이자를 받을 뿐 아니라, 첫해에 벌어들인 이자 50달러에 대해서도 이자를 받게 된다. 시간이 흐르면서 저축의 이자에도 이자가 붙는 과정을 **복리**(compounding)라고 한다. 복리 이자는 당신이 어떤 투자에서 벌어들이는 총금액에서 한 가지 중요한 요소이다.

2년 후의 미래가치는 다음과 같이 계산할 수 있다.

복리 시간이 흐르면서 저축의 이자에도 이자가 붙는 과정

$$[\$1,000 \times (1 + 0.05)] \times (1 + 0.05) = \$1,102.50$$

간단하게 다시 쓰면

$$\$1,000 \times (1 + 0.05)^2 = \$1,102.50$$

기호로 나타내어

$$\text{원금} \times (1 + 0.05)^2 = FV_2$$

만기를 연장하면 원하는 만큼 계속 복리 과정을 적용할 수 있다. 동일한 이자율로 셋째 해까지 연장하면

$$\$1,000 \times (1 + 0.05) \times (1 + 0.05) \times (1 + 0.05) = \$1,000 \times (1 + 0.05)^3 = 1,157.63$$

복리인자 (1+0.05)의 지수는 복리를 행하는 횟수와 같다. 이 과정을 일반화시켜 당신이 1,000달러를 n년 동안 투자하면 n년 말에 얻게 될 금액은 다음과 같다.

$$\$1,000 \times (1 + 0.05)^n$$

또는 기호로 나타내면

$$\text{원금} \times (1 + i)^n = FV_n$$

현재가치 미래에 받게 될 금액을 오늘의 가치로 표시한 것

화폐의 시간가치 어떤 금액의 가치가 지급되는 시점에 따라 달라지는 것

할인 현재의 금액에 복리를 적용하여 미래에 얼마의 금액이 될지 계산해 봄으로써 이자율을 현재가치와 미래가치를 연결하는 데 사용하였다. 이제 이 과정을 역으로 적용할 수 있다. 미래에 받게 될 금액의 현재가치를 계산하는 것이다. **현재가치**(present value)는 미래에 받게 될 금액을 오늘의 가치로 표시한 것이다. 중요한 것은 미래의 금액은 현재의 금액보다 가치가 작다는 것이다. 따라서 미래 금액의 현재가치를 찾기 위해서는 축소 또는 할인할 필요가 있다. 어떤 금액의 가치가 언제 지급되는가에 따라 달라지는 것을 **화폐의 시간가치**(time value of money)라고 부른다. 왜 현재 금액보다 미래 금액의 가치가 작은가? 이는 대출자가 이자를 부과하는 세 가지 이유에 대해 앞서 설명했던 것과 유사하다—(1) 같은 액수라면 아마도 오늘 가진 돈으로 살 수 있는 것보다 미래의 돈으로 살 수 있는 것이 더 작을 것이다. (2) 미래에 받기로 한 돈은 실제로 받지 못할 수도 있다. (3) 오늘 돈을 쓸 수 있다면 당장 소비의 편익을 누릴 수 있는데, 그렇지 못하고 미래 시점까지 기다려야 하므로 기회비용이 발생한다.

이제 **할인**(discounting)을 하기 위해 앞에서 했던 복리 과정을 거꾸로 진행해 볼 것이다. 앞의 예에서 당신은 1년 후에 1,050달러를 받기 위해 1년 동안 1,000달러의 돈을 내놓을 의향이 있었다. 다시 말해 현재가치 1,000달러는 1년 후에 받을 미래가치 1,050달러와 동일하다. 이제 이야기를 바꾸어 이렇게 물을 수 있다. 만약 은행이 당신에게 1년 후에 1,050달러를 지불하기로 약속한다면 당신은 오늘 은행에 얼마를 지불할 의향이 있는가? 물론 답은 1,000달러이다. 이러한 방식으로 보면 당신이 1년 후에 받게 되는 1,050달러는 1,000달러의 현재가치를 가진다고 말할 수 있다. 결국 복리와 할인은 동일한 과정이다. 이 결과를 다음과 같이 요약할 수 있다. 현재가치를 PV로 표시하면

복리 : $\$1,000 \times (1 + 0.05) = \$1,050$ 또는 $PV \times (1 + i) = FV_1$

할인 : $\$1,000 = \dfrac{\$1,050}{(1 + 0.05)}$ 또는 $PV = \dfrac{FV_1}{(1 + i)}$

여기서 $(1+i)$는 복리인자(compounding factor)로 현재가치를 미래가치로 전환하는 데 사용하며, $1/(1+i)$는 할인인자(discount factor)로 미래가치를 현재가치로 전환하는 데 사용한다.

모든 시간에 적용되도록 일반화하면 다음과 같다.

$$\text{복리} : PV \times (1 + i)^n = FV_n$$

$$\text{할인} : PV = \frac{FV_n}{(1 + i)^n}$$

할인에 관한 몇 가지 사항 이 책에서 할인 개념을 많이 사용하게 될 것이므로 다음 네 가지 사항을 잘 이해하는 것이 중요하다.

1. **현재가치는 때로 '현재할인가치(present discounted value)'라고 표현될 것이다.** 할인 개념을 강조하기 위해서이다.
2. **받는 시점이 멀어질수록 그 현재가치는 작아진다.** 할인 공식을 보면 n이 클수록 분모의 값이 커져서 현재가치가 작아짐을 알 수 있다.

$$PV = FV/(1 + i)^n$$

3. **이자율이 높을수록 현재가치가 작아진다.** 이 역시 할인 공식을 보면 알 수 있다. 경제적 의미를 파악하기 위해 당신이 돈을 빌려 줄 때 높은 이자율을 요구한다고 해 보자. 이는 오늘 가진 1달러가 미래에는 훨씬 더 큰 금액이 되어야 한다고 생각하는 것이다. 따라서 미래의 1달러는 현재의 관점에서 볼 때 그보다 아주 작은 금액밖에 안 된다고 생각하는 것이다.

   표 3.1을 사용하여 두 번째와 세 번째 항의 내용을 설명할 수 있다. 표를 보면 주어진 임의의 이자율에 대해 받는 시점이 멀어질수록 현재가치가 작아짐을 알 수 있다. 예를 들어 5%의 이자율에서 1년 후의 1,000달러는 952.38달러의 현재가치를 가진다. 만약 1,000달러를 30년 후에 받게 된다면 현재가치는 231.38달러까지 떨어진다. 한편 지급받을 미래 시점을 고정시키고 이자율에 따른 변화를 보면, 이자율이 높을수록 현재가치가 작아짐을 알 수 있다. 예를 들

표 3.1 시간, 이자율, 현재가치

	아래 조건으로 미래의 1,000달러를 현재가치화하면…			
이자율	**1년**	**5년**	**15년**	**30년**
1%	$990.10	$951.47	$861.35	$741.92
2%	980.39	905.73	743.01	552.07
5%	952.38	783.53	481.02	231.38
10%	909.09	620.92	239.39	57.31
20%	833.33	401.88	64.91	4.21

예제 3.1B

계약의 가치 평가하기

할인의 원리는 미래에 받을 금액이 정해진 계약의 가치를 평가하는 데 사용될 수 있다. 예를 들어 운동선수들은 종종 향후 수년간 얼마를 받기로 하는 계약에 서명한다. 야구선수 베이(Jason Bay)는 2009년 시즌을 보스턴 레드삭스에서 뛰었다. 시즌이 끝남과 동시에 계약이 만료되자 어느 팀과도 새 계약을 맺을 수 있게 되었다. 레드삭스는 앞으로 4년간 해마다 1,500만 달러씩 주겠다는 제안을 했다. 그러나 결국 베이는 4년간 총 6,600만 달러를 주겠다는 뉴욕 메츠를 택했다. 이에 대해 스포츠신문 기자인 올니(Buster Olney)는 "진정한 가치를 비교해 볼 때, 만약 지급액이 계약 기간 후반에 집중되면 메츠의 제안은 레드삭스의 제안이나 별반 차이가 없을 것이다."라고 평했다. 여기서 올니가 언급한 진정한 가치란 무엇이며, 두 팀이 제안한 계약의 가치를 어떻게 비교할 수 있을까?

출처 : Buster Olney, "Trading A-Gon a Matter of Timing," espn.com, December 17, 2009.

Step 1 복습. '할인에 관한 몇 가지 사항' 부분을 복습한다.

Step 2 올니가 언급한 '진정한 가치'란 어떤 의미로 사용되었는지 설명한다. 아마도 올니는 계약의 현재가치를 염두에 두고 '진정한 가치'라는 말을 사용했을 것이다.

Step 3 금액의 지급 시기에 따라 계약의 가치가 어떻게 변하는지 설명한다. 뉴욕 메츠가 제안한 4년간 총 6,600만 달러는 레드삭스가 제안한 6,000만 달러(매년 1,500만 달러 지급)보다 많은 것처럼 보인다. 그러나 계약 초반에 적게 지급하고 후반에 많이 지급할수록 계약의 현재가치는 줄어든다. 만약 6,600만 달러의 대부분을 3년차와 4년차에 지급하는 계약이면, 현재가치 면에서 레드삭스의 것과 별 차이가 없을 것이다.

추가 점수 몇 가지 예를 가정하여 계약의 가치를 계산해 보자. 만약 10%의 이자율을 가정하면, 레드삭스 계약의 현재가치는 야구선수 베이가 4년 동안 매년 받기로 한 연봉의 현재가치와 같다.

$$\frac{\$15{,}000{,}000}{(1+0.10)} + \frac{\$15{,}000{,}000}{(1+0.10)^2} + \frac{\$15{,}000{,}000}{(1+0.10)^3} + \frac{\$15{,}000{,}000}{(1+0.10)^4} = \$47{,}547{,}982$$

이제 메츠가 6,600만 달러를 다음과 같이 나누어 지급한다고 해 보자. 즉 1년차에 200만 달러, 2년차에 300만 달러, 3년차에 2,100만 달러, 4년차에 4,000만 달러를 지급한다. 이 경우에 메츠 계약의 현재가치는 레드삭스의 것보다 약간 작아진다.

$$\frac{\$2{,}000{,}000}{(1+0.10)} + \frac{\$3{,}000{,}000}{(1+0.10)^2} + \frac{\$21{,}000{,}000}{(1+0.10)^3} + \frac{\$40{,}000{,}000}{(1+0.10)^4} = \$47{,}395{,}670$$

이와 같이 연봉 지급이 계약 기간 후반부로 미루어지면, (10%의 이자율에서) 메츠의 계약은 레드삭스의 계약과 현재가치 면에서 비슷한 수준에 불과하다.

어 15년 후에 받게 되는 1,000달러는 1%의 이자율로 할인하면 현재가치가 861.35달러지만 20%의 할인율을 적용하면 64.91달러에 불과하다. 나아가 30년 후에 받게 될 1,000달러를 20%로 할인하면 현재가치는 단 4.21달러이다.

4. 미래에 여러 차례 나누어 지급받는 경우의 현재가치는 개별적인 미래지급액의 할인가치들을 합한 것이다. 예를 들어 1년 후에 1,000달러, 5년 후에 1,000달러를 받기로 한 금액의 현재가치는 얼마일까? 10%의 이자율을 가정하면 표 3.1에서 1년 후에 받을 금액의 현재가치는 909.09달러이고, 5년 후에 받을 금액의 현재가치는 620.92달러이므로, 현재가치는 $909.09+$620.92=$1,530.01이다.

할인과 금융자산의 가격

대출, 주식, 채권 같은 금융자산은 기본적으로 차입자가 미래에 금액을 지급하겠다고 한 약속이다. 할인의 개념을 이용하면 서로 다른 금융자산의 가치를 비교할 수 있다. 투자자는 왜 주식이나 채권과 같은 금융자산을 사려고 하는가? 미래에 받을 것을 위해서이다. 미래의 지급액은 오늘 얼마의 가치가 있는가? 미래에 받게 될 금액들의 현재가치를 모두 더하면 투자자가 그 자산에 얼마를 지불해야 하는지 알 수 있다. 즉 금융자산의 가격을 결정할 수 있는 것이다.

3.2 채무수단과 가격

한 금융자산의 가격은 그것을 소유함으로써 받게 되는 지급액의 현재가치와 같다. 이 사실을 채무수단이라고 하는 유형의 금융자산에 적용해 볼 수 있다. **채무수단**(debt instrument)은 기업과 정부가 발행한 채권과 은행대출을 포함한다. **주식**(equity)은 채무수단은 아닌데, 회사의 부분적인 소유권을 나타내기 때문이다. 채무수단은 만기가 다를 수 있지만, 어느 것이든 차입자가 대출자에게 원금과 이자를 갚겠다는 약속이다. 채무수단은 대출자와 차입자의 필요에 따라 다른 형태를 취할 수 있다.

[학습목표]
여러 가지 채무수단을 구분하고 각각의 가격이 어떻게 결정되는지 알아본다.

채무수단 신용시장수단 또는 고정소득자산으로 불리기도 하는 부채의 조달수단으로 단순대출, 할인채, 이표채, 분할상환대출 등이 이에 속한다.

주식 회사의 부분적인 소유권을 나타내 주는 증권

대출, 채권, 지급 시기

채무수단은 기본적으로 네 가지로 분류된다.

1. 단순대출
2. 할인채
3. 이표채
4. 분할상환대출

채무수단마다 차입자가 대출자에게 지급하는 시점이 다르다는 점을 부각시키기 위해 이렇게 분류할 수 있다. 지급 시점의 변화는 현재가치에 영향을 주므로 채무수단의 가격에도 영향을 준다.

단순대출 채무수단의 일종으로, 차입자가 대출자로부터 원금을 받고 대출 만료 시점에 원금과 이자를 상환하기로 약속하는 것

단순대출 **단순대출**(simple loan)은 원금을 빌린 차입자가 대출 만료 시점에 원금과 이자를 상환하기로 한 약속이다. 가장 흔한 단순대출은 은행이 기업에게 해 주는 **상업대출**(commercial loan)이다. 예를 들어 은행이 10%의 이자율로 10,000달러의 1년 만기 단순대출을 해 주었다면, 차입자는 1년 후에 원금과 이자를 붙여 $\$10,000+(\$10,000\times0.10)=\$11,000$를 상환한다.

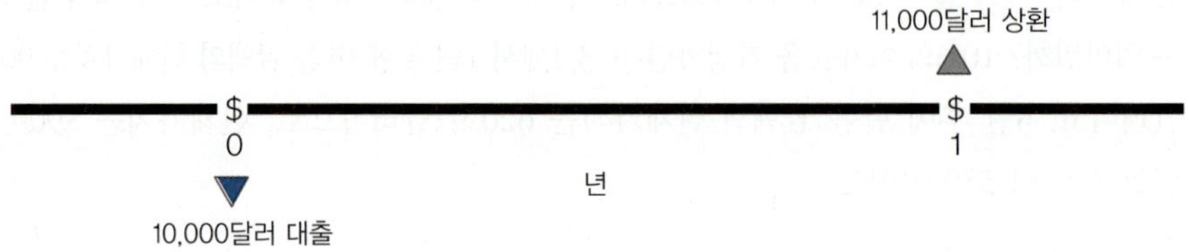

할인채 부채수단의 일종으로 채권의 발행자는 만기일에 액면금액을 전부 지급한다. 단, 발행시에 받는 금액은 액면가보다 작다.

할인채 단순대출과 같이 차입자는 한 번에 **할인채**(discount bond)를 상환한다. 차입자는 만기 시점에 대출자에게 **액면가**(face value 또는 par value)라고 불리는 금액을 지급한다. 그러나 채권을 발행할 때에는 액면가보다 적은 금액을 받는다. 자금을 조달한 대가로 지불하는 이자는 액면가와 발행 시 받은 금액의 차이이다. 한 회사가 1년 만기 할인채를 발행하고 9,091달러를 받았다고 하자. 1년 후에는 채권 매수자에게 10,000달러의 액면가를 상환한다.

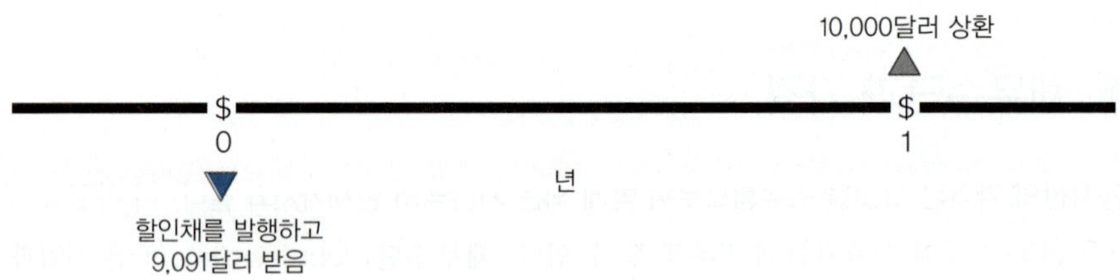

이 할인채를 매수한 사람은 $\$10,000-\$9,091=\$909$를 1년 이자로 받았다. 따라서 이자율은 $\$909/\$9,091=0.10$ 또는 10%이다. 대표적인 할인채로는 미 저축채권(U.S. savings bond), 미 재무성 단기증권(U.S. Treasury bill), 무이표채(zero-coupon bond)가 있다.

이표채 부채수단의 일종으로 채권의 발행자는 정기적으로 이자를 지급하고 만기일에는 액면금액을 지급한다.

이표채 이표채도 할인채와 같은 '채권'이지만, 할인채와는 상당히 다르다. **이표채**(coupon bond)의 발행자는 보통 1년에 한 번 혹은 두 번 정해진 시점에 이표(coupon)의 형태로 이자를 지급하고, 만기일에는 액면금액을 상환한다. 미국의 재무성, 주정부, 지역정부, 대기업 모두 이표채를 발행하고 있다. 이표채는 금융시스템에서 중요한 역할을 하기 때문에 이표채와 관련된 다음 용어들에 익숙해져야 한다.

- 액면가 : 만기에 채권의 발행자(자금의 차입자)가 상환하는 금액으로 미국의 경우 일반적인 이표채의 액면가는 1,000달러이다.
- 이표 : 채권의 발행자가 매수자에 1년간 지급하는 고정된 이자금액이다.
- 이표율 : 이표율(coupon rate)은 채권의 액면가에 대한 이표의 비율이다. 예를 들어 이표가 매년 50달러이고 액면가가 1,000달러인 채권의 이표율은 5%이다.

- **경상수익률** : 이표채는 발행되고 난 후에는 금융시장에 유통되면서 다시 사고 팔리게 된다. 시장에서 거래되기 때문에 채권가격이 날마다 변동하며, 액면가보다 높아지기도 하고 낮아지기도 한다. 경상수익률(current yield)은 채권의 현재가격에 대한 이표의 비율이다. 예를 들어 발행조건에 따라 이표가 매년 50달러이고 액면가가 1,000달러인 채권이 현재 900달러에 거래된다면, 경상수익률은 $50/$900=0.056(5.6%)이다.
- **만기** : 만기(maturity)는 채권이 종료되는 시점으로, 이때 채권의 발행자는 채권의 매수자에게 액면가를 지불한다. 미국의 경우 국채와 회사채에는 만기가 30년인 채권이 많다. 채권의 발행자는 30년 동안 매년 이표를 지급하고 마지막 30년째에 액면금액을 상환한다. 예를 들어 IBM이 30년 만기 이표율 10%의 액면가 1,000달러 채권을 발행하면, 30년 동안 매년 100달러씩 지급하고 마지막 해에는 추가로 1,000달러를 더 지급한다. IBM 이표채의 시간에 따른 지급 흐름은 다음과 같다.

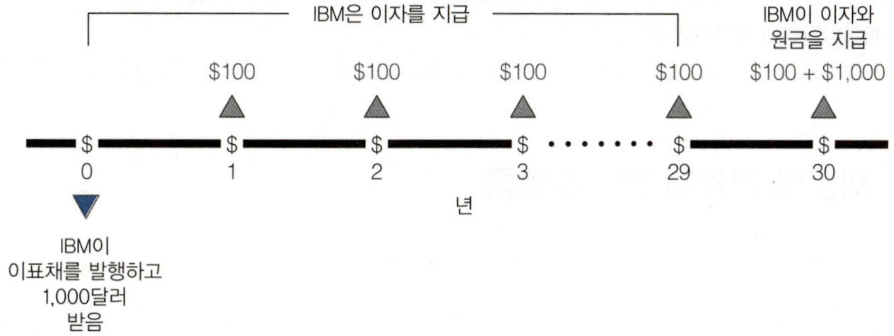

분할상환대출 **분할상환대출**(fixed-payment loan)의 경우 대출받은 사람은 차입자에게 정기적(월별, 분기별, 연도별)으로 채무를 상환한다. 원금과 이자를 포함하는 금액을 분할하여 매번 같은 금액을 상환한다. 따라서 만기가 되면 대출을 완전히 상환하게 된다. 일반적으로 분할상환대출에는 주택담보대출, 학자금대출, 자동차 할부구매 등이 있다. 예를 들어 당신이 10,000달러의 10년 만기 학자금대출을 9% 이자율로 상환해야 한다면, 매월 갚아야 할 금액은 대략 127달러가 된다.

분할상환대출 부채수단의 일종으로, 차입자는 원금과 이자를 포함하는 금액을 분할하여 정기적으로 일정 금액을 상환한다.

분할상환대출은 일반 가계에게 인기가 많은 대출 형태이다. 만기에 거액을 상환해야 하는 부담 없이 일정 금액을 계속 갚아 나가면 대출이 끝나기 때문이다. 분할상환대출은 대출자에게도 이점이 있다. 차입자가 원금의 일부를 정기적으로 갚는 형태여서, 나중에 원금 전액이 채무불이행될 가능성이 줄어들기 때문이다.

대부분의 채무수단이 이 네 가지 범주에 속하지만, 저축자와 차입자의 필요에 따라 한 범주에만 속하지 않는 새로운 형태의 부채수단이 개발되고 있다.

관련 사례

원금을 원하나, 이자를 원하나? 금융 신상품 만들기

1980년대 이전 미국 재무성은 이표를 지급하지 않는 단기채권과 이표를 지급하는 중 · 장기채권만을 발행하였다. 1970년대 후반 이자율이 요동치기 시작했고, 중 · 장기채권을 매수한 투자자들은 앞으로 이자율이 하락하면 이표를 낮아진 이자율로 재투자해야 할지 모른다고 걱정했다. 이에 투자자들은 만기까지의 정확한 수익률을 알 수 있는 장기 무이표채가 있으면 좋을 것이라고 생각했다.

금융회사들은 투자자들이 원하는 상품을 만들어 냈다. 1982년 투자은행 메릴린치(현재는 BOA가 소유하고 있음)는 TIGR(Treasury Investment Growth Receipt)이라고 불리는 새로운 채권을 만들었는데, 이는 재무성 단기증권과 같은 무이표채이다. 이 채권은 다음과 같이 만들어진다. 메릴린치가 이표율 9%인 20년 만기 재무성증권을 100만 달러어치 샀다고 하자. 메릴린치는 20년간 매년 $1,000,000 x 0.09 = $90,000를 받고, 20년 후에는 100만 달러의 액면가를 받을 수 있게 된다. 메릴린치는 이 지급금을 바탕으로 투자자에게 90,000달러어치의 1년 만기 TIGR을 팔 수 있는데, 이 채권은 기초자산인 100만 달러의 20년 만기 재무성증권에 의해 완전히 보장된다. 투자자들이 사들인 개별 이표에 대한 권리를 '스트립스(strips)'라고 부른다.

재무성은 장기 무이표채의 잠재적 가치를 깨닫고 1984년 메릴린치의 혁신을 따라 했다. STRIPS(Separate Trading of Registered Interest and Principal Securities)라는 이름의 이 채권으로 투자자들은 국채의 개별 이표와 액면가치를 따로 살 수 있게 되었다. 예를 들어 20년 후에 재무성 채권이 지급할 이표를 사는 것도 가능하다. 이렇게 해서 정부로부터 장기 이표채뿐만 아니라 장기 무이표채를 사는 것도 가능해졌고, 이는 투자자들의 선택의 폭을 넓혔다.

3.3 채권의 가격과 만기수익률

[학습목표]
채권의 만기수익률과 채권가격의 관계를 설명한다.

어느 금융상품이든 그 가격은 소유자가 지급받을 금액의 현재가치와 같다. 이 개념을 이표채의 가격결정에 적용해 보자.

채권가격

5년 만기, 이표율 6%, 액면가 1,000달러의 이표채를 고려해 보자. 이표율이 6%이므로 이 채권은 투자자에게 5년 동안 매년 60달러씩 지급하고, 마지막 다섯 번째 해에는 1,000달러를 추가로 상환한다. (실제로 이표는 1년에 두 번 지급되는 경우가 많은데, 6%의 이표율이면 6개월에 30달러씩 지급하게 된다. 그러나 이 책에서는 1년에 한 번씩 지급한다고 단순화하기로 한다.) 채권가격 P는 다음과 같이 투자자가 받는 여섯 차례 지급액의 현재가치이다.

$$P = \frac{\$60}{(1+i)} + \frac{\$60}{(1+i)^2} + \frac{\$60}{(1+i)^3} + \frac{\$60}{(1+i)^4} + \frac{\$60}{(1+i)^5} + \frac{\$1{,}000}{(1+i)^5}$$

일반화하여 만기가 n, 이표가 C, 액면가가 FV인 한 채권의 가격은 다음과 같다.

$$P = \frac{C}{(1+i)} + \frac{C}{(1+i)^2} + \frac{C}{(1+i)^3} + \cdots + \frac{C}{(1+i)^n} + \frac{FV}{(1+i)^n}$$

만기수익률

채권가격을 알기 위해서는 미래의 지급액과 이자율에 관한 정보가 필요하다. 그런데 채권의 가격과 미래의 지급액은 알지만 이자율에 대해 항상 알고 있는 것은 아니다. 이제 당신이 다음 두 채권 중 하나를 선택해야 한다고 해 보자—(1) 3년 만기, 이표율 8%, 액면가 1,000달러인 채권의 현재 가격이 1,050달러인 경우. (2) 2년 만기, 이표율 6%, 액면가 1,000달러인 채권의 현재 가격이 980달러인 경우. 어디에 투자해야 할까?

문제는 이자율을 계산하는 것이다. 두 채권의 가격과 지급액을 알고 있기 때문에 다음과 같이 현재가치를 계산할 수 있다.

$$\text{채권 1} : \$1{,}050 = \frac{\$80}{(1+i)} + \frac{\$80}{(1+i)^2} + \frac{\$80}{(1+i)^3} + \frac{\$1{,}000}{(1+i)^3}$$

재무계산기나 컴퓨터 프로그램 등을 사용하여 이 방정식에서 i를 계산할 수 있다. 방정식의 해는 =0.061, 즉 6.1%이다.

$$\text{채권 2} : \$980 = \frac{\$60}{(1+i)} + \frac{\$60}{(1+i)^2} + \frac{\$1{,}000}{(1+i)^2}$$

이 채권에서 $i=0.071$, 즉 7.1%이다.

언뜻 보아서는 채권 1의 이표율이 높아서 더 나은 투자처럼 보이지만, 실제로는 높은 가격 때문에 채권 2보다 이자율이 낮다. 따라서 높은 이자율을 원한다면 당연히 채권 2를 선택해야 한다.

이렇게 계산된 이자율을 만기수익률이라고 한다. **만기수익률**(yield to maturity)은 현재의 자산가격과 그 자산으로부터의 얻게 될 금액의 현재가치를 일치시켜 주는 할인율(이자율)이다. 만기수익률은 현재가치 개념에 기초한 것으로, 금융시장에서 가장 많이 사용하는 이자율 측정 방법이다. 특별히 다른 것을 명시하지 않는 한, 금융시장에서 이자율이라고 할 때 그것은 만기수익률을 나타낸다. 투자의 여러 대안을 비교하려면 만기수익률을 계산해 보아야 한다.

만기수익률 현재의 자산가격과 그 자산으로부터의 얻게 될 금액의 현재가치를 일치시켜 주는 이자율

다른 채무수단들의 만기수익률

우리는 앞에서 채무수단이 네 가지로 분류된다는 것을 알아보았다. 이미 이표채의 만기수익률을 어떻게 계산하는지에 대해 살펴보았으므로, 나머지 세 가지 채무수단에 대해 알아보기로 하자.

단순대출 단순대출에 대한 만기수익률을 계산하는 것은 아주 간단하다. 대출이자율이 곧 만기수익률이기 때문이다. 예를 들어 10,000달러를 대출해 주면서 1년 후에 원금 10,000달러와 이자 1,000달러를 요구하는 경우에 만기수익률은 다음과 같이 계산된다.

$$\text{오늘의 가치} = \text{지급액의 현재가치}$$

$$\$10{,}000 = \frac{\$10{,}000 + \$1{,}000}{(1+i)}$$

이 식을 i에 대해 풀면 다음과 같이 만기수익률이 간단하게 계산된다.

$$i = \frac{\$11{,}000 - \$10{,}000}{\$10{,}000} = 0.10 \text{ 또는 } 10\%$$

만기수익률은 10%로 단순대출의 이자율과 같다.

할인채 할인채의 만기수익률도 같은 방법으로 계산할 수 있다. 어느 회사가 10,000달러의 1년 만기 할인채를 발행했다고 하자. 당신이 이 채권을 9,200달러에 샀다면, 오늘의 가치 9,200달러와 미래 지급액의 현재가치 $10,000/(1+*i*)를 일치시켜 주는, 즉 $9,200=$10,000/(1+*i*) 식을 만족하는 *i*를 계산할 수 있다.

$$i = \frac{\$10{,}000 - \$9{,}200}{\$9{,}200} = 0.087 \text{ 또는 } 8.7\%$$

액면가 *FV*, 가격 *P*에 판매되는 1년 만기 할인채의 만기수익률은 다음과 같다.

$$i = \frac{FV - P}{P}$$

분할상환대출 분할상환대출에 대한 만기수익률 계산은 이표채의 경우와 비슷하다. 단, 분할상환대출에는 원금과 이자를 모두 포함하는 정기적 상환을 요구하므로 만기에 액면가 상환은 없다. 당신이 주택 매입을 위해 100,000달러를 분할상환대출 받는 경우를 생각해 보자. 조건은 매년 12,731달러씩 20년간 상환하는 것이다. 현재의 시점에서 평가한 이 대출의 가치는 100,000달러이므로, 만기수익률은 아래 방정식을 만족하는 이자율이다.

$$\text{오늘의 가치} = \text{지급액의 현재가치}$$

$$\$100{,}000 = \frac{\$12{,}731}{(1+i)} + \frac{\$12{,}731}{(1+i)^2} + \cdots + \frac{\$12{,}731}{(1+i)^{20}}$$

역시 재무계산기나 컴퓨터 프로그램 등을 사용하여 *i*를 계산하면, 방정식의 해는 *i*=0.112 또는 11.2%이다. 고정지급액(fixed payment)이 *FP*인 *n*년 만기 분할상환대출의 가치는 다음과 같이 표현된다.

$$\text{대출의 가치} = \frac{FP}{(1+i)} + \frac{FP}{(1+i)^2} + \cdots + \frac{FP}{(1+i)^n}$$

즉 오늘 대출받는 금액은 앞으로 갚아야 할 금액을 만기수익률 *i*로 할인한 현재가치와 같은 것이다.

영구채 영구채(perpetuities)는 이표채의 특별한 경우다. 영구채는 고정된 이표를 지급하지만 일반 이표채와 달리 만기가 없다. 영구채의 주요 예는 콘솔(consol)인데, 영국 정부가 딱 한 번 발행한 적이 있지만 지난 수십 년간 다시 발행된 적은 없다. 발행 당시 이표율 2.5%였던 이 채권은 아직도 금융시장에서 거래되고 있다. 이표가 영원히 지급되기 때문에 만기수익률 계산이 어렵다고 생각할지 모르지만 실제로는 아주 간단하다. 정해진 이표를 무한대로 지급하는 채권가격의 식은 다음과 같이 도출된다.[1]

---

1 식을 도출하는 방법은 다음과 같다. 콘솔의 가격은 콘솔 매수자가 받게 될 무한 번의 이표의 현재가치와 일치한다 : $P = \frac{C}{1+i} + \frac{C}{(1+i)^2} + \frac{C}{(1+i)^3} + \frac{C}{(1+i)^4} + \cdots$. 무한등비급수의 합을 구하는 공식에 따르면, x가 1보다 작을 때 $1 + x + x^2 + x^3 + x^4 + \cdots$의 합은 $\frac{1}{1-x}$이다. 콘솔의 경우에는 $\frac{1}{1+i}$이 1보다 작으므로 $P = C\left[\frac{1}{1-\frac{1}{1+i}} - 1\right]$이다. 따라서 본문에 있는 대로 $P = \frac{C}{i}$와 같이 정리된다.

예제 3.3

여러 가지 채무수단의 만기수익률

다음 각각에 대해 만기수익률 i를 구하는 식을 써 보자. 단, i에 대해 풀 필요는 없고 식만 세우면 된다.

a. 500,000달러를 빌리고 4년 후에 700,000달러를 갚는 단순대출
b. 1년 만기, 액면가 10,000달러이며 현재 가격이 9,000달러인 할인채
c. 5년 만기, 액면가 1,000달러, 이표율 10%이며 현재 가격이 975달러인 회사채
d. 2,500달러를 빌리고 2년 후부터 25년간 매년 315달러씩 갚아야 하는 학자금대출

Step 1 복습. '채권의 가격과 만기수익률' 부분을 복습한다.

Step 2 채무수단 (a)의 만기수익률.

$$\$500,000 = \frac{\$700,000}{(1+i)^4}$$

Step 3 채무수단 (b)의 만기수익률.

$$\$9,000 = \frac{\$10,000}{(1+i)} \text{ 또는 } i = \frac{\$10,000 - \$9,000}{\$9,000}$$

Step 4 채무수단 (c)의 만기수익률. 액면가 1,000달러에 대한 이표율이 10%이므로 매년 100달러의 이표를 받는다.

$$\$975 = \frac{\$100}{(1+i)} + \frac{\$100}{(1+i)^2} + \frac{\$100}{(1+i)^3} + \frac{\$100}{(1+i)^4} + \frac{\$100}{(1+i)^5} + \frac{\$1,000}{(1+i)^5}$$

Step 5 채무수단 (d)의 만기수익률. 이 경우에는 첫째 해 말에 상환액이 없다는 점에 유의한다.

$$\$2,500 = \frac{\$315}{(1+i)^2} + \frac{\$315}{(1+i)^3} + \cdots + \frac{\$315}{(1+i)^{26}}$$

$$P = \frac{C}{i}$$

만약 매년 25달러를 지급하는 영구채가 현재 500달러에 거래된다면, 이 영구채의 만기수익률은 i=\$25/\$500=0.05(5%)이다.

3.4 채권가격과 채권 수익률 간의 역의 관계

[학습목표]
채권가격과 채권 수익률 간의 역의 관계를 이해한다.

미국에서 정부와 대기업이 발행하는 이표채의 만기는 보통 30년이다. 하지만 투자자들은 30년 동안 **유통시장**에서 채권을 여러 차례 사고판다. 일단 처음에 채권이 팔리면 채권을 발행한 기업이나 정부

는 그다음에 이루어지는 거래에는 관여하지 않는다. 예를 들어 당신이 GE가 새로 발행한 채권을 1,000달러에 매수했다고 하자. 이 채권의 액면가는 1,000달러, 이표율은 8%라고 해 보자. 채권의 가격이 액면가와 일치하면 채권의 만기수익률은 이표율과 같다. 아마 당신은 8%의 수익률이 괜찮다고 생각하고 이 채권을 구입했을 것이다. 그런데 어느 시점에 당신이 채권을 팔기로 마음을 먹으면 채권을 살 사람과 거래를 해야 한다. 거래가 이루어지면 GE는 그때부터 채권의 새 주인에게 이표를 지급해야 하지만, 채권거래 자체에는 관여하지 않는다.

이자율이 변할 때 채권가격은 어떻게 되는가

당신이 GE 채권을 구입한 지 1년 후에 GE가 또 다른 30년 만기 채권을 발행했고, 새 채권의 이표율이 이전 채권의 8%보다 높은 10%라고 해 보자. 그러면 GE는 왜 새 채권의 이표율을 올렸을까? 기업은 채권을 발행할 당시 채권시장의 상황을 보고 이표율을 정한다. 기업은 가능하면 낮은 이자율로 빌리고 싶지만, 특정한 상황에서는 투자자들이 더 높은 이자율을 요구할 수 있다. 예를 들어 투자자들이 앞으로 인플레이션율이 높아질 것이라고 예상하면 화폐가치의 하락을 보상하기 위해 높은 이자율을 요구하게 된다.

GE가 이전보다 높은 이표율로 채권을 새로 발행하면, 이전에 당신이 매수한 채권은 어떻게 될까? 첫째, 이표율은 발행될 때 이미 정해지는 것이므로 더 이상 변하지 않는다는 점에 주목하자. 따라서 GE가 새로 발행한 채권의 소유자는 매년 100달러씩 받지만, 당신은 여전히 매년 80달러씩만 받는다. 그래서 채권을 팔기로 한다면 당신은 얼마의 가격을 받을 수 있을까? 채권의 잠재적 매수자 입장에서 보면, 당신의 채권은 이표를 80달러밖에 지급하지 않지만 새로 발행된 채권은 100달러를 지급한다. 새 채권을 1,000달러에 사면 10%의 이표를 받을 수 있으므로 어느 누구도 당신의 8% 채권에 1,000달러를 지불하지 않을 것이다. 그러면 투자자들은 당신이 소유한 이전의 채권에 얼마를 지불하려고 할까? 금융자산의 가격이 미래 지급액의 현재가치라는 사실을 이용하면 이 질문에 답할 수 있다. 우선 만기수익률이 얼마인지 알 필요가 있다. 당신이 이전에 채권을 구매할 때는 만기수익률이 8%였다. 그런데 이제 채권시장의 조건이 달라졌고, 새 채권에 투자할 사람을 모으기 위해 GE는 10%의 만기수익률을 제공하게 되었다. 당신이 채권을 팔려면 이 10%의 새 채권과 유통시장에서 경쟁해야 한다. 따라서 당신 채권의 새 가격을 계산하기 위해서는 만기수익율을 10%로 수정해야 한다.

(재무계산기나 컴퓨터 프로그램 등을 사용하여) 채권가격을 계산할 때, 당신의 채권은 1년이 지났기 때문에 매수자가 30번이 아닌 29번의 이표를 받게 된다는 점에 주의해야 한다.

$$\$812.61 = \frac{\$80}{(1 + 0.10)} + \frac{\$80}{(1 + 0.10)^2} + \frac{\$80}{(1 + 0.10)^3} + \ldots + \frac{\$80}{(1 + 0.10)^{29}} + \frac{\$1,000}{(1 + 0.10)^{29}}$$

만기가 되면 1,000달러의 액면가를 받게 될 당신의 채권이 단지 812.61달러밖에 안 된다는 것이 이상해 보일지 모른다. 하지만 당신이든 채권의 새 주인이든 1,000달러의 액면가를 29년간 받는 것이 아니라는 것을 상기하자. 29년 후의 1,000달러는 10%의 이자율로 할인하면 63.04달러밖에 되지 않는다.

관련 사례

은행, 주택저당채권으로 큰 손해를 보다

제1장에서 보았듯이 은행은 금융시스템에서 중요한 역할을 한다. 대기업은 주식이나 채권을 발행해서 자금을 조달할 수 있지만 중소기업은 회사의 운영과 확장에 필요한 자금을 은행대출로 조달한다. 가계 역시 집, 자동차, 가구, 그 밖의 비싼 물건을 사는 데 필요한 자금을 은행을 통해 마련한다. 그렇기 때문에 금융위기 때 은행의 대출 감소가 2007~2009년의 불황을 심화시켰다.

은행이 2007~2009년의 불황 때 곤경에 빠진 이유는 무엇일까? 이자율과 채권가격 사이의 역의 관계가 이 물음에 답을 찾는 데 도움이 된다. 우선, 은행의 기본 업무는 가계와 기업으로부터 예금을 받아 이를 투자하는 것임을 상기하라. 대출과 채권 매수가 은행의 가장 중요한 투자 방법이다. 2000년대 초반과 중반의 주택시장 활황기에 은행은 종전에는 대출자격이 부여되지 않았던 많은 신용불량자에게 주택담보대출을 해 주었다. 또 계약금을 조금만 지불하거나 전혀 지불하지 않는 대출자에게도 주택담보대출을 해 주었다. 제1장에서 살펴보았듯이 이들 대출 중 상당수는 증권화되었다. 즉 이들 대출들이 모여서 주택저당증권(MBS)이라는 채권이 만들어졌고, 이 채권은 투자자들에게 팔렸다. 주택저당증권은 정기적으로 이자를 지급한다는 면에서 장기채권과 유사하다. 주택저당증권이 지급하는 이자는 주택담보대출을 받은 사람들이 은행에 갚는 이자와 원금으로부터 나온다.

주택시장 활황이 절정에 이르렀을 때 은행들은 주택저당증권에 많이 투자했는데 이들 증권의 수익률이 비슷한 위험등급을 가진 다른 투자의 수익률보다 높다고 여겼기 때문이다. 2006년 주택가격이 하락하기 시작했을 때, 주택담보대출에 대한 채무불이행이 늘어나기 시작했다. 대출자들이 주택담보대출에 대한 상환을 중단하면서 주택저당증권의 보유자들은 당초에 기대했던 것보다 낮은 이자를 지급받았다. 주택저당증권의 유통시장에서는 매수자를 찾기가 어려웠는데, 매수자를 찾더라도 높아진 채무불이행 위험을 보상할 수 있을 정도로 수익률이 높을 때에만 거래가 성사되었다. 높은 수익률은 낮은 가격을 의미한다. 2008년 주택저당증권의 가격은 50% 이상 하락하는 경우가 많았다.

2009년 초 미국의 은행들은 약 1조 달러의 투자손실을 입었다. 2010년 주택시장이 안정되고 일부 주택저당증권의 가격이 오르면서 손실은 다소 줄어들었다. 그럼에도 불구하고 투자손실을 감당할 수 없어 문을 닫는 은행들이 있었고, 부실자산구제프로그램(Troubled Asset Relief Program, TARP)의 일환으로 제공된 연방정부의 지원으로 간신히 살아남은 은행들도 있었다. 이 기간에 은행이 당면했던 어려움과 은행권을 강화하기 위한 연방정부의 노력에 대해서는 제10장과 제12장에서 좀 더 살펴볼 것이다. 일단 이자율 상승이 채권 보유자에게는 손해가 된다는 점을 은행들이 다시 깨달았다는 정도만 지적해 두자.

자산의 가격이 상승하면 **자본이득**(capital gain)을 얻는 반면, 자산의 가격이 하락하면 **자본손실**(capital loss)을 입는다. 이 예에서 당신은 \$1,000−\$812.61=\$187.39의 자본손실을 입은 것이다.

자본이득 자산가격 상승으로 인한 이득

자본손실 자산가격 하락으로 인한 손실

당신이 장기 이표채를 소유하고 있다면 이자율이 상승하는 것은 좋은 소식이 아니다. 만약 이자율이 하락하면 어떻게 될까? 당신이 8% 이표율의 GE 채권을 산 지 1년 후에 GE가 6% 이표율의 새 채권을 발행하기 시작했다고 해 보자. 아마 투자자들이 인플레이션이 낮아질 것으로 기대하기 때문에 낮은 이표율을 가진 채권이 나오게 된 것인지 모른다. 이 경우 기존 채권의 이표율이 더 높기 때문에 당신이 소유한 채권은 투자자를 끌어들일 수 있다. 당신이 채권을 팔기로 결정하면 새로 나온 6% 이표율의 채권과 비교될 것이다. 이제 당신 채권의 수정된 만기수익률은 6%가 된다.

$$\$1,271.81 = \frac{\$80}{(1 + 0.06)} + \frac{\$80}{(1 + 0.06)^2} + \frac{\$80}{(1 + 0.06)^3} + \ldots + \frac{\$80}{(1 + 0.06)^{29}} + \frac{\$1,000}{(1 + 0.06)^{29}}$$

당신이 얻는 자본이득은 \$1,271.81−\$1,000=\$271.81이다.

채권가격과 만기수익률은 반대로 움직인다

앞에서 든 예들로부터 두 가지 중요한 사항을 알게 되었다.

1. 새로 발행된 채권의 이자율이 상승하면 기존 채권의 가격은 하락한다.
2. 새로 발행된 채권의 이자율이 하락하면 기존 채권의 가격은 상승한다.

즉 **만기수익률과 채권가격은 반대로 움직인다**. 만기수익률은 채권가격 방정식의 분모에 위치하므로 둘 사이에 역의 관계가 존재한다. 경제적 의미는 앞에서 설명한 대로다. 이자율이 상승하면 이자율이 낮을 때 발행된 기존 채권의 선호도가 떨어지고 가격이 하락한다. 이자율이 하락하면 이자율이 높을 때 발행된 기존 채권의 선호도가 올라가고 가격이 상승한다.

끝으로, 만기수익률과 채권가격 사이의 역관계는 다른 채무수단에도 적용된다는 점을 기억해야 한다. 채무수단의 가격, 즉 현재가치는 이자율과 반대로 움직인다.

유통시장, 차익거래, 일물일가의 법칙

채권의 가격과 수익률이 시장조건에 따라 변하는 과정을 살펴보도록 하자. 오늘날 대부분의 금융거래는 전산시스템에서 이루어진다. 대면거래는 드물고, 거래는 금방 이루어지며, 매초마다 수없이 많은 거래가 일어난다. 게다가 전문적인 거래자에 의해 대규모 거래가 아주 짧은 시간에 성사된다. 전문거래자는 유사한 증권들 사이에 존재하는 아주 작은 가격차를 이용하여 돈을 벌기도 한다.

앞서 든 예에서 시장이자율이 6%로 떨어졌을 때 기존의 8% 이표채 가격이 어떻게 변했는지 상기해 보자. 기존의 8% 채권가격은 1,000달러에서 1,271.81달러로 상승했다. 이렇게 되면 구채권과 신채권의 만기수익률은 6%로 같아진다. 그 결과 두 채권은 투자자들에게 동일한 것이 되어 버린다. 그러나 8% 이표채의 가격이 1,271.81달러까지 오르는 동안 무슨 일이 일어날까? 가격이 순간적으로 오르는 것이 아니라면, 어떤 거래자는 가격이 오르는 동안 가령 1,260달러에 채권을 사서 1,271.81달러까지 상승했을 때 팔아 이득을 취할 수 있다.

금융차익거래 짧은 시간에 증권을 사고팔면서 가격차를 이용한 이익을 얻는 행위

짧은 시간에 증권을 사고팔면서 가격차를 이용한 이익을 얻는 행위를 **금융차익거래**(financial arbitrage)라고 한다. 이렇게 얻어진 이익을 차익거래이익이라 한다. 그러나 거래자들이 차익거래이익을 얻기 위해 서로 경쟁하기 때문에 가격은 더 이상 차익거래이익이 발생하지 않는 수준으로 조정된다. 수많은 거래자와 전자거래의 빠른 속도 때문에, 보통 증권의 가격은 몇 초 안에 조정되고 차익거래이익은 사라진다. 이런 점에서 경제학자들은 차익거래이익이 없다는 가정을 한다. 자산의 가격이 빨리 조정되므로 결국 투자자는 동일한 수익률을 얻게 된다. 우리의 예에서도 이표채의 가격이 조정됨에 따라 8% 이표율 채권과 6% 이표율 채권의 수익률이 같아진 것을 볼 수 있었다.

이렇게 증권의 가격이 조정되는 것은 경제학의 일반 원리인 일물일가의 법칙(law of one price)의 한 예라고 할 수 있다. 일물일가의 법칙이란 동일한 상품은 어디서든 동일한 가격에 팔려야 한다는 것이다. 예를 들어 만약 미네소타에서는 사과가 파운드당 1달러이고 위스콘신에서는 1.5달러라면, 당신은 미네소타에서 사과를 사서 위스콘신에서 팔아 재정거래이익을 얻을 수 있다. 결국 두 곳의 사과 가격은 운송비를 빼면 차익거래에 의해 같아지게 될 것이다.

관련 사례

월스트리트저널 채권시세표 읽기

월스트리트저널 웹사이트나 야후 증권 페이지(finance.yahoo.com)를 보면 단기, 중기, 장기 국채 및 회사채의 가격과 수익률에 대한 정보가 있는데, 이곳에 올라오는 정보는 매일 업데이트된다.

중 · 장기 재무성 채권

아래 표는 5개의 미 재무부 중 · 장기채권에 대한 자료를 담고 있는데, 2010년 7월 16일 유통시장 자료를 바탕으로 한 것이다. 중기 재무성 채권은 발행 시 만기가 2년에서 10년 사이이고, 장기 재무성 채권은 보통 발행 시 만기가 30년이다.

	MATURITY MONTH/YEAR		COUPON	BID	ASKED	CHG	ASK YLD
채권 A	Aug	2015	4.250	112:08	112:10	+8	1.7066
	Mar	2016	2.375	101:28	101:29	+9	2.0190
	Aug	2016	3.000	104:27	104:28	+12	2.1451
	Feb	2025	7.625	147:08	147:11	+16	3.4610
	Aug	2029	6.125	132:26	132:29	+15	3.7047

처음 두 열은 만기일과 이표율을 보여 준다. 예를 들면 채권 A는 만기일이 2015년 8월 15일이며, 쿠폰 금리는 4.250%여서 액면가 1,000달러에 대해 해마다 42.50달러를 지불한다. 다음 세 열은 채권 가격을 보여 준다. 모든 가격은 액면가 100달러에 대한 것이다. 콜론(:) 뒤에 있는 숫자는 32분의 1달러를 단위로 한다. 채권 A의 첫 가격 112:08은 '112와 08/32'달러를 의미하는데, 이는 액면가 1,000달러인 채권의 가격으로는 1,122.50달러를 의미한다. *매수호가*(bid)는 채권을 팔았을 때 딜러에게서 받게 되는 금액이다. *매도호가*(asked)는 살 때 딜러에게 지불해야 하는 금액이다. 매수호가와 매도호가의 차이는 *호가 스프레드*(bid–asked spread)라고도 불리는데, 이는 딜러의 수익 마진이 된다. 국채시장의 호가 스프레드는 작은 편인데 낮은 거래비용과 유동적이고 경쟁적인 시장의 결과이다. 'Chg' 열은 전일에 비해 매수호가가 얼마나 오르거나 내렸는지를 보여 준다. 채권 A의 경우 매수호가는 전일 대비 8/32달러 상승했다.

마지막 열은 만기수익률을 보여 주는데, 앞서 배운 이표채에 대한 계산법과 매도호가를 이용하여 계산된다. 월스트리트저널은 매도호가를 이용해서 만기수익률을 계산하는데, 이는 독자들이 투자자의 관점에서 본 만기수익률에 관심이 있기 때문이다. 표에 있는 정보를 이용하면 세 가지 이자율을 얻을 수 있는데, 지금 바로 언급한 만기수익률, 이표율, 경상수익률(이표를 현재 가격으로 나눈 비율로, 채권 A의 경우 $42.50/$1,122.50 = 3.79%) 세 가지다. 채권 A의 경상수익률은 만기수익률인 1.7066%보다 훨씬 높다. 이는 만기가 짧은 채권의 경우 경상수익률이 만기수익률과 크게 다를 수 있음을 확인시켜 준다. 경상수익률과 만기수익률이 다른 것은 경상수익률이 향후 채권가격 변화를 무시하기 때문이다.

단기 재무성 채권

아래 표는 미 재무성 단기 채권의 수익률에 대한 정보를 담고 있다. 중 · 장기 재무성 채권은 이표채인 데 반해 단기 재무성 채권은 무이표채임을 상기하라. 따라서 단기 재무성 채권은 만기일(첫 번째 열)만으로 구분이 가능하다. 단기 재무성 채권시장에서는 수익률을 만기수익률이 아닌 할인율(혹은 할인수익률)로 표시하는데, 이는 매우 오래된 전통이다. [액면가가 *FV*이고 현재가가 *P*인 채권의 할인수익률은 [(*FV*–*P*)/*FV*] × (360/만기까지의 날짜 수)로 계산된다.]

중 · 장기 재무성 채권의 매수호가, 매도호가 열은 가격을 보여 주었던 반면, 단기 재무성 채권의 매수호가, 매도호가 열은 수익률을 보여 준다. 매수호가 수익률(bid yield)은 채권을 딜러에게 팔고자 하는 투자자에게 적용되는 할인율이다. 매도호가 수익률(asked yield)은 딜러로부터 채권을 사고자 하는 투자자에게 적용되는 할인율이다. 매수호가 수익률과 매도호가 수익률 사이의 차이가 딜러의 이윤이 된다. 단기 재무성 채권에 대한 투자를 다른 채권에 대한 투자에 비교할 때 만기수익률을 아는 것이 유용하다. 그래서 마지막 열은 만기수익률을 보여 주는데, 이는 매도호가 수익률에 기초한 것이다.

MATURITY	BID	ASKED	CHG	ASK YLD
Aug 12 '10	0.143	0.138	– 0.013	0.139
Aug 19 '10	0.150	0.145	– 0.005	0.147
Aug 26 '10	0.155	0.150	– 0.003	0.152
Sep 02 '10	0.155	0.150	– 0.003	0.152
Sep 09 '10	0.160	0.155	unch.	0.157

두 시세표 모두에서 만기가 멀수록 만기수익률은 높아진다. 제5장에서 배우겠지만, 이는 채권시장의 전형적 상황이다.

뉴욕증권거래소 회사채

아래 표는 뉴욕증권거래소에서 가장 활발하게 거래되는 회사채들의 가격을 보여 준다. 첫 번째 열은 채권을 발행한 회사의 이름을 보여 준다. 채권 B는 골드만삭스가 발행한 채권이다. 다음 열(GS.IAR)은 채권에 대한 기호를 보여 준다. 세 번째 열(5.375%)은 이표율을 나타낸다. 네 번째 열(Mar 2020)은 만기일을 나타낸다. 다음 열은 3대 신용평가사의 채권등급을 보여 준다. 제5장에서 논의하겠지만, 채권등급은 투자자에게 회사의 채무불이행 가능성에 대한 정보를 제공해 준다. 다음 세 열은 장중 최고가, 최저가와 종가를 보여 준다. 재무성 채권의 경우와 달리 회사채 가격은 32진법이 아니라 10진법으로 표시된다. 따라서 이날 마지막 거래에서 골드만삭스 채권은 1,048.68달러에 팔렸다. 'Change' 열은 전일 종가로부터 가격 변화를 보여 준다. 마지막 열(4.740)은 만기수익률을 나타낸다.

	Issuer Name	Symbol	COUPON	MATURITY	Moody's/S&P /Fitch	High	Low	Last	Change	Yield%
	BP Capital Markets PLC	BP.JE	5.250%	Nov 2013	A2/A/BBB	100.770	98.000	99.400	1.400	5.449
채권 B	Goldman Sachs & Co	GS.IAR	5.375%	Mar 2020	A1/A/A+	105.442	100.95	104.868	2.868	4.740
	Citigroup	C.HVK	6.000%	Dec 2013	A3/– –/A+	108.480	106.922	107.606	0.466	3.598
	Anadarko Petroleum Corp	APC.HE	5.950%	Sep 2016	Ba1/BBB–/BBB–	99.251	94.249	95.750	–0.418	6.805
	Cox Comm	Cox.GM	7.750%	Nov 2010	Baa2/BBB–/BBB	101.800	101.766	101.800	–0.158	1.227

3.5 이자율과 수익률

[학습목표]
이자율과 수익률의 차이를 설명한다.

수익 증권투자로 얻는 총수입. 채권에 대해서는 이표 수입과 채권가격 변화의 합

수익률, *R* 증권투자 수익을 초기 가격에 대한 퍼센트로 나타낸 것. 채권에 대해서는 이표 수입과 채권가격 변화의 합을 초기 가격으로 나눈 것

실제 투자를 할 때 당신은 보유 기간 동안 수익을 얼마나 올리는가에 관심을 가질 것이다. 채권을 매수하고 1년 동안 보유하면 그 기간 동안 채권투자의 **수익**(return)은 (1) 이표 수입과 (2) 채권가격의 변화(자본이득 또는 자본손실)로 구성된다. 일반적으로 사람들은 초기 투자가격에 대한 퍼센트, 즉 **수익률**(rate of return, *R*)에 관심을 가진다.

예를 들어 이표율 8%, 액면가 1,000달러인 GE 채권에 1,000달러를 투자했다고 하자. 1년 후에 채권가격이 1,271.81달러로 상승하면, 1년 동안 당신은 이표 수입으로 80달러, 자본이득으로 271.81달러를 번 것이다. 따라서 연수익률을 계산하면 다음과 같다.

$$R = \frac{\text{이표} + \text{자본이득}}{\text{매수 가격}} = \frac{\$80 + \$271.81}{\$1,000} = 0.352 \text{ 또는 } 35.2\%.$$

만약 채권가격이 812.61달러로 떨어지면 이표 수입으로 80달러를 받지만, 자본손실이 187.39달러나 되어 수익률은 음이 된다.

$$R = \frac{\$80 - \$187.39}{\$1,000} = -0.107 \text{ 또는 } -10.7\%$$

보유수익률

이표채를 이용하여 1년 동안의 보유수익률에 대해 알아보자.

$$\text{수익률} = \text{경상수익률} + \text{자본이득률}$$

$$R = \frac{\text{이표}}{\text{초기 가격}} + \frac{\text{가격의 변화}}{\text{초기 가격}}$$

보유수익률에 대해 다음 세 가지를 주목하자.

1. 경상수익률을 계산하기 위해 초기 가격을 사용한다.
2. 1년 후에 채권을 팔지 않더라도 수익률을 계산할 때는 자본이득 또는 자본손실을 포함시킨다.
3. 이표채의 경우, 경상수익률과 만기수익률은 둘 다 수익률을 보여 주는 좋은 지표가 되지 못하는데, 자본이득이나 손실을 고려하지 않기 때문이다.

이자율 위험과 만기

시장이자율이 상승할 때, 기존 채권을 보유하던 투자자는 자본손실을 입게 된다. 시장이자율 변화에 따라 금융자산의 가격이 변동하게 되는 위험을 **이자율 위험**(interest-rate risk)이라고 한다. 그러면 모든 채권이 동일한 수준의 이자율 위험에 처해 있을까? 시장이자율이 변하더라도 만기가 얼마 안 남은 채권은 만기가 많이 남은 채권보다 영향을 덜 받는다. 만기가 많이 남은 채권에 대한 영향은 크다. 시장이자율이 상승하는 경우에, 만기까지 시간이 많이 남은 채권일수록 이표의 현재가치가 크게 줄어든다.

이자율 위험 시장이자율 변화에 따라 금융자산의 가격이 변동하게 되는 위험

표 3.2를 보자. 연초에 당신은 이표율 6%, 액면가 1,000달러인 이표채에 1,000달러를 투자했다. 그런데 연말에 비슷한 채권의 만기수익률이 10%로 상승했다고 하자. 이 표는 당신이 만기가 다른 여러 채권에 투자했다고 가정했을 때의 수익률을 보여 준다. 예를 들면 첫 번째 행은 당신이 1년 만기 채권을 보유하는 경우에는 수익률이 경상수익률과 동일한 6%라는 것을 보여 준다. 이미 만기가 되어 액면가 1,000달러를 받기 때문에 시장이자율 변화가 수익률에 영향을 주지 않은 것이다. 그러나 두 번째 행에서 보듯이, 당신이 2년 만기 채권을 보유했을 때에는 채권가격이 931달러로 떨어져

표 3.2 만기가 이자율 위험에 미치는 효과

만기	경상수익률(%)	초기 가격($)	1년 후 가격($)	자본이득(%)	보유수익률(%)
1	6	1,000	1,000	0	6
2	6	1,000	931	−6.9	−0.9
10	6	1,000	754	−24.6	−18.6
20	6	1,000	659	−34.1	−28.1
30	6	1,000	623	−37.7	−31.7
50	6	1,000	603	−39.7	−33.7

서 경상수익률보다 큰 자본손실 때문에 수익률이 음으로 변하게 된다. 나머지 행들을 보면, 채권 만기가 길수록 수익률이 더 낮아진다는 것을 알 수 있다. 만약 당신이 보유한 채권의 만기가 50년이라면 1년 동안의 채권 보유수익률은 −33.7%이다.

3.6 명목이자율과 실질이자율

[학습목표]
명목이자율과 실질이자율을 구분한다.

명목이자율 구매력의 변화를 조정하지 않은 이자율

실질이자율 구매력 변화를 조정한 이자율

이제까지 언급했던 모든 이자율은 **명목이자율**(nominal interest rates)이었다. 즉 물가에 따른 구매력 변화를 조정하지 않은 이자율이었다. 인플레이션은 모든 투자에 대해 구매력을 감소시킨다. 예를 들어 당신이 20년 만기이고 매년 50달러의 이표를 지급하는 1,000달러의 채권을 구입했다고 해보자. 시간이 흐르면서 달러의 구매력이 감소하게 된다면, 당신은 실제로 인플레이션 때문에 이자소득의 일부를 잃게 된다. 게다가 인플레이션은 원금의 구매력도 줄어들게 한다. 예를 들어 해마다 5%의 인플레이션이 발생하면 1,000달러 원금의 구매력은 매년 50달러씩 줄어든다.

대부자와 차입자는 인플레이션이 이자소득의 구매력을 감소시킨다는 사실을 알고 있다. 따라서 그들은 구매력 변화를 조정한 이자율로 투자를 결정하려고 한다. 이렇게 조정된 이자율을 **실질이자율**(real interest rates)이라고 한다. 그런데 대부자와 차입자는 대출 기간 동안 실질이자율이 얼마가 될지 잘 모르기 때문에 예측에 기초해서 결정을 내려야 한다. 예상 실질이자율을 추정하기 위해 인플레이션에 대한 예측치를 확정해야 한다. 예상 실질이자율 r은 명목이자율 i에 예상 인플레이션율을 뺀 것과 같다.[2]

$$r = i - \pi^e$$

이 식은 명목이자율이 실질이자율에 예상 인플레이션율을 더한 것과 같음을 의미한다 : $i = r + \pi^e$.

예를 들어 당신이 은행에서 자동차 할부대출을 받는다고 하자. 당신과 은행이 3%의 실질이자율에 합의를 이루었고, 양측 모두 2%의 인플레이션을 예상하고 있다고 하자. 양측이 5%의 명목이자율 대출에 합의한 것이다. 그러나 인플레이션율이 생각보다 높게 4%가 되면 어떻게 될까? 이 경우 당신이 지불하게 되는(그리고 은행이 받게 되는) 실제의 실질이자율은 5%−4%=1%로, 애초 예상했던 3%보다 낮은 수치이다. 예상보다 인플레이션율이 높았기 때문에 당신은 낮은 실질이자율을 지불해서 이득을 얻었고 은행은 낮은 실질이자율을 받게 되어 손실을 입었다.

실제 인플레이션율이 예상 인플레이션율보다 높은 경우, 즉 실제 실질이자율이 예상 실질이자율보다 낮은 경우에 차입자는 이득을 보고 대부자는 손실을 입는다. 반대로 실제 인플레이션율이 예상 인플레이션율보다 낮은 경우, 즉 실제 실질이자율이 예상 실질이자율보다 높은 경우에 차입자는 손실을 입고 대부자는 이득을 본다. 표 3.3은 명목이자율, 예상 실질이자율, 실제 실질이자율 사이의 중요한 관계에 대해 요약하고 있다.

---

2 구매력 변화가 명목이자율에 미치는 효과를 완전히 반영하기 위해서는 $\frac{1+i}{1+\pi^e} = 1 + r$과 같은 방정식을 사용해야 한다. 이 식은 $1 + i = 1 + r + \pi^e + r\pi^e$, 즉 $r = i - \pi^e - r\pi^e$로 정리된다. 이 식은 마지막 항 $r\pi^e$만 빼면 본문의 식과 동일하다. 보통 이 항의 값은 아주 작다. 예를 들어 실질이자율이 2%이고 예상 인플레이션율이 3%이면 $r\pi^e = 0.02 \times 0.03 = 0.0006$이다. 따라서 인플레이션율이 높지 않으면 실질이자율 방정식을 본문에 주어진 대로 써도 무방하다.

표 3.3 명목이자율, 예상 실질이자율, 실제 실질이자율의 관계

예상 $r = i - \pi^e$	실제 $r = i -$ 실제의 π	결과
실제 $\pi > \pi^e$	실제 $r <$ 예상 r	차입자는 이득, 대부자는 손실
실제 $\pi < \pi^e$	실제 $r >$ 예상 r	차입자는 손실, 대부자는 이득

경제전문가들은 보통 미국 경제 전체를 대표하는 이자율로 3개월 만기 재무성증권을 사용한다. 그림 3.1에는 1981년 1분기부터 2010년 1분기까지의 명목이자율, 실제 실질이자율, 예상 실질이자율이 나와 있다. 인플레이션율은 소비자 물가지수 변화율로 측정했으며, 예상 인플레이션은 필라델피아 연준은행이 전문가들의 예상치를 모아 작성한 것을 사용한 것이다.

그림 3.1은 명목이자율과 실질이자율이 함께 오르고 내리는 경향이 있다는 것을 보여 준다. 또한 실제 실질이자율과 예상 실질이자율은 서로 밀접하게 움직이고 있다. 예상 인플레이션율이 상당히 정확하게 측정되었다는 증거이다. 일부 기간, 특히 2007년 금융위기 이후에는 실질이자율이 마이너스(−)를 기록하고 있다. 실질 수익률이 마이너스가 될 것으로 예상됨에도 불구하고 투자자들은 왜 재무성증권을 사는 것일까? 아마 금융위기와 같은 특수 상황에서 사람들은 대부분의 투자에 채무불이행 위험이 존재한다고 생각했을 것이다. 회사채와 같이 위험이 높은 자산에 투자하여 더 큰 돈을 잃는 것보다는 약간의 마이너스 실질 수익률이 더 나을지 모른다. 마지막으로, 보통의 경우에는 인플레이션 때문에 실질이자율이 명목이자율보다 낮지만, 실질이자율보다 명목이자율이 낮아질 수도 있다는 데 주목해 보자. 이는 인플레이션율이 음수일 때 일어날 수 있는 일로, 물가 수준이 하락한다는 것을 의미한다. 물가 수준의 지속적인 하락을 **디플레이션**(deflation)이라고 부른다. 미국은 2009년 첫 10개월 동안 디플레이션을 경험한 바 있다.

디플레이션 물가 수준의 지속적인 하락

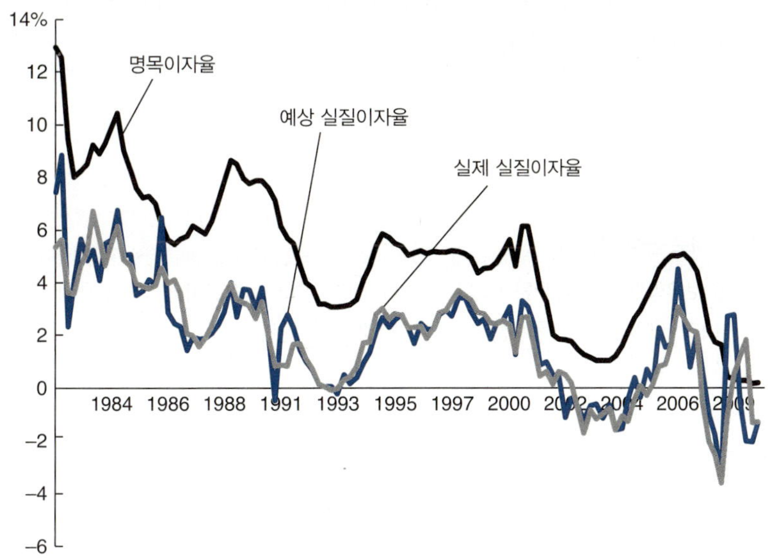

그림 3.1

명목이자율과 실질이자율, 1981~2010년

명목이자율은 3개월 만기 재무성증권의 이자율이다. 실제 실질이자율은 명목이자율에서 소비자물가 상승률을 뺀 것이다. 예상 실질이자율은 명목이자율에서 예측전문가들의 예상 인플레이션율을 뺀 것이다. 2009년 미국 경제가 디플레이션을 경험했을 때, 실질이자율은 명목이자율보다 높았다.

출처 : Federal Reserve Bank of St. Louis; and Federal Reserve Bank of Philadelphia.

그림 3.2

전체 재무성증권 중 TIPS의 비중

TIPS(물가연동채권)가 재무성증권에서 차지하는 비중은 2009년까지 지속적으로 증가했다.

출처 : U.S.Treasury, *Treasury Bulletin*, various issues.

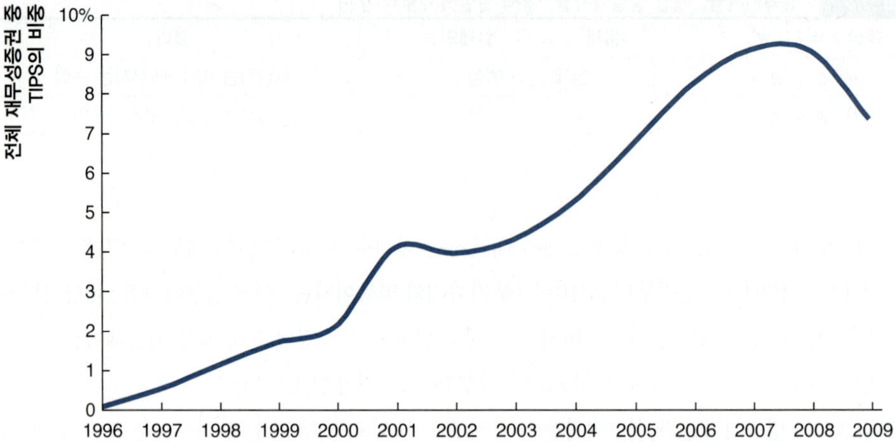

미 재무성은 1997년 1월부터 **물가연동채권**(indexed bond)을 발행하기 시작하였다. TIPS(Treasury Inflation Protection Security)라고 불리는 이 채권은 소비자 물가지수 상승에 따라 원금이 증가한다. 이자는 고정되어 있으나 인플레이션에 따라 원금의 양이 변하기 때문에 인플레이션과 함께 이자율이 상승하게 된다. 예를 들어 10년 만기 TIPS가 발행되었을 때 이자율 3%, 원금 1,000달러였다고 해 보자. 만약 그 해 인플레이션율이 2%이면 원금은 1,020달러로 증가한다. 여기서 3%의 이자율은 더 커진 원금에 대해 적용된다. 투자자는 실제로 0.03×$1,020=$30.60을 이자로 받게 된다. 결과적으로 애초에 투자한 1,000달러에 대한 이자율은 $30.60/$1,000=3.06%가 된다.[3] 물론 디플레이션이 발생하면 TIPS의 원금은 감소한다.

그림 3.2는 재무성증권 가운데 TIPS가 차지하는 비중을 보여 주고 있다. TIPS의 비중이 2009년 이전까지 지속적으로 증가했음을 알 수 있다. 미 정부는 금융위기에 대처하기 위해 2009년에만 신규채권을 1조 7,000억 달러 이상 발행했다. 그 결과 TIPS 발행이 증가했음에도 불구하고 전체 재무성증권에서 차지하는 비중은 줄어들었다.

3장의 질문에 대한 답변

Question 이자율과 금융자산의 가격은 왜 반대로 움직이는가?

Answer 금융자산의 가격은 투자자가 자산을 보유함으로써 얻게 될 지급액의 현재가치와 같다. 이자율이 올라가면 현재가치가 감소하고, 이자율이 내려가면 현재가치가 증가한다. 따라서 이자율과 금융자산의 가격은 반대로 움직인다.

3 실제로 재무성은 매월 인플레이션에 따라 TIPS 원금을 조정하고 이자는 6개월마다 지급하기 때문에 이 계산은 단순화된 형태라 할 수 있다.

핵심용어

고정소득자산
금융차익거래
단순대출
디플레이션
만기수익률
명목이자율
미래가치
복리
분할상환대출
수익
수익률
신용시장수단
실질이자율
이자율 위험
이표채
자본손실
자본이득
주식
채무수단
할인
할인채
현재가치
화폐의 시간가치

연습문제

01 당신은 다음 CD 중 하나에 1,000달러를 투자하려 한다. 어떤 CD를 선택하겠는가?

- 3년 만기, 매년 5% 이자율의 CD 1
- 1년 차에 8%, 2년 차에 5%, 3년 차에 3%의 이자를 지급하는 CD 2

02 2010년 초 한 신문이 NBA의 슈퍼스타 브라이언이 계약을 연장하기로 했다고 보도했다. 계약 연장조건에 따른 미래의 연봉이 다음과 같았다고 한다.

- 2012년 시즌 말 : 25,244,000달러
- 2013년 시즌 말 : 27,849,000달러
- 2014년 시즌 말 : 30,453,000달러

단순화를 위해, 2012년 시즌 말의 연봉은 브라이언이 계약에 서명했을 때로부터 2년 후 받는 것으로 하고, 2013년 연봉은 3년 후, 2014년 연봉은 4년 후에 받는 것으로 하자. 이 신문은 이 계약이 8,500만 달러의 가치를 가진다고 보도했다. 이 보도는 옳은가? 간략히 설명하라.

03 2년 만기 할인채를 고려하자. 이 채권에는 이표가 없고, 1년 후가 아니라 2년 후에 액면가를 지불한다. 이 채권의 액면가는 1,000달러이고 가격은 870달러이다. 채권의 만기수익률은 얼마인가?

04 다음의 각 상황에서 만기수익률을 구하는 데 필요한 방정식을 써 보라. 단, i를 구할 필요는 없으며 적절한 방정식만 표현하면 된다.

a. 5년 후에 475,000달러의 상환을 요구하는 350,000달러의 단순대출
b. 5년 만기, 액면가 1,000달러이며 가격이 720달러인 할인채
c. 6년 만기, 이표율 8%, 액면가 1,000달러이며 가격이 950달러인 회사채
d. 20년 만기, 매년 275달러씩 상환하는 4,000달러의 학자금대출. 단, 상환은 3년 후부터 시작

05 30년 만기, 액면가 1,000달러인 이표채의 초기 가격이 450달러라고 하자. 첫 10년간은 이표가 없고, 그 이후로 20년 동안은 6.25%의 이표를 지급한다. 채권가격, 이표, 만기수익률 사이의 관계를 나타내는 방정식을 구하라.

06 당신이 앞으로 살아 있는 동안 매년 10,000달러를 지급하기로 한 연금상품에 가입하고 100,000달러를 지불했다고 하자. 단, 이 연금은 사망 시 지급액이 없고 상속되지 않는다.

a. 연금에 가입하고 20년 후에 사망한다는 가정하에 이 연금의 이자율을 계산하는 식을 구하라.

b. 연금에 가입하고 40년 후에 사망한다는 가정하에 이 연금의 이자율을 계산하는 식을 구하라. 20년 후에 사망하는 경우보다 이자율이 높을까 낮을까? 간략히 설명하라.

07 다음 정보는 2010년 1월 15일 장 마감 시, 만기 2012년 10월 22일, 액면가 1,000달러인 IBM 채권에 대한 것이다.

이표율 : 5.050%, 가격 : 1,096.20달러, 만기수익률 : 2.101%

a. 이 채권의 경상수익률은 얼마인가?

b. 이 채권의 만기수익률은 왜 이표율보다 낮은가?

08 950달러의 가격으로 액면가 1,000달러, 이표율 4%의 10년 만기 재무성증권을 사는 것을 고려해 보자. 당신이 1년 후 이를 1,150달러에 판다면 1년 동안의 보유수익률은 얼마인가?

09 당신이 시장이자율이 6%일 때 이표율 6%인 4년 만기 1,000달러짜리 이표채를 매수했다고 하자. 1년 후에 시장이자율은 4%로 떨어졌다. 당신은 그 기간 동안 얼마의 수익률을 얻었는가?

10 당신이 만기 4년, 이표율 6%, 액면가 1,000달러의 채권에 대한 투자를 고려하고 있다고 해 보자.

a. 시장이자율이 6%라면 이 채권의 가격은 얼마인가? 이 채권의 경상수익률은 얼마인가?

b. 당신이 채권을 매수한 바로 다음 날 시장이자율이 5%로 하락했다고 하자. 당신의 채권가격은 이제 얼마가 되는가? 또 경상수익률은 얼마가 되는가?

c. 당신이 채권을 매수한 지 1년이 지났고, 첫해의 이표를 받았다고 하자. 다른 투자자는 당신의 채권에 대해 얼마를 지불할 용의가 있겠는가? 당신이 채권으로부터 얻은 총수익은 얼마인가? 만약 다른 투자자가 당신이 (b)에서 계산한 금액으로 1년 전에 이 채권을 매수했다면, 이 투자자의 총수익은 얼마가 되었겠는가?

d. 당신이 채권을 구매한 지 2년이 지났고, 두 번의 이표를 받았다고 해 보자. 그런데 이 시점에 예상치 못하게 시장이자율이 10%로 상승했다. 이때 다른 투자자는 당신의 채권에 대해 얼마를 지불할 용의가 있겠는가? 그 후로 1년간 이 채권의 경상수익률은 얼마가 되겠는가? 만약 다른 투자자가 (c)에서 계산한 가격으로 채권을 매수했다고 해 보자. 이 투자자가 지난해에 얻은 총수익은 얼마인가?

11 당신은 새 차를 사기 위해 4년 만기로 15,000달러를 대출받으려고 한다. 아래의 경우 가운데 어느 것을 선호하는가?

a. 대출이자율은 10%이며, 앞으로 4년간 연간 인플레이션율은 평균 8%로 예상된다.

b. 대출이자율은 6%이며, 앞으로 4년간 연간 인플레이션율은 평균 2%로 예상된다.

12 2012년 1월 1일 자로 1년 만기 미 재무성증권(할인채)의 가격이 970.87달러라고 하자. 투자자들은 2010년 한 해 동안의 인플레이션율이 2%일 것이라고 예상했었다. 그런데 그해 말 인플레이션율은 연 1%인 것으로 나타났다. 재무성증권에 대한 (만기수익률로 측정된) 명목이자율, 예상 실질이자율, 실제 실질이자율은 각각 얼마인가?

한국의 채권시장

본문의 내용은 미국의 채권시장을 중심으로 기술된 것이므로, 여기서는 한국의 채권시장에 대해 간략히 살펴보기로 한다. 채권은 발행 목적과 기관에 따라 다양한 형태를 띤다. 발행주체를 기준으로 정부가 발행하는 국채, 지방자치단체가 발행하는 지방채, 한국은행이 발행하는 통화안정증권, 특별법에 의해 설립된 법인이 발행하는 특수채, 금융기관이 발행하는 금융채, 상법상의 주식회사가 발행하는 회사채로 구분할 수 있다. 통상적으로 국공채라고 할 때는 국채, 지방채, 특수채를 지칭한다. 현재 발행되고 있는 주요 국채는 국고채와 국민주택채권이며, 지방채로는 도시철도채권, 지역개발채권 등이 있다. 특수채로는 한국전력채권, 토지개발채권, 예금보험기금채권, 부실채권정리기금채권 등이 있으며, 금융채는 산업금융채권, 중소기업금융채권 등이 대표적이다.

채권은 분류 기준에 따라 다양하게 구분될 수 있지만, 채권자의 권리를 기준으로 본다면 일반사채, 전환사채, 신주인수권부사채, 교환사채 등으로 나뉜다. 여기서 **전환사채**(convertible bond, CB)란 전환 기간 내에 미리 정해진 조건에 따라 전환사채 발행 기업의 주식으로 전환할 권리가 부여된 사채이다. **신주인수권부사채**(bond with warrant, BW)는 소정의 시간이 경과한 후에 해당 회사가 발행하는 일정 수의 신주를 일정한 가격으로 인수할 권리가 부여된 사채이다. **교환사채**(exchangeable bond, EB)는 일정 기간 내에 채권발행회사가 소유하고 있는 (자사주가 아닌) 유가증권으로 교환할 권리가 부여된 사채이다.

채권의 발행조건과 방식은 채권의 종류에 따라 다르다. 먼저 회사채의 경우를 예로 들어 보자면, 일반적인 차용증서와 달리 회사채는 상법에 따라 자기자본의 4배까지만 발행이 허용된다. 회사채의 만기는 보통 1년, 2년, 3년, 5년이지만, 한국에서는 이 가운데 3년물이 주종을 이룬다. 미국 등 선진국에 비해 채권 만기가 상대적으로 짧은 셈이다. 회사채의 발행은 주식과 마찬가지로 공모와 사모, 직접발행과 간접발행이 있을 수 있는데, 회사채 발행은 대부분 공모와 간접발행 방식으로 이루어진다. 채권 인수단이 발행물량을 전액 인수하고 발행사무 일체는 대표주관회사가 담당하며, 금융기관으로 구성된 인수단은 자기 책임하에 총액인수한 채권을 투자자에게 매출한다.

국채는 기획재정부가 발행계획안을 작성한 후 국회의 심의 및 의결을 거쳐 발행된다. 국채는 공모발행 형식으로 증권회사 등을 통해 일반 투자자에게 매출되거나 은행, 증권회사 등이 인수단을 조직하여 공동으로 인수하는 방식을 취하기도 한다(인수발행). 발행된 국채의 원활한 소화와 유통을 위해 1999년 7월부터 국채전문딜러제도를 도입하였는데, 국채전문딜러로 선정된 금융기관(은행, 종합금융회사, 증권회사)이 국채발행물량의 일정 부분 이상을 인수해야 하는 의무를 지는 대신, 국채경쟁입찰에 독점적으로 참여하고 국채를 안정적으로 인수하는 혜택을 누리게 된다.

표 3.A.1

주요 채권의 발행조건과 발행 방식

종류	발행조건	발행 방식	발행기관	근거법
국고채권	3년, 5년, 10년	경쟁입찰	공공자금관리기금 (기획재정부)	국채법 공공자금관리법
재정증권	1년 이내	경쟁입찰	기획재정부	국고금관리법
통화안정증권	14일, 546일 등	경쟁입찰 일반매출	한국은행	한국은행법 통화안정증권법
회사채	1~5년	인수 · 매출	발행회사	상법

채권거래의 대부분은 장외시장에서 이루어진다. 주식시장과 달리 채권이 주로 장외시장에서 거래되는 것은 채권의 발행 종목이 매우 다양하고 거래조건이 표준화되어 있지 않아 이를 전부 상장시켜 거래소에서 매매하는 것이 기술적으로 어렵기 때문이다. 물론 일정 요건을 갖추어 상장된 채권은 거래소를 통해 거래될 수 있는데, 주로 소액 국공채와 전환사채 등이 장내에서 거래되고 있다. 이는 채권 매입자의 자금부담을 경감시키는 동시에 공정한 가격 형성을 통해 채권수요 기반을 확충하기 위해서이다.

CHAPTER 4

이자율의 결정

[학습목표]

- **4.1** 투자 포트폴리오를 구성하는 데 중요한 요소에 대해 알아본다.
- **4.2** 수요 공급 모형을 이용하여 시장이자율이 어떻게 결정되는지 분석한다.
- **4.3** 채권시장 모형을 이용해 이자율의 변화를 설명한다.
- **4.4** 대부자금시장 모형을 이용하여 국제자본시장을 분석한다.

인플레이션율이 상승할 때 채권은 좋은 투자처일까?

일부 채권전문가들은 2010년도에 인플레이션이 급등할 우려가 있다며 채권을 사지 말라고 조언했다. 실제로 2009~2010년 동안 채권가격의 변동은 전문가들을 어리둥절하게 만들었다. 그 이전 30년간, 즉 1980~2009년 동안 10년 만기 국채의 평균 이자율은 7.2%였지만 2010년 9월에는 2.7%로 떨어졌다. 같은 기간 우량한 대기업이 발행한 회사채의 평균 이자율은 8.4%였는데, 2010년 9월에는 이것도 4.5%로 떨어졌다. 제3장에서 살펴본 것처럼 시장이자율의 상승은 채권가격의 하락을 가져온다. 따라서 이자율이 상승 추세를 보이게 되면 채권 투자자는 상당한 자본손실을 입게 된다. 사람들이 우려한 것은 경제가 위기를 극복하고 회복하게 되면 연준이 행한 통화정책의 여파로 인플레이션이 발생할지 모른다는 것이었다. 인플레이션율의 상승은 이자율 상승으로 이어지고 채권가격은 하락할 것이다. 전문가들이 채권 투자의 위험성을 경고한 것은 바로 이 때문이다. 사실 2010년에는 일부의 예상과 달리 인플레이션이 발생하지 않았고, 그 결과로 채권의 이자율은 낮은 수준을 유지했다. 이처럼 금융시장의 투자자들에게는 위험, 정보비용뿐만 아니라 인플레이션에 대한 예측도 매우 중요하다.

출처 : Jeff D. Opdyke, "A Savvy Bond Man Bets on Rising Inflation," *Wall Street Journal*, December 26, 2009.

4장의 이슈와 질문

▶정답은 94쪽에

Issue 일부 경제전문가는 연준이 2007~2009년 침체에 대항하기 위해 사용했던 정책들로 인플레이션율이 상승하고 장기채권에 대한 투자가 위험해질 것이라고 전망했다.

Question 예상 인플레이션 및 그 밖의 요인은 투자의 결정에 어떤 영향을 주는가?

이 장에서는 사람들이 주식이나 채권 같은 자산을 이용하여 그들의 부를 어떻게 배분하는지 알아본다. 나아가 채권시장을 분석하여 채권의 균형가격과 이자율에 영향을 주는 수요측 요인과 공급측 요인에는 어떤 것들이 있는지 살펴본다.

4.1 어떻게 투자 포트폴리오를 구성할 것인가

[학습목표]
투자 포트폴리오를 구성하는 데 중요한 요소에 대해 알아본다.

투자 포트폴리오를 구성하는 데 어떤 원리를 따라야 하는가? 먼저 투자자의 목적부터 알아보아야 한다. 다음과 같은 투자 대안을 고려해 보자. 하나는 10%의 수익률이 기대되지만 작지 않은 확률로 −5%의 수익률을 얻을 수 있는 투자이다. 또 하나의 투자는 5%의 수익률이 기대되고 수익률이 마이너스가 될 확률은 없다. 당신의 결정은 1,000달러를 투자할 때와 100만 달러를 투자할 때 달라질까? 또 당신이 20세일 때와 60세일 때 다르게 될 것인가?

포트폴리오 선택의 결정요인

투자자마다 위에 제시된 대안에 대해 다른 선택을 할 것이다. 심지어 소득, 부, 연령이 같더라도 다른 포트폴리오를 구성하기도 한다. 일반적으로 투자를 평가할 때 사용하는 다섯 가지 기준이 있다.

1. 총저축량 또는 부
2. 다른 자산에 대한 상대적 기대수익률
3. 다른 자산에 대한 상대적 위험
4. 다른 자산에 대한 상대적 유동성
5. 다른 자산에 대한 상대적 정보비용

각 결정요인에 대해 살펴보자.

부 소득과 부는 다르다. 소득(income)이 일정 기간 동안 벌어들인 수입인 반면, 부(wealth)는 주식, 채권, 부동산 등 한 사람이 소유한 총자산의 가치에서 대출이나 기타 부채 같은 총부채의 가치를 뺀 것이다. 부가 증가함에 따라 금융 포트폴리오의 크기도 함께 증가할 것이다. 예를 들어 새내기 대학생의 경우에는 전 금융자산이 은행예금 몇백 달러에 불과할지 모른다. 그러나 졸업하고 취직해서 돈을 벌기 시작하면 예금액도 늘어나며, 액수가 큰 정기예금이나 MMF 지분을 갖게 될 수 있다. 또 개별 주식과 채권에 투자하기 시작할 수도 있다. 금융시장 전체를 볼 때, 부의 증가는 채권을 위시한 대부분의 금융자산에 대한 수요를 증가시킨다고 볼 수 있다.

기대수익률 부의 수준이 주어졌을 때 포트폴리오에 편입할 자산을 어떻게 결정할 것인가? 아마도 높은 수익률을 주는 자산에 투자하고 싶을 것이다. 제3장에서 살펴본 것처럼 일정 기간 동안의 보유수익률에는 자본이득률이 포함된다. 당신이 현재가격 950달러, 이표율 8%인 IBM 이표채에 투자하는 것을 고려하고 있다고 하자. 매년 80달러의 이표를 받게 될 것은 알지만 해당 기말에 IBM 채권의 가격이 어떻게 될지는 모른다. 미리 수익률을 계산할 수는 없다. 그러나 여러 정보를 이용하여 1년 후의 채권가격을 추정해 볼 수 있다. 즉 **기대수익률**(expected return)을 계산할 수 있는 것이다.

기대수익률 미래의 해당 기간에 얻어질 것으로 기대되는 수익률

단순하게 당신이 해당 연도 말에 두 가지 가능성만을 가진다고 해 보자—(1) 채권가격이 1,016.50달러인 경우. 이때 당신은 7%의 자본이득을 얻어 수익률은 8%+7%=15%가 된다. 혹은 (2) 채권가격이 921.50달러인 경우. 이때는 −3%의 자본손실을 입어서 수익률은 8%−3%=5%가 된다. 해당 사건이 발생할 확률이 각각 50%씩이라고 가정하자. 그러면 다음과 같이 기대수익률을 계산할 수 있다.

$$\text{기대수익률} = (0.50)(15\%) + (0.50)(5\%) = 10\%$$

기대수익률에 접근하는 또 다른 방법은 장기 평균수익률을 이용하는 것이다. 만약 당신이 수년간 어느 채권에 투자할 때, 전반부에는 15%의 수익률, 후반부에는 5%의 수익률을 얻는다면 평균수익률은 10%이다. 물론 이는 아주 단순화된 예이고, 실제로는 수없이 많은 경우의 수가 있을 것이다. 또 각 수익률에 대해 확률을 정확히 매길 수 있다고 가정했는데, 실제로는 그렇게 하기 어려울 것이다. 그럼에도 불구하고 이 예는 투자 결정에 필요한 기본 개념을 알려 준다. 각 경우에 대한 수익률과 확률을 고려할 필요가 있는 것이다.

위험 앞에서 언급한 IBM 채권과 또 다른 채권인 GE 채권을 비교해 보자. GE 채권은 50% 확률로 12%의 수익률, 50% 확률로 8% 수익률을 준다. GE 채권의 기대수익률은 다음과 같다.

$$\text{기대수익률} = (0.50)(12\%) + (0.50)(8\%) = 10\%$$

기대수익률은 IBM 채권과 같다. 그럼에도 불구하고 대부분의 투자자는 IBM 채권이 더 위험하기 때문에 GE 채권을 선호할 것이다. 우리는 이제까지 채무불이행 위험과 이자율 위험에 대해 언급했다. 그러나 여러 형태의 위험을 포괄적으로 고려할 때, 위험은 일반적으로 다음과 같이 정의된다—**위험**(risk)은 자산 수익에 존재하는 불확실성(uncertainty)의 정도이다. 특히 자산의 수익률이 그 기대수익률과 차이가 많이 날 가능성이 클수록 위험이 커진다. 위의 두 채권 중에는 IBM 채권의 위험이 더 크다. IBM 채권은 기대수익률에 비해 5% 높거나 낮은 수익을 받지만, GE 채권은 기대수익률에 비해 2% 높거나 낮은 수익을 받기 때문이다. 위험을 정확히 측정하기 위해 경제학자들은 해당 자산의 과거 실제 수익률에 대해 표준편차(standard deviation)를 계산한다. 즉 표준편차로 자산 수익률의 변동성을 측정한다. 표준편차가 특정 그룹의 값들이 얼마나 퍼져 있는지를 측정하는 개념이라는 것을 통계학에서 배웠을 것이다.

위험 자산 수익에 존재하는 불확실성의 정도

대부분 투자자는 위험기피적(risk averse)이다. 기대수익률이 같다면 위험이 낮은 자산을 선택한다. 위험기피적인 투자자들은 더 높은 수익률로 보상받지 않는 한 위험이 더 큰 자산에 투자하지 않을 것이다. 대부분의 투자자가 위험기피적이기 때문에 금융시장에서는 위험과 수익률 간에 상충관계(trade-off)가 존재한다. 은행 CD 같은 자산은 수익률이 낮고 위험도 낮지만, 주식 같은 자산은 수익률이 높은 반면 위험도 높다. 대개의 경우 집을 사고, 자녀의 대학 등록금을 마련하고, 또 은퇴 자금을 모으기 위해 금융자산에 투자하는 것이기 때문에, 사람들이 위험기피적이라는 것은 충분히 이해할 만하다. 자금이 필요할 때 자산가치가 하락해 있는 것을 원하지 않을 것이다.

관련 사례

검은 백조를 두려워하라

아래 있는 표는 투자자들이 광범위하게 보유하고 있는 4개 금융 자산의 1926년부터 2009년 사이 수익률을 보여 준다. 표에서 말하는 소형주는 미국 주식시장의 관점에서 보았을 때만 소형이다. 사실 그들은 꽤 대형인데, 이들 주식의 시가총액은 3억 달러에서 20억 달러 사이이다. 투자자들은 동네 식당과 같이 정말로 소규모인 회사의 주식은 사려 하지 않는데, 이런 회사의 경우 재무 상태에 관해 충분한 정보를 얻을 수 없기 때문이다. 대형주는 S&P 500 지수에 포함된 500개의 회사이다. S&P 500 지수는 가장 흔히 사용되는 주가 지수로서 시가총액 100억 달러 이상 기업들의 주가 평균이다. 평균 연간수익률은 84개 연간수익률의 단순 평균이다. 위험은 연간수익률의 변동성, 즉 표준편차이다.

표의 두 번째, 세 번째 열에 표시된 자료는 위험과 수익 간의 상충관계를 나타낸다. 이 기간에 소형주를 보유했던 투자자들은 가장 높은 평균 수익을 경험했지만 동시에 가장 높은 위험에 노출되어 있었다. 미 재무성 단기채권을 보유한 투자자들은 가장 낮은 평균 수익을 경험했지만 또한 위험도 가장 낮았다.

금융자산	평균 연간수익률	위험
소형주	17.3 %	33.4 %
대형주	11.7	20.6
회사채	6.5	8.6
미 재무성 단기채권	3.7	3.8

출처 : Morningstar/Ibbotson.

표에 사용된 위험의 측도는 흔히 사용되는 것인데, 이 수치를 보면 수익률의 변동 범위가 어느 정도인지를 가늠할 수 있다. 하지만 때로는 보통의 범위를 크게 벗어나는 수익률을 경험하기도 한다. 예를 들어 2008년 금융위기가 정점에 도달했을 때 대형주 투자자들은 37%의 *손실*을 입었다. 이처럼 큰 손실을 입을 확률은 5% 이하였다. 주택시장의 붕괴가 1930년 대공황 이래 가장 심각한 불황을 가져오면서 주가는 크게 떨어졌다. 직업 투자가이자 뉴욕대학 교수인 탈레브(Nassim Nicholas Taleb)는 *검은 백조 사건*(black swan event)이라는 말을 유행시켰는데 이는 드물게 일어나지만 사회 혹은 경제에 큰 파급효과를 갖는 사건을 가리킨다. 이 용어는 1697년 호주에서 검은 백조를 발견할 때까지 유럽인들 모두 백조는 모두 하얗다고 믿었던 데서 유래한다.

그러니까 검은 백조 사건이란 이전 경험에 반하는 놀라운 일을 지칭한다. 일부 경제학자들은 금융위기를 검은 백조 사건이라고 보고 있는데, 금융위기가 발생하기 전까지 이런 위기가 가능하다고 믿는 사람이 거의 없었다는 점에서 그렇다.

경제학자들과 투자전문가들은 2007~2009년의 금융위기를 고려했을 때 기존의 위험 측도를 바꿔야 하는지를 고려하기 시작했다. 몇몇 경제학자는 투자자들이 자산을 선택할 때 수익률의 예상 범위와 함께 발생 확률이 낮은 사건이 생겼을 때의 손실도 고려해야 한다고 말한다. *기대손실* 혹은 *조건부 기대위험* 등의 새로운 위험 척도는 복잡한 계산을 필요로 하기는 하지만, 발생확률이 낮은 사건이 생겼을 때 포트폴리오가 얼마나 큰 위험에 노출되게 되는지를 투자자들이 가늠할 수 있도록 해 준다.

금융위기의 교훈 중 하나는 투자위험을 계산하는 일이 대부분의 투자자가 생각하는 것보다 훨씬 어렵다는 것이다.

출처 : Nassim Nicholas Taleb, *The Black Swan: The Impact of the Highly Improbable*, 2nd ed., New York: Random House, 2010. Peng Chen, "Is Modern Portfolio Theory Obsolete?" Morningstar.com, January 15, 2010.

그러나 **위험선호적**(risk loving)인 투자자도 있다. 이들은 수익 극대화 가능성이 있는 위험자산에 도박을 건다. 앞의 예에서 위험선호적인 투자자는 IBM 채권을 선호하는데, 비록 50%의 확률로 5%의 수익률이 나올 수 있지만, 50%의 확률로 15%의 높은 수익률을 얻을 수 있기 때문이다. 이에 비해 GE 채권이 최대로 줄 수 있는 수익률은 12%이다. 끝으로, 일부 투자자는 **위험중립적**(risk neutral)이다. 이들은 위험은 무시하고 오로지 기대수익률만 보고 투자한다.

유동성 제2장에서 살펴본 대로 유동성은 한 자산이 화폐로 교환될 수 있는 정도이다. 유동성이 높은 자산을 보유하면 시간에 따라 지출을 고르게 하기 편리하고 또 긴급한 자금도 쉽게 마련할 수 있다. 만약 갑자기 수술을 받아야 한다면 자산을 빨리 처분해야 한다. 유동성이 높은 자산은 이럴 때 유용하다. 따라서 다른 조건이 같을 때 유동성이 낮은 자산보다는 높은 자산이 선호된다. 단, 유동성이 높은 만큼 낮은 수익률을 감수해야 한다. 위험과 수익률 사이에 상충관계가 있는 것처럼, 유동성과 수익률 사이에도 상충관계가 있다. 입출금이 자유로운 예금에 대해 0에 가까운 이자율을 감수하는 것은 바로 높은 유동성 때문이다.

정보비용 어떤 자산에 투자하려면 그 자산에 대한 정보를 얻기 편해야 한다. 정부가 발행한 국채에 대한 정보는 쉽게 얻을 수 있다. 그러나 기업이 채권을 발행하면, 사람들은 투자하기 전에 많은 시간과 비용을 들여 그 기업에 대한 정보를 모으고 분석해야 한다. 다른 조건이 동일하면 투자자는 정보비용이 적게 드는 자산을 선호할 것이고, 그 대신 낮은 수익률을 감수할 것이다. 위험과 수익률, 위험과 유동성의 경우처럼, 정보비용과 수익률 사이에도 상충관계가 존재한다.

표 4.1은 포트폴리오 선택의 결정요인을 요약하고 있다.

분산투자

대부분의 투자자는 포트폴리오에 다양한 자산을 보유하고 있다. 최고의 자산이라고 생각되는 것만 모아 포트폴리오를 구성하지만, 치밀한 분석에도 불구하고 실제로는 불확실성 때문에 기대한 성과를 낼 확신이 없으며, 또 완벽한 자산을 찾는 것도 불가능하기 때문에 다양한 종류의 자산을 보유하게 된다. 우리는 많은 다른 자산들로 저축을 나누는 것을 **분산투자**(diversification)라고 부른다.

분산투자 위험을 줄이기 위해 부를 여러 자산으로 나누어 투자하는 것

투자자는 여러 자산의 수익률이 같이 움직이지 않는다는 사실을 이용하여 분산투자를 한다. 예를 들어 당신은 포드와 애플의 주식을 함께 보유할 수 있다. 경기침체로 자동차 판매가 줄어들면서 포드의 주가는 하락할지 모르지만, 경기침체에도 불구하고 애플이 신제품을 출시하면 애플 주가는 오를 수 있다. 미처 예상하지 못한 사건도 자주 발생한다. 오랜 연구 끝에 신약을 개발했지만 정부의 승인을 받지 못한 제약회사의 주가는 떨어질 것이고, 새로운 메뉴 개발에 성공한 외식업체의 주가는 상승하게 될 것이다. 따라서 분산된 포트폴리오의 수익률은 개별 자산의 수익률보다 안정적이다.

비록 포트폴리오를 구성하더라도 위험을 완전히 제거할 수는 없다. 금융시장에는 **체계적 위험**(market risk, systematic risk)이라 불리는 공통의 위험이 존재하기 때문이다. 예를 들어 경기침체기와 경기확장기에 주식의 수익률은 전반적으로 내리고 전반적으로 올라갈 수 있다. 거의 모든 투자

체계적 위험 경기변동에 따라 주가가 오르고 내리는 것과 같이 모든 자산이 공통으로 안고 있는 위험

표 4.1 포트폴리오 선택의 결정요인

증가하는 경우	해당 자산에 대한 수요	증가 또는 감소의 이유
부	증가	투자할 수 있는 총저축량 증가
기대수익률	증가	다른 자산에 비해 더 높은 수익을 기대
위험	감소	대부분의 투자자는 위험기피적
유동성	증가	자산을 현금화하기 수월
정보비용	감소	정보를 모으고 분석하는 비용 절약

관련 사례

얼마나 위험한 포트폴리오를 만들어야 하나?

2007~2009년의 금융위기를 겪은 투자자들이 너무 잘 알듯이, 모든 투자는 위험성을 가지고 있다. 하지만 포트폴리오를 구성할 때 몇 가지 주의사항을 따르면 투자위험을 이해하고 관리하는 것이 가능하다. 금융설계사는 고객에게 투자 결정에 앞서 자신의 재정 상황과 위험수용성향을 평가해 볼 것을 장려한다.

위험수용범위를 결정하는 중요한 요소 중 하나는 투자 기간이다. 몇 년 후 집을 사기 위해 모으는 자금은 은행의 양도성예금증서(CD)와 같은 저위험자산에 투자해야 할 것이다. 이 자산들의 수익성이 낮은 점은 감수해야 한다. 향후 수십 년 후에나 있을 은퇴를 위해 저축하고 있다면 주식과 같은 고위험 투자를 통한 장기 이득을 노려볼 수도 있다. 이 경우 수익률의 단기 변동은 크게 걱정할 필요가 없다. 은퇴가 가까워지면 큰 손실을 피하기 위해 보다 보수적인 전략으로 전환할 수 있다.

아래 나오는 두 투자계획은 젊은 투자자와 고령의 투자자가 갖는 전형적인 투자계획인데, 투자 기간과 투자목표에서 다르다.

	젊은 투자자	고령의 투자자
투자자	50세 이하이며 10년 이상 기간 동안 재산 증식을 추구	은퇴 시점에 가까우며 은퇴에 필요한 금액을 이미 보유, 혹은 이 금액에 가까운 금액을 보유
투자목표	높은 장기 수익률을 통한 재산 증식	인플레율을 약간 상회하는 수익률로 재산 보존 추구
포트폴리오 계획	예상수익률을 최대화하도록 포트폴리오 구성, 수익률의 변동성에 대한 제한적 고려	안전자산 선택으로 위험 감축, 예상 실질수익률은 대략 0%

마지막으로 저축계획을 평가하는 데 있어서 인플레이션과 세금의 효과를 고려해야 한다. 제3장에서 보았듯 실질이자율과 명목이자율 사이에는 중요한 차이가 있다. 게다가 연방정부는 투자수익에 세금을 부과하고, 일부 주정부와 지방정부도 마찬가지다. 경우에 따라서는 '실질 세후수익률'이 '명목 세후수익률'과 크게 다를 수도 있다. 많은 투자자가 주식에 투자하는 이유는 미 재무성 단기채권과 같은 안전자산이 장기적으로 매우 적은 실질수익만을 만들어 낸다는 점을 알기 때문이다. 제5장에서는 과세 방식의 차이가 투자수익에 어떤 영향을 미치는지에 대해 더 배울 것이다.

위험, 인플레이션, 세금이 투자에 어떤 영향을 미치는지를 이해하면 시장 변동에 대한 감정적인 반응을 줄일 수 있고 더 현명한 투자 결정을 하게 될 것이다.

비체계적 위험 신제품의 성공이나 실패로 주가가 변동하는 것처럼, 시장 전체가 아닌 특정 자산에만 관련된 위험

자가 2007~2009년 금융위기 동안 높은 수익을 올리지 못했다. 또한 자산마다 **비체계적 위험**(idiosyncratic risk, unsystematic risk)이라 불리는 특유의 위험이 존재한다. 예를 들어 어느 개별 주식의 가격은 예상치 못한 사건의 영향을 받는다. 과학적 성과에 의한 발견, 노동자들의 파업, 소송의 제기 등은 기업의 이윤에 크게 영향을 미친다. 여러 자산에 분산투자하면 이와 같은 비체계적 위험을 제거할 수 있다. 단, 체계적 위험은 제거할 수 없다.

4.2 시장이자율과 채권에 대한 수요와 공급

[학습목표]
수요 공급 모형을 이용하여 시장이자율이 어떻게 결정되는지 분석한다.

채권의 수요와 공급에 의해 시장이자율이 어떻게 결정되는지 분석해 보자. 우리는 보통 수요·공급곡선을 그릴 때 재화와 서비스의 가격을 세로축에 놓는다. 그러나 채권의 경우에는 채권의 가격뿐만 아니라 이자율에도 관심을 갖는다는 것이 특징이다. 제3장에서 알아본 바와 같이 채권의 가격 P, 만기수익률 i, 만기 n, 액면가 FV, 이표 C는 다음과 같이 연결되어 있다.

$$P = \frac{C}{(1 + i)} + \frac{C}{(1 + i)^2} + \frac{C}{(1 + i)^3} + \cdots + \frac{C}{(1 + i)^n} + \frac{FV}{(1 + i)^n}$$

이표와 액면가가 바뀌지 않기 때문에 채권시장에서 균형가격이 결정되면 균형이자율도 그와 동시에 결정된다. 이자율 결정에 관한 접근방법 중 하나인 **채권시장 접근**(bond market approach)에 따르면 채권을 시장에서 교환되는 재화로 간주한다. 채권시장 접근법은 채권의 수요와 공급에 영향을 주는 요인들이 이자율에는 어떤 영향을 주는지 고려할 때 유용한 방법이다. 다른 방식은 **대부자금시장 접근**(market for loanable funds approach)으로, 거래되는 자금을 재화로 간주한다. 대부자금 접근법은 자금의 수요와 공급이 이자율에 미치는 효과를 분석할 때 유용한 방법이다. 대부자금 접근법에 대해서는 4.4절에서 자세히 살펴볼 것이다. 사실 두 접근은 동일하며, 어느 하나를 택하는 것은 어떤 상황에서 문제의 어떤 측면을 부각시키고자 하는가에 달려 있다.

채권시장의 수요곡선과 공급곡선

그림 4.1은 채권시장을 보여 준다. 단순하게 액면가 1,000달러인 1년 만기 할인채시장이라고 하자. 그림에서 채권의 균형가격은 960달러이고 균형수량은 5,000억 달러이다. 액면가 FV에 가격 P로 팔리는 1년 만기 할인채에 대한 이자율은 다음과 같이 계산된다.

$$i = \frac{FV - P}{P}$$

이 경우에는 다음과 같다.

$$i = \frac{\$1{,}000 - \$960}{\$960} = 0.042 \text{ 또는 } 4.2\%$$

채권에 대한 수요곡선은 다른 요인이 일정할 때 채권의 가격과 투자자의 채권 수요량 사이의 관계를 나타낸다. 채권가격이 상승하면 채권에 대한 이자율은 떨어지며, 채권은 투자자에게 덜 매력적이 되고 수요량은 감소한다. 따라서 채권에 대한 수요곡선은 그림 4.1에서 보는 것처럼 우하향한다. 채권의 공급곡선은 기발행 채권을 보유하고 있는 투자자 및 신규발행을 고려하고 있는 기업의 채권 공급량과 채권가격 간의 관계를 나타낸다. 채권가격이 올라가면 해당 이자율은 떨어지고 기존 채권의 보유자들은 매도량을 늘리려고 할 것이다. 한편 일부 기업은 낮은 이자율로 자금을 조달할 수 있게 되어 새 채권을 발행하려고 할 것이다. 따라서 채권가격이 상승하면 채권의 공급량이 증가한다.

그림 4.1

채권시장의 균형

균형가격 960달러에서 채권의 수요량과 공급량이 일치한다. 960달러보다 높은 가격에서는 채권의 초과 공급으로 가격이 하락할 것이며, 960달러보다 낮은 가격에서는 채권의 초과 수요로 가격이 상승할 것이다. 채권의 매수자와 매도자 간의 호가 행위로 960달러의 균형가격이 형성된다.

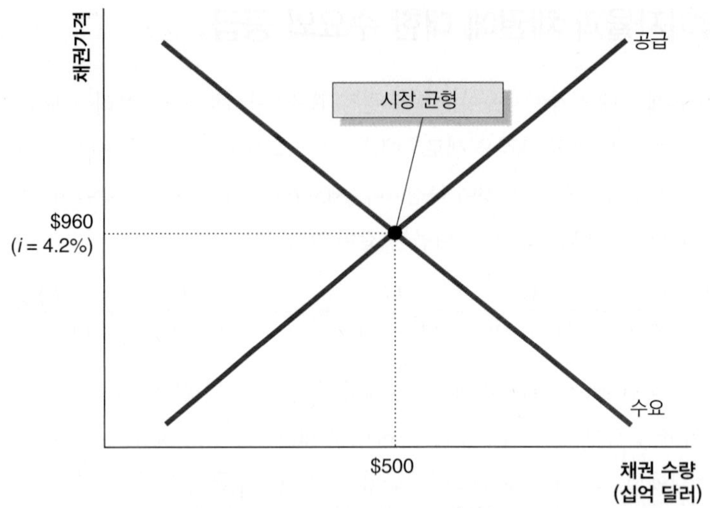

재화와 서비스에 대한 시장에서처럼, 채권시장이 현재 균형에 있다면 그 상태에 머물 것이다. 만약 균형이 아니라면 균형으로 이동할 것이다. 예를 들어 그림 4.2에서 채권가격은 현재 980달러로 균형가격 960달러보다 높다. 이 높은 가격에서 수요량은 (*B*점인) 4,000억 달러이며 균형 수요량보다 적다. 반면 공급량은 (*C*점인) 6,000억 달러이며 이는 균형 공급량보다 많다. **채권에 대한 초과 공급**이 2,000억 달러만큼 존재한다. 투자자는 현재 가격에서 원하는 채권을 모두 매수할 수 있다. 그러나 매도자 중 일부는 매수자를 찾을 수 없다. 따라서 매도자들은 매도가격을 낮추게 되며, 투자자들은 낮아진 가격에 채권을 매수할 수 있게 된다. 채권가격의 하락 압력은 채권가격이 (*E*점인) 균형가격 960달러로 떨어질 때까지 계속될 것이다.

이제 채권가격이 950달러라고 해 보자. 이는 균형가격 960달러보다 낮다. 이 낮은 가격에서 수요량은 (*A*점인) 5,500억 달러로 균형 수요량보다 많다. 반면 공급량은 (*D*점인) 4,500억 달러로 균형 공급량보다 적다. **채권에 대한 초과 수요**는 1,000억 달러이다. 이 가격에서 투자자와 기업은 원하는 가격에 모든 채권을 팔 수 있다. 그러나 매수자 가운데 일부는 매도자를 찾을 수 없다. 따라서 매수자는 매수하고자 하는 가격을 올리며, 채권가격의 상승 압력은 채권가격이 균형 수준인 960달러가 될 때까지 계속될 것이다.

균형이자율의 변화

그림 4.1에서 채권의 수요곡선과 공급곡선을 그릴 때, 채권의 수요와 공급에 영향을 주는 요인 중 채권가격을 제외한 나머지 모든 요인을 고정시켰다. 경제원론에서 강조되는 것과 같이, 여기에서도 **수요량(공급량)의 변화와 수요(공급)의 변화**를 구분해야 한다. 채권가격이 변하는 경우 수요(공급)곡선을 따라 움직이며 곡선 자체는 변하지 않는다. 이는 수요량(공급량)의 변화이다. 그러나 (부나 예상 인플레이션율과 같이) 다른 요인이 변하면 수요(공급)곡선 자체가 이동한다. 이는 수요(공급)의 변화이다. 이제 채권의 수요곡선과 공급곡선을 이동하게 만드는 요인들에 대해서 살펴보기로 하자.

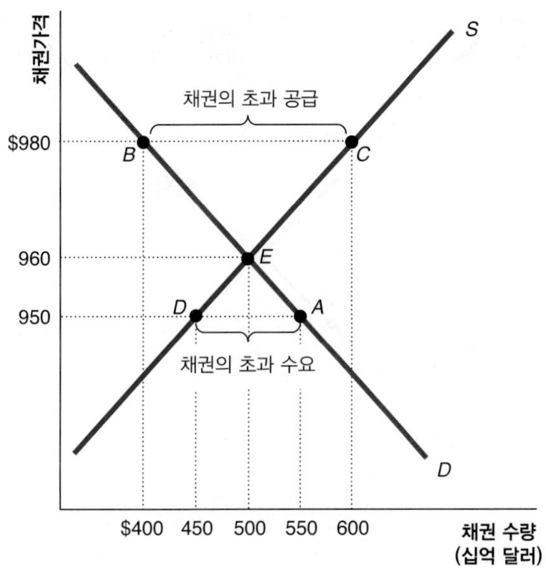

그림 4.2

균형가격인 960달러에서 채권의 수요량과 공급량이 일치한다. 960달러를 넘는 가격에서는 채권의 초과 공급이 발생하여 채권가격이 떨어질 것이다. 960달러를 밑도는 가격에서는 채권의 초과 수요가 발생하여 채권가격이 올라갈 것이다. 채권 매수자와 매도자의 행동에 의해 채권의 가격은 960달러에서 균형을 이룬다.

채권 수요곡선을 이동시키는 요인

4.1절에서 투자 포트폴리오의 결정에 영향을 주는 요인을 살펴보았다. 다음 다섯 가지 요인 가운데 어느 하나라도 변하면 채권의 수요곡선이 이동하게 될 것이다.

1. 부
2. 기대수익률
3. 위험
4. 유동성
5. 정보비용

부 경제가 성장함에 따라 가계는 더 많은 부를 축적하게 된다. 따라서 금융자산에 투자할 여력이 더 늘어난다. 그림 4.3에서 볼 수 있듯이 다른 요인이 일정할 때 부의 증가로 채권 수요곡선이 D_1에서 D_2로 이동한다. 채권의 균형가격이 960달러에서 980달러로 올라가고 균형수량은 5,000억 달러에서 6,000억 달러로 증가한다. 채권시장의 균형은 E_1에서 E_2로 이동한다. 그러나 2007~2009년의 침체 기간에 가계는 부의 감소를 경험했다. 다른 요인이 일정할 때 채권 수요곡선은 좌측으로 이동한다. 그에 따라 균형가격과 균형수량은 감소한다. 그림 4.3을 보면 수요곡선이 D_1에서 D_3로 이동하여 균형가격이 960달러에서 940달러로 내려가고 균형수량은 5,000억 달러에서 4,000억 달러로 감소했다. 채권시장의 균형은 E_1에서 E_3로 이동한다.

기대수익률 채권에 대한 기대수익률이 다른 자산에 비해 올라가면 채권 수요가 증가할 것이다. 즉 채권 수요곡선은 우측으로 이동한다. 반대로 채권에 대한 기대수익률이 다른 자산에 비해 내려가면 채권 수요가 감소하고 채권 수요곡선은 좌측으로 이동한다. 여기서 다른 자산에 대한 상대적 기대

그림 4.3

채권 수요곡선의 이동

다른 요인이 일정할 때 부의 증가로 채권 수요곡선이 우측으로 이동한다. 채권의 균형가격이 960달러에서 980달러로 올라가고 균형수량은 5,000억 달러에서 6,000억 달러로 증가한다. 다른 요인이 일정할 때 부의 감소는 채권 수요곡선을 좌측으로 이동시키며, 균형가격이 960달러에서 940달러로 내려가고 균형수량은 5,000억 달러에서 4,000억 달러로 감소한다.

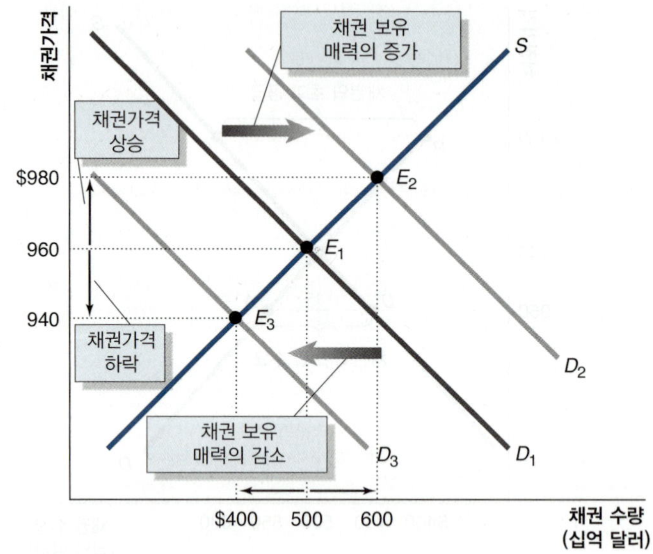

수익률이 중요하다는 데 주목할 필요가 있다. 예를 들어 채권에 대한 기대수익률은 그대로지만 주식 투자의 기대수익률이 예전보다 상승하면 채권의 상대적 기대수익률은 하락한다. 이는 채권 수요곡선을 좌측으로 이동시킬 것이다. 또한 채권의 기대수익률은 예상 인플레이션율에 영향을 받는다. 채권에 대한 예상 실질수익률은 명목수익률에서 예상 인플레이션율을 뺀 것이므로, 예상 인플레이션율의 증가는 채권 수요를 감소시키며 채권 수요곡선이 좌측으로 이동한다. 반대로 예상 인플레이션율의 하락은 채권의 예상 실질수익률을 증가시키고 채권 수요곡선은 우측으로 이동한다.

위험 다른 자산의 위험에 비해 채권에 대한 위험이 증가하면 채권 투자는 매력을 잃게 되고 채권 수요곡선이 좌측으로 이동한다. 반대로 상대적으로 채권의 위험이 감소하면 채권 수요곡선이 우측으로 이동한다. 채권에 대한 위험은 그대로인데 주식 투자가 이전보다 더 위험해졌다면, 채권의 위험은 상대적으로 감소하며 채권 수요가 증가한다. 2008년 말과 2009년 초에 투자자들은 주식의 위험이 높아졌다고 판단했고, 결과적으로 채권에 대한 수요를 증가시켰다. 이는 채권에 대한 균형가격을 상승시켰으며 채권 이자율은 하락했다. 실제로 2009년 미국에서 발행된 회사채의 양은 2조 8,400억 달러까지 증가했는데, 이는 2008년보다 38% 증가한 것이었다.

유동성 유동성이 높은 자산은 자금이 필요할 때 적은 비용으로 신속하게 처분할 수 있다는 장점 때문에 투자가치가 있다. 채권의 유동성이 증가하면 투자자들은 주어진 가격에서 더 많은 채권을 사려고 하며 채권 수요곡선이 우측으로 이동한다. 채권의 유동성 감소는 채권 수요곡선을 좌측으로 이동하게 만든다. 여기서도 상대적 유동성이 중요하다. 예를 들어 온라인 거래 사이트는 1990년대에 처음 등장하였다. 이러한 사이트 덕분에 투자자들은 이전보다 낮은 비용으로 주식을 사고팔 수 있게 되었고 주식의 유동성이 증가하였다. 다만 채권의 상대적 유동성이 감소하는 결과를 초래했다.

정보비용 투자자들이 자산을 평가하는 데 지불해야 하는 정보비용은 자산의 매수 의사에 영향을 미친다. 예를 들어 1900년대부터 인터넷을 통해 무료 또는 낮은 가격으로 금융정보를 이용할 수 있게 되었다. 예전에는 이러한 정보를 구독료를 지불하거나 도서관에서 찾아 얻을 수 있었다. 인터넷은 주식과 채권에 대한 정보비용을 낮추는 데 도움이 되었다. 그런데 그 효과는 채권에 대해 더 크게 나타났다. 주식은 이미 월스트리트저널 및 다른 신문과 매체에서 폭넓게 다루어지고 있었지만 채권에 대해서는 그렇지 않았기 때문에 정보효과가 더 크게 나타났다. 정보비용이 낮아진 결과 채권에 대한 수요곡선이 우측으로 이동했다. 단, 금융위기가 발생하자 많은 투자자들은 (주택저당증권과 같은) 특정 종류의 채권에 대해 정보가 부족했다고 깨닫게 되었다. 정보의 수집이 가능하더라도 충분한 정보를 얻는 데 상당히 많은 비용이 들 것이라고 생각하게 되었다. 그 결과 이러한 채권에 대한 수요곡선은 좌측으로 이동하게 되었다.

표 4.2는 채권에 대한 수요를 변화시키는 요인을 요약하고 있다.

채권 공급곡선을 이동시키는 요인

채권가격을 제외한 다른 요인이 변하면 채권의 공급곡선이 이동한다. 다음 네 가지가 채권 공급곡선의 변화를 가져오는 가장 중요한 요인이다.

1. 실물자본 투자의 세전 기대수익
2. 세금
3. 예상 인플레이션
4. 정부 차입

실물자본 투자의 세전 기대수익 기업은 공장이나 설비와 같은 실물자산 구입에 필요한 자금을 외부로부터 조달한다. 그 방법 가운데 하나가 채권을 발행하는 것이다. 1990년대 말 많은 기업이 제품을 온라인으로 판매하는 웹사이트를 구축했다. 컴퓨터, 서버, 기타 정보기기와 같은 실물자본에 투자하는 붐이 일었고, 자금 조달을 위한 채권발행이 증가했다.

그림 4.4는 다른 요인이 일정할 때 실물자본 투자에 대한 기대수익이 증가함에 따라 기업이 채권 발행량을 늘리고, 그에 따라 채권 공급곡선이 우측으로 이동하는 모습을 보여 주고 있다. 채권 공급곡선이 S_1에서 S_2로 이동함에 따라 채권의 균형가격이 960달러에서 940달러로 떨어지고 균형수량은 5,000억 달러에서 5,750억 달러로 늘어난다. 경기가 침체되어 있는 기간에는 실물자본 투자로부터 얻을 수 있는 수익에 대해 비관적이 된다. 채권의 공급곡선이 좌측으로 이동하며, 그 결과 채권의 균형가격이 상승하고 균형수량은 감소한다. 그림 4.4에서 채권 공급곡선이 S_1에서 S_3로 이동함에 따라 균형가격은 960달러에서 975달러로 올라가고 균형수량은 5,000억 달러에서 4,000억 달러로 감소한다.

세금 기업은 세금을 내고 난 뒤의 이윤, 즉 세후이윤에 관심을 둔다. 기업에 부과되는 세금이 증가하면 실물자본 투자의 수익률이 감소하므로 채권발행량이 감소할 것이다. 채권의 공급곡선은 좌측

표 4.2 채권 수요 변화의 요인

아래 요인의 증가	채권 수요	이유	채권시장 그래프
부	증가	채권 매입자금 증가	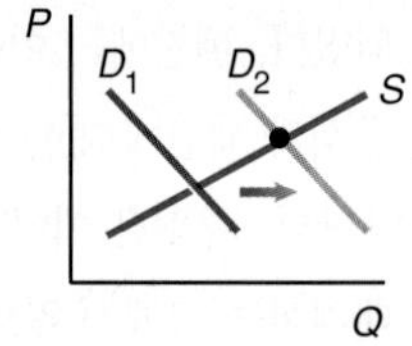
채권의 기대수익률	증가	채권 매력도의 상대적 증가	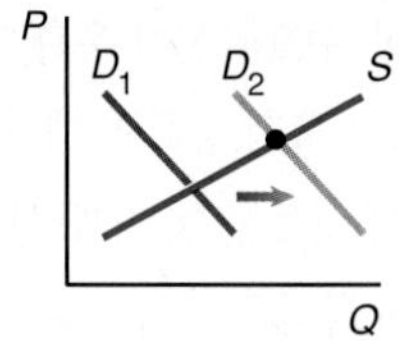
예상 인플레이션	감소	채권 매력도의 상대적 감소	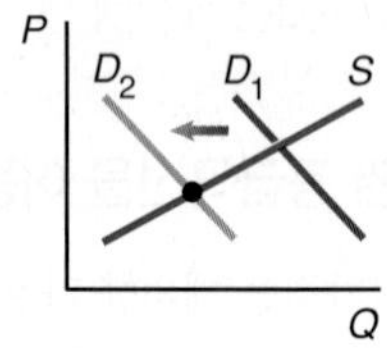
다른 자산의 기대수익률	감소	채권 매력도의 상대적 감소	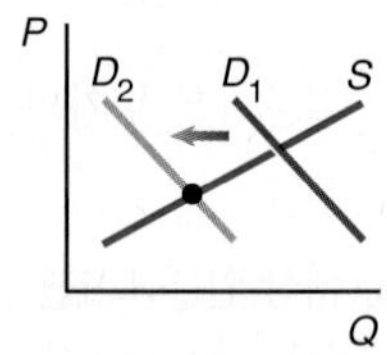
다른 자산에 대한 채권의 상대적 위험도	감소	채권 매력도의 상대적 감소	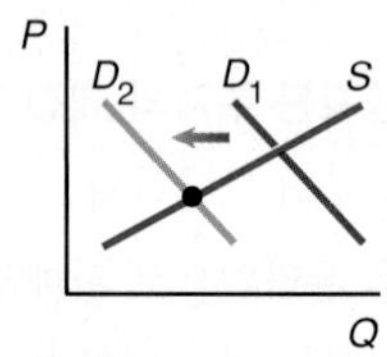
다른 자산에 대한 채권의 상대적 유동성	증가	채권 매력도의 상대적 증가	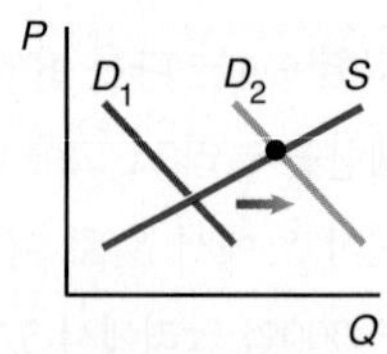
다른 자산에 대한 채권의 상대적 정보비용	감소	채권 매력도의 상대적 감소	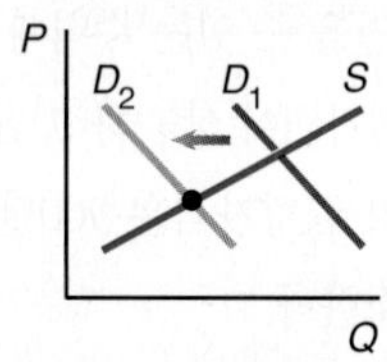

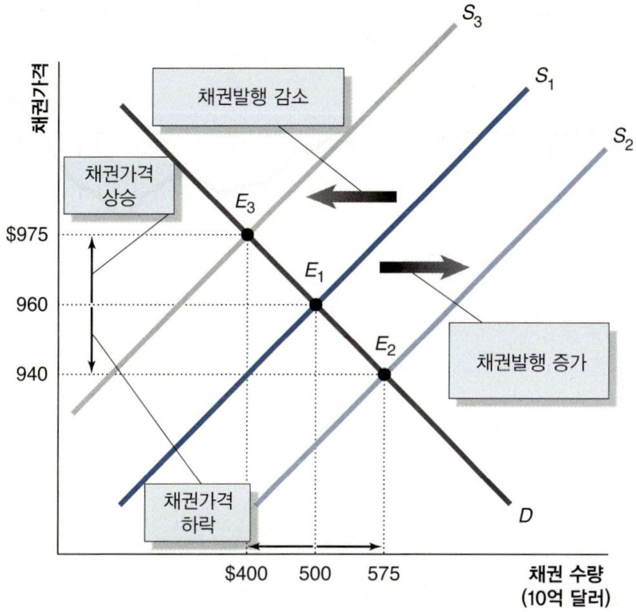

그림 4.4

채권 공급곡선의 이동

다른 요인이 일정할 때 실물자본 투자에 대한 기대수익이 증가함에 따라 채권 공급곡선이 우측으로 이동한다. 채권 공급곡선이 S_1에서 S_2로 이동하여 채권의 균형가격이 960달러에서 940달러로 떨어지고 균형수량은 5,000억 달러에서 5,750억 달러로 늘어난다. 실물자본 투자로부터 얻을 수 있는 수익에 대해 비관적이면 채권의 공급곡선이 좌측으로 이동한다. 채권 공급곡선이 S_1에서 S_3로 이동함에 따라 균형가격은 960달러에서 975달러로 올라가고 균형수량은 5,000억 달러에서 4,000억 달러로 감소한다.

으로 이동하게 된다. 만약 정부가 투자세액공제(investment tax credit)를 실시하면 기업은 투자지출의 일정 부분만큼 세금부담을 덜 수 있다. 세금감면 조치는 투자에 따른 이윤을 증가시키며 기업으로 하여금 더 많은 채권을 발행하게 한다. 따라서 채권의 공급곡선은 우측으로 이동한다.

예상 인플레이션 투자자에게 예상 인플레이션의 증가는 채권에 대한 수요를 줄이게 하는 요인이다. 그러나 채권을 발행하는 기업의 입장에서는 자금 조달의 실질이자율이 하락하는 것을 의미한다. 따라서 예상 인플레이션율의 상승은 기업의 채권발행량을 증가시키며, 채권 공급곡선이 우측으로 이동한다. 반대로 예상 인플레이션율의 하락은 채권 공급곡선을 좌측으로 이동시킨다.

정부 차입 지금까지 우리는 채권의 가격과 이자율에 가계와 기업, 즉 민간의 결정이 어떤 영향을 미치는지 강조했다. 그러나 정부의 결정도 채권의 가격과 이자율에 영향을 미칠 수 있다. 예를 들어 미국은 1980년대와 1990년대 초에 걸쳐 연속해서 대규모 재정적자를 내고 있었다. 대부분의 경제학자들은 그 때문에 이자율이 높게 유지되었다고 믿는다. 만약 재정적자가 없었다면 이자율은 더 낮았을 것이다.

미국의 '정부 부문'을 언급할 때에는 연방정부뿐 아니라 주정부와 지역정부도 포함해야 한다. 정부 부문은 (이를테면 대학생과 중소기업에게 대출을 해 준다는 면에서) 대부자인 동시에 차입자이다. 최근 연방정부는 조세수입이 감소함에 따라 지출을 충당하기 위해 미국 및 외국 투자자들로부터 엄청난 규모의 자금을 차입했다. 그림 4.5는 1960년 이후 연방정부의 재정수지 규모를 보여준다. 세입이 지출을 초과했던 1990년대 후반 몇 년을 제외하면 대부분의 기간 동안 연방정부 재정은 적자 상태였다. 2007년에 시작된 대규모 재정적자는 2007~2009년 금융위기의 심각성에서 비롯되었다. 원래 경제가 침체에 빠지면 가계 소득과 기업 이윤이 감소함에 따라 정부의 조세수입이 자동적으

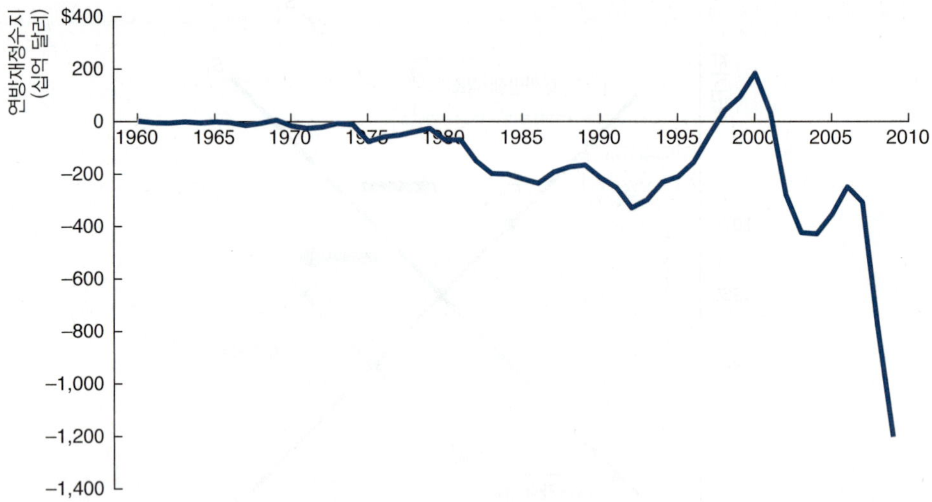

그림 4.5

연방재정수지

1990년대 후반 몇 년을 제외하면 미국의 연방재정수지는 대부분 적자를 나타내고 있다. 2007~2009년 침체로 정부는 엄청난 규모의 국채를 발행했고, 그 결과 재정적자 규모가 사상 최고 수준을 기록하였다.

출처 : U.S. Bureau of Economic Analysis.

로 줄어든다. 또한 정부는 자동적으로 실업보험 및 기타 실업자 보조 프로그램에 대한 지출을 증가시키게 된다. 게다가 심각한 경기침체에 대처하기 위해 미 의회와 정부는 획기적인 재정지출 프로그램을 가동했고 그로 인해 재정적자 규모는 더 커지게 되었다.

이제 정부의 재정적자 또는 흑자가 채권시장에 미치는 영향을 분석해 보자. 정부가 세금을 올리지 않고 지출을 증가시킨다고 하자. 정부가 채권을 발행하여 적자를 조달한다면, 이는 채권의 공급곡선을 우측으로 이동시킬 것이다. 이때 가계가 저축을 바꾸지 않는다고 가정하면, 다른 요인이 일정할 때 정부의 재정적자는 채권의 균형가격을 하락시킨다. 채권가격과 이자율은 반대로 움직이기 때문에 균형이자율은 상승한다.

그런데 정부가 적자로 운영되고 있다면, 가계는 미래를 내다보고 어느 시점에 이르면 정부가 부채를 상환하기 위해 세금을 올릴 수밖에 없을 것이라고 결론 내릴지 모른다. 미래의 높은 세금에 대비하기 위해 가계는 저축 액수를 늘려 나가기 시작한다. 저축의 증가는 채권 수요곡선을 우측으로 움직이게 할 것이다. 정부의 재정적자로 채권 공급곡선이 우측으로 이동하고 민간의 저축 증가로 채권 수요곡선이 우측으로 이동하면, 이 두 이동의 효과는 서로를 상쇄하게 된다. 재정적자에도 불구하고 이자율이 상승하지 않을 수 있는 것이다. 그러나 그동안의 연구 결과에 따르면 가계가 정부의 재정적자 증가를 완전히 상쇄할 만큼 저축을 증가시키지는 않는다고 한다. 따라서 다른 조건이 일정하면 정부 차입이 증가할 때 이자율이 상승하는 경향이 있다고 말할 수 있다.

결국 다른 조건이 일정할 경우, 정부 차입의 증가로 채권의 공급곡선이 우측으로 이동하며, 채권가격이 하락하고 이자율은 상승한다고 요약할 수 있다. 반대로 정부 차입이 축소될 경우에는 채권공급곡선이 좌측으로 이동하며, 채권가격이 상승하고 이자율은 하락한다.

표 4.3은 채권의 공급곡선을 이동시키는 요인에 대해 요약하고 있다.

표 4.3 채권의 공급곡선을 이동시키는 요인

아래 요인의 증가	채권의 공급	이유	채권시장 그래프
기업의 기대수익	증가	투자 확대를 위한 자금 조달	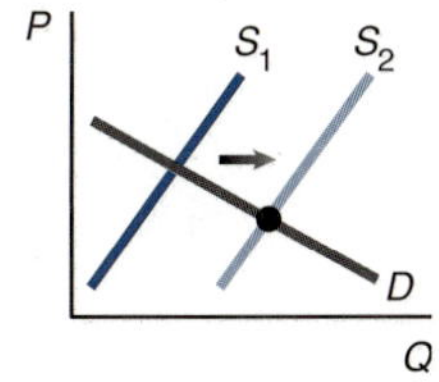
세금	감소	투자 수익성 감소	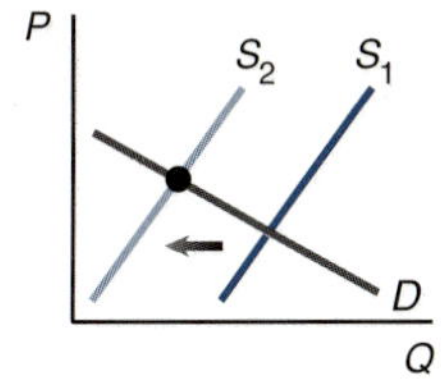
투자세액공제	증가	투자비용 인하로 투자 수익성 증가	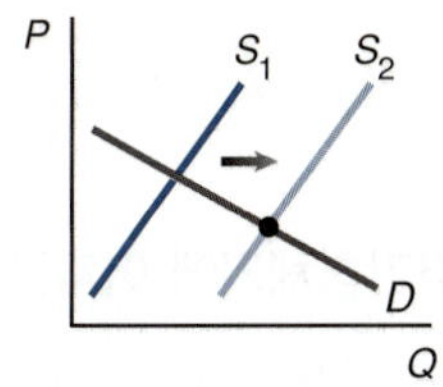
예상 인플레이션	증가	자금 조달의 실질비용 감소	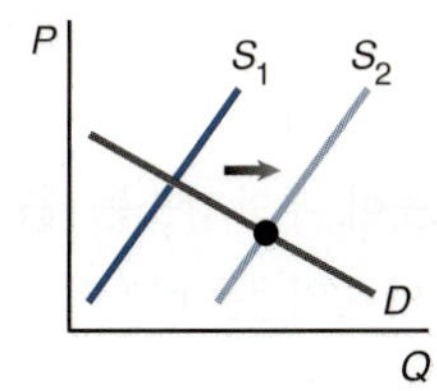
정부 차입	증가	국공채의 공급 확대	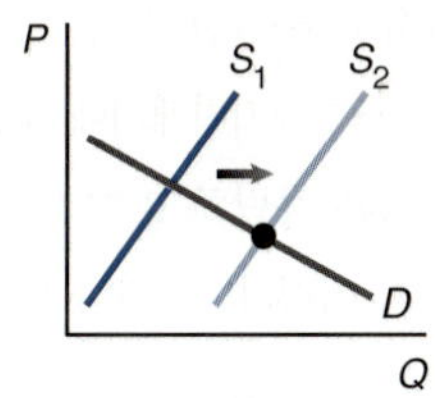

4.3 채권시장 모형과 이자율의 변화

[학습목표]
채권시장 모형을 이용해 이자율의 변화를 설명한다.

이자율은 채권의 수요와 공급 가운데 어느 하나가 변하거나 둘 다 변하는 경우에 변동한다. 이 절에서는 두 가지 예를 통해 이자율의 변화를 설명해 보기로 한다—(1) 경기변동과 이자율의 관계, (2) 피셔효과. 실제로 채권의 수요와 공급 상의 변화는 동시에 일어나는 경우가 많은데, 그 경우에 두 곡선이 각각 얼마나 움직이는지 판정하기가 쉽지 않다.

그림 4.6

경기침체기의 이자율 변화

1. 경기침체에 의한 부의 감소는 채권 수요곡선을 D_1에서 D_2로 좌측이동하게 만든다.

2. 실물자본 투자 수익성에 대한 비관적 전망으로 채권 공급곡선이 S_1에서 S_2로 좌측이동한다.

3. 새로운 균형에서 채권의 균형가격은 P_1에서 P_2로 상승한다.

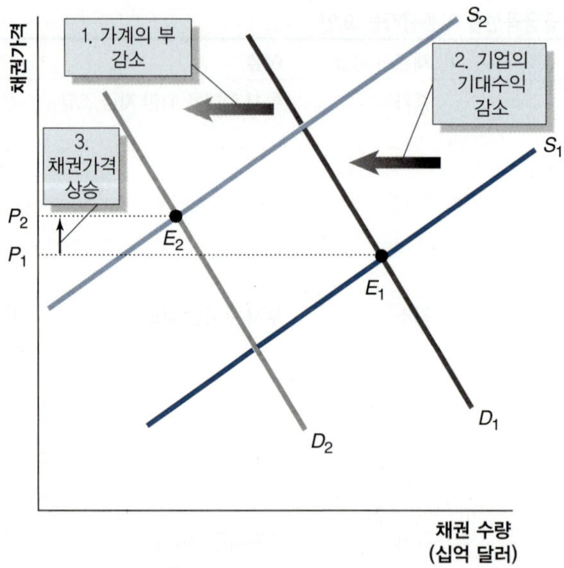

경기침체기에 이자율은 왜 하락하는가

채권시장 그래프를 사용하여 경기변동에 따른 이자율의 변화를 설명해 보자. 경기침체의 초기에 사람들은 앞으로 일정 기간 동안 생산과 고용 수준이 예전보다 낮아질 것이라고 기대한다. 가계는 부가 감소하는 것을 경험하고 기업은 실물자본 투자의 수익성을 비관적으로 보게 된다. 그림 4.6에서 보듯이, 부의 감소는 채권 수요곡선을 D_1에서 D_2로 좌측이동하게 만든다. 또한 기업이 실물자본 투자의 수익성을 비관적으로 보아 채권을 거의 발행하지 않으며, 채권의 공급곡선이 S_1에서 S_2로 좌측이동한다. 이 그림은 채권의 균형가격이 P_1에서 P_2로 상승하는 경우를 보여 준다. 그에 따라 균형이자율은 하락한다.

만약 경기침체기에 채권의 수요곡선이 채권의 공급곡선보다 좌측으로 더 많이 이동한다면, 채권의 가격은 하락하고 이자율은 상승할 것이다. 이론적으로 경기변동과 이자율의 관계를 일률적으로 정하기 어렵다. 그러나 미국 자료에 의하면 대체로 이자율은 경기침체기에 하락하며 경기확장기에는 상승하는 경향이 있다. 이는 경기변동에 따라 채권의 공급곡선이 수요곡선보다 더 많이 이동한다는 것을 의미한다.

예상 인플레이션의 변화는 이자율에 어떤 영향을 주는가—피셔효과

채권시장에서 결정되는 이자율은 **명목이자율**이다. 사실 대부자와 차입자의 관심은 인플레이션 효과를 조정한 **실질이자율**에 있다. 사후적으로는 명목이자율에서 실현된 인플레이션율을 빼서 실질이자율을 계산할 수 있다. 그러나 투자자와 기업은 미래에 인플레이션율이 얼마가 될지 알 수 없다. 따라서 인플레이션율을 예상해야만 한다. 채권시장에서의 균형은 명목이자율에서 예상 인플레이션율을 뺀 **예상 실질이자율**이 반영되어 있는 셈이다.

20세기 초 예일대학 경제학자 피셔(Irving Fisher)는 차입자와 대부자가 특정한 실질이자율에 합의한 상태에서 예상 인플레이션율이 변할 경우에 실질이자율은 변함이 없는 채 명목이자율이 예상 인플레이션율이 변한 만큼 조정되어야 한다고 주장했다. 예를 들어 현재 명목이자율이 5%이고 예상 인플레이션율이 2%라고 하자. 이 경우 예상 실질이자율은 3%이다. 그런데 사람들이 예상 인플레이션을 4%로 수정했다고 해 보자. 피셔는 그 결과 명목이자율이 5%에서 7%로 상승하고 실질이자율은 여전히 3%를 유지한다고 주장했다. **피셔효과**(Fisher effect)에 따르면 **예상 인플레이션율이 변함에 따라 명목이자율이 일대일로 대응해 변하게 된다.**

피셔효과 예상 인플레이션율이 변함에 따라 명목이자율이 일대일로 대응해 변한다는 피셔의 주장

피셔효과의 성립 여부를 채권시장의 수요와 공급틀로 분석할 수 있을까? 그림 4.7을 보자. 애초에 채권시장 참여자들이 2%의 인플레이션율을 예상하고 있다고 하자. 채권시장은 현재 D_1과 S_1의 상호작용에 의해 결정된 P_1에서 균형을 이루고 있다. 이제 채권시장의 참여자들이 미래 인플레이션율이 4%가 될 것이라고 믿게 되었다고 하자. 예상 인플레이션율이 상승하면 투자자가 받게 될 실질이자율이 하락하기 때문에 채권 수요곡선이 D_1에서 D_2로 좌측이동한다. 한편 기업의 입장에서는 채권에 대해 지불해야 하는 실질이자율이 하락하므로 채권의 공급곡선은 S_1에서 S_2로 우측이동한다.

예상 인플레이션 상승에 반응하여 수요곡선과 공급곡선이 둘 다 이동한다. 새로운 균형에서 채권가격은 떨어지고 명목이자율은 높아진다. 그래프 상에서 명목이자율이 정확히 예상 인플레이션율이 상승한 만큼 올라가기 때문에 채권의 균형수량은 변하지 않는다. 그래프는 피셔효과가 정확히 작동한다는 것을 보여 준다. 물론 실제로는 예상 인플레이션의 변화와 명목이자율의 변화가 정확히 일치하지 않을 수 있다. 채권을 매매할 때 드는 수수료와 세금 때문이다.

그럼에도 불구하고 피셔효과는 두 가지 중요한 사실을 알려 준다.

1. 인플레이션율의 상승(하락)에 따라 명목이자율이 상승(하락)한다.

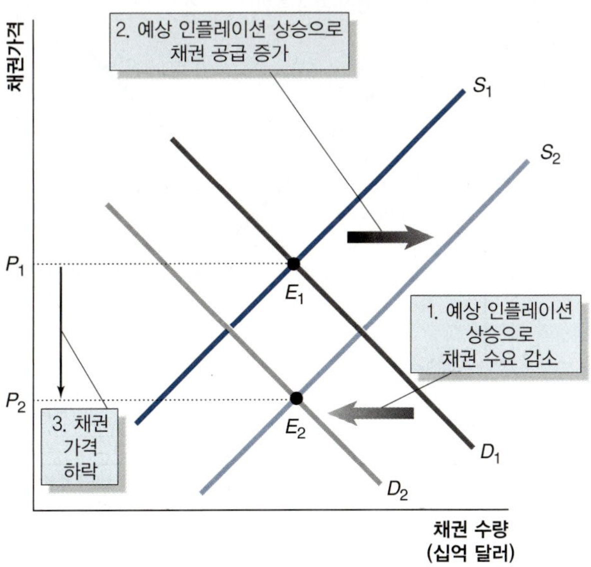

그림 4.7

예상 인플레이션과 이자율

1. 최초의 균형점은 E_1이다. 예상 인플레이션율이 상승하면 투자자가 받게 될 실질이자율이 하락하기 때문에 채권 수요곡선이 D_1에서 D_2로 좌측이동한다.

2. 기업의 입장에서는 채권에 대해 지불해야 하는 실질이자율이 하락하므로 채권의 공급곡선은 S_1에서 S_2로 우측이동한다.

3. 새로운 균형은 E_2에서 이루어지고 채권가격은 P_1에서 P_2로 하락한다.

예제 4.3

인플레이션율이 낮은데도 왜 채권가격의 하락을 걱정하는 것인가?

실제로 2009년 말에는 인플레이션율이 매우 낮았음에도 불구하고 일부 채권전문가는 인플레이션 상승을 예측하고 채권이 나쁜 투자처가 될 것이라고 전망했다. 특히 장기 재무성증권을 피해야 한다고 주장했다.

a. 예상 인플레이션의 상승은 왜 채권을 나쁜 투자처로 만드는가? 채권시장의 수요곡선과 공급곡선을 이용하여 설명하라.

b. 당분간 낮은 인플레이션이 유지되지만 미래 어느 시점 이후에는 올라갈 가능성이 높다면 투자자들은 채권을 팔기 위해 그때까지 기다려야 할까? 간략히 설명하라.

c. 예상 인플레이션이 올라갈 때 왜 장기채권은 단기채권보다 더 나쁜 투자가 되는가?

출처 : "Get the Best Rates on Your Savings," *Consumer Reports*, March 2010.

Step 1 복습. 이 문제는 인플레이션이 채권가격에 미치는 효과에 대한 것이다. '예상 인플레이션의 변화는 이자율에 어떤 영향을 주는가 — 피셔효과' 부분을 복습한다.

Step 2 그래프를 이용하여 예상 인플레이션 증가가 왜 채권을 나쁜 투자처로 만드는지 설명한다. 예상 인플레이션의 변화는 채권의 수요와 공급 모두에 영향을 미친다. 예상 인플레이션이 상승하는 경우에 채권의 수요곡선은 좌측으로, 채권의 공급곡선은 우측으로 이동한다. 그 결과 균형가격이 낮아지며, 채권을 보유한 사람들은 자본손실의 고통을 겪게 된다.

그래프에서 균형가격은 그림 4.7에서처럼 P_1에서 P_2로 하락하는 반면, 채권 수량은 변하지 않는다. 순수한 피셔효과가 성립하지 않는다고 하더라도, 즉 두 곡선이 이동하는 정도가 같지 않다 하더라도, 수요곡선이 좌측으로 이동하고 공급곡선이 우측으로 이동하기 때문에 채권가격은 낮아지게 된다.

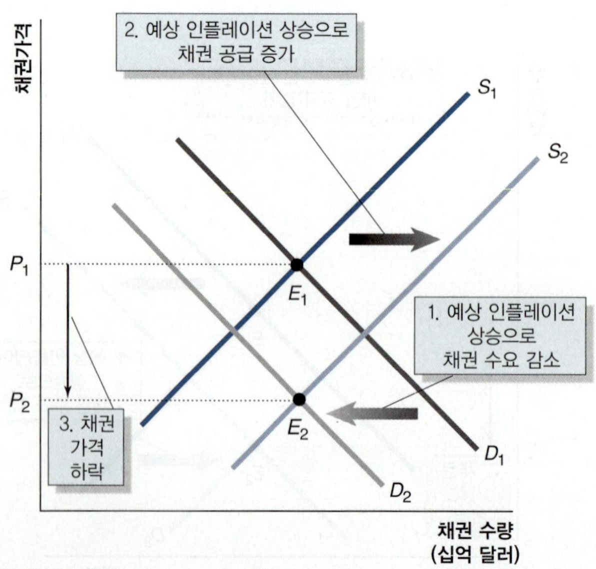

Step 3 실제 인플레이션과 예상 인플레이션이 채권가격에 미치는 효과에 차이가 있음을 설명한다. 채권가격의 변화는 예상 인플레이션의 변화로부터 나온다. 인플레이션에 대한 기대는 이미 명목이자율에 반영되어 있으며 채권가격에도 반영되어 있다. 예를 들어 채권 매수자와 매도자가 예상 실질이자율 3%에 동의하고 예상 인플레이션율이 1%인 경우에 명목이자율은 4%이다. 하지만 매수자와 매도자가 예상을 바꾼다면 명목이자율은 조정된다. 비록 현재 인플레이션이 낮더라도 앞으로 인플레이션율이 높아질 것이라는 일부 전문가의 예측이 옳다면 투자자들은 즉시 채권을 팔아 버리는 것이 현명할지 모른다. 인플레이션에 대한 예상이 완전히 조정될 때까지 기다린다는 것은 명목이자율이 상승하고 채권가격이 떨어질 때까지 기다린다는 뜻이다. 그때까지 채권을 보유하면 자본손실을 피하기에 너무 늦을 수 있다.

Step 4 예상 인플레이션이 상승할 때 왜 장기채권이 특히 나쁜 투자처인지 설명한다. 예상 인플레이션의 상승은 단기채권과 장기채권에 대한 명목이자율을 모두 상승시킨다. 그러나 제3장에서 살펴보았듯이 시장이자율에 따른 채권가격의 변화는 채권의 만기가 길수록 더 커진다. 따라서 예상 인플레이션과 명목이자율이 상승할 때 장기채권의 자본손실이 단기채권의 자본손실보다 더 클 것이다.

2. 예상 인플레이션이 변하면, 실제 인플레이션이 발생하기 전이라도 명목이자율이 먼저 변하게 된다.

4.4 대부자금시장 모형과 국제자본시장

[학습목표]
대부자금시장 모형을 이용하여 국제자본시장을 분석한다.

이제까지는 채권의 수요와 공급 관점에서 채권시장을 분석했다. 결국 같은 방법이지만 대부자금 접근법은 대부자금의 수요와 공급에 초점을 둔다. 대부자금 접근법에서는 차입자가 수요자이며 대부자가 공급자이다. 차입자가 자금을 사용하고 대부자는 자금을 제공하기 때문이다. 같은 접근이긴 하지만, 예를 들어 국가 간 자금의 흐름을 살펴볼 때에는 대부자금 접근법이 더 편리하다. 표 4.4는 두 접근법을 요약하고 있다.

대부자금의 수요와 공급

그림 4.8은 채권의 수요곡선과 대부자금의 공급곡선이 동일함을 보여 준다. 액면가 1,000달러인 1년 만기 할인채의 경우를 고려해 보자. 그림 4.8(a)에는 채권의 수요곡선 B^d가, 4.8(b)에는 대부자금의 공급곡선 L^s가 그려져 있다. 전자의 세로축은 가격인 반면, 후자의 세로축은 이자율이다. 채권가격이 처음에 970달러였다고 하자. 이는 채권 수요곡선의 *A*점에 해당한다. 그 가격에서 채권의 이자율은 ($1,000−$970)/$970=0.031 또는 3.1%이다. 이는 대부자금 공급곡선 상의 *A*점에 해당한다. 이제 채권가격이 950달러까지 떨어졌다고 해 보자. 이는 채권 수요곡선의 *B*점에 해당한다. 낮아진 가격에서 채권의 이자율은 ($1,000−$950)/$950=0.053 또는 5.3%이다. 이는 대부자금 공급

표 4.4 채권에 대한 두 가지 접근

	채권시장 접근	대부자금시장 접근
대상	채권	자금
수요자	채권을 매수하는 투자자(대부자)	자금을 조달하는 기업(차입자)
공급자	채권을 발행하는 기업(차입자)	자금을 제공하는 투자자(대부자)
가격	채권가격	이자율

곡선 상의 *B*점에 해당한다. 채권을 사는 투자자의 관점에서 보면(채권시장 접근) 낮아진 가격에서 채권 수요량이 증가하는 것이다. 대부자금을 제공하는 투자자의 관점에서 보면(대부자금시장 접근) 높아진 이자율에서 대부자금의 공급량이 증가하는 것이다.

그림 4.9는 채권의 공급곡선이 대부자금의 수요곡선과 같다는 것을 보여 준다. (a)는 채권의 공급곡선 B^s, (b)는 대부자금의 수요곡선 L^d를 나타낸다. 이번에도 채권가격이 처음에 970달러였다고 하자. 이는 채권 공급곡선의 *C*점에 해당한다. 그 가격에서 채권의 이자율은 3.1%이며, 이는 대부자금 수요곡선 상의 *C*점에 해당한다. 이제 채권에 대한 가격이 950달러로 하락했다고 해 보자. 이는 채권 공급곡선의 *D*점에 해당하는데, 낮아진 가격에서 채권의 이자율은 5.3%로 높아진다. 이는 대부자금 수요곡선의 *D*점에 해당한다. 채권을 파는 기업의 관점에서 보면(채권시장 접근) 낮아진 가격에서 채권 공급량이 감소하는 것이다. 대부자금을 필요로 하는 기업의 관점에서 보면(대부자금시장 접근) 높아진 이자율에서 대부자금의 수요량이 감소하는 것이다.

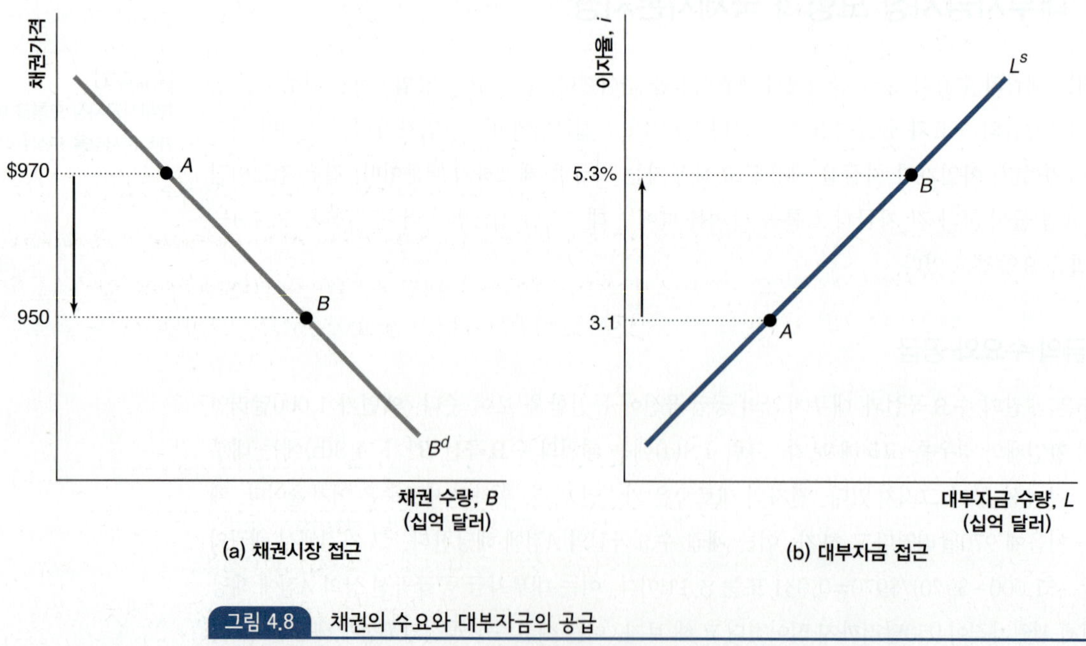

그림 4.8 채권의 수요와 대부자금의 공급

(a)에서 채권의 수요곡선 B^d는 채권가격과 채권 수요량 간의 역의 관계를 보여 준다. (b)에서 대부자금의 공급곡선 L^s는 이자율과 대부자금 공급량 간의 정의 관계를 보여 준다.

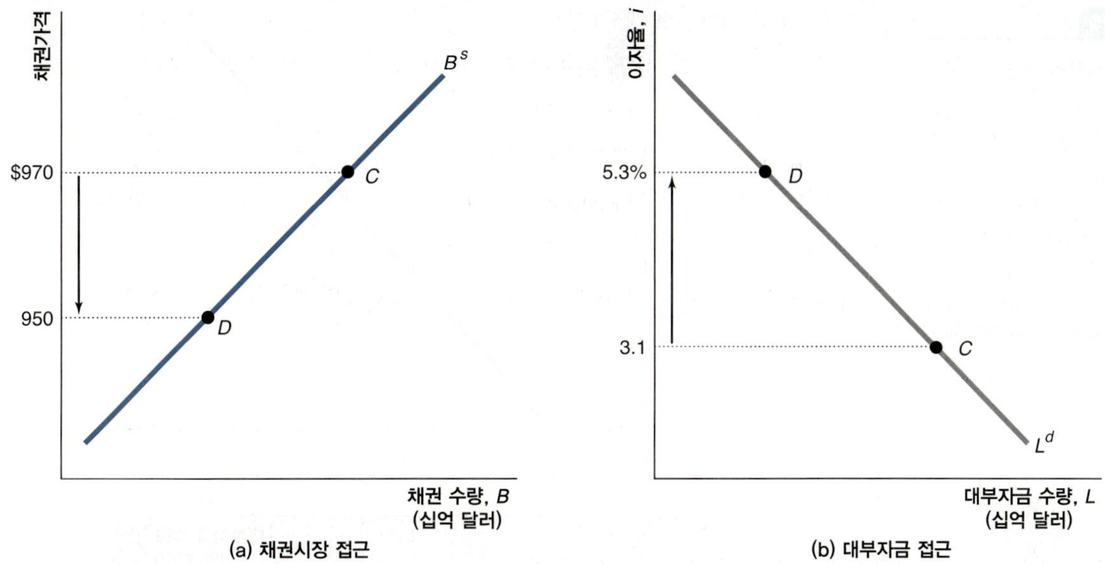

그림 4.9 채권의 공급과 대부자금의 수요

(a)에서 채권의 공급곡선 B^s는 채권가격과 채권 공급량 간의 정의 관계를 보여 준다. (b)에서 대부자금의 수요곡선 L^d는 이자율과 대부자금 수요량 간의 역의 관계를 보여 준다.

대부자금의 관점에서 본 채권시장의 균형

그림 4.10은 대부자금 접근을 사용한 채권시장의 균형을 보여 주고 있다. 균형은 수요되는 대부자금의 양과 공급되는 대부자금의 양이 일치할 때 발생한다. 교환되는 자금은 액면가 1,000달러에 1년 만기 할인채로 대표된다고 가정한다. 그림에서 균형이자율은 4.2%인데, 1년 만기 액면가 1,000달러의 채권이 960달러의 가격에 유통되고 있다는 것을 뜻한다. 이는 이전의 그림 4.1과 같은 이자율이다. 결국 채권의 수요-공급 모형과 대부자금의 수요-공급 모형은 동일한 접근방법이다.

채권 수요곡선을 이동시키는 요인은 대부자금 공급곡선을 이동시킨다. 마찬가지로 채권 공급곡선을 이동시키는 요인은 대부자금 수요곡선을 이동시킨다.

국제자본시장과 이자율

이제까지는 이자율과 자금량의 결정에 해외부문이 미치는 영향을 고려하지 않았다. 예를 들어 다른 나라에 비해 미국에서 기대되는 수익률이 더 높으면 외국의 가계, 기업, 정부는 미국의 차입자들에게 자금을 빌려 주고자 할 것이다. 마찬가지로, 미국 밖의 기회가 더 유망하다면 대부자금은 미국에서 빠져나와 해외 투자처를 찾게 될 것이다. 대부자금시장 접근은 자국과 해외 채권시장 간의 상호작용을 분석하는 데 유용한 틀을 제공한다. 단순화를 위해 여기서는 실질이자율을 사용한다.

폐쇄경제(closed economy)에서 가계, 기업, 정부는 국제적으로 돈을 빌리거나 빌려 주지 않는

폐쇄경제 국제 차입과 대부가 없는 경제

그림 4.10

대부자금시장의 균형

균형이자율에서 수요되는 대부자금의 양과 공급되는 대부자금의 양이 일치한다. 균형 아래의 이자율에서는 대부자금의 초과 수요가, 균형 위의 이자율에서는 대부자금의 초과 공급이 존재한다. 대부자와 차입자의 행동에 의해 이자율은 4.2%로 결정된다.

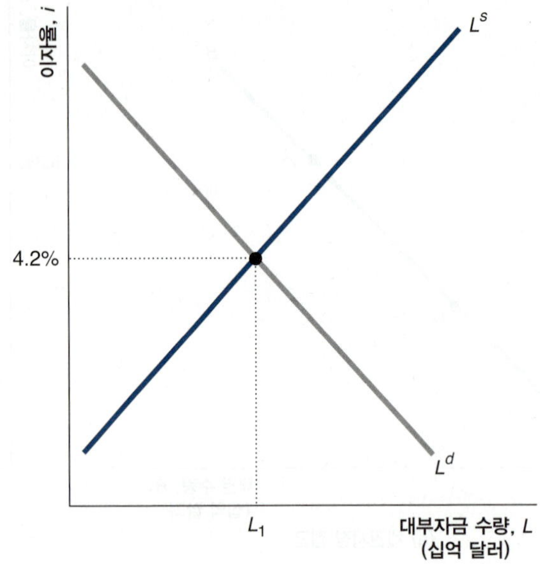

개방경제 국제 차입과 대부가 일어나는 경제

다. 그러나 실제로 대부분의 경제는 금융자본(혹은 대부자금)의 국제적 이동이 가능한 **개방경제**(open economy)이다. 국경을 오가는 자금거래는 국제자본시장에서 이루어진다. 세계 실질이자율(r_w)은 국제자본시장에서 결정되는 이자율이다. 개방경제하의 대부자금은 국내나 해외에서 쓰일 수 있다. 그런데 네덜란드, 벨기에와 같은 소규모 개방경제는 세계 실질이자율에 별 영향을 미치지 못한다. 그러나 독일이나 미국 같은 큰 개방경제에서 일어난 변화는 세계 실질이자율에 영향을 미칠 수 있다. 각각의 경우에 이자율이 어떻게 결정되는지 알아보자.

소규모 개방경제

소규모 개방경제 총저축 규모가 작아 세계의 실질이자율에 영향을 주지 못하는 경제

이제까지는 암묵적으로 폐쇄경제를 가정했다. 따라서 국내의 균형이자율은 해당 국가의 대부자금에 대한 수요곡선과 공급곡선의 상호작용에 의해서 결정되었고, 세계이자율은 무시되었다. 개방경제에서 세계이자율은 한 국가에서의 수요와 공급에 의해 결정되지 않으며 국제자본시장에서 결정된다. 예를 들어 미국의 재정적자는 이자율 상승 압력을 가져오지만 국제자본시장에 미치는 영향은 그리 크지 않다. 연준 이사 엥겐(Eric Engen)과 컬럼비아대학의 허바드(Glenn Hubbard)의 연구에 따르면, 미국에서 정부부채가 1,000억 달러 증가할 때 이자율은 단지 1.5~3베이시스 포인트(0.015~0.03%) 올라갈 뿐이다.[1] **소규모 개방경제**(small open economy)의 대부자금 규모는 세계 실질이자율에 영향을 주기엔 너무 작다. 결국 소규모 개방경제의 국내 실질이자율은 국제자본시장에서 결정된 세계 실질이자율과 같아진다. 예를 들어 프랑스 남쪽에 있는 모나코와 같은 작은 국가에서 부(wealth)가 크게 증가했다 하더라도, 그 정도의 해당 대부자금 증가로는 세계 대부자금의 총량에 별 영향을 미치지 못하며 세계 실질이자율에 대해서도 별 영향을 주지 못한다.

1 Eric Engen and R. Glenn Hubbard, "Federal Government Debt and Interest Rates," in Mark Gertler and Kenneth Rogoff, eds., *NBER Macroeconomic Annual, 2004*, Cambridge, MA: MIT Press, 2005.

소규모 개방경제의 국내이자율은 왜 세계이자율과 같아지는가? 세계의 실질이자율이 4%이고 모나코의 국내 실질이자율은 3%라고 해 보자. 모나코의 대부자는 외국 채권을 4% 이자율로 살 수 있기 때문에 4%보다 낮은 이자율은 받아들이지 않는다. 모나코의 차입자는 세계 실질이자율 4%를 지불해야 한다. 그렇지 않으면 돈을 빌릴 수 없기 때문이다. 만약 세계 실질이자율이 4%이고 모나코의 국내 실질이자율이 5%이면, 모나코의 차입자들은 세계이자율 4%로 돈을 빌리려고 할 것이다. 국내 대부자들은 세계이자율 4%에 빌려 줄 수밖에 없다. 그렇지 않으면 돈을 빌려 줄 사람을 찾을 수 없기 때문이다. 이러한 이유로 소규모 개방경제에서 국내외 실질이자율은 같아져야 한다.

그림 4.11은 소규모 개방경제의 대부자금 수요곡선과 공급곡선을 보여 준다. 세계 실질이자율(r_w)이 3%이면 국내에서 수요되고 공급되는 자금의 양은 *E*점으로 동일하다. 이때 이 국가는 국제자본시장에서 자금을 차입하거나 대출할 필요가 없다. 그러나 세계 실질이자율이 5%라고 해 보자. 이 경우에 국내에서 공급되는 자금의 양(*C*점)은 국내에서 수요되는 자금의 양(*B*점)보다 훨씬 크다. 자금의 초과 공급은 어떻게 될 것인가? 이 부분은 국제자본시장에서 세계 실질이자율 5%로 빌려 줄 수 있다. 이 국가는 작기 때문에 빌려 줄 자금도 세계시장 규모에 비하면 작다. 따라서 해외에서 돈을 빌려 갈 사람을 찾는 데 어려움을 겪지 않는다.

이번에는 세계 실질이자율이 1%라고 해 보자. 그림 4.11에서 보듯이 국내에서 수요되는 자금의 양(*A*점)은 국내에서 공급되는 자금의 양(*D*점)을 초과한다. 자금에 대한 초과 수요는 어떻게 충족될 것인가? 국제자본시장에서 차입하면 된다. 이 국가는 작기 때문에 필요한 자금이 세계시장 규모에 비하면 작다. 따라서 해외에서 돈을 빌려 줄 사람을 찾는 데 어려움을 겪지 않는다.

내용을 다음과 같이 요약할 수 있다—소규모 개방경제에서 실질이자율은 국제자본시장에서의 실질이자율과 같다. 그 이자율에서 국내 대부자금의 공급량이 수요량을 초과하면 대부자금의 일부를

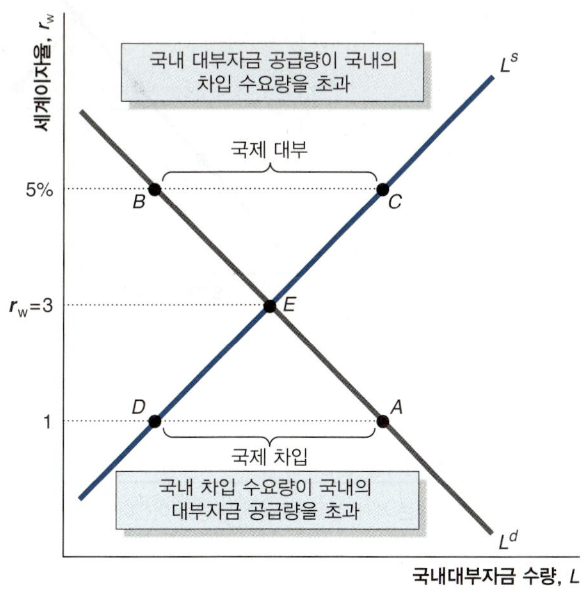

그림 4.11

소규모 개방경제의 실질이자율 결정

소규모 개방경제의 국내 실질이자율은 세계 실질이자율(r_w)과 같다. 이 경우에는 3%이다.

해외에 투자하게 될 것이다. 그 이자율에서 국내 대부자금의 수요량이 공급량을 초과하면 대부자금의 일부를 해외로부터 차입한다.

대규모 개방경제

대규모 개방경제 국내의 저축과 투자의 변동이 세계 실질이자율에 영향을 미칠 만큼 큰 경제

미국, 일본, 독일 같은 국가는 세계 실질이자율에 영향을 줄 정도로 충분히 크다. 이러한 국가들은 **대규모 개방경제**(large open economy)로 간주된다.

대규모 개방경제의 경우에는 국내 실질이자율과 세계 실질이자율이 같아진다고 가정할 수 없다. 폐쇄경제에서 균형이자율이 대부자금의 수요량과 공급량을 일치시키는 것임을 상기하자. 이제 세계가 2개의 큰 개방경제, 즉 미국과 나머지 세계로 구성되었다고 생각해 보자.

그림 4.12는 대규모 개방경제에서 이자율이 어떻게 결정되는지를 보여 준다. (a)는 미국, (b)는 나머지 세계의 대부자금 그래프이다. (a)에서 세계 실질이자율이 3%라면, 미국에서 수요되는 대부자금의 양과 공급되는 대부자금의 양은 둘 다 3,000억 달러로 같다. 그러나 (b)를 보면 이자율이 3%일 때 나머지 세계에서 수요되는 대부자금의 양은 8,000억 달러이고 공급되는 대부자금의 양은 7,000억 달러이다. 이는 외국의 차입자들이 국제자본시장에서 1,000억 달러를 더 빌리기 원한다는 뜻이다. 외국의 차입자들은 미국의 대부자들에게 3%보다 더 높은 이자율을 제시할 유인이 있다.

결국 미국에서의 대부자금 초과 공급이 나머지 세계의 초과 수요가 일치할 때까지 이자율이 올라

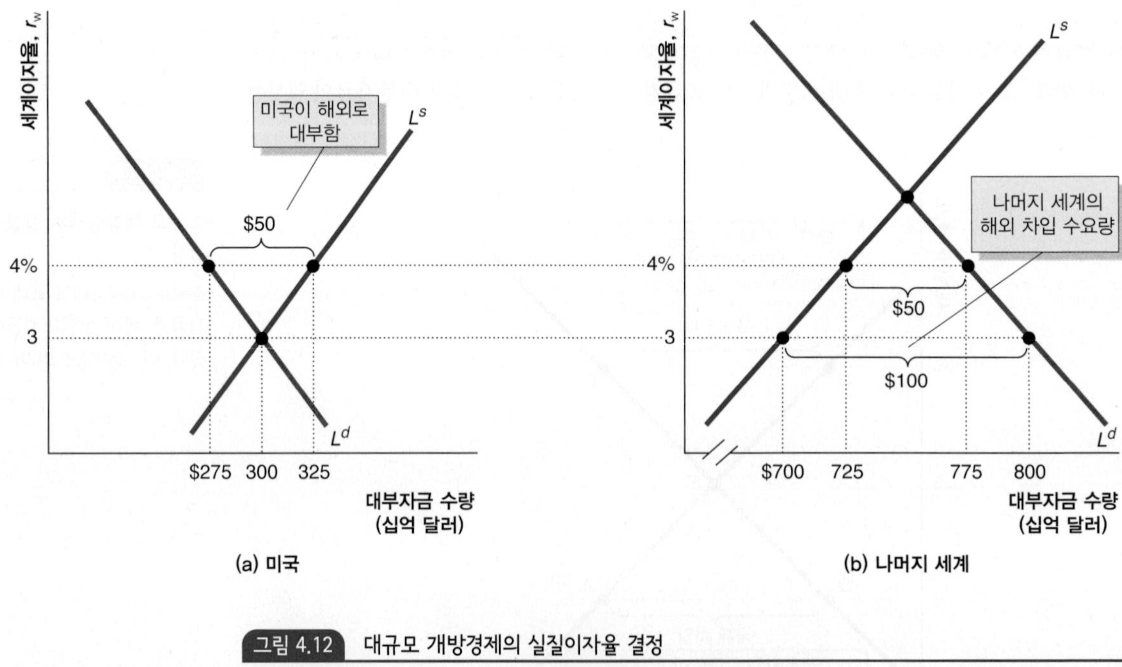

그림 4.12 대규모 개방경제의 실질이자율 결정

대규모 개방경제에서 저축과 투자의 변화는 세계 실질이자율에 영향을 미친다. 세계 실질이자율은 국제 차입과 대부가 일치하는 수준으로 조정된다. 그림에 의하면 4%의 세계 실질이자율에서 미국이 원하는 국제 대부량이 나머지 세계가 원하는 국제 차입량과 일치하고 있다.

관련 사례

미국 주택시장 호황은 세계적 '과잉저축' 때문?

주택가격의 거품이 터지면서 2007~2009년의 금융위기가 시작되었음을 제1장에서 살펴보았다. 거기서 언급했듯이 거품의 원인 중 하나는 서브프라임 혹은 Alt-A 차입자(프라임 바로 아래 등급이 Alt-A이고 그 아래 등급이 서브프라임이다)들에게 많은 주택대출이 이루어진 것이다. 2000년 이전에는 이들이 주택담보대출을 받는 것이 불가능했음도 언급한 바 있다. 몇몇 경제학자는 주택담보대출에 적용된 유난히 낮은 이자율도 2000년대 중반 주택가격의 급격한 상승에 한몫을 했다고 주장한다. 낮은 이자율은 주택에 대한 수요를 증가시켰고, 특히 향후 주택가격 증가를 예상한 투기자들이 여러 채의 집을 사는 것을 쉽게 만들었다.

그러면 2000년대의 낮은 이자율은 어떻게 설명할 수 있을까? 2001년 불황으로부터 미국 경제가 회복하는 것을 돕기 위해 연준은 이자율을 낮추는 정책을 폈고, 2004년 중반까지 이자율은 매우 낮은 수준에 머물러 있었다. 몇몇 경제학자는 연준이 저이자율 정책을 너무 오랫동안 유지해서 주택시장 호황을 부추겼다고 주장한다. 버냉키 연준 의장은 이에 동의하지 않는데, 2000년대 저이자율은 연준 정책보다는 국제적 요인에 의한 것이라고 주장한다. 주택시장 거품이 정점에 도달한 2005년 버냉키는 다음과 같이 주장했다. "전 세계 저축 공급의 상당한 증가, 즉 세계적 과잉저축은 지금 전 세계적으로 장기 이자율이 비교적 낮은 수준에 머무는 것을 설명하는 데 도움을 준다." 버냉키는 과잉저축이 일본과 같은 나라들의 높은 저축률의 결과라고 주장했다. 일본에서는 인구 고령화가 진행되며 노후 준비를 위한 저축이 늘어나는 추세였다. 여기에 1990년대 후반 중국과 한국 같은 개도국이 저축률을 높이면서 세계 저축은 더 증가했다.

버냉키의 주장은 대규모 개방경제의 대부자금시장 모형을 이용해 설명할 수 있다. 아래 그림은 세계 실질이자율이 3%인 균형 상태에서 시작한다. (a)를 보면 이자율이 3%일 때 미국은 2,000억 달러를 해외로부터 차입하고 있다. 미국이 2,000억 달러를 차입하고 있다면 나머지 국가들은 2,000억 달러를 빌려 주고 있어야 하는데, 이 상황이 (b)에 표시되어 있다. 나머지 국가들에서의 저축의 증가, 즉 버냉키가 말한 과잉저축은, (b)에서 보여 주듯이 대부자금의 공급곡선을 우측으로 이동시킨다. 나머지 나라들이 빌려 주고자 하는 대부자금의 수량이 미국의 대출자들이 빌리고자 하는 대부자금의 수량을 초과하면서 세계 실질이자율은 하락하기 시작한다. 이자율이 내려가면서 미국의 대부자금 수요량은 증가하고 나머지 나라의 대부자금 공급량은 감소한다. 세계 실질이자율이 1%로 내려가면 미국이 해외로부터 차입하고자 하는 자금의 수량은 4,000억 달러로 나머지 나라들이 대출해 주고자 하는 자금의 수량과 다시 같아지고 국제자본시장은 균형 상태로 돌아간다.

일부 경제학자들, 특히 스탠퍼드대학의 테일러(John Taylor)는 2000년대 세계 저축이 크게 증가했다는 주장에 회의적이다. 테일러는 세계적 과잉저축이 아니라 연준의 정책이 미국의 주택시장 거품을 초래했다고 주장한다. 제15장에서 통화정책에 대해 논의할 때 이 논쟁을 다시 고려할 것이다.

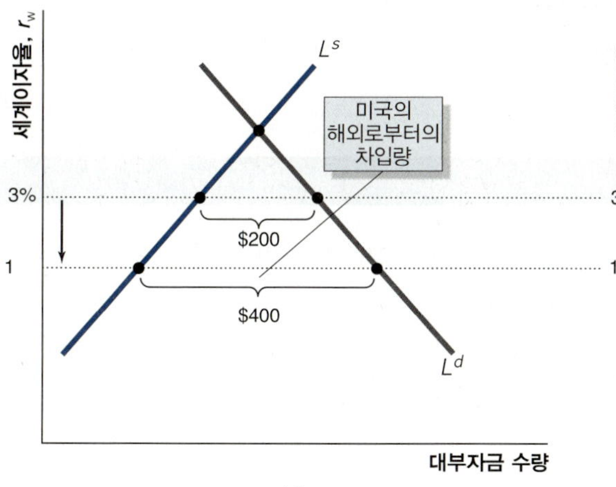

(a) 미국

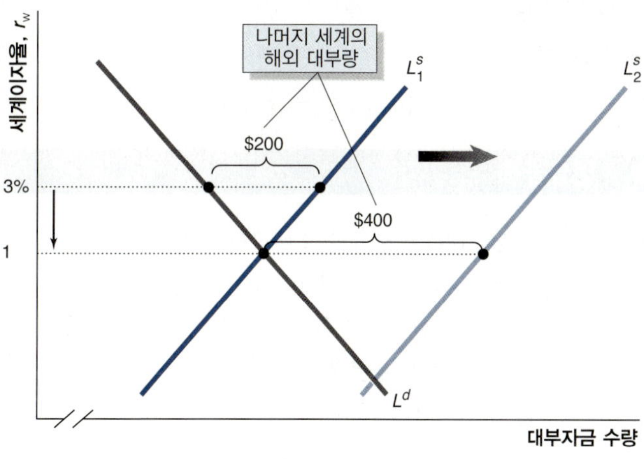

(b) 나머지 국가

출처 : Ben S. Bernanke, "The Global Saving Glut and the U.S. Current Account Deficit," Homer Jones Lecture, April 14, 2005 (www.federalreserve.gov/boarddocs/speeches/2005/20050414/default.htm). John B. Taylor, *Getting Off Track*, Stanford, CA: Hoover Institution Press, 2009.

간다. 그림 4.12에서 실질이자율이 4%로 상승하고, 미국에서의 대부자금 초과 공급과 나머지 세계의 대부자금 초과 수요가 500억 달러로 같아진다. 다시 말해 4%의 실질이자율에서 미국이 원하는 국제 대부량과 나머지 세계가 원하는 국제 차입량이 같아진다. 즉 실질이자율 4%에서 국제자본시장은 균형이다.

주목할 것은 대규모 개방경제에서는 대부자금 수요와 공급의 변화가 해당 국가의 이자율뿐만 아니라 세계 이자율에도 영향을 준다는 점이다.

4장의 질문에 대한 답변

Question 예상 인플레이션 및 그 밖의 요인은 투자의 결정에 어떤 영향을 주는가?

Answer 채권에 대한 수요는 여러 요인에 따라 변한다. 예상 인플레이션이 상승할 때 투자자들의 채권 수요는 감소한다. 인플레이션율이 높을수록 투자자들에게 돌아가는 실질이자율이 낮아지기 때문이다. 예상 인플레이션율 상승에 따라 명목이자율이 상승하고 채권 가격이 하락하여 채권 투자자들은 자본손실을 입는다.

핵심용어

개방경제	소규모 개방경제
기대수익률	위험
대규모 개방경제	체계적 위험
분산투자	폐쇄경제
비체계적 위험	피셔효과

연습문제

01 다음 각 상황에 대해 채권 수요의 변화인지 채권 공급의 변화인지 설명하고, 곡선이 어떻게 이동하는지 나타내 보라.

a. 연준은 인플레이션율이 향후 5년 동안 연평균 5%에 달할 것이라는 예상을 발표했다. 이전에 연준은 3%의 인플레이션율을 예상했었다.

b. 경제는 기업의 이윤 증가와 함께 빠르게 성장하고 있다.

c. 연방정부가 연속해서 재정흑자를 실현하고 있다.

d. 투자자들은 주식시장의 위험 수준이 감소할 것이라고 믿고 있다.

e. 연방정부는 채권의 매매 시 채권당 10달러의 세금을 부과하려고 한다.

02 채권의 수요-공급 그래프를 이용하여 다음 각 상황에서 균형이 어떻게 이동하는지 설명하라.

a. 다른 조건이 일정한 상태에서 정부가 대규모 재정적자를 내며 운영되고 있다.

b. 가계는 미래에 세금이 증가할 것으로 예상하고 저축을 증가시킨다.

c. (a)와 (b)가 동시에 발생한다.

03 1990년대 후반 미국 연방정부는 수년간 재정흑자를 기록했다. 다른 조건이 일정할 때, 재정적자에서 흑자로의 전환이 채권시장에 미치는 효과를 채권의 수요와 공급곡선을 이용하여 설명하라.

04 주식시장의 붐은 미래에 기업 이윤이 증가할 것이라는 신호로 받아들여진다. 주식시장의 붐이 시장의 균형이자율에 미치는 영향을 채권의 수요-공급곡선을 이용하여 분석해 보라.

05 다음의 각 상황에서 채권의 균형가격과 수량에 어떤 변화가 발생할지 설명해 보라. (만약 어떤 방향으로 변화할지 불확실하다면, 왜 그런지 설명하라.)

a. 경제의 부가 증가하였으며, 동시에 의회가 기업의 법인세를 인상했다.

b. 경제가 경기순환상의 확장기를 경험하고 있다.

c. 사람들의 기대 인플레이션율이 증가했다.

d. 연방정부가 재정적자로 운영되고 있다.

06 2010년 3월, 그리스는 미래의 국채 상환에 문제가 있을 수 있다는 것을 인정했다. 당시 그리스 국채 수익률은 10년 만기 수익률을 기준으로 7%를 넘어섰다. 그리스 국채 수익률이 상승한 이유를 채권시장의 수요-공급곡선을 이용해 설명하라.

07 디플레이션은 왜 채권을 보유하는 투자자들에게 좋은 소식인가?

08 대부분의 투자자들이 미래에 인플레이션율이 상승할 것이라고 믿고 있다고 하자.

a. 채권가격과 이자율에 대한 영향은 무엇인가?

b. 예상과 달리 인플레이션이 낮게 유지되었다고 해 보자. 주로 누가 이득을 얻게 될 것인가? 장기채권에 투자한 사람들인가 아니면 판 사람들인가? 간략히 설명하라.

09 미국 연방정부의 재정적자는 매우 큰 수준이다.

a. 다른 조건이 일정할 때, 미국의 재정적자가 세계 실질이자율에 대해 미치는 영향을 대부자금설의 관점에서 분석해 보라.

b. 사람들이 재정적자 보전을 위해 정부가 가까운 장래에 세금을 인상할 것이라고 믿는다고 하자. 그리고 사람들이 세금 인상에 대비하여 저축을 증가시킨다고 하자. 앞의 (a)의 분석은 어떻게 달라질 것인가?

10 대규모 개방경제에서 현재 국내 대부자금의 수요와 공급이 균형을 이루고 있다고 하자. 기업에 대한 세금이 증가하면 투자가 감소할 것이다. 이러한 변화는 대부자금의 양과 세계 실질이자율에 어떤 영향을 줄 것인가? 이제 이 경제는 국제적으로 대부자금의 공급자가 될 것인가 수요자가 될 것인가?

11 소규모 개방경제에서 다음의 각 사건은 균형이자율에 어떤 영향을 주는가?

a. 교량이나 도로에 가해진 자연재해는 파괴된 사회간접자본을 복구하기 위한 투자지출을 증가시킨다.

b. 향후 기업에 대한 세금이 증가할 것으로 예상된다.

c. 월드컵이 열리는 시즌에는 축구 중계를 보느라 집에 있는 시간이 길어지면서 소비지출이 줄어든다.

d. 정부는 매년 12월 31일의 가치를 기준으로 사람들이 보유한 저축에 대해 새로운 세금을 매기기로 했다.

12 위의 문제를 대규모 개방경제로 가정하고 다시 풀어 보라.

13 미 연준 의장 버냉키는 2000년대 중반 미국의 저금리는 연준의 정책보다는 글로벌 과잉저축 때문이었다고 주장했다. 전 의장이었던 그린스펀도 저금리의 배경에는 투자보다는 수출로 돈을 벌어 저축을 늘린 중국, 러시아 및 기타 신흥국가들이 있었다면서 비슷한 주장을 한 바 있다. 대부자금 그래프를 이용하여 글로벌 과잉저축이 미국의 이자율을 낮아지게 했다는 주장을 설명해 보라. 한 그래프로는 미국 상황을, 다른 그래프로는 나머지 세계의 상황을 설명해야 한다.

CHAPTER 5

이자율의 위험구조와 기간구조

[학습목표]

5.1 만기가 같은 채권의 이자율이 다른 이유를 설명한다.

5.2 만기에 따라 채권의 이자율이 다른 이유를 설명한다.

이자율이 매우 낮은데도 왜 국채에 투자하는가?

투자자에게 채권을 팔려면 기업과 정부는 먼저 해당 채권에 대해 신용평가사로부터 등급을 받아야 한다. 현재 3대 신용평가사는 무디스(Moody's Investors Service), S&P(Standard & Poor's Corporation)와 피치(Fitch Ratings)이다. 민간 기업인 신용평가사들은 채권의 지불 확률을 반영하여 알파벳 등급을 매긴다. 예를 들어 AAA나 Aaa가 최고 등급이다. 2010년 2월 무디스는 미국의 재정적자가 향후 10년간 지속될 것이라면서 재무성채권의 Aaa 등급이 하락할 수도 있다고 발표하여 투자자들을 놀라게 했다. 등급이 하향 조정되면 이는 채무불이행 가능성이 높아졌다는 신호다. 미국 정부의 채무불이행 가능성이 높아졌을까?

국채의 등급이 강등될 수 있다는 경고 이외에도 2010년 채권시장에서는 흔치 않은 일이 많이 일어났다. 재무성 단기채권 이자율은 0.25% 아래로 하락했는데, 이는 유례없이 낮은 수준이었다. 반면 재무성 장기채권의 이자율은 4.0%에서 5.0%로 유지되었다. 장기채 이자율이 단기채에 비해 20배나 높았음에도 불구하고 투자자들은 왜 단기채권에 투자하였을까?

2010년에는 회사채시장에서도 흔치 않은 일들이 벌어졌다. GE가 발행한 채권의 만기수익률은 5.6%로, 채권의 이표율 5.5%보다 약간 높은 수준이었다. 그러나 비디오 대여 회사인 블록버스터가 발행한 채권의 만기수익률은 97.8%나 되었는데, 채권의 이표율 9.0%에 비하면 엄청나게 높은 값이었다. 수익률이 월등히 높은 블록버스터 채권이 있는데도 투자자들은 왜 GE 채권을 매수하는 것일까? 이 장에서는 채권시장을 면밀하게 관찰하여 이러한 질문에 답하고자 한다.

출처 : David E. Sanger, "The Debtor the World Still Bets On," *New York Times*, February 5, 2010.

5장의 이슈와 질문

▶정답은 118쪽에

Issue 금융위기 기간 동안 신용평가기관들은 위험하다고 판명된 증권들에 대해서도 높은 등급을 주어 비판을 받았다.

Question 정부는 신용평가기관을 더 철저히 규제해야 하는가?

제4장에서는 한 종류의 채권만 다루면서 해당 채권시장에서 이자율이 결정된다고 가정했다. 그러나 채권시장은 분명히 더 복잡하다. 이 장에서는 채권에 대한 이자율이 왜 서로 다른지, 그리고 왜 시간의 흐름에 따라 이자율이 변하게 되는지 살펴볼 것이다.

이 장의 전반에는 만기가 같은 채권들의 수익률 차이를 설명하는 **이자율의 위험구조**를 다룬다. 후반에는 **이자율의 기간구조**에 대해 살펴볼 것이다. 기간구조에서는 만기에 따라 채권의 수익률이 어떻게 달라지는지 비교할 것이다. 투자자들은 시장이자율과 특정 채권의 수익률을 예측하기 위해 두 종류의 분석을 모두 사용한다.

5.1 이자율의 위험구조

만기가 같은 채권들, 예를 들어 30년 만기 채권들의 이자율(만기수익률)은 왜 서로 다른 것일까?

[학습목표]
만기가 같은 채권의 이자율이 다른 이유를 설명한다.

만기가 같더라도 채권마다 위험, 유동성, 정보비용, 세금 같은 특징들이 다르다. 바람직한 특성을 많이 가진 채권의 이자율은 낮다. 그렇지 않은 채권에 대해서는 투자자들이 더 높은 수익률을 요구하기 때문에 이자율이 높아진다. 만기는 같지만 서로 다른 특성을 가진 채권 이자율 간의 관계를 **이자율의 위험구조**(risk structure of interest rates)라고 한다.

이자율의 위험구조 만기는 같지만 서로 다른 특성을 가진 채권 이자율 간의 관계

채무불이행 위험

채무불이행 위험(default risk) 또는 **신용위험**(credit risk)이라고 불리는 위험은 채권의 발행자가 이자나 원금의 지불을 하지 못하게 될 위험을 말한다. 예를 들어 GE 발행 채권과 블록버스터 발행 채권은 만기가 같더라도 블록버스터의 채무불이행 위험이 더 높다면 블록버스터 채권의 이자율이 GE 채권보다 높을 것이다.

채무불이행 위험(또는 신용위험) 채권의 발행자가 이자나 원금의 지불을 하지 못하게 될 위험

채무불이행 위험의 측정 채권의 채무불이행 위험의 정도를 측정하는 기준으로 보통 미국 재무성채권이 이용된다. 투자자들은 미국 정부가 원금과 이자를 지불할 능력이 충분하다고 보아 재무성채권의 채무불이행 위험은 0이라고 간주한다. 물론 재무성채권도 다른 채권과 마찬가지로 이자율 위험에서 자유롭지는 못하다.

채무불이행 프리미엄(default risk premium)은 해당 채권의 이자율과 동일한 만기를 가지는 재무성채권 이자율 간의 차이이다. 채무불이행 프리미엄은 투자자가 채무불이행 위험을 가진 채권을 보유하는 대가로 요구하는 추가적인 수익률이다. 예를 들어 당신은 30년 만기 재무성채권을 5% 이자율에 매수하지만, IBM 채권의 경우에는 채무불이행 위험이 따르기 때문에 30년 만기 IBM 채권을 7% 이자율에 매수할지 모른다. 이때 IBM 채권의 채무불이행 프리미엄은 7%−5%=2%로 측정된다.

채무불이행 확률이 높으면 투자자들은 더 높은 프리미엄을 요구한다. 그런데 채권발행자의 신용도나 상환능력에 대한 정보를 얻는 데 비용이 들 수 있다. 따라서 투자자들은 무디스, S&P, 피치와 같은 신용평가사가 제공하는 정보에 의존한다. **채권등급**(bond rating)이란 신용평가기관이 채권발행자의 지불능력에 대한 견해를 하나의 등급으로 요약한 것이다.

채권등급 신용평가기관이 채권발행자의 지불능력에 대한 견해를 하나의 등급으로 요약한 것

표 5.1 채권등급

	무디스	S&P	피치	등급의 의미
투자 등급	Aaa	AAA	AAA	최고 등급
	Aa	AA	AA	매우 높은 등급
	A	A	A	높은 등급
	Baa	BBB	BBB	중간 등급
투자부적격 등급	Ba	BB	BB	투기 등급
	B	B	B	높은 투기 등급
	Caa	CCC	CCC	채무불이행 가능성 있음
	Ca	CC	CC	채무불이행 가능성 높음
	C	C	C	채무불이행 가능성 매우 높음
	–	D	D	채무불이행 상태

출처 : Moody's Investors Services, *Moody's Rating Symbols and Definitions*, June 2009; Fitch Ratings, *Definitions of Ratings and Other Forms of Opinion*, January 2010; *Standard & Poor's, Standard & Poor's Ratings Definitions*, January 5, 2010.

표 5.1은 3대 신용평가사의 등급을 보여 준다. 등급이 높을수록 채무불이행 위험이 낮다. 상위 4개의 등급 가운데 하나를 받은 채권은 '투자 등급'으로 분류된다. 낮거나 적절한 수준의 채무불이행 위험을 가진다는 뜻이다. 그보다 낮은 등급은 '투자부적격', '투기', '고수익' 또는 '정크본드'로 불린다. 신용평가기관은 등급을 공개하고 채권발행자의 신용 변화에 따라 등급을 수정한다. 앞에서 2010년 초에 무디스가 미국 정부의 상환능력에 우려를 표시했다고 했는데, 이는 미 재무성채권이 Aaa 등급을 잃을지도 모른다는 경고였다.

채무불이행 위험의 변화와 채무불이행 프리미엄의 변화 채무불이행 위험의 변화는 채권 이자율에 어떤 영향을 주는가? 신용평가사가 채권을 발행한 회사의 지불능력이 약해졌다고 판단하면 채권등급을 낮출 것이다. 그에 따라 채권 수요는 감소한다. 제4장에서 살펴본 것처럼 수요곡선이 좌측으로 이동하면 채권가격은 떨어지고 수익률은 올라간다. 이 장 초반에 블록버스터가 발행한 이표율 9.0%의 채권을 언급했다. 그러나 2010년 2월에 3대 신용평가사 모두는 블록버스터가 남은 부분을 지불하지 못할 가능성이 크다고 보아 해당 채권에 '투자부적격' 판정을 내렸다. 그 결과 채권 수요는 크게 감소했고 가격은 1,000달러에서 212달러로 폭락했다. 폭락한 가격에서 채권의 만기수익률은 무려 97.8%였다. 채권의 채무불이행 프리미엄이 높아진 것이다.

투자자들은 때로 모든 종류의 채권에 대해 채무불이행 가능성이 전반적으로 높아졌다고 판단한다. 일반적으로 경기침체기에 회사채의 채무불이행 위험이 증가하는데, 이때 소위 안전자산 선호(flight to quality) 현상이 발생한다. 안전자산 선호 혹은 고등급 선호에 따라 투자자들은 고위험 채권 수요를 줄이고 저위험 채권 수요를 증가시킨다. 그림 5.1은 이 과정을 설명한다. (a)는 Baa 등급 회사채시장이다. 일반적으로 경기침체기에는 기업 이윤이 감소하기 때문에 투자자들은 기업들이 채권에 대한 지불능력이 낮아질 것이라고 판단한다. 그 결과 Baa 등급 회사채에 대한 수요곡선이 좌

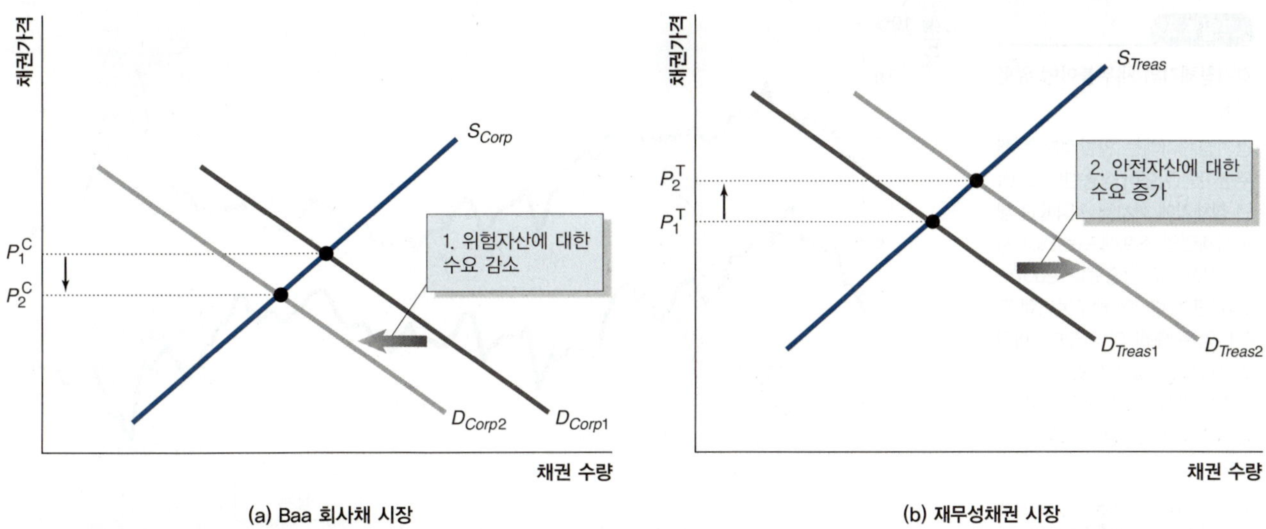

그림 5.1 채무불이행 위험의 결정

애초의 채무불이행 위험이 어느 정도인가는 채권가격 P_1^T과 P_1^C에 해당하는 수익률로 가늠할 수 있다. 재무성채권은 회사채에 비해 안전하기 때문에 가격은 더 높고 수익률은 더 낮다. 회사채의 채무불이행 위험이 증가함에 따라 (a)에서처럼 회사채 수요곡선이 좌측으로 이동하며, (b)에서처럼 재무성채권의 수요곡선은 우측으로 이동한다. 회사채의 가격은 P_2^C로 하락하고 재무성채권의 가격은 P_2^T로 상승한다. 회사채 수익률의 상승과 재무성채권 수익률의 하락으로 채무불이행 프리미엄이 확대된다.

측으로 이동하며 균형가격이 P_1^C에서 P_2^C로 하락한다. (b)는 채무불이행 위험 증가에 대한 우려로 재무성채권에 대한 수요곡선이 우측으로 이동한 것을 보여 준다. 재무성채권의 가격은 P_1^T에서 P_2^T로 상승한다. 회사채 가격 하락으로 회사채의 만기수익률은 상승한다. 반면 재무성채권 가격의 상승으로 재무성채권의 만기수익률은 하락한다. 그에 따라 채무불이행 프리미엄이 확대된다.

그림 5.2는 2000년 1월부터 2010년 5월까지 Baa 등급 회사채의 평균 이자율과 재무성채권 이자율 사이의 스프레드를 보여 준다. 음영으로 처리된 부분은 2001년도의 침체기와 2007~2009년의 침체기를 나타낸다. 2001년 침체기에 스프레드는 2%에서 3% 이상으로 상승했다. 2007~2009년 침체기에 채무불이행 프리미엄은 훨씬 더 커졌다. 채권 스프레드는 침체 이전에는 2% 미만이었지만 2008년 가을 금융위기의 정점에서 6%를 넘어섰으며 2009년 가을이 되어서야 3% 아래로 하락했다. 위험 프리미엄이 증가한 것은 회사채 수익률의 상승과 재무성채권 수익률의 하락 때문이다. 2007년 중반 Baa등급 채권의 평균 이자율은 6.5% 미만이었지만 2008년 10월에는 거의 9.5%에 근접하는 수준으로 상승했다. 반면 재무성채권 이자율은 2007년 중반에는 5.0%였지만 2008년 말에는 3.0% 아래로 떨어졌다.

유동성과 정보비용

채무불이행 위험의 차이뿐만 아니라 유동성과 정보비용에 차이가 있는 경우에도 이자율이 달라질 수

그림 5.2

경기침체기의 채무불이행 위험 상승

경기침체기에는 일반적으로 채무불이행 위험이 상승한다. 2001년 침체기에 회사채 수익률과 재무성채권의 스프레드는 2%에서 3% 이상으로 상승했다. 2007~2009년 침체기에 채무불이행 프리미엄은 훨씬 더 커졌다. 채권 스프레드는 침체 이전에는 2% 미만이었지만 2008년 가을 금융위기의 정점에서 6%를 넘어섰다.

주 : 스프레드는 Baa 등급 회사채의 수익률과 10년 만기 재무성채권의 수익률 차이임.
출처 : Federal Reserve Bank of St. Louis.

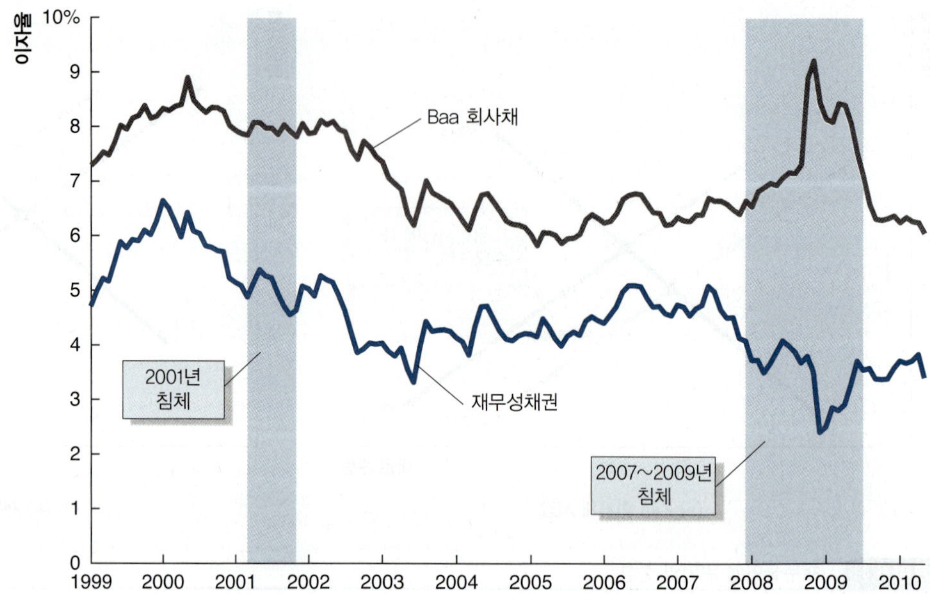

있다. 투자자들은 다른 조건이 일정할 때 유동성이 높은 투자에 대해서는 낮은 수익률을 감수하며, 유동성이 낮은 자산에 대해서는 높은 이자율을 기대한다.

마찬가지로 투자자들은 채권에 대한 정보를 얻는 비용도 고려한다. 채권에 대한 정보를 얻는 데 많은 시간과 돈이 든다면 채권의 기대수익이 줄어들게 된다. 두 자산이 동일할 때 투자자는 정보비용이 적게 드는 것을 선호한다. 따라서 정보비용이 낮은 자산에 대해서는 낮은 기대수익률을 받아들인다.

채권의 유동성 증가 또는 정보비용 감소는 채권 수요를 증가시킬 것이다. 채권시장 그래프에서 수요곡선이 우측으로 이동하여 채권가격이 상승하고 이자율은 감소한다. 채권의 유동성이 감소하거나 정보비용이 증가하면 채권 수요가 감소한다. 2007~2009년 금융위기 동안 채권에 포함된 다수의 모기지에 대해 주택 소유자들이 채무를 이행하지 않았기 때문에 투자자들은 주택저당채권 매수를 꺼리게 되었다. 설상가상으로 투자자들은 주택저당채권을 완전히 이해하지 못하고 있다는 것을 깨닫게 되었고, 채권에 포함된 모기지에 대한 정보를 얻는 데 어려움을 겪었다. 채권시장 그래프를 통해 볼 때, 수요곡선의 좌측이동으로 채권가격이 하락하고 채권 이자율이 상승한 것이다.

조세

채권 투자자들은 이표 형태로 이자소득을 얻으며, 이 소득에 대해 세금을 내야 한다. 단, 이표에 대한 세금은 채권을 누가 발행한 것인가에 따라 다르다. 세금은 투자자가 어디에 사는지에 따라서도 다르다. 투자자들은 **세후수익률**, 즉 세금을 내고 난 후에 남는 수익률을 고려한다. 예를 들어 액면가 1,000달러에 이표율 8%인 두 가지 채권을 고려해 보자. 이 경우에 매년 80달러의 이표를 받게 된다. GE가 발행한 채권에 대해서는 이표의 40%를 세금으로 내야 한다고 하자. 한편 재무성채권에

관련 사례

신용평가사에는 이해상충의 문제가 있나?

미국에서 처음으로 대량의 채권을 발행한 곳은 19세기 철도 회사들이다. 무디(John Moody)는 1909년 『무디의 철도투자분석』을 발행했는데, 이를 신용평가업의 시작으로 볼 수 있다. 한편 훗날 S&P가 되는 회사는 1916년부터 채권등급을 발표하기 시작했다. 피치레이팅은 1924년부터 신용평가를 시작했다. 20세기 초반 철강, 원유, 화학, 자동차 등의 산업에서 채권을 발행하여 자금을 조달했고, 신용평가사들은 철도 채권뿐 아니라 이들 산업에서 발행한 채권으로 사업 영역을 확장했다. 당시 신용평가사 중 최소한 한 곳에서 등급을 부여받지 못하면 기업들은 채권을 파는 데 애를 먹었다.

1970년대 신용평가사들은 두 가지 이유로 어려움에 직면하였다. 첫째, 전후 경제적 번영이 지속되며 채권에 대한 채무불이행이 비교적 드물었고, 신용평가사가 제공하는 서비스를 원하는 투자자들의 수는 줄어들었다. 둘째, 신용평가사의 비즈니스 모형은 지속될 수 없었다. 신용평가사들은 구독료를 받고 투자자들에게 등급을 제공함으로써 돈을 벌었다. 하지만 1970년대에 값싼 복사기술이 개발되면서 이 비즈니스 모형은 더 이상 지속될 수 없었다. 한 명의 투자자가 구독료를 내고 비구독자에게 복사본을 주는 게 가능해졌기 때문이다.

1970년대 후반 신용평가사의 상황을 바꾸어 놓은 몇 가지 계기가 있었다. 첫째, 경기침체와 높은 인플레율은 채권의 채무불이행 빈도를 증가시켰고, 기업의 신용도에 관한 정보를 얻기 위해 돈을 지불하려는 투자자의 수가 늘었다. 둘째, 신용평가사는 외국 기업과 정부가 발행한 채권에 등급을 매기기 시작했는데, 이들 채권의 거래량은 1970년대부터 늘기 시작했다. 셋째, 정부는 은행, 뮤추얼 펀드, 그리고 다른 금융회사를 규제하는 데 채권등급을 사용하기 시작했다. 예를 들면 뮤추얼펀드는 높은 등급의 채권만 보유할 수 있다는 규정이 있다. 마지막으로, 신용평가사는 투자자 대신 기업과 정부에 서비스 요금을 부과하기 시작했다.

기업과 정부에 서비스 요금을 부과한다는 점에서 신용평가사에 이해상충의 문제가 있지 않는가라는 의문이 생길 수 있다. 채권을 발행하는 기업은 채권등급을 결정할 평가사를 선택할 수 있기 때문에 평가사는 이 기업을 고객으로 붙잡아 두기 위해서 적정 수준보다 더 높은 등급을 부여할 인센티브를 가진다. 그에 따라 채권발행사가 평가사를 고용하기 전에 평가사가 발행사에게 채권등급을 미리 알려 주는 것이 보편화되었다. 주택시장 호황기에 투자은행들은 주택저당채권과 다른 복잡한 증권을 다수 발행했다. 이 증권들은 신용평가사로부터 높은 등급을 받았지만, 주택시장이 붕괴되었을 때 이 증권들의 가치는 급락하였다. 몇몇 경제학자와 정책입안자는 신용평가사가 투자은행을 고객으로 붙잡아 두기 위해서 높은 등급을 주었을 것이라고 믿고 있다. 주택저당채권은 복잡한 구조를 가지고 있다. 어떤 보고서에 의하면 신용평가사의 애널리스트들은 발행사들에게 등급 평가에 필요한 정보를 제공해 달라고 요구하기를 꺼렸는데, 그렇게 해서 발행사들의 기분을 상하게 할 것을 두려워했기 때문이라고 한다. 주정부의 연기금을 포함한 몇몇 투자자는 투자자에게 정확한 등급을 제공해야 하는 책임을 수행하지 못했다며 신용평가사를 고소했다. 다른 경제학자들과 정책입안자들은 신용평가사에 대해 덜 비판적이었는데, 신용평가사가 주택시장 위기의 심각성과 위기가 주택저당채권의 가치에 얼마나 큰 영향을 줄지를 예측하는 것이 불가능했다는 것이 이들의 주장이다.

2010년 7월 의회는 도드–프랭크의 '월스트리트 개혁과 소비자보호에 관한 법'을 통과시켰는데, 이 법에는 신용평가사의 규제에 영향을 미치는 조항이 포함되어 있다. 증권거래위원회 내에 신용평가국이 새로 생겨서 신용평가사를 감독하게 됐다. 이 법은 신용평가사의 이해상충에도 새로운 제약을 가하는데, 신용평가사가 적절한 등급 부여에 필요한 충분한 정보를 수집하지 못했다는 것이 입증되면 투자자들은 소송을 제기할 수 있게 되었고, 증권거래위원회는 장기간 부적절한 등급을 제공하는 평가사의 등록을 취소할 권한을 갖게 되었다. 법안 통과 직후 채권시장에는 불확실성이 높아졌다. 신용평가사가 자신들이 정하는 등급에 대해 책임을 져야 했기 때문에, 기업이 신규 채권 발행 때 작성하는 문서에 채권등급을 표시하는 것을 허락하지 않으려 했기 때문이다. 하지만 이 문서에 등급이 표시되지 않으면 팔 수가 없는 채권도 있었다. 새 규정의 궁극적 효과는 아직 불확실한 채로 남아 있다.

출처 : Anusha Shrivastava, "Bond Sales? Don't Quote Us, Request Credit Firms," *Wall Street Journal*, July 21, 2010. David Segal, "Debt Raters Avoid Overhaul After Crisis," *New York Times*, December 8, 2009. Andrew Ross Sorkin, "S.E.C. Urges Changes to Ratings-Agency Rules," *New York Times*, August, 29, 2010. Richard Sylla, "An Historical Primer on the Business of Credit Rating," in Richard M. Levich et al., eds., *Ratings, Rating Agencies, and the Global Financial System*, Boston : Kluwer Academic Publishers, 2002.

대해서는 이표의 25%만 내면 된다고 하자. 두 채권 모두 이표는 80달러로 같지만, 세금을 내고 나면 GE 채권에 대해서는 48달러, 재무성채권에 대해서는 60달러가 남는다. 각 채권에 대해 1,000달러를 지불했고 자본이득이나 손실이 없다면, 재무성채권의 세후수익률은 $60/$1,000=0.06(6%)이고 GE 채권의 세후수익률은 $48/$1,000=0.048(4.8%)이다. 만약 두 채권의 위험, 유동성, 정보비용이 같다면 분명히 투자자는 세후수익률이 높은 재무성채권을 선호할 것이다.

지방채 주정부나 지역정부가 발행한 채권

채권마다 세금이 어떻게 다른가 우리는 채권을 세 가지로 분류할 수 있다. 회사채, 재무성채권, 지방정부가 발행하는 채권인 **지방채**(municipal bonds)가 그것이다. 회사채는 연방정부, 주정부, 지역정부의 세금 대상이 될 수 있다. 재무성채권은 주정부나 지역정부의 세금 대상에서 제외되므로 연방정부 세금만 내면 된다. 지방채의 경우 어느 곳에도 세금을 낼 필요가 없다. 사실 미국의 8개 주에는 소득세가 없기 때문에 회사채에 대한 세금은 복잡하다. 몇몇 지역정부에는 소득세가 아예 없거나, 있더라도 투자소득이 아닌 근로소득에만 세금을 부과하기도 한다. 표 5.2는 세 가지 채권에 대한 세금 상황을 요약한다.

채권으로부터 얻는 소득은 두 종류이다. (1) 이표로부터 얻는 이자소득과 (2) 채권가격 변화에 의한 자본이득(또는 자본손실)이 그것이다. 미국에서는 이자소득에도 근로소득세율과 같은 세율이 부과된다. 자본이득에 대한 세율은 이자소득에 대한 세율보다 낮다. 또한 매수가격보다 높은 가격으로 매도하여 이익이 실현되었을 때에만 세금이 부과된다. 실현되지 않은 자본이득에는 세금이 부과되지 않는다. 매수한 채권의 가격이 올랐을 때 팔지 않고 보유하고 있으면, 이는 세금을 연기하고 있는 것이다. 매도를 연기하면서 세금 납부 시점을 미루면 미래 세금의 현재가치가 낮아지는 이점이 있다. 지방채에 대해서는 이자소득세가 면제되지만, 실현된 자본이득에 대해서는 세금을 내야 한다.

세금 변화가 이자율에 미치는 효과 투자자들은 세후수익률에 관심이 있으며, 채권의 종류에 따라 이자율이 다르다는 것을 살펴보았다. 따라서 소득세율의 변화는 이자율에 영향을 미친다.

그림 5.3은 연방 소득세의 변화가 지방채와 재무성채권 이자율에 어떤 영향을 주는지 보여 주고 있다. 초기에 연방 소득세율이 35%였다고 가정하자. (a)는 지방채시장이이며 (b)는 재무성채권 시장이다. (a)에서 균형가격 P_1^M은 (b)에서의 균형가격 P_1^T보다 높다. 일반적으로 지방채 이자율은 재무성채권 이자율보다 낮다. 이제 연방 소득세율을 45%로 올렸다고 해 보자. 비과세 대상인 지방채의 장점이 더 커지고 재무성채권의 세후수익률은 하락한다. (a)에서 지방채에 대한 수요곡선은 D_{Muni1}에서 D_{Muni2}로 우측이동하며, 지방채 가격은 P_1^M에서 P_2^M로 올라가고 이자율은 낮아진다. (b)에서 재무성채권에 대한 수요곡선은 D_{Muni1}에서 D_{Muni2}로 좌측이동하며, 재무성채권 가격은 P_1^T

표 5.2 채권 이표에 대한 과세

채권의 종류	주정부 또는 지역정부	연방정부
회사채	대부분의 경우 과세	과세
재무성채권	비과세	과세
지방채	비과세	비과세

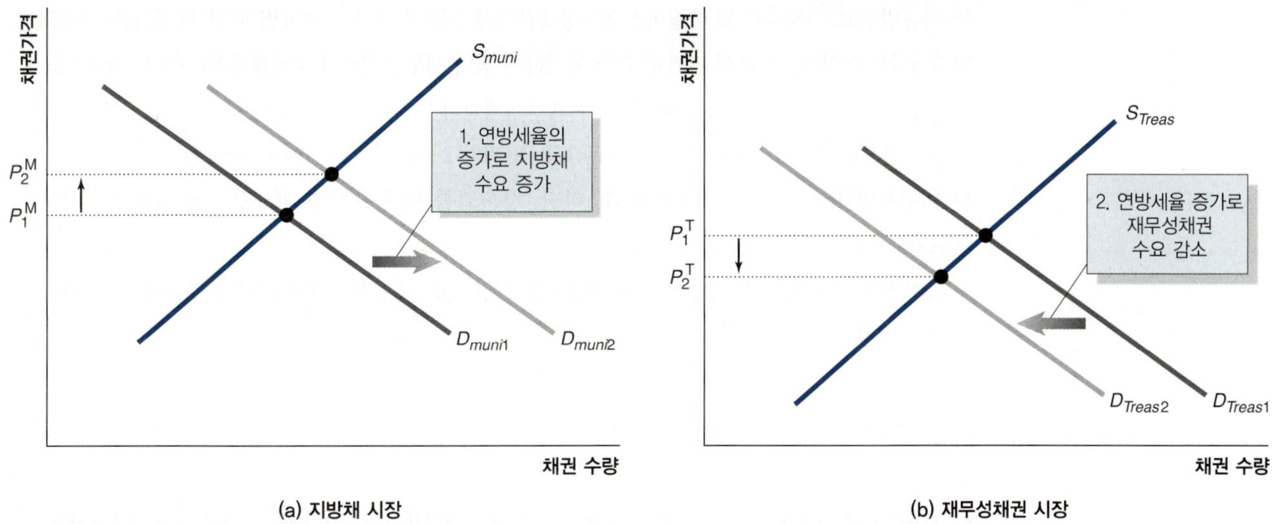

그림 5.3 세율 변화가 채권가격에 미치는 효과

연방 소득세율이 상승하면 비과세 대상인 지방채에 대한 수요가 증가하고 재무성채권에 대한 수요가 감소한다. (a)에서 지방채에 대한 수요곡선은 D_{Muni1}에서 D_{Muni2}로 우측이동하며, 지방채 가격은 P_1^M에서 P_2^M으로 올라가고 이자율은 낮아진다. (b)에서 재무성채권에 대한 수요곡선은 D_{Treas1}에서 D_{Treas2}로 좌측이동하며, 재무성채권 가격은 P_1^T에서 P_2^T로 하락하고 이자율은 상승한다.

에서 P_2^T로 하락하고 이자율은 상승한다. 세금을 제외한 특성이 모두 같다면, 세율이 상승한 후에 채권 이자율은 두 채권의 세후수익률이 같아질 때까지 조정되어야 한다. 이 경우에 소득세율의 인상으로 재무성채권 이자율은 올라가고 지방채 이자율은 낮아진다.

표 5.3은 이자율의 위험구조 결정요인을 요약한다.

5.2 이자율의 기간구조

만기가 같은 채권의 이자율이 왜 다른지 살펴보았고, 이제는 **이자율의 기간구조**(term structure of interest rates)를 고려한다. 이자율의 기간구조는 다른 성질은 같지만 만기가 다른 채권의 이자율 사이의 관계를 말하는 것이다. 채무불이행 위험, 유동성, 정보비용, 세금이 같은데도 만기가 다르다

[학습목표]
만기에 따라 채권의 이자율이 다른 이유를 설명한다.

이자율의 기간구조 다른 성질은 같지만 만기가 다른 채권의 이자율 사이의 관계

표 5.3 이자율의 위험구조

아래 요인의 증가	수익률	이유
채무불이행 위험	상승	추가적인 위험에 대한 보상이 증가해야 함
유동성	하락	채권의 매도비용 하락
정보비용	상승	채권 평가에 더 많은 비용이 들어감
세금	상승	높아진 세금에 대한 보상이 증가해야 함

는 이유만으로 이자율이 달라질까? 재무성채권의 경우는 만기를 제외하면 다른 특징들은 고정되어 있다고 볼 수 있다. 따라서 기간구조를 분석하기 위해 재무성채권의 **수익률곡선**(yield curve)을 본다. 이는 특정일을 기준으로 만기가 다른 재무성채권의 이자율 관계를 살펴본 것이다. (재무성채권의 경우에 만기가 1년 이하이면 Treasury bill, 만기가 2~10년 사이이면 Treasury note, 만기가 10년을 넘으면 Teasury bond라고 한다. 다만, 단순화를 위해 이 모든 채권을 Treasury bond라고 부르기도 한다.)

그림 5.4는 2009년 6월 22일과 2010년 6월 22일 자의 재무성채권에 대한 수익률곡선을 보여 주

예제 5.1

VAT는 이자율에 어떤 영향을 미치나?

경제학자와 정책입안자 가운데 일부는 연방 소득세를 폐지하고 부가가치세(VAT)로 이를 대체하자고 제안한다. VAT는 판매세의 일종이지만 소비자가 제품을 살 때 내는 세금이 아니라 기업이 물건을 팔 때 내는 세금이다. 소득세는 사람들이 저축과 투자로부터 얻은 수익에 모두 부과되는 반면, VAT는 저축 및 투자소득에 적용되지 않기 때문에 저축과 투자를 장려한다.

연방정부가 연방 소득세를 없애고 VAT로 대체한다고 해 보자. 이 정책이 지방채, 회사채, 재무성채권 이자율에 미치는 효과를 그래프를 이용하여 설명하라.

Step 1 복습. 이 문제는 소득세율 변화가 이자율에 미치는 효과에 관한 것이므로 '세금 변화가 이자율에 미치는 효과' 부분을 복습한다.

Step 2 지방채에 대한 효과. 지방채 이표에 대해서는 세금이 부과되지 않는다. 연방정부의 세율은 주정부나 지역정부의 세율보다 훨씬 높다. 따라서 연방 소득세를 없애면 지방채에 대한 수요가 크게 줄어들 것이다. 수요곡선은 D_1에서 D_2로 좌측으로 이동하며 균형가격은 P_1^M에서 P_2^M로 하락한다. 지방채 채권의 이자율은 상승한다.

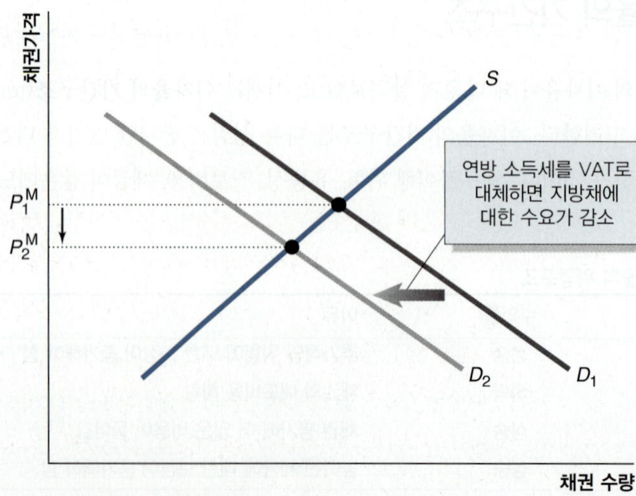

Step 3 회사채에 대한 효과. 회사채에 대한 이표는 연방정부를 포함해 주정부와 지역정부의 과세 대상이다. 연방 소득세가 없어지면 회사채에 대한 수요가 증가할 것이다. 수요곡선은 D_1에서 D_2로 우측이동하며 균형가격은 P_1^C에서 P_2^C로 상승하고 회사채 이자율은 하락한다.

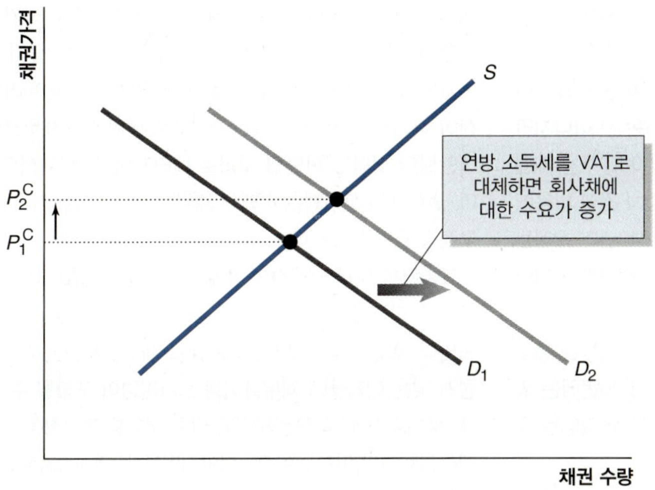

Step 4 재무성채권에 대한 효과. 재무성채권의 이표는 연방정부에만 세금이 부과된다. 연방 소득세의 제거는 재무성채권에 대한 수요를 증가시킬 것이다. 수요곡선은 D_1에서 D_2로 우측이동하며 균형가격은 P_1^T에서 P_2^T로 상승하고 재무성채권의 이자율은 하락한다.

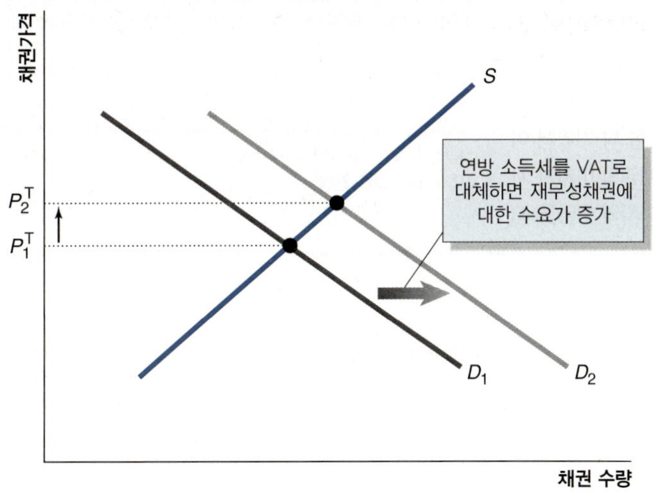

Step 5 요약. 연방 소득세를 VAT로 대체하면 지방채의 이자율은 상승하고, 회사채와 재무성채권 이자율은 낮아진다.

관련 사례

미 재무성이 채무불이행 상태로 갈 가능성이 있을까?

이 장 시작에서 보았듯이 2010년 초 무디스는 연방정부가 Aaa 채권 등급을 잃을 수도 있다고 경고했다. 정부가 발행하는 채권은 국가채무이다. 때로는 국가채무에 대한 불이행이 선언되기도 한다. 1998년에는 러시아 정부가 채무불이행을 선언했고, 2002년에는 아르헨티나가 채무불이행을 선언했다. 중앙정부의 채무에 대한 건 아니지만 미국에서도 비슷한 경험이 있었다. 19세기에 미국의 여러 주는 채권을 발행하여 많은 돈을 빌렸는데, 이 돈은 운하와 열차 건설 비용에 보태지기도 했고 은행에 투자되기도 했다. 그러다 1840년대 초에는 28개 주와 지역 중 9개가 채권에 대한 채무불이행을 선언하게 되었다. 펜실베이니아, 메릴랜드, 미시간도 채무불이행을 선언한 9개의 주에 포함된다. 채무불이행으로 인해 큰 손실을 본 투자자들은 이후에도 이들 주에서 발행한 채권은 사려 하지 않았다. 2010년에는 몇몇 유럽 국가, 특히 그리스가 채무불이행 상태에 빠질 수 있다는 우려가 제기되었다.

오늘날 미국이 국가채무불이행을 선언할 수 있을까? 미국 재무성이 채권에 대한 채무불이행을 결정하는 게 가능한가? 이 장에서 살펴보았듯 투자자들은 미국 재무성채권에는 채무불이행 위험이 없는 것으로 여긴다. 무디스의 경고는 재무성이 채권 보유자에게 이자와 원금을 지급하는 데 곧 어려움을 겪을 것으로 예상한다는 뜻은 아니었다. 무디스의 경고는 예상 재정적자 규모가 매우 크기 때문에 재무성채권의 발행량이 매우 커져서 결국 이자 지급액이 연방정부 예산의 큰 부분을 차지할 위험이 있다는 것이었다. 기업이 채무를 불이행하게 되는 것은 대부분 이자를 지급할 돈이 없기 때문이다. 정부가 이런 상황에 빠지는 경우는 매우 드문데, 세금을 더 거둬서 이자를 지급할 돈을 만들 수 있기 때문이다. 게다가 채권의 이자가 자국 통화로 지불되는 경우라면 중앙은행은 정부가 이자와 원금을 지불하기에 충분할 만큼의 화폐를 새로 만들어 낼 수도 있다. 그러나 이 두 가지 대안이 너무 큰 고통을 초래하는 경우 국가들은 채무불이행을 선택하기도 한다. 세금을 올리면 경제 성장률이 낮아지고 경기가 침체에 빠질 수도 있다. 통화 공급을 급격히 늘리면 인플레이션이 야기될 수 있다. 따라서 국가채무불이행은 채무불이행이 다른 대안보다 낫다는 판단의 결과로 내려지는 정책 결정으로 볼 수 있다. 물론 채무불이행은 미래에 채권을 팔기가 어렵게 된다는 점에서 부정적 효과를 가진다.

그렇다면 미국 재무성이 채무불이행을 결정할 가능성이 있을까? 2010년 미국과 다른 나라의 투자자들은 그렇게 생각하지 않는 걸로 보인다. 이들은 매우 낮은 이자율로 재무성채권을 사고 있는데, 이렇게 낮은 이자율에 채무불이행 프리미엄이 포함될 수 없기 때문이다. 무디스가 미 재무성채권에 대한 경고를 발표했을 때 30년 만기 재무성채권의 이자율은 5% 미만이었다. 반면 1998년 러시아 정부가 채무불이행을 선언하기 직전, 러시아 정부 채권의 이자율은 200% 정도였다. 디킨스의 『크리스마스 캐럴』에 나오는 '아직 오지 않은 크리스마스의 유령'처럼 무디스는 반드시 일어날 것에 대한 경고를 한 게 아니라 일어날 가능성이 전혀 없지는 않은 것에 대한 경고를 한 셈이다.

출처 : David E. Sanger, "The Debtor the World Still Bets On," *New York Times*, February 10, 2010. Abbigail J. Chiodo and Michael T. Owyang, "A Case Study of a Currency Crisis: The Russian Default of 1998, "*Federal Reserve Bank of St. Louis Review*, November/December 2002, pp. 7-17. Richard Sylla and John Joseph Wallis, "The Anatomy of Sovereign Debt Crises: Lessons from the American State Defaults of the 1840s," *Japan and the World Economy*, Vol. 10, No. 3, 1998, pp. 267-293.

고 있다. 두 수익률곡선에는 두 가지 중요한 특징이 있다. 첫째, 두 날 모두 단기채권 이자율은 매우 낮다. 2009년 6월 22일에 3개월 만기 채권 수익률은 단지 0.13%였다. 이렇게 낮아진 이유는 연준이 금융위기에 대처하여 이자율을 인하했기 때문이다. 둘째, 두 날 모두 장기채권 수익률은 단기채권보다 훨씬 높다. 2010년 6월 22일 3개월 만기 채권 수익률이 0.13%에 불과했음에도 불구하고 10년 만기 채권 수익률은 3.18%, 30년 만기 채권 수익률은 4.10%였다.

단기 이자율보다 장기 이자율이 높은 패턴이 일반적이다. 그림 5.5를 보면 1970년대 이래 대부분의 기간 동안 3개월 만기 재무성채권 이자율이 10년 만기 재무성채권 이자율보다 낮았다는 것을 알 수 있다. 단기 이자율이 장기 이자율보다 낮을 때 수익률곡선은 우상향한다. 그러나 그림을 자세히

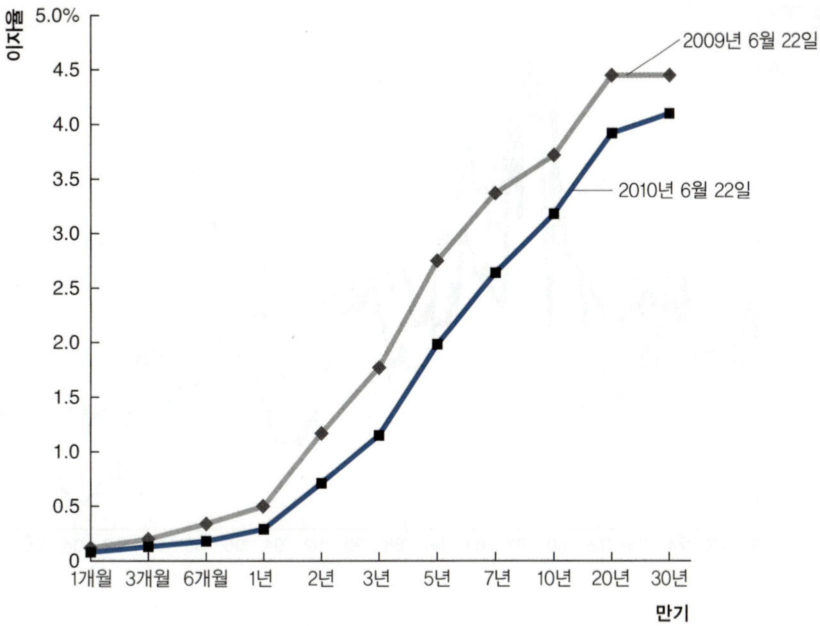

그림 5.4

수익률곡선

2009년 6월 22일과 2010년 6월 22일 자의 재무성채권에 대한 수익률곡선을 보여 준다.

출처 : U.S. Department of the Treasury, *Daily Treasury Yield Curve Rates*, www.ustreas.gov/offices/domestic finance/debt-management/interest-rate/yield.shtml.

보면 3개월 만기 채권의 이자율이 10년 만기 채권의 이자율보다 높은 기간이 있다는 것을 알 수 있다. 이때는 수익률곡선이 **우하향**하는 기간이다. 수익률곡선이 우하향하는 일은 흔치 않기 때문에, **역전된 수익률곡선**(inverted yield curve)이라고 한다. 그림 5.5를 볼 때 또 하나 중요한 점이 있다. **만기가 다르더라도 채권 이자율은 같이 움직이는 경향**이 있다. 1970년대 3개월 만기 채권과 10년 만기 채권 이자율은 함께 상승했으며, 1980년대 초에 정점에 도달한 뒤 둘 다 하락했다. 2년 만기 채권, 30년 만기 채권 같이 다른 만기를 가진 채권들을 그린다 하더라도 같은 패턴을 볼 수 있다. 참고로 그림 5.5를 보면 3개월 만기 채권 이자율과 10년 만기 채권 이자율 사이의 차이는 연준이 단기 이자율을 낮추었던 경기침체 기간 동안에 가장 크다는 것을 알 수 있다.

기간구조에 대한 설명

그림 5.4와 그림 5.5를 볼 때, 이자율의 기간구조에 대해 다음 세 가지 중요한 사실을 설명할 수 있어야 한다.

1. 장기채권 이자율은 일반적으로 단기채권 이자율보다 높다.
2. 단기채권 이자율은 간혹 장기채권 이자율보다 높을 수 있다.
3. 만기가 다르더라도 채권의 이자율은 함께 상승하고 하락하는 경향이 있다.

경제학자들은 이러한 사실을 설명하기 위해 세 가지 이론을 발전시켰다. **기대이론**과 **분할시장 이론**, 그리고 **유동성 프리미엄 이론** 혹은 **선호처 이론**이 그것이다. 앞으로 살펴보겠지만, 기대이론이 채권시장의 작동 논리를 가장 잘 포착함에도 불구하고 대부분의 경제학자는 나머지 두 이론을 결합한

그림 5.5

3개월 만기 재무성채권과 10년 만기 재무성채권의 이자율 : 1970년 1월~2010년 5월

1970년대 이래 대부분의 기간 동안 3개월 만기 재무성채권 이자율은 10년 만기 재무성채권 이자율보다 낮았다. 단, 몇몇 기간 동안에는 3개월 채권의 이자율이 10년 채권의 이자율보다 높았다.

출처 : Federal Reserve Bank of St. Louis.

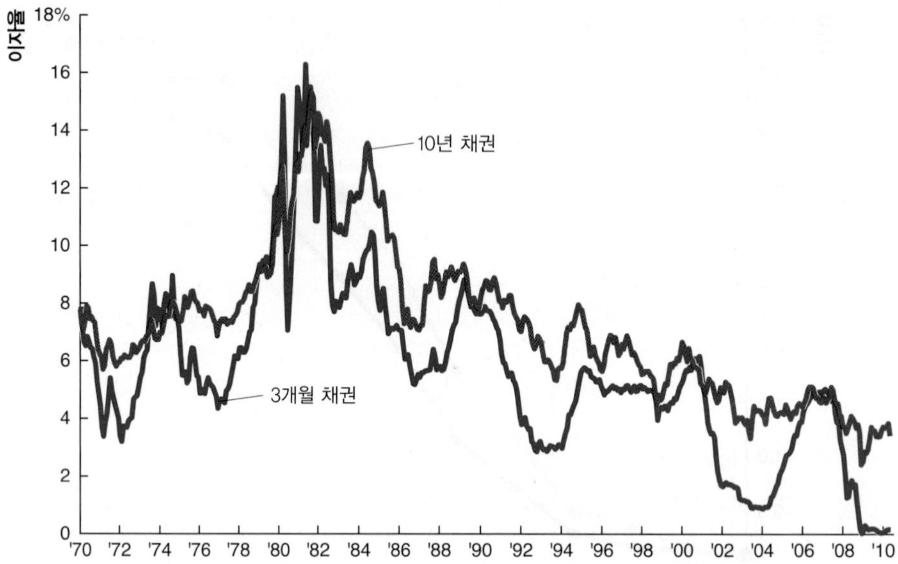

유동성 프리미엄 이론을 받아들인다. 이론을 평가하는 데 두 가지 기준이 유용하다. 첫째는 논리적 일관성이다. 해당 이론은 투자자의 행태와 일치하는 채권시장 모형인가? 둘째는 예측력이다. 해당 이론은 실제의 수익률곡선을 얼마나 잘 설명하는가? 각 이론을 순서대로 살펴보자.

기대이론

기대이론 장기채권 이자율이 단기채권 이자율의 평균이라는 이론

기대이론은 기간구조를 이해하는 기초를 제공한다. **기대이론**(expectations theory)은 장기 이자율이 단기 이자율의 평균이라는 것이다. 기대이론에 따르면 모든 채권 투자자의 목표는 기대수익률을 극대화하는 것이다. 채권의 만기는 고려하지 않는다. 예를 들어 투자자가 10년간 투자할 의향이 있다면, 그 기간 동안 높은 수익률을 추구하는 것이 목표지 10년 만기 채권을 사서 끝까지 보유할지, 아니면 5년 만기 채권을 사서 보유한 다음 다시 5년 만기 채권을 살지 관심을 두지 않는다.

기대이론의 두 가지 중요한 가정은 다음과 같다.

1. 투자자들은 같은 투자 목적을 가진다.
2. 주어진 보유 기간에 대해 투자자들은 다른 만기의 채권을 완전한 대체재로 본다. 즉 10년 동안 10년 만기 채권을 보유하는 것과, 5년 동안 5년 만기 채권을 보유한 뒤 다음 5년 동안 다시 5년 만기 채권을 보유하는 것은 투자자에게 동일하다.

사실 이러한 가정이 완전히 옳은 것은 아니며, 중요한 통찰력을 제공하기는 하지만 이자율의 기간구조를 완벽하게 설명하지는 못한다. 그러나 기간구조를 완전하게 설명하기 전 단계로 기대이론을 이해하는 것은 필수적이다. 기대이론이 어떻게 작동하는지 예제를 이용해 알아보기로 하자.

관련 사례

미 재무성채권의 이자율이 마이너스?

제3장에서 명목이자율과 실질이자율의 차이에 대해서 논하면서, 실질이자율이 마이너스가 되는 경우가 종종 있다는 것을 언급한 바 있다. 예를 들어 2008년 3분기 3개월 만기 재무성채권의 명목이자율은 1.49%였지만 인플레율은 5.23%여서 실질이자율은 1.49% − 5.23% = − 3.74%였다. 그런데 명목이자율도 마이너스가 될 수 있을까? 그것은 불가능하다고 여길 것이다. 명목이자율이 마이너스라면 채권자가 채무자에게 돈을 빌린 것에 대한 대가로 이자를 지불한다는 말이 되기 때문이다. 이자를 지불하면서 돈을 빌려 줄 채권자가 어디 있겠나?

사실은 명목이자율도 마이너스가 될 수 있다. 1930년대의 대공황과 2007~2009년의 금융위기 때는 투자자들이 이자를 지급하면서까지도 미 재무성에 돈을 빌려 주는 상황이 종종 발생했다. 다시 말해서 투자자들은 채권을 액면가보다 높은 가격에 사들임으로써 채권의 이자율이 마이너스가 되게 만든 것이다. 대공황과 최근의 금융위기 때 재무성채권의 이자율이 마이너스인 기간은 길지 않았다. 두 경우 다 투자자들이 안전한 도피처를 찾는 데서 일어난 일이다. 모든 투자 대안이 매우 위험해 보이는 상황이었다. 은행의 양도성예금증서(CD)나 MMF 등의 단기 투자상품의 이자율 역시 매우 낮았기 때문에 채무불이행 가능성이 없는 재무성채권에 한동안 자금을 넣어 둔다고 해서 잃는 게 많았던 것도 아니다.

수십 년 동안 재무성채권의 마이너스 이자율은 대공황 때의 특이한 역사적 현상으로 여겨졌다. 최근 금융위기에서 마이너스 이자율이 다시 나타났다는 것은 이번 위기가 얼마나 심각했는지를 말해 준다.

출처 : Deborah Lynn Blumberg, "Some Treasury Bill Rates Negative Again Friday," *Wall Street Journal*, November 20, 2009. Daniel Kruger and Cordell Eddings, "Treasury Bills Trade at Negative Rates as Haven Demand Surges," Bloomberg.com, December 9, 2008.

단순한 예제에 적용된 기대이론 당신은 2년 동안 1,000달러를 투자하려고 한다. 그리고 다음 두 가지 전략 중 하나를 고려한다.

1. 장기채권을 만기까지 보유하는 전략. 이 전략(buy-and-hold strategy)에 따르면 당신은 2년 만기 채권을 사서 만기까지 보유한다. 단순화를 위해 2년 만기 할인채를 가정해 보자. 이렇게 하면 이표 지불을 다루지 않아도 되는데, 물론 이표 지불을 고려하더라도 결과는 달라지지 않는다. 2년 만기 채권에 대한 이자율은 i_{2t}이다. 여기서 아래첨자 2는 채권의 만기를 나타내고, t는 시점을 나타내는데, 여기서 t는 현재 시점을 나타낸다. 2년 후에 1,000달러의 투자는 $\$1,000(1+i_{2t})\ (1+i_{2t})$로 불어난다. 이는 제3장에서 배운 복리공식을 따른 것이다.

2. 단기채권을 사고 만기가 되면 다시 단기채권을 사는 전략. 이 전략(rollover strategy)에 따르면, 당신은 오늘 1년 만기 채권을 사서 1년간 보유한다. 그리고 1년 후에 다시 1년 만기 채권을 사서 1년간 보유한다. 그런데 이 전략에 따르면 당신은 지금으로부터 1년 뒤에 1년 만기 채권의 이자율이 얼마가 될지 알 수 없다. 대신 당신은 1년 뒤의 1년 만기 채권 이자율을 예측해야 한다. 물론 모든 정보를 이용하여 예측한다. 오늘 1년 만기 채권 이자율은 i_{1t}이다. 반면 지금으로부터 1년 뒤, 즉 $t+1$기에 1년 만기 채권에 대해 예상되는 이자율은 i^e_{1t+1}이다. 따라서 오늘 1,000달러의 투자는 2년 후 $\$1,000(1+i_{1t})(1+i^e_{1t+1})$로 예상된다.

가장 중요한 포인트는 기대이론의 가정하에서 두 가지 전략의 수익률은 같아야 한다는 것이다. 차익거래에 의해 비교 가능한(comparable) 증권의 수익률은 같아진다. 기대이론에 따르면, 투자자들에게 2년 동안 2년 만기 채권을 보유하는 것과 1년 만기 채권을 두 번 보유하는 것은 비교 가능한 투자 대상이다. 재정거래는 두 전략으로부터 얻는 수익률을 같아지도록 한다. 따라서 다음과 같이 쓸 수 있다.

$$\$1{,}000(1+i_{2t})(1+i_{2t})=\$1{,}000(1+i_{1t})(1+i^{e}_{1t+1})$$

괄호를 풀어 정리하면 다음과 같다.

$$2i_{2t}+i^{2}_{2t}=i_{1t}+i^{e}_{1t+1}+i_{1t}(i^{e}_{1t+1})$$

방정식 좌변의 i^{2}_{2t}와 우변의 $(i_{1t})(i^{e}_{1t+1})$는 각각 두 이자율의 곱이기 때문에 아주 작은 수이다. 예를 들어 2년 만기 채권 이자율이 3%이면 $i^{2}_{2t}=0.03\times0.03=0.0009$인데, 이는 결과에 큰 영향을 미치지 않을 정도로 충분히 작은 숫자이다. 따라서 i^{2}_{2t}와 $(i_{t})(i^{e}_{1t+1})$를 무시하고, 방정식의 양변을 2로 나누면 다음과 같아진다.

$$i_{2t}=\frac{i_{1t}+i^{e}_{1t+1}}{2}$$

이 식은 2년 만기 채권 이자율이 현재 1년 만기 채권 이자율과 지금으로부터 1년 뒤의 1년 만기 채권에 대한 기대이자율의 평균이라는 것을 알려 준다. 예를 들어 오늘 1년 만기 채권의 이자율이 2%이고, 지금으로부터 1년 뒤의 1년 만기 채권에 대한 기대이자율이 4%라고 하면, 오늘 2년 만기 채권의 이자율은 3%(=(2%+4%)/2)가 되어야 한다.

장기채권을 사서 보유하는 전략과 만기 때마다 단기채권을 계속 사는 전략 사이의 항등식은 모든 기간에 대해 성립해야 한다. 예를 들어 10년 만기 채권 이자율은 1년 만기 채권 10번의 평균 이자율과 같아야 한다. 일반화하면, n년 만기 채권 이자율은 다음과 같아야 한다.

$$i_{nt}=\frac{i_{1t}+i^{e}_{1t+1}+i^{e}_{1t+2}+i^{e}_{1t+3}+\cdots+i^{e}_{1t+(n-1)}}{n}$$

기대이론을 이용한 기간구조의 해석 기대이론이 옳다면, 기간구조는 채권 투자자들이 미래의 단기 이자율을 어떻게 예상하고 있는지에 대한 정보를 알려 준다. 예를 들어 현재 1년 만기 채권 이자율이 2%이고 2년 만기 채권 이자율이 3%이면, 투자자들은 지금으로부터 1년 후의 1년 만기 채권 이자율을 4%로 예상하고 있는 것이다. 그렇지 않으면 1년 만기 채권을 두 번 사는 투자전략의 평균 이자율은 2년 만기 채권의 이자율과 일치하지 않을 것이다.

그림 5.6은 세 가지 유형의 수익률곡선을 보여 준다. 수익률곡선의 기울기를 해석하는 데 기대이론을 사용할 수 있다. (a)는 1년 만기 채권 이자율이 2%, 2년 만기 채권 이자율이 3%, 3년 만기 채권 이자율이 4%인 우상향의 수익률곡선이다. 기대이론에 따르면 2년 만기 채권 이자율은 현재 1년 만기 채권 이자율과 지금으로부터 1년 뒤에 예상되는 1년 만기 채권 이자율의 평균이다.

$$3\%=\frac{2\%+\text{지금으로부터 1년 후 1년 만기 채권에 대한 기대이자율}}{2}$$

따라서 1년 후의 1년 만기 채권에 대한 기대이자율은 2(3%)−2%=4%이다.

마찬가지로, 방금 계산한 1년 후의 1년 만기 채권에 대한 기대이자율을 사용하여 지금으로부터

2년 후의 1년 만기 채권에 대한 기대이자율을 계산할 수 있다.

$$4\% = \frac{2\% + 4\% + \text{지금으로부터 2년 뒤 1년 만기 채권에 대한 기대이자율}}{3}$$

지금으로부터 2년 후의 1년 만기 채권에 대한 기대이자율은 3(4%) − (2%+4%) = 6%이다.

여기서 다음과 같은 결론을 내릴 수 있다. 3년 만기 채권이 2년 만기 채권보다 이자율이 높고 2년 만기 채권이 1년 만기 채권보다 이자율이 높은 이유는 투자자들이 1년 만기 채권 이자율이 2%에서 4%, 6%로 상승할 것을 예상하고 있기 때문이다. **기대이론에 따르면 우상향하는 수익률곡선은 투자자들이 미래의 단기 이자율이 현재의 단기 이자율보다 더 높을 것이라고 기대한 결과이다.**

그림 5.6(b)는 평평한 수익률곡선을 보여 준다. 이는 2년 만기 채권과 3년 만기 채권의 이자율이 1년 만기 채권과 같다는 뜻이다. 기대이론에 의하면 투자자들이 1년 만기 채권 이자율이 2%로 변하지 않을 것이라고 예상하는 경우이다. **기대이론에 따르면 평평한 수익률곡선은 투자자들이 미래의 단기 이자율이 현재의 단기 이자율과 같을 것이라고 기대한 결과이다.**

마지막으로 (c)는 우하향하는 수익률곡선을 보여 준다. 1년 만기 채권 이자율이 6%, 2년 만기 채권 이자율이 5%, 3년 만기 채권 이자율이 4%이다. 같은 계산 방법을 적용하면 지금으로부터 1년 후의 1년 만기 채권에 대한 기대이자율은 4%이고, 지금으로부터 2년 후의 1년 만기 채권에 대한 기대이자율은 2%라는 것을 알 수 있다. 3년 만기 채권의 이자율이 2년 만기 채권보다 낮고, 2년 만기 채권의 이자율이 1년 만기 채권보다 낮은 이유는 투자자들이 1년 만기 채권의 이자율이 6%에서 4%, 2%로 하락할 것을 예상하고 있기 때문이다. **기대이론에 따르면 우하향하는 수익률곡선은 투자자들이 미래의 단기 이자율이 현재의 단기 이자율보다 더 낮을 것이라고 기대한 결과이다.**

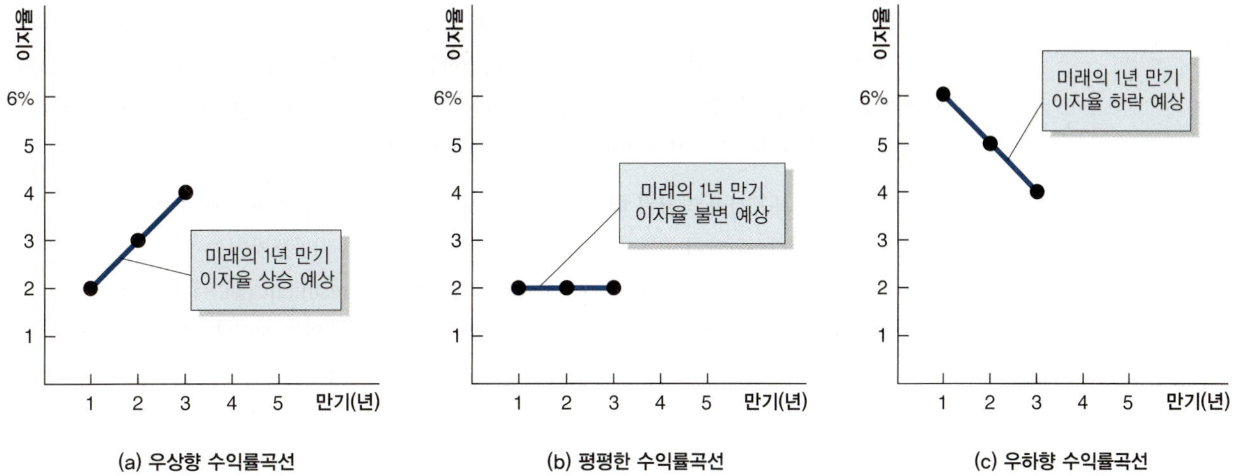

그림 5.6 수익률곡선을 이용한 이자율 예측 : 기대이론

기대이론에 따르면 미래의 단기 이자율이 (a) 상승할 것으로 예상된다. (b) 현재와 같을 것이라고 예상된다. (c) 하락할 것으로 예상된다.

기대이론의 단점 기대이론은 수익률곡선의 기울기에 대해 내적으로 일관된 설명을 제공한다. 왜 수익률곡선이 우상향하는지, 왜 우하향하는지, 아니면 왜 평평한지 설명해 준다. 또한 기대이론은

예제 5.2A

기간구조를 이용해 쉽게 돈을 벌 수 있을까?

이자율 캐리 트레이드(carry trade)라는 용어는 낮은 단기 이자율에 돈을 빌려 높은 장기 이자율로 투자하는 것으로 사용되기도 한다.

a. 당신은 캐리 트레이드 전략을 쓰려는 투자자에게 어떤 조언을 하겠는가? 이 전략에 어떤 어려움이 있는지 지적할 수 있는가?

b. 만약 수익률곡선이 역전된다면, 즉 우하향하는 모양을 갖게 된다면 캐리 트레이드 전략은 여전히 유효한가? 간략히 설명해 보라.

Step 1 복습. 이 문제는 수익률곡선의 이해에 관한 것으로 '기대이론' 부분을 복습한다.

Step 2 기대이론에 입각한 이자율 캐리 트레이드 전략의 분석. 전형적인 수익률곡선은 우상향한다. 즉 일반적으로 단기 이자율은 장기 이자율보다 낮다. 따라서 단기로 빌려 장기로 투자하는 것이 좋은 전략처럼 보인다. 그러나 수익률곡선에 있는 단기 이자율은 단기 재무성채권 이자율과 같은 것으로, 평균적인 투자자가 은행이나 다른 곳에서 빌릴 수 있는 이자율보다 낮다. 따라서 이 전략을 실제 사용하는 데는 어려움이 따른다. 평균적인 투자자가 자금을 조달할 때 지불하는 이자율과 장기채권 수익률 간의 차이는 매우 작거나 심지어 음(−)일 수도 있다.

연금기금과 보험회사 같은 기관투자자들은 개별 투자자에 비해 채무불이행 위험이 낮고 정보력이 있기 때문에 실제로 낮은 단기 이자율에 자금을 조달할 수 있다. 따라서 단기로 빌려 장기로 투자하는 전략을 사용할 수 있다. 그러나 이 전략을 수행하는 것도 쉽지는 않다. 단기대출을 연장해 나갈 때마다 이자율이 상승할 수 있는 위험에 직면하기 때문이다. 사실 기대이론에 따르면 장기 이자율이 단기 이자율보다 높을 때에는 향후 단기 이자율이 올라갈 가능성이 크다. 이자율이 상승하면 조달 비용이 상승할 뿐만 아니라, 투자한 장기채권의 가격도 떨어지게 되어 자본손실을 입을 우려가 있다.

Step 3 수익률곡선이 역전될 때에도 캐리 트레이드가 여전히 유효한지에 대한 분석. 수익률곡선이 역전되면, 즉 단기 이자율보다 장기 이자율이 낮아지면 기관투자자는 장기로 빌려서 단기로 투자할 수 있다. 이 경우에도 투자자는 **재투자 위험**(reinvestment risk)에 직면한다. 단기투자가 만기가 된 후, 새로운 단기투자 수익률이 감소할 가능성이 있는 것이다. 예를 들어 보험회사가 5%의 이자율로 장기채권을 발행하여 1,000만 달러를 조달한 뒤 8%의 이자율로 6개월 만기 재무성채권에 투자했다고 하자. 그러나 재무성채권의 만기가 되었을 때 새로 발행된 재무성채권 이자율은 6% 이하로 떨어질지도 모른다. 기대이론에 따르면 장기 이자율이 단기 이자율보다 낮을 때에는 향후 단기 이자율이 내려갈 가능성이 크다. 따라서 단기투자의 수익률이 떨어질 가능성이 크며, 이자율 캐리 트레이드의 잠재적 이윤은 거의 사라지게 될 것이다.

기대이론은 이자율 캐리 트레이드 전략이 쉽게 부자로 가는 길이 될 수 없다는 것을 말해 준다.

그림 5.5에서 본 것처럼 단기 이자율과 장기 이자율이 왜 함께 오르고 내리는 경향이 있는지 설명해 준다. 미국의 이자율은 1940년대 이래 추세가 지속되는 모습을 보여 주었다. 이자율의 상승과 하락이 상당 기간 동안 지속되었던 것이다. 따라서 투자자들은 단기 이자율이 상승할 때 미래에도 단기 이자율이 높을 것이라고 예상하게 된다. 기대이론에 따르면 그 결과 장기 이자율도 상승하게 된다.

그런데 기대이론은 앞에서 기간구조에 대해 중요하다고 했던 첫 번째 사실을 잘 설명하지 못한다. 즉 일반적으로 장기채권 이자율이 단기채권 이자율보다 높은 사실을 잘 설명하지 못하는 것이다. 실제 관찰되는 수익률곡선은 일반적으로 우상향한다. 기대이론은 우상향하는 수익률곡선이 미래 단기 이자율의 상승 예측을 반영한다고 설명한다. 일반적으로 수익률곡선이 우상향의 모습을 보인다면, 이는 투자자들이 거의 언제나 이자율 상승을 예상하고 있다는 말이다. 하지만 실제로 단기 이자율은 상승하기도 하고 하락하기도 하기 때문에 이러한 설명은 현실성이 떨어진다. 기대이론은 채권시장에 참여한 투자자들의 행태 가운데 중요한 무언가를 간과하고 있다.

분할시장 이론

분할시장 이론(segmented markets theory)은 다음 두 가지 관찰에 기초하여 기대이론이 가진 단점을 해결하려고 한다.

분할시장 이론 특정 만기의 채권 이자율이 특정 만기 채권의 수요와 공급에 의해서만 결정된다는 이자율의 기간구조 이론

1. 채권시장의 투자자들이 모두 같은 목적을 갖지는 않는다.
2. 투자자들은 만기가 다른 채권을 완전한 대체재로 간주하지 않는다.

두 관찰이 갖는 의미는 만기에 따라 채권시장이 분할되어 있다는 것이다. 따라서 특정 만기의 채권 이자율은 해당 만기의 채권에 대한 수요와 공급에 의해서만 결정된다. 분할시장 이론은 투자자가 모두 같지 않다는 점을 인정한다. 예를 들어 대기업은 상당한 양의 현금을 보유할 때가 있는데, 이자수입을 얻고 싶은 동시에 필요한 즉시 현금화하기를 원한다. 이러한 경우에는 장기 재무성채권보다는 단기 재무성채권에 투자하는 것이 낫다. 한편 단기금융상품의 하나인 MMF 중에는 규정상 단기 재무성채권, 기업어음, 기타 단기자산에만 투자하고 장기채권을 편입할 수 없는 것도 있다. 채권시장의 다른 한편에는 주로 장기채권을 매수하고 단기채권은 거의 매수하지 않는 투자자들이 있다. 예를 들어 생명보험회사는 취급하는 보험상품의 성격상 지출 규모가 어느 정도 예측 가능하기 때문에 자금을 장기로 운용한다. 보험회사는 단기채권보다는 장기채권에 투자하는 경향이 있다.

분할시장 이론은 특정 만기의 채권시장에 참여하는 투자자들은 다른 만기의 채권시장에는 참여하지 않는다고 주장한다. 이 이론에 따르면 단기 재무성채권의 수요에 영향을 주는 요인은 장기 재무성채권의 수요에는 영향을 미치지 않는다.

또한 분할시장 이론은 장기채권에는 두 가지 단점이 있기 때문에 만기가 다른 채권이 완전대체재가 될 수 없다고 주장한다. (1) 장기채권은 단기채권에 비해 이자율 위험이 더 크다. (2) 장기채권은 보통 단기채권에 비해 유동성이 떨어진다. 이러한 단점 때문에 투자자는 장기채권에 대해 더 높은 이자율로 보상을 받아야 한다. 분할시장 이론을 지지하는 학자들은, 단기채권을 원하는 투자자들(예:

기업의 재무 담당자)이 장기채권을 원하는 투자자들(예 : 보험회사)보다 수적으로 많다고 주장한다. 그 결과로 장기채권에 비해 단기채권의 가격은 올라가고 수익률은 낮아진다는 것이다.

분할시장 이론은 전형적인 수익률곡선이 우상향하는 이유를 그럴듯하게 설명한다. 단기채권시장에 참여하는 투자자가 더 많기 때문에 단기채권의 가격이 높고 이자율은 낮다. 반면 장기채권시장에 참여하는 투자자는 많지 않기 때문에 장기채권가격이 낮고 이자율은 높다. 더욱이 장기채권에 투자할 때는 높은 이자율 위험과 낮은 유동성을 보상받기 위해 더 높은 이자율을 요구한다. 분할시장 이론은 기간구조에 대해 중요하다고 했던 첫 번째 사실을 잘 설명한다.

그러나 분할시장 이론에는 심각한 단점이 있다. 기간구조에 대해 중요한 나머지 두 사실을 잘 설명하지 못한다는 것이다. 분할시장 이론으로는 왜 단기 이자율이 종종 장기 이자율보다 높아지는지 이해하기 어렵다. 물론 가끔씩 일어나는 일이긴 하지만 우하향하는 수익률곡선이 잘 설명되지 않는 것이다. 세 번째 중요한 사실을 설명하는 데도 한계가 있다. 만기가 다른 채권의 시장이 서로 분할되어 독립적으로 움직인다면, 모든 만기의 이자율이 함께 오르고 내리는 경향을 어떻게 설명할 것인가?

유동성 프리미엄 이론

기대이론이나 분할시장 이론 모두 기간구조를 완전히 설명하지 못한다. 각 이론의 단점은 근본적으로 각 이론이 취하는 극단적 입장에서 비롯된 것이다. 기대이론은 다른 만기의 채권을 완전대체제로 가정하는 반면, 분할시장 이론은 전혀 대체가 되지 않는 채권으로 간주한다. **유동성 프리미엄 이론**(liquidity premium theory) 또는 **선호처 이론**(preferred habitat theory)은 두 이론의 극단적 가정은 피하면서, 각 이론이 담고 있는 직관을 잘 결합하고 있다.

유동성 프리미엄 이론(또는 선호처 이론) 이자율의 기간구조에 관한 이론으로, 장기채권 이자율이 투자자들이 예상하는 단기채권 이자율의 평균에다 채권 만기에 따라 증가하는 기간 프리미엄을 더한 것으로 결정된다는 이론

유동성 프리미엄 이론은 만기가 다른 채권이 대체재지만 완전대체재는 아니라고 가정한다. 분할시장 이론에서처럼 유동성 프리미엄 이론은 투자자들이 장기채권보다는 단기채권을 선호한다고 가정한다. 투자자들은 단기채권에 연속으로 투자하여 같은 수익률을 얻을 수 있다면 장기채권을 사지 않는다. 그러나 분할시장 이론과 달리 투자자들은 장기채권에 충분히 높은 이자율이 제공된다면 단기채권을 장기채권으로 대체할 의향이 있다. 단기채권을 연속으로 사는 대신 장기채권을 사기 위해 투자자들은 추가적인 이자를 요구하는데, 이를 **기간 프리미엄**(term premium)이라고 한다. 유동성 프리미엄 이론에 의하면 장기채권 이자율은 투자자들이 예상하는 단기채권 이자율의 평균에다 채권 만기에 따라 증가하는 기간 프리미엄을 더한 것으로 결정된다.

기간 프리미엄 단기채권을 연속으로 사는 대신 장기채권을 사는 투자자들이 요구하는 추가적인 이자율

예를 들어 현재 1년 만기 채권의 이자율은 2%이고, 지금으로부터 1년 후의 1년 만기 채권에 대한 기대이자율이 4%라고 해 보자. 이때 투자자들은 2년 만기 채권을 이자율 3%에 사는 것에 만족할까? 일단 2년 만기 채권은 1년 만기 채권에 두 번 투자하는 것의 평균 이자율을 제공해야 한다. 하지만 투자자들은 만기가 짧은 채권을 더 선호하기 때문에, 2년 만기 채권에는 그것에 투자하게 하는 인센티브로서 3.25%처럼 더 높은 이자율이 제공되어야 한다. 만약 2년 만기 채권에 투자해 3%만 받는다면, 투자자들은 1년 만기 채권을 두 번 사는 투자를 선택할 것이다. 1년 만기 채권과 경합을 벌이려면 2년 만기 채권에는 0.25%와 같은 기간 프리미엄이 얹어져야 한다.

만기가 길수록 기간 프리미엄도 크다. 5년 만기 채권은 2년 만기 채권보다 더 큰 기간 프리미엄을 가질 것이다. 20년 만기 채권은 10년 만기 채권보다 더 큰 기간 프리미엄을 가질 것이다. 실제로 유동성 프리미엄 이론은 단기채권 이자율을 장기채권 이자율로 연결하는 기대이론의 방정식에 기간 프리미엄을 추가한 것이다. 예를 들어 i_{2t}^{TP}가 2년 만기 채권에 대한 기간 프리미엄이라면, 2년 만기 채권의 이자율은 다음과 같다.

$$i_{2t} = \frac{i_{1t} + i_{1t+1}^e}{2} + i_{2t}^{TP}$$

일반적으로 만기가 n인 채권의 이자율은 다음과 같다.

$$i_{nt} = \frac{i_{1t} + i_{1t+1}^e + i_{1t+2}^e + i_{1t+3}^e + \dots + i_{1t+(n-1)}^e}{n} + i_{nt}^{TP}$$

예제 5.2B

유동성 프리미엄 이론을 이용한 예상이자율의 계산

만기가 다른 다음 재무성채권의 이자율을 이용하여 다음 물음에 답하라.

날짜	1년 만기	2년 만기	3년 만기
2010. 2. 19	0.39%	0.95%	1.51%

출처 : U.S. Department of the Treasury.

유동성 프리미엄 이론이 옳다고 가정하자. 2년 만기 채권에 대한 기간 프리미엄이 0.05%, 3년 만기 채권에 대한 기간 프리미엄이 0.10%라고 할 때, 투자자들은 지금으로부터 2년 뒤 1년 만기 채권의 이자율이 얼마라고 예상할까?

Step 1 복습. 이 문제는 유동성 프리미엄 이론을 이용하여 예상이자율을 계산하는 것이므로 '유동성 프리미엄 이론' 부분을 복습한다.

Step 2 장기채권 이자율을 단기채권 이자율로 연결하는 유동성 프리미엄 방정식을 사용한다. 유동성 프리미엄 이론에 의하면 2년 만기 채권 이자율은 현재의 1년 만기 채권 이자율과 1년 후의 1년 만기 채권에 대한 예상이자율의 평균에다 기간 프리미엄을 더한 것과 같아야 한다. 따라서 다음 식으로 1년 후의 1년 만기 채권에 대한 예상이자율(i_{1t+1}^e)을 계산할 수 있다.

$$i_{2t} = 0.95\% = \frac{0.39\% + i_{1t+1}^e}{2} + 0.05\%, \quad i_{1t+1}^e = 1.41\%$$

Step 3 2년 후의 1년 만기 채권에 대한 예상이자율을 계산하기 위해 Step 2에서 구한 결과를 이용한다.

$$i_{3t} = 1.51\% = \frac{0.39\% + 1.41\% + i_{1t+2}^e}{3} + 0.10\%, \quad i_{1t+2}^e = 2.43\%$$

표 5.4 이자율의 기간구조

	가정	예측	주요 내용
기대이론	투자자들의 목적이 동일 완전대체재의 가정	장기채 이자율은 단기채 예상이자율의 평균	수익률곡선의 기울기를 설명 장 · 단기 이자율이 함께 움직이는 경향을 설명 전형적인 수익률곡선이 우상향함을 설명하지 못함
분할시장 이론	투자자들의 목적이 동일하지 않음 대체재가 아님	이자율은 만기에 따라 구분되는 채권시장에서 각각 결정됨	전형적인 수익률곡선이 우상향함을 설명 우하향하는 수익률곡선을 설명하지 못함 장 · 단기 이자율이 함께 움직이는 경향을 설명하지 못함
유동성 프리미엄 이론	불완전대체재	장기채 이자율은 단기채 예상이자율의 평균에다 기간 프리미엄을 더한 것	이자율의 기간구조에 대한 세 가지 주요 사실을 설명

표 5.4는 이자율의 기간구조에 대한 세 가지 이론을 요약하고 있다.

기간구조를 이용한 경제 예측

경제변수를 예측하기 위해 이자율의 기간구조에 포함된 정보를 사용할 수 있다. 기대이론과 유동성 프리미엄 이론에 의하면 수익률곡선의 기울기에는 채권 투자자들이 기대하는 미래의 단기 이자율 정보가 담겨 있다. 게다가 미래 실질이자율의 변동이 작다고 하면, 수익률곡선에는 미래 인플레이션율에 대한 기대도 포함되어 있다. 왜 그럴까? 5년 후의 인플레이션율에 대하여 금융시장이 어떻게 예측하는지 알고 싶다고 하자. 실질이자율이 그대로 유지될 것으로 예상된다면, 우상향하는 수익률곡선에는 인플레이션이 상승할 것이라는 예상이 담겨 있다고 해석할 수 있다. 인플레이션 상승 예상으로 미래의 높은 명목이자율을 예상하게 한 것이기 때문이다. 물론 미래 인플레이션율을 정확히 예측하기 위해서는 장기채권에 대한 기간 프리미엄을 추정하는 것이 필요하다. 연준을 포함한 금융시장의 수많은 참가자는 미래 인플레이션을 예측하기 위해 수익률곡선을 사용한다.

경제학자들과 시장 참여자들은 경기침체의 가능성을 예측하기 위해 수익률곡선의 기울기를 본다. 특히 기간 스프레드(term spread)에 주목한다. 이는 10년 만기 재무성채권의 수익률과 3개월 만기 재무성채권의 수익률 간의 차이이다. 세인트루이스 연준은행의 휠록(David C. Wheelock)과 네브래스카대학의 워하(Mark E. Wohar)는 1953년 이래 경기침체 때마다 기간 프리미엄이 좁혀졌다는 것을 발견했다. 즉 10년 만기 재무성채권 수익률이 3개월 만기 재무성채권 수익률에 비해 상대적으로 하락했다는 것이다. 이들은 또한 수익률곡선이 역전된 경우, 즉 단기 이자율이 장기 이자율보다 더 높아진 경우에 그 결과로 무슨 일이 일어났는지 살펴보았다. 예외적인 경우 하나를 제외하면 3개월 만기 채권 수익률이 10년 만기 채권 수익률보다 높을 때 1년 안에 경기침체가 발생했다. 이는

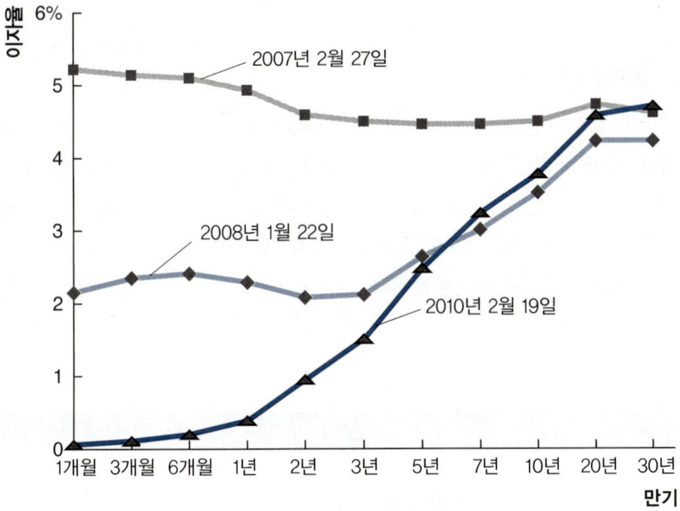

그림 5.7

수익률곡선의 해석

유동성 프리미엄 이론과 같은 이자율 기간구조 이론은 수익률곡선을 이용하여 경제를 예측하는 데 도움이 된다.

출처 : U.S. Department of the Treasury.

수익률곡선 기울기가 경기침체를 예측하는 유용한 도구임을 입증하는 것이다.[1]

수익률곡선 몇 개를 보면서 수익률곡선이 침체를 예측하는 데 유용한지 확인해 보자. 그림 5.7에는 3개의 수익률곡선이 있다. 약간 우하향하는 기울기를 갖는 것, 약간 우상향하는 기울기를 갖는 것, 급격하게 증가하는 기울기를 갖는 것 세 가지이다. 유동성 프리미엄 이론을 적용하여 각 경우에 금융시장 참가자들이 어떤 기대를 하고 있는지 추측해 보기로 하자.

첫째, 2007년 2월의 수익률곡선은 약간 역전되어 있다. 즉 단기 이자율이 장기 이자율보다 높다. 2006~2007년 연준은 유가 상승과 주택시장 붐으로 인한 인플레이션의 상승을 억제하기 위해 단기 이자율을 높게 유지했다. 게다가 시장 참여자들은 2007년 12월에 시작된 경제침체를 미리 예상했던 것 같다. 경기침체가 오면 연준은 단기 이자율을 낮출 것이다. 시장은 이미 2007년 2월에 이를 예측했는지 모른다. 미래의 경기침체와 단기 이자율 하락이 예측되어 장기 이자율이 상대적으로 하락했고 수익률곡선이 역전된 것이다.

둘째, 2008년 1월 우상향하는 수익률곡선은 유동성 프리미엄 이론하의 전형적인 모습이다. 당시 경제는 침체에 들어간 지 두 달째였다. 그러나 투자자들은 미래에 경제활동이 회복되면서 신용에 대한 수요가 증가할 것이고, 그에 따라 이자율이 올라갈 것이라고 예상했다. 미래의 단기 이자율이 상승할 것으로 기대하여 수익률곡선이 우상향하게 된 것이다.

셋째, 맨 아래의 수익률곡선은 연준이 단기 이자율을 극단적으로 낮춘 2010년 2월의 것이다. 인플레이션과 정부의 재정적자에 대한 우려는 미래의 단기 이자율이 상당히 높아질 것이라는 예상을 하게 만들었다. 그 때문에 장기 이자율이 높아지게 되었다. 유동성 프리미엄 이론에 입각한 일반적인 우상향 곡선에 인플레이션에 대한 공포가 추가되었다. 이것이 우상향하는 수익률곡선의 기울기를 더 가파르게 만들었다.

1 David C. Wheelock and Mark E. Wohar, "Can the Term Spread Predict Output Growth and Recessions? A Survey of the Literature," *Federal Reserve Bank of St. Louis Review*, Vol. 91, No. 5, September/October 2009, pp. 419–440.

5장의 질문에 대한 답변

Question 정부는 신용평가기관을 더 철저히 규제해야 하는가?

Answer 다른 정책 질문들과 마찬가지로 여기에도 확실한 답은 없다. 투자자들은 채무불이행 위험과 같은 중요한 정보를 신용평가기관에 의존한다. 그러나 2007~2009년 금융위기를 거치면서 많은 채권, 특히 주택저당채권의 위험도가 신용평가기관이 제시한 것보다 훨씬 높은 것으로 드러났다. 일부 비판자들은 신용평가사의 수입이 자신이 등급을 매기는 회사로부터 나오기 때문에 인플레된 등급을 부여한 것이라고 주장한다. 물론 불가피성을 주장하는 측도 있다. 등급을 매길 당시에는 정확했지만, 주택시장의 거품 붕괴와 금융위기가 예상치 않게 심각한 수준으로 전개되어 채권 신용도가 급격히 하락했다는 것이다.

핵심용어

기간 프리미엄
기대이론
분할시장 이론
선호처 이론
신용 위험
유동성 프리미엄 이론
이자율의 기간구조
이자율의 위험구조
지방채
채권등급
채무불이행 위험

연습문제

01 2010년 미국의 한 쓰레기 처리회사인 리퍼블릭 서비스(Republic Services)는 10년 만기 채권과 30년 만기 채권을 발행했다. 월스트리트저널의 기사에 따르면 해당사의 10년 만기 채권은 10년 만기 재무성채권에 대해 1.4%의 위험 프리미엄, 30년 만기 채권은 30년 만기 재무성채권에 대해 1.65%의 위험 프리미엄을 보였다. 왜 10년 만기 채권보다 30년 만기 채권에 대한 위험 프리미엄이 더 높은가?

출처 : Kellie Geressy-Nilsen, "A Comeback for Corporate Debt," *Wall Street Journal*, March 2, 2010.

02 2009년 4월, 미 의회는 경기부양책의 일부로 'Build America Bonds'를 인가했다. 이는 지방자치단체가 도로, 교량, 학교 등을 짓기 위해 발행하는 채권이다. 그러나 일반적인 지방채와 달리 이 채권의 이표에는 세금이 부과된다. 이 채권에 대한 이자율은 다른 지방채에 대한 이자율보다 높겠는가 아니면 낮겠는가? 간략히 설명하라.

03 A채권은 9년 전에 발행된 채권으로 만기가 1년 남았다. 해당 채권은 경상수익률이 3%, 예상되는 자본이익률이 4%로 만기수익률이 총 7%이다. 한편 B채권은 새로 발행된 1년 만기 채권으로 만기수익률이 8%이다. 당신은 이자소득에 대해 33%의 세금을 내야 하며 자본이득에 대해서는 세금을 내지 않아도 된다. 당신은 어느 채권을 선호하겠는가? 간략히 설명하라.

04 정크본드(junk bond)란 무엇인가? 경기변동 국면에서 경기가 호황일 경우와 불황일 경우 정크본드의 수익률은 어떻게 달라지는가? 채권의 수요-공급곡선을 이용하여 답하라.

05 당신은 3년간 채권에 투자하여 가능한 한 제일 높은 수익률을 올리려고 한다. 당신에게는 세 가지 대안이 있다—(a) 1년 만기 채권을 세 번 연장한다. 첫해에는 8%, 둘째 해에는 11%, 셋째 해에는 7%의 수익률을 올릴 수 있다. (b) 이자율 10%의 2년 만기 채권에 투자하고 만기가 되면 받은 금

액으로 이자율 7%의 1년 만기 채권에 투자한다. (c) 이자율 8.5%의 3년 만기 채권을 산다. 이표와 채권의 매매비용은 없다고 가정하고 연복리수익률을 계산하라. 당신은 어떤 선택을 하겠는가?

06 현재 1년 만기 재무성채권에 대한 이자율은 3%이고, 투자자들은 이후 3년 동안 1년 만기 채권의 이자율이 4%, 5%, 3%가 될 것으로 기대한다. 기대이론을 이용하여 2년 만기, 3년 만기, 4년 만기 채권에 대한 현재 이자율을 계산하라.

07 어느 학생이 다음과 같이 말했다. "현재 1년 만기 재무성채권에 대한 이자율은 0.29%이다. 반면 30년 만기 재무성채권에 대한 이자율은 4.10%이다. 장기 재무성채권을 매수하면 훨씬 더 높은 수익률을 받을 수 있는데 투자자들은 왜 단기 재무성채권을 매수하는가?" 이 학생의 질문에 답해 보라.

08 일반적으로 단기 재무성채권 이자율은 장기 재무성채권 이자율보다 훨씬 낮다. 이자부담을 줄이기 위해 저금리로 차입하려면 재무성은 장기채권 대신 단기채권만 발행해야 하지 않을까? 왜 여전히 장기채권이 발행되는가?

09 만기가 1년 남은 채권의 현재 가격이 1,010달러이고 액면가는 1,000달러인 재무성채권의 만기수익률은 얼마인가? 만약 소비자 물가지수가 250에서 1년 후 245로 하락할 것이 예상된다면, 이 재무성채권에 대한 예상 실질이자율은 얼마인가?

10 다음은 재무성채권의 이자율 자료이다.

날짜	1년	2년	3년
2010년 3월 5일	0.38%	0.91%	1.43%

유동성 프리미엄 이론이 옳다고 가정하고, 2년 만기 채권에 대한 기간 프리미엄이 0.02%이며 3년 만기 채권에 대한 기간 프리미엄은 0.06%라고 하자. 2010년 3월 5일 현재 투자자들은 그로부터 2년 후의 1년 만기 재무성채권 이자율이 몇 %라고 예상하겠는가?

11 미 연준은 2007년 상반기에 연방기금금리 목표를 네 차례나 올리면서 통화를 긴축했다. 하반기에는 금리를 5.25%로 유지시키고 더 이상 올리지 않았고, 인플레이션에 대한 우려는 줄어들었다. 하반기에 채권수익률은 하락했고, 단기 수익률이 장기 수익률보다 더 높은 현상이 발생했다.

a. 단기 이자율이 장기 이자율보다 높은 상황을 무엇이라고 부르는가?

b. 일반적으로 장기채권은 단기채권에 비해 이자율 위험이 클 뿐만 아니라 유동성도 낮다. 사람들은 장기 수익률이 단기 수익률보다 낮은 상황에서도 왜 장기채권에 투자하는 것인가?

12 침체에서 벗어난 지 1년도 안 된 2010년 중반, 일부 경제전문가는 미국 경제가 또다시 침체로 빠져들지 모른다고 생각했다. 당시 월스트리트저널의 한 칼럼은 '더블딥(double-dip) 침체'의 가능성을 다음과 같이 분석했다. "합치된 의견은 더블딥이 발생하지 않는다는 것이다. 가장 큰 증거는 수익률곡선이 우상향을 유지하고 있다는 것이다." 우상향하는 수익률곡선과 경기침체 가능성은 무슨 상관이 있는가?

출처 : Alen Mattich, "Taking Comfort from a Positive Yield Curve?" *Wall Street Journal*, June 11, 2010.

CHAPTER 6

주식시장

[학습목표]

- **6.1** 주식시장이 어떻게 작동하는지 이해한다.
- **6.2** 주가가 어떻게 결정되는지 설명한다.
- **6.3** 합리적 기대와 효율적 시장 가설의 관계를 설명한다.
- **6.4** 금융시장의 실제 효율성에 대해 논의한다.
- **6.5** 행태금융론의 기본 개념을 알아본다.

주가는 왜 변동이 심한가?

사람들은 애플을 좋아하는 것 같다. 아이팟에서부터 아이폰, 아이패드에 이르기까지 애플사는 계속해서 히트 상품을 내 놓았다. 그러나 애플사에 대한 투자는 어떠한가? 1995년에 할아버지가 당신에게 애플사의 주식 100주를 주었다고 해 보자. 만약 당신이 그 주식을 2010년까지 계속 가지고 있었다면 당신의 투자액은 어떻게 되었을까? 다음 표에서 보듯이, 2010년 100주의 가치는 1995년의 7배이다. 그러나 표에서 알 수 있듯이 주가는 마치 요요처럼 오르내림을 반복했다. 이 예는 애플사 주식 하나를 말하는 것이지만, 만약 당신이 여러 종류의 주식에 광범위하게 투자했다면 어땠을까?

날짜	애플사 주식의 주당 가격	애플사 주식의 100개당 가치
1995년 6월	$ 37	$ 3,700
1997년 7월	13	1,300
2000년 4월	132	13,200
2000년 12월	14	1,400
2005년 2월	91	9,100
2007년 11월	191	19,100
2009년 3월	85	8,500
2010년 6월	278	27,800

6장의 이슈와 질문

▶정답은 141쪽에

Issue 금융위기 동안 소액투자자들은 두려움에 보유 주식을 매도했다.

Question 2007~2009년 금융위기가 개인의 주식 투자 의지에 장기적으로 영향을 줄 것인가?

다우존스 산업 평균(Dow Jones Industrial Average, 줄여서 '다우'라고 함)은 미국 주식시장의 성과를 측정하는 지표 가운데 가장 많이 알려진 지표이다. 다우지수는 30개 대기업의 평균 주가를 나타낸다. 만약 당신이 1995년에 다우에 투자했다면, 당신의 투자금은 2000년 초에 2배가 되었을 것이다. 하지만 당신의 투자금은 2003년 초에는 25% 이상 하락했을 것이다. 다행히 2003년 초와 2007년 가을 사이에는 75% 이상 상승했을 것이다. 그 후 2007년 가을과 2009년 봄 사이에는 다시 50% 이상 하락하고, 또 2009년 말에는 다시 50% 상승했을 것이다. 따라서 다우에 대한 투자가 애플사에 대한 투자에 비해 안정적이었다고 말할 수 없다.

분명한 것은 주식 투자는 소심한 사람이 할 일은 아니라는 것이다. 그렇다면 주가의 변동을 어떻게 설명할 것인가? 더 중요한 것은 주식시장이 금융시스템과 경제에서 어떤 역할을 하고 있는가이다. 주식시장은 늘 변동이 심한 곳이지만, 특히 지난 15년 동안에는 변동이 매우 심했다. 2007~2009년 금융위기 동안 주가의 폭락은 투자자들을 불안하게 만들었고, 일부는 투자금을 모두 회수하고 투자를 접었다. 실제로 2000년에 주식을 사서 2010년까지 보유하고 있었던 사람들은 지난 10년 동안 별로 수익을 얻지 못했다. 사람들은 보통 재무성채권 같이 위험이 작은 상품에 투자하는 것보다 주식에 투자할 때 더 많은 수익을 얻을 것이라고 기대한다. 그러나 지난 10년 동안은 그렇지 않았다.

1930년대 대공황 당시 주가가 엄청나게 폭락하자 많은 투자자가 주식시장을 영원히 떠나 버렸다. 투자자들은 최근의 주가변동에 대해 1930년대와 같은 반응을 보일까? 만약 그렇다면 금융시스템과 경제에 어떤 영향을 미칠까?

주식시장은 대기업에게 중요한 자금의 원천이다. 그곳은 또한 수없이 많은 개인 투자자가 수익을 내고 은퇴자금을 마련하는 곳이기도 하다. 사람들은 개별 주식을 매수하기도 하지만 뮤추얼펀드나 연금펀드에도 투자한다. 이 장에서는 주식시장의 기본적인 기능에 대해 논의하고 주식가격을 결정하는 요인들을 살펴보기로 한다.

6.1 주식과 주식시장

[학습목표]
주식시장이 어떻게 작동하는지 이해한다.

제1장에서 언급한 것처럼, 투자자는 회사의 주식을 매수함으로써 그 회사를 부분적으로 소유하며, 주인 또는 주주로서 회사의 이윤과 자본에 대한 법적 청구권을 가진다. 회사에 대해 부분적인 소유권을 가진다는 뜻에서 주식은 때로 **지분**이라고 한다. **채권**은 지분이 아니라 회사의 부채이다. 대부분의 회사는 수많은 주식을 발행하는데, 예를 들어 2010년 애플사는 9억 주 이상을 발행했다. 대부분의 주주가 소유한 지분은 아주 적다.

회사를 혼자 소유하거나 몇몇의 동업자와 공동 소유한 사람은 회사가 진 부채를 전적으로 책임져야 한다. 회사가 부도가 나면 사장은 개인 재산으로 부채를 갚아야 한다. 반면 **법인**(corporation) 형태로 조직된 회사 지분에 투자한 사람들은 유한책임(limited liability)만을 진다. **유한책임**은 주주들이 투자액 이상의 손실을 입지 않도록 하는 법적 보호장치이다. 제너럴모터스 주식에 10,000달러를 투자했다면, 회사가 부도가 나더라도 그 금액 이상의 손해를 입지는 않는다. 법적인

법인 법인 형태의 회사로, 주주들은 사업이 실패할 경우에 투자액을 넘어서는 손실을 입지 않도록 보호를 받음

유한책임 법인회사의 주주들이 투자액 이상의 손실을 입지 않도록 하는 법적 보호장치

시각으로 보면, 법인은 하나의 법인격체로 소유자 개인과 구별된다. 투자자들은 유한책임이라는 보호장치가 없는 회사에 투자하기를 꺼린다. 회사의 중요한 결정을 주주가 아니라 경영자가 하기 때문이다.

보통주와 우선주

주식은 크게 보통주(common stock)와 우선주(preferred stock)로 나눌 수 있다. 둘 다 법인에 대해 부분적 소유권을 행사할 수 있다는 공통점이 있지만 다른 점도 있다. 이사회는 법인의 운영 주체로 CEO(chief executive officer), COO(chief operating officer), CFO(chief financial officer)와 같은 최고경영자를 지명한다. 보통주의 주주가 이사회 구성원을 선출하지만, 우선주의 주주에게는 이러한 권리가 없다.

배당 회사의 이윤 가운데 주주들에게 지급하는 금액

미국의 법인회사는 보통 분기에 한 번 주주에게 이윤을 배분한다. 이를 **배당**(dividend)이라고 한다. 우선주의 주주는 회사가 주식을 발행할 때 정한 고정된 액수의 배당을 받지만, 보통주의 주주가 받는 배당은 회사가 벌어들이는 이윤에 따라 달라진다. 이윤을 내지 못하는 회사는 배당을 연기하게 될 것이다. 그러나 배당을 지급하는 경우에는, 보통주가 아닌 우선주 주주들에게 먼저 주어야 한다. 회사가 파산하는 경우에는 돈을 빌려 준 채권자들이 먼저 받고 그다음 우선주 주주들에게 남은 몫이 돌아간다. 우선주 주주들에게 지급하고도 남는 것이 있다면 마지막으로 보통주 주주들에게 배분된다.

보통주와 우선주의 시장가치를 합쳐 **시가총액**(market capitalization)이라고 부른다. 2010년 중반 애플사의 시가총액은 약 2,450억 달러였다.

주식은 어디서 어떻게 사고파는가

공개기업 주식시장에 주식을 팔 수 있는 기업. 미국에는 현재 약 500만 개의 법인회사 가운데 5,100개만이 공개기업임

미국에는 현재 500만이 넘는 법인회사가 있다. 그러나 그 가운데 5,100개의 법인만이 **공개기업**(publicly traded company)이다. 그 외의 법인, 즉 수백만의 개인사업자와 동업회사는 모두 비공개 **사기업**에 해당되는데, 이들은 주식시장에서 매매되는 주식을 발행할 수 없다.

증권거래소 실제로 직접 대면하여 주식을 매매하는 물리적 장소

장외시장 전산으로 연결된 증권시장

자동차를 사고파는 곳을 '자동차시장'이라 부르는 것처럼, 주식을 사고파는 곳을 '주식시장'이라 부른다. 주식의 경우 실제 시장이 있고 가상의 시장이 있다. 왜냐하면 온라인상의 주식거래가 점점 중요해지고 있기 때문이다. 미국의 주식시장이라 하면 사람들은 여전히 뉴욕 월스트리트에 있는 뉴욕 증권거래소(NYSE)를 떠올린다. NYSE는 **증권거래소**(stock exchange)의 한 예이다. 그곳에서 실제로 사람들은 서로 마주 보고 주식을 사고판다. 주식거래는 평일 오전 9시 30분부터 오후 4시까지 열린다. IBM, 맥도날드, 월마트 같은 대형 법인이 NYSE의 게시판에 올라간다. 최근에는 NYSE의 주식거래도 대부분 온라인상에서 이루어지지만, 몇몇 거래는 아직도 거래소 현장에서 이루어진다. 나스닥(NASDAQ)의 주식거래는 온라인상에서만 이루어진다. 나스닥은 **장외시장**(over-the-counter market)이다. 즉 전산으로 주식을 사고판다. 장외시장 딜러(dealer)들은 매수자와 매도자의 주문을 연결시키는 역할을 한다. 딜러들은 스스로 일정한 주식 잔고를 보유하는데, 잔고를 유

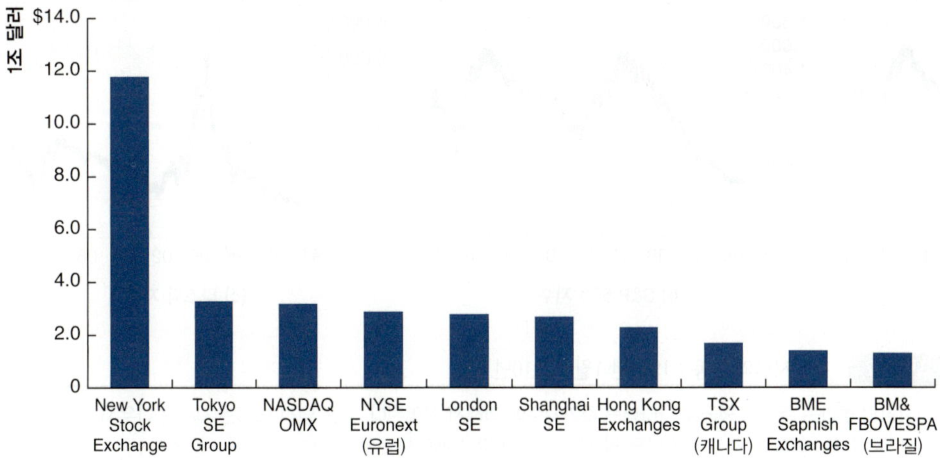

그림 6.1

세계의 증권거래소 : 2009년

뉴욕 증권거래소는 세계에서 가장 큰 증권거래소이다. 그러나 다른 거래소들이 계속 성장하고 있다. 각 거래소들은 거래되는 주식의 총액을 기준으로 순위가 매겨진다.

주 : 각 거래소는 독립적으로 운영되지만, 유로넥스트(Euronext)는 뉴욕 증권거래소 소유이다.
출처 : www.world-exchanges.org.

지함으로써 매도 주문 금액과 매수 주문 금액 간의 수급 균형을 원활하게 맞추어 나간다.

증권거래소에서 거래되는 주식들은 투자자들이 이미 소유한 것이지 새로 발행된 주식은 아니다. 주식과 채권의 경우 유통시장이 발행시장보다 훨씬 더 크다. 전통적인 방식에 따르면 개인 투자자는 증권회사에 계좌를 개설하고 주식을 매수하는데, 중개인이 대신 주식을 매매하고 그 대가로 중개 수수료를 받는다. 그러나 요즘에는 많은 투자자가 온라인 중개 사이트에서 주식을 직접 매매한다. 물론 온라인상에도 중개인이 존재하지만 예전보다는 훨씬 적은 수수료를 받는다. 단, 예전의 중개인들처럼 투자에 대한 조언이나 다른 서비스를 제공하지는 않는다.

미국의 경우 5,100개의 공개기업은 증권거래소 리스트에 올라와 있는 전 세계 회사 가운데 10% 정도를 차지한다. 그림 6.1은 거래되는 주식의 총가치 기준으로 세계 10대 증권거래소를 보여 주고 있다. 여전히 NYSE가 가장 큰 거래소지만 외국의 증권시장도 급속히 성장하고 있다. 소니, 토요타, 노키아와 같은 외국기업의 주식들은 NYSE에서 **예탁증서**(American Depository Receipts) 형태로 간접적으로 거래된다. 예탁증서는 외국의 증권거래소에 상장된 주식을 매입한 것을 표시해 주는 영수증이다. 물론 외국에 있는 중개회사에 계좌를 개설하여 외국의 증권거래소에 상장된 주식을 직접 매매할 수도 있다. 한때는 부자들만 그렇게 할 수 있었지만, 지금은 인터넷을 통해 일반 투자자도 어렵지 않게 해외 계좌를 개설할 수 있다.

주식시장 성과의 측정

주식시장 전반의 성과는 주가지수로 측정된다. **주가지수**(stock market index)는 주식의 평균적인 가격이다. 주가지수는 특정 연도(**기준연도**)를 기준 100으로 맞춰진다. 주가지수는 실제의 주가는 아니고 일정 기간 동안 주가가 얼마나 변했는가를 보여 주기 위한 것이기 때문에 기준으로 쓰인 연도는 사실 중요하지 않다. 제일 널리 사용되는 주가지수는 다우지수, S&P 500 지수, 나스닥 지수이다.

주가지수 주식시장의 성과를 측정하는 데 사용되는 평균적인 주식가격

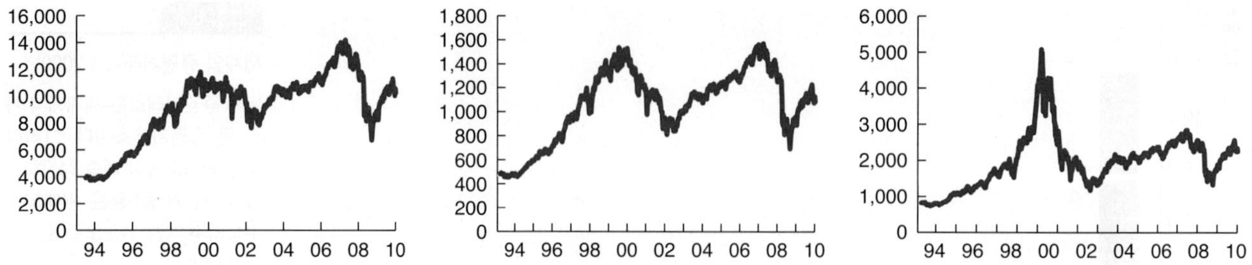

(a) 다우지수 (b) S&P 500 지수 (c) 나스닥 지수

그림 6.2 주식시장의 변동 : 1994년 1월~2010년 6월

주식시장의 성과는 주가의 평균을 나타내는 주가지수에 의해서 설명된다. 가장 널리 쓰이는 지수는 다우지수, S&P 500 지수, 나스닥 지수이다. 그래프에서 보듯 세 지수는 거의 같은 패턴으로 변화한다. 그러나 나스닥 지수는 2000년 초 최고에 도달했다가 다시는 그 근처에도 가지 못했다.

다우지수는 30개 대기업의 평균적인 주가로 개인 투자자에게 가장 친숙한 지수이다. S&P 500 지수는 30개의 회사 외에 470개의 다른 주식을 포함하는데, 포함된 개별 기업의 시가총액은 최소 35억 달러 이상이다. 여기에 포함된 기업들도 대형 기업이기 때문에 그 시가총액을 합하면 미국 전체 공개 기업의 75% 정도를 차지한다. 나스닥 지수에는 나스닥 장외시장에서 거래되는 2,750개의 주식이 포함된다. 나스닥 기업 가운데 일부는 다우와 S&P 500에도 포함되어 있다. 물론 나스닥은 대부분 주로 소형 기술회사들로 구성되어 있다.

이 세 가지 주가지수는 각기 다른 기업의 평균 주가지만, 그림 6.2에서처럼 같이 움직이는 경향이 있다. 세 지수 모두 1990년대 말에 꾸준히 상승하다가 2000년 초에 최고점에 도달했다. 1990년대 말에 주가가 오른 이유는 소위 '닷컴 열풍(dot-com boom)' 때문이다. 이 시기에 많은 투자자가 새로운 온라인 기업들이 기존의 오프라인 기업에 비해 훨씬 더 많은 이익을 낼 것이라고 확신했다. 실제로 아마존 닷컴 같은 일부 회사는 성공했지만 그렇지 않은 기업도 많았다. 나스닥 지수에는 닷컴 기업들이 많이 포함되어 있어 다른 지수에 비해 더 많이 상승했으며, 2000년 초에 특히 그랬다. 그러나 투자자들은 닷컴 기업들이 생각보다 이익을 내지 못할 것임을 깨달았고, 결국 세 지수 모두 급격히 하락했다. 나스닥이 가장 심했고 2001년도의 침체로 이어졌다.

2007년 가을 다우지수와 S&P 500 지수가 다시 사상 최고점에 도달하면서 닷컴 충격에서 회복했다. 그러나 나스닥 지수는 2000년 초 수준을 회복하지 못했다. 그리고 2007년 12월에 시작된 경제위기와 불황으로 세 지수는 2009년 봄까지 급격히 하락했다. 물론 그 이후 회복세를 보이기 시작했다. 월스트리트 격언에 따르면, 주가가 20% 이상 상승하면 **강세장**(bull market)이고, 20% 이상 하락하면 **약세장**(bear market)이라고 한다. 그림 6.2의 기간 중에 미국은 세 번의 강세장과 두 번의 약세장을 겪은 셈이다.

관련 사례

아직도 미국 주식시장에 투자할 생각이 있나?

2007~2009년 금융위기는 미국 주식시장에 큰 타격을 입혔다. 2007년 10월 14,000포인트 이상에서 고점을 기록했던 다우지수는 2009년 3월 6,500포인트로 떨어졌다. 54%의 하락률을 기록한 것이다. S&P 500 지수와 나스닥 종합지수도 비슷한 폭으로 하락했다. 많은 개인 투자자가 주식시장에서 빠져나갔다. 2008년 3분기에서 2009년 1분기 사이 가계는 8,350억 달러를 뮤추얼펀드에서 빼냈다. 이 기간 가계가 보유한 뮤추얼펀드의 가치는 2조 달러 가까이 감소했다.

2009년 3월 다우지수가 회복되기 시작하자 일부 개인 투자자는 주식시장으로 돌아왔지만, 다수의 개인 투자자는 돌아오지 않았다. 2010년 3월 뉴욕타임스의 기사는 다음과 같이 지적했다. "주식시장 역사 중 가장 강력했던 강세장이 시작된 지 이번 주로 1년이 됐지만, 개인 투자자들은 지난 3월 시장이 12년간의 최저치를 기록했을 때만큼이나 미국 주식을 혐오하고 있다." 1999년부터 2009년까지의 기간은 주식 투자자들에게는 매우 나쁜 기간이었다. 이 기간 중에는 2000~2002년의 약세장과 2007~2009년의 약세장이 있었고, 전체적으로 보아도 2009년 말 주요 주식시장 지수는 1999년 말 수준을 밑돌았다. 10년간의 나쁜 성과로 인해 개인 투자자들은 미국 주식시장을 영원히 혐오하게 된 것일까?

캘리포니아 버클리대학의 말멘디어(Ulrike Malmedier)와 스탠퍼드 경영대학의 나겔(Stefan Nagel)의 연구에 의하면 투자자들이 주식시장에 참여할 의향이 있는지는 그들이 살아온 동안 경험한 수익률에 영향을 받는다고 한다. 미국 역사상 최악의 약세장은 1929년에서 1932년 사이에 나타났는데, 이때 다우지수는 89% 하락했다. 말멘디어와 나겔에 따르면 이 기간을 경험했던 투자자들은 수십 년이 지난 후에도 주식시장에 투자하기를 꺼렸다고 한다. 예를 들어 1960년대 주식가격이 빠르게 상승할 때 1930년대를 경험한 고령의 투자자들은 젊은 투자자들보다 주식 투자를 덜 했다. 또 1980년대 초에는 1970년대 주식시장 불황을 목격한 젊은 투자자들이 1960년대의 주식시장 호황을 경험한 나이 든 투자자들보다 주식 투자에 덜 적극적이었다. 말멘디어와 나겔의 발견은 1999년부터 2009년 사이 주식시장의 보잘것없는 실적은 아주 오랫동안, 특히 젊은 투자자들의 주식시장 참여율에 부정적 영향을 끼칠 것임을 시사한다.

시장이 공정하지 못하다는 인식이 개인 투자자의 주식시장 참여를 더 낮출 수도 있다. 2007~2009년 금융위기 기간 중 발생한 일련의 사건은 일부 투자자로 하여금 미국 주식시장의 공정성에 대한 믿음을 잃게 만들었다. 투자자들에게 수십억 달러의 손실을 입힌 매도프(Bernard Madoff)의 사기가 한 예이다. 2009년 매도프는 결국 150년 형을 선고받았다. 다른 투자 사기들도 널리 알려진 바 있다. 2010년 5월 6일 뉴욕증시는 *플래쉬*(flash, 거래 주문을 일부 기관투자가들에게 아주 짧은 기간 보여 주는 제도에서 연유한 이름) 폭락이라 불리게 된 사태를 경험했는데, 이때 다우지수는 단지 몇 분 만에 1,000포인트 하락했다가 몇 분 뒤에 700포인트를 회복했다. 플래쉬 폭락의 이유가 아주 분명하지는 않지만 아마도 컴퓨터 주문 거래 때문인 것으로 보인다. 대형 기관투자자들이 시장을 조작해서 개인 투자자에게 손해를 입히고 있음을 플래쉬 폭락이 보여 주었다고 많은 개인 투자자들은 믿고 있다. 한 투자자의 반응이 다음과 같이 언론에 보도되었다. "나는 완전히 바보가 된 느낌이다. 모든 것이 한 순간에 무너져 내리고 있었는데 아무런 대응을 할 수 없었다."

2010년 초 행해진 한 여론조사에 따르면 응답자의 24%가 지역 은행을 전혀 혹은 거의 믿을 수 없다고 했고 67%는 월가를 전혀 혹은 거의 믿을 수 없다고 했다. 유럽대학연구소의 기소(Luigi Guiso)와 공저자들은 개인 투자자들이 주식시장에 대해 가지고 있는 믿음의 정도 차이가 나라별 주식시장 참여율의 차이를 설명한다는 것을 보여 준 바 있다.

향후 미국 금융제도에 중요한 이슈 중 하나는 주식시장에서 부정적인 경험을 한 젊은 투자자들이 나이 든 투자자에 비해 낮은 주식시장 참여율을 보일 것인가이다. 경제학자들은 연기금과 헤지펀드 등 기관투자자의 거래 비중에 비해 개인 투자자들의 비중이 계속 낮아질 때 시장의 효율성에 어떤 영향이 있을지에 대해 계속 논쟁을 벌이고 있다.

출처 : 개인 투자자의 반응은 다음 두 기사에서 인용—E.S. Browning, "Small Investors Fell Stocks, Changing Market Dynamics," *Wall Street Journal*, July 12, 2010; Tom Lauricella, "Stocks' Run Draws Yawns from Buyers," *New York Times*, March 8, 2010. Ulrike Malmendier and Stefan Nagel, "Depression Babies: Do macroeconomic Experiences Affect Risk-Taking?" forthcoming, *Quarterly Journal of Economics*. Luigi Guiso, Paola Sapienza, and Luigi Zingales, "Trusting the Stock Market," *Journal of Finance*, Vol. 63, No. 6, December 2008, pp. 2557-2600. Board of Governors of the Federal Reserve System, *Flow of Funds Accounts of the United States*, June 5, 2008, and December 10, 2009. Zogby Interactive, "Voter Confidence in Big Banks, Corporations, and Wall Street Even Lower Than That of Government," zogby.com, February 18, 2010.

주식시장의 성과가 경제에 중요한가?

그림 6.2에서 보듯 주식시장은 변동이 심하다. 이러한 변동은 경제 전체에 어떤 영향을 미칠까? 경제학자들은 주가변동이 가계와 기업의 지출에 영향을 주면서 경제에 영향을 미친다고 본다. 주가 상승은 지출 증가로, 주가 하락은 지출 감소로 이어진다. 지출 증가는 생산, 고용의 증가로 이어지며 지출 감소는 생산과 고용의 감소로 이어진다. 주가변동은 여러 가지 경로로 지출에 영향을 미친다.

첫째, 규모가 큰 기업은 기업 확장에 필요한 자금의 조달처로 주식시장을 이용한다. 주가가 상승하면 공장이나 기계와 같은 실물자산에 투자하기 쉬워진다. 또 주식을 발행함으로써 연구개발자금을 확보할 수 있다. 주가가 하락하면 이런 지출이 어려워진다. 둘째, 주식은 가계의 부(자산) 가운데 상당 부분을 차지한다. 주가가 상승하면 가계의 부도 상승하고 주가가 하락하면 가계의 부도 하락한다. 예를 들어 1995~2000년의 주가 상승으로 가계의 부는 9조 달러 늘어났다. 하지만 2000~2002년의 주가 하락으로 7조 달러의 가계의 부가 사라졌으며, 2007~2009년 사이에는 8조 5,000억 달러가 사라졌다. 가계의 부는 소비에 상당한 영향을 미친다.

마지막으로, 주가의 변동은 가계와 기업의 기대에 영향을 미친다. 주가의 폭락은 불황을 야기한다. 이 사실을 잘 알고 있기 때문에 사람들은 주가가 폭락하면 수입이 줄고 직장을 잃을까 봐 불안해진다. 버클리대학의 경제학자이자 오바마 정부에서 경제자문위원회 의장을 지냈던 로머(Christina Romer)는 1929년 가을 주가의 폭락이 1930년대 경제공황을 야기하는 데 결정적인 역할을 했다고 주장한다. 주가의 폭락은 사람들로 하여금 미래 수입에 대해 불안감을 느끼게 하여 자동차, 가구, 가전제품과 같은 내구재 지출을 급격히 줄이게 만든다. 이러한 소비 감소가 생산과 고용의 감소로 이어지고 침체가 가속화된다. 또한 주가의 급격한 변동으로 불확실성이 높아지기 때문에 기업은 실물투자를 연기한다.

6.2 주가의 결정

[학습목표]
주가가 어떻게 결정되는지 설명한다.

개별 주식가격은 무엇에 의해 결정되는가? 제3장에서 우리는 금융시장에 관한 중요한 사실을 살펴보았다—**금융자산의 가격은 그것으로부터 얻는 이익의 현재가치와 같다.** 제3장에서는 이 공식을 채권가격에 적용하였으나 주식가격에도 똑같이 적용할 수 있다.

1년 동안 주식 투자하기

개인 투자자들은 회사를 운영할 목적으로 주식을 사지는 않는다. 이사회의 감시 아래 경영자가 운영하도록 놔둔다. 대신 투자자들은 금융투자의 개념으로 주식을 매수하여 이익을 기대한다. 당신이 마이크로소프트 주식에 1년 동안 투자한다고 가정해 보자. 그 기간 동안 배당금을 기대할 수 있고 또 원하면 주식을 팔 수 있다. 원래 회사는 배당금을 1년에 네 번 지급하지만 단순하게 한 번만 주는 것으로 가정하자. 주당 0.60달러의 배당금을 지급할 것이고 기말에 주가는 32달러가 될 것이라고 가정해 보자. 주식의 가치는 이 두 금액의 현재가치와 같을 것이다. 투자자들에게 이 두 금액은 일종의 **현금흐름**(cash flow)이다.

제3장에서 살펴보았듯이, 채권의 현재가치를 계산할 때 미래 지급액을 할인하기 위해 이자율을 사용한다. 마찬가지로 당신은 현금흐름의 현재가치를 계산하기 위해 할인율을 적용해야 한다. 현금흐름을 할인하기 위해 은행 CD 이자율과 같은 이율을 적용하기보다는 다른 이율을 적용하는 것이 타당하다. 그 이율은 당신이 위험이 높은 투자에 대해 기대하는 수익률을 말한다. 이러한 이율을 자본에 대한 **요구수익률**(required return on equities, r_E)이라고 한다. 회사의 입장에서는 투자자들을 모으기 위해 이 수익률을 지급해야 하므로, **자본비용**(equity cost of capital)이라고 할 수 있다. 따라서 자본에 대한 요구수익률과 자본비용은 같은 것이며, 단지 각각 투자자와 회사의 다른 시각에서 본 것이다.

요구수익률, r_E 주식 투자의 위험을 보상하기 위해 요구되는 기대수익률

요구수익률은 무위험 이자율(risk free interest rate)과 위험 프리미엄의 합이라고 볼 수 있다. 여기서 무위험 수익률은 보통 국채수익률로 측정된다. 요구수익률에 포함된 위험 프리미엄은 **주식 프리미엄**(equity premium)이라고 부르기도 한다. 안전자산인 국채 대신 주식에 투자하기 위해 투자자들이 추가적으로 얼마나 더 높은 수익률을 올려야 하는지 나타내 주기 때문이다. 개별 주식에 대한 프리미엄에는 두 가지 요인이 포함되어 있다. 하나는 **체계적인 위험**(systematic risk)인데, 이는 주식시장 전반의 가격변동 때문에 야기되는 것이다. 대표적인 예는 2007~2009년 금융위기 기간의 주가 하락이다. 다른 요인은 **비체계적인 위험**(unsystematic or idiosyncratic risk)인데, 이는 주식시장 전체의 변동에서 비롯된 것이 아니라 특정 주식의 가격이 개별적인 이유로 변동하는 데 따른 것이다. 윈도우의 새 버전이 잘 팔리지 않아 마이크로소프 주가가 떨어진 것이 그 예라 할 수 있다.

이러한 요인들을 감안하여, 당신이 적어도 10%의 수익이 있어야 마이크로소프트에 투자할 생각이 있다고 가정해 보자. 이 경우 배당과 예상 주가의 현재가치는 다음과 같다.

$$\frac{\$0.60}{1 + 0.10} + \frac{\$32}{1 + 0.10} = \$29.64$$

만약 현재 마이크로소프트 주가가 29.64달러보다 싸면 당신은 그 주식을 매수해야 한다. 당신이 기대하는 현재가치에 비해 낮은 가격으로 팔리고 있기 때문이다. 만약 29.64달러보다 비싸면 매수하지 말아야 한다.

이렇게 볼 때, 오늘의 주가 P_t는 기말에 받을 배당 D^e_{t+1}과 기말의 예상되는 주가 P^e_{t+1}의 합을 요구수익률 r_E로 할인한 현재가치가 된다.

$$P_t = \frac{D^e_{t+1}}{(1 + r_E)} + \frac{P^e_{t+1}}{(1 + r_E)}$$

기말의 배당과 주가는 현재 알 수 없기 때문에 예상을 나타내는 기호로 위첨자 e를 사용한다.

주식 투자의 연수익률

채권을 1년간 보유한다면 채권 투자 수익률은 경상수익률과 자본이득률의 합이다. 주식 투자 수익률도 같은 방법으로 계산된다. 이표를 채권 매수가격으로 나눈 것이 채권의 경상수익률(current

배당수익률 예상되는 배당금을 현재의 주식가격으로 나눈 것

yield)인 반면, 예상되는 배당금을 주식 매수가격으로 나눈 것은 주식의 **배당수익률**(dividend yield)이다. 주식에 대한 자본이득률은 1년 동안의 주가변동을 매수가로 나눈 값이다. 주식 투자로 예상되는 수익률은 배당수익률과 예상되는 자본이득률의 합이다.

$$R = \frac{D^e_{t+1}}{P_t} + \frac{(P^e_{t+1} - P_t)}{P_t}$$

관련 사례

정부는 배당금과 자본이득을 어떻게 과세해야 하나?

투자자는 주식 투자에서 얻은 배당금과 자본이득을 과세 대상 소득으로 신고해야 한다. 경제학자들과 정책 결정자들은 배당금과 자본이득에 대한 최선의 과세 방법에 대해 논쟁을 벌이고 있다. 기업의 이익은 법인세 대상이 되는데, 기업은 법인세를 내고 남은 돈으로 주주들에게 배당금을 지급한다. 주주들은 지급 받은 배당금에 대해 개인 소득세를 내야 하기 때문에 결국 배당금에 대한 *이중과세*가 이루어진다고 할 수 있다. 이 이중과세로 인해 나타나는 경제적 효과는 여러 가지다. 첫째, 기업도 배당금에 대해 세금을 내고 개인도 배당금에 대해 세금을 내기 때문에 투자자들이 주식을 사서 얻는 수익이 줄어든다. 이 때문에 개인들이 주식 투자라는 형태로 저축을 할 유인이 줄어들고 자금을 확보하기 위한 기업의 비용은 커진다. 둘째, 기업이 주주들에게 나눠 주는 이익에 두 번의 세금이 부과되기 때문에 기업은 이익을 주주들에게 돌려주는 대신 사내 유보금으로 기업 내에 남겨 둘 유인을 가지게 된다. 이익이 배당금으로 지급됐더라면 이 돈으로 주주들이 투자해서 얻었을 수익률과 사내 유보금으로 기업 내에 남게 된 돈으로 기업이 투자해서 얻은 수익률을 비교했을 때 전자보다 후자가 더 낮으면 이익을 사내 유보금으로 남겨 두는 것은 비효율적이라고 할 수 있다. 마지막으로, 세금 계산 시 이자 지급액을 이익에서 차감할 수 있다는 점에서 배당금의 이중과세는 기업으로 하여금 주식 발행 대신 지나친 수준의 부채를 만들어 낼 유인을 제공한다.

일부 경제학자는 법인세와 개인 소득세를 통합함으로써 배당금의 이중과세를 없앨 것을 제안한 바 있다. 이 제안에 따르면 기업은 배당금으로 지급되지 않은 이익을 포함한 모든 이익을 주주들에게 배분한 것으로 가정하고 세금을 계산하게 된다. 법인세는 없어지고, 개인들은 기업의 이익에 대한 모든 세금을 지불할 책임을 가지게 된다. 이 방안이 이중과세로 인한 문제를 없앨 수 있는 건 사실이지만 이 방안을 실현하기 위해서는 현 조세제도를 전면 수정하는 것이 필요하기 때문에 정책 결정자들로부터 큰 호응을 얻지 못했다.

자본이득은 투자자가 자산을 팔고 이익을 실현할 때에만 과세 대상이 된다. 일부 경제학자는 자본이득에 대한 과세로 인해 투자자들이 자본이득이 축적된 주식을 파는 것을 꺼리게 되는 *잠금*(lock-in) 효과가 나타난다고 주장한다. 투자자들은 인플레이션에 대한 조정 없이 명목이득에 대해 세금을 내야 하기 때문에 잠금효과는 더 심각할 수 있다. 많은 투자자가 현재의 포트폴리오에 묶여 있게 되면 이들 포트폴리오의 가격은 자본이득세가 없는 상황에서의 가격에서 벗어나게 될 것이고 이 같은 가격의 괴리는 투자자와 기업들에게 잘못된 신호를 보낼 수도 있다.

2003년 미 의회는 배당금에 대한 세율과 1년 이상 보유한 주식 및 다른 자산에서 발생한 자본이득에 대한 세율을 35%에서 15%로 낮추었다. 15% 세율은 최고 개인 소득세율인 35%보다 낮기 때문에 이러한 감세정책은 배당금의 이중과세와 자본이득에 대한 과세에서 발생하는 비효율성을 낮추었다. 하지만 일부 정책 결정자는 세후소득의 분배에 부정적 영향을 끼쳤다며 배당금에 대한 세율 인하를 비판했다. 예를 들어 소득 분포의 최상위층에 있는 고소득 가계의 경우, 소득의 4분의 3을 배당금과 자본이득에서 얻는다. 그렇다면 배당금과 자본이득에 대한 낮은 세율은 저소득 가계보다는 고소득 가계의 세부담을 크게 낮추어 주는 것이다. 저소득 가계는 일반적 세율이 적용되는 근로소득에 크게 의존한다는 점에서 더욱 그러하다. 이 같은 세율 인하가 불평등하다고 여긴 버락 오바마 대통령과 국회의 민주당 지도부는 2010년 배당금과 자본이득에 대한 세율을 인상할 것을 제안하였다.

효율성과 공평성 사이의 상충관계는 경제정책에서 계속해서 접하게 되는 이슈다. 정책 결정자들은 소득과 성장을 증대시키기 위해 경제의 효율성을 높여야 한다는 당위성과 소득을 보다 더 균등하게 배분해야 한다는 당위성 사이에서 균형을 잃지 않아야 한다.

출처 : Robert D. Hershey, Jr., "With Rules in Flux, It's a Tough Time for Tax Strategies," *New York Times*, February 14, 2010. "Top-Earning U.S. Households Averaged $345 Million in 2007, IRS Says," Bloomberg.com, February 18, 2010.

가상적이지만, 1년 후의 배당과 주가가 실현되었다고 하고 수익률을 계산해 보자. 예를 들어 마이크로소프트 주식을 30달러에 매수했고, 연간 배당이 0.60달러, 기말 주가가 33달러라고 해 보자. 이때 연수익률은 (\$0.60/\$30)+(\$33−\$30)/\$30=0.02+0.10=0.12(12%)이다.

주식의 기본 가치

이제 2년 동안 주식에 투자하려고 하는 투자자를 생각해 보자. 이 경우 1년 투자에 적용했던 논리를 2년 투자로 확장하면 된다. 주가는 2년간 받게 될 배당의 현재가치와 2년 후에 예상되는 주가의 현재가치의 합과 같다.

$$P_t = \frac{D^e_{t+1}}{(1 + r_E)} + \frac{D^e_{t+2}}{(1 + r_E)^2} + \frac{P^e_{t+2}}{(1 + r_E)^2}$$

더 긴 기간 동안의 투자도 같은 방법으로 계산할 수 있다. 채권가격과 마찬가지로 주식가격도 미래의 모든 지급액의 현재가치를 반영한다. 결국 주식의 기본 가치는 미래에 발생하는 모든 배당금의 현재가치와 같다.

$$P_t = \frac{D^e_{t+1}}{(1 + r_E)} + \frac{D^e_{t+2}}{(1 + r_E)^2} + \frac{D^e_{t+3}}{(1 + r_E)^3} + \ldots$$

생략 표시는 영원히 계속되는 배당금을 나타낸다. 배당금이 무한대로 지속되므로 최종가격을 나타내는 P^e는 없다.

그러면 배당을 지급하지 않는 회사들은 어떠한가? 애플사와 버크셔 해서웨이(Berkshire Hathaway)가 이런 회사에 속하는데, 버크셔 해서웨이는 워렌 버핏이 운영하는 회사이다. 이런 경우에는 회사가 결국 배당을 지급할 것이라는 가정하에 위의 공식을 그대로 적용할 수 있다. 물론 초반에는 예상 배당이 0이지만 회사가 배당을 지급하기 시작할 것으로 예상되는 시기부터 숫자를 넣을 수 있다. 만약 정말 한 번도 배당을 주지 않을 것이라고 생각되는 회사의 주식에는 아예 투자하지 않을 것이다.

고든의 성장모형

위 공식은 투자자들이 주가를 계산하기에 적합하지 않다. 수많은 배당금을 예측해야 하기 때문이다. 다행히도 1959년 고든(Myron J. Gordon)이 기본적인 주가를 계산하는 손쉬운 방법인 **고든의 성장모형**(Gordon Growth Model)을 개발했다. 고든은 다음과 같은 경우를 생각했다. 투자자들이 회사의 배당금이 매년 일정한 증가율 *g*(예 : 5%)로 늘어난다고 예상한다. 이 같은 가정하에 주식의 현재 가격, 현재의 배당금, 예상되는 배당금의 성장률, 요구수익률 간의 관계를 나타내는 공식은 다음과 같다.[1]

고든의 성장모형 배당금, 배당금의 예상 증가율, 요구수익률을 이용하여 주가를 계산하는 모형

$$P_t = D_t \times \frac{(1 + g)}{(r_E - g)}$$

예제 6.2

고든 성장모형의 활용

고든 성장모형을 이용하여 다음 두 문제에 답하라.

a. GE가 매년 지급하는 주당 배당이 0.40달러이고 배당은 연 7%의 증가율로 늘어난다. 투자자들의 요구수익률은 10%이다. GE의 주가를 계산하라.

b. 2010년 봄 IBM의 주가는 127달러였다. 당시 IBM은 연 2.20달러의 배당을 지급하고 있었다. IBM 주식을 매입하는 투자자들이 요구하는 수익률은 0.10이었다. 투자자들이 예상한 IBM의 배당 증가율은 얼마인가?

Step 1 복습. '고든의 성장모형' 부분을 복습한다.

Step 2 고든의 성장모형 공식에 주어진 숫자를 넣어 GE 주가를 계산한다. 공식에 숫자들을 대입하여 주가를 계산하면 다음과 같다.

$$P_t = D_t \times \frac{(1+g)}{(r_E - g)},\ \$0.40 \times \frac{(1+0.07)}{(0.10-0.07)} = \$14.27$$

Step 3 고든의 성장모형에 주어진 숫자를 대입하여 IBM의 예상 배당 증가율을 계산한다. 이 문제에서는 예상 배당 증가율이 아니라 주가를 알고 있다. 공식에 주어진 숫자를 넣고 배당 증가율(g)을 구한다.

$$\$127 = \$2.20 \times \frac{(1+g)}{(0.10-g)}$$

$$\$127 \times (0.10 - g) = \$2.20 \times (1+g)$$

$$\$12.70 - \$127g = \$2.20 + \$2.20g$$

$$g = \frac{\$10.50}{\$129.20} = 0.081 \text{ 혹은 } 8.1\%$$

예를 들어 마이크로소프트가 주당 0.60달러의 배당금을 지급한다고 생각해 보자. 그리고 배당금은 매년 7%씩 증가한다. 한편 투자자들이 요구하는 수익률은 10%이다. 이때 마이크로소프트 주식의 현재 가격은 다음과 같다.

$$\$0.60 \times \frac{(1+0.07)}{(0.10-0.07)} = \$21.40$$

고든의 성장 모형에 대해 주의할 점은 다음과 같다.

1 배당 성장률(g)이 일정하므로 모든 t에 대해 $D_{t+1} = (1+g)D_t$ 관계가 성립한다. 차례로 대입하면 $D_{t+2} = (1+g)D_{t+1} = (1+g)^2 D_t$와 같은 관계가 모든 D_{t+i}에 대해 성립하므로, 주가 결정식에 따라 $P_t = \frac{(1+g)D_t}{(1+r_E)} + \frac{(1+g)^2 D_t}{(1+r_E)^2} + \frac{(1+g)^3 D_t}{(1+r_E)^3} + \cdots = \frac{\frac{(1+g)}{(1+r_E)}D_t}{1 - \frac{(1+g)}{(1+r_E)}} = \frac{(1+g)}{r_E - g}D_t$의 관계식이 도출된다.

1. 배당의 성장률이 일정하다. 사실 배당이 매년 똑같은 속도로 증가할 것이라고 믿는 투자자들은 많지 않을 것이므로 이 가정은 현실적이지 않다. 예를 들어 마이크로소프트의 이윤(및 그에 따른 배당금)은 윈도우의 새 버전이 출시된 이후에 더 크게 증가할 것이다. 그럼에도 불구하고 일정한 배당 성장률을 가정하는 것은 주가 분석에 편리한 근사적 접근이기 때문이다.
2. 요구수익률이 배당 성장률보다 커야 한다. 만약 배당이 요구수익률보다 빠른 속도로 증가한다면 결국 그 회사가 경제 전체보다 더 커진다는 말인데 이런 일은 가능하지 않다.
3. 투자자들이 회사의 이윤과 배당을 어떻게 예상하는가가 주가의 결정에 결정적인 역할을 한다.

6.3 합리적 기대와 효율적 시장

[학습목표]
합리적 기대와 효율적 시장 가설의 관계를 설명한다.

고든의 성장모형에서도 알 수 있듯이 주가의 결정에는 투자자들이 미래를 어떻게 기대하는가가 중요하다. 사실 대부분의 거래에는 미래에 대한 예측이 결부되어 있다. 예를 들어 당신이 30년간 6%의 이자율로 모기지 대출을 받을 생각을 하고 있다면, 다음과 같은 사항을 고려해야 할 것이다—미래의 소득(대출을 갚을 수 있는가?), 인플레이션율(대출의 실질이자율은 얼마가 될 것인가?), 지역 전망(출퇴근하기 편리하게 교통시설이 확장될 것인가?).

적응적 기대와 합리적 기대

경제학자들은 오랫동안 사람들이 미래를 예측하는 방식에 대해 연구해 왔다. 초기의 연구는 과거의 정보에 입각한 예측에 중점을 두었다. 예를 들어 주가를 예측할 때 과거의 정보를 이용한다고 가정하는 것이다. 이러한 접근 방법을 **적응적 기대**(adaptive expectations)라고 한다. 주식을 분석하는 데 쓰는 방법 중 하나인 **기술적 분석**(technical analysis)은 적응적 기대의 일종이다. 기술적 분석가들은 주가에 일정한 패턴이 반복되어 나타나기 때문에 과거 자료를 이용하면 미래를 예측할 수 있다고 생각한다.

적응적 기대 사람들이 어떤 변수의 미래치를 예측할 때 그 변수의 과거치를 기초로 예측한다는 가정

그러나 오늘날 많은 경제학자들은 적응적 기대 가설에 비판적이다. 미래를 예측하는 데 과거의 정보를 사용하는 것은 좋지만, 문제는 그 밖의 쓸모 있는 정보들이 무시된다는 점이다. 예를 들어 1970년대 말의 상황을 보자. 실제로 1976년부터 1980년까지 매년 인플레이션율이 올라갔다. 과거의 정보만 가지고 예측한 사람들은 인플레이션을 실제보다 매번 낮게 예측했을 것이다. 반면 1980년부터 1983년까지는 매년 인플레이션율이 하락했다. 과거의 정보만 가지고 예측한 사람들은 인플레이션을 매번 실제보다 높게 예측했을 것이다. 미래의 인플레이션을 예측할 때, 과거의 인플레이션만 보는 것보다는 연준의 통화정책이나 유가의 변동 등 물가에 영향을 주는 여러 요인을 종합적으로 고찰하는 것이 훨씬 나을 것이다.

무스(John Muth)는 1961년 **합리적 기대**(rational expectations)라고 불리는 새로운 접근 방법을 제안했다. 사람들은 예측할 때 이용 가능한 모든 정보를 이용한다. 무스의 주장에 따르면 이용 가능한 정보를 다 이용하지 않는 사람은 합리적으로 행동하고 있는 것이 아니다. 예측을 위해 최선

합리적 기대 사람들이 어떤 변수의 미래치를 예측할 때 이용 가능한 모든 정보를 사용하여 최적의 예측을 한다는 가정

을 다하지 않고 있는 것이다. 실제로 어떤 회사의 주가를 예측할 때 투자자들은 과거의 주가뿐만 아니라 회사의 경영 상태나 새로 개발 중인 상품 등 미래의 이윤을 예측하는 데 도움이 되는 모든 정보를 활용하려고 한다. 만약 주식시장의 모든 투자자와 거래자가 합리적 기대를 따르면 주가는 예상되는 미래 배당들의 현재가치를 최적으로 예측한 것이 될 것이다. 이것이 바로 주식의 **기본 가치**(fundamental value)이다. 즉 합리적 기대에 의하면 우리가 현재 관찰하고 있는 주가는 그 주식의 기본 가치를 모두 드러내고 있다.

되풀이하지만 합리적 기대는 모든 정보를 이용한 최적의 예측이다. 이 개념은 주식뿐만 아니라 다른 증권에도 적용될 수 있다. 주식시장 참여자들이 합리적 기대를 한다는 것은, 주식의 미래 가치에 대해 최적의 가격 예측을 한다는 의미이다. 물론 그렇다고 미래에 일어날 일을 맞출 수 있다는 것은 아니다. 최적의 예측은 최적일 뿐 틀릴 수 있기 때문이다.

개념을 좀 더 정확히 이해해 보기로 하자. 오늘 장이 마감될 때 애플사의 내일 종가에 대한 예측치가 P^e_{t+1}이라고 해 보자. 만약 내일 장의 실제 종가가 P_{t+1}이라면, $P^e_{t+1} = P_{t+1}$이 될 수는 없다. 왜냐하면 내일이 되면 애플사에 대한 또 다른 정보가 나오기 때문이다. 예를 들어 아이패드 판매량이 예측치보다 낮게 나왔다는 정보가 나오면 사람들은 애플사의 기본 가치에 대한 시각을 바꿀 것이다. 따라서 예측 가격과 실제 가격 간의 차이인 **예측 오차**(forecast error)가 발생한다. 물론 오차가 얼마나 될지는 미리 알 수 없다. 왜냐하면 오차는 예측 당시에 몰랐던 새로운 정보 때문에 발생하는 것이기 때문이다. 만약 예측 당시에 드러난 정보라면 이미 예측하는 데 고려되었을 것이다. 이를 다음과 같이 표현할 수 있다.

$$P_{t+1} - P^e_{t+1} = \text{예측 불가능한 오차}_{t+1}$$

비록 최적의 예측을 하더라도 예측 가격은 실제 가격에 비해 높을 수도 낮을 수도 있다. 오차가 얼마나 큰지, 양(+)인지 음(−)인지 사전에 알 수는 없다.

효율적 시장 가설

합리적 기대 가설은 예측이 수반되는 곳이라면 어디나 적용 가능하다. 합리적 기대를 금융시장에 적용한 것이 **효율적 시장 가설**(efficient markets hypothesis)이다. 이 가설에 따르면 주식의 균형가격은 주식의 기본 가치에 대한 최적의 예측치와 같다. 주식시장 참여자들이 모든 이용 가능한 정보를 이용하여 미래의 배당 지급을 예측하기 때문이다. 과연 효율적 시장 가설이 말하는 대로 주식의 균형가격이 기본 가치와 같아질까? 어떻게 확신할 수 있을까?

효율적 시장 가설 합리적 기대를 금융시장에 적용한 것으로, 증권의 균형가격이 기본 가치와 같다는 가설

효율적 시장 가설의 예 다음 예를 생각해 보자. 월요일 오전 10시 14분 현재 마이크로소프트 주가는 17.80달러이다. 배당금은 올해 0.50달러이고 배당금은 매년 7%씩 증가할 것으로 보인다. 그런데 10시 15분에 마이크로소프트가 새로운 정보를 발표한다. 윈도우의 최신 버전이 예상보다 많이 판매되었고, 또 지속적인 매출 증가가 예상된다는 것이다. 이 뉴스로 사람들은 배당 성장률을 7%에서 8%로 올린다. 마이크로소프트의 미래 배당의 현재가치는 17.80달러에서 27달러로 오르고 사람들

은 주식을 산다. 수요 증가로 주가는 27달러가 될 때까지 계속 오른다. 이제는 27달러가 마이크로소프트 주식의 새로운 기본 가치이다. 시장가격이 최적으로 예측된 기본 가치에 비해 낮거나 높으면 거래를 통해 이윤을 얻으려는 인센티브가 작용한다. 시장 참여자들이 정보를 이용하여 이익을 얻기 위한 거래를 하다 보면 결국 모든 가능한 정보가 시장가격에 반영된다.

효율적 시장 가설은 시장 참여자 모두가 합리적 기대를 따른다고 가정하는 것일까? 그렇지는 않다. 이미 제3장에서 보았듯이, 아주 짧은 시간에 증권을 사고 되팔아 이윤을 얻는 것을 **금융차익거래**(financial arbitrage)라고 한다. 금융차익거래에서 얻어지는 이윤을 **차익거래이윤**(arbitrage profit)이라고 한다. 차익거래이윤을 얻기 위해 증권을 사고파는 과정에서 증권의 가격은 더 이상 차익거래이윤이 생기지 않는 수준으로 조정된다. 합리적 기대로 접근하는 거래자들이 있는 한, 새 정보에 의해 차익거래이윤이 발생할 때 주가는 그들에 의해 새로운 기본 가치를 찾아갈 것이다. 방금 든 예에서 마이크로소프트에 대한 새 정보가 나오는 순간 거래자들은 주당 9.20달러의 차익거래이윤, 즉 새로운 기본 가치와 과거의 기본 가치 간의 차이만큼 차익을 챙길 것이다. 사실 주가가 기본 가치를 찾아가는 것은 정보력 있는 몇몇 거래자의 경쟁만으로도 충분하다.

금융차익거래 짧은 시간에 일어나는 가격변동을 이용하여 이윤을 얻기 위해 증권을 사고파는 과정

실제 주가는 매일, 매시간, 매분, 매초 변하고 있다. 주가는 기본 가치에 영향을 미치는 뉴스에 따라 끊임없이 변한다. 주의할 것은 투자자들의 투자 의향도 주식의 기본 가치에 영향을 준다는 것이다. 만약 어떤 정보 때문에 투자자들이 투자 의견을 수정했다면 주가도 따라서 변하게 된다. 수없이 많은 새로운 정보와 시시각각 변하는 투자 의향으로 주가는 끊임없이 변하고 있는 것이다.

'내부정보'는 어떠한가? 효율적 시장 가설에 따르면 공개적으로 이용 가능한 모든 정보는 주식가격에 이미 반영되어 있다. 그러나 공개되지 않은 정보는 어떠한가? 예를 들어 어느 제약회사의 간부가 자신들이 개발한 항암제가 정부 승인을 얻을 것이라는 언질을 받았다고 하자. 이 정보는 아직 공개되지 않았다. 또한 미국 노동통계국에서 일하는 경제학자들이 전월의 인플레이션율 계산을 막 마쳤는데 예상한 것보다 인플레이션율이 훨씬 높게 나왔다고 가정해 보자. 이 정보도 아직 공개되지 않았다. 증권 관련 정보로서 아직 공개되지 않은 정보를 **내부정보**(inside information)라고 한다. 물론 강한 형태의 효율적 시장 가설에 의하면 내부정보도 주가에 즉각 반영된다고 한다. 그러나 내부정보를 이용하면 평균 이상의 수익률을 얻을 수 있다는 것이 많은 연구에 의해 밝혀졌다. 예를 들어 제약회사 간부는 신약에 관한 정보가 공개되기 전에 주식을 사서 정보가 공개되고 난 뒤에 팔아 돈을 벌 수 있다.

내부정보 증권 관련 정보로서 아직 공개되지 않은 정보

그러나 명심해야 할 것이 있다. 내부정보를 이용한 거래, 즉 **내부자거래**(insider trading)는 불법이다. 미국 증권거래위원회(SEC) 법에 따르면 회사의 직원은 미공개 정보를 이용하여 회사 주식과 채권을 매매할 수 없다. 또한 투자자에게 내부정보를 제공해서도 안 된다.

주가는 예측 가능한가?

효율적 시장 가설의 핵심은 주가는 예측되지 않는다는 것이다. 이유를 보자. 오후 4시 주식거래가 마감되려고 한다. 애플의 주가는 253달러로 마감되었다. 당신은 다음 날 애플의 종가를 예측하려

고 한다. 당신이 할 수 있는 최적의 예측은 무엇인가? 효율적 시장 가설에 따른 예측은 253달러이다. 다시 말하면 내일의 주가에 대한 최적의 예측은 오늘의 주가이다. 왜냐하면 오늘의 주가는 현재 이용 가능한 모든 정보를 반영하기 때문이다. 내일 장이 끝날 때 애플 주가가 253달러가 되기는 어렵지만, 그렇다고 주가가 높아지거나 낮아진다고 예측할 근거도 없다.

임의보행 주가의 예측 불가능한 움직임

흔히 주가는 **임의보행**(random walk)을 따른다고 한다. 임의보행이란 주가가 오를 수도 있고 내릴 수도 있다는 것을 말한다. 물론 우리는 어떤 주식이 며칠간 계속해서 오르는 경우를 볼 수 있다. 그러나 이러한 사실이 임의보행 개념에 위배되는 것은 아니다. 동전 던지기를 할 때 앞, 뒤가 나올 확률은 같지만 연속해서 앞만 나오거나 뒤만 나오는 경우가 있지 않은가?

효율적 시장과 투자 전략

효율적 시장 가설을 이해하면 실제 거래를 하거나 포트폴리오 배분 전략을 짜는 데도 도움이 된다.

포트폴리오 배분 효율적 시장 가설에 따르면 시장 참여자들이 같은 정보를 가지고 있는 한 거래를 통해 평균 이상의 수익을 낼 수 있는 기회가 사라진다. 즉 당신이 애플사가 아이패드 판매로 높은 수익을 얻을 것을 확신하더라도, 다른 투자자들이 같은 정보를 가지고 있으면 당신의 투자 수익은 다른 데 투자했을 때보다 높다고 할 수 없다. 따라서 하나의 주식에만 투자하는 것은 좋은 전략이 아니다. 대신 다양한 포트폴리오를 구성해야 한다. 이렇게 하면 한 주식에 좋은 뉴스가 다른 주식에 생기는 나쁜 뉴스를 상쇄시킬 수 있다. 아이패드 판매가 저조하면 애플 주가는 하락하겠지만, 맥도날드의 야채 버거가 예상보다 잘 팔린다면 맥도날드 주가는 상승할 것이다. 앞으로 어떤 일이 일어날지 예측할 수 없기 때문에 주식과 기타 자산으로 잘 분산된 포트폴리오를 구성해야 한다.

트레이딩 만약 가격이 모든 정보를 반영하고 있다면 개별 주식을 규칙적으로 사고파는 것은 좋은 전략이 아니다. 이 주식에서 저 주식으로 반복적으로 갈아타는 것, 즉 포트폴리오를 휘저어서는 안 된다. 왜냐하면 주식을 매매할 때마다 수수료를 내야 하기 때문이다. 다양한 포트폴리오를 구입하고 오랫동안 보유하는 것이 더 낫다.

금융분석가 BOA, 메릴린치, 골드만삭스 등 월가에서 일하는 금융분석가들은 크게 두 종류로 분류된다. 하나는 기술적 분석가이다. 이들은 주가를 예측하기 위해 과거의 주가변동 패턴을 연구한다. 다른 하나는 기본적 분석가이다. 이들은 주가를 예측할 때 회사의 예상되는 수익을 분석한다. 이미 언급한 대로 기술적 분석은 적응적 기대에 기반을 두는 방법이다. 그러나 경제학자들은 기술적 분석이 주가를 예측하는 데 성공적인 전략이 될 수 없다고 생각한다. 왜냐하면 기술적 분석에서는 과거 주가 이외의 모든 정보가 무시되기 때문이다.

기본적 분석은 가능한 모든 정보를 이용하기 때문에 합리적인 기대 접근과 부합한다. 그렇다면 기본적 분석이 주가를 예측하는 데 좋은 전략일까? 많은 금융분석가가 그렇게 생각하는 것 같다. 이들은 고객에게 주식을 추천할 때 주로 기본적 분석을 사용한다. 그러나 효율적 시장 가설에 따르면 이들이 추천하는 주식이 시장을 능가하기는 어렵다. 금융분석가는 어떤 회사가 경영을 잘하고, 새로운 상품을 가지고 있고, 수익을 내기 위한 능력을 가지고 있는지 잘 가려낸다. 그러나 다른 투자자들과 거래자들도 같은 정보를 가지고 있으며, 그런 정보는 이미 주가에 반영되어 있다.

모순되는 것으로 보이겠지만, 이윤을 많이 낼 것으로 예상되는 회사라고 해서 그렇지 않은 회사에 비해 투자하기에 더 좋은 것은 아니다. 이윤을 많이 낼 것으로 예상되는 회사의 주가는 이미 주가가 충분히 높고, 이윤을 많이 내지 못할 것으로 예상되는 회사의 주가는 이미 충분히 낮기 때문이다. 이 상황은 채권시장에서도 마찬가지이다. 만약 두 채권이 위험, 유동성, 정보비용, 세금 면에서 동일하다면 두 채권의 만기수익률은 같아진다. 다른 조건은 다 동일하며 이표가 60달러인 채권과 이표가 50달러인 채권이 있을 때, 이표가 높은 채권의 가격이 더 비싸져서 결국 만기수익률은 이표가 낮은 채권과 같아진다.

관련 사례

당신은 나를 믿겠는가, 아니면 다트를 던지는 원숭이를 믿겠는가?

프린스턴대학의 경제학자인 말키엘(Burton Malkiel)은 『이기는 투자 : 랜덤 워크』라는 저서를 통해 효율적 시장 가설을 유행시켰다. 이 책은 100만 부 이상 팔렸고 1973년 초판이 발행된 이후 여러 차례 개정판이 나온 바 있다. 이 책의 초판에서 그는 효율적 시장 가설에 대해 다음과 같이 적었다. "논리적 극단으로 가져갔을 때 이 이론은 눈을 가리고 신문의 증권 면에 다트를 던지는 원숭이가 선택한 포트폴리오의 실적이 전문가가 주의 깊게 선택한 포트폴리오의 실적과 크게 다르지 않을 것임을 의미한다."

1988년 월스트리트저널은 말키엘의 주장을 실제로 확인해 보기 위해 다음과 같은 투자경연대회를 열었다. 매달(이후에는 매 6개월로 바뀌었다) 신문은 4명의 금융시장 애널리스트에게 각각 하나의 주식을 고를 것을 부탁했다. 눈을 가린 원숭이는 찾을 수 없었기 때문에 이 신문은 대신 기자들에게 사무실 벽에 붙여 놓은 주식 목록에 무작위로 다트를 던질 것을 부탁했다. (말키엘은 첫 다트를 던지는 영예를 안았다.) 그 후 신문은 애널리스트가 선택한 4개 주식의 실적과 무작위로 선정된 1개 주식의 실적을 비교했다.

14년이 지난 후 신문은 이 경연대회를 마쳤고 결과를 발표했다. 애널리스트들의 선택과 다트의 선택을 비교할 수 있는 기간은 총 142개였다. 이 142개 기간 중 87개에서 애널리스트가 선택한 주식의 가격이 다트가 선택한 주식의 가격보다 빠르게 상승했다. 신문은 효율적 시장 가설의 예측과는 반대로 금융시장 애널리스트가 눈 가린 원숭이보다 주식을 잘 고를 수 있다는 증거를 확보한 것으로 볼 수 있다.

하지만 말키엘은 이 경연대회의 결과는 눈속임이라고 주장한다. 첫째, 신문은 주식가격의 변화만 들여다보았고 배당금 지급액은 고려하지 않았다. 하지만 이 장의 앞 부분에서 살펴보았듯이 주식을 보유함으로써 투자자가 얻게 되는 수익은 배당수익과 자본이득으로 구성된다. 애널리스트가 선택한 주식의 배당수익은 1.2%에 그친 반면 다트가 선택한 주식의 배당수익은 2.3%에 달했다. 또한 애널리스트는 평균보다 더 위험한 주식들을 선택했다. 금융시장에서 위험과 수익률 사이에는 상충관계가 있기 때문에 애널리스트가 선택한 주식의 높은 수익률 중 일부는 높은 위험에 대한 보상으로 볼 수 있다. 마지막으로, 애널리스트가 선택한 주식의 높은 수익률은 단지 애널리스트가 선택했다는 사실에 기인한 것이라는 증거가 있다. 월스트리트저널은 발행부수가 150만 부가 넘기 때문에 많은 투자자가 이 경연대회를 관심을 가지고 지켜봤다. 일부 투자자는 애널리스트가 어떤 선택을 했는지에 대해 읽고 나서 이들이 선택한 주식이 정말로 투자하기에 좋은 주식이라고 확신하게 됐다. 투자자들이 이들 주식에 대한 수요를 높이면서 주식의 가격도 올라갔다. 이러한 효과가 컸다는 증거는 애널리스트가 선택한 주식의 주가 상승의 대부분은 신문이 관련 기사를 내보낸 후 이틀 이내에 발생했다는 사실에서 찾을 수 있다. 이러한 점들을 고려하면 경연대회의 결과는 정반대가 되어, 다트가 애널리스트보다 약간 더 선전했다는 결론을 얻게 된다.

평균적으로 월가 금융시장 애널리스트들은 열심히 일하고 상당한 지식을 가진 사람들이며 또 기업의 재무건전성, 경영자의 능력, 새로운 제품의 성공 가능성 등에 대한 유용한 정보를 제공한다. 하지만 이들이 투자하기에 가장 좋은 개별 주식을 잘 골라낸다는 증거는 별로 없다.

출처 : Burton G. Malkiel, *A Random Walk Down Wall Street*, New York: W.W. Norton & Company, 2007. (초판은 1973년; 이 책의 한국어 번역서의 제목은 『이기는 투자 : 랜덤 워크』이다.) Georgette Jasen, "Journal's Dartboard Retires After 14 Years of Stock Picks," *Wall Street Journal*, April 18, 2002.

예제 6.3

투자분석은 소용이 없는가?

금융분석가들은 가격이 오를 것으로 보이는 주식을 매수 추천하고 가격이 내리거나 더디게 오를 것으로 보이는 주식은 매도 추천한다. 다음은 블룸버그(Bloomberg) 기사의 일부이다. 이 기사는 한 해 동안 주식분석가들이 주가를 얼마나 잘 예측했는지에 대해 쓰고 있다.

> "JDS 유니페이즈(Uniphase) 주식은 대부분의 분석가들이 매도 의견을 낸 주식인데, 매수 추천했던 마이크로소프트보다 수익률이 더 높았다. 투자자들은 JDS 유니페이즈가 월가의 분석가들이 미래가 아닌 과거를 기초로 추천한 대표적 사례라고 믿고 있다."

이렇게 믿는 투자자들에 대해 동의하는지 의견을 말해 보라.

Step 1 복습. '주가는 예측 가능한가?' 부분을 복습한다.

Step 2 효율적 시장 가설에 대해 이해한 바를 활용하여 답한다. 효율적 시장 가설에 따르면 JDS 유니페이즈의 주가가 마이크로소프트보다 더 많이 오른 것은 놀라운 일이 아니다. 사실 연초에는 마이크로소프트의 주가가 더 높았다. 연초에 투자자들은 두 회사의 투자 수익률이 비슷할 것이라고 예상했을 것이다. 어떤 투자가 더 나은 것인지는 1년 동안 벌어지는 일들에 의해 결정된다. 그러나 투자자들은 1년 동안 무슨 일이 일어날지 예측할 수 없다. 예측할 수 없었던 일들은 JDS 유니페이즈에 유리한 쪽으로 일어났고 결과적으로 JDS 유니페이즈에 대한 투자가 더 나았다.

기사에 인용된 투자자들의 분석은 효율적 시장 가설의 시각으로 볼 때 올바른 분석이 아니다. 월가의 분석가들이 예상되는 미래보다 과거에 기초하여 추천을 했다는 것이 핵심은 아니다. 분석가들이 미래의 예상 이익을 기초로 추천했더라도 성공적이지는 못했을 것이다. 왜냐하면 미래 이익에 관한 모든 정보도 이미 회사의 주가에 반영되어 있기 때문이다.

출처 : Scott Lanman, "Analyst Ratings Based on Past Missing Mark," Bloomberg.com, September 23, 2003.

효율적 시장 가설에 따르면, 미래의 이윤 가능성을 포함한 모든 정보가 이미 현재의 가격에 반영되어 있기 때문에 이윤을 많이 낼 것으로 예상되는 회사라고 해서 다른 회사에 비해 투자하기에 더 좋은 것은 아니다.

6.4 금융시장의 실제 효율성

[학습목표]
금융시장의 실제 효율성에 대해 논의한다.

많은 경제학자들이 효율적 시장 가설을 믿고 있다. 시카고대학의 파마(Eugene Fama)를 위시한 많은 경제학자가 주가를 예측할 수 없다는 실증분석 결과를 발표하면서 효율적 시장 가설을 뒷받침했다.

그러나 다른 분석가들은 효율적 시장 가설에 대해 회의적이다. 특히 적극적으로 거래하는 트레이더들과 투자 조언을 하는 사람들이 그러하다. 이들은 금융시장의 이론과 실제 사이에 세 가지 차이점을 지적하면서 효율적 시장 가설의 타당성에 대해 의문을 제기하고 있다.

1. 시장에서 형성되는 가격에는 **예외현상**(pricing anomalies)이 존재하기 때문에 지속적으로 평균 이상의 수익을 얻을 수 있다. 효율적 시장 가설에 따르면 평균 이상의 수익을 얻을 수 있는 기회는 존재하지 않거나, 있어도 자주 발생하지는 않으며, 오래 지속되지도 않는다.
2. 정보를 이용하여 가격변동을 어느 정도 예측할 수 있다. 효율적 시장 가설에 따르면 공개정보로는 주가변동을 예측할 수 없다.
3. 주식의 기본 가치 변동에 비해 실제의 주가변동이 훨씬 크게 나타난다. 효율적 시장 가설에 따르면 증권의 가격은 기본 가치를 반영한다.

예외현상

효율적 시장 가설은 지속적으로 평균 이상의 수익을 얻을 수는 없다고 한다. 그러나 일부 분석가는 평균 이상의 수익을 낼 수 있는 거래 전략이 있다고 믿는다. 효율적 시장 가설의 시각에서 볼 때 이런 거래 전략은 예외현상일 뿐 가설과 일치하지 않는다. 두 가지 대표적인 예외현상은 **소기업 효과**(small firm effect)와 **1월 효과**(January effect)이다.

소기업 효과는 장기적으로 볼 때 대기업 투자에 비해 소기업 투자의 수익률이 더 높다는 것이다. 실제로 1926~2009년 동안 소기업 투자 수익률은 연 17.3%인 반면 대기업 투자 수익률은 연 11.7%였다. 한편 1월 효과란 1년 가운데 1월의 주식수익률이 비정상적으로 높은 현상을 말한다.

이러한 예외현상이 효율적 시장 가설의 결함을 보여 주는 것인가? 이에 대해 학자들의 의견은 다양하다. 효율적 시장 가설의 지지자들은 예외현상이 효율적 시장 가설에 위배되는 것은 아니라고 주장한다. 그 이유는 다음과 같다.

- **데이터 마이닝.** 사실 지나간 데이터를 보고 평균 이상의 수익을 낼 수 있었을 전략을 만들어 내는 것은 언제나 가능한 일이다. 당시에 오로지 그것만 생각했었다고 가정하면 말이다. 'NFC 효과' 같은 것을 이용한 시시껄렁한 전략을 생각해 보면 확실해진다. 월가의 몇몇 분석가는 'NFC 효과'를 발견했는데, 슈퍼볼 경기에서 NFC에 속한 팀이 우승하는 해에는 주식시장이 상승하는 경향이 있고 AFC에 속한 팀이 우승하는 해에는 하락하는 경향이 있다는 것이다. 이 효과는 아무 상관이 없는 사건들 간의 우연한 관계를 보여 줄 뿐이다. 게다가 'NFC 효과'는 최근에 주식시장을 제대로 예측하지 못했다. 2008년에는 NFC의 뉴욕 자이언츠가 우승했지만 다우지수는 35% 이상 하락했다. 아주 면밀한 데이터 마이닝(data mining)을 통해 거래 전략을 발견하더라도 그 전략이 널리 알려지면 더 이상 수익을 내기 어렵다. 사실 1월 효과도 1980년대에 매스컴의 상당한 관심을 받자 곧 사라져 버렸다.
- **위험, 유동성, 정보비용.** 효율적 시장 가설이 모든 주식 투자의 기대수익률이 같다고 예측하는 것은 아니다. 위험, 유동성, 정보비용 등의 차이를 조정하고 난 후의 기대수익률이 같다는 것이다. 소기업 효과만 해도 그렇다. 소기업 투자 수익률이 높은 것은 사실이지만 소기업에 대한 투자는 위험이 높다. 소기업이 발행한 주식이 거래되는 시장은 유동성이 낮고 투자에 따르는 정보비용도 크다. 효율적 시장 가설의 시각에서 보면 소기업 투자로 높은 수익을 얻는 것은 높은 위험, 낮은

유동성, 높은 정보비용에 대한 보상이다.

- **거래비용과 세금.** 책, 잡지, 뉴스레터에 소개되는 인기 있는 거래 전략들은 상당히 복잡하며, 전략을 따라 하려면 수차례 주식을 사고팔아야 한다. 하지만 투자자들은 주식을 사고팔 때마다 수수료를 내야 한다. 지본이득을 얻으면 세금도 내야 한다. 실제로 거래비용과 세금을 제하고 나면 이러한 전략을 통해 평균 이상의 수익을 내기 어렵다.

평균회귀현상

효율적 시장 가설에 따르면 투자자들이 현재 이용 가능한 정보를 이용하여 주가를 예측하는 것은 불가능하다. 오직 새로운 뉴스가 가격과 수익을 바꾼다. 그런데 효율적 시장 가설은 실제로 발견되는 **평균회귀**(mean reversion)라고 하는 현상과 일치하지 않는다. 평균회귀현상이란 최근에 높은 수익률을 보인 주식이 이후에 수익률이 낮아지고, 최근에 낮은 수익률을 보인 주식이 이후에 수익률이 높아진다는 것이다. 시간의 흐름에 따라 수익률이 역전되는 경향이 있다는 것인데, 만약 이러한 패턴이 지속된다면 투자자들은 한동안 수익률이 낮았던 주식을 사고 수익률이 높았던 주식을 팔아 평균 이상의 수익을 낼 수 있을 것이다.

그런데 어떤 투자자들은 **모멘텀 투자**(momentum investing)라고 불리는 전략을 사용하여 평균 이상의 수익을 낼 수 있다고 주장한다. 모멘텀 투자는 평균회귀의 정반대 개념이다. 모멘텀 투자는 다음과 같은 개념, 즉 주가변동에는 지속성이 있어서, 상승하던 주가는 계속 상승하고 하락하던 주가는 계속 하락하는 경향이 있다는 것에 기초한다. 만약 당신이 '추세는 당신의 친구'라는 월가의 격언을 믿는다면 상승하는 주식을 사고 하락하는 주식을 파는 것이 나을 것이다.

평균회귀와 모멘텀 투자에 관한 학자들의 의견은 서로 다르지만, 세밀하게 분석한 연구들을 보면 실전에서 둘 중 어느 전략을 쓰든 결국에는 평균 이상의 수익을 내는 것이 쉽지 않다. 거래비용과 세금을 감안하면 더욱 그러하다.

과잉변동성

효율적 시장 가설에 따르면 자산의 가치는 시장에서 최적으로 평가한 기본 가치와 일치해야 한다. 따라서 실제 주가의 변동도 기본 가치의 변동에 비해 크지 않아야 한다. 예일대학의 쉴러(Robert Shiller)는 S&P 500에 포함된 주식을 대상으로 수십 년간의 기본 가치를 추정했다. 그는 실제의 주가변동이 그 주식의 기본 가치의 변동에 비해 훨씬 크다는 결론을 내렸다. 물론 주식의 기본 가치에 대해 다양한 의견이 있었기 때문에, 경제학자들은 쉴러가 사용한 방법의 기술적 정확성에 대해 논쟁을 벌였다. 그러나 쉴러의 분석은 효율적 시장 가설에 대해 본격적인 의문을 일으켰다. 이론적으로 볼 때, 쉴러의 연구에 따라 기본 가치보다 가격이 높은 주식을 팔고 기본 가치보다 가격이 낮은 주식을 사면 평균 이상의 수익을 얻을 수 있다. 그러나 실전에서 이 전략을 사용하는 것이 지속적으로 평균 이상의 수익을 내는 것은 아니다.

관련 사례

2007~2009년 금융위기는 효율적 시장 가설이 틀렸음을 입증하는가?

지금까지 살펴본 대로 2007~2009년 금융위기 때 주요 주가 지수가 큰 폭으로 하락했다. 2007년 10월부터 2009년 3월 사이 다우 지수는 54% 하락했고, S&P 500 지수는 57% 하락했으며 나스닥 지수는 56% 하락했다. 효율적 시장 가설에 따르면 이러한 가격 하락은 주식들의 기본 가치가 하락한 데 따른 것이다. 그런데 지수편입 기업의 기본 가치가 실제로 50% 이상 하락한다는 것이 가능한 일일까? 위기로 인해 이 기업들이 모두 붕괴한 것도 아니지 않은가? 몇몇 예외를 제외하고는 기업들은 여전히 존재했고 이 기업들의 공장, 사무실, 연구인력, 그리고 다른 자산들도 대부분 그대로 남아 있었다.

그렇지만 주가 하락은 향후 배당금 증가율에 대한 투자자들의 예상과 주식 투자의 위험에 대한 투자자들의 인식이 크게 바뀌었다는 점과 부합하는 것인지도 모른다. 어떤 투자가 더 위험해졌다고 느낄 때 투자자들은 그 투자로부터 요구하는 기대수익을 높이게 된다. 그렇다면 금융위기 때 투자자들이 주식에 대한 요구수익률(r_E)을 높이고 배당금 증가율에 대한 기대치(g)를 낮추었을 것으로 볼 수 있다. 고든의 성장모형에 따르면 r_E가 증가하고 g가 감소하면 주가는 하락하게 된다. 그렇기 때문에 효율적 시장 가설의 지지자들은 주식의 위험 증가와 예상 배당 증가율의 하락이라는 새로운 정보에 대해 투자자들이 반응하면서 큰 폭의 주가 하락이 나타난 것이라고 주장할 것이다. 하지만 효율적 시장 가설에 부정적인 경제학자들은 투자자들이 새로이 얻은 정보만으로는 주가 하락의 크기를 설명하는 데 부족하다고 주장한다.

6.5 행태금융론

[학습목표]
행태금융론의 기본 개념을 알아본다.

지난 20년간 몇몇 경제학자는 다음과 같은 주장을 하기 시작했다. 효율적 시장 가설이 옳고 평균 이상의 수익을 내는 거래 전략을 찾기가 쉽지 않지만, 여전히 사람들이 어떤 식으로 투자 결정을 내리는지 더 깊이 이해할 필요가 있다는 것이다. 행태경제학(behavioral economics)은 사람들이 어떤 상황에서는 경제적으로 합리적이지 않아 보이는 결정을 한다는 점에 주목한다. **행태금융론**(behavioral finance)은 행태경제학의 개념을 적용하여 사람들이 금융시장에서 어떻게 결정을 하는지 연구한다.

행태금융론 행태경제학의 개념을 적용하여 사람들이 금융시장에서 어떻게 결정을 하는지 연구하는 분야

소비자, 기업, 투자자가 합리적으로 행동한다는 것은 사람들이 주어진 정보를 바탕으로 각자의 목표를 달성하기 위해 적절한 조치를 취한다는 뜻이다. 그런데 겉으로 보기에 합리적이지 않은 행동을 하는 상황도 많다. 왜 사람들은 합리적으로 행동하지 않을까? 가장 명백한 이유는 그들의 행동이 목표와 부합하지 않는다는 것을 깨닫지 못해서이다. 살을 빼는 것이 목표지만 초콜릿 케이크를 먹으려고 한다. 다이어트는 다음에 하면 된다고 생각하기 때문이다. 불행하게도 계속 초콜릿 케이크를 먹게 되고 날씬해지려는 목표를 달성하지 못한다. 또 다음에 끊으면 된다는 생각으로 계속 담배를 피운다. 하지만 다음은 절대 오지 않는다. 그리고 담배로 인한 질병 때문에 힘들어한다. 사람들의 현재 하는 행동이 장기 목표와 부합하지 않는 것이다.

사람들은 은퇴 이후의 노후자금을 마련하기 위해 저축을 한다. 예를 들어 회사에 다니는 직장인들의 퇴직연금을 생각해 보자. 사측에서 직원들에게 퇴직연금 가입을 선택사항으로 하는 경우와 의무사항으로 하는 경우를 비교해 보자. 물론 의무사항으로 되어 있어도 중간에 탈퇴가 가능하다. 퇴직연금 가입이 선택사항으로 되어 있는 경우에는 생각보다 가입률이 저조하다. 노후자금을 모아야

한다고 생각하면서도 당장 돈을 쓰면서 그렇게 못하는 것이다. 하지만 의무사항으로 되어 있는 경우에는 언제든 탈퇴할 수 있음에도 불구하고 실제로 탈퇴율이 높지 않다. 가입률이 높게 유지된다. 선택사항으로 되어 있든 의무사항으로 되어 있든, 직원들이 노후자금 마련이라는 장기 목표를 위해 합리적으로 행동한다면 두 경우에 실제 가입률은 비슷해야 할 것이다. 그러나 의무사항인 경우에 가입률이 훨씬 높다.

행태금융론은 투자자들 사이에 기술적 분석이 인기 있는 이유를 설명해 준다. 숫자를 무작위로 추출하여 만들어진 주가 차트를 보여 주더라도 어떤 사람들은 그것을 보고 주가에 일정한 패턴이 있다고 믿는다. 실은 효율적 시장 가설에 부합하게 임의보행을 따르는 무작위 숫자들을 보고 있는 것인데도 일정한 패턴으로 움직이고 있다고 생각하는 것이다.

투자자들은 자신의 실수를 인정하지 않으려고 하기 때문에 손해 보고 팔기를 꺼린다. 가격이 떨어진 주식을 팔면 투자가 실수였다는 것을 부인하기 어렵다. 그러나 그대로 들고 있으면 주가가 회복되어 패자가 아닌 승자가 될 수 있다는 희망을 가질 수 있다. 주가가 하락할 확률에는 변함이 없는데도 말이다. 연구 결과에 따르면 사람들은 가격이 내린 주식을 팔기보다는 가격이 오른 주식을 팔려는 경향이 크다. 수익을 확정짓고 승리의 기쁨을 누릴 수 있기 때문이다. 가격이 내린 주식을 선뜻 팔지 못하는 것은 자신이 졌다는 것을 인정하기 싫은 심리 때문이다.

노이즈 트레이딩과 거품

행태금융론에 의하면 많은 사람이 자신의 투자 전략을 과신하고 있다고 한다. 사람들에게 얼마나 벌었느냐고 물으면 실제 번 것보다 훨씬 많은 금액을 말한다. 과신의 결과는 **노이즈 트레이딩**(noise trading)으로 나타난다. 노이즈 트레이딩은 좋은 뉴스나 나쁜 뉴스에 과도하게 반응하는 것을 말한다. 어떤 뉴스가 있을 때 이를 부풀려 생각하는 데서 노이즈 트레이딩이 시작된다. 예를 들어 노이즈 트레이더는 경제신문에 부정적 기사가 실린 기업의 주식을 적극적으로 매도한다. 효율적 시장 가설은 신문이나 잡지에 나오는 기사는 공개정보이므로 노이즈 트레이더가 읽기 전에 이미 주가에 영향을 주었을 것이라고 말할 것이다. 그러나 실제는 그 정도에 그치지 않고 노이즈 트레이더들의 거센 매도 압력에 의해 주가는 기본 가치 아래로 떨어진다.

그렇다면 정확한 정보를 가진 투자자들이 노이즈 트레이더를 상대로 더 높은 수익을 올릴 수 있지 않을까? 하지만 노이즈 트레이더에 의해 가격의 변동폭이 커지고 위험이 증가했기 때문에 그렇게 하기 쉽지 않다. 노이즈 트레이더에 의해 주가가 과도한 반응을 보이고 있다고 하자. 효율적 시장 가설을 믿는 투자자일지라도 과연 주가가 어느 시점에 기본 가치로 돌아올지 확신할 수 없다.

노이즈 트레이딩은 **군집행동**(herd behavior)으로 이어질 수 있다. 정보에 둔한 투자자들은 기본 가치에 의해 투자하기보다 다른 사람들의 행동을 모방한다. 서로를 모방한 사람들의 행동은 투기적 **거품**(bubble)을 가속화시킨다. 자산가격이 기본 가치보다 커지게 된다. 거품이 한번 시작되면 자산가격이 기본 가치보다 높다는 것을 알면서도 자산을 매입한다. 보유하려고 사는 것이 아니라 바로 되팔아서 이익을 남기려고 매입하는 것이다. 거품이 발생하면 **더 심한 바보 이론**(greater fool

거품 자산의 가치가 기본 가치보다 훨씬 커지는 상황

theory)이 발동한다. 바보라서 과대평가된 자산을 사는 것이 아니라, 나중에 그런 자산을 더 높은 가격에 사려는 더 멍청한 바보들이 있기 때문이다. 1990년대 말 닷컴 열풍이 일던 당시 몇몇 투자자는 펫츠 닷컴(Pets.com)이나 다른 인터넷 기업들이 수익을 내지 못할 것을 알고 있었다. 하지만 주식을 사들였다. 매수가격보다 더 비싸게 팔 수 있다고 믿었기 때문이다. 그러나 어느 시점에서 거품은 폭발했다. 주가가 기본 가치에 비해 너무 올라가는 것을 두려워하면서 사람들은 주식을 팔기 시작했다. 그림 6.2의 나스닥 지수에서 볼 수 있듯 닷컴 열풍의 거품이 터지자 주가는 폭락했다.

행태금융론이 효율적 시장 가설에 큰 도전이 될 것인가?

금융시장에는 노이즈 트레이더가 많고 이들이 군집행동을 하며 자산에 거품이 있는 것이 일반적이라면, 이러한 시장을 분석하는 데 효율적 시장 가설이 여전히 쓸모가 있을까? 특히 금융위기로 효율적 시장 가설에 대한 의문은 더욱 커졌다. 이전부터 합리적 기대에 이의를 제기했던 행태금융론도 이러한 회의론에 가세했다. 앞서 보았듯이 1990년 후반 닷컴 열풍과 같은 거품이 존재할 때에는 정보를 제대로 알고 있는 투자자들도 치솟은 주가를 기본 가치 수준으로 끌어내리기 어려웠다. 닷컴 주식의 주가가 정점을 찍기 1~2년 전에 주가가 너무 과대평가되었음을 알아차리고 그 반대 방향으로 투자한 사람들조차 주가가 한동안 더 올라가는 바람에 엄청난 손실을 입었다.

자산가격이 매순간 기본 가치를 반영한다고 믿기도 어렵지만, 거래 전략을 통해 장기적으로 평균 이상의 수익을 낼 수 있다고 믿기도 어렵다. 행태금융론은 투자자의 실제 행동과 합리적 행동 간의 조화를 계속 모색할 것이다.

6장의 질문에 대한 답변

Question 2007~2009년 금융위기가 개인의 주식 투자 의지에 장기적으로 영향을 줄 것인가?

Answer 많은 투자자가 금융위기로 엄청난 손실을 입었다. 주가 지수는 50% 이상 폭락했다. 2009년 봄 주가가 반등하기 시작하자 개인 투자자들이 다시 주식시장으로 돌아왔다. 그러나 돌아오지 않은 사람도 많았다. 돌아온 투자자 가운데 일부는 2010년 시장이 변동성을 보이자 다시 떠났다. 연구에 의하면 약세장을 경험한 투자자들은 그다음 해에 주식 투자를 꺼린다고 한다. 1930년대 대공황은 1960년대까지 영향을 미쳤다. 2007~2009년 금융위기도 적지 않은 영향을 미칠 것이다.

핵심용어

거품
고든 성장모형
공개기업
금융차익거래
내부정보
배당
배당금
법인
요구수익률
유한책임

임의보행
장외시장
적응적 기대
주가 지수
주식거래
합리적 기대
행태금융론
효율적 시장 가설

연습문제

01 골드만삭스의 주당 가격이 142달러라고 하자. 1년 뒤에 당신은 주당 1.40달러의 배당금을 받을 것으로 예상한다. 그리고 그때 주가는 160달러라고 예상된다. 만약 당신이 주식을 통해 8%의 수익률을 올리고 싶다면 이 주식을 사야 하는가? 간략히 설명하라.

02 연초에 IBM 주식을 주당 120달러에 샀다고 해 보자. 1년 동안 받는 배당금은 주당 2.50달러이다. 1년 뒤에 IBM 주식은 주당 130달러에 팔릴 것으로 예상된다. 이 주식을 매수함으로써 얻을 수 있는 수익률은 얼마인가?

03 당신의 친구가 소프트웨어 판매를 시작했다고 가정해 보자. 그 소프트웨어는 성공했고 회사는 주식을 팔 수 있을 정도로 급속히 성장한다. 친구의 회사는 50년 동안 매년 주당 5달러의 배당금을 준다고 약속한다. 그 친구는 50년 후에 회사를 정리할 생각이다. 그 회사의 주식은 최근에 주당 75달러로 팔렸다. 만약 그 회사가 약속한 배당금을 지급할 것이라고 믿는다면, 또 당신이 투자에 대해 10%의 수익률을 요구한다면, 이 주식을 사야 하는가? 간략히 설명하라.

04 당신이 애플의 아이패드를 구입했고 인기 상품이 될 것이라고 생각한다. 당신은 아이패드가 잘 팔려서 애플이 엄청난 수익을 낼 것이라고 예상한다. 애플사에 투자해야 하는가?

05 2010년 토요타 자동차는 급발진 결함을 해결하기 위해 수백만 대를 리콜했다. 월스트리트저널의 스튜어트(James Stewart)는 투자자들에게 다음과 같이 조언했다. "토요타 주가는 1월 19일에 90달러였다. 그리고 화요일에 78.18달러로 마감됐다. 하지만 엄청난 리콜 사태에 비해 하락폭이 크지 않은 것에 놀랐다. 나라면 그 주식을 당장 팔았을 것이다." 효율적 시장 가설을 지지하는 사람이라면 이러한 조언을 받아들이겠는가?

출처 : James B. Stewart, "Toyota Recall Should Warn Investors Away," *Wall Street Journal*, February 3, 2010.

06 애플의 이윤은 마이크로소프트에 비해 2배 빠르게 증가할 것이라고 예상된다. 어떤 기업에 투자하는 것이 더 나은가? 간략히 설명하라.

07 한 펀드매니저가 다음과 같이 말했다. "나는 위대한 투자자가 되는 법을 가르쳐 주는 학교가 어디에도 없다는 것을 깨달았다. 만약 그런 학교가 있다면 너무 인기가 많아서 상상할 수 없을 정도의 등록금을 받을 것이다. 그렇기 때문에 그런 학교는 있을 수 없다." 당신은 이 말에 동의하는가? 간략히 설명하라.

08 월가에는 다음과 같은 격언이 있다. "5월에 팔고 떠나라." 여름에는 주식시장이 그리 좋지 않다는 것이다. 월스트리트저널의 한 블로거는 그 이유에 대해 다음과 같이 말한다.

"5월에 팔고 떠나라."는 무슨 말인가? 트레이더들은 휴가를 떠나고 학교는 문을 닫고 여름에는 침체가 된다. 이런 요인들이 합쳐져서 5월부터 9월까지는 약세장이다.

a. "5월에 팔고 떠나라."는 격언이 가격 예외현상의 예라고 할 수 있는가?

b. 만약 "5월에 팔고 떠나라."는 격언이 가격 예외현상의 예라면, 평균 이상의 수익을 내기 위해 당신은 예외현상을 어떻게 활용할 것인가?

c. 가격 예외현상은 오랫동안 지속될 것 같은가?

출처 : James Altucher, "The Truth About 'Sell in May and Go Away,'" *Wall Street Journal*, May 3, 2010.

09 월가에서는 모멘텀 거래 전략을 따르는 펀드를 'momos'라고 부른다. 펀드매니저들은 어떻게 모멘텀 전략을 사용하는가? 왜 펀드매니저들은 평균 이상의 수익을 올릴 수 있다고 기대하는가?

10 연준 의장이었던 그린스펀은 거품이 터지기 전까지는 그것을 알아차리기 어렵다고 주장했다. 거품이 무엇이고 왜 거품을 알아차리기 어려운가?

11 케인즈는 사람들이 어디에 투자할지 결정할 때 예상되는 가치를 계산해 보고 하는 것은 아니라고 했다.

"사람들이 시간이 지나 봐야 알 수 있는 일에 대해 어떤 결정을 내릴 때는, 예상되는 편익을 수량화하기 위해 확률을 적용하여 기댓값을 계산하기보다는 단지 동물적 감각에 의존하는 경향이 있다. 즉각 행동으로 옮기고 싶은 충동이 중요한 것이다."

만약 투자를 할 때 사람들이 예상되는 가치보다 '동물적 감각'을 따르는 것이 사실이라면 효율적 시장 가설이 옳은 것인가? 간략히 설명하라.

출처 : John Maynard Keynes, *The General Theory of Employment, Interest, and Money*, London : Macmillan, 1936, p. 162.

12 뉴욕 매거진에서 콜햇커(Sheelah Kolhatkar)는 다음과 같이 흥미로운 질문을 던졌다.

"2주 전에 투자회사 뱅가드(Vanguard)는 주식시장이 바닥일 때 여자보다 남자가 주식을 팔 가능성이 더 높다는 데이터를 제시했다. 남성보다는 여성이 감정에 치우치지 않고 시세의 등락을 더 잘 견뎌낼 수 있을까?"

a. '주식시장이 바닥일 때'는 무슨 의미인가?

b. 주식시장이 바닥일 때 주식을 파는 것이 좋은 생각인가, 나쁜 생각인가?

c. (b)에 대한 답이 '예'라면 그것은 효율적 시장 가설에 부합하는가?

출처 : Sheelah Kolhatkar,"What If Women Ran Wall Street," *New York*, March 21, 2010.

체계적 위험의 측정 : CAPM

부록

일반적으로 위험자산이 가진 위험의 크기는 통계학 개념인 분산(variance) 혹은 표준편차(standard deviation)로 측정될 수 있으며, 위험이 클수록 기대수익률도 높다. 만약 개별 자산의 위험을 측정할 수 있다면 개별 위험자산 간의 기대수익률 차이는 쉽게 설명될 수 있을 것이다. 이는 직관적으로도 쉽게 이해할 수 있는 부분이다. 그러나 여기에는 매우 미묘한 논의가 필요한 부분이 있다. 개별 자산이 가진 위험이 체계적 위험과 비체계적 위험으로 구분되기 때문이다.

만약 시장에서 거래되는 i번째 자산의 분산이 σ_i^2이고, j번째 자산의 분산이 σ_j^2이라고 알려져 있다면, 이 두 자산의 위험 크기를 각각 σ_i^2, σ_j^2라고 할 수 있을까? 이 질문에 답하기 위해 우선 개별 자산이 가진 위험은 포트폴리오를 잘 구성하면 상당 부분 제거할 수 있다는 점을 상기할 필요가 있다. 포트폴리오를 잘 구성하면 자산 i가 가진 비체계적 위험을 제거할 수 있으며, 자산 j가 가진 비체계적 위험도 제거할 수 있다. 다시 말해 σ_i^2와 σ_j^2에는 분산투자를 통하여 제거할 수 있는 비체계적 위험이 포함되어 있다. 분산투자를 통해 비체계적 위험을 제거할 수 있다면, 이 두 자산이 가진 위험의 크기를 그냥 σ_i^2와 σ_j^2라고 볼 수 없을 것이다. 진정한 의미의 위험은 분산투자를 통해서도 제거할 수 없는 위험, 즉 체계적 위험이라고 보아야 한다.

그러면 개별 자산이 갖고 있는 체계적 위험을 어떻게 측정할 수 있을 것인가? 이에 대한 대답은 CAPM(Capital Asset Pricing Model)이라고 불리는 자본자산가격 모형에서 찾을 수 있다. 이 모형은 1960년대에 샤프(W. Sharpe), 린트너(J. Lintner), 모신(J. Mossin) 등에 의해 거의 동시에 개발되었다. **자본자산**(capital asset)이라는 용어는 시장에서 거래되는 모든 유형의 위험자산을 지칭하는데, 이 모형은 체계적 위험을 고려하여 개별적인 위험자산의 기대수익률이 결정되는 과정을 설명하고 있다.

여기서는 CAPM 이론의 도출 과정은 생략하고 그 결과와 의미만을 간략히 소개하기로 한다. 이 모형에 따르면 개별 주식 i의 기대수익률은 다음과 같이 결정된다.

$$E(R_i) - R_f = \beta_i[E(R_M) - R_f],\ \beta_i = \frac{\mathrm{cov}(R_i, R_M)}{var(R_M)}$$

$E(R_i)$: i번째 위험자산의 기대수익률

R_f : 무위험 수익률

$E(R_M)$: 시장 포트폴리오의 기대수익률

$\mathrm{cov}(R_i, R_M)$: i번째 위험자산과 시장 포트폴리오 간의 공분산(covariance)

$var(R_M)$: 시장 포트폴리오의 분산

시장 포트폴리오(market portfolio)란 시장의 위험자산들을 그 시가 비중대로 구성한 포트폴리오이다. 시장 포트폴리오에 투자한다는 것은 시장에 나와 있는 위험자산을 그 비중대로 모두 보유하여 분산투자한다는 것을 의미한다.[1] 위 식은 개별 위험자산의 위험 프리미엄 $E(R_i) - R_f$가 무엇과 관계되는지를 보여 준다. 여기서 $E(R_M) - R_f$는 시장 포트폴리오의 위험 프리미엄이다.

위 식에 의하면 개별 자산의 위험 프리미엄은 시장포트폴리오의 위험 프리미엄에 β_i를 곱한 것이다. 여기서 β_i는 i번째 위험자산과 시장 포트폴리오 간의 공분산을 시장 포트폴리오의 분산으로 나눈 값이다. 위험자산 i의 위험 프리미엄은 β_i의 크기에 의존한다. 즉 자산 i가 가진 위험은 그 자신의 분산(σ_i^2)이 아니라 시장 포트폴리오와의 공분산과 관계된다.

결국 CAPM에 따르면 개별 자산 i가 가진 위험의 척도는 σ_i^2이 아니라 β_i이다. 이러한 관계를 어떻게 직관적으로 이해할 수 있을까? 먼저 β_i가 1보다 큰 값을 가진다고 해 보자. 이는 시장 포트폴리오의 수익률, 이를테면 종합주가지수 수익률이 1% 하락할 때 자산 i의 수익률이 1%보다 더 하락하는 경향이 있다는 것을 뜻한다. 만약 β_i가 0.5라면 종합주가지수 수익률이 1% 하락할 때 자산 i의 수익률은 평균적으로 0.5%만 하락한다. 또 β_i가 0이라면 자산 i의 기대수익률은 무위험 자산의 수익률과 일치한다. 경기변동과 금융시장의 전반적 상황에 따라 시장 전반의 수익률은 항상 변하고 있는데, 어떤 주식이 시장 흐름에 민감하게 반응하면 할수록(β값이 클수록) 더 위험한 자산인 것이다.[2]

---

1 CAPM은 위험자산을 이용한 최적의 분산투자가 바로 시장 포트폴리오를 구성하는 것임을 보여 준다. 시장 포트폴리오를 구성하면 개별 자산들이 가진 비체계적 위험이 모두 제거되고 체계적 위험만이 남아 있게 된다.

2 극단적이며 또 실제로도 잘 관찰되지 않는 경우는 β가 음수인 경우이다. 만약 β가 음인 주식이 있다면, 이는 투자자들에게 마치 보험과 같은 주식이다. 왜냐하면 이 주식은 시장의 전반적인 흐름과 반대로 움직이는 경향이 있어서 시장 포트폴리오의 수익률이 음(−)일 때 평균적으로 양(+)의 수익률을 가져다주기 때문이다. 대신 이 주식의 기대수익률은 무위험자산의 수익률보다도 낮은데, 그 차이는 마치 보험료와도 같다고 보면 된다.

CHAPTER 7

파생금융상품

[학습목표]

7.1 파생상품에 대해 설명하고 그것을 헤지에 사용할 때와 투기에 사용할 때의 차이점을 알아본다.

7.2 선도계약을 정의한다.

7.3 선물계약이 헤지와 투기에 어떻게 사용되는지 알아본다.

7.4 콜옵션과 풋옵션의 차이를 설명하고 어떻게 사용되는지 알아본다.

7.5 스왑의 정의를 내리고 위험을 줄이기 위해 어떻게 사용되는지 알아본다.

금융파생상품은 얼마나 위험한가?

워렌 버핏은 버크셔 해서웨이의 대표이다. 이 회사는 버핏의 고향인 네브래스카 주 오마하(Omaha)에 본사를 두고 있다. 2010년 포춘지에 따르면 그의 재산은 470억 달러이며 세계에서 세 번째 부자이다. 1990년 1월 주당 6,950달러였던 버크셔 해서웨이의 주식은 2010년 3월에는 124,065달러에 팔렸다. (이는 2007년 최고가였던 150,300달러보다 조금 떨어진 수준이다.) 버핏은 자신뿐만 아니라 회사의 주식을 매수한 투자자들에게도 수익을 얻게 해 주었다.

영민한 투자 전략가 버핏에게는 '오마하의 현인'이라는 별명이 붙었다. 투자자들은 매년 버크셔 해서웨이가 주주들에게 보내는 편지를 자세히 읽는다. 버핏은 이 편지에서 금융시장을 이끄는 이슈에 대해 자신의 의견을 강력하게 펼치는데 이 때문에 이 편지가 인기를 끌게 되었다. 버핏이 파생금융상품을 맹렬히 비난했던 2002년의 편지도 예외가 아니었다. 그는 파생상품이 경제에 시한폭탄이 될 것이라고 말했다. 파생상품이 금융의 대량살상무기라고 했고 지금은 잠재되어 있지만 매우 치명적이라고 결론내렸다. 버핏의 경고에도 불구하고 2002년과 2007년 사이에 파생상품시장은 폭발적으로 커졌다. 그리고 2007년에는 버핏의 경고대로 파생금융상품이 위기를 악화시켰다.

파생금융상품이란 무엇인가? 최근까지도 금융시스템의 작은 부분만 차지하는 것처럼 보여서 개인 투자자들은 파생금융상품의 존재를 잘 알지 못했다. 사실 버핏은 편지에서 파생상품을 비난하기 앞서 그것이 무엇인지부터 설명했는데, 편지를 읽는 꽤 수준 높은 투자자도 파생상품에 대해 잘 모르기 때문이었다. 파생상품은 상대적으로 간단한 것부터 매우 복잡한 것까지 있다. (버핏은 몇몇 복잡한 파생상품은 미친 사람들이 만든 것 같다고

7장의 이슈와 질문

▶정답은 166쪽에

Issue 투자자들과 경제전문가들은 파생금융상품이 금융위기의 심각성을 키웠다고 주장했다.

Question 파생금융상품은 금융의 대량살상무기인가?

얘기해 왔다.) 모든 파생상품은 다 같은 공통점을 가진다. 그 가치는 기초자산에서 파생한다. 기초자산은 밀이나 석유와 같은 원자재일 수도 있고 주식이나 채권 같은 금융자산일 수도 있다.

버핏의 비난에도 불구하고 파생상품은 금융시스템에서 유용한 역할을 한다. 파생상품시장은 투자자들에게 위험분담의 수단일 뿐만 아니라 유동성과 정보를 제공하는 역할을 한다. 사실 버핏도 파생상품 자체보다 일부 이상한 파생상품이 사용된 방식에 대해 비판한 것이다.

출처 : Warren Buffet, "Chairman's Letter," in *Berkshire Hathaway, Inc. 2002 Annual Report*, February 21, 2003; and "The World's Billionaires," fortune.com, March 10, 2010.

파생상품에는 선물, 옵션, 스왑 등이 있다. 투자자들이 파생상품을 어떤 상황에서 사용하고 어떤 이득을 얻는지, 또 어떤 전략을 사용하는지 알아보기로 하자.

7.1 파생상품, 헤지, 투기

[학습목표]
파생상품에 대해 설명하고 그것을 헤지에 사용할 때와 투기에 사용할 때의 차이점을 알아본다.

파생상품 선물, 옵션 같은 자산으로 주식이나 채권 같은 기초자산에서 경제적 가치가 파생됨

헤지 리스크를 줄이기 위한 조치로, 예를 들어 포트폴리오에 있는 다른 자산의 가치가 감소할 때 가치가 상승하는 파생상품을 매수함

파생상품(derivatives)은 주식이나 채권과 같은 기초자산에서 경제적 가치가 파생되는 금융증권이다. 기초자산의 가격 변동에 따라 수익이 발생하기도 하고 손실이 발생하기도 한다. 무엇보다 파생상품은 리스크 **헤지**(hedge)를 위해 유용하게 사용된다. 예를 들어 오렌지주스를 생산하는 트로피카나(Tropicana)의 경영자는 주스 원료인 오렌지 가격 상승으로 이윤이 줄어들까 걱정한다. 트로피카나는 파생상품 투자로 위험을 감소시킬 수 있다. 오렌지 가격의 상승과 함께 가치가 올라가는 파생상품을 매수하는 것이다. 오렌지 가격이 상승하면 원료가격 상승으로 손실을 입지만 파생상품 가치 상승으로 손실을 만회한다. 오렌지 가격이 하락하면 파생상품에서는 손실을 입지만 원료가격 하락으로 인한 이익이 이를 상쇄한다.

이 예를 보면 트로피카나가 파생상품으로 순수익을 낼 수 없는 것처럼 보인다. 그러나 오렌지 가격 변동으로 인한 리스크를 줄일 수 있다. 수익의 불확실성을 감소시킨다는 측면에서 트로피카나는 파생상품에 투자할 가치가 있다고 생각한다.

마찬가지로 어떤 투자자가 10년 만기 국채에 투자한다고 하자. 그는 5년 후에 국채를 팔아서 자녀의 대학 등록금으로 사용할 계획이다. 하지만 이자율이 상승하면 국채가격이 떨어질 것을 알고 있다. 그는 이자율이 상승하면 수익이 나는 파생상품을 매수함으로써 리스크를 감소시킬 수 있다. 만약 이자율이 하락하면 투자자는 국채가격이 상승해서 좋지만 파생상품에서는 손실을 본다. 그러나 투자자는 리스크를 줄일 수 있기 때문에 이러한 상충관계를 받아들인다.

이렇게 볼 때 파생상품은 기초자산 가격의 변동에 대해 일종의 보험 역할을 한다. 보험은 경제활동에 활기를 준다. 예를 들어 화재보험이 없으면 어떻게 될까? 불이 나면 큰 손실을 입을 수 있기 때문에 사람들이 주택 매입을 꺼릴지 모른다. 주택 수요가 부족하면 주택건설도 활성화되지 못한다. 마찬가지로 금융투자의 리스크를 줄일 수 있는 방법이 없다면 사람들은 투자를 꺼릴 것이고 금융시스템의 자금순환도 원활하지 못할 것이다.

투기 선물이나 옵션을 이용하여 자산 가격이 어느 방향으로 움직일지 내기를 거는 행위

파생상품은 **투기**(speculate), 즉 자산 가격이 어느 방향으로 움직일지 내기를 거는 데도 사용될

수 있다. 만약 당신이 오렌지주스 회사를 다니는 사람은 아니지만, 농산물의 작황과 날씨에 대해 면밀히 관찰한 결과 오렌지 가격이 오를 것이라고 확신한다고 하자. 당신은 파생상품으로 오렌지 가격 상승에 내기를 걸어 수익을 얻을 수 있다. 물론 예측이 빗나가서 오렌지 가격이 떨어지면 돈을 잃는다.

'투기'와 '투기자'들이 금융시장에 아무런 이익을 주지 못한다고 믿는 사람들도 있다. 그러나 사실 투기자의 존재는 두 가지 점에서 유용하다. 첫째, 헤저(hedger)는 투기자에게 리스크를 넘길 수 있다. 헤저는 리스크를 넘기고 투기자는 위험을 받아들인다. 둘째, 파생상품시장에 관한 연구를 통해 밝혀진 것으로, 투기자들이 시장에 유동성을 제공한다는 점이다. 시장이 효율적으로 기능하기 위해서는 거래가 충분히 이루어져야 하는데, 투기자가 없다면 거래가 충분히 이루어지지 않을 것이다.

다음 절부터 주요 파생금융상품과 그 역할에 대해 알아보기로 하자.

7.2 선도계약

사람들의 경제활동과 수입은 미래의 가격 변동에 영향을 받는다. 예를 들어 농부의 수입은 수확기 곡물가격에 달려 있다. 고정금리로 장기 대출을 한 은행은 시장이자율이 상승하면 손실을 입고 시장이자율이 하락하면 이익을 본다.

[학습목표] 선도계약을 정의한다.

선도계약(forward contract)을 통해 이러한 위험을 줄일 수 있다. 선도계약은 미래 일정한 시점에 일정한 가격으로 자산을 매매하기로 한 계약이다. 거래조건은 현 시점에 결정되고 결제는 미래에 이루어진다. 선물거래의 대상은 석유, 금, 밀과 같은 원자재에서부터 국채와 같은 금융자산에 이르기까지 다양하다.

선도계약 미래의 일정 시점에 일정 가격으로 매매하기로 한 계약

역사적으로 선도계약은 농산물시장에서 시작되었다. 농산물의 가격은 날씨 등의 요인으로 변동이 심하다. 다음과 같은 경우를 생각해 보자. 농부가 3월에 씨를 뿌렸고 10,000부셸(bushel) 정도의 밀을 수확할 것이라고 예상한다. 현 시점에서 사고 팔리는 가격을 **현물가격**(spot price)이라고 하는데, 밀의 현물가격이 부셸당 2달러라고 하자. 7월에 수확할 예정인 농부는 밀 가격이 부셸당 2달러 이하로 떨어져 수입이 2만 달러 아래로 내려갈 것을 걱정한다. 그러나 밀을 재료로 시리얼을 만드는 제너럴 밀스(General Mills)는 반대의 입장이다. 이 회사는 7월에 밀 가격이 2달러를 넘어갈 것이 걱정이다. 이때 농부와 제너럴 밀스는 가격 변동 위험을 줄이기 위해 선도계약을 체결할 수 있다. 이 계약에서 농부는 **결제일**(settlement date)이라 불리는 미래의 특정일에 10,000부셸의 밀을 제너럴 밀스에 부셸당 2달러에 팔기로 한다.

현물가격 현 시점에서 상품이나 금융자산이 사고 팔리는 가격

결제일 상품이나 금융자산을 인수 인도하기로 선도계약에 명시된 시점

선도계약을 맺은 양측은 위험을 함께 부담하지만 이 계약에는 유동성과 정보에 관련된 문제가 있다. 선도계약의 매수자와 매도자는 미래의 결제일을 특정일로 정했기 때문에, 양측이 동의하지 않는 한 이 계약을 취소하거나 팔아버릴 수 없다. 바로 그 날짜에 동의하는 사람에게만 팔 수 있기 때문이다. 따라서 선도계약은 비유동적이다. 게다가 선도계약은 채무불이행 위험을 안고 있다. 매수자나 매도자가 계약을 지킬 수 없거나 지키지 않으려고 할 수도 있기 때문이다. 앞의 예에서 제너럴 밀

스가 선도계약을 한 직후에 파산하면 농부에게 약속한 금액을 줄 수 없을 것이다. 계약을 맺은 상대방이 의무를 이행하지 않을 위험을 **거래상대방 리스크**(counterparty risk)라 한다. 따라서 선도거래에는 거래상대방의 신용도를 분석하는 정보비용이 수반된다.

거래상대방 리스크 계약을 맺은 상대방이 의무를 이행하지 않을 위험

7.3 선물계약

[학습목표]
선물계약이 헤지와 투기에 어떻게 사용되는지 알아본다.

선물계약(futures contract)은 선도계약이 가진 단점을 보완하여 유동성을 증가시키고 거래상대방 리스크와 정보비용을 감소시키기 위해 개발된 것으로 상품시장(commodity market)에서 처음 도입되었다. 선물계약은 선도계약과 여러 면에서 차별화된다.

선물계약 미래의 일정 시점에 상품 또는 금융자산의 일정한 양을 매매하기로 한 표준화된 계약

1. 선물계약은 시카고 거래소(Chicago Board of Trade, CBOT)나 뉴욕 상업거래소(New York Mercantile Exchange, NYMEX)와 같이 거래소를 통해 거래된다.
2. 일반적으로 선물계약은 인도할 기초자산의 양은 미리 정하지만 실제 결제일에 적용할 가격은 고정시키지 않는다. 즉 계약이 사고 팔릴 때마다 가격은 계속 변한다.
3. 선물계약은 기초자산의 양과 계약의 결제일이 표준화되어 있다.

선물계약은 거래소 규칙에 따라 표준화되어 있기 때문에 선도계약처럼 거래 당사자가 유연하게 정하지는 못한다. 예를 들어 밀 선물계약의 매수자와 매도자는 거래소가 정한 결제일 가운데 하나를 골라야 한다. 시카고 거래소(CBOT)는 선물계약에 있어 1년에 5개의 결제일만 제시한다. 그럼에도 불구하고 사람들은 선물계약이 선도계약보다 매력적이라고 생각한다. 거래상대방 리스크와 정보비용을 줄일 수 있고 계약이 유동적이기 때문이다. 거래상대방 리스크가 감소하는 이유는 거래소가 매수자와 매도자를 연결하는 청산소(clearinghouse) 역할을 하기 때문이다. 실제로 선물계약에서는 거래소가 바로 거래상대방이다. CBOT가 제공하는 선물계약을 매수할 때에는 CBOT가 거래상대방이므로 계약이 이행되지 않을 가능성은 거의 없다. 거래소가 거래상대방이므로 정보비용도 줄어든다. 또 계약이 표준화되어 매수자와 매도자 모두 거래하기 쉬운 시장이 형성된다. 즉 다수의 거래자가 이용하는 유동성 높은 시장인 것이다.

상품선물을 이용한 헤지

밀 가격 하락을 걱정하는 농부의 예를 다시 들어 보자. 7월에 10,000부셸을 수확할 예정인 그는 개별 거래자를 찾는 대신 대형 거래소인 CBOT와 선물계약을 체결하고자 한다. 그런데 CBOT의 밀 선물계약은 5,000부셸로 표준화되어 있다. 농부는 2개의 밀 선물계약을 팔아야 한다. 즉 선물시장에서 **매도포지션**(short position)을 취한다. 선물계약에서의 매도포지션이란 기초자산을 특정일에 팔기로 한 상태를 말한다. 반대로 밀 가격 상승을 걱정하는 제너럴 밀스가 선물계약을 매수한다면, 이는 **매수포지션**(long position)에 해당한다. 물론 선물계약의 매수자와 매도자는 모두 결제일에 기초자산을 인수도할 권리와 의무가 있다. 그런데 선물시장뿐만 아니라 현물시장에서도 매수포지션

매도포지션 선물계약에서 기초자산을 특정일에 팔거나 인도하기로 한 상태

매수포지션 선물계약에서 기초자산을 특정일에 사거나 인수하기로 한 상태

과 매도포지션이라는 용어를 쓴다는 점에 주목하자. 그러면 이 예에서 농부와 제너럴 밀스는 현물시장에서는 각각 어떤 포지션을 취하고 있는 것일까? 농부는 밀을 소유하고 있으므로 현물시장에서 매수포지션을 취하고 있다고 말한다. 반면 밀을 소유하고 있지 않지만 밀이 필요한 제너럴 밀스는 현물시장에서 매도포지션을 취하고 있다고 말한다. 핵심적인 사항을 일반화하면 다음과 같다.

선물계약으로 헤지를 하기 위해 현물시장과 반대의 포지션을 취한다. 즉 현물시장에서의 매수포지션을 상쇄하기 위해 선물시장에서 매도포지션을 취하거나, 현물시장에서의 매도포지션을 상쇄하기 위해 선물시장에서 매수포지션을 취한다.

선물거래가 이루어지면서 선물가격은 매일 변한다. 선물가격은 결제일의 현물가격에 대한 예측치이기 때문에 결제일 전까지 새로운 정보가 들어오면서 계속 변하게 된다. 그리고 결제일, 즉 양도 날짜가 다가오면서 선물가격은 현물가격에 가까워지며 결제일에는 현물가격과 같아진다. 선물가격은 왜 결제일의 현물가격과 같은가? 만약 두 가격 사이에 차이가 있으면 차익거래 이익이 가능하기 때문이다. 만약 결제일에 밀의 현물가격이 2달러고 선물가격이 2.2달러이면 투자자는 밀을 현물시장에서 매수하고 동시에 선물시장에서 팔면 차익을 얻는다. 선물가격이 2달러 이상인 한 계속 선물시장에서 매도가 이루어질 것이고 결국 선물가격은 2달러까지 내려가게 될 것이다. 이 과정은 즉각적으로 이루어지고 차익거래 기회는 사라진다.

농부의 예로 돌아가 다음과 같은 상황을 가정해 보자. 결제일에 거래될 밀의 선물가와 현물가가 1.8달러이다. 단순화를 위해 농부가 결제일에 밀을 수확해 판다고 가정하자. 선물계약 의무를 이행함에 있어 농부는 두 가지 선택을 할 수 있다. 수확한 밀을 양도하여 **계약을 청산**(settlement by delivery)하거나 선물시장에서 반대거래를 하여 **선물포지션을 상쇄**(settlement by offset)시키는 것이다. 농부가 두 번째 방법을 선택한다고 하자. 즉 농부는 밀을 양도하는 대신 선물 2계약(1계약당 5,000부셸)을 매수하여 CBOT에서의 포지션을 정리하면 된다. 농부는 이전에 밀 10,000부셸을 20,000달러에 팔기로 했으므로, 결제일에 다시 18,000달러에 사면 선물시장에서 2,000달러의 수익을 얻는다. 그리고 수확한 밀은 현물시장에서 18,000달러에 판다. 현물시장에서는 3월에 팔았으면 20,000달러를 받았을 것이므로 현물시장에서는 2,000달러 수입이 줄어든 셈이다. 하지만 현물시장에서의 2,000달러 손실은 선물시장에서의 2,000달러 수익으로 상쇄된다. 결국 농부는 미리 선물계약을 매도해 둔 덕분에 밀 가격 하락의 리스크를 막는 데 성공한다.

선물계약을 매수했던 제너럴 밀스는 반대의 상황에 놓여 있다. 선물시장에서 포지션을 정리할 때 부셸당 1.8달러에 밀을 팔아야 하기 때문에 2,000달러의 손실을 볼 것이다. 3월에 계약을 맺을 때 선물매수가가 부셸당 2달러였기 때문이다. 그러나 그는 현물시장에서 2,000달러 적은 돈으로 밀을 살 것이다. 3월에 현물시장에서 샀다면 부셸당 2달러를 주고 샀을 것이다. 결국 제너럴 밀스는 밀을 부셸당 2달러에 사게 되는 셈인데, 거래의 내용상 선물시장에서는 손실을 현물시장에서는 이득을 얻게 된다. 만약 결제일에 밀 가격이 떨어지지 않고 올라간다면 어떻게 되는가? 결국은 농부와 제너럴 밀스가 부셸당 2달러에 각각 팔고 사는 것이지만, 거래의 내용상 농부는 선물시장에서 손해를 보고

표 7.1 헤지를 위한 상품선물계약의 이용

	농부	제너럴 밀스
우려하는 점	밀 가격의 하락	밀 가격의 상승
헤지 방법	선물계약 매도	선물계약 매수
선물시장에서의 포지션	매도포지션	매수포지션
현물시장에서의 포지션	매수포지션	매도포지션
밀 가격 상승	선물시장에서 손실 현물시장에서 이익	선물시장에서 이익 현물시장에서 손실
밀 가격 하락	선물시장에서 이익 현물시장에서 손실	선물시장에서 손실 현물시장에서 이익

현물시장에서 이득을 얻으며 제너럴 밀스는 선물시장에서 이득을 보고 현물시장에서는 손해를 본다.

선물계약에 있어 매수자와 매도자의 이익과 손실을 다음과 같이 정리할 수 있다.

매수자의 이익(손실) = 결제일의 현물가 − 선물매수가

매도자의 이익(손실) = 선물매도가 − 결제일의 현물가

선물시장은 **제로섬**(zero-sum) 게임이다. 매수자의 이익은 매도자의 손실이고 매수자의 손실은 매도자의 이익이다. 농부와 제너럴 밀스의 예에서도 한쪽이 이익을 얻으면 다른 쪽은 손실을 입는다는 것을 알 수 있다. 표 7.1에는 상품선물을 이용하여 가격 변동 리스크를 헤지하는 과정이 정리되어 있다.

결과적으로 선물계약의 매수자와 매도자는 선물포지션에서 이익을 볼 수도 있고 손실을 입을 수도 있다. 또 선물계약을 체결하는 비용도 고려해야 하므로 선물계약이 쓸모없는 것처럼 보일 수 있다. 그러나 애초에 선물계약을 하는 것은 수익의 변동성, 즉 리스크를 줄이기 위한 것이다. 즉 헤지를 위해 약간의 돈을 지불하는 것이다.

상품선물을 이용한 투기

앞의 예에서 농부와 제너럴 밀스는 각자의 사업에서 리스크를 줄이기 위해 선물을 사용했다. 그러나 밀 시장에 직접 참여하지 않는 투자자도 투기 목적으로 선물을 사용할 수 있다. 예를 들어 당신이 밀에 대한 수요와 공급을 예측하여 7월에 밀 가격이 부셸당 2.5달러가 될 것이라고 예측한다고 해 보자. 만약 밀 선물이 부셸당 2.2달러라면 당신은 그 밀 선물을 매수할 것이다. 물론 당신의 목적은 7월에 밀을 양도받는 것이 아니다. 실제로 선물가격이 2.2달러 이상으로 상승하면 결제일 이전까지 선물계약을 팔아 포지션을 청산하면 된다.

그러나 명심해야 할 것은 당신의 경우에 현물시장 포지션이 없다는 것이다. 즉 선물포지션을 현물포지션으로 상쇄할 수 없는 문제를 안고 있다. 예를 들어 당신이 가격 상승을 예상하고 밀 선물을 매수했지만 밀 가격이 하락하면 당신은 손실을 입고 선물포지션을 청산할 수밖에 없다. 마찬가지로

관련 사례

농부들은 도드-프랭크 법에 대해 걱정해야 하나?

2007~2009년 금융위기 때 일부 정책입안자와 경제학자는 파생상품이 금융제도를 불안정하게 만들었다고 주장했다. 의회는 2010년 7월 도드와 프랭크 두 의원이 발의한 '월스트리트 개혁과 소비자보호에 관한 법'을 통과시켰는데, 이 법에는 파생상품의 거래를 제한하는 내용을 담고 있다. 특히 이 법은 이전까지 거래소 밖에서 거래되던 파생상품 중 일부에 대해 거래소를 통해서만 거래가 되도록 했다.

지금까지 살펴본 대로 농부들은 상품선물을 자주 사용하는데 이는 날씨나 다른 요인에 의해서 농작물의 시장가격이 큰 폭으로 변할 수 있기 때문이다. 도드-프랭크 법이 시카고 거래소(Chicago Board of Trade) 등의 거래소에서 이루어지는 선물거래에 제약을 가하지는 않았지만, 이 법이 선물거래소 감독을 담당하는 연방기구인 상품선물거래위원회(Commodity Futures Trading Commission, CFTC)에 새로운 규정을 만들어 낼 권한을 부여했다는 점에서 일부 농부들은 우려하고 있다. 특히 농부들은 선물을 거래할 때 더 많은 담보를 제공해야 되는 상황을 걱정했는데 그렇게 되면 선물계약을 사용해서 위험을 헤지하는 데 드는 비용이 높아지기 때문이다. 또 일부 농부는 소형 지역은행이나 특수 농업은행들이 제공하는 선도 계약을 사용해서 위험을 헤지한다. 농부들은 이 은행들이 더 이상 선도계약을 제공할 수 없을지도 모른다고 걱정한다. 조지아 주의 상원의원인 챔블리스(Saxby Chambliss)는 농촌에 있는 소형 은행들의 파생상품 거래를 규제하지 말 것을 주장했다. "갑자기 이 은행들이 골드만삭스나 월스트리트의 다른 대형 은행들처럼 규제 대상이 되고 있다."

결국 금융개혁법 때문에 농부들이 농작물 가격 변동 위험을 헤지하는 것이 더 어렵게 될지는 두고 볼 일이다. 도드-프랭크 법의 최종안에서는 일부 파생상품의 거래를 규제 대상에서 제외시켰는데, 상품의 거래가 헤지 목적을 위한 것임이 분명할 경우에 한해서이다. 법안이 파생상품거래에 끼치는 궁극적 효과는 이 법안에 따라 만들어지는 새로운 규제의 구체적 내용에 달려 있다. 2010년 말 현재 상품선물거래위원회가 파생상품계약의 거래에 관한 새로운 규정을 만들어 내기까지 꽤 시간이 필요할 것으로 보인다. 그런 만큼 농부들이 위험 헤징을 예전처럼 할 수 있을지도 더 기다려 봐야 알 수 있다.

출처 : Victoria McGrane and Fawn Johnson, "Financial Overhaul Bill Passes Key Senate Hurdle," *Wall Street Journal*, July 15, 2010. Michael M. Phillips, " Finance Overhaul Casts Long Shadow on the Plains," *Wall Street Journal*, July 14, 2010. Edward Wyatt and David M. Herszenhorn, "Bill on Finance Wins Approval of Senate Panel," *New York Times*, April 21, 2010.

만약 당신이 가격 하락을 예상하고 밀 선물을 매도했는데 예상과 달리 밀 가격이 상승하면 당신은 손실을 입고 포지션을 청산하게 된다.

서두에서도 언급했지만 투기자는 선물시장에서 유동성을 공급하는 중요한 역할을 한다. 투기자가 없으면 선물시장이 작동하기에 매수자와 매도자의 수가 충분하지 않을 것이고, 헤지를 원하는 사람들이 거래상대방을 만나는 데 어려움을 겪을지 모른다.

금융선물을 이용한 헤지와 투기

선물계약은 밀이나 석유 같은 상품시장에서 비롯되었지만 금융자산의 선물거래는 1972년에 처음 등장했다. 요즘은 금융선물이 대부분을 차지한다. 금융선물거래의 대상은 광범위하다. 장·단기 국채들(Treasury bills, notes, bonds), S&P 500과 다우존스 같은 주가 지수, 미국 달러, 일본 엔화, 영국 파운드와 같은 통화가 그 대상이다. 금융선물거래는 상품선물거래위원회가 정한 규칙에 따라 거래되며, 상품선물거래위원회는 가격 조작 여부를 포함해 거래소의 운영 상태를 모니터링한다.

금융선물거래를 이용해 리스크를 헤지하는 과정은 상품선물거래를 이용하는 과정과 마찬가지다. 이자율 변동 위험을 줄이기 위해 금융선물거래를 이용하는 다음과 같은 예를 생각해 보자. 당신이 중

표 7.2 이자율 위험에 대비한 금융선물의 이용

	국채를 보유한 투자자	국채를 매입할 예정인 연금기금 관리자
우려하는 점	국채가격 하락(이자율 상승)	국채가격 상승(이자율 하락)
헤지 방법	선물계약 매도	선물계약 매수
선물시장에서의 포지션	매도포지션	매수포지션
현물시장에서의 포지션	매수포지션	매도포지션
국채가격의 상승 (이자율 하락)	선물시장에서 손실 현물시장에서 이익	선물시장에서 이익 현물시장에서 손실
국채가격의 하락 (이자율 상승)	선물시장에서 이익 현물시장에서 손실	선물시장에서 손실 현물시장에서 이익

기국채(Treasury notes)를 보유하고 있는데, 시장이자율이 상승해서 채권가격이 떨어질까 걱정한다고 하자. 가격 하락에 대비하고 싶다는 점에서 당신은 앞의 예에 나온 농부와 같은 입장이다. 농부처럼 당신은 현물시장에서 매수포지션을 취하고 있으며, 밀 대신 국채를 보유하고 있다. 당신은 채권가격의 하락 위험에 대비하기 위해 국채 선물계약을 매도한다. 즉 선물시장에서 매도포지션을 취한다. 만약 우려한 대로 시장이자율이 상승하여 국채가격이 하락하면 선물가격도 하락할 것이다. 이때 당신은 낮아진 가격에 국채 선물계약을 매입하여 매도포지션을 상쇄시킬 수 있다. 매도가격보다 낮은 가격으로 매수하므로 선물거래에서 수익을 낸다. 그리고 이 수익은 국채의 현물가격이 떨어져서 본 손실을 만회한다.

그러면 누가 이 거래의 반대편에 서고 싶을까? 즉 당신이 매도하고자 하는 선물계약을 누가 사려고 할까? 연금기금의 관리자가 그 예가 될 수 있다. 기금의 특성상 6개월 내에 연금 납부금이 들어오기로 되어 있다고 하자. 연금 관리자는 이 금액을 국채에 투자할 예정이다. 그러나 시장이자율이 하락하여 국채가격이 상승할 것을 우려한다. 이전 예에서 제너럴 밀스의 입장과 같은 것이다. 그는 국채가격 상승에 대비하여 선물계약을 매수한다. 만약 실제로 이자율이 하락하고 국채가격이 상승하면 매수포지션을 상쇄하기 위해 선물계약을 매도하여 포지션을 청산하고 이익을 실현한다. 물론 연금기금에 편입하기로 한 국채는 현물시장에서 비싼 값으로 매수하지만 선물거래에서 얻은 이익이 이를 상쇄한다. 표 7.2는 금융선물을 이용한 헤지 과정을 정리하고 있다.

금융선물시장에도 투기자가 존재한다. 이자율 변화를 예측할 수 있는 통찰력을 가졌다고 믿는 투자자는 선물계약을 이용할 수 있다. 이자율이 내려갈 것(국채가격이 올라갈 것)을 확신하면 선물계약을 매수한다. 만약 예측대로 이자율이 내려가고 선물가격이 상승하면 선물계약을 매도하여 포지션을 청산하고 이익을 실현한다.

선물시장에서의 거래

거래보증금 선물거래에서 채무불이행을 방지하기 위해 거래소가 매수자와 매도자에게 요구하는 최소한의 예치금

선물거래자는 거래소를 상대로 거래한다. 따라서 거래소는 선물거래에서 채무불이행을 미연에 방지하기 위해 매수자와 매도자에게 최소한의 예치금을 요구하는데, 이를 **거래보증금**(margin require-

관련 사례

선물시세표 읽기

월스트리트저널의 웹사이트는 매 영업일 선물계약에 대한 정보를 보여 준다. 미국 재무성증권 이자율 선물의 예를 들어 보자. 아래 표에 나온 가격은 2010년 8월 10일 장 마감 시의 가격으로 시카고 거래소(CBOT)에서 거래되는 10년 만기 미 재무성채권 선물에 대한 것이다. 제시된 가격은 액면가가 10만 달러이고 6%의 이표를 지급하는 표준계약에 대한 것이다. 첫 번째 열은 계약별 만기 월을 보여 준다. 첫 번째 행에 있는 계약의 만기일은 2010년 9월이다. 나머지 5개 열은 가격에 대한 정보를 담고 있다. Last는 종가(마지막 거래의 가격)이고, CHG는 전날 대비 가격 변화, Open은 시가(첫 거래의 가격), High는 최고가, Low는 최저가이다. 가격에서 주목할 두 가지는 (1) 액면가 100달러당 가격이라는 점, (2) 작은 따옴표 뒤에 오는 값은 32를 분모로 하는 분수로 보아야 한다는 점이다. 예를 들어 첫 번째 행에 표시된 계약의 전일 종가는 액면가 100달러당 124와 31.5/32달러, 즉 124.984375달러이다. 10만 달러 계약에는 100달러가 1,000개 있으므로 이 계약의 가격은 124.4375달러 x 1,000 = 124,984. 38달러가 된다. 가격이 액면가인 10만 달러보다 높기 때문에 이 계약에 대한 만기수익률은 이표율인 6%보다 낮다는 것을 알 수 있다.

10-Year U.S. Treasury Note Futures

Month	Last	CHG	Open	High	Low	Volume	OpenInt
Sep '10	124'31.5	0'15.0	124'16.0	124'21.0	124'09.5	1188910	1906926
Dec '10	124'03.5	0'15.0	123'20.0	123'23.5	123'14.5	11682	36619
Mar '11	123'03.0	0'16.5	123'04.0	123'03.0	123'03.0	1	64
Jun '11	122'00.0	0'17.0	122'00.0	122'00.0	122'00.0	0	34
Sep '11	117'22.5	0'17.0	117'22.5	117'22.5	117'22.5	0	0

거래량(Volume)은 거래된 계약의 수다. 이 경우 2010년 9월 계약은 1,188,910개 거래되었음을 알 수 있다. 미결제약정(OpenInt)은 아직 청산되지 않고 남아 있는 계약의 수를 보여 준다. 2010년 9월 계약의 경우 미결제약정 수는 1,906,926이다.

이 표로부터 유용한 정보를 얻을 수 있다. 이자율 선물계약은 시장 참여자들이 미래 이자율을 어떻게 예상하고 있는지를 말해 준다. 2010년 12월 선물가격이 2010년 9월 선물가격보다 낮은 것을 보면 선물시장 투자자들은 장기 재무성채권의 이자율이 오를 것으로 예상하고 있다는 것을 알 수 있다.

위 표에는 없으나 웹사이트에는 중기 및 단기 재무성채권 이자율 선물가격과 외환선물가격도 찾아볼 수 있다. 선물시세표에는 S&P 500 지수와 같은 주가 지수의 선물가격도 포함하고 있다. 투자자들은 주식시장 전반의 움직임을 예측하기 위해 주가 지수 선물을 사용한다.

출처 : *Wall Street Journal*, August 10, 2010.

ment)이라고 한다. 예를 들어 CBOT에서 미국 중기국채 선물계약 한 단위는 액면가 100,000달러 중기국채나 액면가 1,000달러 중기국채 100개로 표준화되어 있다. CBOT는 이 선물계약의 매수자와 매도자에게 보증금으로 최소 1,100달러의 예치금을 넣을 것을 요구한다.

하루 거래가 마감되면 거래소는 **일일정산**(marking to market)이라 불리는 결산작업을 한다. 거래소는 선물가격의 변동으로 개별 거래자에게 이익과 손실이 발생하는 것을 매일매일 정산하여 거래자의 계좌를 증액하거나 감액한다. 손실이 난 계좌에서 돈을 빼 이익이 난 계좌로 옮겨 주는 것이다. 예를 들어 당신이 중기국채 선물 한 계약을 그날 종가인 100의 가격으로 매수했다고 가정하자. 이는 당신이 계약을 위해 100,000달러를 지불했다는 뜻이다. 당신은 거래계좌에 거래보증금 1,100달러를 넣었고 선물계약의 매도자도 같은 액수를 그의 계좌에 넣었다. 다음 거래일에 한 계약의 가격이

일일정산 선물가격 변동으로 개별 거래자에게 이익과 손실이 발생하는 것을 거래소가 매일매일 정산하여 거래자의 계좌를 증액하거나 감액함

예제 7.3

이자율이 낮을 때 헤지하기

2007~2009년 금융위기 기간에 국채, 지방채, 회사채 이자율은 아주 낮은 수준까지 하락했다. 2010년 초 월스트리트저널에 실린 한 기사는 재무상담사 윌리엄스(Jane Williams)의 말을 인용하였다. "올해 채권은 최악의 투자 가운데 하나일 것이다."

a. 왜 채권이 나쁜 투자인가?

b. 채권 투자로 인한 위험을 어떻게 헤지할 수 있는가?

Step 1 복습. 채권 투자의 위험을 헤지하는 방법에 관한 문제이므로 '금융선물을 이용한 헤지와 투기' 부분을 복습한다.

Step 2 (a) 채권이 나쁜 투자인 이유. 채권은 이자율이 올라갈 때 나쁜 투자이다. 특히 2010년 초에는 이자율이 아주 낮았기 때문에 대부분의 투자자가 시장이자율이 상승할 것이라고 예상했고 채권 보유자들은 자본손실을 보았다.

Step 3 (b) 헤지 방법. 채권투자의 위험을 헤지하기 위해 투자자들은 선물시장을 이용한다. 이 경우에는 이자율의 상승과 채권가격 하락을 우려하기 때문에 적절한 대비책은 선물계약을 매도하는 것이다. 개인 투자자는 선물 중개인(broker)을 통해 CBOT에 선물 매도 주문을 넣으면 된다. 보통 주식 중개인이 선물 중개인 역할도 한다. 어떤 중개인은 약간의 수수료를 받고 거래소에 주문을 내주며(discount broker), 어떤 중개인은 조언도 해 주고 연구자료를 제공하기도 한다(full service broker). 개인 투자자의 경우에 선물계약 대신에 파생상품에 투자하는 뮤추얼펀드 지분을 매입하는 것도 한 방법이다.

출처 : Shefali Anand, "Bracing for a Rise in Interest Rates," *Wall Street Journal*, March 1, 2010.

101로 상승했다고 하자. 그 이유는 아마도 새로운 정보가 들어와 시장에 이자율 하락 예상이 돌았기 때문일 것이다. 당신이 매수한 계약의 가치는 1%, 즉 1,000달러 상승했기 때문에 거래소는 1,000달러를 매도자의 계좌에서 매수자인 당신의 계좌로 옮겨 준다. 당신의 계좌 잔고는 2,100달러가 되었고 매도자의 계좌 잔고는 100달러로 떨어진다. 이 금액은 거래보증금 이하이기 때문에 매도자는 **마진 콜**(margin call)을 받는다. 마진 콜은 거래소가 거래자에게 거래보증금 부족분을 채워 넣으라고 요구하는 것이다. 거래보증금과 일일정산 제도 때문에 거래자들이 채무불이행을 하는 경우는 거의 없으며 거래소가 손실을 입는 것이 제한된다. 표 7.3에 선물시장에서 매수자와 매도자의 활동을 정리해 놓았다.

표 7.3 선물시장의 매수자와 매도자

	선물계약의 매수자	선물계약의 매도자
의무	결제일에 기초자산을 매입	결제일에 기초자산을 양도
헤지 목적	기초자산의 가격 상승에 대비	기초자산의 가격 하락에 대비
투기 목적	기초자산의 가격 상승 기대	기초자산의 가격 하락 기대

7.4 옵션

옵션(option)은 파생상품의 일종으로, 옵션의 매수자는 일정 기간 동안 정해진 가격으로 기초자산을 사거나 팔 수 있는 권리를 가진다. **콜옵션**(call option)의 매수자는 일정 기간 동안 정해진 가격으로 기초자산을 살 권리를 가진다. 예를 들어 당신이 애플사 주식의 콜옵션을 **행사가격**(strike price, exercise price) 200달러에 매수하고 만기일이 7월 셋째 주 금요일이라면, 당신은 만기일 이전에 언제든 애플의 주식을 200달러에 살 권리를 가진다.

풋옵션(put option)의 매수자는 일정 기간 동안 정해진 가격으로 기초자산을 팔 권리를 가진다. 당신이 애플의 풋옵션을 행사가격 200달러에 매수했다면 당신은 만기일 이전에 애플 주식을 200달러에 팔 수 있는 권리를 가진다. 여기서 옵션은 **미국형 옵션**(American option)이다. 미국형 옵션에서는 투자자가 만기일 전에 언제든 권리를 행사할 수 있는 반면, **유럽형 옵션**(European option)의 경우에는 만기일에만 권리를 행사할 수 있다.

선물계약에서는 매수자와 매도자의 권리와 의무가 서로 대칭적이다. 즉 매도자와 매수자는 결제일에 정해진 가격으로 기초자산을 반드시 인도하고 인수해야 한다. 그러나 옵션계약에서는 매수자에게는 권리가 있고 매도자에게는 의무가 있다. 예를 들어 콜옵션의 매수자가 기초자산을 사는 권리를 행사하면 콜옵션의 매도자는 그 자산을 반드시 팔아야 한다. 그러나 콜옵션의 매수자에게 권리를 행사해야 할 의무는 없으며 권리를 행사하지 않고 만기를 지나칠 수 있다. 마찬가지로 만약 풋옵션의 매수자가 기초자산을 팔 권리를 행사한다면, 풋옵션의 매도자는 그 자산을 반드시 사야 한다.

옵션은 시카고 옵션거래소(Chicago Board Options Exchange, CBOE)나 뉴욕 증권거래소(NYSE)와 같은 거래소에서 거래된다. 거래소에서 거래되는 옵션을 **상장옵션**(listed option)이라고 부른다. 미국에서 거래되는 옵션에는 개별주식 옵션, 주가지수 옵션, 주가지수선물 옵션, 금리선물 옵션, 통화 옵션, 통화선물 옵션 등이 있다. 선물계약과 옵션계약이 다른 점은 선물의 경우에는 매수도 주문을 내지 않아도 일일정산에 따라 매일매일 거래계좌의 잔고가 바뀌는 반면에, 옵션의 경우에는 옵션이 행사되었을 때에만 계좌에 변동이 생긴다는 것이다.

[학습목표]
콜옵션과 풋옵션의 차이를 설명하고 어떻게 사용되는지 알아본다.

옵션 파생상품의 일종으로 매수자는 일정 기간 동안 정해진 가격으로 기초자산을 사거나 팔 권리를 가짐

콜옵션 파생상품의 일종으로 매수자는 일정 기간 동안 정해진 가격으로 기초자산을 살 권리를 가짐

행사가격 옵션의 매수자가 기초자산을 사거나 팔 수 있는 가격

풋옵션 파생상품의 일종으로 매수자는 일정 기간 동안 정해진 가격으로 기초자산을 팔 권리를 가짐

옵션을 매매하는 이유

현재 애플의 주가가 200달러인데 올해 안으로 언젠가 250달러까지 오를 거라고 생각한다고 해 보자. 만약 당신이 애플 주식을 매수하고 예상대로 주가가 올라가면 수익을 얻을 수 있을 것이다. 그

러나 이 전략에는 두 가지 단점이 있다. 주식을 현물로 다 매수하는 데는 큰 돈이 든다. 또한 주가가 하락하면 상당히 큰 손실을 입게 된다. 대안의 하나는 콜옵션을 사는 것이다. 이를테면 행사가격 210달러로 애플 주식의 콜옵션을 사는 것인데, 이 옵션을 사는 비용(가격)은 기초주식을 사는 경우보다 훨씬 저렴하다. 게다가 주가가 210달러를 넘지 못하면 옵션을 실행시키지 않은 채 만기를 넘기고 끝내 버리면 되는데, 이 경우에 입는 손실은 옵션가격으로 제한된다.

만약 현재 200달러인 애플의 주가가 하락할 것이라고 예상하는 경우에는 어떻게 투자해야 할까? 하나의 방법은 **공매**(short sale)를 하는 것이다. 공매의 과정은 다음과 같다. 중개인으로부터 주식을 빌려 즉시 매도한다. 물론 나중에 다시 주식을 사서 중개인에게 되돌려 주어야 한다. 예상대로 주가가 하락하면 판 가격보다 싸게 산 것이므로 이득을 본다. 그러나 주가가 상승하면 팔 때보다 비싼 가격으로 다시 사야 하므로 손실을 입는다. 이처럼 주식을 사서 갚는 것을 숏 커버링(short covering)이라고 부른다. 만약 애플 주가가 치솟으면 당신은 숏을 회복하기 위해 엄청난 손실을 볼 것이다. 그런데 만약 공매 전략 대신 행사가격 190달러로 풋옵션을 사면 어떻게 되는가? 주가가 하락하면 이익을 볼 수 있으며, 주가가 오르는 경우에도 옵션가격만 잃는 것으로 끝낼 수 있다.

그림 7.1은 애플 주식의 옵션을 매수해서 볼 수 있는 이익과 손실을 설명하고 있다. 옵션의 매수자는 옵션가격만 지불하고 기초주식거래에는 비용이 발생하지 않는다고 가정한다. 콜옵션과 풋옵션 모두 주당 가격이 10달러라고 가정하자. 옵션 매수자는 옵션을 언제든지 행사할 수 있지만, 여기

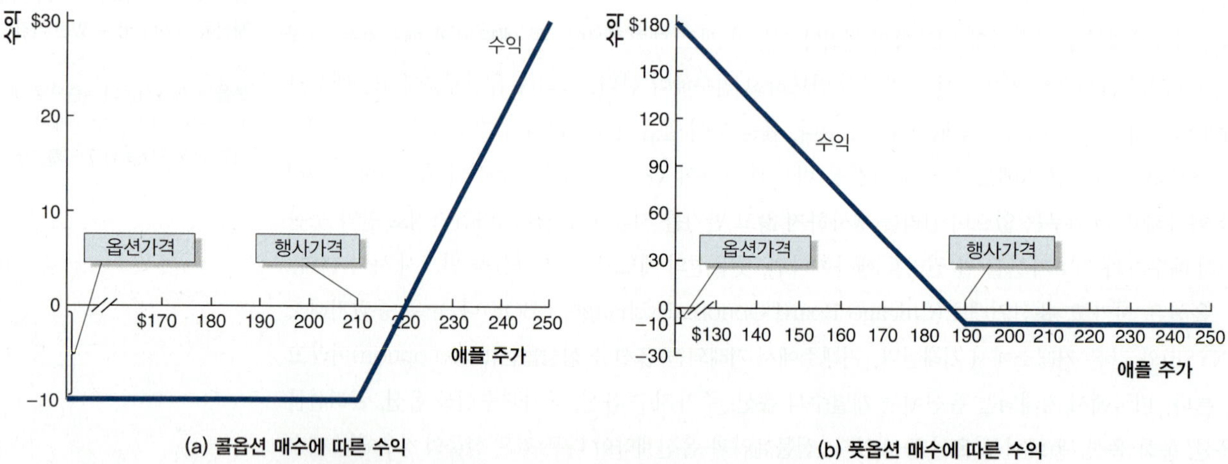

그림 7.1 애플 주식의 옵션 매수에 따른 수익

(a)는 콜옵션을 행사가격 210달러로 매수했을 때의 수익을 나타낸다. 애플의 주가가 0~210달러 사이면 그 옵션 소유자는 옵션을 행사하지 않고 옵션가격 10달러만큼 손실을 본다. 애플의 주가가 210달러가 넘으면 옵션을 행사하며, 220달러를 넘어서면서 순이익을 낸다.

(b)는 풋옵션을 행사가격 190달러로 매수했을 때의 수익을 나타낸다. 풋옵션 소유자는 주가가 0일 때 가장 큰 수익을 올린다. 애플의 주가가 상승하면 풋옵션을 소유하여 얻는 수익이 줄어든다. 주가가 180달러면 본전이고 그 이하에서는 순이익을 낸다. 만약 주가가 올라 행사가격인 190달러를 넘으면 옵션을 행사하지 않고 옵션가격 10달러만큼 손실을 입고 끝낸다.

서는 논의를 단순화하기 위해 옵션투자 수익이 만기일의 주가에 따라 어떻게 변하는지에만 초점을 둔다.[1] (a)는 콜옵션을 행사가격 210달러에 매수한 경우의 수익을 나타낸다. 애플의 주가가 만기일에 210달러 이하이면 옵션 매수자는 옵션을 행사하지 않고 옵션가격 10달러만큼 손실을 본다. 만약 주가가 210달러를 넘으면 옵션을 행사한다. 만약 주가가 215달러이면 옵션 소유자(매수자)는 옵션을 행사하여 행사가격 210달러에 애플 주식을 매수하고 시장에다 215달러에 팔아 5달러의 이익을 얻지만 옵션매수는 10달러를 지불하였으므로 5달러의 순손실을 입는다. 만약 주가가 220달러이면 옵션 소유자는 본전이고, 220달러가 넘어서면서 순이익을 얻게 된다. 만약 250달러이면 옵션을 행사하여 210달러에 주식을 사서 250달러에 시장에 판다. 옵션가격 10달러를 제하면 30달러의 순이익을 얻는다. 주가가 높을수록 더 많은 수익을 얻는다.

(b)는 풋옵션을 행사가격 190달러에 매수한 경우의 수익을 나타내고 있다. 풋옵션의 소유자는 애플사의 주식이 0일 때 가장 큰 수익을 얻는다.[2] 옵션 소유자는 주가 0에서 옵션을 행사하고 풋옵션 매도자에게 190달러에 주식을 판다. 옵션가격 10달러를 빼면 순이익이 180달러이다. 주가가 180달러이면 본전이고, 그 이하에서는 순이익을 낸다. 만약 주가가 올라 행사가격인 190달러를 넘으면 옵션을 행사하지 않고 옵션가격 10달러만큼 손실을 입고 끝낸다.

표 7.4는 기본적인 콜옵션과 풋옵션의 주요 특성을 정리하고 있다.

옵션가격의 결정과 '퀀트'의 등장

옵션의 가격을 **옵션 프리미엄**(option premium)이라고 부른다. 만약 옵션이 실행되면 판매자는 손해를 보게 된다. 예를 들어 행사가격이 35달러인 마이크로소프트 주식의 콜옵션을 매도한 경우를 생각해 보자. 콜옵션의 매수자가 옵션을 실행하는 것은 마이크로소프트의 시장가격이 35달러보다 높은 경우이다. 이 경우에 당신은 손실을 입으며 콜옵션 매수자는 이익을 얻는다. 따라서 옵션 프리미엄의 크기는 옵션이 실행될 가능성, 즉 당신이 손실을 입을(매수자가 이익을 얻을) 가능성을 반영하게 된다. 마치 이는 자동차 보험료가 사고 가능성을 반영하는 것과 마찬가지다.

옵션 프리미엄 옵션의 가격

표 7.4 콜옵션과 풋옵션의 주요 특성

	콜옵션	풋옵션
매수자	만기 전에 기초자산을 행사가격으로 살 권리	만기 전에 기초자산을 행사가격으로 팔 권리
매도자	매수자가 옵션을 행사하면 기초자산을 팔아야 할 의무	매수자가 옵션을 행사하면 기초자산을 사야 할 의무
왜 사는가?	기초자산 가격의 상승에 내기를 걸고 싶음	기초자산 가격의 하락에 내기를 걸고 싶음
왜 파는가?	기초자산 가격이 상승하지 않을 것으로 보고 내기에 응함	기초자산 가격이 하락하지 않을 것으로 보고 내기에 응함

1 또는 그림 7.1(a)는 애플 주가가 만기 전에 최고치에 도달한 상황을, 7.1(b)는 최저치에 도달한 상황을 나타낸다고 보면 된다.

2 실제로는 주가가 0이면 파산한 경우인데, 이미 주식거래가 중단되었을 것이다. 따라서 좀 더 현실적인 경우는 거래가 이루어질 정도의 낮은 가격일 것이다.

옵션 프리미엄은 두 부분으로 나뉜다. 옵션의 **내재가치**(intrinsic value)와 **시간가치**(time value)가 그것이다. 옵션의 내재가치는 옵션 매수자가 옵션을 바로 실행하여 얻는 수익이다. 예를 들어 마이크로소프트 주식의 시장가가 40달러이고 콜옵션의 행사가격이 35달러이면 이 옵션의 내재가치는 5달러이다. 매수자는 옵션을 실행하여 35달러에 마이크로소프트 주식을 매수한 뒤 시장에 40달러에 팔 수 있기 때문이다. 양(+)의 내재가치를 가진 옵션을 **내가격**(in the money)에 있다고 말한다. 콜옵션의 경우 기초자산의 시장가격이 행사가격보다 높을 때 '내가격'에 있고, 풋옵션의 경우 기초자산의 가격이 행사가격보다 낮으면 '내가격'에 있다. 즉 내가격은 옵션 매수자가 옵션을 실행하여 이익을 낼 수 있는 상태를 말한다. 그렇지 않은 상황은 **외가격**(out of the money) 상태이다. 콜옵션의 경우 기초자산의 시장가격이 행사가격보다 낮을 때 '외가격'에 있다고 부르고, 풋옵션의 경우 기초자산의 가격이 행사가격보다 높을 때 '외가격'에 있다고 부른다. 즉 외가격은 옵션 매수자가 옵션을 행사하지 않는 상태로 '수면 아래(underwater)' 있다고 부르기도 한다. 시장가격과 행사가격이 정확히 같은 경우는 **등가격**(at the money)에 있다고 한다. 여기서 주의할 것은 옵션 매수자는 옵션을 실행시키지 않아도 되므로 옵션의 내재가치는 음(−)이 될 수 없다는 점이다.

옵션 프리미엄에는 내재가치 외에 **시간가치**가 있다. 시간가치는 만기일이 얼마나 남았는지 그리고 과거에 주가가 얼마나 변동이 심했는지에 따라 결정된다. 만기일이 멀면 멀수록 옵션의 내재가치가 올라간다. 마이크로소프트 주식의 콜옵션 행사가가 35달러이고 현재 시장가격이 30달러라고 하자. 만약 옵션의 만기일이 내일이라면 가격이 35달러를 넘어설 가능성은 희박하다. 그러나 만기가 6개월 후라면 가격 상승 기회가 많이 남아 있다. 따라서 **만기일이 멀수록 옵션 프리미엄이 커진다**. 또한 기초자산 가격의 변동성이 작을수록 옵션의 내재가치가 올라갈 가능성이 작다. 가격 변동폭이 작기 때문이다. 그러나 기초자산의 가격 변동성이 크면 내재가치가 올라갈 기회가 더 많아진다. **기초자산의 가격 변동성이 클수록 옵션 프리미엄은 커진다**.

옵션의 내재가치를 계산하는 것은 단순하다. 그러나 옵션 프리미엄이 두 가지 요인(옵션의 만기일과 기초자산 가격의 변동성)에 의해 어떻게 결정되는지 알기는 쉽지 않다. 사실 옵션 프리미엄을 정하기 어려워서 한동안 옵션은 잘 거래되지 못했다. 월스트리트의 전문적인 투자자들조차 옵션가격을 어떻게 정해야 할지 확신하지 못했다. 그런데 1973년 시카고대학의 경제학자 블랙(Fischer Black)과 숄즈(Myron Scholes)가 「Journal of Political Economy」에 발표한 논문이 돌파구가 되었다. 이들은 논문에서 옵션가격 공식을 만들기 위해 정교한 수학을 사용하였다. CBOE의 설립과 동시에 블랙-숄즈 공식이 만들어졌고 옵션거래는 폭발적으로 증가하게 되었다.

블랙-숄즈 공식이 미친 영향력은 대단했다. 정교한 수학 모형으로 복잡한 금융증권의 가격을 결정할 수 있다는 것을 월스트리트에 보여 주었다. 월스트리트의 기업들은 경제학, 금융, 수학 박사들을 다수 고용하여 새로운 증권의 가격을 정하거나 평가하는 데 사용할 수학 모형을 구축했다. 이들에게는 '로켓 과학자(rocket scientist)'나 '퀀트(quants)' 같은 명칭이 붙여졌다.

관련 사례

옵션시세표 읽기

신문과 웹사이트에 있는 옵션시세표에는 선물시세표에서 볼 수 있는 것과 같은 정보들이 많다. 하지만 기초자산이 현물(예 : 채권이나 주식)인지 아니면 선물(예 : 주가지수선물)인지에 따라 차이가 있기는 하다.

다음 표는 마이크로소프트 주식의 옵션계약 가격을 담고 있다. 이 가격은 행사가격이 24달러인 풋옵션과 콜옵션의 2010년 8월 10일 가격이다. 마이크로소프트 주식의 전일 종가는 25.61달러였다. 마이크로소프트 주식에 대한 풋옵션과 콜옵션은 여러 개가 있는데 여기에서는 그중 4개만을 보여 주고 있다. 첫째 열은 옵션의 만기일이고, 둘째 열은 행사가격이다. 그다음 세 열은 콜옵션에 대한 정보를, 마지막 세 열은 풋옵션에 대한 정보를 담고 있다.

Call and Put Options for Microsoft (MSFT)

Underlying stock price: 25.61

		Call			Put		
Expiration	Strike	Last	Volume	Open Interest	Last	Volume	Open Interest
Aug	24.00	1.64	396	30854	0.09	530	24033
Sep	24.00	1.85	190	2335	0.33	115	10230
Oct	24.00	2.07	145	11222	0.55	39	39440
Jan	24.00	2.71	7	10375	1.31	96	14695

Last라는 이름이 붙은 열은 종가를 보여 준다. 예를 들어 첫 번째 행에 표시된 8월 계약의 경우 종가는 1.64달러였다. Volume이라는 이름이 붙은 열은 그날 거래된 계약의 수를 보여 주고, Open Interest 열은 아직 행사되지 않고 남아 있는 계약의 수를 보여 준다. 표를 보면 콜옵션 가격이 동일한 만기일을 가진 풋옵션 가격보다 높다는 것을 알 수 있다. 콜옵션의 가격이 높은 것은 행사가격이 기초자산의 가격보다 낮을 때 콜옵션이 '내가격' 상태에 있다고 하고 풋옵션이 '외가격' 상태에 있다고 말하는 것과 관련이 있다. 콜옵션과 풋옵션 모두 만기일이 멀수록 가격이 높음도 확인할 수 있다.

출처 : *Wall Street Journal*, August 10, 2010.

예제 7.4

옵션시세표의 해석

아마존 닷컴의 콜옵션과 풋옵션에 관한 다음 정보를 이용하여 물음에 답하라. 단, 옵션이나 주식가격 이외에 옵션이나 주식을 매매하는 데 드는 비용은 고려하지 않는다.

Amazon(AMZN) 기초자산의 가격 : 93.60

		콜			풋		
만기	행사가격	종가	거래량	미결제약정	종가	거래량	미결제약정
10월	105.00	0.03	341	3863	11.52	55	1511
11월	105.00	1.73	1590	6799	13.30	12	289
1월	105.00	3.59	73	8453	13.60	14	584
4월	105.00	6.70	3	152	17.30	1	125

a. 풋옵션이 콜옵션보다 비싼 가격으로 팔리는 이유는 무엇인가?

b. 4월 만기 콜옵션이 1월 만기 콜옵션보다 비싼 가격으로 팔리는 이유는 무엇인가?

c. 4월 만기 풋옵션을 매수한다고 하자. 옵션을 바로 실행할지 말지 설명해 보라.

d. 옵션시세표에 명시된 가격으로 11월 만기 콜옵션을 사서 주가가 122달러일 때 콜옵션을 행사한다고 가정하자. 당신은 얼마의 수익을 얻고 얼마의 손실을 보는가?

e. 옵션시세표에 명시된 가격으로 4월 만기 콜옵션을 샀는데 주가가 계속 93.60달러라고 가정하자. 당신은 얼마의 수익을 얻고 얼마의 손실을 보는가?

Step 1 복습. 이 문제는 옵션시세표를 해석하는 문제이므로 '옵션가격의 결정과 '퀀트'의 등장'을 복습한다.

Step 2 (a) 풋옵션이 콜옵션보다 비싼 이유. 행사가격 105.00달러는 기초주식의 가격 93.60달러보다 높다. 풋옵션은 '내가격' 상태이다. 아마존 주식을 시장에서 93.60달러에 사서 105.00달러에 풋옵션을 실행하면 11.40달러($105−$93.60)의 수익을 얻는다. 반면 콜옵션은 '외가격' 상태이다. 시장가격이 93.60달러이므로 당신은 행사가격이 105.00달러인 콜옵션을 행사하지 않을 것이다. 콜옵션의 내재가치는 0이므로 풋옵션보다 가격이 낮다.

Step 3 (b) 4월 콜옵션이 1월 콜옵션보다 비싼 이유. 옵션의 가격은 내재가치와 시간가치를 합한 것이다. 만기일이 멀수록 내재가치가 커질 기회가 더 많이 남아 있으므로 옵션의 가격이 높게 형성된다. 여기서는 두 콜옵션의 행사가격이 같기 때문에 만기가 먼 4월 옵션이 1월 옵션보다 비싸다.

Step 4 (c) 4월 만기 풋옵션을 바로 실행시킬지 여부. 당신이 4월의 풋옵션을 매수했다면 아마존 주식을 93.60달러에 매수하여 풋옵션을 105.00달러에 실행하고 그 차익인 11.40달러를 취할 수 있다. 그러나 풋옵션의 가격이 17.30달러이므로 바로 실행시키면 순손실이 발생한다. 당신이 이 풋옵션을 매수한다면, 이는 만기 전에 아마존의 주가가 더 하락해서 풋옵션의 내재가치가 17.30달러보다 커질 것이라고 예측했기 때문일 것이다.

Step 5 (d) 11월 만기 콜옵션을 매수하여 주가가 122달러일 때 실행하는 경우의 손익 계산.
$122 − $105(행사가격) − $1.73(옵션가격) = 15.27달러

Step 6 (e) 4월 만기 콜옵션을 매수하였는데 주가가 계속 93.60달러인 경우. 주가가 상승하지 않고 계속 93.60달러이면 4월 콜옵션은 '외가격' 상태이다. 당신은 옵션을 실행하지 않을 것이고 옵션가격 6.70달러만 손해 본다.

옵션을 사용한 리스크 관리

기업, 은행, 개인 투자자들은 원자재 가격, 주가, 이자율, 환율 등의 변동 리스크를 헤지하기 위해 선물뿐만 아니라 옵션도 이용한다. 그러나 가격이 원하는 방향대로 움직이지 않아도 크게 손해를 보지 않는다는 장점이 있다. 특히 옵션을 매수하는 경우에 손실은 옵션 프리미엄으로 제한된다. 따라서 선물계약에 비해 보험의 성격이 더 강하다. 옵션의 가격을 옵션 프리미엄이라 부르는 이유도 바로

이 때문이다.

그러나 옵션을 매도한 경우는 다르다. 옵션 매도자의 손실은 제한되지 않는다. 예를 들어 풋옵션을 매도했는데 기초자산의 가격이 크게 하락한 경우는 큰 손실을 입는다. 시장가격이 크게 하락했어도 풋옵션의 매수자에게 비싼 행사가격에 팔아야 할 의무가 있기 때문이다. 콜옵션을 매도했는데 기초자산의 가격이 크게 상승한 경우에도 큰 손실을 입는다. 시장가격이 크게 상승했어도 콜옵션의 매수자에게 싼 가격에 팔아야 할 의무가 있기 때문이다.

7.5 스왑

[학습목표]
스왑의 정의를 내리고 위험을 줄이기 위해 어떻게 사용되는지 알아본다.

표준화된 선물, 옵션으로 유동성이 증가했지만 투자자의 구체적인 필요를 충족시키지는 못하는 경우가 있다. 이러한 문제 때문에 **스왑**(swap)이 발전하게 되었다. 스왑은 각자 미래에 지급해야 할 금액을 교환하기로 한 거래당사자 간의 합의이다. 이런 면에서 스왑은 선물계약과 비슷하지만 당사자 간의 사적 계약이기 때문에 거래조건을 융통성 있게 변경할 수 있다는 장점이 있다.

스왑 각자 미래에 지급해야 할 금액을 서로 교환하기로 한 거래당사자 간의 합의

관련 사례

VIX 이해하기

투자자들은 변동성을 좋아하지 않는다. 자산 가격의 변화폭이 클수록 투자자들이 당면하는 위험도 커진다. 제6장에서 살펴본 대로 2007~2009년 금융위기 기간 중 주가의 변동폭이 커졌고 많은 개인 투자자들의 반응은 보유 주식을 팔고 시장을 떠나는 것이었다. 투자자들이 당면하는 변동성의 정도를 측정하는 게 가능할까?

변동성의 측도를 만들어 내는 한 가지 방법은 옵션 가격을 이용하는 것이다. 지금은 밴더빌트대학에 있는 웨일리(Robert E. Whaley)는 1993년에 발표한 연구에서 S&P 500 지수 같은 주식시장 지수에 대한 옵션의 가격으로부터 미래 시장 변동성에 대한 투자자들의 예상을 도출해 낼 수 있다는 점에 주목했다. 이 변동성 측도는 명시적이라기보다는 암묵적이라고 할 수 있는데, 옵션가격은 변동성 외에도 옵션의 내재가치 및 다른 요인들에 의해서 결정되기 때문이다. 옵션 가격이 변동성에 영향을 받는 것은 투자자가 옵션을 행사할 가능성이 얼마나 되는지에 변동성이 영향을 미치기 때문이다. 웨일리는 옵션 가격 중 투자자들의 변동성 예측치를 반영하는 부분을 떼어 낼 방법을 제안하였다.

시카고 옵션거래소(CBOE)는 VIX로 불리는 시장변동성 지수를 만들어 냈는데 S&P 500 지수에 대한 풋옵션과 콜옵션의 가격에서 계산되는 지수다. (변동성 지수를 영어로 volatility index라 하는데 첫 단어의 첫 철자와 두 번째 단어의 처음과 마지막 철자를 따서 VIX라는 말이 만들어졌다.) VIX는 미국 주식시장에서 향후 30일간의 주가 변동성에 대한 예상치를 보여 주는 대표적인 지수가 되었다. 많은 사람들은 VIX를 두려움에 대한 측도라고 부른다. 투자자들은 주가 변동성이 올라갈 것으로 기대될 때 옵션에 대한 수요를 늘리고, 이는 옵션의 가격을 올리며 VIX의 수치도 올라간다. 다음 페이지에 있는 그래프는 2004년 1월에서 2010년 7월 사이의 VIX의 변화를 보여 준다.

2007년 중반까지 VIX는 10~20포인트 사이에 머물렀는데 이는 투자자들이 향후 30일간 S&P 500 지수의 변화율이 연율로 10~20% 사이일 것으로 예상했음을 뜻한다. 그러다가 2007년 금융위기가 시작되었을 때 VIX는 상승하기 시작했는데 리먼브러더스 투자은행이 도산한 뒤인 2008년 10월과 11월에는 사상 유례가 없는 80포인트에 도달하였다. VIX가 상승한 것은 변동성이 커질 것을 예상한 투자자들이 주식 투자를 헤지하기 위해 옵션을 사들이면서 옵션 가격이 오른 데 따른 것이다. VIX는 2009년 12월이 돼서야 20포인트 아래로 떨어졌다가, 시장이 변동성이 높아진 2010년 5월에 다시 크게 올랐다.

2004년 3월 시카고 옵션거래소는 VIX 선물을 거래하기 시작했고 2006년 2월에는 VIX 옵션을 거래하기 시작했다. 시장의 변동성 증가를 헤지하기 원하는 투자자는 VIX 선물을 살 것이다. 시장변동성이 증가할 것으로 보는 투기자도 VIX 선물을 살 것이다. 시장변동성이 내려갈 것으로 보는 투기자는 VIX 선물을 팔 것이다.

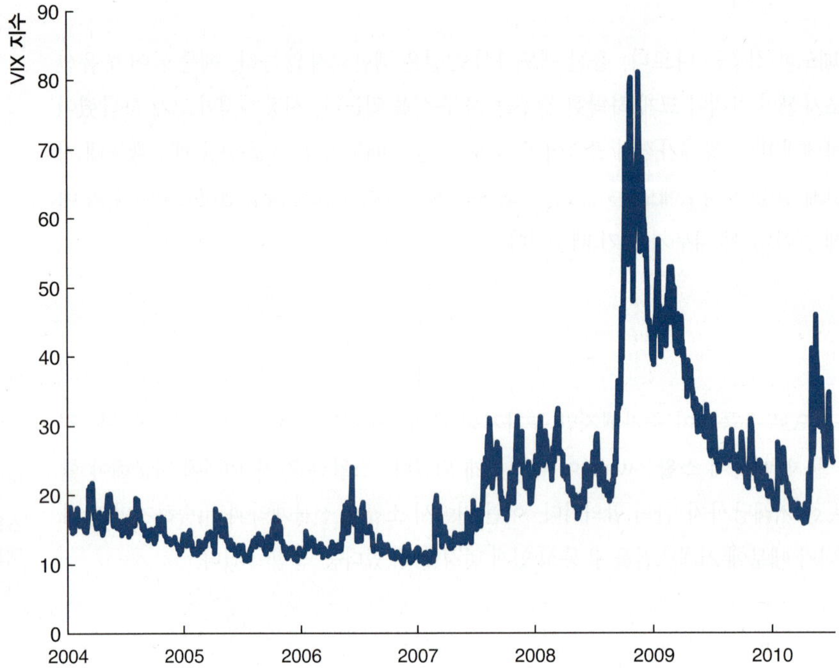

출처 : Chicago Board Options Exchange.

VIX 지수는 투자자들이 시장에서 얼마만큼의 변동성을 예상하는지를 가늠할 수 있는 유용한 도구이자 변동성을 피하기 위한 훌륭한 도구이기도 하다.

출처 : Robert E. Whaley, "Understanding VIX," *Journal of Portfolio Management*, Vol.35, Spring 2009, pp. 98-105. Robert E. Whaley, "Derivatives on Market Volatility: Hedging Tools Long Overdue," *Journal of Derivatives*, Vol. 1, Fall 1993, pp. 71-84. Associated Press, "Wall Street's Fear Gauge Sinks to 2-Year Low," *New York Times*, March 23, 2010.

금리스왑

금리스왑 명목원금에 대한 이자 지급을 일정 기간 동안 교환하기로 한 계약

금리스왑(interest-rate swap)은 스왑의 가장 기본적인 형태로서, **명목원금**(notional principal)에 대한 이자 지급을 일정 기간 동안 교환하기로 한 계약이다. 여기서 명목원금은 계산을 위해 사용될 뿐 실제 거래되지는 않는다. 예를 들어 웰스파고 은행과 IBM이 명목원금 1,000만 달러를 기본으로 5년간 스왑거래를 하기로 했다고 하자. IBM은 웰스파고에게 원금 1,000만 달러에 대해 연 6% 이자를 5년 동안 지급하기로 했다. 웰스파고는 IBM에 변동금리를 지급하기로 했다. 변동금리 기준으로 LIBOR, 즉 런던은행간 금리(London Interbank Offered Rate)가 사용되었고 변동금리는 LIBOR에 4%를 더한 것으로 정했다. 그림 7.2는 이 스왑거래에서 발생하는 지급을 정리해 놓았다.

첫해에 IBM은 웰스파고에게 명목원금의 6%인 60만 달러를 지급해야 하고 웰스파고는 IBM에게 70만 달러를 지급해야 한다. 그러나 두 금액을 상계하여 웰스파고가 IBM에 10만 달러를 지급한다. 보통 계약자들은 순지급액만 교환한다.

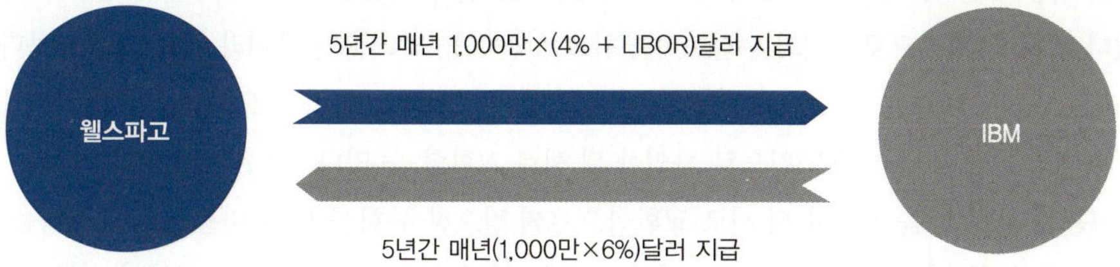

그림 7.2

스왑거래의 지급액

웰스파고와 IBM은 명목원금 1,000만 달러를 기본으로 5년 동안 금리스왑거래를 하기로 했다. IBM은 원금 1,000만 달러에 대해 연 6%로 이자를 5년간 지급한다. 웰스파고는 IBM에 변동금리를 지급한다. 변동금리는 LIBOR + 4%이고 현재 LIBOR는 3%이다. 첫해에 IBM은 웰스파고에게 명목원금의 6%인 60만 달러를 지급해야 하고 웰스파고는 IBM에게 70만 달러를 지급해야 한다. 그러나 두 금액을 상계하여 웰스파고가 IBM에 10만 달러를 지급한다.

그러면 기업과 금융기관이 금리스왑에 참여하는 이유는 무엇일까? 한 가지 이유는 이자율 위험을 좀 더 잘 견딜 수 있는 쪽으로 넘기는 것이다. 예시에서는 스왑거래로 IBM이 이자율 위험에 노출되었지만 수익을 기대하기 때문에 그런 위험을 견딜 수 있다. 첫해에 IBM은 웰스파고로부터 차액으로 10만 달러를 받을 수 있었다. 물론 시장금리가 하락하면 반대로 IBM이 웰스파고에게 차액을 지급해야 할지 모른다. 금리스왑을 하는 또 다른 이유는 고정금리 자산과 변동금리 자산의 밸런스를 유지하기 위함이다. 예를 들어 변동금리 모기지를 많이 가지고 있는 은행은 확정금리 모기지가 많은 은행과 금리스왑을 하고 싶어 한다. 즉 금리스왑을 이용하면 고정 수입(지출)과 변동 수입(지출)의 비율을 적절히 조절하면서 자산을 관리할 수 있다. 스왑은 선물이나 옵션보다 유연하다. 당사자 간의 필요에 따라 거래조건을 조정할 수 있고, 거래소를 통할 필요가 없으므로 프라이버시를 지킬 수 있다. 정부의 규제도 거의 없다. 또 스왑계약은 길게는 20년과 같이 장기로 체결할 수 있다. 선물이나 옵션은 길어야 1년 이내로 계약이 끝나지만 스왑을 이용하면 장기로 헤지할 수 있다.

그러나 선물, 옵션과 달리 스왑거래를 할 때에는 거래상대방의 신용도를 확실히 알고 있어야 한다. 이 때문에 스왑거래는 주로 대기업과 금융기관 사이에서 이루어진다. 스왑거래를 제3자에게 되파는 경우는 거의 없어서 선물시장이나 옵션시장처럼 유동성이 높지는 않다.

통화스왑과 신용스왑

금리스왑에서는 이자 지급액이 교환되지만 원금은 거래되지 않는다. **통화스왑**(currency swap)에서는 거래당사가 간에 서로 다른 통화로 표시된 원금이 교환된다. 예를 들어 프랑스 회사는 유로를 달러로 바꿀 의사가 있고 미국 회사는 달러를 유로로 바꿀 의사가 있을 경우 두 회사 간에 스왑거래가 이루어진다.

통화스왑 계약자들이 서로 다른 통화로 표시된 원금을 교환

기본적인 통화스왑은 세 단계로 진행된다. 첫째, 거래당사자들은 다른 통화 표시의 원금을 교환한다. (이것이 금리스왑과 다른 점이다. 금리스왑은 보통 같은 통화로 거래하고 원금이 아니라 순이자만 교환한다.) 둘째, 거래당사자들은 계약 기간 동안 정기적으로 이자 지급을 교환한다. 셋째, 계약이 끝날 때 원금을 다시 교환한다.

기업과 금융기관이 통화스왑에 참여하는 이유는 무엇일까? 외국 통화가 필요한 두 기업의 경우를 고려해 보자. 기업 A와 기업 B는 오랫동안 유럽과 일본으로부터 물품을 수입해 온 수입업자이다. 두 기업은 양국과 모두 거래를 하고 있지만 A는 유럽으로부터의 수입 비중이 높고, B는 일본으로부터

의 수입 비중이 높다. 따라서 A는 유로화 자금을, B는 엔화 자금을 각각 유리한 조건으로 차입할 수 있다. 그런데 일본으로부터의 수입도 병행하고 있는 A는 달러뿐만 아니라 엔화도 필요하다. 마찬가지로 B 역시 비중은 작지만 유럽으로부터 수입하기 위해 유로화가 필요하다. 이때 A와 B는 유로화와 엔화를 각자 유리한 조건으로 차입한 뒤 서로 교환할 수 있다. 즉 A는 유로화 자금을 차입하고 B는 엔화 자금을 차입한 뒤 서로 교환함으로써 필요한 통화를 낮은 비용으로 확보하는 것이다. 그러면 차입금에 대한 이자는 누가 지급하는가? 실제의 자금 이용자가 지급한다. 형식상 유로 자금을 차입하였으나 실제로는 엔화 자금을 이용하고 있는 A는 B에게 이자를 지급한다. 또 형식상 엔화 자금을 차입하였으나 실제로는 유로 자금을 이용하고 있는 B는 A에게 이자를 지급한다. 만기가 되면 A는 B에게 엔화표시 원금을 지급하여 B가 부채를 상환할 수 있게 하고, B는 A에게 유로표시 원금을 지급하여 A가 부채를 상환할 수 있게 함으로써 스왑거래를 종료한다. 즉 필요한 통화를 직접 조달하지 않고 스왑거래를 이용해 더 싸게 조달하는 것이다.

신용스왑 신용위험을 줄이기 위해 이자 지급을 교환

신용스왑(credit swap)에서도 금리스왑의 경우와 같이 채무불이행 위험이나 신용위험을 줄이기 위해 이자 지급을 교환한다. 예를 들어 몬태나 주에 있는 은행은 구리광산 회사에 대출을 많이 하고, 캔자스 주에 있는 은행은 밀 농사를 하는 농부들에게 대출을 많이 한다. 이 몬태나의 은행은 캔자스 은행과의 신용스왑을 희망한다. 몬태나의 은행은 구리 가격 하락으로 지역의 대출자가 빚을 갚지 못할 것을 우려하고, 캔자스의 은행은 밀 가격 하락을 우려한다. 양측 은행은 이러한 대출의 일부에 대해 서로 이자 지급을 교환함으로써 위험을 줄일 수 있다. 물론 몬태나의 은행이 광업 대출을 줄이고 캔자스의 은행은 농업 대출을 줄이는 방식으로 포트폴리오를 다변화할 수 있지만 이 방법은 실행하기 어렵다. 왜냐하면 은행들은 오랫동안 관계를 유지해 온 회사에게 대출을 많이 해 주기 때문이다. 대신 스왑을 이용하면 포트폴리오를 다변화하는 효과를 거둘 수 있다.

신용부도스왑

신용부도스왑 기초자산의 가치가 떨어질 경우에 매도자가 매수자에게 금액을 지불하기로 한 파생상품으로, 일종의 보험

1990년대 중반 투자은행인 뱅커스트러스트와 JP모건은 **신용부도스왑**(credit default swap, CDS)이라는 금융상품을 개발했다. 그러나 명칭이 혼란을 주는데, 실제로 이는 우리가 이제껏 논의한 스왑이라기보다 일종의 보험 같은 것이다. 신용부도스왑은 2007~2009년 금융위기 동안에 주로 주택저당증권(MBS)과 그와 유사한 부채담보부증권(CDO)과 연계되어 사용되었다. CDS의 발행자는 매수자에게 일정한 금액을 받고 그 대가로 만약 기초자산인 MBS가 채무불이행 상태에 빠지면 손실을 보상해 준다는 약속을 한다. 예를 들어 당신이 액면가가 1,000달러인 MBS를 매수하는 동시에 그에 대한 CDS를 매수했다고 하자. CDS의 가격 또는 프리미엄은, 가령 연간 20달러이다. 만약 채무불이행이 발생하지 않으면 이 프리미엄은 고스란히 CDS 발행자의 수입이 된다. 그러나 MBS가 원금과 이자를 지급하지 못하는 사태가 벌어지면 그 증권의 가격은 크게 떨어질 것이다. 액면가 1,000달러인 MBS가 300달러로 떨어지면 CDS 매수자는 발행자로부터 700달러를 받게 된다.

2005년에 이르자 투자자들은 MBS와 CDO에 포함된 서브프라임 모기지에 디폴트가 발생할 수 있다고 생각하여 CDS를 매수하는 투기를 벌였다. 보험이 아니라 투기가 목적이었다. 이들은 CDS

의 기초자산을 소유하지 않고 오직 차익을 노리고 CDS를 매수했다. 당시에 대형 보험사인 AIG는 MBS에 대해 다량의 CDS를 발행했다. 시간이 지난 뒤에 보니 AIG는 실제 리스크에 비해 너무 적은 보험료를 받은 셈이다. AIG가 발행한 CDS 규모로 보아 주택가격이 하락하면 회사가 파산할 정도였지만, AIG는 감내할 수 있는 리스크를 과소평가하고 있었다. S&P, 무디스와 같은 신용평가사는 MBS에 대해 여전히 높은 등급을 주었고 AIG의 내부 모형은 전국적인 부동산 침체를 고려하지 않았다.

2008년 가을이 되자 AIG가 발행한 CDS의 기초채권 가격이 큰 폭으로 하락하였다. 기초채권의 거래가 이루어지지 않아 가격을 측정하는 것조차 어려웠다. CDS 매수자들은 AIG가 담보를 제시해야 한다고 주장했지만 AIG는 담보가 충분하지 않아 파산 직전까지 몰리게 되었다. 재무성과 연준은 만약 AIG가 파산하고 투자자의 손실이 현실화되면 금융시스템이 심각한 타격을 받을 것으로 보았고, 회사 소유권의 80%를 넘겨받는 대가로 AIG에게 850억 달러의 구제금융을 제공하였다. 그러

관련 사례

파생상품은 대량살상 금융무기인가?

파생상품이 금융시스템에서 중요한 역할을 할 수 있으며, 특히 위험 분산을 도와준다는 점을 살펴보았다. 그렇다면 왜 버핏은 파생상품을 '대량살상 금융무기'라고 부르는 것일까? 우선 버핏이 우리가 이 장에서 초점을 맞춘 선물계약과 거래소 상장 옵션을 지칭한 것이 아님에 주의하라. 버핏은 거래소 밖에서 거래되는 파생상품을 지칭한 것이다. 선도계약, 비상장 옵션계약, 신용부도스왑(CDS) 등이 여기에 해당한다.

버핏은 이들 파생상품이 가진 문제로 세 가지를 지적했다.

1. 이들 파생상품은 거래량이 많지 않다. 다시 말해 이들 상품은 자주 사고 팔리지 않는다. 이 때문에 이들 상품의 가치를 정하는 게 쉽지 않다. 시장가치가 알려져 있지 않기 때문에 이 상품을 사는 사람과 파는 사람의 재무 상태를 평가하는 것도 쉽지 않다. 또한 일부 파생상품의 딜러들은 실제 시장에서 관측된 가격을 사용하는 게 아니라 모형이 예측한 가격을 사용하여 상품의 가치를 평가한다. 거래가 많지 않으므로 시장가격이 존재하지 하지 않을 수도 있기 때문이다. 이 같은 평가를 바탕으로 딜러는 매수자와 매도자 중 가격 변화로 이득을 얻은 쪽의 계좌에 돈을 보내고, 그 반대쪽의 계좌에서 돈을 빼낸다. 파생상품의 가치가 증가해서 이익을 얻은 쪽은 재무제표에 이 금액을 수익으로 표시하게 된다. 가격 변화를 추정하는 데 쓰인 모형이 부정확하다면 이렇게 발생한 수익도 부정확할 수 있다고 버핏은 주장한다.
2. 이들 파생상품은 정부 규제로부터 벗어나 있어서 기업들은 잠재적 손실에 대비한 준비금을 마련해 놓지 않을 수 있다. AIG의 경우 바로 이 문제가 있었다. CDS를 사 간 사람들에게 담보를 제공해야 했을 때 그럴 자금이 없었고 결국 연준과 재무성으로부터 차입하는 수밖에 없었다.
3. 이들 파생상품은 거래소 밖에서 거래되기 때문에 거래상대방 위험을 수반한다. 거래소 상장 파생상품의 경우 거래소가 거래 청산 서비스를 제공하고 매수인과 매도인 각각의 거래상대방 역할을 맡게 된다. 거래소가 양쪽 모두의 거래상대방이 됨으로써 채무불이행 위험은 크게 줄어든다. 금융위기 기간 중 거래상대방 위험에 대한 우려로 인해 일부 파생상품시장에서는 거래가 사라져 버리기도 했다. 채무불이행 위험에 대한 우려로 상품을 사려는 사람이 없었기 때문이다. 이는 리먼브러더스가 파산을 선언하며 이 회사가 체결한 계약이 채무불이행 상태에 빠진 2008년 10월 이후 특히 심각했다.

여러 경제학자와 정책 결정자가 버핏의 우려에 공감한다. 2010년 의회는 도드와 프랭크 의원이 발의한 '월스트리트 개혁과 소비자보호에 관한 법'을 통과시켰다. 이는 금융위기에 대한 국회의 대응이었다. 이 법에 따라 많은 파생상품은 거래소에서만 거래가 가능하다. 경제학자들은 거래상대방 위험의 감소와 투명성의 증가로 인한 이득이 파생상품 계약을 표준화하는 데 따른 유연성의 상실로 인한 손실보다 큰지에 대해 논쟁 중이다.

출처 : 파생상품에 관한 버핏의 관점에 대한 가장 좋은 자료는 2002년에서 2010년 사이에 간행된 버크셔 해서웨이의 연간보고서에 중 이사회의장의 편지(Chairman's Letter)이다.

나 AIG의 손실은 더 커졌고 지원 액수는 1,820억 달러로 늘어났다. 그 후 일부 보유자산의 가격이 회복되었고, 또 메트라이프(MetLife)와 프루덴셜 UK(Prudential UK)에 자회사를 매각함으로써 AIG는 2010년 말에야 연방정부의 빚을 다 갚을 수 있었다.

그런데 2005~2006년 사이 주택시장 침체에도 불구하고 AIG를 제외한 기관들이 발행한 CDS는 더 늘어났다. 거품이 끝나는 마지막 달에 이르러서야 비로소 발행 규모가 줄어들었다. 몇몇 상업은행과 투자은행은 기초채권의 가격이 떨어지지 않을 것으로 보고 계속 CDS를 발행했지만, 불행하게도 기초채권의 가격은 급락했고 이들은 CDS 매수자들에게 엄청난 돈을 지급해야 했다.

당시 경제전문가와 금융권 인사들은 CDS 발행 규모가 너무 크다고 우려했다. CDS는 거래소가 아니라 장외에서 거래되기 때문에 통계를 얻기 어려웠다. 게다가 채권에 대해서만 발행된 것이 아니라 회사에 대해 발행된 CDS도 많았다. 따라서 한 채권이나 회사에 디폴트가 발생하면 CDS를 발행한 다수의 기관이 연쇄적인 피해를 입게 되어 있었다. CDS로 인해 AIG를 비롯한 여러 금융기관과 투자자들이 엄청난 손실을 입었고 그로 인해 금융위기가 심화되었다.

7장의 질문에 대한 답변

Question 파생금융상품은 금융의 대량살상무기인가?

Answer 선물과 옵션은 위험을 분담하는 서비스를 제공하는 등 금융시스템에서 중요한 역할을 한다. 버핏은 거래소에 상장되지 않은 몇몇 파생금융상품이 금융위기 발생에 영향을 미쳤다고 주장했다. 모든 파생금융상품이 금융의 대량살상무기는 아니지만, 정책입안자들은 몇몇 파생금융상품이 금융시스템을 불안정하게 하는 것을 막기 위해 새로운 규제안을 만들었다.

핵심용어

거래보증금
거래상대방 위험
결제일
금리스왑
매도포지션
매수포지션
선도계약
선물계약
스왑
신용부도스왑
신용스왑
옵션
옵션 프리미엄
일일정산
콜옵션
통화스왑
투기
파생상품
풋옵션
행사가격
헤지
현물가격

연습문제

01 헤저들만 파생상품 계약을 하려고 한다면 파생상품시장의 상황은 더 나아질 수 있겠는가? 간략히 설명하라.

02 월스트리트저널에 다음과 같은 기사가 실렸다.

"다른 항공사들이 살아남기 위해 안간힘을 쓰는 동안 사우스웨스트(Southwest) 항공사는 분기마다 좋은 실적을 발표했다. 그것은 광범위한 헤지 프로그램 덕분이었다. 사우스웨스트 항공사는 연료비용을 적절히 헤지하는 몇 안 되는 회사 중 하나이다."

사우스웨스트 항공사가 연료비용의 손실을 헤지하는 방법을 간략히 설명하라. 단, 헤지의 정의를 포함시켜 답하라.

출처 : David Gaffen, "Four at Four: The Stock Market Turns Into the NBA," *Wall Street Journal,* October 16, 2008.

03 당신이 밀을 재배하는 농부라고 가정하고 다음 질문에 답하라.

a. 지금은 9월이다. 당신은 50,000부셸의 밀을 수확할 예정이고 그것을 11월에 팔 준비가 되어 있다. 밀의 현물가격은 현재 부셸당 2.50달러이고, 12월 결제인 밀 선물의 가격은 부셸당 2.75달러이다. 밀 선물을 사야 하는가 팔아야 하는가? 만약 선물계약 단위가 5,000부셸이라면 얼마나 많은 계약을 사고팔아야 하는가? 선물계약을 사고파는 데 얼마가 드는가?

b. 지금은 11월이다. 당신은 부셸당 현물가 2.60달러에 50,000부셸의 밀을 판다. 만약 선물가격이 부셸당 2.85달러이고 선물시장에서 포지션을 청산한다면 선물계약 포지션에서의 손익은 얼마인가? 당신은 밀 가격의 변동을 완전히 헤지하였는가? 숫자를 이용해 설명하라.

04 월스트리트저널에 니켈 시장에 대해 다음과 같은 기사가 실렸다.

"니켈 가격의 급격한 상승은 수요와 공급의 아주 작은 변화도 니켈, 오렌지, 코코아와 같은 작은 상품시장을 휘젓는다는 것을 증명했다. 주요 거래소에서의 미결제약정 기준으로 니켈시장 규모는 약 120억 달러이고, 원유시장 규모는 약 2,800억 달러이다."

a. 시장을 '휘저었다'는 것은 무슨 뜻인가?

b. 선물거래를 할 때 원유시장 같이 큰 시장보다 작은 상품시장에 참여하는 것이 더 유리한가?

c. '주요 거래소에서의 미결제약정'이란 무엇인가? 이것이 상품시장 규모의 척도가 되는 이유는 무엇인가?

출처 : Liam Pleven, "How the Nickel Rally Got Its Start," *Wall Street Journal,* March 26, 2010.

05 시카고 거래소의 10년 만기 국채 선물의 시세표를 살펴보자. 선물계약 한 단위는 액면가가 10만 달러, 만기 10년, 이표율 6%인 재무성채권이다.

월	종가	변화	시가	고가	저가	거래량	미결제약정
2012.12	108'18.5	0'03.5	108'13.0	108'21.0	108'06.5	564322	2380328
2013. 3	108'07.0	0'05.5	108'00.0	108'05.0	107'26.0	4325	118728
2013. 6	107'27.0	0'05.5	107'27.0	107'27.0	107'21.5	2	19
2013. 9	107'21.5	0'05.5	107'21.5	107'21.5	107'21.5	0	0
2013.12	107'21.5	0'05.5	107'21.5	107'21.5	107'21.5	0	0

a. 당신이 이날 2012년 12월 만기인 선물 두 계약을 매수하였다면 얼마를 지불한 것인가?

b. 선물계약에서 '미결제약정'은 무엇을 의미하는가? 2013년 3월에 만기되는 계약의 미결제약정은 무엇인가?

c. 이자율이 떨어질 것이라고 예상하고 투기거래를 한다면 당신은 선물계약을 팔 것인가 아니면 살 것인가? 간략히 설명하라.

d. 당신이 12월 만기 선물계약을 매도하고 하루 뒤에 거래소가 당신의 선물계좌에 자금을 넣어 주었다고 하자. 하루 사이에 이자율에 어떤 변화가 일어났겠는가? 간략히 설명하라.

06 시카고 상품거래소(CME)는 S&P 500 지수 선물을 제공한다.

CME S&P 500 선물계약의 크기는 계약승수(250달러)에다 현재 CME S&P 500 선물지수를 곱한 것이다. 만약 S&P 500 선물지수가 1400이면 선물 1계약은 $\$250 \times 1400 =$ 35만 달러의 가치를 가진다.

선물계약은 매수자와 매도자 간의 현금거래로 이루어진다.

a. 어떤 종류의 투자자가 이런 선물계약이 헤지에 유용하다고 생각하겠는가? 이런 투자자들이 헤지를 위해 선물계약을 어떻게 사용할지 간략히 설명하라.

b. 어떤 종류의 투자자가 이런 선물계약이 투기에 유용하다고 생각하겠는가? 이런 투자자들이 투기를 위해 선물계약을 어떻게 사용할지 간략히 설명하라.

07 다음은 이코노미스트지에 난 기사이다.

"1958년 미국의 양파 재배업자들은 제럴드 포드(Gerald Ford)라는 당시 미시간 주 국회의원에게 양파 선물의 거래를 금지해 달라는 로비를 하였다. 그들은 양파 가격이 불안정한 것이 선물 투기자들 때문이라고 불평했고, 예비 대통령 포드의 지원을 얻어 요구를 관철시켰다. 그 뒤로 양파 선물은 금지되었다."

양파 선물 금지가 양파 가격을 안정시키는 데 도움이 되겠는가? 양파 선물 금지로 양파 재배업자들의 상황은 더 나아졌겠는가?

출처 : "Over the Counter, Out of Sight," *Economist*, November 12, 2009.

08 2010년 4월 말 애플사의 주가는 260달러가 넘었다. 월스트리트저널에 실린 한 칼럼은 애플사에 잠재된 문제점을 열거하였다. 이 문제 때문에 애플 주가가 하락할 수도 있다.

"잠재적인 문제 가운데 몇 개는 바로 문제를 일으킬 수 있다. 다른 것들은 문제가 되어도 시간이 좀 걸릴 것이다. 당신이 애플 투자자라면 대안은 무엇인가? 주식을 팔아서 이익을 실현할 수도 있을 것이다. 그러나 아직 기차에서 내리고 싶지 않다면 다른 아이디어가 있다. '풋옵션'을 이용하여 보험에 가입하는 것이다."

a. 풋옵션이 어떻게 주가 하락에 대한 보험을 제공하는가?

b. 주가 하락이 우려될 때 주식을 팔지 풋옵션을 살지에 대한 찬반론을 비교해 보라.

출처 : Brett Arends, "Steve Reasons Apple Share Holders Should Be Cautious," *Wall Street Journal*, April 23, 2010.

09 IBM의 콜옵션과 풋옵션에 대한 다음의 정보를 이용하여 물음에 답하라.

IBM　　기초주식 가격 : 90.78

		콜옵션			풋옵션		
만기	행사가격	종가	거래량	미결제약정	종가	거래량	미결제약정
11월	95.00	4.81	4103	3692	9.00	910	3555
1월	95.00	7.50	464	3328	11.00	140	14624
4월	95.00	10.30	62	843	14.50	1	1441
11월	100.00	2.90	10879	3321	11.30	67	6363
1월	100.00	5.80	161	10996	13.80	32	17021
4월	100.00	7.90	33	1163	15.20	12	2251
11월	105.00	1.70	1710	6946	14.30	94	1852
1월	105.00	3.80	326	7429	16.90	17	11530
4월	105.00	5.80	11	964	17.80	25	1484

a. 4월이 만기이고 행사가격이 95달러인 콜옵션의 내재가치는 얼마인가?

b. 1월이 만기이고 행가가격이 105달러인 풋옵션의 내재가치는 얼마인가?

c. 모든 만기물에서 행사가가 105달러인 콜옵션이 95달러인 콜옵션보다 싸게 팔린 이유와, 모든 만기물에서 행사가가 105달러인 풋옵션이 95달러인 풋옵션에 비해 비싸게 팔린 이유를 설명하라.

d. 1월 만기의 콜옵션을 행사가 105달러에 산다고 가정해 보자. 만약 IBM의 가격이 130달러일 때 그 옵션을 실행시키면 당신은 수익을 얻겠는가 아니면 손실을 입겠는가?

e. 4월 만기 풋옵션을 위 목록에 제시된 가격으로 매수했는데 IBM의 주식이 그대로 90.78달러를 유지한다면 당신은 수익을 얻겠는가 아니면 손실을 입겠는가?

10 월스트리트저널에 다음과 같은 기사가 실렸다.

"크레딧 스위스 그룹의 주식-파생상품 전략가인 폴슨(Sveinn Palsson)은 '스트랭글(strangle)' 전략을 제안한다. 이 전략은 콜옵션을 매도하는 동시에 풋옵션을 매도하는 양매도 전략이다. 폴슨은 특히 A사에 대해 8월물 행사가 85달러 콜옵션과 8월물 행사가 65달러 풋옵션을 매도하고 둘을 합해 5.30달러의 프리미엄을 받을 것을 제안했다."

이 기사가 날 당시 A사의 주가는 71.70달러였다. 이 스트랭글 전략이 수익을 낼 것으로 본 폴슨은 A사의 주가가 어떻게 움직일 것이라고 예상했겠는가?

출처 : Tennille Tracy, "Traders Expect Weak Economy to Wear Down Teen Clothiers," *Wall Street Journal*, April 24, 2008, p. C5.

11 당신은 고정금리 대출이 많은 은행의 관리자이다. 당신은 인플레이션율이 상승하여 대출의 가치가 떨어질 것을 우려한다.

a. 왜 인플레이션으로 고정금리 대출의 가치가 떨어지는가?
b. 손실을 줄이기 위해서 어떻게 스왑을 이용할 것인가?

12 2010년에 CDS를 이용한 투기를 규제하기 위해 여러 방법이 제시되었다. 그런데 월스트리트저널에는 규제에 부정적인 입장인 스탠퍼드대학의 더피(Darrell Duffie) 교수의 칼럼이 실렸다.

"투기자들은 투자의 기본 가치에 대한 정보를 제공한다. 기본 가치가 높아 보이면 사고 그렇지 않으면 판다. 예측이 맞으면 수익을 얻는다. 이와 같이 가격이 투자의 가치를 좀 더 정확하게 예측하게 만들고 정보를 확산시켜 준다. 예를 들어 그리스의 부채 문제가 심각하다는 것을 분명하게 보여준 증거는 그리스 국채의 디폴트 우려로 CDS 가격이 치솟은 것이다."

a. CDS는 무엇인가?
b. "국채의 디폴트 우려로 CDS 가격이 치솟았다."는 것은 무슨 뜻인가?
c. (b)에서 CDS 가격의 급상승은 투자자에게 어떻게 유용한 정보를 제공하는가?

출처 : Darrell Duffie, "In Defense of Financial Speculation," *Wall Street Journal*, February 24, 2010.

13 버크셔 해서웨이의 주주들에게 보내는 연례 편지에서 버핏은 다음과 같이 말했다. "경험이 많은 투자자나 애널리스트조차 파생상품거래가 많은 기업의 재무 상태를 파악하는 데 어려움을 겪는다." 파생상품을 많이 사고파는 기업의 재무 상태를 분석하는 것이 어려운 이유는 무엇인가? 기업이 어떤 종류의 파생상품을 매매하는지도 중요한가?

한국의 파생금융상품시장

부록

이 장의 본문에서는 파생금융상품의 개념과 일반적인 거래 내용을 미국의 예를 중심으로 살펴보았다. 한국의 경우에는 1990년대 중반에 이르기까지 환율변동 위험을 헤지하기 위한 선물환 거래 이외에는 별다른 파생금융상품시장이 형성되지 못하였다. 그러나 1990년대 중반 주가지수 및 금리 관련 파생금융상품이 거래소에 상장된 이후 빠르게 성장하는 모습을 보여 왔다. 또한 1999년 4월 외국환거래법의 실수요원칙이 폐지된 이후로 외환 관련 파생금융상품의 거래도 활성화되기 시작하였다. 금융자율화 및 개방화의 진전에 따른 금융가격변수의 변동성 확대는 파생금융상품에 대한 수요를 크게 증가시켰다.

한국증권거래소(현재 한국증권선물거래소)가 1996년 5월과 1997년 7월에 주가지수(코스피200)를 대상으로 선물과 옵션시장을 개설함에 따라 파생금융상품의 장내시장을 갖추게 되었다. 또한 1999년 4월 한국선물거래소가 개설되면서 CD금리선물, 미국달러선물, 미국달러옵션, 금선물이 도입되었으며, 같은 해 9월에는 3년국채선물이 도입되었다. 2001년 1월과 12월에는 각각 코스닥50선물과 코스닥50옵션이 개설되었으며, 이후 5년국채선물, 엔선물, 유로선물 등이 추가로 상장되었다. 한편 2005년 1월부터 기존의 선물거래소, 증권거래소, 코스닥증권시장을 통합한 (주)한국증권

표 6.A 파생금융상품의 종류

	주식 관련 상품	금리 관련 상품	통화 관련 상품
장내시장	주가지수선물 주가지수옵션 주가지수선물옵션 주식옵션	금리선물 금리선물옵션	통화선물 통화선물옵션
장외시장	주식옵션 주식스왑	선도금리계약 금리스왑 금리옵션	선물환 통화스왑 통화옵션 스왑션

주 : 각 파생금융상품의 자세한 내용에 대해서는 한국은행의 『우리나라의 금융제도』와 『우리나라의 금융시장』을 참조하라.

선물거래소가 출범하면서 장내 파생금융상품이 동 거래소의 선물시장에서 거래되게 되었다.

장외 파생금융상품시장의 경우에는 통화 관련 파생상품과 금리 관련 파생상품을 중심으로 거래가 활성화되어 있다.[3] 통화 관련 파생상품의 주된 거래자는 외국환은행으로 선물환 거래가 가장 큰 비중을 차지한다. 금리 관련 파생상품 가운데에는 금리스왑거래가 활성화되어 있다. 금리스왑은 금리변동 위험을 헤지하고자 하는 국내 대형 은행과 외국은행 국내 지점을 중심으로 2000년경부터 본격적으로 거래되기 시작하였는데, 이후 자산운용회사, 보험회사 등도 포트폴리오 조정 등의 목적으로 적극 참여함에 따라 시장 규모가 크게 확대되었다.

아래에서는 여러 파생금융상품 가운데 국내 일반 투자자들의 참여도가 높은 주가지수선물과 옵션에 대해서만 간략히 살펴보기로 한다. 지수선물과 옵션은 개별 주식을 기초자산으로 하는 것이 아니라 지수를 대상으로 거래소가 정한 규칙에 따라 거래하는 파생금융상품이다.

주가지수선물

1996년 5월 코스피200지수(KOSPI 200 index)를 대상으로 하는 코스피200선물시장이 개설되었다.[4] 코스피200선물은 3월, 6월, 9월, 12월의 두 번째 목요일을 최종거래일로 하는 4개 결제월물을 대상으로 한다. 최소 거래단위인 1계약의 거래금액은 선물가격에 50만 원을 곱한 금액이다. 최소 가격변동폭은 0.05포인트이다. 따라서 최소 가격 변동폭은 50만 원에 0.05를 곱한 25,000원이다. 계좌를 개설한 뒤 처음 주문할 때 최소한의 예탁금은 1,500만 원이며, 계약당 납입하는 주문증거금은 주문금액의 15% 이상을 납부해야 한다.[5] 거래가 체결되고 나면 선물가격의 등락에 따라 일일정산이 이루어지는데, 마진콜을 받지 않기 위해서는 증거금으로 미결제포지션의 10% 이상을 유지해야 한다.

예를 들어 어떤 투자자가 3월 1일에 9월물 코스피200선물 1계약을 200의 가격에 매수했다고 하자. 이 계약의 약정금액은 1억 원(=50만 원×200)이다. 만약 결제일인 9월 두 번째 목요일에 코스

3 주식 관련 파생상품의 장외거래는 아직 활성화되지 못하고 있다. 일부 외국은행 국내 지점이나 증권회사를 통해 거래가 이루어지기도 하나, 공식적인 시장으로 자리 잡은 것은 아니다.

4 코스피200은 한국증권선물거래소의 유가증권시장에 상장된 주요 200종목을 대상으로 작성한 주가지수이며 Korea Stock Price Index 200의 약칭이다.

5 약정대금의 15%만으로 거래를 할 수 있어 6.7배의 지렛대 효과가 발생한다.

피200지수가 205.8로 마감되었다면, 이 투자자는 290만 원(=50만 원×5.8)의 이득을 얻게 된다. 반대로 코스피200선물 1계약을 200의 가격에 매도한 사람은 290만 원의 손실을 입게 된다.[6] 만약 9월의 결제일에 코스피200지수가 198.5로 마감되었다면, 선물 매수자는 75만 원(=50만 원×1.5)의 손실을 입는 반면, 선물 매도자는 75만 원의 이득을 얻게 된다.

물론 선물거래자들은 만기까지 기다릴 필요 없이 중간에 포지션을 청산할 수 있다. 따라서 지렛대 효과와 단기매매를 통해 짧은 투자 기간 동안 큰 수익률을 올릴 수도 있다. 현물 주식을 매수하여 장기간 보유하는 것에 비하면 선물거래는 투기적 거래자들에겐 아주 매력적인 대상이다. 그러나 주가지수가 자신의 예상과 다르게 움직이는 경우에는 커다란 손실을 감수해야 한다.[7]

주가지수옵션

주가지수옵션은 주가지수선물과 마찬가지로 실물이 존재하지 않는 주가지수를 대상으로 한다. 주가와 관련한 우리나라의 대표적 옵션은 코스피200옵션이다. 코스피200옵션은 최근 연속 3개월물 및 3, 6, 9, 12월 중 6개월 이내의 4개 결제월물을 대상으로 거래가 이루어진다. 예를 들어 현재가 4월 2일이라면 최근 연속 3개월물인 4월, 5월, 6월물 및 9월물이 거래되는 것이다. 각 결제월물의 최종거래일은 두 번째 목요일이다. 코스피200옵션의 가격, 즉 프리미엄은 포인트로 표시되며 계약당 거래금액은 프리미엄에 10만 원을 곱한다. 프리미엄의 최소 변동폭은 프리미엄이 3 이상일 경우에는 0.01포인트로 금액으로는 1,000원에 해당하며, 프리미엄이 3 미만일 경우에는 0.05포인트로 금액으로 5,000원에 해당한다.

옵션거래로 인한 손익 실례를 하나 들어 보기로 하자. 특히 예상하지 못한 초대형 사건으로 인해 옵션거래의 명암이 크게 갈린 경우로 2001년 9·11 테러사건의 예를 많이 든다. 한국의 경우 2001년 9월 둘째 주 목요일은 13일로, 9월 11일은 코스피200옵션 9월물 결제일을 이틀 앞둔 날이었다. 게다가 한국 시간으로 9월 11일은 아직 테러가 발생하기 전으로, 코스피200지수가 66.55에 머무는 가운데 당시 행사가격이 62.5인 풋옵션은 행사의 가능성이 희박해짐에 따라 최저치인 0.01로 프리미엄이 마감되었다. 그러나 우리나라 시간으로 당일 밤에 발생한 테러사건으로 다음 날인 9월 12일 코스피200의 종가는 전일에 비해 약 12% 하락한 58.59로 마감되었다. 그리고 행사가격이 62.5인 풋옵션의 프리미엄은 5.05(종가)로 상승하여 전일 대비 505배나 상승하였다. 물론 만기일인 9월 13일에는 주가가 소폭 반등하였지만, 풋옵션 매수포지션을 취하고 있던 투자자는 9월 12일 중에 엄청난 이익을 실현할 수 있었다. 만약 어떤 투자자가 9월 11일 계약당 0.01포인트로 매수한 이 풋옵션을 100계약(10만 원)만 보유하고 있었다고 해도, 이를 9월 12일 종가인 5.05포인트로 매도하였다면 매도대금이 무려 100계약×5.05×10만 원=5,050만 원에 이른다. 다른 한편으로 만약 어떤 금융기관이 행사 가능성이 희박한 이 풋옵션에 대해 손쉽게 프리미엄을 수취할 목적으로 10,000계약의 매도포지션을 취하고 있었다면 그 기관은 하루 동안 최대 50억 5,000만 원의 손실을 입은 셈이다.

---

6 물론 선물 매수자와 매도자 모두 선물거래에 수반되는 예탁금(증거금 포함)에 대하여 이자손실을 부담한다.

7 선물거래는 제로섬 게임이므로 이익을 보는 승자의 이면에는 손실을 입는 패자가 있다. 반면 현물 주식의 경우에는 주가가 상승하면 모두 승자가, 주가가 하락하면 모두 패자가 된다.

CHAPTER 8

외환시장

[학습목표]

8.1 명목환율과 실질환율의 차이점을 설명한다.

8.2 외환시장이 어떻게 기능하는지 설명한다.

8.3 장기적으로 환율이 어떻게 결정되는지 설명한다.

8.4 수요-공급 모형을 이용하여 환율이 단기적으로 어떻게 결정되는지 설명한다.

미 연준이 외국의 중앙은행에게 달러를 빌려 주는 이유는 무엇인가?

2007~2009년 금융위기 동안 미국 연준은 전례 없는 정책을 펼쳤다. 이 놀라운 정책 중 하나는 2007년 외국의 중앙은행들과 달러 유동성 스왑 라인(dollar liquidity swap line)을 개설한 것이다. 달러 스왑 라인을 통해 연준은 외국 중앙은행에게 상응하는 외국 통화만큼의 달러를 제공한다. 연준과 외국의 중앙은행들은 이런 스왑 라인이 꼭 필요하다고 생각한다. 왜냐하면 현 금융시스템하에서 미국 밖에 있는 많은 은행이 달러표시 자산에 상당한 액수를 투자하고 있기 때문이다. 외국 중앙은행들은 스왑 라인을 통해 얻은 달러를 자국 내 은행들에게 대출해 준다. 달러 스왑 라인은 각국의 금융시스템이 서로 어떻게 연결되어 있는지 잘 보여 준다. 특히 외국 투자자들의 미국 재무성증권 매입 규모는 계속해서 증가하고 있고, 미국의 투자자들도 외국의 주식과 채권을 사들이면서 투자를 다변화시키고 있다.

외국의 재화나 자산을 사려면 먼저 환전을 해야 한다. 애플이 아이패드에 들어갈 부품을 외국의 공급처로부터 사기 위해서는 달러를 외국 통화로 바꾸어야 한다. 뱅가드의 유럽 주식 펀드매니저가 스위스의 초콜릿 회사 네슬레의 주식을 사려고 할 때에도 마찬가지이다. 뱅가드는 미국 은행에 예치한 달러를 스위스 프랑으로 바꿔야 한다. 환율은 다른 나라의 통화에 대해 자국의 통화가 얼마의 가치를 가지는가를 나타낸다. 국가 간 거래가 활발해지면서 환율은 중앙은행이 제일 먼저 고려하는 사항이 되었다.

8장의 이슈와 질문

▶ 정답은 189쪽에

Issue 금융위기 동안 환율은 극심하게 변동했고, 국제금융시스템을 안정화시키기 위해 연준과 여타 중앙은행들은 공조정책을 취했다.

Question 금융위기가 최고조에 달했을 때, 왜 미국 달러의 가격이 치솟았는가?

이 장에서 우리는 환율이 어떻게 결정되고 변하는지 알게 될 것이다. 환율은 장기적으로는 일정한 추세를 가지고 움직이지만 단기적으로는 변동이 매우 심한 변수이다. 미국 이자율의 변화와 같은 미국 경제 상황의 변화가 국제금융시장에 혼란을 야기하는 이유를 알려면 먼저 환율의 변화를 이해해야 한다. 또한 환율 결정 요인을 이해함으로써 연준이 달러 스왑 라인을 개설한 배경을 알게 될 것이다.

8.1 환율과 무역

오늘날 재화, 서비스, 금융자산시장은 세계화되어 있다. 2010년 미국에서 생산되는 재화와 서비스의 12%를 외국에서 구입했다. 반면 미국에서 소비되는 재화와 서비스의 15%는 외국에서 생산된 것이다. 이 비율은 1960년대에 비해 2배 이상 증가한 것이다. 외국과 거래하기 위해서는 달러를 그 나라 통화로 바꿀 필요가 있다. **명목환율**(nominal exchange)이란 외국 통화에 대한 자국 통화의 가격이다. 예를 들어 2010년 9월에는 1달러로 일본 통화 85엔을 살 수 있었고, 멕시코 통화 13페소를 살 수 있었다. 일반적으로 **환율**이라고 할 때에는 명목환율을 지칭한다.

[학습목표]
명목환율과 실질환율의 차이점을 설명한다.

명목환율 외국 통화에 대한 자국 통화의 가치로, 보통 환율이라고 부름

환율의 변화는 소비자들이 수입 상품에 지불해야 하는 가격에 영향을 미친다. 다음과 같은 상황을 가정해 보자. 소니의 플레이스테이션3 가격이 도쿄에서 30,000엔이고, 환율은 달러당 100엔이라고 하자. 이 제품의 가격은 달러로 표시하면 300달러(=30,000/100)이다. 만약 환율이 달러당 90엔으로 바뀌면 가격은 333.33달러(=30,000/90)로 오를 것이다. 이 경우에 엔화는 달러에 비해 가치가 올라간 것이다. 왜냐하면 1달러를 사기 위해서 필요한 엔화의 양이 100엔에서 90엔으로 작아졌기 때문이다.

외국 통화에 대한 자국 통화의 가치 상승을 **절상**(appreciation)이라고 한다. 달러에 대한 엔화의 가치가 상승하면 일본 기업은 미국에 물건을 팔기 어려워진다. 하지만 미국 기업은 일본에 물건을 팔기 쉬워진다. 예를 들어 환율이 달러당 100엔일 때 미국에서 1달러인 허쉬 캔디는 100엔이다. 그러나 엔화가 올라서 달러당 90엔이 되면 그 캔디의 값은 이제 90엔이다. 미국에서는 바뀐 것이 없지만 일본에서의 캔디 가격이 떨어져 일본에 팔기 쉬워진 것이다. 엔화가 달러에 대해 절상된 것은 바꿔 말하면 달러가 엔화에 대해 **절하**(depreciation)된 것이다.

절상 외국 통화에 대해 자국 통화의 가치가 올라간 것

절하 외국 통화에 대해 자국 통화의 가치가 떨어진 것

엔화당 달러인가? 달러당 엔화인가?

환율을 표시하는 데는 두 가지 방법이 있다. 첫째는 자국 통화당 외국 통화로 표시하는 것이고, 둘째는 외국 통화당 자국 통화로 표시하는 방법이다. 예를 들어 달러와 엔화 사이의 환율을 100엔=1달러 또는 0.01달러=1엔으로 표시할 수 있다. 두 가지 방법은 수학적으로 동일하다. 은행 및 기타 금융기관의 전문 딜러들은 보통 환율을 외국 통화당 자국 통화로 나타낸다. 이런 환율표시를 **직접표시**(direct quotation)라고 한다. **간접표시**(indirect quotation)는 자국 통화당 외국 통화로 나타내는 것이다.

실제로 환율을 표시할 때 정해진 방법은 없으며 직접표시와 간접표시 둘 다 사용된다. 예를 들어

그림 8.1

환율의 표시

환율은 외국 통화 1단위당 미국 달러, 또는 미국 달러당 외국 통화로 나타낼 수 있다. 가로는 직접표시 방식이고 세로는 간접표시 방식이다. 예를 들어 미국 줄의 두 번째 칸을 보면 이날의 환율이 1유로당 1.2927달러라는 것을 알 수 있다. 미국 달러 줄의 마지막 칸을 보면 환율이 1달러당 0.7736유로라는 것을 알 수 있다.

출처 : "Key Cross Currency Rates," *Wall Street Journal*, July 16, 2010.

	미국 달러	유로	파운드	스위스 프랑	페소	엔	캐나다 달러
캐나다	1.0547	1.3635	1.6138	1.0030	0.0817	0.0122	....
일본	86.670	112.04	132.61	82.415	6.7100	....	82.172
멕시코	12.917	16.697	19.762	12.282	....	0.1490	12.246
스위스	1.0516	1.3594	1.6090	....	0.0814	0.0121	0.9971
영국	0.6536	0.8449	....	0.6215	0.0506	0.0075	0.6197
유로	0.7736	....	1.1836	0.7356	0.0599	0.0089	0.7334
미국	....	1.2927	1.5300	0.9509	0.0774	0.0115	0.9481

미 달러와 엔화 사이의 환율은 거의 대부분 달러당 엔화로 나타낸다. 유로와 달러의 환율은 보통 유로당 달러로 나타낸다. 파운드와 달러의 환율은 파운드당 달러로 나타낸다. 그림 8.1은 2010년 7월 중 하루의 직접표시 환율과 간접표시 환율을 보여 준다. 가로는 직접표시 환율, 세로는 간접표시 환율이다. 예를 들어 미국 줄의 두 번째 칸을 보면 이날의 환율은 1유로당 1.2927달러이다. 한편 미국 달러 줄의 마지막 칸에는 환율이 1달러당 0.7736유로로 나와 있다.

그림 8.2는 2000년부터 미국 달러, 엔화, 캐나다 달러, 유로 사이의 환율변동을 보여 주고 있다. 통일성을 위해 다른 통화 1단위를 사는 데 필요한 달러를 세로축에 표시하였다. 이런 방식으로 그래프를 표시하면 환율의 상승은 달러의 절하, 즉 다른 통화의 절상을 의미한다. 세 그래프는 대체로 비슷한 패턴을 보인다. 2008년 금융위기의 초기 단계에서는 미 달러가 절하되었고 그 후 잠시 절상되었다가 2009년 후반과 2010년 초반에 다시 절하되었다. 2010년 초 미 달러는 유로에 대해 절상되었는데, 그 이유는 그리스, 스페인, 포르투갈, 아일랜드와 같은 많은 유럽 국가들이 심각한 재정문제를 겪었기 때문이다.

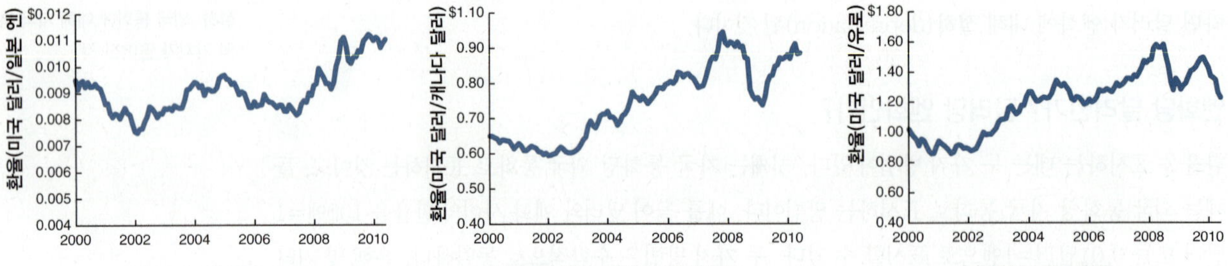

(a) 달러-엔 환율　(b) 미국 달러-캐나다 달러 환율　(c) 달러-유로 환율

그림 8.2 **환율의 변동 : 2000~2010년**

그래프는 2000년부터 미국 달러, 엔화, 캐나다 달러, 유로 사이의 환율변동을 보여 준다. 세로축에 다른 통화 1단위를 사는 데 필요한 달러의 양을 표시하였기 때문에, 환율의 상승은 미 달러의 절하(다른 통화의 절상)를 의미한다.

출처 : Federal Reserve Bank of St. Louis.

관련 사례

소니의 이익을 결정하는 가장 중요한 요인은 무엇일까?

소니는 게임기, 텔레비전, 블루레이 디스크 플레이어 등의 가전제품을 만든다. 장기적으로 보았을 때 소니의 수익률은 혁신적인 신상품을 개발하는 능력, 상품을 낮은 가격에 생산하는 능력, 제품을 효과적으로 광고하는 능력에 달려 있다. 소니는 그동안 성공도 여러 차례 경험했지만 실수를 하기도 했는데, 애플이 2001년 아이팟을 만들면서 한때 선풍적인 인기를 끌었던 소니의 워크맨 휴대용 CD 플레이어에 대한 매출이 크게 감소할 것임을 인지하지 못한 것이 한 예다. 2010년 소니는 새로 개발한 3D 텔레비전의 성공으로 2013년까지 매출액 1위를 달성하겠다는 계획을 세웠다. 2013년에는 새로 만들어지는 모든 텔레비전의 50%가 3D 텔레비전일 것으로 예측된다.

하지만 단기에는 어떨까? 단기에는 신제품을 내놓는다거나 공장을 새로 짓거나 기존의 공장 문을 닫는다거나 직원 수를 크게 늘리거나 줄일 수 없다. 단기에는 비슷한 제품에 대해 경쟁업체가 책정한 가격에 비해 소니가 책정한 가격이 높은지 낮은지에 따라 소니의 이익이 정해진다. 하지만 소니가 자사 제품의 가격을 마음대로 정할 수 있는 건 아니다. 소니의 본사는 일본에 있지만 매출의 75%는 일본 밖에서 생긴다. 엔화와 외국 통화 간의 환율이 변화면 외국 통화로 표시한 소니 제품의 가격도 영향을 받는다. 가령 미국 달러화 대비 엔화의 가치가 상승하면 소니의 플레이스테이션3, 블루레이 플레이어, 텔레비전 등의 달러 가격도 높아진다. 소니는 엔화 가치가 상승할 때에도 미국 내 자사 제품의 달러 가격을 일정하게 유지할 수 있고, 실제로 그렇게 하기도 한다. 예를 들어 2009년 대부분, 그리고 2010년 초 엔화가치 상승에도 불구하고 소니는 플레이스테이션3의 소비자 가격을 299달러로 유지했다. 하지만 그 결과 제품 판매로 얻는 수익은 감소하였다. 플레이스테이션3에서 생기는 수익이 감소한 것은 엔화로 지불되는 일본에서의 제품 생산 비용은 변하지 않는데, 수입의 경우 299달러를 엔화로 교환하고 나면 더 작은 액수가 되기 때문이다.

소니는 엔화의 가치가 달러당 95엔에서 달러당 85엔으로 바뀌면 이익이 100억 엔만큼 감소한다고 추정한다. 다른 일본 회사들은 엔화의 가치 상승으로 더 많은 피해를 입기도 한다. 예를 들어 토요타의 경우 미국에서 판매하는 차의 상당량을 미국에서 생산하지만, 일본에서 만들어진 차와 부품도 여전히 많기 때문에 환율이 달러당 1엔 바뀔 때마다 이익은 250억 엔 감소한다고 한다. 토요타는 2010년 3월 31일 끝난 회계연도에 약 200억 엔의 손실이 발생했다고 보고했다. 이 기간 동안 평균적으로 달러당 1엔만 더 높았어도 이 회사는 이익을 낼 수 있었다고 한다.

소니의 대표인 스트링거(Howard Stringer)와 다른 일본 기업의 경영자들이 엔화가치 변동이 기업의 수익성에 미치는 영향을 줄일 수 있는 방법을 계속해서 찾고 있는 것은 이해할 만하다.

출처 : Alex Frangos and Yoshio Takahashi, “Yen Heads Lower, at Last,” *Wall Street Journal*, April 1, 2010. Daisuke Wakabayashi, “Sony Pins Future on a 3-D Revival,” *Wall Street Journal*, January 7, 2010. Daisuke Wakabayashi and Yuzo Yamaguchi, “Sony CEO Calls for More Streamlining,” *Wall Street Journal*, December 4, 2009.

명목환율과 실질환율

명목환율을 통해 1달러를 얼마의 엔화, 유로, 캐나다 달러로 바꿀 수 있는지 알 수 있다. 그러나 미 달러로 다른 나라의 재화나 서비스를 얼마나 살 수 있는지는 알 수 없다. 두 나라 통화 사이의 상대적인 구매력을 알기 위해서는 **실질환율**(real exchange rate)을 이용해야 한다. 이것은 한 나라의 재화와 서비스가 다른 나라의 재화와 서비스로 교환될 때의 비율을 나타낸다. 간단히 생각하기 위해 특정한 상품인 맥도날드의 빅맥을 예로 들어 보자. 우리는 빅맥을 사기 위해 얼마의 미 달러가 필요한지 또 얼마의 유로가 필요한지 알고 싶다. 뉴욕에서 빅맥은 4.50달러이고 런던에서는 5파운드이며, 미 달러와 파운드의 명목환율은 1.25달러=1파운드라고 하자. 우리는 빅맥의 파운드 가격을 환율을 곱해 달러 가격으로 바꿀 수 있다 : £5.00×$1.25/£=$6.25. 그러면 런던에서는 4.5달러로 $4.50/$6.25=0.72개의 빅맥을 살 수 있다.

실질환율 한 나라의 재화와 서비스가 다른 나라의 재화와 서비스로 교환되는 비율

빅맥을 기준으로 미 달러와 파운드 사이의 실질환율을 구하는 방법은 다음과 같다.

$$\text{빅맥 기준 실질환율} = \frac{\text{뉴욕에서 빅맥의 달러 가격}}{\text{런던에서 빅맥의 파운드 가격} \times \text{파운드당 달러 환율(명목환율)}}$$

물론 하나의 상품에 대한 실질환율에만 관심이 있는 것은 아니다. 그러나 같은 방식으로 접근하여 두 통화 사이의 실질환율을 구할 수 있는데, 특정 상품의 가격 대신 각국의 소비자 물가지수를 대입하는 것이다. 소비자 물가지수는 한 나라의 대표적인 물가 수준을 나타낸다. 명목환율과 각국의 물가 수준을 이용해 다음과 같이 실질환율을 구할 수 있다.

$$\text{미 달러와 파운드의 실질환율} = \frac{\text{미국의 소비자 물가지수}}{\text{영국의 소비자 물가지수} \times \text{파운드당 달러 환율(명목환율)}}$$

8.2 외환시장

[학습목표]
외환시장이 어떻게 기능하는지 설명한다.

외환시장 국제 통화가 거래되는 장외시장

다른 가격처럼 환율도 수요와 공급의 힘에 의해서 결정된다. 통화는 **외환시장**(foreign exchange market)에서 거래되는데, 주로 대형 상업은행의 딜러들이 외국환을 사고판다. 나스닥시장처럼 외환시장은 장외시장이며, 딜러들은 컴퓨터를 통해 거래한다. 대형 상업은행은 **시장 조성자**(market maker) 역할을 하는데, 언제든지 주요 통화를 사고팔 준비가 되어 있기 때문이다. 규모가 작은 은행이나 기업은 외환시장에 직접 참여하는 대신 대형 상업은행에 수수료를 지불한다. 딜러들은 보통 통화 자체보다는 그 통화로 표시된 예금을 사고판다. 예를 들어 미국 BOA의 딜러가 유로화를 엔화로 바꾸려고 할 때, BOA 파리 지점에 있는 유로화 예금을 독일 도이치뱅크가 도쿄 지점에 예치한 엔화 예금과 교환하는 식으로 거래한다. 외환거래가 가장 많이 이루어지는 곳은 런던, 뉴욕, 도쿄에 있는 상업은행이며, 두 번째로 큰 센터는 홍콩, 싱가포르, 취리히에 있다.

매일 1조 달러 정도가 거래되기 때문에 외환시장은 세계에서 가장 큰 금융시장의 하나이다. 대형 상업은행 이외에 외환시장에 참여하는 주요 거래자는 투자 포트폴리오 매니저와 미국의 연준과 같은 각국의 중앙은행이다. 거래는 24시간 내내 이루어지며 가장 바쁜 시간은 미국 동부의 아침 시간으로, 이때는 런던과 뉴욕에서 시장이 동시에 열린다. 물론 어디서든 외환은 항상 거래되고 있다. 뉴욕의 딜러는 한밤중에도 새로운 소식을 접하면 외환을 거래한다.

외환의 선도계약과 선물계약

제7장에서 보았듯이 파생상품은 금융시스템에서 중요한 역할을 한다. 외환시장에서도 선도거래와 선물거래가 활발히 이루어진다. 현물거래의 경우에는 현재의 환율로 통화를 즉시 교환하거나 2일 이내로 결제한다. 선도거래는 미래의 특정한 날에 특정한 환율(선도환율)로 거래하기로 합의한 계약이다. 물론 선물거래도 있다. 선물계약은 선도계약과 여러 면에서 다르다. 선도계약의 경우에는 거래자들끼리 결제일과 거래되는 통화의 양을 자유롭게 결정할 수 있다. 즉 당사자 간의 사적 합의에 의해 거래가 이루어진다. 그러나 선물계약은 시카고 거래소(CBOT)와 같은 거래소를 통해 이루어지는

데, 거래되는 통화의 양과 결제일이 표준화되어 있다. 선도계약에서는 계약을 체결할 때 정한 환율로 고정이 되지만, 선물계약의 경우에는 계약이 사고 팔릴 때마다 환율이 끊임없이 변한다.

거래상대방 위험은 거래참여자 중 한쪽이 계약을 이행하지 않아 기초자산을 사고팔지 못하게 될 위험을 말한다. 선물계약은 거래상대방 위험이 낮다. 거래소가 거래상대방이 되어 주기 때문이다. 어떤 사람이 CBOT에서 선물계약을 했을 때 거래상대방이 바로 CBOT이기 때문에 계약불이행 위험은 거의 없다. 금융자산의 경우에 거래상대방 위험이 적기 때문에 선도거래보다는 선물거래가 더 활발히 이루어진다. 그러나 외환의 경우는 그렇지 않다. 대부분의 거래가 대형 은행들 사이에서 일어나기 때문이다. 대형 은행끼리 계약하는 것이므로 거래상대방을 의심하지 않아도 되며, 융통성 있게 거래조건을 정할 수 있어서 선도계약을 선호한다. 외환의 경우 선도거래량이 선물거래량의 10배 이상이다.

제7장에서 **옵션**에 대해 알아본 바 있다. 콜옵션을 매수하면 매수자는 만기일 전에 언제든지 행사가격이라 불리는 정해진 가격으로 기초자산을 살 권리가 있다. 반면 풋옵션의 매수자는 행사가격으로 기초자산을 팔 권리를 가진다. 외환에서도 콜옵션과 풋옵션 거래가 가능하다.

외환 리스크, 헤지, 투기

외환 리스크 환율의 변동으로 기업이 손실을 볼 수도 있는 위험

외환 리스크(exchange-rate risk)란 환율변동으로 손실을 입게 될 위험을 말한다. 외국에 재화나 서비스를 파는 기업은 외환 리스크에 직면한다. 예를 들어 식품회사인 미국의 스머커(Smucker)가 300,000달러의 잼과 젤리를 영국의 슈퍼마켓 체인에 판다고 해 보자. 환율은 1파운드에 1.50달러이다. 스머커는 오늘 잼과 젤리를 출하하기로 하고 영국의 회사는 90일 후에 수입대금을 지불하기로 한다. 스머커는 영국 회사가 파운드로 지불하는 것에 동의하여 90일 후에 200,000파운드($300,000/$1.50£)를 받기로 한다. 이제 스머커는 외환 리스크에 노출되었다. 왜냐하면 영국 회사가 지불하기 전에 파운드의 가치가 떨어지면 스머커는 300,000달러보다 적은 금액을 받게 되기 때문이다. 예를 들어 90일 후에 환율이 1파운드에 1.25달러가 되면 스머커는 200,000파운드를 받아 250,000달러로 바꿀 수밖에 없다.

스머커는 선도계약을 체결하여 외환 리스크를 줄일 수 있다. 좀 더 현실적인 방법은 수수료를 내고 은행으로 하여금 선도계약을 체결하게 하는 것이다. 스머커는 90일 후에 수출대금으로 받을 200,000파운드를 팔기로 한다. 만약 선도환율이 현물환율인 1.50달러=1파운드면 스머커는 은행에 일정한 수수료만 내고 외환 리스크를 완전히 제거한다. 선도환율을 보면 사람들이 90일 후에 달러와 파운드의 현물환율을 어떻게 예측하는지 알 수 있다. 선도환율이 현재의 현물환율과 동일하지는 않을 것이다. 그렇지만 보통 현재의 현물환율과 90일 선도환율 사이에는 큰 차이가 없기 때문에 스머커는 외환 리스크의 대부분을 제거할 수 있다.

스머커는 달러에 대해 파운드의 가치가 떨어질 가능성에 대비하여 **헤지**하고 있는 것이다. 이제 영국의 의류업체인 버버리(Burberry)가 미국의 백화점 메이시스(Macy's)에 2,000,000파운드어치의 남성 코트를 판다고 해 보자. 현재의 환율은 1.50달러=1파운드이다. 버버리는 90일 후에 3,000,000달러(£2,000,000×$1.50/£)를 받기로 한다. 버버리는 다음과 같은 위험에 노출된다. 이후 90일

동안 파운드의 가치가 상승할지 모른다. 그렇게 되면 메이시스로부터 받을 3,000,000달러를 파운드로 바꿀 때 2,000,000파운드보다 적은 금액이 될 것이다. 이런 위험을 없애기 위해 버버리는 현재의 선도환율로 파운드를 살 수 있다. 이는 스머커의 전략과 정반대이다. 스머커는 파운드의 가치 하락을 헤지하기 위해 선도시장에서 파운드를 팔고, 버버리는 파운드의 가치 상승을 헤지하기 위해 선도시장에서 파운드를 산다.

헤저는 위험을 줄이기 위해 파생상품들을 이용하지만 투기자는 미래의 통화가치에 내기를 하기 위해 파생상품을 이용한다. 미래에 유로의 가치가 낮아질 것을 확신한다면 투기자들은 선도시장에서 유로를 팔 것이다. 예상대로 유로의 가치가 떨어지면 수익을 얻을 것이다. 유로의 가치가 높아질 것을 확신한다면 투기자들은 선도시장에서 유로를 살 것이며, 예상대로 유로의 가치가 올라가면 수익을 얻는다. 물론 두 경우 모두 유로의 가치가 예상과 반대로 움직이면 손실을 입을 것이다.

헤지하거나 투기하기 위해 옵션계약을 이용할 수 있다. 만약 어떤 기업이 앞의 스머커처럼 통화의

관련 사례

투기꾼들이 통화가치를 떨어뜨릴 수 있을까?

2010년 초 헤지펀드 매니저들이 유로화 가치를 떨어뜨려서 수십억 달러의 이익을 내려 모의하고 있다는 주장이 제기되어 논란이 일었다. 제1장에서 보았듯이 헤지펀드는 뮤추얼펀드와 마찬가지로 여러 투자자로부터 돈을 모아 자산 포트폴리오에 투자한다. 하지만 뮤추얼펀드와 달리 헤지펀드는 비교적 위험한 곳에 투자하며, 100명 미만의 소수의 투자자로부터 돈을 모으는데, 이들 투자자들은 연기금과 같은 기관투자자거나 부유한 개인들이다. 월스트리트저널의 기사에 따르면 2010년 2월 4개 헤지펀드 매니저가 뉴욕에서 만나 파생상품을 이용하여 유로화가 떨어질 것에 돈을 거는 게 좋을지를 의논했다. 모임의 참석자 중에는 조지 소로스가 운영하는 펀드의 매니저들도 있었다. 조지 소로스는 1990년대 초 영국 파운드화의 가치가 떨어질 것에 돈을 걸어 10억 달러의 이익을 낸 것으로 유명하다.

2010년 2월 모임이 이뤄질 당시 유로화와 달러화 사이의 환율은 1유로당 1.35달러였는데 이는 그 전해 12월의 1유로당 1.51달러에 비해 낮은 수준이었다. 일부 헤지펀드 매니저는 1년 후 유로화 가치가 1유로당 1달러까지 떨어질 가능성이 있다고 확신했다. 헤지펀드는 유로화 가치 하락으로부터 이익을 얻기 위해 선도시장에서 유로화를 팔 수도 있고, 유로 선물계약을 팔 수도 있고, 유로화에 대한 풋옵션을 살 수도 있다. 헤지펀드는 이런 거래를 할 때 명목가치의 5%만 현금으로 지불하고 나머지 95%는 빌려서 충당할 수 있다. 빌린 돈을 투자에 사용하는 것을 '레버리지'라고 하는데, 레버리지가 이렇게 높으면 적은 액수의 현금을 투자해서 아주 큰 이익을 만드는 게 가능하다. 유로화의 가치가 그렇게 크게 하락하면 이로부터 얻을 수 있는 이익의 크기도 엄청나기 때문에 사람들은 이를 '일생일대의 기회'라고 불렀다. 한 번의 거래로 헤지펀드 매니저는 큰 돈을 벌고 또 유명해질 수도 있기 때문이다. 물론 이 거래가 이익을 만들어 냈을 때 말이다.

그런데 헤지펀드 매니저들은 불법행위를 저지른 것인가? 미 법무부는 불법혐의가 있다고 보고 조사를 시작했다. 하지만 불법혐의를 입증하는 것은 쉽지 않았다. 자신들은 단지 투자기회에 대한 아이디어를 교환한 것이지 달러화 대비 유로화의 가치를 떨어뜨리기 위한 행동을 취할 것을 모의한 것은 아니라고 펀드 매니저들은 주장했다. 다수의 경제학자들도 헤지펀드의 행위가 유로화의 가치에 큰 영향을 끼쳤을 가능성은 별로 없는 것으로 보았다. 2010년 국제 외환시장에서 거래되는 유로화의 총가치는 하루에 1조 2,000억 달러를 넘었다. 뉴욕 모임에 참석한 네 헤지펀드의 매니저들이 장기적으로 유로화가 떨어질 것에 대비해 맺은 계약의 가치는 수십억 달러에 불과했다.

다음 절에서 논의되듯 유로나 달러 같은 주요 통화 간의 환율은 여러 요인에 의해 결정되는데 단지 몇몇 헤지펀드 매니저가 이 요인들에 영향을 끼치기는 힘들 것으로 보인다. 아무리 큰 헤지펀드여도 마찬가지다.

출처 : Susan Pulliam, Kate Kelly, and Carrick Mollenkamp, "Hedge Funds Try 'Career Trade' Against Euro," *Wall Street Journal*, February 26, 2010. Nelson D. Schwartz and Graham Bowley, "Traders Seek Out the Next Greece in an Ailing Europe," *New York Times*, March 3, 2010. Michael Casey, "Justice Regulators Fall for Conspiracy Theories," *Wall Street Journal*, March 3, 2010.

가치가 떨어질 것을 우려하고 있다고 하자. 그러면 통화에 대한 풋옵션을 매수함으로써 가치 하락에 대비할 수 있다. 만약 통화의 가치가 행사가격 아래로 떨어지면 그 기업은 옵션을 실행해서 행사가격(시장가격보다 높은)으로 팔 수 있다. 통화의 가치가 올라갈 것을 우려하는 경우에는 콜옵션을 구입해서 위험을 줄일 수 있다. 만약 통화의 가치가 행사가격보다 올라가면 옵션을 실행해서 행사가격(시장가격보다 낮은)으로 살 수 있다.

헤저는 위험에 대비하여 선도계약이나 옵션계약을 할 수도 있는데, 옵션은 상황에 따라 행사할 수도 있고 행사하지 않을 수도 있다는 이점이 있다. 예를 들어 스머커가 선도시장에서 파운드를 매도하는 대신 파운드에 대한 풋옵션을 매수했다고 하자. 스머커는 여전히 파운드의 가치 하락 위험으로부터 보호를 받는다. 파운드 가치가 하락하면 풋옵션을 실행하여 시장가보다 높은 가격으로 파운드를 팔 수 있기 때문이다. 만약 파운드의 가치가 올라가면 어떻게 하면 될까? 풋옵션을 행사하지 않으면 된다. 90일 후에 영국 회사가 지불하는 200,000파운드를 더 많은 달러로 교환할 수 있다. 이렇게 보면 옵션이 선도계약보다 더 좋은 것처럼 보인다. 그러나 사실은 그렇지 않다. 옵션계약을 하려면 옵션 프리미엄을 지불해야 하는데, 일반적으로 선도계약 수수료보다는 옵션 프리미엄이 더 비싸다.

통화의 가치가 올라갈 것이라고 확신하는 투기자는 콜옵션을 살 것이다. 통화의 가치가 떨어질 것이라고 확신하는 투기자는 풋옵션을 살 것이다. 만약 통화의 가치가 예상과 반대로 움직이면 옵션을 행사하지 않으면 된다. 옵션의 장점은 손실이 제한된다는 것이다. 그러나 옵션 가격(프리미엄)이 선도계약 가격(수수료)보다 높기 때문에 옵션이 항상 유리한 것은 아니다.

8.3 장기적 관점에서 환율

환율변동은 기업의 수익에 많은 영향을 미친다. 지금부터는 환율이 왜 변동하는지 설명할 것이다. 먼저 장기적인 관점에서 환율이 어떻게 결정되는지 살펴보기로 하자.

[학습목표]
장기적으로 환율이 어떻게 결정되는지 설명한다.

일물일가의 법칙과 구매력평가 이론

장기적 관점의 환율 분석은 **일물일가의 법칙**(law of one price)에서 출발한다. 일물일가의 법칙에 따르면 동일한 상품은 어디서나 동일한 가격으로 팔려야 한다. 한 국가 내에서 같은 상품의 가격이 다른 가격에 팔리고 있다면 싼 가격에 사서 비싸게 팔려는 움직임이 나타나게 되어 결국 가격차가 해소될 것이다. 일물일가의 법칙은 국제적으로 거래되는 재화에도 적용된다. 일물일가의 법칙을 국제거래에 적용한 것이 **구매력평가 이론**(theory of purchasing power parity, PPP)이다. 구매력평가 이론은 서로 다른 통화일지라도 그 구매력이 같아지도록 환율이 조정된다는 이론이다. 구매력평가 이론에 따르면 장기적으로 환율은 어떤 수준을 달성해야 한다. 그러한 환율 수준이란, 동일한 재화를 구매할 때 어떤 통화를 사용하든지 같은 액수를 지불하고 살 수 있도록 해 주는 수준이다.

일물일가의 법칙 동일한 상품은 어디서나 같은 가격으로 거래되어야 한다는 기본적인 경제 개념

구매력평가 이론 서로 다른 통화일지라도 그 구매력이 같아지도록 환율이 조정된다는 이론

간단한 예를 들어 생각해 보자. 만약 2리터 펩시콜라가 뉴욕에서 1.50달러, 런던에서 1파운드에

팔린다면 구매력평가 이론은 달러와 파운드의 환율은 1.50달러=1파운드여야 한다고 말한다. 만약 환율이 PPP가 나타내 주는 값과 다르다면 차익거래(arbitrage)를 통해 수익을 올릴 수 있다. 펩시 한 병을 뉴욕에서 1.50달러, 런던에서 1파운드에 살 수 있다고 하자. 그런데 환율이 1달러=1파운드이다. 이때 당신은 1,000만 달러를 1,000만 파운드로 바꿔 런던에서 1,000만 병의 펩시를 살 수 있다. 그리고 이것을 뉴욕으로 보내 1,500만 달러에 되팔 수 있다. 그 결과 500만 달러의 차익거래 수익을 얻을 수 있다(운송비용은 제외). 만약 달러-파운드 환율이 구매력을 반영하여 변하지 않는다면 당신은 이 과정을 계속 반복해서 큰 부자가 될 수 있다. 그러나 실제로 많은 사람들이 달러를 파운드로 바꿔 차익거래 수익을 얻으려고 하면, 파운드에 대한 수요가 증가하여 파운드의 가치가 올라가서 결국 PPP가 제시하는 대로 1.50달러=1파운드가 될 것이다. 이렇게 환율이 두 통화의 구매력이 같아지도록 조정되면 차익거래의 기회는 사라진다.

PPP는 완벽한 환율 이론인가?

PPP는 환율의 장기적 변화에 대해서는 올바른 예측을 하지만 단기적인 변화에 대해서는 그렇지 않다. 다음 세 가지 문제 때문에 PPP는 환율의 변화를 완벽하게 설명하지 못한다.

1. 모든 상품이 국제적으로 거래되는 것은 아니다. 재화가 국제적으로 거래될 때 환율이 PPP 가치를 반영하지 못하면 차익거래 수익을 낼 수 있다. 그러나 대부분 국가에서는 교역재보다 비교역재가 더 많다. 비교역재에 대해서는 차익거래가 가격을 같게 만들지 못한다. 예를 들어 환율이 1달러=1유로라고 하자. 시카고에서 구두 수선에 드는 비용이 베를린보다 2배 비싸더라도 시카고에 사는 사람들이 베를린으로 가지는 않을 것이다. 국제적으로 거래되지 않는 재화와 서비스가 많기 때문에 환율은 통화의 구매력을 정확히 반영하지 못한다.

2. 상품들은 차별화되어 있다. 우리는 같은 상품은 어디서나 같은 가격으로 팔릴 것이라고 기대한다. 그러나 비슷한 상품이지만 완전히 똑같지 않으면 가격은 다를 것이다. 석유, 밀, 알루미늄과 같은 상품은 동질적이지만 자동차, 텔레비전, 옷과 같은 상품은 서로 차별화되어 있다. 차별화된 상품들은 비록 국제적으로 거래될지라도 어디서나 같은 가격에 팔릴 것이라고 기대할 수 없다. 차별화된 상품에 대해서는 일물일가의 법칙이 적용되지 않는다.

관세 수입품에 부과되는 정부의 세금

쿼터 수입품의 양을 정부가 제한하는 것

3. 무역장벽이 존재한다. 정부는 보통 수입재에 대해 관세를 부과하고 쿼터를 정한다. **관세**(tariff)는 정부가 수입되는 상품에 대해 부과하는 세금이다. **쿼터**(quota)는 정부가 수입되는 상품의 양을 제한하는 것이다. 관세와 쿼터에 의해 국내가격이 국제가격보다 비싸진다. 미국 정부는 설탕에 대해 쿼터를 두는데, 그 결과 미국의 설탕 가격은 다른 나라에 비해 2~3배 올라간다. 수입 쿼터 때문에 외국 설탕을 싸게 사서 미국에서 비싸게 되파는 합법적인 방법은 없다. 일물일가의 법칙은 세금이 부과되거나 쿼터가 정해지는 상품에는 적용되지 않는다.

예제 8.3

빅맥의 가격은 어디서나 같아야 할까?

이코노미스트지는 전 세계에서 팔리는 맥도날드의 빅맥 가격을 추적했다. 다음 표는 미국과 기타 6개국에서 빅맥 가격을 나타내고 있다. 그리고 각 나라의 통화와 미국 달러 간의 환율을 표시하고 있다.

국가	빅맥의 국내가격	환율(달러당 외국 통화)
미국	3.58달러	–
일본	330엔	93.2
멕시코	31페소	12.1
영국	2.26파운드	0.65
중국	12.5위안	6.82
러시아	69.5루블	29.2
노르웨이	40.5크로네	5.90

출처 : "Exchange Blows," *Economist*, March 17, 2010.

a. 이 표의 통계가 구매력평가 이론과 일치하는지 설명하라.

b. (a)에 대한 결론이 빅맥시장에 차익거래 이익이 존재하는지를 의미하는지 설명하라.

Step 1 복습. 구매력평가 이론에 관한 문제이므로 '일물일가의 법칙과 구매력평가 이론'과 'PPP는 완벽한 환율 이론인가?'를 복습한다.

Step 2 (a) **구매력평가 이론이 빅맥 가격에 적용되는지 결정한다.** 만약 구매력평가가 빅맥에도 적용된다면 국내 통화를 달러로 바꾸기 위해서 환율을 이용할 때 빅맥의 가격은 모든 나라에서 3.58달러로 같을 것이다. 예를 들어 일본에서 빅맥의 가격은 330엔이다. 우리는 이 가격을 달러로 바꿀 수 있다. 즉 330엔을 달러당 엔화 환율로 나누면 된다[330엔/(93.2엔/달러)=3.54달러]. 이 과정을 적용하여 다음과 같은 표를 얻을 수 있다.

국가	빅맥의 국내가격	환율(달러당 외국 통화)
일본	330엔	3.54달러
멕시코	31페소	2.56달러
영국	2.26파운드	3.48달러
중국	12.5위안	1.83달러
러시아	69.5루블	2.38달러
노르웨이	40.5크로네	6.85달러

표에서 알 수 있듯이 일본과 영국의 빅맥 가격은 미국에서와 비슷하지만 다른 나라의 빅맥 가격은 많이 다르다. 일물일가의 법칙과 구매력평가 이론이 빅맥의 가격에는 적용되지 않는다는 결론을 내릴 수 있다.

Step 3 (b) **빅맥시장에 차익거래 이익이 존재하는지 설명한다.** 베이징에서 빅맥을 싸게 구입해서 시애틀로 보내거나, 또는 모스코바에서 싸게 구입해서 노르웨이의 오슬로로 보내 이익을 내는 것은 불가능하다. 빅맥이 도착지에 배달되었을 때는 차갑고 질척하게 변해 있을 것이다. 구매력평가 이론이 환율을 완벽히 설명하지 못하는 이유는 국제적으로 거래될 수 없는 상품이 많기 때문이다.

8.4 환율의 단기 변동에 대한 수요-공급 모형

[학습목표]
수요-공급 모형을 이용하여 환율이 단기적으로 어떻게 결정되는지 설명한다.

그림 8.2에서 본 것처럼 환율의 변동폭은 매우 크며, 하루 동안에 몇 퍼센트씩 변하는 것은 흔한 일이다. 따라서 환율의 단기적인 변동은 구매력평가 이론으로는 설명하기 힘들다.

환율의 수요-공급 모형

환율은 국내 통화로 표시한 외국 통화의 값이기 때문에 수요-공급 모형을 이용하여 환율의 결정과 결정요인을 분석할 수 있다. 장기적으로는 구매력평가 이론에 따라 물가 수준이 환율에 영향을 줄 것이므로, 여기서는 장기가 아닌 단기를 가정한다. 단기적으로는 물가 수준이 일정하다고 가정하는 것이 적절할 것이다.

미국 달러에 대한 수요는 미국 상품과 금융자산에 대한 미국 밖에서의 수요를 나타낸다. 예를 들어 일본의 전자상가가 애플의 아이패드를 수입하려면 엔화를 달러로 바꾸어야 한다. 환율이 낮아지면 달러로 바꾸는 것이 저렴해진다. 그림 8.3의 세로축에 표시한 환율은 1달러당 엔화이다. 가로축은 엔화로 교환되는 달러의 양이다. 달러의 수요곡선은 우하향하는 기울기를 가진다. 달러의 공급은 엔화로 바꿀 달러를 보유하고 있는 사람들의 의사에 달려 있다. 미국의 경제주체는 일본 상품과 금융자산을 구입하기 위해 달러를 엔화로 바꿀 의사가 있다. 달러를 내주고 얻는 엔화가 많으면 많을수록 달러의 공급은 증가한다. 그림 8.3에서 보듯이 달러의 공급곡선은 우상향하는 기울기를 가진다.

외환 수요곡선과 공급곡선의 이동

외환의 수요-공급곡선은 환율에 대해 그려진 것이므로 환율 변화로는 수요곡선과 공급곡선이 이동

그림 8.3

외환의 수요와 공급

환율이 낮아지면 엔화를 달러로 바꾸는 것이 저렴해지므로 달러의 수요곡선은 하락하는 기울기를 가진다. 환율이 높아질수록 달러와 교환되는 엔화가 많아지므로 공급되는 달러의 양이 늘어날 것이다. 달러의 공급곡선은 상승하는 기울기를 가진다.

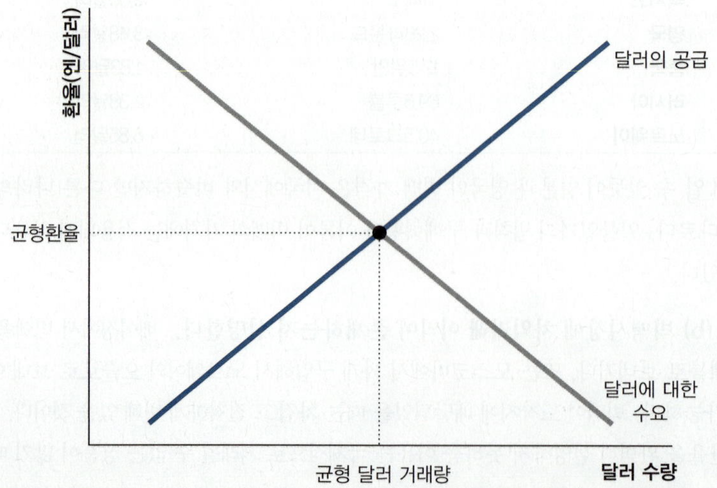

하지 않는다. 그러나 다른 요인들이 변하면 곡선 자체가 이동한다. 일본인이 미국 상품이나 미국 자산을 구입하려는 의사가 강해지면 수요곡선이 우측으로 이동하게 된다. 그림 8.4(a)는 미국 기업의 태블릿 컴퓨터에 대한 일본 소비자들의 수요 증가의 효과를 나타내고 있다. 일본의 소매상들이 이 제품에 대한 주문을 늘리면 달러의 수요(엔화를 달러로 바꾸려는)가 증가할 것이다. 그림에서 달러에 대한 수요곡선이 우측으로 이동한 것을 알 수 있다. 균형환율은 80엔=1달러에서 85엔=1달러로 상승하고, 거래되는 달러의 균형량은 $Dollars_1$에서 $Dollars_2$로 증가한다. (b)는 미국인들의 소니 3D 텔레비전에 대한 수요 증가 효과를 나타내고 있다. 미국 소매상들은 텔레비전에 대한 주문을 늘릴 것이고 달러의 공급(엔화로 바꾸려는)이 늘어날 것이다. 그림에서 달러의 공급곡선이 우측으로 이동한 것을 알 수 있다. 균형환율은 80엔=1달러에서 75엔=1달러로 하락하고, 거래되는 달러의 균형량은 $Dollars_1$에서 $Dollars_2$로 증가한다.

외환의 수요와 공급에 영향을 미치는 또 다른 중요한 요인은 이자율이다. 예를 들어 다른 나라에 비해 미국의 이자율이 상대적으로 올라가면 미국 달러에 대한 수요가 증가할 것이다. 외국 투자자들이 미국의 금융자산을 매입하기 위해 자국의 통화를 달러로 바꾸려고 하기 때문이다. 이때 수요곡선이 우측으로 이동하면서 균형환율이 상승한다. 사실 환율의 단기적 변동은 재화와 서비스 거래보다는 금융투자를 위해 통화를 사고파는 투자자들에 의해 좌우되는 경우가 많다.

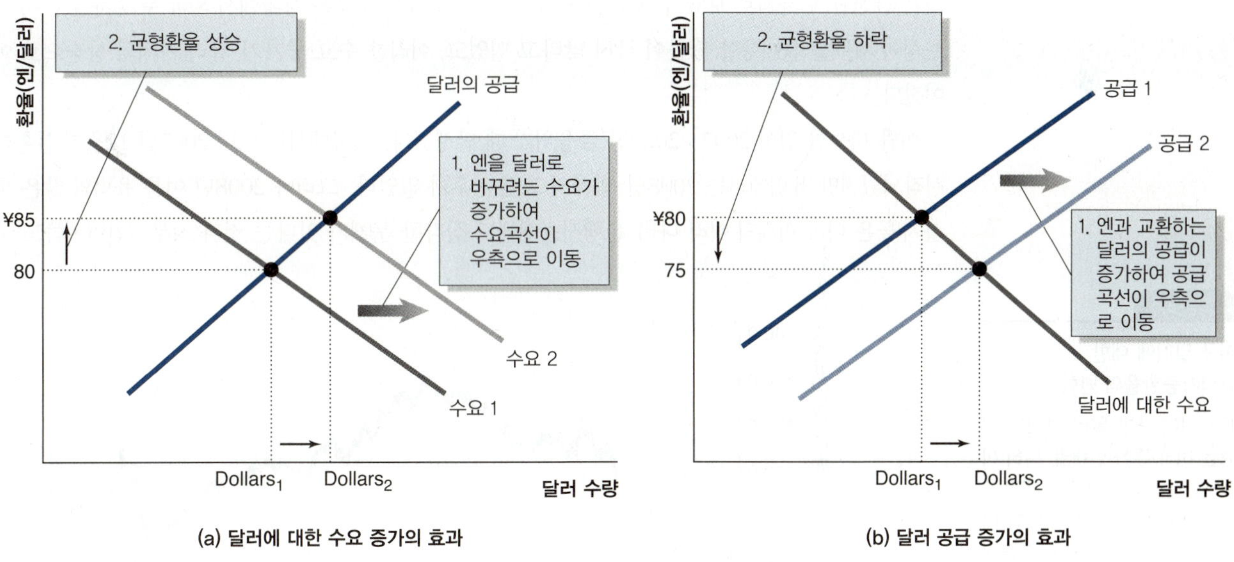

그림 8.4 달러에 대한 수요와 공급의 변화

(a)는 달러에 대한 수요 증가의 효과를 나타내고 있다. 달러에 대한 수요곡선이 우측으로 이동한다. 균형환율은 80엔 = 1달러에서 85엔 = 1달러로 상승하고, 거래되는 달러의 균형 거래량은 $Dollars_1$에서 $Dollars_2$로 증가한다. (b)는 달러 공급 증가의 효과를 나타내고 있다. 달러의 공급곡선이 우측으로 이동한다. 균형환율은 80엔 = 1달러에서 75엔 = 1달러로 하락하고, 거래되는 달러의 균형 거래량은 $Dollars_1$에서 $Dollars_2$로 증가한다.

금융위기 기간의 '안전자산 선호'

금융위기로 달러의 가치는 급격히 상승했다. 물론 한 나라의 통화가치는 어떤 나라에 대해서는 올라가고 다른 나라에 대해서는 내려갈 수 있다. 이러한 점을 고려하여 한 나라의 통화가치를 측정하는 방식으로 다른 여러 나라 통화에 대비하여 상대화시킨 지수가 **교역가중환율**(trade-weighted exchange rates)이다. 이 지수는 소비자 물가지수와 비슷하다. 소비자 물가지수를 계산할 때 개별 상품이 가계의 지출에서 차지하는 비중을 가중치로 적용하듯이, 교역가중환율을 계산할 때에는 개별 국가와의 교역이 전체 교역에서 차지하는 비중을 가중치로 적용한다. 교역가중치를 이용하여 개별 국가와의 환율을 가중평균한 것이 교역가중환율이며, 지수화하기 위해 특정 시점의 값이 100이 되도록 설계된다. 그림 8.5는 1995년 1월부터 2010년 6월 사이에 미국의 교역가중환율을 보여 주고 있다. 이 지수는 1997년 1월이 100이 되도록 계산되었으며 지수의 값이 올라가는 것은 절상, 내려가는 것은 절하를 의미한다.

그림 8.5에 보듯 1990년대 후반에 달러 가치가 상승한 것은 미국의 주식과 채권, 특히 재무성채권에 대한 외국 투자자들의 수요 때문이다. 수요가 증가한 이유는 미국의 이자율이 높아서가 아니라 국제금융시스템 상의 문제 때문이었다. 당시 한국, 태국, 말레이시아, 인도네시아와 같은 동아시아 국가들의 **외환위기**(currency crisis) 때문에 이 나라들의 통화가치는 급격히 하락했다. 이후 아르헨티나와 러시아의 통화가치가 급격히 하락했을 때에도 많은 외국 투자자들이 '안전자산 선호(flight to quality)' 대열에 합류했다. 투자자들이 재무성채권과 같이 미국 달러로 표시된 자산을 매입한 것은 안전한 투자처로 보였기 때문이다. 투자할 곳이 마땅치 않은 상황에서 외국 투자자들은 미 재무성이 채무를 불이행할 확률이 극히 낮다고 믿었고, 이러한 수요 증가가 달러 가치의 상승으로 이어졌다.

이와 비슷한 일이 2007~2009년 금융위기 때 발생했다. 미국에서는 이미 2007년 12월에 불황이 시작되었지만 유럽에서는 2008년 봄까지 그런 징후가 없었다. 그러나 2008년 여름 유럽의 많은 투자자들은 미국 이외의 여러 나라 은행시스템에도 심각한 문제가 있다는 것과 정부채권일지라도 채

그림 8.5

미국 달러에 대한 교역가중환율의 변화

1990년대 후반 달러 가치의 상승은 미국 주식과 채권, 특히 미국 재무성채권에 대한 외국 투자자들의 수요 때문이다. 이와 비슷한 일이 2007~2009년 금융위기 때 발생했다. 많은 외국 투자자들이 피난처로 미국 재무성채권을 찾았고 이 때문에 달러에 대한 수요가 늘어났다.

출처 : Federal Reserve Bank of St. Louis.

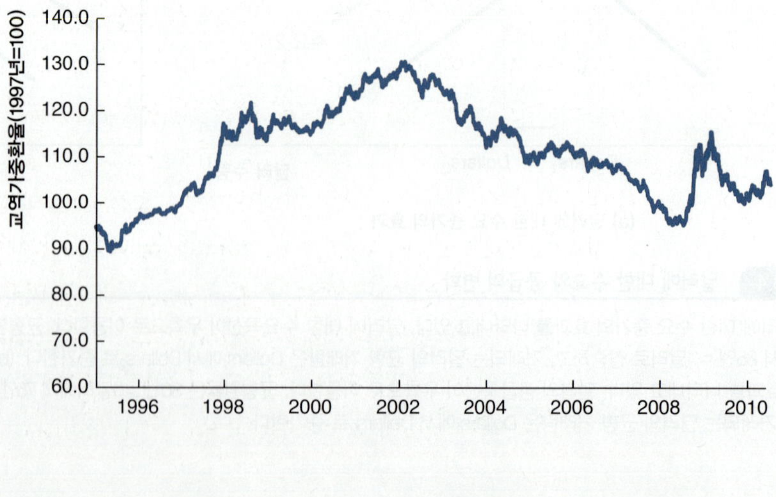

무불이행 가능성이 높아질 수 있다는 것을 알게 되었다. 그에 따라 일종의 투자 피난처로 미국 재무성채권을 찾으면서 달러에 대한 수요가 늘어났다. 그림 8.5에서 보듯 2008년 7월과 2009년 3월 사이에 달러의 가치는 20% 이상 올라갔다. 그 후 2009년 여름과 가을에 위기가 완화되자 달러를 팔기 시작했고, 2009년 3월과 2010년 6월 사이에 달러의 가치는 10% 정도 내려갔다.

금리평가조건

매일 열리는 외환시장에서 외환거래의 95% 이상은 금융자산 거래 때문에 발생한다. 실제로 재화와 서비스 거래에 필요한 외환거래는 비중이 낮다. 외환거래의 대부분이 금융투자의 필요에서 비롯되는 것이다. 이제 국경 간 금융투자를 막는 규제는 대부분 사라졌다. 더욱이 인터넷 덕분에 투자자들은 금융기관에 접속하여 쉽게 외국 기업에 투자할 수 있게 되었다. 따라서 **국제자본이동**이 환율 결정에 중요한 역할을 한다.

당신이 1년 만기 정부채권에 10,000달러를 투자하려고 한다고 하자. 1년짜리 미국 재무성채권의 이자율은 3%이다. 반면 일본의 국채는 이자율이 5%이다. 단순화를 위해 두 채권은 이자율만 빼고 다른 조건은 모두 동일하다고 하자. 즉 두 채권은 채무불이행 위험, 유동성, 정보비용과 같은 다른 성질들이 모두 같다. 당신은 어떤 채권을 매수할 것인가? 답은 명확하게 보인다. 5%가 3%보다 높기 때문이다. 당신은 일본의 국채를 매수해야 한다. 그러나 문제는 일본 국채를 사려면 달러를 엔화로 바꾸어야 한다는 점이다. 따라서 **외환 리스크**를 고려하지 않을 수 없다. 일본 채권에 투자하는 동안 달러에 대해 엔화의 가치가 떨어질 수도 있기 때문이다.

차근차근 논의를 전개해 보자. 만약 당신이 미 국채를 산다면 1년 후에 10,300달러를 손에 쥐게 될 것이다(10,000달러×1.03). 이제 환율이 100엔=1달러라고 가정하고 일본 국채를 매수하는 경우를 살펴보자. 일본 국채를 매수하기 위해서는 우선 10,000달러를 1,000,000엔으로 바꿔야 한다 [=10,000달러×(100엔/달러)]. 그러면 1년 후에는 1,050,000엔을 갖게 된다. 만약 그때에도 환율이 여전히 100엔=1달러이면 엔화를 달러로 바꾸어 10,500달러를 갖게 된다[1,050,000엔/(100엔/달러)]. 그렇다면 일본에 투자하는 것이 낫다. 그러나 만약 1년 동안 엔화의 가치가 4% 정도 떨어져서 환율이 104엔=1달러가 되면 어떻게 될까? (이는 달러의 가치가 4% 오른 것과 동일하다.) 이 경우 일본 국채에 투자해서 번 돈 1,050,000엔은 10,096.15달러에 불과하다[1,050,000엔/(104엔/달러)]. 그렇다면 미국 국채에 투자하는 것이 더 나은 것이다.

금융시장에서는 늘 차익거래가 일어난다. 만약 미국 채권의 이자율이 3%, 일본 채권의 이자율이 5%이고, 투자자들이 엔화의 4% 절하(또는 미국 달러의 4% 절상)를 기대한다면 이러한 상태가 지속될 수 있을까? 그렇지 않다. 왜냐하면 투자자들은 일본 채권에 투자했을 때보다 미국 채권에 투자했을 때 훨씬 더 많은 수익을 얻을 것이기 때문이다. 투자자들은 미국 채권을 살 것이고 그에 따라 미국 채권의 가격은 올라가고 미국의 이자율은 떨어지게 된다. 또한 투자자들은 일본 채권을 팔 것이고 그에 따라 일본 채권의 가격은 떨어지고 일본의 이자율은 올라갈 것이다. 그러면 미국 채권 이자율은 얼마나 오르고 일본 채권 이자율은 얼마나 떨어져야 차익거래 기회가 사라질 것인가? 이자율 차이가 예상되는 환율 변화와 같아질 때이다.

예를 들어 미국 채권 이자율이 2%로 떨어지고 일본 채권 이자율이 6%로 올랐다고 가정해 보자. 또한 엔화의 가치는 달러에 대해 4% 떨어질 것이 예상된다고 하자. 당신이 미국 채권에 투자하면 10,200달러를 얻고, 일본 채권에 투자하면 1,060,000엔/(104엔/달러)=10,192.30달러를 얻게 될 것이다. 두 금액은 거의 같다.[1]

금리평가조건 두 나라의 비슷한 채권 간의 이자율 차이는 예상되는 환율의 변화를 반영한다는 조건

금리평가조건(interest-rate parity condition)에 따르면 다른 두 나라의 비슷한 채권에 대한 이자율 차이는 환율이 앞으로 어떻게 변할지에 대한 기대를 반영한다. 우리는 이 조건을 다음과 같이 정리할 수 있다.

$$\text{국내 이자율} = \text{외국 이자율} + \text{국내 통화의 예상 절하율}$$

여기서 우변에 있는 국내 통화의 예상 절하율은 외국 통화의 예상 절상률과 같은 뜻이다. 외국에 투자했을 때의 투자 수익은 환율변동에 따라 달라질 것이다. 따라서 외국에 투자했을 때의 수익률은 외국의 이자율에다 외국 통화의 가치 상승률(또는 국내 통화의 가치 하락률)을 더해야 한다. 물론 투자하는 현재 시점에서는 미래 환율을 알 수 없으므로 예상되는 환율이 반영된다. 예를 들어 독일 국채의 이자율이 8%이고 동일한 미국 국채의 이자율이 6%라면, 달러의 가치는 유로에 대하여 2% 절상될 것이라고 예상되어야 한다. 다시 말해 독일의 이자율이 미국보다 2% 높으므로 양국의 투자 수익률이 같아지기 위해서는 독일 통화의 가치가 달러에 대해 2% 떨어질 것이 예상되어야 한다. 만약 외국 자산을 소유해서 얻을 수 있는 수익(예상되는 환율변동을 포함한)이 국내 자산을 소유해서 얻을 수 있는 수익과 다르다면 투자자들은 차익거래 이익을 얻을 수 있다.

금리평가조건은 항상 옳은가? 즉 다른 두 나라가 발행한 비슷한 채권의 이자율 차이가 환율의 변동에 대한 기대를 반영한다고 확신하는가? 실제로는 여러 가지 이유로 확신할 수 없다.

1. **채무불이행 위험과 유동성의 차이** 발행국이 다른 채권에는 차이가 있기 마련이다. 예를 들어 미국인은 독일이나 일본 국채에 대해 채무불이행의 위험은 낮지만 그래도 미국의 국채보다는 높을 것이라고 생각할 것이다. 마찬가지로 미국인 관점에서 보면 외국의 국채보다는 미국의 국채가 좀 더 유동성이 높은 투자일 것이다. 따라서 발행한 나라가 다른 채권의 이자율 사이에는 이러한 차이가 반영될 것이다.

2. **거래비용** 일반적으로 거래비용을 포함하여 외국의 금융자산을 매수하는 데 드는 비용은 국내 금융자산을 매수할 때 보다 높다. 예를 들어 당신이 외국의 기업에 투자할 때 외국 중개회사에 내는 수수료는 국내기업 주식을 살 때 국내 중개회사에 내는 수수료보다 높을 것이다.

3. **외환 리스크** 무엇보다 중요한 것은 금리평가조건은 외국 자산에 투자할 때 발생하는 외환 리스크를 고려하지 않고 있다는 것이다. 만약 당신이 1년 만기 미국 재무성채권에 투자하여 4%의

---

1 일본 채권에 투자하여 얻는 이익이 정확히 10,200달러가 아닌 이유는 무엇인가? 계산을 정확하게 하기 위해서는 일본에 투자한 원리금이 정확히 10,200달러로 전환되게 하는 환율 변화율이 적용되어야 하지만, 핵심을 이해하는 데 불필요하게 어려운 점이 있으므로 근사치로 비교해도 무방하다.

수익을 얻을 수 있고, 1년 만기 독일 국채에 투자할 때 4%의 수익을 얻을 것이라고 예상한다고 하자. 예상되는 수익률이 서로 같아 보이지만, 실은 독일 국채에 투자할 때에는 더 많은 위험이 따른다. 경제학자들은 외국 자산에 투자할 때 발생할 수 있는 다른 위험을 금리평가 방정식 안에 **통화 프리미엄**(currency premium)을 넣어 설명한다.

국내 이자율 = 외국 이자율 + 국내 통화의 예상 절하율 + 통화 프리미엄

예를 들어 1년 만기 미 국채의 이자율이 4%이고 1년 만기 독일 국채의 이자율은 5%라고 하자. 또한 유로 대 달러의 환율에는 변함이 없을 것이라고 예상된다. 그럼에도 불구하고 독일의 이자율이 1% 더 높은 이유는 무엇일까? 투자자들에게 두 종류의 투자를 같은 것으로 보이게 만들기 위해서는 독일의 이자율이 1% 더 높아야 한다는 뜻이다. 금리평가 방정식에 숫자를 대입하면 4%=5%+0%−1%가 성립한다는 것인데, 마지막 항인 −1%는 미국 달러의 유로에 대한 통화 프리미엄이 −1%라는 것을 의미한다. 통화 프리미엄은 상대적이다. 금리평가 방정식을 독일 기준으로 쓰면 5%=4%+0%+1%가 되는데, 여기서 마지막 항이 +1%인 것은 유로의 달러에 대한 프리미엄이+1%라는 뜻이다.

금리평가조건을 이용하면 한 나라의 이자율의 다른 나라에 비해 올라가거나 떨어질 때 환율은 어떻게 변하게 되는지 알 수 있다. 예를 들어 1년 만기 미국 재무성채권 이자율이 현재 2%이고, 1년 만기 프랑스 국채의 이자율이 4%라고 하자. 그리고 유로에 대해 달러 가치가 2% 절상될 것이라고 가정해 보자. 금리평가조건에 따르면 2%=4%+(−2%)가 성립하는 상태이다. 그런데 만약 연준이 국채 이자율을 2%에서 3%로 올리는 조치를 취한다면 달러에 대한 수요가 증가할 것이다. 왜냐하면 유럽의 투자자들이 이자율이 높아진 미국 국채에 투자하기 위해 유로를 달러로 바꾸려고 할 것이기

예제 8.4

국가 간 이자율 차를 이용해 돈을 벌 수 있을까?

한 투자자가 온라인 잡지의 금융컨설팅 코너에 다음과 같은 글을 올렸다. "신문을 보면 일본의 이자율은 1%도 안 된다고 한다. 그런데 미국 재무성채권은 거의 5%를 지불한다. 사람들은 왜 일본에서 돈을 빌려 미국에 투자하지 않는 것일까? 당연한 일처럼 보이는데 말이다."
정말 당연한 일인가?

Step 1 복습. 각 나라의 이자율 차이에 대한 것이므로 '금리평가조건' 부분을 복습한다.

Step 2 금리평가조건을 이용하여 예상되는 환율 변화와 이자율 차를 연결시킨다. 금리평가조건이 옳다면, 미국의 이자율이 일본보다 4% 높은 것은 투자자들이 엔화에 대하여 달러의 가치가 4% 절하될 것이라고 예상한다는 뜻이다—5% = 1% + 4%. 일본에서 이자율 1%로 돈을 빌려 미국에 5% 이자율로 투자했을 때 만약 달러가 4% 절하된다면 얻는 수익은 아무것도 없을 것이다. 투자자가 엔화를 빌린 데 든 실제 비용은 1%가 아니라 5%인 셈이다. 게다가 투자자들은 외환 리스크까지 감수해야 한다. 왜냐하면 달러의 가치가 4% 넘게 떨어질지도 모르기 때문이다.

출처 : Bruce Gottlieb, "Can you Earn Dollars by Borrowing Yen?" *Slate*, February 24, 1999.

때문이다. 달러에 대한 수요가 높아지면 유로/달러 환율이 올라갈 것이다. 즉 유로화에 대한 달러의 가치가 상승한다(달러의 절상).

그러면 새로운 상황에서도 금리평가조건은 여전히 성립하는가? 미국의 이자율이 올라가면서 유로/달러 환율이 올라간(달러/유로 환율이 내려가는) 결과는 금리평가조건에 부합한다. 미국의 이자율 상승에 따라 유로/달러 환율이 올라간 새로운 상황에서 유로/달러의 환율이 1년 동안 같게 유지된다면, 이는 앞으로 달러의 절상률이 낮아진다는 것을 의미한다. 즉 미국 이자율이 1% 오르고 프랑스 이자율은 변함이 없다면, 예상되는 달러의 절상률은 2%에서 1%로 낮아진다—3%=4%+(−1%).

관련 사례

금융위기 때 연준이 외국의 중앙은행에 달러를 빌려 준 이유는 무엇일까?

2007~2009년 금융위기가 있기 전 많은 경제학자와 정책 결정자들은 외국 은행들, 특히 유럽에 있는 은행들이 달러표시 자산, 그중에서도 주택저당증권 등의 증권화된 채무를 얼마나 많이 사들였는지를 알지 못했다. 국제결제은행의 추정치에 따르면 2007년 중반 유럽 은행들이 보유한 달러표시 자산의 가치는 1조 1,000억~1조 3,000억 달러 사이였다고 한다. 이 추정치에는 다른 금융기관이 발행한 주식과 채권은 포함되지 않았다.

전통적 은행의 역할은 가계와 기업으로부터 예금을 받아 이를 다른 가계와 기업에 대출해 주거나 정부와 기업이 발행한 채권을 사는 데 쓰는 것이다. (일부 유럽 은행은 비금융기관이 발행한 주식에 투자하기도 하지만 미국 은행법은 은행이 비금융기관 주식을 보유하는 것을 금하고 있다.) 일반적으로 은행이 채권을 살 때는 장기 투자를 위한 것이고 단기 가격 변동에서 이익을 낼 목적으로 채권을 사고파는 경우는 드물다. 유럽 은행들이 달러표시 자산 보유를 늘린 데는 두 가지 요인이 작용했다. 첫째, 2000년대 많은 은행은 증권거래 업무를 크게 확장했고 단기 가격 변동에서 이익을 얻기 위한 매매에 적극적으로 나서기 시작했다. 둘째, 증권화(부동산담보대출과 다른 사업 및 개인 대출을 거래 가능한 채권으로 전환시키는 현상)가 진행되면서 유럽 은행이 투자할 수 있는 달러표시 자산의 수량이 증가했다.

은행은 일반적으로 *만기불일치*의 문제를 안고 있는데, 수신은 단기인 데 비해 여신은 장기이기 때문이다. 예를 들어 미국의 웰스파고 은행이 당좌예금을 받아 4년 만기 혹은 5년 만기 자동차 대출에 투자할 수 있다. 예금자는 당좌예금에 예치한 돈을 언제라도 찾아 갈 수 있다. 만약 예금자가 돈을 찾아 간다면 만기불일치는 은행에 심각한 문제가 될 수 있다. 현대 은행제도에서는 이 문제를 두 가지 방법으로 해결한다. 첫째, 정부는 예금자 보험을 제공하는데, 이로 인해 예금자는 은행이 망하더라도 예금이 안전하다고 믿을 수 있다. 둘째, 예금인출로 어려움에 빠진 은행에 대해 중앙은행은 단기 대출을 해 주게 된다. 그런데 2007~2009년 금융위기 때는 비은행 금융기관들과 복잡한 투자에 관여했던 은행들에게서 만기불일치 문제가 나타났다. 달러표시 증권에 투자한 유럽 은행들에게서도 마찬가지였다.

유럽 은행들이 주택저당증권 및 다른 달러표시 자산에 투자할 때 투자자금은 세 가지 방법으로 조달되었다. 첫 번째는 다른 은행에서 달러를 빌리는 것이고, 두 번째는 중앙은행(자국의 중앙은행일 수도 있고 다른 나라의 중앙은행일 수도 있다)에서 달러를 빌리는 것이고, 세 번째는 외환스왑을 이용하는 것이다. 외환스왑거래에 참여하는 두 은행 혹은 금융기관은 유로표시 자산(보통은 채권)에서 받는 유로 지급액과 달러 지급액을 교환한다. 이때 은행은 상당한 위험에 노출되는데 자금 조달원의 만기는 단기인 데 비해 이렇게 조달된 자금으로 사들이는 달러표시 자산의 만기는 그렇지 않기 때문이다. 자금 조달 위험은 만기불일치에서 발생하는데 장기 투자에 사용된 단기자금을 반환해야 할 가능성을 가리킨다. 은행이 장기 대출에 사용하고 있는 예금을 예금자들이 인출하고자 할 가능성이 한 예다.

금융위기 중에는 유럽 은행들의 단기 달러 조달이 불가능했다. 특히 2008년 9월 미국의 투자은행 리먼브러더스가 파산한 이후 유럽 은행들은 다른 은행에서 빌려 온 단기 달러 차입금의 만기를 연장하는 데 어려움을 겪었다. 은행들이 거래상대방 위험(대출자가 단기 차입금을 갚지 않을 위험)에 대해 더욱 조심스러워졌기 때문이다. 게다가 미국의 여러 MMF는 투자자들의 인출이 늘어나자 유럽 은행에 빌려 주었던 달러 대출금을 만기 연장 없이 회수했다. 외국의 중앙은행들, 특히 개도국의 중앙은행들은 유럽의 은행들에 달러 계좌를 유지하고 있었는데, 이들 중 다수는 달러를 인출해 갔다. 자국의 은행을 지원하기 위해 달러가 필요했기 때문이다. 유럽의 은행들은 보유하고 있던 달러표시 자산을 팔려고 했지만 이 또한 쉽지 않았는데 이들 자산 중 상당수의 경우, 특히 주택저당증권 및 관련 증권들의 경우에는 시장이 급속히 냉각되며 자산의 유동성이 사라져 버렸기 때문이다.

달러 부족 문제를 해결하기 위해 2007년 12월 연준은 14개 해외 중앙은행과 공동으로 *달러 유동성 스왑 라인*을 만들었다. 이에 대해서는 이 장의 서두에 언급한 바 있다. 스왑 라인을 이용, 외국 중앙은행들은 연준에서 달러를 얻는 대신 자국의 통화를 제공하였다. 중앙은행들은 이렇게 얻은 달러를 달러 부족으로 문제에 빠진 은행에 제공할 수 있었다. 2008년 말 금융위기가 최고점에 달했을 때 달러 스왑의 규모는 6,000억 달러에 달했다. 금융위기가 약화되며 외국 중앙은행의 스왑 라인 이용도 줄었다. 2009년 6월에는 달러 스왑의 규모가 1,000억 달러로 줄었고 규모가 10억 달러로 떨어진 2010년 2월 1일 중앙은행들은 스왑 프로그램을 중지하기에 이르렀다. 하지만 5월에는 스왑 프로그램이 재개되었는데, 이는 그리스와 다른 나라들이 채무불이행 상태에 빠질 수 있다는 우려가 퍼지며 유럽의 금융시장이 악화된 데 따른 것이었다.

달러 유동성 스왑 라인의 설립은 현대 세계경제가 가진 두 가지 특징을 부각시켰다. 은행과 기타 금융기관이 외국 화폐로 표시된 자산을 상당량 보유하고 있다는 점과 중앙은행들이 금융위기에 대응하기 위해 정책공조를 할 의향이 있다는 점이다.

출처 : Patrick McGuire and Goetz von Peter, "The U.S Dollar Shortage in Global Banking," *BIS Quarterly Review*, March 2009, pp.47-63. Linda S. Goldberg, Craig Kennedy, and Jason Mu, "Central Bank Dollar Swap Lines and Overseas Dollar Funding Costs," Federal Reserve Bank of New York, Staff Report, No. 429, revised February 2010.

8장의 질문에 대한 답변

Question 금융위기가 최고조에 달했을 때, 왜 미국 달러의 가격이 치솟았는가?

Answer 미국의 주식과 채권을 사려는 외국 투자자가 많아질수록 외국 통화를 달러로 바꾸려는 수요가 증가한다. 2008년 여름부터 2009년 가을 사이 금융위기가 최고조에 달했을 때, 많은 외국 투자자들은 다른 데 투자하는 것보다 미국의 재무성채권을 사는 것이 안전하다고 보았다. 그 결과 달러의 가치는 20% 넘게 올라갔다.

핵심용어

관세
구매력평가
금리평가조건
명목환율
실질환율
외환 리스크
외환시장
일물일가의 법칙
절상
절하
쿼터

연습문제

01 만약 2달러를 1파운드로 바꿀 수 있고 2.2유로를 1파운드로 바꿀 수 있으면 1달러를 사기 위해서는 얼마의 유로가 필요한가?

02 엔화와 달러의 환율이 80엔=1달러에서 90엔=1달러로 변했다면 이것은 소니에게 좋은 뉴스인가? 미국 소비자들에게 좋은 뉴스인가? 일본에 수출하는 미국 기업들에게 좋은 뉴스인가? 일본 소비자들에게 좋은 뉴스인가?

03 애플 아이폰이 미국에서 200달러이고, 영국에서는 65파운드, 일본에서는 35,000엔이라고 가정해 보자. 만약 환율이 1.50달러=1파운드, 100엔=1달러라면 달러와 엔화, 그리고 달러와 파운드의 실질환율은 얼마인가?

04 벤츠(Mercedes-Benz)가 500만 유로 상당의 자동차를 미국에 판다고 하자. 환율이 1.22달러=1유로이고 벤츠는 90일 후에 610만 달러를 지불받기로 했다고 가정했을 때 다음 질문에 답하라.

a. 벤츠는 어떤 외환 리스크에 당면하는가?

b. 외환 리스크를 줄이기 위해 벤츠가 취할 조치는 무엇인가?

c. 벤츠가 외환 리스크를 줄이기 위해 취할 수 있는 조치를 구체적인 예를 들어 설명하라.

05 미국 회사 A가 일본 회사 B로부터 공사 장비를 2억 5,000만 엔을 주고 산다고 가정해 보자. 공사 장비는 미국으로 배달될 것이고 1년 안에 비용이 지불될 것이다. 현재 환율은 100엔=1달러이다. 현재 1년 만기 미국 재무성채권의 이자율은 6%이고 일본 국채 이자율은 4%이다.

a. 만약 A사가 오늘 달러를 엔화로 바꾸고 일본에 1년 동안 투자한다면 1년 후에 2억 5,000만 엔을 얻기 위해서는 오늘 얼마의 달러를 엔화로 바꾸어야 하는가?

b. A사가 선도계약으로 98엔=1달러의 환율로 1년 안에 2억 5,000만 엔을 산다고 합의했다고 가정하자. 만약 6% 금리의 미국 국채에 달러를 투자할 계획이라면 얼마의 달러가 필요한가?

c. A사가 다른 어떤 종류의 계약도 이용하지 않고 금리가 6%인 미국 국채에 투자한다면, 이 회사는 1년 동안의 장비계약을 이행하기 위해 지금 얼마의 달러가 필요한지 알고 있는가? 간략히 설명하라.

d. (a)~(c)에서 설명한 방법 중 어떤 방법이 외환 리스크를 줄일 수 있는가? 또한 어떤 방법이 외환 리스크를 줄일 수 없는가? A사는 어떤 방법을 선호하겠는가?

e. (a)와 (b)의 결과가 같으려면 (b)에서의 선도계약 환율은 어떠해야 하는가?

06 구매력평가 이론을 바탕으로 생각할 때, 만약 다음과 같은 상황이 벌어지면 멕시코 페소에 대한 달러의 가치는 어떻게 되어야 하는가?

a. 다음 10년 동안 미국의 연평균 물가 상승률은 3%이고 멕시코의 경우는 8%이다.

b. 미국은 수입되는 상품에 관세를 부과하고 상품의 양에 대한 쿼터를 정한다.

c. 미국은 디플레이션에, 멕시코는 인플레이션에 돌입한다.

07 엔화와 달러의 현재 환율이 100엔=1달러라고 가정하자. 그리고 1년 만기 일본 국채의 이자율은 4%이고 미국 국채의 이자율은 3%이다. 금리평가조건에 따른다면 투자자들이 1년 후에 엔화와 달러 사이의 환율이 어떻게 될 것이라고 예상하는가?

08 현재 환율이 1.50유로=1파운드라고 가정하자. 그러나 1년 후에 1.35유로=1파운드가 될 것으로 예상된다. 1년 만기 영국 국채에 대한 현재 이자율이 4%라면 금리평가조건은 독일 국채에 대한 이자율이 어떻게 될 것이라고 말하고 있는가? 채권들의 위험성, 유동성, 세금, 정보비용은 모두 동일하다고 가정한다.

09 월스트리트저널의 한 기사는 '캐리 트레이드'를 다음과 같이 묘사했다. "일본과 같이 이자율이 낮은 나라에서 돈을 빌려 이자율이 높은 나라에 투자를 하고 차익을 얻는 것과 관련이 있다." 만약 금리평가조건이 유지된다면 캐리 트레이드를 통해서 수익을 얻는 것이 가능한가?

출처 : Neil Shah, "Carry Trade Has Euro in Its Grips," *Wall Street Journal*, May 24, 2010.

10 어느 신문에 다음과 같은 기사가 실렸다. "연준이 통화 스왑 라인을 열 것이라고 발표했다. 이 조치의 핵심은 달러를 찍어서 그것을 유로로 바꾸는 것이다." 연준과 유럽의 중앙은행들이 이러한 조치에 동의하는 이유는 무엇인가?

출처 : Sewell Chan, "Fed Intervenes in European Debt Crisis," *New York Times*, May 10, 2010.

Money, Banking, and the Financial System

제3부

금융중개기관

CHAPTER 9

정보의 비대칭성과 금융시스템의 구조

[학습목표]

9.1 저축자와 차입자의 연결을 가로막는 장애요인을 분석한다.

9.2 금융시스템에 내재된 역선택과 도덕적 해이의 문제를 살펴본다.

9.3 경제분석을 이용해 미국 금융시스템의 구조를 알아본다.

투자자는 금융시장에 주의를 기울여야 한다!

2010년 4월 미국 증권거래위원회(SEC)가 골드만삭스를 사기혐의로 고소하자 월가는 충격에 휩싸였다. 주택저당증권(MBS)과 여러 금융자산으로 구성된 부채담보부증권(CDO)이 문제였다.

골드만삭스는 MBS 90개를 모아 '아바쿠스(Abacus) 2007-AC1'이란 이름의 CDO를 만들었다. 각 MBS에만 수천 개의 모기지가 포함되어 있는 복합 상품이었다. 이 CDO를 매수한 사람들은 MBS가 지급하는 이자를 받게 될 것이라고 믿었다. 물론 모기지 대출로 주택을 매입한 사람들이 원리금을 잘 상환해야만 이자가 나올 수 있다. 그렇지 않을 가능성도 있기 때문에 CDO의 기대수익률은 위험이 없는 국채 수익률보다 높았다. 그러나 사람들이 모기지를 갚지 못하면 CDO 가격은 하락하게 되어 있다. 아바쿠스 CDO를 매수한 투자자 가운데 독일의 IKB 은행과 채권보증회사인 ACA 캐피탈은 전문적인 기관투자가였지만, 이들도 상품의 밑바탕이 되는 모기지의 채무불이행 위험에 대해 잘 알지 못했다. 투자자들은 신용평가회사인 무디스와 S&P에 의존할 수밖에 없었다. 그러나 두 평가사 모두 아바쿠스 CDO에 대해 최고 등급을 부여했다.

IKB나 신용평가사 모두 알지 못했던 것이 있었다. 골드만삭스는 이 금융상품을 만들 때 헤지펀드사 폴슨(Paulson & Co.)에게 상품에 포함될 MBS를 고르도록 했다. 폴슨은 채무불이행 가능성이 낮은 안전한 MBS를 찾았을까? 그렇지 않았다. 정반대로 채무불이행 가능성이 높은 것들을 골랐다. SEC가 사기라고 본 것은 바로 이 때문이었다. 폴슨은 왜 불량한 MBS를 선택했을까? 해당 CDO의 가치 하락에 내기를 걸 계획이었기 때문이다. 폴슨이 이용한 방법은 신용부도스왑(CDS) 계약을 체결하는 것이었다. CDS는 채무불이행 위험 등 신용을 사고팔 수 있

9장의 이슈와 질문

▶정답은207쪽에

Issue 기업이 자금 조달 원천으로 주식보다 채권에 더 의존하는 성향 때문에, 채권시장에서 문제가 발생하면 금융위기와 경기침체가 더 심각해질 수 있다는 우려가 제기되었다.

Question 기업은 외부자금을 조달하는 데 왜 주식보다 채권에 더 의존하는가?

는 파생상품으로 신용위험만을 별도로 분리해 이를 시장에서 사고파는 파생상품이다. CDS 발행자는 신용위험에 대한 수수료(프리미엄)를 받고 위험을 부담하는 보험사 역할을 하는데, 기초자산의 가격이 하락했기 때문에 CDS를 매수한 폴슨에게 지불해 주어야 했다. 폴슨은 아바쿠스 CDO에 대한 CDS 계약으로 10억 달러 이상을 벌어들였다. CDO가 발행된 지 한 달도 안 되어 CDO의 바탕이 되는 모기지에 대한 채무불이행이 급증하고 CDO 가격이 곤두박질쳤기 때문에, 불행하게도 아바쿠스 CDO의 매수자들은 10억 달러를 잃었다. 또한 CDS를 발행한 네덜란드의 ABN Arno(이후 Royal Bank of Scotland에 합병)도 거의 10억 달러를 잃었다.

투자은행은 해당 CDO의 가격이 하락하기를 바라는 헤지펀드가 그것을 만드는 단계에 개입한 사실을 투자자들에게 알렸어야 했다. SEC가 골드만삭스를 고소했고, 사건은 5억 달러의 벌금을 내는 선에서 정리되었지만, 골드만삭스는 끝내 잘못을 인정하지 않았다.

이 사례는 금융시장에 내재한 **정보의 비대칭성**(asymmetric information) 문제의 중요성을 부각시켜 준다. 정보의 비대칭성은 거래에 있어 한편이 다른 한편에 비해 더 많은 정보를 가지고 있는 상황이다. 이 사례에서 아바쿠스 CDO를 판매한 골드만삭스는 투자자에 비해 더 많은 정보를 가지고 있었다. 그러면 IKB는 왜 모기지에 직접 투자하지 않고 CDO를 매수했을까? 앞으로 논의할 테지만, 투자자들은 개별적으로 투자를 하는 경우에 높은 거래비용에 직면하게 된다. 따라서 독일의 IKB와 같은 기관투자가도 골드만삭스와 같은 중개기관에 의존하게 된다. 아바쿠스 CDO는 전문적인 투자자조차 이해하기 어려운 상품이었다. 이 사례는 복잡하고 이해하기 어려운 금융상품의 경우에 과연 시장이 잘 작동할 수 있을까에 대한 회의를 불러일으켰다.

출처 : Aaron Lucchetti and Serena Ng, "Abacus Deal: As Bad as They Come," *Wall Street Journal*, April 20, 2010; Gregory Zuckerman, "Paulson Point Man on CDO Deal Emerges as Key Figure," *Wall Street Journal*, April 19, 2010; and Sewell Chan and Louise Story, "Goldman Pays $550 Million to Settle Fraud Case," *New York TImes*, July 15, 2010.

이 장에서는 비대칭적인 정보와 거래비용 같은 요인들이 어떻게 금융시스템의 구조를 설명하는지에 대해 살펴볼 것이다.

9.1 저축자와 차입자의 연결을 가로막는 장애물

[학습목표]
저축자와 차입자의 연결을 가로막는 장애요인을 분석한다.

어떤 사람들은 남는 자금을 빌려 주려고 하고 어떤 사람들은 자금을 빌리려고 한다. 저축자와 차입자를 모아 연결시켜 주는 것이 금융시스템의 역할이다. 간단해 보이지만 실제로 금융시스템은 꽤 복잡하다. 왜 그런가? 저축자와 차입자의 연결을 가로막는 장애요인을 분석해 보자.

소액투자자가 직면하는 문제

당신이 아르바이트를 해서 500달러를 저축했고 이를 투자하려고 한다고 해 보자. 주식에 투자해야 하는가? 액수가 작기 때문에 투자금액 대비 수수료 비중이 높을 것이다. 여러 주식에 나누어 투자하는 경우에는 더 그렇다. 그러면 채권을 사야 하는가? 하지만 액면가가 1,000달러이므로 채권 1장을 사기에도 돈이 부족한 상황이다.

당신은 다른 방법을 찾을 수 있다. 당신 룸메이트의 사촌이 애플 아이패드의 새 애플리케이션을 개발하기 위해 500달러를 필요로 한다고 하자. 그는 당신에게 1년 동안 500달러를 빌려 주면 10%

의 이자를 지불하겠다고 제안한다. 그러나 개발이 잘될지 어떻게 알 수 있는가? 만약 실패하면 돈을 돌려받지 못할 수 있다. 당신은 돈을 빌려 간 사람이 돈을 어떻게 사용하는지 알고 싶을 것이다. 그러나 문제는 또 있다. 로스쿨에 다니는 친구에게 물어보면, 대출조건을 명시한 계약을 작성하는 데 아마 300달러 정도의 비용이 들 것이라고 이야기해 줄 것이다. 이쯤 되면 당신은 500달러 투자를 포기할지 모른다. 이는 당신에게도 좋지 않은 일이고, 애플리케이션 개발자에게도 좋지 않은 일이다.

거래비용 거래 또는 교환에 드는 비용으로, 예를 들어 금융자산 매매에 부과되는 중개 수수료

정보비용 차입자의 신용도를 구별하고, 또 빌려 간 돈을 차입자가 어떻게 사용하는지 감시하는 데 드는 비용

이 사례는 **거래비용**(transactions cost) 개념에 관한 것이다. 이는 직접 금융거래를 할 때 발생하는 비용이다. 위 예에서 거래비용은 차입자와의 계약서를 작성하는 데 드는 비용, 여러 대안을 분별하는 데 드는 비용 등을 모두 포함한다. 이 예에는 **정보비용**(information cost) 개념도 들어 있다. 차입자의 신용도를 구별하는 데 드는 비용, 또 빌려 간 돈을 차입자가 어떻게 사용하는지 감시하는 데 드는 비용이 그것이다. 거래비용과 정보비용 때문에 저축자의 수익률은 낮아지고 차입자가 지불하는 비용은 커진다. 어떤 경우에는 그러한 비용 때문에 대출과 차입 자체가 성립하지 못한다. 거래비용과 정보비용은 금융시스템의 효율성을 감소시킨다. 그러나 비용을 줄이려고 하는 인센티브가 작동하고 바로 거기에서 이윤 기회가 만들어진다.

금융중개기관은 어떻게 거래비용을 줄이는가

높은 거래비용 때문에 저축자는 차입자에게 직접 대출하지 않는 경향이 있다. 마찬가지로 자금이 필요한 중소기업은 투자 의향이 있는 사람들을 직접 찾지 않는 경향이 있다. 대신 소액투자자와 중소기업 모두 금융중개기관을 찾게 된다. 예를 들어 뮤추얼펀드는 다수의 개인 투자자에게 지분을 팔고 그렇게 모은 자금을 분산된 포트폴리오에 투자한다. 뮤추얼펀드는 500달러밖에 없는 투자자에게도 적은 거래비용으로 분산투자를 할 수 있게 해 준다. 또한 투자자는 은행에서 양도성예금증서를 매수할 수 있다. 그러면 은행은 기업에 대출하는 데 이 자금을 사용한다.

규모의 경제 생산량이 늘어나면서 평균 비용이 감소하는 현상

금융중개기관은 **규모의 경제**(economies of scale)를 이용한다. 규모의 경제란 생산량이 늘어나면서 평균 비용이 감소하는 현상을 말한다. 예를 들어 채권 딜러가 100만 달러의 재무성채권을 매수하는 데 드는 수수료는 개인이 1만 달러의 채권을 매수하는 데 드는 수수료보다 그렇게 많지 않다. 따라서 수백만 달러의 채권을 매수하는 펀드의 지분을 500달러만큼 매수함으로써 개인 투자자는 규모의 경제의 이점을 이용하게 된다.

금융중개기관이 규모의 경제를 이용하는 것은 수수료만이 아니다. 예를 들어 은행은 대출을 많이 하기 때문에 표준화된 계약서를 사용한다. 은행의 대출 담당자는 누구보다 효율적으로 대출 절차를 밟는다. 정교한 전산시스템을 이용하는 것도 장점이다.

그러면 이제는 금융중개기관이 어떻게 정보비용을 줄이는 데 기여하는지 알아보기로 하자.

9.2 역선택과 도덕적 해이의 문제

[학습목표]
금융시스템에 내재된 역선택과 도덕적 해이의 문제를 살펴본다.

돈을 빌려 줄 때 고려해야 할 가장 중요한 사항은 차입자의 재정 건전성이다. 갚지 못할 것 같은 사

람에게 돈을 빌려 주려 하지는 않을 것이다. 그러나 갚을 능력이 부족한 차입자는 그 사실을 숨기려고 하는 유인이 있다. 예를 들어 어떤 기업이 매출이 급격히 떨어지고 금방 파산할 것을 알면서도 채권을 발행하지만, 채권 투자자들에게는 이러한 정보가 없을 수도 있다. **비대칭정보**(asymmetric information)는 거래상대방 가운데 한쪽이 다른 쪽보다 더 많은 정보를 가지고 있는 경우를 지칭한다. 금융거래의 경우에는 일반적으로 차입자가 대출자보다 더 많은 정보를 가지고 있다.

비대칭정보 거래상대방 가운데 한쪽이 다른 쪽보다 더 많은 정보를 가지고 있는 경우

경제학자들은 비대칭정보에서 발생하는 두 가지 문제를 다음과 같이 구분한다.

1. **역선택**(adverse selection)은 투자하기 전에 고위험 차입자와 저위험 차입자를 구분할 때 겪는 문제이다.
2. **도덕적 해이**(moral hazard)는 차입자가 의도한 대로 자금을 사용하고 있는지 확인할 때 겪는 문제이다.

역선택 투자하기 전에 고위험 차입자와 저위험 차입자를 구분할 때 겪는 문제. 보험의 경우, 보험에 가입하려는 사람들이 보험금을 청구할 가능성이 높은 사람들이라는 문제

도덕적 해이 거래당사자가 거래를 성사시키고 난 이후에 상대방에게 손해를 입힐 가능성. 금융시장의 경우, 차입자가 의도한 대로 자금을 사용하고 있는지 확인할 때 겪는 문제

때로는 비대칭정보로부터 발생하는 비용이 너무 커서 투자자들이 미국 연방정부 같이 명백하게 위험이 낮은 차입자에게만 돈을 빌려 주는 상황이 올 수도 있다. 물론 보통의 경우에는 금융시장과 금융중개기관이 정보비용을 낮추어 준다.

역선택

애컬로프(George Akerlof)는 최초로 역선택 문제를 분석한 경제학자로, 정보경제학에 관한 연구로 노벨 경제학상을 수상했다. 그는 중고차시장을 들어 역선택 문제를 설명했다. 핵심은 자동차의 상태에 관해 판매자가 구매자보다 더 많은 정보를 갖고 있다는 점이다. 종종 '레몬(lemon)'이라고 불리는 잘 유지되지 못한 차, 예를 들어 엔진오일을 정기적으로 바꾸어 주지 않은 차는 숙련된 자동차 수리공도 찾아내기 어려운 엔진상의 결함을 가지고 있을 수 있다. 이때 잠재적인 구매자들이 중고차에 대해 지불할 의향이 있는 가격에는 자동차의 상태에 대한 불완전한 정보가 반영될 것이다. 예를 들어 당신이 2008년 식 혼다 자동차 시장에 와 있다고 해 보자. 당신과 다른 구매자들은 유지가 잘 된 차에 대해서는 15,000달러, 레몬에 대해서는 7,000달러를 지불할 의향이 있다고 해 보자. 불행하게도 당신은 레몬과 잘 유지된 차를 구분해 낼 수 없다. 그런데 당신은 2008년 식 중고차 중 75%는 유지가 잘 된 상태이고, 나머지 25%는 레몬이라고 분석한 온라인 보고서를 읽었다. 이 경우에 2008년 식 혼다 자동차의 기댓값은 확률을 적용하여 다음과 같이 계산된다.

$$\text{기댓값} = (0.75 \times \$15{,}000) + (0.25 \times \$7{,}000) = \$13{,}000$$

당신이 이 중고차에 대해 지불할 의향이 기댓값 13,000달러와 같다는 것은 합리적인 것처럼 보인다. 유지가 잘 된 차인지 아닌지 알 수 없다고 할 때 당신의 관점에서는 13,000달러의 제안이 합리적인 것처럼 보인다. 그러나 자동차 판매자는 자신이 잘 유지된 차를 팔고 있는지 레몬을 팔고 있는지 알고 있다. 잘 유지된 차를 팔러 온 사람에게 13,000달러는 차의 진정한 가치보다 2,000달러 작은 값이므로 제안을 거절하고 매물을 거두어들이려고 한다. 그러나 레몬을 팔러 온 사람은 13,000달러가 차의 가치보다 6,000달러 높은 값이므로 얼른 제안을 받아들인다. 중고차시장은 역선택 상황에

놓이게 된다. 매물로 나온 중고차는 대부분 레몬일 것이다. 비대칭정보 때문에 중고차시장은 자동차를 잘못 선택하게 만든다. 역선택 문제로 중고차시장에 좋은 차는 거의 나오지 않게 된다. 그 결과 시장에서 매매되는 중고차의 양이 감소하게 된다. 비대칭정보에서 오는 문제가 시장의 효율성을 떨어뜨리는 것이다.

역선택 문제 혹은 역선택 비용을 줄이기 위해 중고차 딜러가 구매자와 판매자 사이에서 중개자 역할을 할 수 있다. 명성을 오래 유지하기 위해 딜러는 중고차의 질에 관한 정보를 숨기는 것보다는 공개하는 쪽을 택할 것이다. 결과적으로 중고차 딜러들은 잘 유지된 차와 레몬을 둘 다 팔 것이다. 게다가 정부의 규제는 중고차 딜러로 하여금 소비자들에게 중고차에 대한 정보를 공개하도록 요구할 것이다.

금융시장에서의 '레몬 문제' 역선택 문제는 주식시장과 채권시장에 어떤 영향을 줄까? 먼저 주식시장부터 고려해 보자. 중고차시장과 유사한 간단한 예를 들어 본다. 우량기업과 불량기업(레몬기업)이 있다고 해 보자. 기업은 자신이 우량기업인지 아닌지 알고 있다. 그러나 투자자들은 그 차이를 구분할 수 없다. 간단하게, 우량기업의 가치는 주당 50달러이고 레몬기업의 가치는 주당 5달러라고 하자. 투자자들은 90%가 우량기업이고 10%가 레몬기업이라고 믿고 있다. 그러나 어떤 기업이 우량기업이고 레몬기업인지는 구분할 수 없다.

당신이 무작위로 고른 주식의 가치는 다음과 같이 기댓값으로 구해진다.

$$\text{기댓값} = (0.90 \times \$50) + (0.10 \times \$5) = \$45.50$$

즉 당신은 주식에 대해 45.50달러를 지불할 의사가 있다. 이 가격은 우량기업의 기본 가치보다 낮다. 우량기업은 자신의 진정한 가치보다 낮은 가격에 회사의 소유권을 파는 것을 꺼릴 것이다. 그러나 레몬기업은 기본 가치보다 높은 가격이므로 주식을 기꺼이 팔려고 한다. 주식시장도 중고차시장과 마찬가지로 역선택 문제에 놓이게 된다.

역선택 문제로 인해 중소기업은 주식발행으로 자금을 조달하는 데 어려움을 겪는다. 레몬일지 모른다고 의심하는 투자자들을 설득하기 어려운 데다 기본 가치보다 낮은 가격에 주식을 팔기 싫기 때문이다. 미국과 같이 큰 나라에서도 주식이 공개적으로 거래되는 기업은 전국적으로 5,100여 개에 불과하다.

역선택은 채권시장에서도 나타난다. 투자자들이 어느 기업이 우량기업인지 아닌지 확신할 수 없어 주식을 사는 것을 꺼렸던 것처럼, 채권을 사는 것 또한 꺼리게 된다. 투자자가 기업의 재무 건전성에 대해 완전한 정보를 가지고 있다면 우량기업에게는 낮은 이자율로, 레몬기업에게는 높은 이자율로 빌려 주려고 할 것이다. 즉 완전정보하에서는 채권 이자율이 기업의 재무 건전성에 맞게 정확히 차별화될 것이다.

그러나 정보는 비대칭적이어서 투자자는 우량기업과 레몬기업을 구분하지 못한다. 우량기업은 채권을 발행하여 차입을 하려면 자신의 기업 내용에 비해 너무 높은 이자비용을 지불해야 한다는 것을 알게 된다. 반면에 레몬기업은 차입을 원한다. 채권을 발행하는 기업은 재무 건전성이 나쁜 레몬기업일 가능성이 크다. 역선택의 문제가 발생하는 것이다.

이자율이 상승하면 역선택의 문제가 악화될 수 있다. 투자자는 우량기업과 레몬기업을 구분하지 못하지만 역선택의 문제를 인식한다. 따라서 이자율이 상승할 때, 높은 이자비용을 지불하면서 채권을 발행하려는 기업은 레몬기업일 가능성이 크다고 추론한다. 이를테면 파산에 직면한 기업의 경영자는 높은 이자비용을 감수하려고 할 것이다. 이자율이 더 올라가면 파산 가능성이 더 높은 기업들만 돈을 빌리려고 할 것이다. 다시 말해 이자율이 상승함에 따라 잠재적 대출자의 신용도가 떨어지는 경향이 있어서 역선택의 문제가 악화되는 것이다. 투자자들은 이 문제를 인식하고 있기 때문에 이자율을 올리기보다 대출의 양을 제한하려고 한다. 일정한 이자율에서 대출을 제한하는 것을 **신용할당**(credit rationing)이라고 한다. 신용이 할당되는 상황에서는 우량기업이든 레몬기업이든 자금을 조달하기 어려워진다.

신용할당 일정한 이자율에서 대출을 제한하는 것으로, 차입자들이 원하는 만큼 자금을 조달하기 힘듦

중고차시장에서 역선택은 시장에서 좋은 차를 몰아내고 나쁜 차만 남게 만든다. 주식시장에서 역선택은 아무 기업이나 주식을 발행할 수 없게 만든다. 채권시장에서도 기업은 채권을 발행하기 어려우며, 역선택 문제로 인해 신용할당이 발생할 수 있다.

역선택은 경제에 비용 요인으로 작용한다. 투자자들이 기업에 대한 정보를 얻기 어렵기 때문에 우량기업일지라도 자금 조달 비용이 증가한다. 따라서 대부분의 기업은 주로 내부자금에 의존한다. 미국의 경우에 기업이 내부자금에 의존하는 비중이 3분의 2 이상을 차지하고 있다. 게다가 역선택 문제가 심한 곳은 소프트웨어나 바이오산업 같이 기술혁신을 선도하는 신생 분야이므로 경제의 역동성과 성장 기회가 제한된다.

역선택을 줄이기 위한 시도 역선택 문제를 어떻게 줄일 수 있는가? 대공황 이후 1934년 미 의회는 주식시장과 채권시장을 규제하기 위하여 증권거래위원회(SEC)를 설립했다. SEC는 공개적으로 거래되는 기업에게 대차대조표와 손익계산서와 같은 재무제표의 공시의무를 부과했다. 기업에게 회계 표준을 따르도록 하고, 주가에 영향을 미칠 만한 일이 발생하면 그에 대한 정보를 공시하도록 했다. 공시의무는 역선택으로 인한 정보비용을 감소시켰다. 그러나 몇 가지 이유로 이를 완전히 없애지는 못한다.

첫째, 아무리 우량한 기업일지라도 신생기업의 경우에는 잠재적 투자자들이 평가하는 데 필요한 정보가 충분하지 않다. 둘째, 레몬기업들은 그럴듯한 모습으로 포장해서 정보를 공개하려고 하기 때문에 여전히 과대평가될 소지가 있다. 셋째, 재무제표 일부 항목의 경우에는 보고 방식에 대해 적법한 의견 차이가 있을 수 있다. 예를 들어 2007~2009년 금융위기 동안 문제가 되었던 MBS는 대차대조표 상에는 자산으로 기재되었지만, 사실상 거래가 정지되다시피 했기 때문에 투자자들은 자산 항목에 있는 MBS의 가치가 정확히 얼마인지 알기 어려웠다. 넷째, 정보가 제공되더라도 그 정보가 중요한지 아닌지에 대한 해석이 어려운 경우가 있다. 예를 들어 일부 투자자는 애플사가 잡스(Steve Jobs)가 2009년 4월 간이식 수술을 받았다는 사실을 늦게 알린 것을 비판했다. 애플의 대변인은 잡스의 건강이 사적인 문제라고 했지만, 투자자들은 기업의 미래 수익성과 주가에 영향을 미칠 수 있기 때문에 완전히 공개될 필요가 있다고 믿었다.

역선택의 비용을 줄이기 위해서는 기업 정보를 수집하는 전문적인 기관이 필요하다. 몇몇 사기업들에 의해 이런 시도가 이루어졌다. 정보를 수집하는 회사가 그런 일을 잘 수행하는 한, 돈을 내고 정보를 구입하는 사람들은 차입자의 질에 대해 잘 판단할 수 있을 것이다. 그렇게 되면 대출의 효율성이 증가한다. 정보에 대해 비용을 지불해야 함에도 불구하고 유익한 정보는 수익률을 높여 줄 수 있다. 무디스나 S&P 같은 신용정보회사는 기업의 대차대조표, 손익계산서뿐만 아니라 다양한 출처를 통해 정보를 모으는 데 특화하며, 구독자에게 정보를 판매한다. 구독자들은 개인 투자자와 도서관, 금융기관이다.

정보회사가 역선택 비용을 줄여 주는 역할을 하긴 하지만, 완전히 없앨 수는 없다. 문제는 돈을 내고 정보를 구독해야 함에도 불구하고 그렇지 않은 사람이 많다는 것이다. **무임승차자**(free rider)가 존재하는 것이다. 정보회사가 만든 보고서를 복사해서 배포하거나 스캔해서 인터넷에 올리는 일은 아주 쉽다. 정보회사는 서비스를 무료로 제공하는 상황에 놓인다. 무임승차 문제가 없다면 더 많은 공을 들여 더 많은 정보를 만들어 낼 것이다. 그러나 무임승차 때문에 정보를 충분히 생산하지 않게 된다.

역선택 문제를 줄이기 위한 담보와 순자산의 사용 정부의 규제로 정보가 의무적으로 공개되거나 민간기업에 의해 유료로 제공될 수 있지만, 역선택 문제가 완전히 없어지지는 않는다. 따라서 대출자들은 종종 계약으로 이 문제를 해결하려고 한다. 가장 흔한 방법은 차입자에게 **담보**(collateral)를 요구하는 것이다. 차입자가 돈을 갚지 못하면 담보를 처분하면 되기 때문이다. 예를 들어 창고를 보유한 기업은 채권을 발행할 때 창고를 담보로 제공한다. 회사가 이표를 제때 지불하지 못하면 투자자들은 창고를 압류하고 손실을 메꾸기 위해 이를 팔 수 있다. 실제로 담보 없이 채권을 발행할 수 있는 기업은 마이크로소프트, GE 같이 규모가 크고 잘 알려진 기업이다.

담보 채무를 이행하지 못하는 경우에 대출자가 압류할 수 있도록 차입자가 대출자에게 저당 잡히는 자산

회사의 자산가치와 부채가치 사이의 차이인 **순자산**(net worth)은 담보와 비슷한 기능을 한다. 순자산 규모가 크고 작은 것에는 어떤 차이가 있는가? 돈을 빌리는 회사 입장에서 볼 때 위험한 프로젝트에 투자했다 실패하는 경우에, 순자산 규모가 크면 많은 돈을 잃지만 순자산 규모가 작으면 잃을 것이 별로 없다. 순자산 규모가 큰 기업은 조심스럽게 행동할 가능성이 높으므로 이를 아는 투자자들은 순자산 규모가 큰 기업에게 대출함으로써 역선택의 문제에서 벗어날 수 있다.

순자산 회사의 총자산에서 총부채를 뺀 것

결국 역선택 비용으로 인해 기업은 금융시장을 통해 직접 외부자금을 조달하기 어렵다. 거래비용에다 역선택 비용까지 합쳐지므로, 대부분의 기업은 외부자금이 필요할 때 금융중개기관에 의존하게 된다.

금융중개기관은 역선택 문제를 어떻게 줄일 수 있는가 금융중개기관, 특히 은행은 차입자의 채무불이행 가능성에 대한 정보를 수집하는 데 특화되어 있다. 은행은 오랜 경험을 통해 이를 알고 있다. 은행이 이용하는 정보 가운데 일부는 모든 금융기관이 공유하는 것도 있지만, 일반적으로는 접근할 수 없는 정보를 갖고 있기도 하다. 차입자에 관한 사적 정보를 바탕으로 신용위험을 평가하는 은행의 능력을 **릴레이션십 뱅킹**(relationship banking)이라 부른다. 예를 들어 지역의 한 은행은 그 지역의 자동차 딜러에게 수년간 대출을 해 주면서 남들이 쉽게 접근하지 못하는 정보를 축적할 수 있다.

릴레이션십 뱅킹 차입자에 관한 사적 정보를 바탕으로 신용위험을 평가하는 은행의 능력

은행들은 예금자로부터 자금을 모은다. 그리고 차입자의 신용도에 대한 정보를 이용해 위험이 낮아 보이는 차입자에게 대출한다. 은행은 개인과 달리 우량한 차입자와 레몬을 구분할 능력이 있기 때문에 예금이자율보다 높은 이자율로 대출할 수 있다. 예금자는 차입자에게 직접 돈을 빌려 주려고 하

관련 사례

증권화가 금융권의 역선택 문제를 악화시켰는가?

이 장의 서두에서 논의한 골드만삭스의 아바쿠스 부채담보부증권(CDO) 관련 일화는 전형적인 역선택 상황을 보여 준다. 아바쿠스 CDO를 샀던 독일의 대형 은행 IKB는 이 증권은 기초자산인 모기지의 채무불이행 위험을 고려하더라도 충분히 높은 수익률을 가지고 있다고 믿었다. 그러나 증권거래위원회(SEC)의 조사에 따르면 아바쿠스 증권에 포함될 주택저당채권의 선택을 도왔던 폴슨의 임원들이 CDO 가격이 하락할 것에 돈을 걸었다는 사실을 IKB에서는 알고 있지 못했다. 폴슨의 임원들은 채무불이행 위험이 가장 높은 주택저당채권들로 CDO를 구성하기를 원했다. 그러니까 증권거래위원회에 따르면, 레몬이 되도록 만들어진 CDO를 IKB는 좋은 투자 대상이라고 믿었던 것이다.

아바쿠스 CDO는 *증권화 과정*의 산물이다. 증권화란 주택담보대출 같은 대출을 여러 개 모아 금융시장에서 팔 수 있는 증권으로 만드는 것이다. 지난 15년 동안 증권화의 증가는 역선택 문제도 확대시켰다. 이미 살펴본 대로 관계 중심의 은행시스템에서 은행은 잠재 대출자에 대한 정보를 수집하고 이를 대출 결정 과정에 사용할 유인을 가지고 있다. 관계 중심의 은행시스템에서 은행은 예금자에게 지불하는 이자율과 대출로부터 받는 이자율의 차이가 이윤을 결정한다. 또 대부분의 대출은 만기까지 보유하게 된다. 증권화는 은행의 비즈니스 모형을 관계 중심의 여수신에서 *대출자산의 유동화*(originate-to-distribute)로 바꾸었다. 대출자산의 유동화 모형에서 은행은 여전히 대출을 하기는 하지만 대출을 만기까지 보유하는 대신 이를 직접 증권화하거나 다른 금융기관 혹은 정부기관에 팔아서 이들 기관들이 증권화하도록 한다. 어떤 경로를 따르더라도 은행은 대출을 만기까지 보유하지 않고 짧은 기간 동안만 보유한다. 이 모형에서 대출을 개시할 때 받는 수수료와 대출자로부터 상환금을 받아서 이를 증권 보유자에게 전달하는 과정에서 얻는 수수료는 은행의 수익이 된다.

일부 경제학자와 정책 결정자들은 대출자산의 유동화 모형으로 인해 은행이 좋은 대출자와 나쁜 대출자를 구분할 인센티브가 줄어들었다고 주장한다. 다시 말해 이 모형으로 인해 은행이 역선택을 줄일 인센티브가 줄어든 것이다. 대출이 증권화되고 나면 대출자가 채무를 이행하지 않을 때 손실을 입는 것은 대출을 개시한 은행이 아니라 증권을 소유한 사람이다. 게다가 일부 경제학자는 은행들이 덜 위험한 대출은 자신들의 포트폴리오에 포함시키고 더 위험한 대출은 팔아 치우기 위해 정보의 우위를 사용할 수 있다고 주장해 왔다. 증권화된 대출을 구매한 투자자가 증권에 포함된 대출의 위험성을 평가하는 것은 어려울 수 있다. 무디스, S&P와 같은 평가기관들 역시 증권에 포함된 대출의 위험성에 대해서는 대출을 개설한 은행들만큼 많은 정보를 가지고 있지 못하다. 증권화는 분명 금융제도에 일정한 기여를 한다. 위험분담을 증가시키고, 대출시장에서 유동성을 높이고, 대출자가 내야 하는 이자율을 낮추고, 투자 포트폴리오의 분산화를 도와준다. 하지만 증권화는 역선택 문제를 증가시킨다는 단점을 가지고 있다.

카네기멜론대학의 번트(Antje Berndt)와 케이스웨스턴리저브대학의 굽타(Anurag Gupta)는 대출자산의 유동화 모형이 역선택에 미치는 영향을 연구하였다. 그들은 2000년 초부터 2004년 말 사이 은행이 기업에 준 대출을 검토하였다. 대출이 증권화되었는지를 기준으로 기업을 나누었는데, 증권화된 대출을 받았던 기업은 첫 번째 그룹에, 증권화되지 않은 대출을 받았던 기업은 두 번째 그룹에 포함됐다. 대출을 받지 않은 기업은 다른 그룹에 포함됐다. 분석 결과 첫 번째 그룹에 속한 기업은 두 번째 그룹에 속한 기업에 비해 대출 개시 후 3년 동안의 수익률이 낮았음을 발견했다. 번트와 굽타의 결과는 은행이 증권화할 계획을 가지고 있을 때는 그렇지 않을 때에 비해 부주의한 대출 결정을 내리는 경향이 있거나, 수익률이 낮은 기업에 제공한 대출을 우선적으로 팔아 치우려는 경향이 있음을 시사한다.

2010년 7월 통과된 도드와 프랭크 의원 발의의 '월스트리트 개혁과 소비자보호에 관한 법'은 증권화가 금융권에서 역선택을 증가시켰을 가능성에 대한 대응책을 담고 있다. 이 법은 특정 주택저당증권과 CDO를 판매하는 금융기관이 적어도 전체의 5%를 자체 보유하도록 규정하고 있다. 이 규정이 어떻게 실행에 옮겨질지에 대해서는 의문이 조금 남아 있기는 하다. 어쨌건 증권화의 영향에 대한 논쟁은 앞으로도 계속될 것으로 보인다.

출처 : Antje Berndt and Anurag Gupta, "Moral Hazard and Adverse Selection in the Originate to Distribute Model of Bank Credit," *Journal of Monetary Economics*, July 2009, Vol. 56, No. 5, pp. 725-743. Dennis K. Berman, "Do Sold-off Corporate Loans Do Worse?" *Wall Street Journal*, November 19, 2008.

예제 9.2

은행은 왜 신용을 할당하는가?

2010년 봄 이코노미스트지에 다음과 같은 기사가 실렸다.

"새로운 일자리를 만들어 낼 수 있는 소기업들이 신용에 접근하지 못하고 있다. 지난 해 대출을 받을 수 있는 소기업의 비중은 20%까지 떨어졌다. 그리고 신규 대출 지원자 중 38%만이 돈을 빌릴 수 있었다."

출처 : "Buttonwood's Notebook," *The Economist*, March 30, 2010. Reprinted with permission of *The Economist*.

a. 은행은 왜 소기업에 대출을 하지 않으려고 하는가? 대출이 위험하면 왜 위험에 대한 보상으로 높은 이자율을 책정하지 않는가?

b. 깊은 경기침체가 끝난 지 얼마 되지 않아서 그런가?

Step 1 복습. 이 문제는 역선택과 신용할당에 대한 것이므로 '역선택' 부분을 복습한다.

Step 2 대출이자율 상승이 역선택 문제를 어떻게 확대시키는지 설명한다. 이자율이 상승하면 신용도가 낮은 차입자만 몰려들 가능성이 크다. 즉 높은 이자율은 역선택 문제를 증가시킬 수 있다. 차입자에 대한 정보를 수집하는 데 특화되어 있음에도 불구하고, 은행은 차입자의 재무상태에 대해 정확히 알지 못한다. 파산 직전의 소기업은 생명을 연장하기 위해 필사적으로 대출받을 곳을 찾으며, 높은 이자율도 개의치 않는다.

Step 3 경기침체기라는 사실이 중요한지 생각해 본다. 금융위기 동안 은행들은 대출이자율을 올리기보다 대출의 수를 제한함으로써 신용할당을 실시했다. 보통 경기침체기에는 실업이 늘고 이윤이 감소하기 때문에 가계와 기업의 재무 건전성이 나빠진다. 그 결과 우량 차입자에 비해 레몬 차입자의 비중이 커진다. 은행은 대출에 더 주의를 기울이며, 대출이자율을 올리는 것과 같이 역선택 문제를 발생시킬 것 같은 행동을 피하게 된다.

면 거래비용과 정보비용이 든다는 것을 알기 때문에 은행이 제시하는 낮은 예금이자율을 감수한다.

은행은 릴레이션십 뱅킹으로 쌓아 놓은 사적 정보를 기반으로 이윤을 얻을 수 있다. 일반 투자자들에 비해 은행이 대출하는 일에 경쟁력을 가지는 것은 바로 이 때문이다. 은행이 릴레이션십 뱅킹으로부터 축적한 정보 우위는 역선택 비용을 줄여준다. 이는 기업이 외부자금을 조달할 때 왜 일반 투자자들로부터 직접 조달하지 않고 은행을 경유하는지 설명해 준다.

도덕적 해이

레몬인지 아닌지에 대한 정보를 모은다 해도 대부자가 직면하는 정보 문제는 끝나지 않는다. 겉으로 우량한 차입자처럼 보여 대출을 받은 뒤 빌린 돈을 원래 의도대로 쓰지 않을 가능성이 있다. 차입자에게는 정보를 감추거나 대출자의 이익에 반하는 행동을 할 인센티브가 있다. 도덕적 해이(moral hazard)로 알려진 상황이 발생할 수 있는 것이다. 도덕적 해이가 발생하는 것은 비대칭정보 때문이다. 빌린 돈을 실제로 어떻게 사용하는지에 대해 대부자보다 차입자가 더 잘 알고 있는 것이다.

주식시장에서의 도덕적 해이 당신이 어느 주식을 매수할 때에는 그 기업의 가치가 상승하길 바랄 것이다. 그러나 불행하게도 개인 투자자가 회사의 경영진이 실제로 기업가치의 극대화를 위해 노력하는지 감시하는 것은 매우 어려운 일이다. 바로 이것이 도덕적 해이 문제의 발단이다. 당신이 투자한 돈이 연구개발 자금으로 잘 쓰이는지 아니면 사장 집무실에 금수도꼭지가 달린 샤워 시설을 만드는 데 쓰이는지 알 수 없다.

공개적으로 거래되는 대기업 조직의 경우, 소유(ownership)와 통제(control)가 분리되어 있다. 법적으로 소유권은 주주에게 있지만 실제로 회사는 최고경영자(CEO), 최고운영관리자(COO), 최고재무담당자(CFO) 등 최고 경영진에 의해 운영된다. 최고 경영진이 보유한 주식은 극히 일부분으로 5%를 넘지 못하는 경우가 많다. 주주들은 경영자가 주주들의 투자가치를 극대화해 주길 원하지만 경영자는 다른 목적들을 가지고 있을지 모른다. 어떤 경영자는 인수를 통해 무조건 기업 규모를 키워 '제국의 설립자'가 되려고 한다. 이윤을 내는 데는 작은 규모가 더 적합한데도 말이다. 이윤보다는 회사 전용기를 타고 다니면서 호화로운 휴가 장소에서 회의를 하는 것에 더 관심이 있을지도 모른다. 경영자가 주주의 목적과 다른 목적을 추구하는 것은 **주인-대리인 문제**(principal-agent problem)에 속한다. 여기서 주주가 주인이고 경영자는 대리인이다.

주인-대리인 문제 경영자(대리인)가 주주(주인)가 아닌 자신의 이익을 추구하는 도덕적 해이 문제

심지어 경영자는 이윤을 낮추어 보고할 유인도 가진다. 주주들에게 지급하는 배당금을 줄이고 자신들이 사용할 수 있는 자금을 더 많이 남길 수 있기 때문이다. 물론 과소보고의 문제는 SEC가 표준적인 재무제표 공시를 요구하고 있기 때문에 일정 부분 해소된다. 미 연방법은 주주에게 속할 몫을 가로채거나 회계장부를 조작하는 경우 무거운 벌금과 징역으로 처벌할 수 있도록 하고 있다. 그러나 터무니없이 재무상태를 속였던 2000년대 초반의 엔론(Enron)이나 월드컴(WorldCom) 사례는 벌금과 징역만으로 완전히 이를 제거할 수 없다는 것을 보여 주었다.

주주는 회사를 통제하기 위해 이사(사외이사 포함)를 선임한다. 그러나 이사회도 도덕적 해이 문제를 완전히 해결하지 못한다. 첫째, 이사회는 보통 1년에 4번 정도만 열린다. 게다가 제공되는 정보는 대부분 경영자가 올린 것이다. 아무리 열정 넘치고 의심 많은 이사회라 하더라도 회사에 대해 경영자보다 더 잘 알기는 어렵다. 둘째, 이사회가 경영진으로부터 독립적일 수 없다는 것이다. 주주가 이사를 선출하지만 대부분의 주주는 이 선거에 관심이 별로 없기 때문에 경영자는 자신의 선호를 반영할 수 있다. 이사회에는 해당 회사에 납품하는 업체의 CEO가 포함될 수도 있다. 이런 구성원은 회사 경영방침에 이의를 제기하기 어렵다.

일부 이사회는 주주와 경영진의 목표를 일치시키기는 인센티브 계약을 도입함으로써 도덕적 해이를 줄이려고 한다. 스톡옵션이 대표적인 예이다. 경영자는 연봉계약과 별도로 스톡옵션을 부여받는데, 주가가 일정 수준을 넘어서면 그는 옵션을 행사해 이익을 실현할 수 있다. 스톡옵션을 부여받으면 경영자는 기업가치를 극대화하기 위해 최선의 노력을 다하게 된다. 그러나 그동안의 실험은 스톡옵션도 도덕적 해이의 문제를 제거하는 데 한계가 있다는 것을 알게 해 주었다. 스톡옵션을 현금화하기 위해 경영자는 때로 적절하지 못한 수단과 방법까지 동원해 주가를 끌어 올리는 데만 몰두한

다. 경영자가 주가에 지나치게 신경을 쓰는 경우 기업 경영의 시계는 점점 짧아진다. 장기적 경영 전략보다 단기적인 주가 관리가 더 중요해지는 것이다. 심지어 그는 주가가 하락하는 것을 막기 위해 회계장부의 수치를 교묘하게 조작할 수도 있다. 회계법인도 알아차리지 못할 정도의 복잡한 금융거래를 통해 재무제표를 포장할 수 있다.

채권시장에서의 도덕적 해이 채권시장은 주식시장에 비해 도덕적 해이의 문제가 덜하다. 주식의 경우에 회사 경영진이 이윤 극대화를 위해 제대로 노력하는지 알기 어려운 반면, 채권을 매수할 때에는 단지 회사가 이표를 지불하고 만기에 액면가를 지불할 것인지만 알면 된다. 경영진이 이윤 극대화를 위해 최선을 다하는지 걱정할 필요가 없다. 회사 경영진을 감시하는 비용은 주식 보유자에 비해서 채권 보유자일 때 훨씬 낮다.

물론 채권을 매수하는 경우에 도덕적 해이 문제에서 완전히 자유로워지는 것은 아니다. 해당 기업은 채권에 대한 지불액 이상을 벌어야 하기 때문에 위험한 프로젝트에 도전하고 싶어진다. 예를 들어 애플의 아이폰과 아이패드에 사용되는 앱(applications) 개발에 성공적이었던 회사의 채권에 투자한다고 해 보자. 당신은 이 회사가 새로운 앱 개발에 성공하기를 희망한다. 그러나 이 회사는 앱 개발에 만족하지 않고 새로운 모험적 시도를 할 수 있다. 이를테면 아이패드와 경쟁하기 위해 새로운 태블릿 PC를 개발하려 들지 모른다. 실패하는 경우에 회사는 파산하고 당신은 채권에 투자한 금액을 잃게 된다.

채권시장에서 도덕적 해이를 줄이기 위해 시도하는 중요한 방안 가운데 하나는 제한적 약관을 도입하는 것이다. **제한적 약관**(restrictive covenants)은 자금의 사용에 대하여 제한을 두거나 또는 차입자의 순자산이 일정 수준 미만으로 떨어지면 차입자가 채권을 청산해야만 한다고 요구하는 것이다. 첫 번째 유형의 약관은 차입자금을 특정 설비를 구입하거나 차입 목적에 부합하는 활동에만 쓰도록 자금의 용도를 규정하는 것이다. 두 번째 유형의 약관은 회사가 너무 큰 위험을 시도하지 못하도록 하는 것이다. 위험한 투자에서 손실을 보면 순자산이 약관이 규정한 수준 아래로 떨어지게 되고 채권을 조기 상환해야 한다.

제한적 약관 자금의 용도에 제한을 두는 채권계약서상의 자세한 조항

제한적 약관은 위험을 줄여 주는 장점에도 불구하고 채권을 복잡하게 만드는 데다 유통시장에서의 시장성을 감소시킬 수 있다는 결점을 가지고 있다. 기업이 실제로 제한적 약관을 준수하고 있는지 감시해야 하므로 채권의 시장성과 유동성이 떨어지게 된다. 근본적으로, 모든 위험을 방지할 만큼 자세한 약관을 만들기는 어려운 일이다.

금융중개기관은 도덕적 해이를 어떻게 줄일 수 있는가 금융중개기관이 역선택의 문제를 줄이는 역할을 하듯이 도덕적 해이를 줄이는 데서도 중요한 역할을 한다. 상업은행은 차입자를 감시하는 데 특화되어 있다. 예를 들어 당신이 자동차를 사기 위해 대출을 신청할 때, 은행은 당신이 아니라 해당 자동차의 딜러에게 확인서류를 받는 절차를 거친다. 피자 가게 주인이 사업을 확장하기 위해 대출을 신청할 때, 은행은 공사 단계별로 확인하고 자금을 제공하기도 한다. 은행대출은 종종 제한적인 약관을 포함한다. 예를 들어 당신이 새 자동차를 사기 위해 대출을 받을 때, 은행은 절도와 충돌사고에 대해 최소한의 보험을 가입하도록 하고 사고가 발생하는 경우에는 보험금이 은행에게 지급되도

관련 사례

폰지 계략이 이토록 많은 이유는?

1920년대 보스턴에서 이탈리아 출신의 이민자 폰지(Charles Ponzi)에게 기발한 아이디어가 떠올랐다. (이 아이디어가 불법일 수도 있다는 점에는 개의치 않았다.) 이는 시큐리티 익스체인지 컴퍼니(Securities Exchange Company)라는 이름의 금융회사를 설립해서 만기가 45일인 투자상품을 팔고 이를 사는 사람들에게 50%라는 엄청난 수익률을 보장한다는 것이다. 비슷한 투자상품이 연율 5%의 수익률을 가지는 상황에서 폰지의 제안은 많은 투자자를 끌어들일 것이 분명했다. 실제로 폰지가 회사를 차린 직후 크고 작은 투자자로부터 수백만 달러가 모여들었다. 그런데 투자자들에게 한 약속을 지키고 또 이익도 만들어 낼 수 있도록 이 돈을 투자하는 것이 가능한 일이었을까?

폰지는 투자금을 국제반신권을 이용한 차익거래 전략에 사용하겠다고 투자자들에게 말했다. 국제반신권은 발행 국가에서는 우표의 가격으로 팔리는데 다른 나라에서는 이를 우표와 교환할 수 있다. 우표값이 싼 이탈리아에서 국제반신권을 사서 우표값이 훨씬 더 비싼 미국에서 이를 처분하면 높은 수익률을 올릴 수 있다고 폰지는 투자자들에게 말했다. 하지만 사실 폰지는 모은 돈을 투자할 계획이 없었다. 그 대신 새로운 투자자들이 가지고 오는 돈으로 기존 투자자에게 약속한 이자도 지불하고, 또 돈을 돌려 달라고 요청하는 투자자도 해결할 계획이었다. 새로운 투자자가 계속 있는 한, 그리고 45일 후 만기가 돌아왔을 때 돈을 돌려 달라고 요청하는 투자자가 많지 않다면 이 계략을 계속 진행할 수 있고, 모은 돈의 일부를 빼돌려서 호화로운 맨션과 비싼 자동차 등의 사치스러운 생활을 유지하는 것도 가능할 것이라고 생각했다. 하지만 일련의 뉴스 기사가 그의 투자 전략에 의문을 제기하자 다수의 투자자가 돈을 돌려 달라고 요구했고 결국 폰지의 계략은 실패했다. 폰지는 기소당했고 감옥살이를 해야 했다. 그의 이름은 '폰지 계략'이라는 표현에 남아 있는데, 새로운 투자자들에게서 받은 돈으로 기존의 투자자에게 이자를 지급하는 금융사기를 가리키는 말이다.

투자자에게 높은 수익률을 약속해 놓고 실제로는 주모자들의 배를 채우는 데 돈이 사용된다는 점에서 폰지 계략은 극단적 형태의 도덕적 해이로 볼 수 있다. 1920년대 이후 몇 해 건너 한 번씩 새로운 폰지 계략이 생겨났지만 2007~2009년 금융위기 때는 폰지 계략의 수가 특히 높았던 것으로 보인다. 가장 화려한 폰지 계략은 매도프(Bernard Madoff) 사건이다. 매도프는 한 월가 투자회사 대표로서 존경 받는 인물이었던 만큼 2008년 12월 사기 혐의로 기소되었을 때 많은 사람들이 충격을 받았다. 매도프는 투자자들에게 연간 8~12% 사이의 안정적 수익률을 약속했는데 금융파생상품을 이용한 복잡한 투자 전략을 따른다고 설명했다. 하지만 사실 매도프는 폰지 계략을 진행했을 뿐이고 투자자들에게 말한 투자는 거의 하지 않았다. 결국 그는 150년 형을 선고받고 복역 중이다. 같은 기간 일련의 폰지 계략이 널리 알려지면서 월스트리트저널의 한 칼럼니스트는 미국을 '폰지 제국'이라 지칭하기에 이르렀다.

최근 폰지 계략이 얼마나 증가했는지를 보여 주는 믿을 만한 통계치는 존재하지 않는데, 세상에 드러나지 않은 폰지 계략이 얼마나 있는지 알 수 없다는 게 한 가지 이유다. 이미 수년 동안 진행된 계략이 금융시장이 위축되었을 때 드러나는 경향이 있다. 금융자산의 가격이 하락하면 폰지 계략의 투자자들은 투자금을 돌려 달라고 요청하기 시작한다. 다른 투자에서 발생한 손실을 만회하기 위해서일 수도 있고(매도프의 경우 그랬다) 투자에 대한 불안감이 커져서 투자금을 현금화하려 하기 때문일 수도 있다. 그런데 최근 폰지 계략의 수가 증가한 것이 사실이라면 두 가지 설명이 가능하다. 첫 번째는 금융위기 직전까지 합법적인 투자들도 높은 수익을 올렸기 때문에 폰지 계략을 펴는 사람들이 약속한 고수익이 그럴듯하게 들렸을 것이라는 점이다. 두 번째는 주택저당증권(MBS), 부채담보부증권(CDO), 신용부도스왑(CDS) 계약, 그 외 새로 만들어진 금융상품들의 복잡성이 폰지 계략을 펴는 사람들의 주장이 더욱 그럴듯하게 들리게 만들었다는 것이다.

결국 금융사기를 피하는 가장 좋은 방법은 이해하지 못하는 것에는 투자하지 말라는 격언을 따르는 것이다.

출처: Mitchell Zuckoff, *Ponzi's Scheme: The True Story of a Financial Legend*, New York: Random House, 2006. Ashby Jones, "Our Ponzi Nation," *Wall Street Journal*, April 21, 2010. Greg Griffin, "Colorado Seizes Assets of Hedge-Fund Manager Accused of Ponzi Scheme," *Denver Post*, April 28, 2010. Clifford Krauss, "Indicted, Texas Financier Surrenders," *New York Times*, June 19, 2009.

록 규정할 수 있다. 집을 사기 위해 모기지 대출을 신청할 때, 해당 집에 대해 보험을 가입해야 하고 대출금을 얼마 이상 갚기 전까지는 집을 팔 수 없도록 규정할 수도 있다.

일부 국가에서는 도덕적 해이를 억제하기 위한 추가적 장치를 둔다. 예를 들어 독일의 도이치뱅크(Deutsche Bank)는 주식을 매수하면서 그 회사의 이사회에 자기 은행 직원을 두도록 한다. 정보에 쉽게 접근하고 경영자의 행동을 감시할 수 있기 때문이다. 물론 제도는 나라마다 조금씩 다르다. 미국의 연방법은 은행이 비금융회사의 주식을 매수하는 것을 금지하고 있다.

벤처캐피털 신생기업에 투자할 자금을 여러 투자자들에게 모으는 기업

미국에서는 은행의 비금융회사 주식 매수가 금지되어 있기 때문에 다른 금융기관들이 그 역할을 맡고 있다. **벤처캐피털**(venture capital firms)은 투자자들로부터 자금을 모아 기술집약적인 신생기업에 투자한다. 벤처캐피털은 시작 단계의 기업에 직접 투자하면서 소유권의 일부를 차지한다. 보통 해당 회사의 이사회에 자신의 직원을 두거나 심지어 경영자로서 일해 주기도 한다. 벤처캐피털사는 이러한 장치들을 통해 경영자들을 자세히 감시하기 때문에 주인-대리인 문제를 줄일 수 있다.

사모투자전문회사(또는 구조조정전문회사) 다른 기업의 주식을 매수하는 것을 목적으로 하는 기업

벤처캐피털은 설립된 지 얼마 안 된 기업들을 대상으로 투자한다. 반면 **사모투자전문회사**(private equity firms) 또는 **구조조정전문회사**(corporate restructuring firms)는 성숙기에 있는 기업에 투자한다. 이들은 다른 기업의 주식을 매수하는 것을 목적으로 하는 기업이다. 이들은 종종 경영을 잘 못하는 것처럼 보이는 기업을 목표로 삼는다. 이사회 일부를 장악하여 경영자를 감시하고 새로운 정책을 내놓을 것을 요구하기도 한다. 어떤 경우에는 회사를 통제할 목적으로 경영자를 교체하기도 한다. 사모투자전문회사와 구조조정전문회사로 인해 **기업 통제권 시장**(market for corporate control)이 작동할 수 있다. 주주들이 원하는 것을 실천하는 데 실패한 경영자들을 제거하고 교체함으로써 도덕적 해이 문제를 줄일 수 있는 것이다.

9.3 미국 금융시스템의 구조

[학습목표]
경제분석을 이용해 미국 금융시스템의 구조를 알아본다.

위에서 살펴본 바와 같이 거래비용과 정보비용은 자금의 흐름에 중요한 장애요인이다. 금융시스템의 모습은 거래비용과 정보비용이 존재하지 않을 경우와 존재할 경우에 상당히 다르게 나타날 것이다. 이 점에 주목하면서 미국의 금융구조를 검토해 보자.

그림 9.1은 2005~2009년 기간 중 미국 중소기업의 외부자금 조달 원천을 보여 준다. 다양한 종류의 대출과 **무역신용**(trade credit)에 의존하고 있다는 것을 알 수 있다. 무역신용은 제품의 선적과 대금 지급 사이의 기간 동안 자금을 융통하는 것으로 무역거래에서 흔하게 일어나는 대출이다. 그림 9.1을 보면 중소기업에게 모기지 대출이 외부자금의 가장 중요한 원천이며, 은행으로부터의 비모기지 대출이 다음을 차지한다는 것을 알 수 있다.

그림 9.2는 주식회사의 외부자금 조달 원천을 보여 준다. (a)의 숫자는 연말 기준의 외부자금 조달 잔액을 2005~2009년 기간 동안 평균한 값이다. 이 값은 **저량**(stock) 개념의 가치이므로 과거부터 누적되어 해당 시점까지 남아 있는 액수가 포함된다. (b)는 **유량**(flow) 개념의 순변화를 보여 준다. 예를 들어 채권의 순발행분은 해당 기간에 발행한 신규 채권의 가치에서 해당 기간에 만기가 되어 상환한 구채권의 가치를 뺀 것이다. 주식의 순발행분은 신규발행 주식의 가치에서 기업이 투자자들로부터 다시 사들인 주식의 가치를 뺀 것이다. (b)는 이러한 순발행분을 2005~2009년 기간 동안

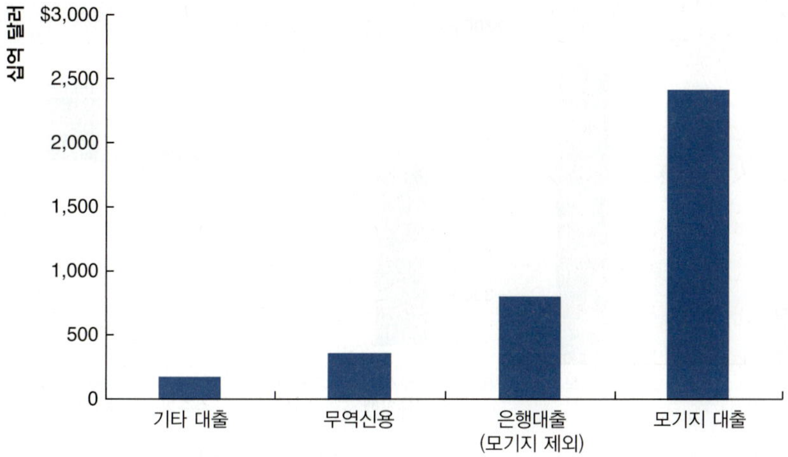

그림 9.1

중소기업의 외부자금 조달

중소기업은 외부자금을 주로 대출과 무역신용에 의존하며, 그 가운데 모기지 대출의 비중이 가장 높다.

주 : 2005~2009년 평균임. 대상은 주식회사 형태가 아닌 비농업 기업임.
출처 : Board of Governors of the Federal Reserve System, *Flow of Funds Accounts of the United States*, March 11, 2010.

평균한 값이다. 저량 개념인 (a)는 주식가치가 채권가치보다 훨씬 크다는 것을 보여 주지만, 유량 개념의 (b)를 보면 외부자금 조달의 원천으로 주식에 비해 채권과 대출이 훨씬 더 중요하다는 것을 알 수 있다.

거래비용과 정보비용에 관한 이제까지의 논의를 토대로 금융시스템의 주요 특징을 다음과 같이 세 가지로 정리할 수 있다.

1. **중소기업에게는 외부자금 조달의 원천으로 금융중개기관 대출이 가장 중요하다.** 기업 규모가 작을수록 외부자금을 조달하기 어려워서 소유주의 개인자금이나 기업 내부자금으로 충당하는 경향을 보인다. 외부자금을 조달하는 경우에도 저축자로부터 직접 빌리기 어렵다. 역선택과 도덕적 해이 문제가 크기 때문에 채권이나 주식을 발행하여 시장을 통해 소화하는 것은 거의 불가능하다. 따라서 대출을 이용할 수밖에 없다. 특히 은행은 거래비용과 정보비용 둘 다 줄일 수 있기 때문에 은행에 의존하게 된다.

2. **외부자금 조달의 원천으로 주식시장은 채권시장보다 덜 중요하다.** 매일매일 주식시장에서 거래되는 주식은 신규발행 주식이 아니라 대부분 이미 발행되어 유통되는 주식이다. 신규발행 주식의 수는 기발행 주식 전체에 비하면 아주 미미한 수준이다. 기업은 왜 주식보다 채권이나 대출을 통해 외부자금을 조달하는 것일까? 앞에서 살펴본 대로, 지분(주식)계약보다 채무계약에서 도덕적 해이의 문제가 덜하다. 경영진이 이윤 극대화를 위해 최선을 다하는지 의심하는 투자자도, 기업이 빚을 갚을 정도는 될 것이라고 믿을 수 있기 때문이다.

3. **채무계약은 보통 담보 또는 제한적 약관을 요구한다.** 가계는 담보를 제공하지 못하면 은행으로부터 돈을 빌리기 어렵다. 대부분 담보가 제공된다. 예를 들어 거주용 모기지 대출은 구매한 주택 자체가 담보이다. 자동차 대출에는 자동차가 담보이다. 기업도 마찬가지이다. 그림 9.1에서처럼 중소기업도 모기지 대출을 가장 많이 사용한다. 채권을 발행할 때조차 담보가 설정

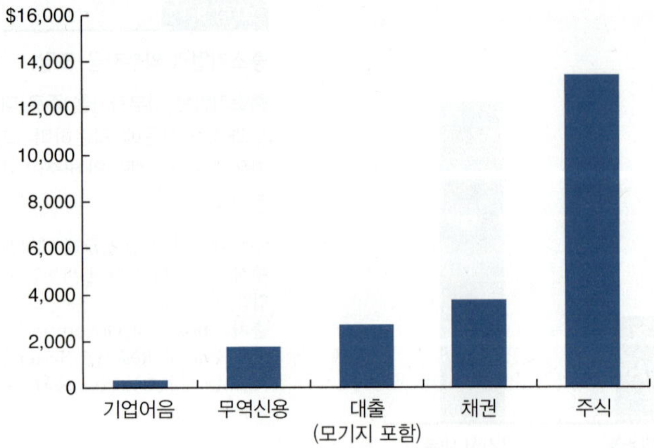

(a) 주식회사의 외부자금 조달 원천 : 2005~2009년, 연말 기준

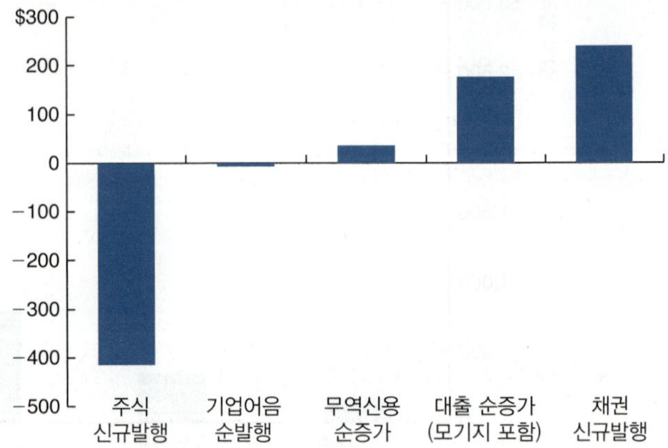

(b) 주식회사의 외부자금 조달 변화율 : 2005~2009년

그림 9.2 주식회사의 외부자금 조달

저량 개념의 (a)는 연말 기준의 외부자금 조달 잔액을 2005~2009년 기간 동안 평균한 값이다. (b)는 유량 개념의 순변화를 보여 준다. (a)는 주식가치가 채권가치보다 훨씬 크다는 것을 보여 주지만, 유량 개념의 (b)를 보면 해당 기간 동안 외부자금 조달의 원천으로 주식에 비해 채권과 대출이 훨씬 더 중요하다는 것을 알 수 있다.

주 : 비농업 비금융 부문. 단위는 십억 달러.
출처 : Board of Governors of the Federal Reserve System, *Flow of Funds Accounts of the United States*, March 11, 2010.

되는 경우가 많다. 또한 대출이든 채권이든 차입자금을 어떻게 사용해야 하는지 명시하는 제한적 약관을 정하는 경우가 많다. 채무계약이 지분계약에 비해 도덕적 해이 문제가 덜함에도 불구하고, 여전히 잠재적 가능성은 있다. 담보와 제한적 약관은 채무계약에서 발생하는 도덕적 해이의 정도를 감해 준다.

저축자는 높은 이자율을 받으려고 하고 차입자는 낮은 이자율을 지불하려고 한다. 하지만 거래비용과 정보비용으로 인해 저축자가 받는 이자율은 낮아지고 차입자가 지불하는 이자율은 높아진다. 금융중개기관은 거래비용과 정보비용을 줄임으로써 저축자에게는 더 높은 이자율을, 차입자에게는 더 낮은 이자율을 적용해 줄 수 있다. 물론 이윤을 낼 여지는 남을 것이다.

상업은행, 투자은행, 기타 금융회사들은 자금의 흐름을 촉진시켜 더 많은 이윤을 벌어들일 방안을 끊임없이 모색한다. 새로운 금융상품을 개발하는 것도 이 때문이다. 이 장 초반에 금융위기 기간 동안 어떤 금융상품이 얼마나 거래되고 어떤 문제가 있었는지 언급한 바 있다. 금융혁신과 금융규제 사이의 상호작용에 대해서는 이후 제12장에서 살펴보기로 한다.

9장의 질문에 대한 답변

Question 기업은 외부자금을 조달하는 데 왜 주식보다 채권에 더 의존하는가?

Answer 채권시장과 주식시장에는 모두 도덕적 해이의 문제가 있다. 기업이 조달한 자금을 애초에 의도한 대로 사용하지 않을 가능성이 문제이다. 그러나 도덕적 해이의 문제는 주식에 투자할 때보다 채권에 투자할 때 덜 심각하다. 사람들이 투자 대상으로 주식보다 채권을 선호하므로 기업은 채권에 더 의존하게 된다.

핵심용어

거래비용
구조조정전문회사
규모의 경제
담보
도덕적 해이
릴레이션십 뱅킹
벤처캐피털
비대칭정보
사모투자전문회사
순자산
신용할당
역선택
정보비용
제한적 약관
주인-대리인 문제

연습문제

01 대형 은행은 대출을 하는 데 있어 소형 은행에 비해 어떤 장점을 가지는가?

02 어느 신문에 집을 구하려는 세입자에게 다음과 같이 조언하는 글이 실렸다. "임대인은 항상 더 많은 것을 알고 있다."

a. 당신은 이 진술에 동의하는가? 그렇다면 임대인은 잠재적 세입자가 알지 못하는 무엇을 알고 있는가?

b. 위의 진술이 옳다면 주택임대시장에 주는 시사점은 무엇인가?

c. 어떤 면에서 주택임대시장은 중고차시장과 비슷한가? 또 어떤 면에서 다른가?

출처 : Marc Santora, "How to Be a Brainy Renter," *New York Times*, June 3, 2010.

03 다음은 이코노미스트지에 실린 기사의 일부이다. "보험회사는 보험에 가입하는 사람들이 보험금을 타 갈 가능성이 높은 사람들이라고 의심한다."

a. 경제학자들은 이런 문제를 무엇이라고 부르는가?

b. 보험회사의 의심이 옳다면 보험시장에는 어떤 일이 일어나는가?

출처 : "The Money Talks," *Economist*, December 5, 2008.

04 월스트리트저널의 칼럼니스트 아렌즈(Brett Arends)는 다음과 같이 주장했다. "오늘날 당신은 아마도 중고차를 파는 누군가를 보는 방식대로 금융상품을 파는 금융회사를 보아야 할 것이다." 그렇다면 중고차를 파는 사람을 어떻게 보아야 하는가? 당신은 왜 금융상품을 파는 누군가를 이와 같이 보아야 하는가?

출처 : Brett Arends, "Four Lessons from the Goldman Case," *Wall Street Journal*, May 2, 2010.

05 연준의 경제학자 라인하르트(Vincent Reinhart)는 월스트리트저널 기고문에서 다음과 같이 주장했다.

"증권화가 안고 있는 문제는 개인의 책임을 희석시킨다는 것이다. 모기지 중개인은 최초의 대출 결정으로부터 쉽게 단절된다. 금융규제 당국은 애초에 모기지 대출을 해 준 담당자가 차입자와 대출상품을 연결하는 과정에서 적절하게 주의를 기울이고 있는지 확인할 필요가 있다."

a. 증권화란 무엇인가?

b. 증권화는 왜 모기지 중개인이 최초의 대출 결정으로부터 단절되도록 만드는가?

c. 여기서 주의를 기울인다는 것은 무엇인가? 모기지 대출 담당자가 주의를 기울이도록 금융 당국이 요구해야 한다는 것은 무엇을 의미하는가?

출처 : Vincent Reinhart, "Securitization and the Mortgage Mess," *Wall Street Journal*, July 18, 2008.

06 다음 중 도덕적 해이 문제가 덜 발생할 것 같은 상황은 어느 경우인가? 간략히 설명하라.

a. 경영자는 고정된 연봉 150,000달러를 받는다.

b. 경영자는 75,000달러의 연봉과 기업 이윤의 10%를 받는다.

07 한 뉴스는 주택건설업체 KB홈의 전 CEO가 스톡옵션을 소급 행사한 것에 대해 4배의 가중처벌을 받았다고 보도했다. 스톡옵션은 미래에 회사의 주식을 정해진 가격에 살 수 있도록 한 것인데, 스톡옵션의 행사 시점을 주가가 낮았던 과거의 날짜로 소급한 것이다.

a. 회사는 왜 최고경영자를 보상하는 수단으로 스톡옵션을 사용하는가?

b. 옵션계약에서 '행사가격'은 무엇인가? 해당 경영자는 왜 옵션을 소급해서 행사했는가?

c. KB홈에 투자한 사람의 관점에서 볼 때, 이 사례에는 어떤 정보의 문제가 있는가?

출처 : Associated Press, "Former KB Home CEO Convicted in Backdating Trial," April 21, 2010.

08 성장을 위한 자금 조달에 있어 기업이 외부자금보다 내부자금에 의존하게 하는 정보의 문제를 설명하라. 정보 문제는 기업이 확장을 위해 최적의 수준보다 지출한다는 것을 의미하는가? 간략히 설명하라.

09 골드만삭스의 CEO인 블랭크페인(Lloyd Blankfein)에 대한 의회 청문회에서 아칸소 주 상원의원인 프라이어(David Pryor)는 블랭크페인에게 다음과 같이 질문했다. "고객들이 왜 골드만삭스를 믿어야 합니까?" 블랭크페인은 골드만삭스는 단지 아바쿠스 CDO라는 상품의 시장 조성자(market maker) 역할을 한 것뿐이며, 거래되는 증권들이 모든 투자자에 대해 적절한지 시장 조성자가 결정할 의무는 없다고 대답했다. 그리고 다음과 같이 덧붙였다. "시장 조성자가 투자자에게 좋은 상품인지 확인해 주어야 할 필요가 있다면 시장은 작동할 수 없습니다."

a. 시장 조성자란 무엇인가?

b. 시장 조성자도 금융회사처럼 고객에게 투자 시 유의점에 대해 조언을 해야 하는가?

c. 당신은 블랭크페인이 "시장 조성자가 투자자에게 좋은 상품인지 확인해 주어야 할 필요가 있다면 시장은 작동할 수 없다."고 말한 것에 동의하는가? 간략히 설명하라.

출처 : United States Senate Committee on Homeland Security and Government Affairs, Permanent Subcommittee on Investigations, "Hearings on Wall Street and the Financial Crisis: The Role of Investment Banks," April 27, 2010.

10 월스트리트저널의 칼럼니스트인 아렌즈는 아바쿠스 CDO를 평가하면서 다음과 같은 말을 했다. "주먹구구식 법칙이긴 하지만, 복잡한 금융상품일수록 더 나쁜 거래일 가능성이 높다." 당신은 이에 동의하는가? 왜 복잡한 금융상품이 단순한 상품보다 투자자에게 더 나쁜 거래가 될 가능성이 높은가?

출처 : Brett Arends, "Four Lessons from the Goldman Case," *Wall Street Journal*, May 2, 2010.

금융시스템의 유형

부록

이 장의 마지막 부분에서는 미국 금융시스템의 주요 특징에 대해 살펴보았다. 그런데 금융시스템은 국가마다 다르다. 각국의 금융시스템이 각기 고유한 경제사적 경로를 거치며 진화해 온 것이기 때문이다. 여기서는 두 가지 쟁점, 즉 시장중심제도인가 은행중심제도인가, 전업주의인가 겸업주의인가를 중심으로 금융시스템의 차이점을 비교해 보기로 한다.

시장중심제도와 은행중심제도

금융시스템은 직접금융과 간접금융에 대한 상대적 의존도에 따라 **시장중심제도**(market oriented system)와 **은행중심제도**(bank based system)로 분류할 수 있다. 기업이 외부자금을 조달하는 방법은 크게 주식, 채권, 대출로 구분할 수 있는데, 시장중심제도하에서는 주식과 채권 등 증권이 거래되는 자본시장이 중요한 역할을 하지만 은행중심제도하에서는 은행이 중추적인 역할을 한다. 자금의 제공자가 기업을 감시하는 방법에 있어서도 차이가 있다. 자본시장을 중심으로 한 시장중심제도하에서는 주가, 채권가 등의 등락 및 적대적 인수·합병이 기업을 감시하는 역할을 하지만, 은행중심제도하에서는 기업과 장기적인 관계를 맺고 있는 은행이 기업을 감시한다.

미국과 영국은 시장중심제도, 독일과 일본은 은행중심제도가 발달한 대표적 국가들이다. 영·미식의 주주중심 자본주의(shareholder capitalism)하에서 기업은 주로 자본시장에서 다수의 투자자를 상대로 자본을 조달한다. 자본 조달의 조건과 투자자 보호에 관한 사항들은 명시적인 계약에 의하여 규정된다. 불특정 다수를 상대로 증권을 발행하여 투자를 유치하기 위해서는 계약이행과 투자자 보호 장치가 철저히 구비되어야 하며, 투명성과 공시가 중요하다. 여기에 적대적 인수 등 기업지배권 시장이 기업을 감시하는 추가적 역할을 하게 된다.

한편 독일과 일본의 은행중심제도하에서는 다수의 투자자가 아닌 은행이 자본의 주요 공급자 역할을 하기 때문에 은행과 기업의 양자 관계가 중요하다. 은행은 일종의 권력을 부여받아 기업을 감시·통제한다. 금융시장의 냉혹한 평가 대신 은행의 보호를 받는 기업은 적대적 인수 등의 위협으로부터 해방되어 안정적이고 장기적인 경영 전략을 구사할 수 있게 된다.[1]

시장중심제도와 은행중심제도 중 어느 것이 더 효율적이며 우월한 제도인가에 대한 정답은 없다. 다만, 양 제도는 몇 가지 점에서 비교우위 또는 비교열위를 가지고 있는 것으로 알려져 있다.

첫째, 정보의 비대칭 문제로부터 발생하는 대리인 비용을 감소시킨다는 관점에서는 은행중심제도가 상대적으로 우위에 있다고 볼 수 있다. 소유가 분산되고 소유와 경영이 분리된 시장중심제도에서는 소위 무임승차의 문제 때문에 경영자에 대해 적극적인 감시·통제가 이루어지기 어렵다. 투자자들

1 독일과 일본이 은행중심제도를 발전시키게 된 것은 이들이 후발 자본주의 국가로서 자금 조달에 관한 계약의 이행 및 투자자 보호 장치가 미흡한 환경을 극복하기 위한 대안이었다고 볼 수도 있다.

이 기업에 대한 정보를 적극적으로 생산할 유인이 부족한 것이다. 반면에 은행은 기업과의 장기적 거래를 통해 기업정보를 면밀하게 축적해 나갈 유인을 갖고 있다.

둘째, 혁신산업에 대한 자금의 공급이라는 측면에서는 시장중심제도가 우월한 측면이 있다. 은행은 다수의 저축자로부터 자금을 모아 기업에 연결시켜 주는 역할을 하기 때문에 저축자들의 다양한 견해가 일치하기 쉬운 전통산업에 대해 대출하는 경향을 보인다. 또 은행을 이용하는 저축자는 증권투자자에 비해 위험을 기피하는 성향이 있기 때문에, 은행은 이들의 성향을 반영하여 자금을 보수적으로 운용하게 된다. 그러나 직접금융수단인 주식의 경우에는 투자자들이 고수익을 기대하면서 위험을 용인하는 태도를 보이기 때문에 투자위험이 큰 혁신산업에의 자금 공급에 유리하다. 물론 투자자 입장에서 혁신기업에 대하여 정확한 정보를 얻기 어렵지만, 주가를 통하여 그때그때 기업의 상태를 점검할 수 있다는 장점이 있다.

셋째, 기업경영의 투명성 제고와 기업정보의 확산이라는 점에서는 시장중심제도가 우월한 것으로 보인다. 투자자를 보호하는 법적 장치들이 정비되지 않는 한 시장중심제도가 발전하기 힘들다. 회계정보가 부실하거나 공시 내용이 불충분하고 각종 기업분석 자료가 부족한 환경에서는 개인 투자자들을 금융시장으로 유인하기 힘들다. 따라서 시장중심제도가 정착된 국가이거나 시장중심제도를 지향하는 국가들은 기업 투명성을 제고하고 투자자를 보호하는 조치들을 끊임없이 만들어 낸다. 이는 궁극적으로 기업에 관한 정보가 금융시장을 통해 원활히 공급될 수 있도록 해 준다.[2] 반면 은행중심제도하에서는 기업정보를 은행이 독과점하는 부작용이 나타날 수 있으며, 그에 따라 시장의 효율성에 부정적인 영향을 줄 수 있다.[3] 비록 시장중심제도와 은행중심제도가 나름대로의 비교우위를 갖고 있는 것이 사실이지만 양 제도는 상호 보완적으로 작동하는 것이 바람직하다. 예를 들어 은행중심제도하에서 은행은 스스로 자신의 투명성을 제고할 유인을 갖지 못한다. 은행의 위험추구행위를 감시할 곳은 결국 금융시장이며, 은행의 주가와 은행이 발행한 채권의 가격이 시장에서 적절히 형성됨으로써 은행에 대한 감시가 자연스럽게 이루어질 수 있다. 한편 금융시장이 은행을 보완하듯이 은행도 금융시장을 보완한다. 금융시장에는 중소기업이나 개인, 영세사업자 등에 대한 정보를 적극적으로 생산할 내재적 유인이 별로 없기 때문에, 이와 같이 인지도가 낮은 자금 수요자에 대한 신용정보를 생산하고 자금 공급의 기회를 제공하는 기관은 결국 은행일 수밖에 없다.

요컨대 금융기관은 정보의 발굴·생산과 기업에 대한 적극적인 감시·통제에 비교우위가 있으며, 금융시장은 가격을 통한 자원의 효율적 배분과 신축적이고 자율적인 정화 능력에 비교우위가 있다. 물론 직접금융과 간접금융이 가진 이러한 비교우위는 서로 보완적으로 발전하는 것이 중요할 것이다.

---

2 이는 시장중심제도하에서는 무임승차의 문제 때문에 정보의 생산이 부족해진다는 주장과 모순되는 것처럼 보인다. 그러나 시장중심제도를 정착해 나가는 과정에서 무임승차의 문제를 보완하려는 정부의 규제 및 시장자율적인 보완 장치들이 발달하게 된다.

3 예를 들어 어떤 기업에 부실 징후가 있는 경우에 이 기업에 대출한 은행은 기업이 정상화될 때까지 부정적인 정보의 확산을 억제할 유인을 갖게 된다. 기업이 정상화되면 다행이지만 그렇지 않을 경우에는 은행의 손실, 결국 저축자들의 손실이 커지게 된다. 그러나 시장중심제도하에서는 해당 기업의 주가와 채권가격에 즉시 반영됨으로써 투자자들이 손실을 최소화할 기회를 얻게 된다.

전업주의와 겸업주의

금융시스템은 금융기관의 업무 영역을 어떤 범위로 규정하는가에 따라 전업주의와 겸업주의로 구분된다. 은행·증권·보험을 금융의 핵심 업무라고 할 때, 이 중 하나만을 취급하는 경우를 전업주의, 제한 없이 모든 업무 영역을 취급하는 경우를 겸업주의라고 보면 된다. 보통 은행을 기준으로 이러한 논의를 하게 되므로 사실상 은행이 증권과 보험 업무를 함께 취급하는가 여부에 초점이 맞추어지며, 겸업주의를 **겸업은행제도**(universal banking system)라고 부르는 것도 바로 이 때문이다.

전통적으로 미국은 전업주의를, 독일 등의 서구대륙국가들은 겸업주의를 채택해 왔다. 대공황을 겪고 있던 미국이 1933년에 은행과 증권의 겸영을 금지하는 글래스-스티걸법(Glass-Steagall Act)을 제정한 것이 전업주의의 효시인데,[4] 1999년 금융서비스현대화법(Financial Services Modernization Act)의 제정으로 동 법을 폐지하기 전까지 은행에 관한 한 미국은 전업주의를 고수해 왔다. 비록 미국처럼 강한 형태는 아니지만, 한국과 일본도 오랫동안 은행에 대해 전업주의 원칙을 고수해 온 국가에 속한다.

예금과 대출 이외에 지급결제라는 금융 하부구조의 역할까지 담당하는 은행이 증권 업무를 함께 취급하면, 증권부문의 부실이 은행부문까지 전이되어 금융부문 전체가 위기에 빠질 수 있다. 또한 겸업은행은 증권부문 고객과 은행부문 고객 등 여러 고객을 함께 상대하면서, 스스로의 이익을 위해 이들 간에 '이익상충(conflict of interests)' 문제를 야기할 수도 있다. 더욱이 겸업은행은 규모도 크기 마련이므로 도산할 경우에는 금융제도 전체가 위기에 빠지게 된다. 정부는 대형 겸업은행의 도산을 그대로 방치하기 어려우며, 소위 대마불사(too big to fail)의 믿음이 도덕적 해이를 유발하고 대형 겸업은행은 과도한 위험을 추구할 가능성이 크다. 겸업주의 위험을 강조하고 전업주의를 뒷받침하는 논거는 대략 이러한 것들이다.

반면 겸업은행제도가 갖는 가장 큰 장점은 **범위의 경제**(economies of scope)이다. 업무의 다양화로 고정비용(건물, 전산시설 등)을 크게 절감할 수 있을 뿐만 아니라 각 업무로부터 획득한 정보를 공유할 수 있으며, 금융소비자가 원하는 다양한 복합금융상품을 개발할 수 있다. 금융소비자는 한곳에 들러 다양한 서비스를 한꺼번에 해결할 수 있는 금융백화점을 필요로 한다.[5] 겸업은행은 금융 서비스 수요자와 공급자 간의 욕구를 자연스럽게 일치시켜 줌으로써 후생을 증가시킨다.

지난 20~30년 동안 금융을 포함한 경제 각 부문에 대한 규제 완화의 추세를 타고 금융업종 간의 장벽이 점차 허물어졌다. 비록 2007~2009년 금융위기로 그 유용성에 대해 다시 생각하게 되었지만, 그동안 금융혁신의 핵심이라고 할 수 있는 증권화 현상은 전통적인 은행업에 비해 자본시장을 상대적으로 더 빠르게 발전시켰다. 사실 은행은 전통적인 예금-대출 업무만으로는 충분한 수익을 창

4 글래스-스티걸법은 은행이 신규발행 국채, 지방채에 대한 매각 업무는 허용하였지만 일반기업 증권에 대한 인수, 중개 업무는 금지했다.

5 소비자는 하나의 계좌, 하나의 카드로 모든 금융거래를 간편하게 처리하길 원한다. 이를테면 월급이 이체되는 계좌로 현금 인출, 신용카드대금 결제, 송금, 예금, 적금, 가계대출을 처리할 뿐만 아니라 MMF, 주식, 채권, 파생금융상품까지 거래하는 등 하나의 계좌로 투자 업무까지 편리하게 처리하길 바란다. 정보통신기술의 발전은 이러한 서비스가 기술적으로 충분히 가능하게 해 주고 있다.

출하기 힘들어졌다. 기업은 자금을 조달하기 위해 은행 문을 두드리기보다 기업어음을 발행하거나, 대중들이 인터넷으로 쉽게 투자할 수 있도록 소액채권을 발행하고, 우량 대기업들은 저렴한 비용으로 차입하기 위해 해외 자본시장으로 눈을 돌린다. 한편 여유자금을 관리해야 하는 가계는 낮은 은행예금 이자율에 더 이상 만족하지 못하고, 소액 자금일지라도 MMF 등으로 운용하길 원한다.

증권화 추세를 타고 증권사들이 은행의 업무 영역에 침투한 만큼, 은행 또한 생존을 위해 증권업무 등으로 겸업의 범위를 넓혀 나가야만 했다. 그러나 은행은 다른 금융업종에 비해 정부의 규제를 많이 받고 있기 때문에 겸업을 허용하는 새로운 법의 제정을 필요로 하게 되었으며, 그 예로 1999년 미국의 금융서비스현대화법, 2000년 한국의 금융지주회사법 등은 은행의 타금융업 겸영을 본격적으로 허용하게 되었다.[6]

반면 독일과 스위스의 은행은 오래전부터 한 금융회사 내에서(in-house) 은행, 증권, 보험 서비스를 모두 제공하는 매우 강한 형태의 겸업주의를 견지해 왔다. 영국은 1986년 금융빅뱅(Big Bang)을 통해, 일본은 1993년 금융개혁법안으로 은행의 증권사 인수를 허용하면서 전업주의 원칙을 폐기하였다. 물론 겸업의 형태가 나라마다 같지는 않다. 예를 들어 영국식 겸업은행은 독일과 같은 내부겸영이 아니라 자회사 형식을 취하는데, 주로 은행이 증권사를 자회사로 두고 겸업을 한다.[7]

겸업화에 관한 한 시장중심제 국가들과 은행중심제 국가들 간의 차이는 조금씩 좁혀지고 있다. 다만 은행이 비금융기업을 소유하는 것이 일반적인가에 대해서는 여전히 차이가 있다. 시장중심형의 영국과 미국에서는 은행이 비금융기업의 지배주주가 되는 경우가 드물지만, 독일과 일본에서는 은행이 비금융기업의 지배주주가 되는 경우가 흔하다. 이는 매우 중요한 차이점이다. 금융자본과 산업자본의 관계는 언제나 논란거리가 된다. 독자들은 광범위한 금융혁신의 추세, 국가별 특성, 최근 금융위기의 경험 등을 토대로 금융자본과 산업자본의 관계를 어떻게 설정하는 것이 바람직한가에 대해 곰곰이 생각해 보기 바란다. 우선 이 책의 다음 몇 개 장을 읽는 것도 생각을 정리하는 데 도움이 될 것이다.

---

6 한국은 오래전부터 은행의 주식 투자 및 신탁 업무를 허용해 왔고, 또 1990년대 중반에 내부겸영이나 자회사 방식으로 타 금융업에 진출하는 것을 허용하는 방침이 확립되었으므로 미국에 비해 전업주의 원칙이 느슨한 편이었다.

7 단, 영국식 겸업은행의 또 다른 특징은 은행이 증권사가 아닌 보험사를 자회사로 두는 경우는 드물다는 것이다.

CHAPTER 10

은행

[학습목표]

10.1 은행의 대차대조표를 이해한다.

10.2 상업은행의 기본적인 업무를 설명한다.

10.3 은행이 위험을 어떻게 관리하는지 설명한다.

10.4 미국 상업은행 산업의 동향을 설명한다.

지역은행이 대출을 중단하면 어떤 일이 일어날까?

미국 펜실베이니아의 리하이 밸리에 살고 있는 바그너(Mark Wagner)라는 농부는 주택개발자이다. 그는 1990년대에 농장 일부를 수백 채의 주거 지역으로 개발하는 데 성공하였다. 2000년대 초반 주택건설 붐이 한창일 때 바그너는 남아 있는 농지도 대부분 개발하기로 결정하였다. 2007년에 그는 '꿈의 들판'이라고 이름 붙인 개발 사업을 하기 위해 지역정부의 허가를 받았다. 거기에는 850채의 주택과 몇 개의 사업체도 포함되어 있었다. 그러나 그 시점에 주택시장과 경제는 바닥을 드러내기 시작하였고 바그너는 개발을 중단해야만 했다.

바그너는 공사를 시작할 준비가 다 되어 있었다. 그러나 분양하기도 전에 하수관설치비, 수로설치비, 도로건설비, 토지감정비 등에 수백만 달러가 들었다. 대부분의 기업처럼 바그너도 사업자금을 대기 위해 은행대출이 필요했다. 제9장에서 살펴보았던 것처럼 중소기업은 금융시장에서 주식과 채권을 판매하여 직접 자금을 조달할 수 없다. 대신 은행대출에 의존해야만 한다. 바그너도 같은 문제에 봉착했다.

주택개발자로서 실적이 훌륭했고 개발 아이디어가 좋았음에도 불구하고 바그너는 필요한 자금을 대출해 줄 어떠한 지역은행도 설득할 수 없었다. "그들은 누구에게도 대출해 주지 않는다. 그들은 겁쟁이다. 나에게 1,000만 달러를 빌려 줄 누군가를 찾으면 나는 당장 사업을 시작할 것이다." "옥수수를 심는 대신에 주택을 건설하려면 내년이나 되어야 할 것 같다." 결국 바그너는 적어도 1년 이상 기다려야 할 거라고 결론 내렸다.

대출받는 어려움은 바그너만의 일이 아니었다. 비록 2010년 들어 은행이 기업과 가계에 대출 비중을 늘렸지만, 신용에 흠이 있는 차입자에게는 대출이 나가지 않았다. 몇 년 전에는 이들에게도 기꺼이 대출해 주었다. 은행은 경기침체에 타격을 입은 건설업과 같은 산업에게는 특히 대출해 주기 꺼렸다. 제9장에서 살펴보았던 것처럼 많은 소규모 기업은 은행대출을 받기 위해 건물에 대한 모기지 대출(상업용 부동산담보대출)을 사용하고 있

10장의 이슈와 질문

▶정답은 235쪽에

Issue 금융위기로 파산한 은행의 수가 급격히 증가했다.

Question 은행업은 위험한 사업인가? 만약 그렇다면, 은행은 어떤 종류의 위험에 직면하는가?

다. 하지만 상업용 부동산 가격은 2007년과 2009년 사이 3분의 1이상 떨어졌고, 담보가치의 하락과 함께 대출한도도 줄어들었다.

출처 : Matt Assad, "Arrested Development," (Allentown, PA) *Morning Call*, May 8, 2010; and Sudeep Reddy, "Banks Keep Lending Standards Tight," *Wall Street Journal*, May 4, 2010.

제9장에서는 은행이 왜 금융시스템의 효율화에 중요한지 살펴보았다. 이 장에서는 은행이 어떻게 사업을 해서 이윤을 얻는지 자세히 살펴볼 것이다. 그리고 위험을 관리함에 있어 은행이 직면하는 문제도 살펴본다. 최근에 은행은 위험이 낮으면서도 유사한 서비스를 제공하는 다른 금융기관과 경쟁하고 있다. 우리는 제11장에서 비은행 금융기관의 중요성이 커지는 현실을 살펴볼 것이다. 나아가 은행이 다른 금융기관과의 경쟁을 위해 어떻게 대응하는지, 또 금융공황(financial panic)이 은행에 어떤 영향을 주는지 살펴본다.

10.1 상업은행의 대차대조표

[학습목표]
은행의 대차대조표를 이해한다.

대차대조표 특정 시점의 개인이나 기업의 재무상태를 나타내는 회계자료

상업은행도 하나의 기업이다. 서비스를 제공하여 시장의 요구를 충족시키고 그 서비스에 대한 대가를 고객에게 부과함으로써 이윤을 획득한다. 상업은행의 주요 활동은 저축자로부터 예금을 받아 가계와 기업들에게 대출을 하는 것이다. 은행의 자금 원천(주로 예금)과 자금 운용(주로 대출)을 살펴봄으로써 은행의 업무에 대한 논의를 시작해 보자. 은행의 자금 원천과 운용은 **대차대조표**(balance sheet)에 요약되어 있다. 대차대조표는 특정 시점의 개인이나 기업의 재무상태를 나타내는 보고서이다. 표 10.1은 미국 내 모든 은행으로부터 수집한 자료를 사용하여 상업은행 시스템 전체의 연결대차대조표를 만든 것이다. 대차대조표는 원래 화폐 단위로 작성하지만, 여기서는 해석의 편의를 위해 각 항목의 가치를 퍼센트(%)로 전환하였다. 표 10.1은 대차대조표의 전형적인 형태로 다음과 같은 회계등식을 기본으로 사용한다.

$$자산 = 부채 + 자본$$

자산 개인이나 기업이 보유하고 있는 가치가 있는 것

부채 개인이나 기업이 갚아야 하는 것

은행자본 은행자산과 부채 간의 차이이며 자본이라고도 함

자산(asset)은 개인 또는 기업이 보유하는 가치가 있는 어떤 것을 말한다. **부채**(liability)는 개인 또는 기업이 빚지고 있는 것이다. 자본(shareholder's equity)은 자산과 부채 간의 차이이다. 자본은 기업이 문을 닫을 때 자산을 팔아 부채를 갚고 남는 금액이다. 자본을 순자산(net worth)이라고 부르기도 한다. 은행의 경우에는 보통 **은행자본**(bank capital)이라고 한다. 은행자본은 주주가 출자한 금액에다 은행이 축적한 유보이익을 합한 것이다. 위의 회계등식은 대차대조표의 차변과 대변이 항상 같아야 한다는 것을 말해 준다. 부채와 자본은 자금의 원천이며, 자산은 자금의 운용처라고 볼 수 있다.

은행부채

은행부채 가운데 가장 중요한 것은 저축자로부터 얻은 자금이다. 은행은 이 자금을 투자하거나 대

표 10.1 미국 상업은행의 연결대차대조표

자산 (자금의 운용)			부채 + 은행자본 (자금의 원천)		
	(비중, %)			(비중, %)	
지급준비금 및 기타 현금자산		7.5	예금		64.9
유가증권		19.9	수표발행예금	5.6	
국채 및 정부기관 채권	13.4		비거래성예금	59.3	
지방채 및 기타 증권	6.5		소액정기예금 (10만 달러 미만 CD) 및 저축예금	44.1	
대출		59.7			
기업(상업 및 산업)	9.6		고액정기예금 (10만 달러 이상 CD)	15.2	
부동산(모기지 포함)	35.0				
소비자	11.3		차입금		17.2
은행간	1.1		미국 내 은행 차입금	1.5	
기타 대출	2.7		기타 차입금	15.7	
거래자산		1.5	기타 부채		6.1
기타 자산		11.4	은행자본		11.8

주 : 2010년 4월 28일 자 미국 내에서 승인된 모든 상업은행에 관한 자료이다.
출처 : Federal Reserve Statistical Release H.8, May 7, 2010.

출하는 데 사용한다. 은행은 저축자의 요구에 따라 여러 종류의 예금계좌를 제공한다. 은행예금의 장점은 안전하고 이자를 지급하는 데다 다른 자산에 비해 유동성이 높다는 것이다. 수표발행예금은 지불수단으로서 편리함을 제공한다. 그러면 예금의 주요 유형을 검토해 보자.

수표발행예금 **수표발행예금**(checkable deposits)은 예금자들이 수표를 발행할 수 있는 예금이다. 수표발행예금을 **거래성예금**(transaction deposits)이라고도 한다. 수표발행예금은 매우 다양하다. **요구불예금**(demand deposit)과 NOW(negotiable order of withdrawal) 계정이 가장 중요한 수표발행예금이다. 요구불예금에는 이자가 지불되지 않는 반면 NOW 계정에는 이자가 지급된다. 단, 기업의 경우에는 은행규제에 의해 NOW 계정을 보유하지 못하기 때문에 주로 요구불예금을 보유하고 있다.

수표발행예금 예금자들이 수표를 발행할 수 있는 예금

비거래성예금 은행은 저축자들이 자금을 즉시 인출할 수 없는 대신 높은 이자를 지급하는 **비거래성예금**(nontransaction deposits)을 제공한다. 여기에는 저축예금, MMDA, **정기예금**(time deposits), 양도성예금증서(CD) 등이 있다. 그런데 대부분의 예금자는 저축예금일지라도 필요할 때 즉시 인출하기를 원한다. MMDA는 이자를 지급하지만 예금자에게 매월 일정 횟수 이내로 수표를 사용할 수 있도록 한 상품으로 당좌예금과 저축예금이 혼합된 형태이다.

저축예금과 달리 CD는 일반적으로 몇 개월 또는 몇 년의 만기일을 지정하고 있다. 예금자가 만기 이전에 인출할 경우 수수료가 부과된다. CD는 저축예금에 비해 유동성은 낮지만 높은 이자율을 제공한다. **소액정기예금**이라고 불리는 10만 달러 미만의 CD와 **고액정기예금**이라고 불리는 10만 달러

이상의 CD 사이에는 중요한 차이가 있다. 10만 달러 이상의 CD는 양도가 가능하다. 즉 만기일 이전이라도 유통시장에서 사고팔 수 있다.

연방예금보험 저축예금에 대해 25만 달러까지 연방정부가 보장함

저축할 자금이 많지 않은 일반인은 **연방예금보험**(federal deposit insurance)에서 보호해 주는 수표발행예금과 소액정기예금에 주로 가입한다. 정부가 25만 달러까지 예금을 보호해 주기 때문이다. 예금보험은 은행이 다른 금융기관에 비해 이점을 갖게 하는 제도이다. 예를 들어 MMF는 정부의 보호를 받지 못한다. 예금보험제도에 대해서는 제12장에서 살펴볼 것이다.

차입금 은행은 예금 이외에도 차입을 통해 자금을 마련한다. 은행의 차입은 **연방기금시장**(federal funds market)으로부터의 단기 차입, 은행 해외지점이나 자회사, 계열사로부터의 차입, 환매조건부계약(repurchase agreement)을 통한 차입, 연준으로부터의 **재할인대출**(discount loan) 등을 포함한다. 연방기금시장은 은행 간에 하루 짜리(overnight) 단기 대출을 하는 시장이다. 명칭상 정부의 자금이 연상되지만 실제로는 은행이 소유한 자금이 포함되어 거래된다. 은행간 대출거래에 적용되는 금리를 **연방기금금리**(federal funds rate)라고 부른다.

은행은 국채와 같이 신용도가 높은 증권을 담보로 단기자금을 조달한다. 환매조건부계약(다른 말로 repo 또는 RPs)이라고 불리는 이 자금 조달 방식은 보유 국채와 같은 증권을 팔아 하루 또는 며칠 후에 되사는 방식으로 이루어진다. 이렇게 함으로써 은행은 하루 또는 며칠간 자금을 조달하게 된다. 되사는 조건으로 매도한다는 뜻에서 환매조건부라는 용어를 쓴다. 환매조건으로 거래하는 증권(보통 환매조건부채권이라 부름)은 일종의 담보로서 기본증권(underlying security)이라 부른다. 이 증권을 매수하는 측은 유동성의 손실 없이 쉽게 이자를 벌어들인다. 환매조건부채권은 보통 대형 은행이나 대기업 간에 거래되기 때문에 거래상대방 위험이 낮다. 물론 금융위기 동안에는 그렇지 못했다. 제12장에서 더 살펴볼 것이지만, 리먼브러더스가 발행한 환매조건부채권에 대한 우려는 결국 투자은행의 파산을 불러일으켰다.

은행자산

은행자산은 예금, 차입금, 주주들의 출자금, 유보이윤을 이용하여 구성된다. 은행자산의 주요 형태에 대해 알아보자.

지준 은행자산 가운데 시재금과 연준에 예치한 예금

시재금 은행이 보유한 현금으로 ATM의 현금, 타 은행에 예치한 예금도 포함함

법정지준 요구불예금과 NOW 계정에 대해 연준이 은행에게 보유할 것을 요구하는 최소한의 지준

초과지준 은행의 지준 가운데 필요지준을 넘어 보유하는 부분

지준 및 기타 현금자산 은행이 보유한 자산 가운데 유동성이 가장 높은 자산은 **지급준비금**(reserves, 줄여서 지준)이다. 지준은 **시재금**(vault cash)과 은행이 연준에 예치한 금액(지준예치금)으로 구성된다. 시재금은 ATM(현금인출기)에 넣어 놓은 현금을 포함하여 은행이 보유하고 있는 현금이다. 또한 은행은 지준의 일부를 연준에 예치할 수 있다. 연준은 은행에게 요구불예금과 NOW 계정에 대해 **법정지준**(required reserves)을 보유해야 할 의무를 부과하고 있다. 은행이 그 이상 보유한 지준을 **초과지준**(excess reserves)이라고 한다. 그런데 은행은 지준예치금에 대해 연준이 이자를 지급하지 않는 것에 대해 불만을 표시해 왔다. 2006년 의회는 은행의 요구를 받아들여 연준이 은행의 지준(필요지준과 초과지준 모두) 예치금에 대해 2011년 10월부터 이자를 지급할 것을 승인하였다. 그러나 금융위기가 발생하자 의회는 연준이 2008년 10월부터 즉시 은행에게 이자를 지급하도

관련 사례

사라지는 수표발행예금

1960년에는 이자를 지급하지 않는 단순한 형태의 예금이 은행부채의 절반 이상을 차지했다. 아래 그림은 1973년 1월부터 2010년 6월 사이 수표발행예금이 전체 은행부채에서 차지하는 비중의 추이를 보여 준다. 1973년에는 수표발행예금의 비중이 3분의 1 아래로 떨어졌고 지금은 10%까지 떨어졌다.

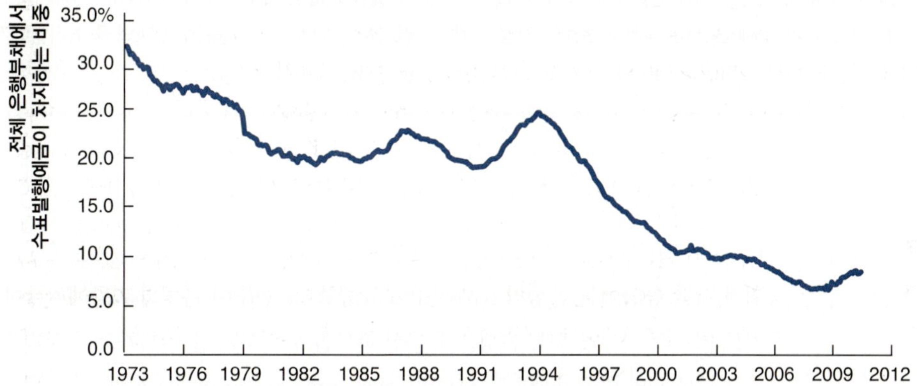

출처 : Federal Reserve Bank of St. Louis; and Board of Governors of the Federal Reserve System.

수표발행예금의 인기가 이토록 빨리 떨어진 것을 이상하게 여길 수도 있다. 1960년대나 1970년대에 비하면 요즘의 수표발행예금이 훨씬 좋아 보이기도 한다. 1960년대와 1970년대에는 수표발행예금이라고는 이자를 전혀 지급하지 않는 요구불예금뿐이었다. 이자를 지급하는 수표발행예금인 NOW 계좌는 1980년 새로운 은행규제와 함께 도입되었다. 게다가 예전에는 ATM이 없었기 때문에 수표발행계좌에서 돈을 인출하기 위해서는 은행지점으로 가서 줄을 선 후 출금의뢰서를 작성해야 했다. 은행지점은 보통 '은행업무시간'인 월요일에서 금요일, 오전 10시에서 오후 3시까지만 문을 열었다. 상점이나 식당에서 수표 받기를 거부할 때 수표발행계좌에 있는 돈으로 지불할 방법이 있는 것도 아니었다. 요즘은 체크카드가 있어서 수표를 받지 않는 상점에서 물건을 살 때도 수표발행계좌에 있는 돈으로 지불하는 게 가능하다.

하지만 수표발행계좌의 서비스 개선으로 인한 효과보다는 높은 이자를 지불하는 대체자산이 생겨난 데 따른 효과가 더 컸다. 아래 차트는 2010년 가계와 기업의 단기 금융자산 보유 현황을 보여 준다. 저축성예금과 소액정기예금(10만 달러 이하의 CD)은 수표발행예금의 6배가 되고, MMF 예치액도 수표발행예금의 2배가 됨을 볼 수 있다.

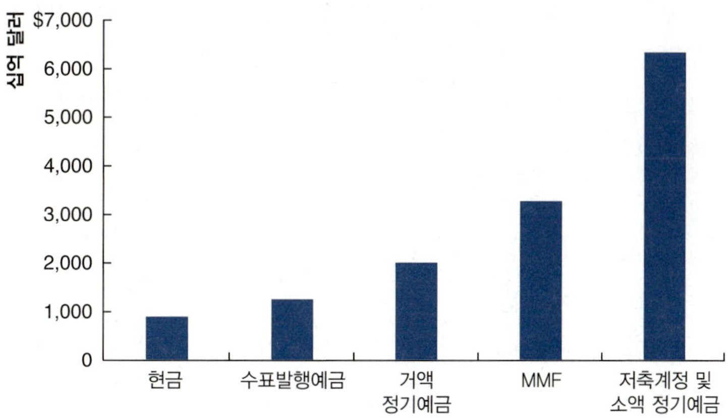

출처 : Federal Reserve Bank of St. Louis; and Board of Governors of the Federal Reserve System.

수표발행예금이 가계 금융자산에서 차지하는 비중은 예전보다 줄어들었는데 이는 부분적으로는 제4장에서 논의한 부의 효과 때문이다. 부가 증가하면서 가계는 CD와 같은 자산을 더 많이 보유할 수 있게 되었다. CD에 투자된 돈은 한동안 인출할 수 없지만 그만큼 더 많은 이자를 얻을 수 있다. MMF는 최근 크게 성장하였다. 뱅가드가 1971년부터 운영하고 있는 프라임머니마켓펀드가 한 예다. 다른 뮤추얼펀드와 마찬가지로 MMF도 투자자에게 지분을 팔아서 모은 자금으로 금융자산을 사들인다. MMF는 물론 재무성채권과 기업이 발행한 단기 채권 등 단기 금융자산만을 사들인다. MMF는 은행예금보다 높은 이자를 지불하면서도 제한적이나마 자유인출을 허용하기 때문에 수표발행예금의 강력한 경쟁자로 부상했다.

하지만 2007~2009년 금융위기를 겪으며 당좌예금이 가계와 기업에게 여전히 유용하다는 점도 확인됐다. 경기침체가 심해지며 소득이 낮아졌고 금융자산투자의 위험도 높은 것으로 여겨졌다. 그 결과 전체 은행부채에서 수표발행예금이 차지하는 비중은 다시 상승했다. 수표발행예금에 예치된 자금은 연방예금보험 한도인 25만 달러까지는 안전하기 때문에 가계와 중소기업에게는 여전히 안전한 피난처인 것이다.

록 했다. 다만 이자율은 아주 낮았다(2010년 10월 기준으로 0.25%). 물론 은행은 시재금에 대해서는 이자수입을 얻을 수 없다. 금융위기 이전까지 초과지준은 매우 낮은 수준으로 떨어졌지만 금융위기 기간 동안에는 은행의 초과지준이 급증했다. 연준이 은행의 지준예치금에 대해 이자를 지급한 것도 하나의 이유였지만, 은행은 유동성 확보를 위해 대출을 억제하고 초과지준 보유를 늘렸다.

지준 이외의 현금자산으로 **타점권**(cash items in the process of collection)이 있다. 이는 미결제자금에 대한 청구권으로, 예를 들어 타 은행이 발행한 수표가 들어왔을 때 결제가 끝나기 전까지는 타점권으로 분류된다. 물론 결제 후에는 지준으로 전환된다. 또한 소형 은행의 경우에는 종종 외환거래나 수표 회수 등의 서비스를 받기 위해 다른 대형 은행에 약간의 예치금을 넣어 놓는 경우가 있다. 그러나 **코레스뱅킹**(correspondent banking)이라고 부르는 이 기능은 금융시스템의 발전으로 이제는 중요성이 크게 줄어들었다.

유가증권 은행은 유동자산의 일부로 금융시장에서 거래할 수 있는 유가증권을 보유한다. 은행은 재무성과 기타 정부기관이 발행한 증권과 발행 시 투자등급을 받은 회사채를 보유할 수 있다. 지방채는 정해진 한도 내에서 보유할 수 있다. 특히 재무성증권은 유동성이 높기 때문에 **2차 지준**(secondary reserves)이라고 불린다. 나라마다 다르지만 미국의 경우 상업은행은 수표발행예금을 회사채나 보통주에 투자할 수 없다. 그 대신 지난 10년간 미국의 은행들은 주택저당증권(MBS)의 보유를 증가시켰다. 2010년에는 은행이 보유한 증권 가운데 MBS가 차지하는 비중이 56%나 되었다. 그러나 2007~2009년 금융위기로 MBS 가격이 급락하여 많은 은행이 심각한 손실을 입었고 일부는 파산했다.

대출 은행자산의 가장 큰 범주는 대출이다. 대출은 유가증권에 비해 유동성이 떨어지고 채무불이행의 가능성이 높은 데다 정보비용도 많이 든다. 물론 그 대신 대출이자율은 유가증권의 수익률보다 높다. 표 10.1에서 볼 수 있듯이 은행대출은 대략 세 가지, 즉 (1) 상공업(commercial and industrial, C&I) 대출이라고도 불리는 기업대출, (2) 자동차 대출 등 가계의 소비에 관한 소비자대출, (3) 모기지 및 부동산담보대출을 포함하는 부동산대출로 나뉜다. 주택 구입을 위한 모기지를 주거용 모기지라고 하는 반면 가게, 사무실, 공장 등 상업용 건물을 구입하기 위한 모기지를 **상업용 모기지라**

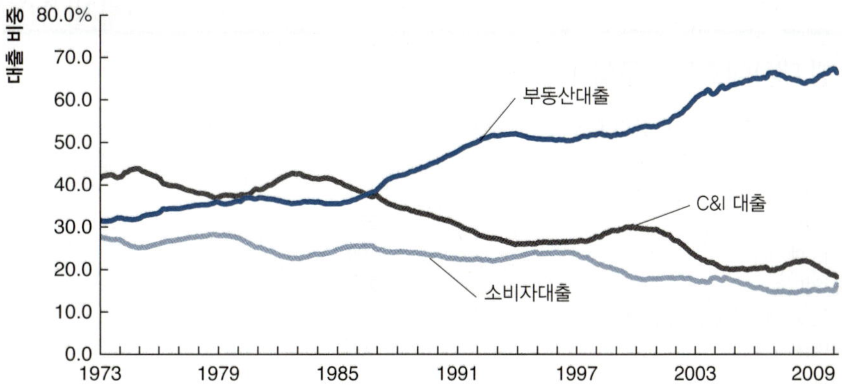

그림 10.1

은행대출의 변화 추이 : 1973~2010년

은행의 대출 형태는 1970년대 초 이래 크게 변했다. 부동산대출은 1973년 은행대출의 3분의 1미만이었지만 2010년에는 3분의 2까지 증가하였고, C&I 대출은 40%가 넘었지만 20% 미만으로 줄었다. 소비자대출 또한 약 20% 수준으로 떨어졌다.

주 : 미국 내 영업허가를 받은 은행의 자료를 사용한 것으로 은행 간 대출이나 기타 대출은 총대출에 포함시키지 않았다.

출처 : Federal Reserve Statistical Release H.8, July 30, 2010.

고 부른다.

그림 10.1은 은행의 대출 형태가 1970년대 초 이래 크게 변화된 것을 나타낸다. 부동산대출은 1973년 총대출의 3분의 1미만에서 2010년 3분의 2로 엄청나게 증가하였다. 1973년 가장 큰 범주에 속하였던 C&I 대출은 은행대출의 40% 이상에서 2010년에는 20% 미만으로 감소하였다. 1970년대 말부터 일부 기업은 C&I 대출 대신 정크본드(junk bonds)를 발행하여 장기자금을 마련하기 시작하였다. 신용평가사로부터 등급을 낮게 받은 채권이지만, 당시 정크본드 이자율이 C&I 대출이자율보다 낮았기 때문이다. 한편 1980년대 들어 기업어음시장의 발전으로 은행은 단기 C&I 대출을 사용하던 기업들을 기업어음시장에 빼앗기게 되었다.

C&I 대출의 축소는 상업은행의 특성을 근본적으로 변화시켰다. 전통적인 상업은행은 수표발행예금과 같은 자금을 받아 기업에게 대출해 주는 것을 기본 업무로 삼았다. 그러나 C&I 대출에 대한 수요가 점점 감소함에 따라 은행은 주택과 상업용 부동산에 대한 대출 비중을 높여 나갔다. 2006년 부동산거품이 붕괴되기 시작하자 은행이 C&I 대출을 부동산대출로 전환시킨 것이 위험 수준을 높이는 요인으로 작용했다.

기타 자산 은행의 기타 자산에는 컴퓨터 장비와 건물과 같은 물적 자산이 포함된다. 여기에는 채무를 이행하지 못한 차입자로부터 받은 담보물도 포함되는데, 주택거품이 붕괴함에 따라 담보로 잡은 주택과 택지를 많이 보유하게 되었다.

은행자본

주주의 지분 또는 **은행의 순자산**이라고 부르기도 하는 은행자본은 은행의 자산과 부채 간의 차이이다. 2010년 기준으로 미국의 은행시스템 전체에서 은행자본은 은행자산의 약 12%를 차지하였다. 은행의 자산과 부채의 가치가 변하면 은행자본의 가치 또한 변하게 된다는 것에 유의할 필요가 있다. 예를 들어 2007~2009년 금융위기 동안 은행의 대출금과 보유 증권의 가치가 크게 하락하였고, 그에 따라 자본의 가치도 하락하였다.

예제 10.1

은행 대차대조표의 구성

다음은 2009년 말 미국 상업은행의 실제 대차대조표이다(단위 : 십억 달러).

미수금을 포함한 현금	$121
무이자예금	275
연준예치금	190
상업대출	253
장기채권(은행에 의해 발행)	439
부동산대출	460
기업어음과 기타 단기 차입금	70
소비자대출	187
유가증권	311
이자지급예금	717
건물 및 장비	16
기타 자산	685
기타 부채	491

a. 대차대조표의 차변에 자산을 기입하고 대변에 부채와 자본을 기입하여 대차대조표를 작성하라.

b. 은행자본은 자산의 몇 퍼센트인가?

Step 1 복습. 이 문제는 은행의 대차대조표에 관한 것이므로 '상업은행의 대차대조표' 부분을 복습한다.

Step 2 은행 대차대조표를 구성하는 항목들을 사용하여 (a)에 답하고, 자산에서 부채를 차감한 것이 자본이라는 것에 유념한다.

자산		부채와 은행자본	
미수금을 포함한 현금	$121	무이자예금	$275
연준예치금	190	이자지급예금	717
상업대출	253	기업어음과 기타 단기 차입금	70
부동산대출	460	장기채권	439
소비자대출	187	기타 부채	491
유가증권	311	총부채	1,992
건물 및 장비	16	은행자본	231
기타 자산	685		
총자산	$2,223	총부채 및 은행자본	$2,223

Step 3 자산 대비 자본을 계산하여 (b)에 답한다(단위 : 십억 달러).

총자산 = $2,223

은행자본 = $231

자산대비 은행자본 $= \dfrac{\$231}{\$2,223} = 0.104$ 또는 10.4%

10.2 상업은행의 운영

[학습목표]
상업은행의 기본적인 업무를 설명한다.

은행의 기본적인 운영 방식을 분석하기 위해 대차대조표의 변화만을 간략히 보여 주는 단순한 대차대조표, 즉 **T-계정**(T-account)을 이용해 보자. 간단한 예를 들어 보자. 만약 당신이 웰스파고 은행에 수표발행예금을 개설하여 현금 100달러를 입금했다고 하자. 결과적으로 웰스파고 은행은 시재금이 100달러 증가되는데, 이는 자산항목의 하나인 지준 증가로 기입된다. 한편 당신은 웰스파고 은행지점이나 ATM에서 언제든지 예금을 인출할 수 있기 때문에, 웰스파고는 당신의 100달러를 수표발행예금 형태로 부채란에 기록한다. 이 변화를 T-계정으로 살펴보자.

T-계정 대차대조표 항목의 변화를 나타내기 위한 회계 도구

웰스파고 은행

자산		부채	
시재금	+100달러	수표발행예금	+100달러

당신이 웰스파고에 예금한 100달러에는 어떤 일이 일어날까? 이 질문에 답하면서 우리는 은행들이 어떻게 이윤을 얻는지도 살펴볼 수 있다. 웰스파고는 당신의 100달러 예금을 받기 이전에 초과지준을 보유하지 않았고, 규정에 따라 수표발행예금의 10%를 지준으로 보유해야 한다고 가정하자. 그러면 100달러의 10달러는 법정지준, 나머지 90달러는 초과지준을 의미한다. 필요지준과 초과지준의 차이점을 부각시키기 위해 웰스파고의 대차대조표를 다음과 같이 다시 정리할 수 있다.

웰스파고 은행

자산		부채	
법정지준	+10달러	수표발행예금	+100달러
초과지준	+90달러		

은행이 현금으로 보유한 지준에는 이자가 없고 연준에 예치한 지준에는 낮은 이자율만 지급된다. 게다가 수표발행예금은 관리비용을 발생시킨다. 따라서 은행은 초과지준으로 수입을 올리기 위해 대출을 하거나 유가증권을 매입하려고 한다. 웰스파고가 30달러는 재무성 단기채권을 매수하고 60달러는 대출한다고 하면, T-계정의 변화는 다음과 같다.

웰스파고 은행

자산		부채	
지준	+10달러	수표발행예금	+100달러
유가증권	+30달러		
대출	+60달러		

은행이 자산 운용으로 얻는 평균 이자율과 부채에 지급하는 평균 이자율 간의 차이를 은행의 스프레드(spread)라고 한다. 은행은 이 스프레드를 적절히 유지해야 하는데, 아주 단순하게 보이기는

관련 사례

대출손실과 은행수익 간의 단순하지만은 않은 관계

대출에 채무불이행 위험이 따른다는 것을 은행은 잘 알고 있다. 대출자가 빌린 돈을 갚지 않을 때 은행의 자본, 혹은 순자산은 감소한다. 대출 기간이 종료되지 않았더라도 채무불이행 가능성이 크다고 판단된다면 은행은 대출을 대손처리해야 한다. 다시 말해 은행은 대출의 일부 혹은 전부를 대차대조표의 자산에서 제외시키는 것이다.

은행은 자본의 일부를 대손충당금으로 떼어 놓아 미래 있을지 모르는 대출 손실에 대비한다. 대손충당금을 둠으로써 은행은 재무제표상의 이익과 자본이 크게 변하는 것을 피할 수 있다. 대손충당금을 늘릴 때마다 은행의 이익은 줄어든다. 그리고 악성채무가 실제로 대손처리될 때 은행의 이익과 자본은 변하지 않는다. 2007~2009년 금융위기 때 부동산 관련 대출의 손실을 예상한 은행은 대손충당금을 늘려 잡았다. 2009년 시티그룹은 370억 달러의 대손충당금을 가지고 있었고 JP모건체이스는 300억 달러 이상을 대손충당금으로 떼어 놓았다. 2010년 경기가 회복되면서 일부 채무의 가치가 상승했고 채무불이행 가능성이 하락했다. 이에 따라 은행들은 대손충당금을 줄일 수 있었고 이는 재무제표상의 이익을 증가시켰다.

금융위기 때 은행들이 대손충당금을 늘려 잡은 것은 대출 포트폴리오의 채무불이행 위험이 높았던 점에서 정당화할 수 있다. 하지만 다른 시기에는 증권거래위원회가 은행의 지나친 충당금 축적에 의문을 표시하기도 했다. 증권거래위원회 관리들은 채무불이행이 많지 않은 경기확장기에 은행들이 지나치게 많이 대손충당금을 책정하는 경우가 있다고 주장한다. 은행은 침체기에 충당금에서 손실을 충당할 수 있고 그 결과로 재무제표상의 이익을 평탄화할 수 있다. 이것이 사실이라면 이는 '이익 관리'에 해당되는데 이는 회계규칙에서 허용되지 않고 있다. 기업의 재무제표상의 이익을 안정적으로 보이게 만들어서 기업 경영자가 일을 잘하고 있는 것처럼 보이게 할 뿐 투자자들이 기업의 이익을 정확하게 이해하는 것을 방해하기 때문이다.

어떤 방법으로 은행의 대손충당금을 결정하는 것이 적절한지에 대한 금융감독 당국의 고민은 2010년에도 계속되고 있다.

출처 : Eric Dash, "Citigroup, in Turnaround, Reports $4.4 Billion in Profit," *New York Times*, April 19, 2010. Eric Dash, "JP Morgan Chase Earns $11.7 Billion," *New York Times*, January 15, 2010. Michelle Clark Neely, "High Loan Loss Reserves: Virtue or Vice?" Federal Reserve Bank of St. Louis *Monetary Trends*, March 1999.

하지만 지난 10년간 미국의 은행은 이윤을 내기 쉽지 않았다. 주택저당증권에 대한 투자와 부동산 대출의 비중을 높이다가 2007~2009년의 심각한 침체로 은행은 크게 손실을 입었다.

은행자본과 이윤

다른 기업과 마찬가지로 은행의 이윤도 수입과 비용 간의 차이이다. 은행의 수입은 주로 유가증권 투자 수익과 대출이자수입, 신용카드, 예금 관리, 외환거래 같은 서비스를 제공하고 얻는 수수료 수입이다. 은행의 비용은 예금에 지급하는 이자와 은행의 기타 채무에 지급하는 이자, 그리고 각종 서비스를 제공하는 데 드는 비용이다. 은행의 수익성을 나타내는 몇 가지 지표가 있다. 은행의 **순이자마진**(net interest margin)은 이자수입과 이자비용 간의 차이를 수익자산(earning asset)[1]의 총가치로 나눈 것이다. 은행의 **총자산이익률**(return on assets, ROA)은 **세후순이익**(after-tax profit)을 총자산으로 나눈 것이다. 이는 자산 1달러당 세후순이익이 얼마인지 나타낸다.

순이자마진 유가증권과 대출의 이자수입과 예금과 부채에 지급하는 이자비용 간의 차이를 수익자산의 총가치로 나눈 것

총자산이익률(ROA) 자산 대비 세후순이익의 비율

$$\text{총자산이익률(ROA)} = \frac{\text{세후순이익}}{\text{은행자산}}$$

1 수익자산에는 은행이 수입을 얻을 수 없는 시재금과 같은 자산이 포함되지 않는다.

한편 은행자본을 소유한 은행의 주주들은 자본 대비 수익률에 관심을 가진다. **자기자본이익률**(return on equity, ROE)은 은행자본에 대한 세후순이익이며, 자본 1달러당 세후순이익이 얼마인지 나타낸다.

자기자본이익률(ROE) 자본 대비 세후순이익의 비율

$$\text{자기자본이익률(ROE)} = \frac{\text{세후순이익}}{\text{은행자본}}$$

ROA와 ROE는 자산/자본 비율과 다음과 같이 연결된다.

$$\text{ROE} = \text{ROA} \times \frac{\text{은행자산}}{\text{은행자본}}$$

2010년 4월 말 미국 상업은행들의 총자산은 11조 9,000억 달러였고, 은행자본은 1조 4,000억 달러였다. 은행시스템 전반에 자산/자본 비가 8.5였다는 뜻이다. 만약 은행 총자산 대비 2%의 수익률을 얻었고, 자산/자본 비가 8.5라면, 자기자본이익률(ROE)은 17%(=2%×8.5)일 것이다. 그러나 만약 은행의 자산/자본 비가 15이면, ROE는 30%일 것이다. 제11장에서 논의할 것이지만, 2000년대 중반 일부 금융회사의 자산/자본 비는 35나 되었다. 이 경우에 2%의 ROA만으로 ROE 70%에 도달한다. 이 때문에 은행과 기타 금융기관들은 자산/자본 비를 높게 유지할 인센티브를 가질지 모른다.

자산/자본 비는 **은행 레버리지**(bank leverage)를 측정하는 하나의 수단이다. 높은 자산/자본 비는 양날의 칼과 같다. **레버리지**(leverage)는 상대적으로 낮은 ROA를 높은 ROE로 만들 수 있지만, 마찬가지로 손실의 폭도 커질 수 있다. 예를 들어 은행이 자산 대비 3%의 손실을 입었다고 가정해 보자. 만약 자산/자본 비가 8.5이면 ROE는 −25.5%가 된다. 만약 자산/자본 비가 35였다면 ROE는 −105%가 될 것이다. 즉 작은 손실로도 은행은 파산에 이를 수 있다. 이와 같이 높은 레버리지는 자본 대비 수익률을 증폭시킨다.

은행 레버리지 자본 대비 자산의 비율

레버리지 투자를 하면서 얼마나 부채를 이용하는지 측정하는 지표

은행의 레버리지는 왜 높아지게 되는가? 하나의 이유는 은행 경영자의 도덕적 해이다. 은행 경영자는 주주에게 높은 ROE를 보여 주어야 경영자로서 보상을 많이 받는다. 경영자가 은행주식을 소유하지 않고 있는 경우에는 위험이 더 커진다. 두 번째 이유는 예금자의 도덕적 해이에서 비롯된다. 특히 예금보험제도는 예금자들이 은행의 경영자를 감시해야 하는 유인을 줄어들게 만든다. 은행이 위험한 경영을 해도 예금보장 한도 이내의 예금자는 손해를 보지 않는다. 따라서 은행의 경영자는 레버리지를 높여도 인출사태가 발생할 것이라고 보지 않는다.

제12장에서 살펴볼 것이지만 이러한 문제에 대비하여 자본요건(capital requirements)이라는 정부규제가 가해진다. 그러나 이 규제는 상업은행이 아닌 투자은행과 기타 금융기관에는 적용되지 않는다. 실제로 2007~2009년 금융위기 동안 베어스턴스와 리먼브러더스 같은 투자은행들이 가진 레버리지 문제는 아주 심각했다. 위기 이후 상업은행을 넘어 다른 금융기관에도 자본요건을 확대 적용할지에 대한 국제적 논의가 시작되었다.

10.3 은행의 위험 관리

[학습목표]
은행이 위험을 어떻게 관리하는지 설명한다.

은행은 자산에 비해 자본이 부족한 문제 이외에도 몇 가지 다른 유형의 위험에 직면한다. 이 절에서는 은행이 유동성 위험, 신용 위험, 이자율 위험과 같은 세 가지 유형의 위험을 어떻게 다루는지 살펴본다.

유동성 위험

유동성 위험 은행이 고객의 현금인출요구를 충족시키기 위해 적정한 가격으로 자산을 매각하거나 자금을 모을 수 없는 상황

유동성 위험(liquidity risk)은 은행이 고객의 현금인출요구를 충족시키기 위해 적정한 가격으로 자산을 매각하거나 자금을 모을 수 없는 상황을 말한다. 만약 대규모 예금인출을 충당하기 위해 대출을 급하게 매각한다면 아마도 은행은 적지 않은 손실을 입을 것이다. 유동성 위험을 관리하기 위해 은행은 대출과 유가증권의 보유를 줄이고 지준을 늘려야 한다. 그러나 이러한 전략으로 은행의 수익성은 줄어든다. 따라서 대량의 초과지준을 보유하기보다 은행은 자산 관리와 유동성 관리 전략을 적절히 취해야 한다.

은행은 하루에 한 번 연방기금시장에서 자금을 대출하는 식으로 자산 관리를 한다. 연준에 예금하여 얻는 이자수입보다 다른 은행에 대출하는 것이 더 높은 이자수익을 얻을 수 있기 때문이다. 또 다른 선택은 역환매조건부채권(reverse repurchase agreements)을 사용하는 것이다. 이는 다른 기관이 보유한 국채를 매수하는 동시에 다음 날이나 며칠 후에 국채를 되파는 방식이다. (환매조건부채권은 은행이 국채를 매각하고 난 뒤 되사는 방식이다.) 역환매조건부채권 거래란 다른 기관이 보유한 국채를 매수하여 약간의 시차를 두고 높은 가격으로 되파는 것이며, 또 국채를 담보로 잡기 때문에 매우 안전한 단기 대출 방식이다. 대부분의 은행은 연방기금시장 대출과 역환매조건부채권 거래를 결합하여 사용한다. 이 두 거래는 초단기 거래이기 때문에 예금인출요구를 우려할 필요가 거의 없다.

한편 은행은 지준을 증가시키지 않고 부채(차입)를 증가시켜 예금인출에 응할 수 있다. 이 경우에는 거꾸로 연방기금시장에서 차입하거나 환매조건부채권을 이용하여 차입할 수 있다. 또는 연준의 재할인대출을 이용할 수도 있다. 결국 유동성 관리를 위해 부채 관리도 필요하다.

신용 위험

신용 위험 차입자의 채무불이행 위험

신용 위험(credit risk)은 차입자가 채무를 갚지 못할 위험이다. 우리는 제9장에서 정보의 비대칭성에서 비롯되는 역선택과 도덕적 해이 문제가 신용 위험을 일으킬 수 있다는 것을 살펴보았다. 은행은 신용 위험이 높은 사람에게 돈을 빌려 주거나 차입자가 차입금을 원래 의도와 다르게 사용하는 문제에 직면한다. 은행이 신용 위험을 관리하기 위해 어떤 방법을 사용하는지 알아보자.

분산 우리는 제5장에서 투자를 분산함으로써 위험을 줄일 수 있다는 것을 살펴보았다. 은행도 대출과 투자에 이 원칙을 적용해야 한다. 한 명이나 한 지역, 또는 한 산업에 집중적으로 대출하면 큰 위험에 노출된다. 뉴올리언스 지역에 집중적으로 대출한 은행은 아마도 2005년 허리케인 카트리나

로 큰 손실을 입었을 것이다. 차입자, 지역, 산업 간 다양화로 신용 위험을 줄일 수 있다.

신용 위험 분석 은행의 대출 담당자는 차입자의 **신용 위험을 분석**(credit-risk analysis)한다. 개인은 직장, 소득, 순자산에 대한 정보를 제공해야 하고, 기업은 현재와 미래의 이윤과 순자산에 대한 정보를 제공해야 한다. 은행은 종종 채무불이행 확률을 평가하기 위해 **신용평가시스템**(credit-scoring systems)을 이용한다. 예를 들어 직장을 자주 바꾸는 사람은 그렇지 않은 사람에 비해 채무불이행 위험이 높다.

신용 위험 분석 대출신청자의 신용 상태에 대한 분석

예전에는 기업에 대출할 때 **우대금리**(prime rate)를 기준으로 삼았다. 우대금리는 채무불이행 가능성이 가장 낮은 기업의 6개월 만기 대출에 적용했던 이자율이다. 다른 대출에 대해서는 신용 위험에 따라 우대금리에 가산금리를 얹는 방식을 취했다. 그러나 오늘날의 은행은 정해진 우대금리 대신 그냥 시장의 변동금리를 적용하는 경우가 많으며, 우대금리는 주로 대출 규모가 작은 경우에만 적용하고 있다.

우대금리 예전에는 은행이 우량 차입자의 6개월 만기 대출에 적용했던 이자율이지만, 현재는 주로 소규모 차입자에게 적용됨

담보 은행은 보통 차입자에게 담보를 요구한다. 부동산이나 금융자산 등이 담보로 사용된다. 때로 은행은 기업에게 **보상예금**(compensating balance)을 요구하기도 한다. 대출받는 기업이 대출 은행에 최소 금액의 당좌예금을 예치하는 것이다. 담보를 요구함으로써 은행은 역선택과 차입자의 도덕적 해이 문제를 줄일 수 있다.

신용할당 은행은 어떤 상황에서는 **신용할당**(credit rationing)을 통해 역선택과 도덕적 해이의 비용을 최소화한다. 신용할당(또는 대출할당)은 은행이 대출이자율을 올리는 대신 주어진 이자율에서 차입자들이 원하는 자금을 다 얻지 못하도록 신용을 제한하는 것이다. 대출신청은 받지만, 은행은 현재의 대출이자율 수준을 그대로 둔 채 대출금을 제한하든지 아예 대출을 거절할 수 있다. 신용할당의 첫 번째 형태는 도덕적 해이의 가능성에 대응하기 위한 것이다. 대출금액을 제한하는 것은 차입자가 대출금을 잘 갚으면서 신용도를 유지하게 만들기 위한 것이다. 예를 들어 은행은 발급해 준 신용카드의 한도를 제한한다. 만약 당신의 신용카드 한도가 2,500달러라면 당신은 차입을 지속하기 위해 사용금액을 제때 상환할 것이다. 만약 은행이 당신에게 2,500,000달러 한도를 준다면 아마도 당신은 갚을 수 있는 금액보다 더 많은 돈을 쓸 것이다. 현재의 이자율 수준에서 차입자가 요구하는 것보다 작은 금액으로 대출을 제한하는 것은 은행이 이윤을 극대화하는 합리적인 방식이다. 차입자가 요구하는 금액을 다 빌려 준다면 차입자는 돈을 마음대로 쓰고 다 갚지 못할 가능성이 커질 것이다.

신용할당 주어진 이자율에서 차입자들이 원하는 자금을 다 얻지 못하도록 대출기관이 신용을 제한하는 것

신용할당의 두 번째 형태는 역선택과 관계된다. 차입자가 은행에 제공할 담보가 없거나 부족할 때에는 역선택의 문제가 심해진다. 차입자에 대한 정보가 완전하다면 은행은 신용 위험이 높은 차입자에 대해서는 그 보상으로 높은 대출이자율을 적용할 것이다. 문제가 되는 것은 은행이 신용 위험이 높은 차입자와 낮은 차입자를 구별하지 못하는 경우이다. 만약 신용 위험을 구별하지 못한 채 높은 대출이자율을 적용하면 신용 위험이 낮은 차입자는 이자율이 너무 높아 대출을 받지 않을 것이며, 신용 위험이 높은 차입자만 대출을 받으려고 할 것이다. 따라서 은행의 입장에서는 이자율을 올리지 않고 일부 차입자에 대해 대출을 거절하는 것이 더 나은 선택일 수 있다.

감시와 제한적 약관 도덕적 해이 비용을 줄이기 위해 은행은 차입자가 자금을 어떻게 사용하는지 감시(monitoring)한다. 또 은행은 차입자의 위험한 행동을 방지하기 위해 대출계약서에 까다로운 조건의 제한적 약관(restrictive covenants)을 넣고 차입자가 이를 준수하는지 감시한다. 예를 들어 차입용도가 설비투자인 경우 차입금으로 급여를 지불하지 못하게 하는 것이다.

장기 사업관계 제9장에서 살펴보았듯이 차입자에 대한 정보로 신용 위험을 평가하고 또 축적된 정보를 바탕으로 차입자와 장기적 관계를 유지하는 것을 릴레이션십 뱅킹(때로 '관계금융'이라고 번역됨)이라고 한다. 은행이 차입자에 대한 정보를 수집하거나 행동을 감시하기 위해 사용하는 방법 가운데 하나가 차입자와 장기적인 사업관계를 유지하는 것이다. 과거의 예금거래 내역과 대출상환 기록을 살펴봄으로써 정보 수집과 감시비용을 줄이고 정보 비대칭 문제도 줄일 수 있다. 차입자도 은행과의 장기적인 관계를 통해 이득을 얻는다.

이자율 위험

이자율 위험 시장이자율 변화에 의해 이윤과 자본의 가치가 변동하게 되는 위험

은행은 시장이자율 변화에 의해 이윤과 자본의 가치가 변동하게 되는 **이자율 위험**(interest-rate risk)을 겪게 된다. 은행의 자산과 부채는 시장이자율 변화의 영향을 받는다. 이는 이자율의 변화가 채권가격에 주는 효과와 유사하다. 즉 시장이자율의 상승은 은행의 자산과 부채의 현재가치를 하락시키고, 시장이자율의 하락은 은행의 자산과 부채의 현재가치를 상승시킨다. 물론 이자율 변화의 효과는 은행의 자산이나 부채가 변동금리인지 고정금리인지에 달려 있다.

표 10.2는 포크타운내셔널 은행의 가상적인 대차대조표를 보여 준다. 대차대조표에는 고정금리와 변동금리의 자산과 부채가 섞여 있다. 만약 이자율이 상승하면, 이 은행은 변동금리 자산 1억 5,000만 달러에 대해 이자를 더 많이 받는 반면에, 변동금리 부채 2억 3,000만 달러에 대해서는 이자를 더 많이 지급해야 한다. 따라서 은행의 이윤은 감소하고 은행은 이자율 위험에 직면하게 된다.

1980년대 들어 시장이자율의 변동성이 증가하자 변동금리 단기예금을 받아 그것으로 고정금리 장기대출을 한 저축대부조합(S&L)과 은행은 심각한 손실을 입었다. 시장이자율이 상승하여 부채에

표 10.2 포크타운내셔널 은행의 가상 대차대조표

포크타운내셔널 은행(단위 : 백만 달러)

자산		부채와 은행자본	
고정금리 자산	$350	고정금리 부채	$230
지준		수표발행예금	
장기증권		저축예금	
장기대출		장기 CD	
변동금리 자산	$150	변동금리 부채	$230
변동금리대출		단기 CD	
단기증권		연방기금	
		은행자본	$40
총자산	**$500**	**총부채 및 은행자본**	**$500**

비해 자산가치가 더 크게 하락하였고 자본이 줄어들었으며, 결국 1980년대 말에 S&L 파산사태로 이어지게 되었다. (연도별 파산은행 수에 대해서는 그림 10.2를 참조하라.)

이자율 위험의 측정 : 갭 분석과 듀레이션 분석 은행의 경영자는 은행이 이자율 위험에 얼마나 취약한지 측정하기 위해 **갭 분석**(gap analysis)과 **듀레이션 분석**(duration analysis)을 사용한다. 갭 분석에서는 은행의 변동금리 자산가치와 변동금리 부채가치 사이의 갭, 즉 차이를 살펴본다. 은행은 대체로 부(−)의 갭을 가진다. 왜냐하면 보통 자산(주로 대출과 유가증권)에 비해 부채(주로 예금)가 변동금리 적용을 더 받기 때문이다. 예를 들어 표 10.2에서 포크타운내셔널 은행의 변동금리 자산에서 변동금리 부채를 차감하면 −$8,000만(=$1억 5,000−$2억 3,000만)의 갭을 가진다는 것을 알 수 있다.

갭 분석 은행의 변동금리 자산가치와 변동금리 부채가치 사이의 갭, 즉 차이를 분석하는 것

듀레이션 분석 은행의 자본이 시장이자율에 얼마나 민감하게 변하는가를 분석하는 것

단순화 해서, 포크타운내셔널 은행의 모든 변동금리 자산과 변동금리 부채에 대한 이자율이 1년간 2%p 증가하였다고 가정해 보자. 은행은 자산에 대해 $300만(0.02×$1억 5,000만)을 추가로 벌지만 부채에 대해서는 추가로 $460만(0.02×$2억 3,000만)을 지불해야 한다. 따라서 은행의 이윤은 160만 달러 줄어든다. 더 간단하게는 갭에다 시장이자율의 변동을 곱하여[0.02×(−$8,000만)=−$160만] 계산할 수 있다. 단순한 갭 분석으로 시장이자율 변화에 은행 이윤이 얼마나 취약한지 계산할 수 있다. 그러나 현실적으로는 은행이 보유한 자산과 부채의 종류가 매우 다양하기 때문에 더 정교한 분석이 이루어져야 한다.

이자율의 변화는 은행의 자산과 부채의 가치에 영향을 주므로 은행자본도 변화시킨다. 우리는 제3장에서 금융자산의 만기가 길수록 이자율의 변화로 인해 자산가격의 변화가 더 커진다는 것을 살펴보았다. 1930년대에 경제학자 매콜리(Frederick Macaulay)는 **듀레이션**(duration)이라는 정교한 개념을 만들어 냈다. 갭 분석은 잔여만기가 같더라도 자산과 부채로부터 현금흐름 발생 시점이 다를 수 있다는 점을 고려하지 못하는 단점이 있다. 예를 들어 같은 3년 만기의 대출이라 할지라도, 만기에 원리금을 일시에 상환받는 대출자산과 매월 분할하여 상환받는 대출자산은 그 현금흐름의 발생 시점이 다르다. 분할 상환받는 대출자산은 만기가 3년일지라도 은행 수입의 관점에서 보면 실제의 만기(또는 실효만기)는 그보다 짧다고 해석할 수 있다. 공식적인 만기, 즉 3년이 경과하기 이전에 상당한 액수의 자금을 회수할 수 있기 때문이다. 매콜리는 이와 같은 직관을 개념화하여 듀레이션 개념을 정립했다. 듀레이션은 공식적인 만기뿐만 아니라 현금흐름의 발생 시점까지 고려한 실효만기이다.[2] 듀레이션, 즉 실효만기가 짧으면 현금흐름이 빨리 확보되므로 시장이자율 변화에 따라

---

2 듀레이션(d)을 다음과 같이 수식으로 정의해 보자.

$$d = \frac{PV_1}{\sum_{t=1}^{n} PV_t} \times 1 + \frac{PV_2}{\sum_{t=1}^{n} PV_t} \times 2 + \cdots + \frac{PV_n}{\sum_{t=1}^{n} PV_t} \times n = \sum_{t=1}^{n} \omega_t \cdot t,\ \omega_t = \frac{PV_t}{\sum_{t=1}^{n} PV_t}$$

여기서 자산 또는 부채의 잔여만기는 n이며, 1, 2,⋯, n은 개별 현금흐름이 발생하는 시점들이다. 모든 개별 현금흐름은 현재가치로 통일되어 측정되며, PV_t는 t시점에 발생하는 현금흐름의 현재가치이고, $\sum_{t=1}^{n} PV_t$는 그 합계로서 만기까지 발생하는 모든 현금흐름을 현재가치화한 것이다. 따라서 $\omega_t (t = 1, 2, \cdots, n)$는 전체의 현금흐름에서 개별 현금흐름이 차지하는 상대적 비중이며, 이는 듀레이션을 구하기 위한 가중치로 사용된다. 즉 듀레이션은 금융자산의 가중평균만기(weighted average maturity)로, 금융자산의 전체 현금흐름에서 해당 시점의 개별 현금흐름이 차지하는 비중을 가중치로 적용한다.

표 10.3 갭과 듀레이션 분석

대부분 은행의 경우	시장이자율 상승으로	시장이자율 하락으로
정(+)의 갭	은행이윤이 감소함	은행이윤이 증가함
부(−)의 듀레이션 갭	은행자본이 감소함	은행자본이 증가함

자산 또는 부채의 가치가 작게 변하며, 듀레이션이 길면 현금흐름이 늦게 확보되므로 시장이자율의 변화에 따라 자산 또는 부채의 가치가 더 많이 변한다. 결국 듀레이션 분석은 은행의 자본이 시장이자율에 얼마나 민감하게 변하는가를 측정한다. 한편 은행의 **듀레이션 갭**(duration gap)은 은행자산의 평균 듀레이션과 은행부채의 평균 듀레이션 간의 차이로 정의된다. 은행이 듀레이션 갭이 정(+)이면 자산의 듀레이션이 부채의 듀레이션보다 긴 것이다. 이 경우에는 시장이자율 상승으로 자산의 가치가 부채의 가치보다 더 줄어들기 때문에 은행자본이 감소한다. 일반적으로 은행은 자산(대출과 유가증권)의 듀레이션이 부채(예금)의 듀레이션보다 길기 때문에 (+)의 듀레이션 갭을 가진다.

표 10.3에 갭 분석과 듀레이션 분석을 요약하였다. 반드시 그런 것은 아니지만 전형적인 경우에 시장이자율이 상승하면 은행의 이윤과 자본가치가 하락하는 반면, 시장이자율이 하락하면 은행의 이윤과 자본가치가 상승하게 된다.

이자율 위험 줄이기 은행은 이자율 위험을 줄이기 위해 다양한 전략을 사용할 수 있다. 부(−)의 갭을 가진 은행은 변동금리 대출을 더 증가시킬 수 있다. 시장이자율이 상승하면 예금에 대해 높은 이자를 지급해야 하지만 대출에 대해서도 높은 이자를 받을 수 있기 때문이다. 그러나 문제는 대출 고객들이 변동금리 대출을 꺼린다는 점이다. 사실 미국에서는 주택담보대출이나 자동차대출이 고정금리 대출인 경우가 많다. 그러나 다행인 것은 장기대출의 경우 증권화 과정을 거쳐 변동금리화할 수 있다는 것이다. 기업에 대한 변동금리 단기 대출 비중을 높이는 것도 한 방법인데, 이자율 위험이 그리 높지 않기 때문이다.

한편 제7장에서 살펴본 대로 은행은 자신이 보유한 고정금리 대출을 타 기관이 보유한 변동금리 대출과 교환할 수 있다. 즉 **금리스왑**을 활용하는 것이다. 또한 선물과 옵션을 이용하여 이자율 위험을 헤지할 수 있다. 예를 들어 변동금리로 단기자금을 조달하여 고정금리로 장기 대출한 은행은 이자율 상승에 대비해야 한다. 시장이자율이 상승하면 대출이자수입에는 변함이 없이 조달비용만 증가하기 때문이다. 한 가지 방법은 TB(Treasury bill) 선물을 매도하는 것이다. 이자율이 상승하면 TB 가격 하락으로 선물 포지션에서 이익을 얻을 수 있기 때문이다. 또는 TB 풋옵션을 매수하여 이자율 상승에 대비할 수도 있을 것이다. (선물과 옵션에 대한 자세한 논의는 제7장을 참조하라.)

10.4 미국의 상업은행 산업

[학습목표]
미국 상업은행 산업의 동향을 설명한다.

미국 상업은행 산업은 수년간 엄청난 변화를 겪었다. 이 절에서는 미국 은행 산업의 역사와 함께 최근에 일어난 주요 변화를 간략히 살펴본다.

미국 은행의 초기 역사

미국 역사 초기에 대부분의 은행은 소규모였고 일반적으로 제한된 지역에서만 영업할 수 있었다. 모든 은행은 주정부의 인가를 받는 **주법은행**(state bank)이었다. 1863년 국가은행법이 제정되면서 비로소 재무성 산하 통화감독청의 인가를 받은 전국 단위 은행, 즉 **국법은행**(national bank)이 등장하게 되었다. 지금도 미국은 주정부 또는 연방정부의 인가를 받는 **이원적 은행시스템**(dual banking system)을 운영하고 있다. 1863년과 1864년의 국가은행법은 은행이 비금융기업의 지분을 매입하지 못하게 하고 있다. 단, 이러한 금지조항은 독일과 일본 같은 국가에는 존재하지 않는다.

국법은행 연방정부의 인가를 받은 은행

이원적 은행시스템 주정부 인가를 받은 은행과 연방정부 인가를 받은 은행이 공존하는 미국적 은행시스템

은행공황, 연준, 연방예금보험공사

미국의 경우 19세기 내내 그리고 20세기 초반까지 중앙은행과 연방예금보험공사가 존재하지 않았다. 은행들은 주기적으로 **뱅크런**(bank run)을 겪었고, 많은 은행이 동시에 뱅크런을 겪는 **은행공황**(bank panic) 사태도 경험했다. 특히 1907년 심각한 은행공황으로 최종대부자로서의 중앙은행이 필요하다는 것을 의회에 확신시켰다. 1913년 12월에 의회는 연방준비법을 통과시켰고, 1914년에 연방준비제도가 탄생했다.

연방준비제도의 설립으로 은행공황이 일시적으로 종결되었지만 1930년대 초 대공황 기간에 다시 패닉이 발생했다. 1934년 의회는 연방예금보험공사(Federal Deposit Insurance Corporation, FDIC)를 설립하여 연방예금보험제도를 도입하였다. 모든 국법은행이 의무적으로 가입하게 하였고, 주법은행은 선택할 수 있게 하였다. 오늘날에는 예금의 약 99%가 혜택을 받고 있기 때문에 은행이 뱅크런으로 파산할 가능성은 거의 없어졌다.

FDIC는 보통 두 가지 방법 가운데 하나로 은행의 파산 문제를 처리한다. 첫째, 은행을 폐쇄한 뒤 은행 자산을 매각하여 예금자들에게 돌려주고, 모자라는 금액은 예금보험의 적립금으로 충당한다. 둘째, 은행을 폐쇄하는 대신에 은행을 통제해 가면서 인수할 다른 은행을 물색하는 것이다. 이 경우에 FDIC는 파산 은행의 대출을 매입해 주거나 인수은행에게 저금리로 대출을 제공하는 방식으로 인수은행에게 보조금을 지급한다.

그림 10.2에서 보듯이, 비록 1980년대 후반 S&L 사태의 수준까지는 아니지만 최근 금융위기 기간 동안 파산은행의 수가 급격히 증가하였다. (제12장에서 S&L 사태에 대해 다시 논의한다.) 최근의 은행 파산은 대형 은행에서 비롯되었기 때문에 FDIC에게 막대한 비용을 지불하게 만들었다. 실제로 2009년 말 보험적립금이 고갈되었고 은행들이 예금보험료를 선납하는 방식으로 위기를 넘겼다. 하지만 은행 파산이 더 심각한 수준으로 진행되면 재무성의 국채발행에 의존해야 할지도 모른다.

전국 규모 은행의 출현

초기의 미국 은행시스템은 영업 지역에 제한을 받은 은행들이 소규모 형태로 운영하는 것을 원칙으로 삼았다. 그러나 대부분의 경제학자들은 이러한 시스템이 비효율적이라고 생각했다. 규모의 경제를

그림 10.2

미국의 상업은행 파산 건수 : 1960~2010년

1960년대 이래 1980년대 중반에 S&L 사태가 발생하기 전까지 은행 파산 건수는 많지 않았다. 1990년대 중반에 낮은 수준으로 회복되었고 2007년 금융위기 전까지는 낮은 수준을 유지했다.

주 : 2010년 10월까지의 은행 파산 건수

출처 : FDIC.

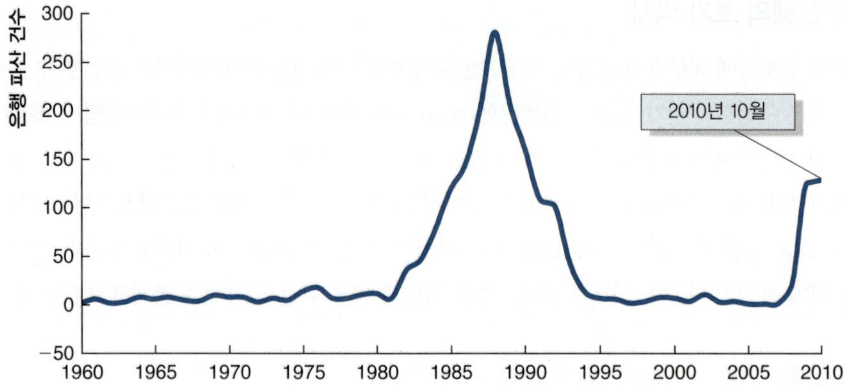

충분히 살리지 못하기 때문이다. 시간이 지남에 따라 은행의 규모와 지역 제한은 점차 사라지게 되었다. 1970년대 중반 이후 대부분의 주는 주 안에서는 자유롭게 지점을 개설하도록 허용했다. 나아가 1994년 미 의회는 국법은행이 아니더라도 다른 주에 지점을 설치할 수 있도록 허용했다. 이 과정에서 은행의 급속한 합병이 이루어졌고 1975년에 14,384개였던 상업은행의 수는 2009년에 6,839개로 줄어들었다. 물론 이 숫자는 여전히 대부분의 다른 나라들보다 훨씬 많은 것이다. 앞으로 은행 수는 지속적으로 감소할 것이다. 표 10.4에서 알 수 있듯이, 미국의 10대 은행이 전체 은행예금의 거의 절반 정도를 보유하고 있다.

그런데 2010년 의회가 금융규제를 재정비하는 과정에서 은행의 규모를 줄이자는 제안이 나왔다. '대마불사'를 우려했기 때문이었다. 그러나 2010년 도드-프랭크 법이 최종적으로 통과되었을 때 특별히 은행 규모를 제한하지는 않았다. 그럼에도 불구하고 '대마불사'에 대한 논쟁은 아직 남아 있다.

표 10.4 **미국의 10대 은행 : 2009년**

은행	예금 점유율
Bank of America	12.4%
JPMorgan Chase	9.3
Wachovia Bank	6.0
Wells Fargo Bank	4.9
Citibank	4.0
U.S. Bank	2.3
SunTrust Bank	1.8
National City Bank	1.5
Branch Banking and Trust Company	1.4
Regions Bank	1.4
10대 대형 은행이 전체 은행에서 차지하는 비율	**45.0%**

출처 : FDIC.

은행 영역의 확장

지난 50년간 은행의 활동은 급격하게 변했다. 자금 조달 면에서 정기예금과 CD 발행이 크게 늘었고, 연방기금시장과 환매조건부채권을 통한 차입도 크게 증가했다. 자금 운용 면에서는 C&I 대출과 소비자대출을 줄이면서 부동산대출을 늘려 나갔다. 또한 이자수입보다 수수료 수입 영역을 확대하였다.

부외거래 은행은 **부외거래**(off-balance-sheet activities) 수입을 늘리는 방향으로 활동 영역을 바꿔 나가고 있다. 예금-대출의 전통적 영업은 은행의 대차대조표 상에 그대로 나타나지만 부외거래 활동은 자산이나 부채 어느 것에도 영향을 주지 않아 대차대조표에 나타나지 않는다. 간단한 예로 은행이 고객을 위해 외환을 거래할 경우 수수료를 부과하지만 외환거래 자체는 대차대조표에 나타나지 않는다. 또 은행은 고액자산가에게 '프라이빗 뱅킹 서비스(private banking services)'를 제공하고 수수료를 받지만 고객을 위해 거래한 내용은 대차대조표에 나타나지 않는다. 수수료 수입을 창출하기 위한 은행의 주요 부외거래 네 가지를 간략히 살펴보기로 하자.

부외거래 은행의 자산이나 부채를 변화시키지 않아 대차대조표에 나타나지 않는 은행의 수입창출 활동

1. 보증신용. 기업어음시장이 발달함에 따라 은행은 기업어음의 발행자에게 **보증신용**(standby letter of credit)을 제공하기 시작했다. 보증신용은 기업어음의 만기가 도래한 시점에 기업어음의 발행자에게 상환자금을 빌려 주겠다는 은행의 약속이다. 은행은 기업어음 가격의 0.5% 정도를 수수료로 부과한다. 일반대출과 달리 보증신용은 은행의 대차대조표 상에는 나타나지 않는다.
2. 대출약정. **대출약정**(loan commitment)은 은행이 일정 기간 일정 금액을 차입자에게 빌려 주기로 한 약속으로, 차입자가 대출을 받을지 말지를 결정한다. 은행은 대출약정에 따른 수수료를 부과한다.
3. 대출매각. **대출매각**(loan sale)은 대출자산에서 발생할 미래의 기대수입을 제3자에게 매각하기로 한 계약이다. 이는 대출자산 유동화(loan securitization)의 일종이다. 원래 은행은 주로 우량한 단기 대출자산만을 매각하였으나, 이제는 대형 은행을 중심으로 장기 대출자산의 매각도 이루어지고 있다.
4. 트레이딩 활동. 은행은 선물, 옵션, 스왑거래 등을 통해 수수료 수입을 얻는다. 이러한 거래는 주로 고객들에게 헤지 서비스를 제공하기 위한 것이지만, 은행은 종종 투기 목적으로 거래를 하기도 한다. 은행의 트레이더들은 거래를 잘할 경우에 수익의 일부분을 인센티브로 받기 때문에 리스크를 감수하기도 한다. 그러나 2007~2009년 금융위기로 증권거래를 통한 손실이 은행의 재무상태를 악화시켰다는 점이 부각되었고 의회는 전 연준 의장 볼커(Paul Volcker)가 제안한 '볼커 룰(Volcker Rule)'을 검토하였다. 오바마 정부의 경제회복자문위원회 의장이기도 한 볼커는 은행이 자기계좌를 통한 거래를 하지 말거나, 하더라도 금융위기가 발생했을 때 정부로부터 구제금융을 받을 수 없도록 하자고 주장했다. 그에 따라 2010년 통과된 도드-프랭크 법은 은행의 자기계좌 거래에 한도를 두도록 했다.

관련 사례

인터넷뱅킹이 소말리아의 경제를 살려낼 수 있을까?

미국과 다른 선진국에서는 인터넷뱅킹으로 인해 은행 서비스를 더욱 편리하게 이용할 수 있게 됐다. 물론 은행지점을 방문하더라도 동일한 서비스를 받을 수 있다. 하지만 일부 개도국에서는 인터넷뱅킹이 은행 서비스를 이용할 수 있는 유일한 방법이다. 동아프리카의 국가인 소말리아에서는 1991년 중앙정부가 무너진 후 내전과 폭력 사태가 끊이질 않았다. 여기에 해적이 문제를 일으키기도 했다. 시장경제가 제대로 작동하기 위해서는 정부가 최소한의 질서를 유지해야 한다. 하지만 소말리아에서는 상점이나 공장을 연 사업가는 서로 싸움 중인 군대나 파벌에 의해 자신의 사업을 빼앗기거나 파괴될 가능성을 걱정해야 한다. 은행은 업무를 위해 상당량의 현금을 보유하고 있어야 하기 때문에 도둑의 표적이 되기 쉽다. 그런 만큼 소말리아에는 은행지점이 많지 않다. 이미 살펴본 대로 은행은 가계에게, 그리고 초대형기업을 제외한 대부분의 기업에게 신용을 공급하는 주요 원천이다. 금융시장이 잘 작동하지 않고 기업의 규모가 작아서 내부에 적립된 이익만으로는 사업 확장에 필요한 자금을 충당할 수 없는 개도국에서는 은행의 역할이 특히 중요하다. 이런 상황들로 인해 소말리아는 여전히 세계에서 가장 못 사는 나라 중 하나로 남아 있다. 2009년 소말리아의 1인당 GDP는 600달러에 불과했다.

하지만 지난 3년 동안 놀라운 일이 생겼는데, 소말리아의 실질 GDP가 연율 2.6%라는 높은 속도로 증가한 것이다. 이 같은 성장의 이유 중 하나는 인터넷뱅킹의 빠른 확장인 것으로 보인다. 유선전화를 설치하는 건 거의 불가능하고 연결도 드문드문 있을 뿐이다. 그래서 소말리아에서는 다른 개도국에서와 마찬가지로 개인과 사업체는 거의 전적으로 휴대전화에 의존한다. 몇 해 전 소말리아의 사업가들은 온라인으로 은행 서비스를 제공하는 게 가능하다는 걸 깨달았는데 많은 사람들이 휴대전화를 가지고 있고 휴대전화를 이용하면 제한적이나마 인터넷 접속이 가능하기 때문이다. 이제 소말리아 사람들은 입출금, 송금은 물론 소액 대출까지도 현금을 사용하지 않고 온라인을 이용해서 할 수 있다. 휴대전화 작동에 필요한 통신 네트워크는 싸움을 계속 중인 파벌들이 건드리지 않는 몇 안 되는 시설 중 하나다. 이코노미스트 잡지에 인용된 한 사업가에 따르면 "군벌조차도 전화가 불통되는 걸 원치는 않는다. 그래서 통신 네트워크는 건드리지 않는다."

인터넷뱅킹이 최근 소말리아의 경제 성장에 기여한 것으로 보이기는 하지만 이 나라가 가진 다른 문제들로 인해 성장이 계속 유지될 수 있을지는 미지수다.

출처 : Abdinasir Mohamed and Sarah Childress, "Telecom Firms Thrive in Somalia Despite War, Shattered Economy," *Wall Street Journal*, May 11, 2010. "Eureka Moments," *Economist*, September 24, 2009.

은행은 부외거래로 수수료 수입을 창출하지만 그 대가로 위험을 감수해야 한다. 위험에 얼마나 노출되어 있는가를 평가하기 위해 은행은 정교한 모형을 개발하였다. 예를 들어 VaR(value-at-risk) 모형은 일정 기간 동안 발생할 수 있는 포트폴리오 가치의 최대 손실을 측정하는 통계 모형이다. 이러한 노력이 위험을 평가하는 데 도움을 주었지만, 2007~2009년의 금융위기 동안 막대한 손실을 방어하는 데는 크게 도움이 되지 못했다. 주된 이유는 자산을 거래함에 있어 신용 위험을 제대로 고려하지 않았기 때문이었다.

전자뱅킹 인터넷은 은행거래를 처리하는 방식에 혁신을 일으켰다. 전자뱅킹(electronic banking)이 가져온 첫 번째 혁신은 ATM의 확산이었다. 고객에게 편리를 제공하는 동시에 은행은 관리비용을 절약할 수 있었고 지점을 개설하지 못하는 지역에 ATM을 설치하여 영업을 확장할 수 있었다. 1990년 중반에는 컴퓨터를 이용한 **가상은행**(virtual bank)이 등장하기 시작했다. 이러한 은행은 온라인으로 은행의 모든 업무를 처리한다. 고객은 컴퓨터를 통해 계좌를 개설하고 모든 거래를 온라인으로 해결한다. 은행은 이제 방대한 양의 수표추심 업무도 대부분 전산으로 처리한다.

금융위기, TARP, 부분적인 은행 국유화

2007~2009년 금융위기가 확산됨에 따라 주거용 부동산대출의 가치가 먼저 하락했고 그다음 상업용 부동산대출이 타격을 입었으며, 두 종류의 대출에 기반을 둔 증권의 가치도 하락하였다. 2008년 중반 20개 대도시의 주택가격은 15% 이상 떨어졌다. 30일 이상 연체된 모기지가 6%를 넘었고 서브프라임 모기지의 경우는 25% 이상이었다. 주택저당증권은 시장이 얼어붙으면서 가격조차 결정하기 어렵게 되었고, '악성자산(toxic assets)'이라고 불리기 시작했다.

관련 사례

신용경색의 가장 큰 피해자인 중소기업

2010년 중반까지도 중소기업들은 금융위기가 가져온 신용경색으로 고통을 받고 있었다. 이 장의 도입부에서 언급한 바그너의 부동산개발 사업이 한 예다. 2010년 5월 발표된 의회의 보고서에 따르면 2009년 동안 대형 은행이 중소기업에 제공한 대출의 감소폭은 다른 유형의 대출 감소폭의 2배 이상이었다. 이는 중소기업 경영자에게도, 직원들에게도, 그리고 미국 경제 전체에도 좋은 소식일 수가 없다.

경제뉴스 대부분이 주식시장에 상장된 대기업에 관한 것이지만 중소기업은 경제에서 중요한 역할을 한다. 연방정부기구인 중소기업청에 따르면 1995년에서 2009년 사이 미국에 새로 생겨난 일자리의 64%를 직원 수 500명 이하의 중소기업들이 만들어 냈다. 평균적으로 한 해에 60만 개의 사업체가 미국에 생겨나는데 이 중 95%는 직원 수가 20명 이하인 기업이다. 새 사업체가 만들어 내는 새로운 일자리 중 85%를 직원 수 20명 이하인 기업이 만들어 낸다는 점도 주목할 만하다.

중소기업이 은행대출을 얻는 게 그토록 어려웠던 이유는 무엇일까? 한 가지 중요한 이유는 은행들이 충당금을 늘리기 위해 만기가 돌아오는 대출을 연장하지 않으려 했다는 점이다. 많은 중소기업은 재정상태가 악화되지 않았음에도 은행이 대출연장을 거부하는 상황에 처했다. 은행이 대출기준을 강화하여 이전에 대출자격을 갖추었던 기업들이 대출자격을 상실하는 일도 생겨났다. 중소기업의 경우 회사가 사용하는 건물을 담보물로 제공하는 경우가 많은데, 상업용 부동산 가격이 하락하면서 회사 건물을 담보로 자금을 빌리는 것은 더욱 어려워졌다. 은행이 대출요건을 강화한 이유 중 하나는 경기침체가 심해지며 역선택과 도덕적 해이의 문제가 심해질 것으로 우려하게 됐다는 점이다. 이런 상황에서는 신용도가 가장 높은 대출자에게만 대출하는 것이 현명한 듯이 보였다.

대출요건 강화는 또한 정부 감독 당국이 은행이 위험한 대출을 피하도록 압력을 가한 데 따른 결과이기도 하다. 은행들이 사업자용 신용카드의 신용한도를 축소하고 강화된 대출요건을 충족시키지 못한 중소기업의 카드를 취소하기로 결정하면서 어려움에 빠진 중소기업도 있다. 높은 이자율에도 불구하고 많은 중소기업은 신용카드에서 빌린 자금으로 재고를 유지하고 다른 비용을 충당한다. 이 때문에 신용카드의 신용한도가 축소되면 사업 운영이 어렵게 될 수 있다. 경기침체가 끝난 2010년의 1분기 때조차도 은행 중 40%는 중소기업이 신용카드를 받는 데 필요한 최저신용점수를 올렸다고 했고, 은행 중 3분의 1은 대출잔고에 적용하는 이자율을 올렸다고 했고, 15%는 연회비를 올렸다고 보고했다.

중소기업에 대출을 늘리려는 연방정부의 노력은 절반의 성공에 그쳤다. 오바마 대통령과 의회는 중소기업청에 예산을 배정, 중소기업에 제공된 은행대출 중 일부의 상환을 보증하는 데 쓰도록 했다. 하지만 2010년 중반 중소기업 대출의 단지 4%에 대해서만 이 프로그램에 의한 상환보증이 이뤄졌다. 부실자산구제프로그램(TARP)에 따라 미 재무성은 지역은행들에 투자했는데 이들 은행들의 대출을 활성화하는 것도 목표 중 하나였다. TARP 프로그램에 따른 투자를 받아들인 은행들이 그렇지 않은 은행들보다는 중소기업 대출을 더 많이 한 것으로 보인다. 하지만 이들 은행에서조차도 중소기업 대출의 규모는 줄어들었다. 퀴즈노스 샌드위치 체인 같은 일부 체인점은 자체적인 대출 프로그램으로 줄어든 은행대출의 공백을 메우려 하기도 했다.

신용경색 기간 중의 대출 어려움 등으로 인해 직원 수 50명 이하 중소기업에서 사라진 일자리 수는 전체 일자리 감소분의 45%를 차지하게 됐다. 경기침체가 시작될 때 직원 수 50명 이하 중소기업의 근로자는 전체 근로자의 3분의 1 미만이었다는 점을 고려하면 중소기업의 고용 사정이 크게 악화된 것임을 알 수 있다.

출처 : Emily Maltby, "Bailout Missed Main Street, New Report Says," *Wall Street Journal*, May 14, 2010. Sudeep Reddy, "Banks keep Lending Standards Tight," *Wall Street Journal*, May 4, 2010. Emily Maltby, "Financing Programs Aim to Help Franchisees," *Wall Street Journal*, April 29, 2010. "For Want of a Loan," *Economist*, December 10, 2009.

부실자산 때문에 은행의 대차대조표를 평가하기 어려웠고 순자산이 플러스인지 마이너스인지조차 가늠하기 어려웠다. 2007년 8월과 9월에 걸쳐 은행들은 대차대조표의 상태가 더 이상 악화되는 것을 막기 위해 대출기준을 대폭 강화하였다. 그 결과 신용경색(credit crunch)이 발생했으며 경제는 2007년 12월부터 본격적으로 침체에 빠져들게 되었다.

2008년 10월 미 의회는 **부실자산구제프로그램**(Troubled Asset Relief Program, TARP)을 통과시켰다. 재무성과 연준은 TARP를 통해 금융기관의 부실자산을 매입하는 데 7,000억 달러의 자금을 지원하기로 했다. 그러나 불행하게도 이 방법으로는 시장을 빨리 회복시킬 수 없었기 때문에 자금의 일부는 '자본투입'용으로 사용되었다. 즉 CPP(capital purchase program)라는 명칭하에 재무성은 신주 발행 형태로 수백 개 은행의 주식을 매입하여 은행자본을 확충해 주었다. 대상 은행이 재무성에게 주가의 5%에 해당하는 배당금을 매년 지급하고, 또 재무성에게 초기 투자금의 15%에 해당하는 주식을 추가로 매수할 권리를 주는 조건이었다. 물론 정부가 수백 개의 은행을 부분적으로 국유화했지만 은행 경영에는 참여하지 않기로 했다. 표 10.5는 재무성이 이 프로그램하에 10대 은행에 투자한 금액을 보여 준다.

TARP/CPP 은행의 부실자산 매입 및 자본 확충을 위한 미 재무성의 구제금융 프로그램

일부 경제학자들과 정책제안자들은 **TARP/CPP**가 월가에 대한 정부의 구제금융이라면서 비판하였다. 금융권의 도덕적 해이를 우려하고, 또 지원받은 은행들이 정치적 압력을 받을 가능성도 우려했다. 그러나 재무성과 연준의 인사들은 은행 파산이 미국 경제를 또 다른 대공황으로 몰아갈 수 있으며 위기 상황에서는 이러한 프로그램이 정당화될 수 있다고 주장하였다. 경제와 은행시스템이 점차 회복되고 은행이 재무성증권에 다시 투자하기 시작하면서 이 프로그램에 대한 비판은 줄어들었다.

제12장에서는 금융위기에 대한 정부의 대응에 대해 좀 더 깊이 논의할 것이다.

표 10.5 TARP/CPP하에 재무성 투자를 받은 10대 은행

은행	재무성의 투자액
JPMorgan Chase	$250억
Citigroup Inc.	250억
Wells Fargo & Company	250억
Bank of America Corporation	100억
Goldman Sachs	100억
Morgan Stanley	100억
PNC Financial Services Group, Inc.	75억 7,900만
U.S. Bancorp	65억 9,900만
SunTrust Bank, Inc.	48억 5,000만
Capital One Financial Corporation	35억 5,500만

출처 : www.financialstability.gov, "TARP Transactions Reports," May 14, 2010.

10장의 질문에 대한 답변

Question 은행업은 위험한 사업인가? 만약 그렇다면, 은행은 어떤 종류의 위험에 직면하는가?

Answer 시장경제에서는 모든 유형의 사업이 위험에 직면하고 또 많이 실패한다. 경제학자들과 정책 결정자들은 은행이 금융시스템에서 결정적인 역할을 하기 때문에 은행의 파산 위험에 대해 특히 우려한다. 기본적으로 상업은행은 단기차입으로 장기 대출을 하는 속성을 갖고 있으며, 유동성 위험, 신용 위험, 이자율 위험 등 여러 종류의 위험에 직면한다.

핵심용어

갭 분석
국법은행
대차대조표
대출매각
대출약정
듀레이션 분석
레버리지
법정지준
보증신용
부실자산구제프로그램(TARP)
부외거래 활동
부채
수표발행예금
순이자마진
시재금
신용 위험
신용 위험 분석
신용할당
연방예금보험
우대금리
유동성 위험
은행 레버리지
은행자본
이원적 은행시스템
이자율 위험
자기자본이익률(ROE)
자산
지준
초과지준
총자산이익률(ROA)
T-계정

연습문제

01 다음은 상업은행인 RNB의 대차대조표에 있는 항목들이다(단위 : 백만 달러).

재무성증권	$20
요구불예금	40
주택저당증권	30
타 은행으로부터의 차입	5
C&I 대출	50
재할인대출	5
NOW 계정	40
저축예금	10
연준 예치금	8
타점권	5
지방채	5
은행건물	4

a. 이 항목들을 이용하여 은행의 대차대조표를 만들라.

b. RNB의 자본은 자산의 몇 퍼센트인가?

02 어느 은행의 자산이 400억 달러이고, 부채가 360억 달러라고 하자. 만약 은행의 ROA가 2%라면, ROE는 얼마인가?

03 퍼스트내셔널은행이 2억 달러의 자산과 2,000만 달러의 자기자본을 가지고 있다고 가정하자.

a. 이 은행의 ROA가 2%라면 ROE는 얼마인가?

b. 은행의 자산과 ROA가 변하지 않은 가운데 자기자본만 1,000만 달러로 줄어들었다고 가정해 보자. ROE는 얼마로 변하는가?

04 월스트리트저널에 캐나다 로열 은행의 ROE가 2008년 4/4분기 16.4%에서 하락하기 시작하여 2009년 4/4분기에 14.5%가 되었다는 기사가 실렸다. 또한 은행의 ROE가 하락함에도 불구하고, 이 기사는 은행이 벌어들인 이윤이 전년도에 비해 상승했다고 보도했다. 이윤이 증가하고 ROE가 하락한 은행의 상황을 어떻게 설명할 수 있는가?

출처 : Tara Zachariah, "Royal Bank of Canada's Net Income Rises," *Wall Street Journal*, December 4, 2009.

05 아래 의견에 동의하는지를 간단히 설명하라.

a. "미래에 이자율 위험이 상승할 거라고 예상하는 은행은 이자율에 민감한 자산을 늘리고, 이자율에 민감한 부채는 줄이려고 할 것이다."

b. "이자율 하락을 예상하는 은행은 자산 듀레이션이 부채 듀레이션보다 더 긴 것(정의 듀레이션 갭)을 원할 것이다."

c. "이자율 하락을 예상하는 은행은 부채의 듀레이션을 증가시켜야 한다."

06 다음 주장을 평가해 보라.

"캐나다는 단지 몇 개의 은행만 있는 반면, 미국에는 6,000개 이상의 은행이 있다. 따라서 미국 은행산업은 캐나다보다 더 경쟁력이 있을 것이다."

07 2010년 초에 월스트리트저널에 소기업에 대한 '벤더 파이낸싱(vendor financing)'이 증가했다는 기사가 실렸다. 벤더 파이낸싱은 제품 생산자(vendor)가 자신의 제품을 구매하는 소기업에게 자금을 대출해 주는 것이다. 예를 들어 의류 제조업체가 소형 의류점에 대출해 주는 것이다. 2010년 초에 소기업들은 은행이 아닌 벤더에게 자금을 차입하려고 했겠는가? 소기업이 은행이 아닌 벤더로부터 차입하는 장단점은 무엇인가? 또한 벤더가 소기업에게 대출하는 장단점은 무엇인가?

출처 : Emily Maltby, "Vendors Can Help Financing," *Wall Street Journal*, February 18, 2010.

08 소말리아의 기업은 상당한 양의 은행 업무를 휴대전화를 사용하여 처리하고 있다. 휴대전화와 웹사이트만으로 처리하기 어려운 은행 업무가 있다면 어떤 것이 있겠는가?

09 금융위기 시 미국 정부는 부실자산구제프로그램(TARP)하에 은행자본을 매입해 주었다. 정부가 은행자본 확충을 중요시하는 이유는 무엇인가?

부록 일반은행의 대차대조표

한국의 경우에는 정부 주도로 설립한 특수은행이 은행산업에서 차지하는 비중이 작지 않기 때문에 은행을 크게 일반은행과 특수은행으로 구분한다. 특수은행은 과거 국내외 자금을 동원하기 위해 설립된 은행으로 대표적인 곳은 산업은행이다. 산업은행 이외에 기업은행, 수출입은행, 농협, 수협이 특수은행에 속한다. 특수은행을 제외한 일반은행은 시중은행과 지방은행으로 이루어진다. 현재 지방

표 10.A.1 일반은행의 대차대조표(구성비, %)

자산	2008년	2010년	부채 및 자본	2008년	2010년
현금자산	7.3	6.8	예금	59.1	69.0
유가증권	15.1	17.5	차입금	23.2	17.4
대출금	61.3	65.1	기타 부채	11.8	6.6
기타 자산	16.3	10.6	자본금	5.9	7.0
총액(조 원)	**(1,214.8)**	**(1,177.8)**	**총액(조 원)**	**(1,214.8)**	**(1,177.8)**

주 : 현금자산은 현금, 외환, 원화예치금, 외화예치금으로 구성. 예금에는 CD가 포함됨.
출처 : 금융감독원.

은행은 부산, 대구, 경남, 광주, 전북, 제주은행 등 6개이며, 전국적인 영업망을 갖춘 시중은행은 우리은행, 신한은행 등 7개다.

표 10.A.1은 2008년과 2010년의 일반은행 대차대조표를 가장 간략하게 축약한 형태로 제시하고 있다. 전통적인 은행인 만큼 자금의 조달(부채 및 자본)과 운용(자산) 면에서 역시 예금과 대출의 비중이 가장 높다는 것을 확인할 수 있다. 다만, 금융위기 이후 자금의 조달 면에서 건전성 강화 차원에서 차입금의 비중이 줄고 예금의 비중이 상승한 것이 최근의 특징이다. 또한 영업 확장보다는 건전성 강화에 치중하는 과정에서 2년 사이에 일반은행의 총자산 규모는 오히려 줄어들었다. 물론 자본금이 차지하는 비중이 올라간 점은 긍정적이라고 볼 수 있다.

금융위기의 여파로 일반은행의 수익성은 하락하였다. 은행의 수익성은 한때 정부의 지원과 구조조정 작업에 의하여 점차 개선되기도 하였으나 금융위기를 맞아 다시 악화되었다. 2010년 말 기준으로 일반은행의 ROA는 0.53%, ROE는 7.69%에 불과하다. 과거 정상적인 경우에 ROA는 1%, ROE는 10%를 넘었으나, 2008년 이후 수년간 그 수준에 미치지 못하고 있다.

CHAPTER 11

투자은행과 비은행금융

[학습목표]

11.1 투자은행이 어떻게 운영되는지 설명한다.

11.2 뮤추얼펀드와 헤지펀드의 차이를 알아보고 금융시스템에서의 역할을 설명한다.

11.3 연금기금과 보험회사가 금융시스템에서 어떤 역할을 하는지 설명한다.

11.4 그림자 은행시스템과 체계적 위험의 연관성을 설명한다.

은행이 은행이 아닐 때는 언제인가? 그림자 은행일 때!

헤지펀드란 무엇인가? 상업은행과 투자은행의 차이점은 무엇인가? 2007~2009년 금융위기 초까지 대부분의 사람들은 이러한 질문에 대답하지 못했으며, 국회의원들조차 마찬가지였을 것이다. 주택저당증권(MBS), 부채담보증권(CDO), 신용부도스왑(CDS)과 같은 금융증권에 관련된 이해하기 어려운 약어들 또한 잘 알려지지 않았다. 분명한 것은 금융시스템에서 상업은행이 더 이상 지배적인 역할을 하지 못한다는 것이었다. 대신 '비은행' 금융기관이 전통적인 은행의 역할을 대체하고 있었다. 비은행금융기관들은 월스트리트의 노련한 전문가조차 이해하기 어려운 증권을 만들어 사용하고 있었다.

2007년 금융위기가 시작될 쯤 캔자스시티 연준은행 회의에서 PIMCO라는 투자회사의 경영자 매콜리가 비은행금융기관의 새로운 역할을 설명하면서 '그림자 은행시스템(shadow banking system)'이라는 용어를 만들어 냈다. 1년 후에 가이트너(Timothy Geithner)가 뉴욕의 한 경제연구회 강연에서 이 용어를 사용한 뒤 세상에 널리 알려지게 되었다. 당시 뉴욕 연준은행의 총재였던 가이트너는 이후 오바마 행정부의 재무장관이 되었다.

금융위기가 악화될 무렵 베어스턴스, 리먼브러더스, AIG가 폭풍의 중심에 있었다. 셋 가운데 처음 두 회사는 투자은행이고 세 번째는 보험회사이다. 상업은행들도 최악의 고비를 맞이하였지만, 2007~2009년 금융위기는 상업은행 시스템에서 발생한 것이 아니었다. 금융정책과 금융규제는 상업은행이 가장 중요한 금융기관이라는 가정에 토대를 둔 것이어서 비은행부문에서 발생한 문제를 다루기 어려웠다. 사실 1913년에 설립된 미국의 연방준비제도는 상업은행 시스템을 안정화시키고 감독하기 위한 것이었다. 따라서 비은행부문에서 비롯된 금융위기를 처리하는 데 있어 연방준비제도가 어떤 역할을 해야 하고 또 어떤 역할을 할 수 있는지 이슈가 되었다.

11장의 이슈와 질문

▶정답은 258쪽에

Issue 1990년대 이후 은행시스템 밖에서 이루어지는 자금흐름이 증가했다.

Question 2007~2009년 금융위기에서 그림자 은행시스템은 어떤 역할을 했는가?

출처 : Timothy F. Geithner, "Reducing Systemic Risk in a Dynamic Financial System," talk at The Economic Club of New York, June 9, 2008; and Paul MacCauley, "Discussion," Federal Reserve Bank of Kansas City, *Housing, Housing Finance, and Monetary Policy*, 2007, p. 485.

이 장에서는 그림자 은행시스템의 구성을 살펴볼 것이다. 다음 장에서는 2007~2009년 금융위기가 왜 발생했고 또 어떻게 진행되었는지를 알아본다. 또한 예상치 못했던 금융위기를 처리하는 과정에서 정책 당국자들이 시행착오를 겪으면서 어떤 대책을 내놓았는지 알아볼 것이다.

11.1 투자은행

대부분의 사람들은 '월스트리트' 또는 '월스트리트 회사'를 생각할 때 투자은행을 떠올린다. 뉴스에 자주 등장하는 골드만삭스, 메릴린치, JP모건과 같은 회사의 이름은 우리에게 익숙하다. 2000년대 그 회사의 몇몇 직원들이 엄청난 재정적 보상을 받으면서 많은 대학생이 월스트리트에서 직업을 갖기를 희망하였다. 이 장에서 우리는 투자은행에 대한 기본적인 사항과 투자은행이 시간에 따라 어떻게 변화해 왔는지에 대하여 논의할 것이다.

[학습목표]
투자은행이 어떻게 운영되는지 설명한다.

투자은행이란 무엇인가?

상업은행은 기본적으로 예금과 대출 업무를 담당한다. 반면 **투자은행**(investment bank)은 주로 다음과 같은 활동을 한다.

투자은행 신규발행증권의 인수, 기업의 M&A에 대한 자문 등의 금융 활동을 하는 금융기관

1. 신규증권 발행에 대한 자문
2. 신규발행증권의 인수(underwriting)
3. 인수합병(M&A) 자문과 자금 조달 지원
4. 리스크 관리 등의 금융공학 업무
5. 조사와 연구
6. 자기자본거래(proprietary trading)

처음 세 가지 활동은 투자은행의 주요 업무이며, 나머지 세 활동은 최근에 부각되었다. 각 활동에 대해 간략히 살펴보기로 하자.

신규증권 발행에 대한 자문 마이크로소프트는 소프트웨어를 잘 만들고, 캠벨스는 수프를, 코카콜라는 음료수를 만드는 데 전문성이 있다. 그러나 이들은 금융시장의 세세한 부분까지 알지 못하며, 주식과 채권을 통해 자금을 조달하는 구체적인 방법에 관해서는 투자은행이 제공하는 조언에 의존한다. 투자은행은 투자가들이 요구할 만한 가격과 투자하고 싶은 증권의 종류에 대한 정보를 가지고 있다. 일반회사들은 이러한 정보를 알기 어렵지만 낮은 비용으로 외부자금을 조달하려면 꼭 필요한 정보이다.

신규발행증권의 인수 투자은행은 회사의 주식이나 채권을 정해진 가격으로 산 뒤 일반 투자자들에게 팔아 차익을 남긴다. 이러한 **인수**(underwriting) 업무를 통해 투자은행은 회사에게 발행물의

인수 투자은행이 신규발행증권의 가격을 정하고 시장에 되팔아 차익을 남기는 활동

가격을 보장해 주고 더 높은 가격으로 금융시장에서 매각하며 그 차이인 **스프레드**를 챙긴다. 일반적으로 투자은행은 회사가 기업공개를 통해 모은 자금의 6~8%를 수익으로 가져간다. **기업공개**(initial public offering, IPO)란 회사가 처음으로 일반 투자자들에게 주식을 파는 행위이다. 추가 발행에 대해서는 2~4%를 수익으로 얻는다. 물론 시장 상황을 잘못 판단한 경우에는 인수가격보다 낮은 가격에 팔 수도 있으며, 투자은행은 인수 업무를 맡는 대신 이러한 리스크를 떠안는다.

기업공개 회사가 처음으로 일반 투자자들에게 주식을 파는 행위

신디케이트 신규발행증권을 인수하기 위해 결성된 투자은행들의 모임

증권의 발행 규모가 큰 경우에는 몇몇 투자은행이 모여 **신디케이트**(syndicates)라고 하는 인수단을 만든다. 이 경우에는 일반적으로 대표 투자은행이 매니저 역할을 하고 참여기관과 스프레드를 나누어 가진다. 회사가 발행물을 인수할 투자은행을 선정하면 투자은행은 회사의 가치를 조사하는 실사 과정을 거치고 투자설명서를 준비한다. 발행물을 대중에게 매각하기 전에 증권거래위원회(SEC)의 승인을 얻어야 하기 때문이다. 투자설명서에는 투자자들이 알고 싶어 하는 모든 정보가 담겨 있어야 한다. 회사의 수익성과 순자산은 물론이고 계류 중인 소송과 같이 회사가 직면한 리스크 요인도 포함되어야 한다. 관심을 유도하기 위해 뮤추얼펀드나 연금펀드 같은 기관투자가들을 상대로 투자설명회를 개최하기도 한다. 투자은행은 시장에서 소화될 수 있도록 발행물의 양과 가격을 책정한다.

투자은행의 인수 업무는 정보비용을 줄여 준다. 투자자들은 인수를 담당한 투자은행의 명성을 믿고 발행물을 매수한다. 그러나 2007~2009년 금융위기 동안 투자은행이 인수하여 판매한 주택저당증권이 형편없는 투자인 것으로 밝혀지면서 투자은행에 대한 신뢰가 흔들리게 되었다.

M&A 자문과 자금 조달 지원 큰 회사들은 종종 인수합병을 통해 사업을 확장한다. 작은 회사도 사업을 빨리 확장하는 방법으로 다른 회사에 인수되는 것을 희망할지 모른다. 예를 들어 2006년에 온라인 비디오 업체 유튜브(YouTube)는 이용자들이 저작권이 있는 자료를 사이트에 올림으로써 생기는 법적 소송비용을 걱정했다. 게다가 유튜브 경영진은 사이트를 확장하기 위하여 소프트웨어가 필요하였지만 직접 개발할 수는 없었다. 유튜브는 인수 회사로 마이크로소프트와 야후를 고려하였고, 결국 16억 5,000만 달러에 구글에 매각되었다.

투자은행은 인수합병(M&A)에 매우 적극적이며 인수, 피인수, 합병 계약에 있어 주도권을 행사한다. 인수되길 원하는 회사를 위해 **장부가치**(book value)보다 더 많은 돈을 지불할 의사가 있는 회사를 찾는다. 장부가치란 회사의 자산가치에서 부채가치를 공제한 것을 말한다. 투자은행은 회사의 가치를 추정하고 협상을 이끌며 인수 입찰을 준비한다. 매수 회사는 인수에 드는 자금을 마련하기 위해 주식 및 채권을 발행하거나 대출을 받을 필요가 있는데, 투자은행은 이때 자금 조달을 주선하는 역할도 한다. 투자은행이 M&A에 적극적으로 나서는 이유는 신규발행증권을 인수하는 것과 달리 M&A 업무에는 은행자본을 사용할 필요가 없기 때문이다.

리스크 관리 등의 금융공학 업무 투자은행은 새로운 증권을 고안하고 디자인하는 중요한 역할을 하는데, 이를 **금융공학**(financial engineering)이라 일컫는다. 금융공학자들은 경제학, 재무학, 수학 전공자들이 개발한 정교한 모형을 이용하여 새로운 금융상품과 투자 전략을 만들어 낸다. 뛰어

난 머리와 수리적 분석능력이 필요하기 때문에 이들을 '로켓 과학자(rocket scientist)' 혹은 '퀀트(quant)'라고 부르기도 한다. 제7장에서 살펴본 파생상품도 금융공학의 결과이다. 사람들은 리스크를 줄이거나 헤지하기 위해 파생상품을 이용한다. 예를 들어 항공사는 유가 급등과 같은 리스크에 대비하여 선물계약을 체결한다. 주식과 채권을 발행하여 자금을 조달하는 데 조언이 필요한 것처럼 대부분의 기업은 파생상품 계약에 대해서도 조언을 필요로 한다. 투자은행은 수수료를 받고 리스크 관리 전략을 제공한다.

그러나 금융위기 발생으로 투자은행은 많은 사람들로부터 비판을 받아야 했다. 모기지를 기초로 한 증권이 너무 복잡하고 위험 측정이 어렵게 설계되었기 때문이다. 대개의 경우 리스크 헤지에 적합하지 않았으며 상업은행과 투자은행의 고위 간부들조차 제대로 이해하기 어려웠다. 부채담보증권(CDO), 신용부도스왑(CDS) 같은 파생상품을 완전히 이해하지도 못하면서 소개하고 매매한 것이다. 은행 경영진은 주택가격이 하락하고 사람들이 모기지를 상환하지 못하게 될 경우의 위험성에 대해 과소평가하고 있었다. 이들은 무디스, S&P, 피치와 같은 신용평가사가 매기는 신용등급을 그대로 믿었다. 그러나 나중에 드러난 것처럼 신용평가사의 분석가들조차 새로운 금융상품 가운데 일부를 완전히 이해하지 못하고 있었고 위험성을 측정하는 데 실패했다.

조사와 연구 투자은행은 다양한 연구를 한다. 한 산업만 전문적으로 분석하는 애널리스트를 두거나 애플, GE와 같은 대기업에 대해서는 기업 전담 애널리스트를 배치한다. 애널리스트들은 공개된 정보를 모으고, 때로는 회사를 직접 찾아가 시설을 점검하고 그곳의 관리자와 인터뷰를 하기도 한다. 이렇게 축적된 자료는 M&A 업무에 활용되기도 하며, 일부 자료는 대중에게 공개하기도 한다. 애널리스트들은 투자자들에게 특정 종목에 대해 '매수', '매도', '보유' 의견을 제시한다. 최근에는 추천 종목에 대해 **비중확대**(overweight), 비추천 종목에 대해서는 **비중축소**(underweight)라는 표현을 자주 쓴다. 대형 투자은행에 근무하는 선임 애널리스트들의 의견은 시장에 막대한 영향력을 미친다. 이들이 특정 기업에 대해 예상 밖으로 부정적 견해를 제시하면 해당 기업의 주가는 하락한다.

몇몇 애널리스트들은 금융시장 개장과 함께 시시각각 시장 상황에 대해 견해를 제공하고 트레이딩 부서는 거래할 때 이를 참고한다. 애널리스트들은 또한 경제 전반에 관한 연구를 바탕으로 경제동향 보고서를 작성하며 GDP, 인플레이션, 고용, 이자율과 같은 거시경제변수들을 예측한다. 뉴욕연준 총재인 더들리(William Dudley)는 버클리대학 경제학 박사 출신으로 오랫동안 골드만삭스 경제연구소의 소장으로 일한 바 있다.

자기자본거래 투자은행의 업무 가운데 가장 중요한 두 가지는 신규발행증권의 인수 업무와 M&A 업무이다. 이는 주로 자문하고 중개하는 업무로, 전통적으로 투자은행이 증권, 부동산 등의 자산에 직접 투자하는 것은 중요한 부분이 아니었다. 그러나 1990년대에 들어서면서 고객의 계정이 아닌 자사 계정으로 증권을 사고파는 **자기자본거래**(proprietary trading)가 활성화되었으며, 수입의 중요한 원천이 되었다. 프롭 트레이딩이라고 줄여 부르기도 하는 이 거래는 투자은행을 신용 위험이나 이자율 위험에 노출시킨다. 만약 투자은행이 재무성증권이나 주택저당채권과 같은 장기채권을 보유하면 이자율 상승 위험에 노출된다. 시장이자율 상승이 채권의 가격을 떨어뜨리기 때문이다. 그러나 금융위기를 겪으면서 분명해진 것은 신용 위험의 심각성이다. 신용 위험은 채권자가 채무를 이행하지 못할 위험이다. 특히 서브프라임이나 앨트-A 대출을 기초로 만들어진 주택저당증권이 지닌 신용 위험은 투자은행과 신용평가사가 예상한 것보다 훨씬 심각한 것이었다. 2000년대 중반에만 투자은행들은 수천억 달러에 달하는 주택저당채권을 발행했다. 또한 좋은 투자처라고 믿었기 때문에 증권의 인수 과정에서 일부를 스스로 보유하기도 하였다. 그러나 2007년 들어 가격이 떨어지기 시작했고, 2008년 말에는 시장이 얼어붙어 증권을 팔기조차 어려웠다. 투자은행은 막대한 손실을 입었고 결국 산업의 구조조정이 시작되었다. 프롭 트레이딩을 위해 많은 돈을 차입했기 때문에 금융위기 동안 투자은행의 문제는 한층 더 악화되었다. 차입에 의한 트레이딩은 레버리지를 증가시켰고, 이것이 더 큰 위험을 불러일으켰다.

환매금융과 레버리지

상업은행은 투자의 재원으로 주로 예금을 사용하지만 투자은행은 예금을 받지 않기 때문에 다른 방식으로 재원을 조달한다. 한 방법은 자본금을 이용하는 것이고 다른 방법은 단기 차입이다. 1990년대 이전에 대부분의 투자은행은 파트너십(partnership) 형태로 조직되었으며, 프롭 트레이딩의 비중은 높지 않았고 M&A와 인수 업무에 집중하였다. 투자은행은 자본금 및 파트너의 자금으로 업무를 위한 자금을 조달했다. 그러나 1990년대를 거치면서 2000년 이후 대부분의 대형 투자은행은 파트너십에서 공개기업으로 전환하였고 프롭 트레이딩의 비중이 높아지게 되었다. 차입을 통한 투자는 투자은행의 레버리지를 높인다. 투자의 이득이 크게 증가할 수도 있는 반면 손실도 크게 늘어날 수 있다.

예제 11.1

레버리지의 위험성

투자은행이 장기 MBS에 1,000만 달러를 투자한다고 가정하자. 은행이 이 자금을 조달하는 데 다음 세 가지 방법을 고려한다.

1. 자기자본만을 사용한다.
2. 자기자본 250만 달러와 차입금 750만 달러를 사용한다.
3. 자기자본 50만 달러와 차입금 950만 달러를 사용한다.

a. 투자금을 마련하는 세 가지 방법에 대해 각각 레버리지 비율을 계산해 보라.
b. 다음과 같은 가정하에 세 가지 방법의 투자 수익률을 계산해 보라.

i. 투자 후 1년간 MBS의 가치가 5% 상승한다.
ii. 투자 후 1년간 MBS의 가치가 5% 하락한다.

단순화를 위해 증권 보유로 얻는 이자와 차입금에 지불하는 이자, 기타 각종 세금들은 무시한다.

Step 1 복습. '환매금융과 레버리지' 부분을 복습한다.

Step 2 (a) 각 방법의 레버리지 비율 계산. 레버리지 비율은 자산을 자본으로 나눈 값이므로 각 방법의 레버리지 비율은 다음과 같다.

1. $\dfrac{\$10{,}000{,}000}{\$10{,}000{,}000} = 1$

2. $\dfrac{\$10{,}000{,}000}{\$2{,}500{,}000} = 4$

3. $\dfrac{\$10{,}000{,}000}{\$500{,}000} = 20$

Step 3 (b) 증권가격 상승 시 투자 수익률의 계산. 모든 경우에 50만 달러의 수익을 얻지만, 각각 투자한 자본금의 액수가 다르기 때문에 수익률은 다음과 같다.

1. $\dfrac{\$500{,}000}{\$10{,}000{,}000} = 0.05$ 또는 5%

2. $\dfrac{\$500{,}000}{\$2{,}500{,}000} = 0.20$ 또는 20%

3. $\dfrac{\$500{,}000}{\$500{,}000} = 1.00$ 또는 100%

Step 4 증권가격 하락 시 투자 수익률의 계산. 모든 경우에 50만 달러의 손실을 입지만, 각각 투자한 자본금의 액수가 다르기 때문에 수익률은 다음과 같다.

1. $\dfrac{-\$500{,}000}{\$10{,}000{,}000} = -0.05$ 또는 -5%

2. $\dfrac{-\$500{,}000}{\$2{,}500{,}000} = -0.20$ 또는 -20%

3. $\dfrac{-\$500{,}000}{\$500{,}000} = -1.00$ 또는 -100%

이 결과는 투자 레버리지가 높으면 높을수록, 즉 투자 시 자기자본을 사용하는 것보다 차입금에 더 의존하면 할수록 잠재적 이익과 손실이 더 커진다는 것을 보여 준다. 이 문제에서 가장 높은 레버리지 비율 20은 금융위기 당시 투자은행들의 레버리지 비율보다 훨씬 낮은 수치이다.

우리는 제12장에서 상업은행의 레버리지 비율을 제한하는 규제에 대해 논의할 것이다. 그런데 이 규제는 투자은행에는 적용되지 않는다. 2000년대에 들어 투자은행의 레버리지 비율은 대형 상업은행의 레버리지 비율보다 훨씬 높아졌다. 그림 11.1(a)는 2007년 금융위기가 시작될 당시 5대 상업은

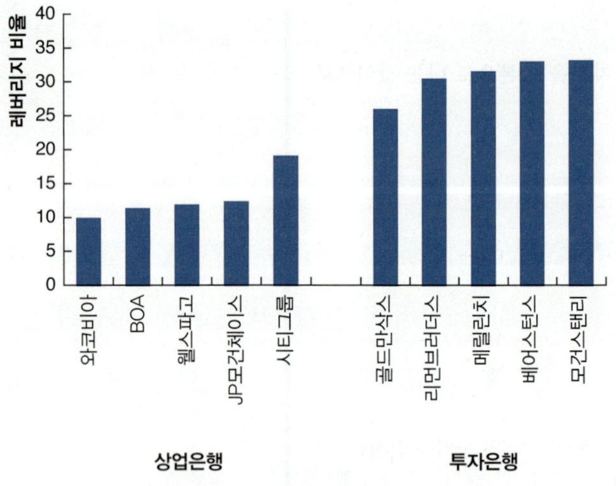

(a) 대형 상업은행과 투자은행의 레버리지 : 2007년

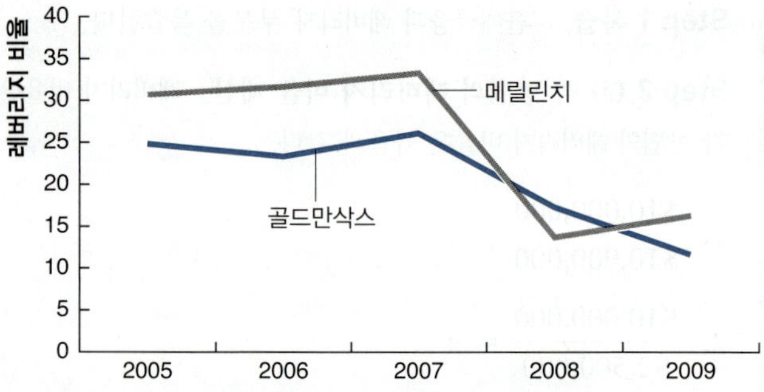

(b) 골드만삭스와 메릴린치의 디레버리징

그림 11.1 투자은행의 레버리지

(a)는 2007년 금융위기가 시작될 당시 대형 투자은행이 대형 상업은행보다 레버리지 비율이 높았다는 것을 보여 준다. (b)는 2008년과 2009년 동안 골드만삭스와 메릴린치가 레버리지 비율을 줄이는 것, 즉 디레버리징을 진행했음을 보여 준다.

출처 : Company annual reports and annual balance sheets, as reported on wsj.com.

행과 5대 투자은행의 레버리지 비율을 보여 주는데, 상업은행보다 투자은행의 레버리지 비율이 훨씬 높은 것을 알 수 있다. 2008년 말에는 골드만삭스와 모건스탠리 두 곳만이 투자은행으로 남게 되었다. 그림 11.1(b)에서 보듯이 2008년과 2009년 동안 골드만삭스와 모건스탠리는 상업은행 수준으로 레버리지 비율을 조절하였다. 이와 같이 부채와 투자를 줄이는 과정을 **디레버리징**(deleveraging)이라 부른다.

투자은행은 금융위기 기간 동안 높은 레버리지뿐만 아니라 투자자금의 조달 방식에도 취약성을 보였다. 투자은행은 주로 기업어음을 발행하거나 환매조건부계약을 이용하여 돈을 빌렸다. 환매조건부채권, 즉 레포(repos)는 담보를 바탕으로 한 단기 대출이다. 예를 들어 투자은행은 돈을 빌리기 위해 다음과 같은 거래를 한다. 보유하고 있는 재무성채권을 다른 은행이나 연금펀드에 파는 동시에 바로 다음 날이나 며칠 후에 약간 높은 가격으로 다시 사는 계약을 하는 것이다. 매도 시점의 가격과 되사는 시점의 가격 차이는 일종의 대출이자이다. 2000년대 중반까지 투자은행은 자금을 조달하는 수단으로 '환매금융(repo financing)'[1]에 많이 의존했다.

기업어음과 환매조건부채권 매매는 단기 대출이다. 그런데 만약 이렇게 모은 자금을 주택저당증권을 사거나 부동산 개발업자에게 장기 대출을 해 주는 데 사용하면 투자은행은 만기불일치에 직면

1 투자은행인 리먼브러더스는 2008년 파산하였다. 2010년 국선 파산심사원이 발표한 보고서에 따르면, 투자은행은 대차대조표에 기재된 자산과 부채 모두를 줄이기 위해 환매조건부채권을 대출이 아닌 판매로 처리해 왔다. 이는 투자자들에게 보이는 은행의 레버리지 비율을 축소시키기 위해서였다.

하게 된다. 기업어음이나 환매조건부채권의 만기가 주택저당채권이나 대출의 만기보다 짧기 때문이다. 제10장에서 보았듯이 상업은행은 장기 대출자금으로 단기 예금을 사용할 경우에 만기불일치에 직면한다. 은행자산의 대부분이 유동성이 낮은 대출 형태로 구성되어 있으면 예금주가 예금을 인출하지 못하는 사태가 발생할 수 있다. 만기불일치 문제는 상업은행이 근본적으로 뱅크런에 취약할 수밖에 없도록 만든다. 물론 1934년 미 의회가 예금보험제도를 도입한 이후에는 거의 발생하지 않았다.

그러나 상업은행에 예금하는 것과 달리 투자은행이 발행한 기업어음이나 환매조건부채권에 투자하는 경우에는 정부의 지급보증을 받지 못한다. 만약 투자은행이 실패하고 담보가 확실하지 않으면 대출한 기관은 커다란 손실을 입게 된다. 이와 같은 **거래상대방 위험**, 즉 금융거래의 상대방이 의무를 이행하지 못할 위험이 2007~2009년 금융위기에 결정적인 역할을 했다. 투자은행이 주택저당증권에서 큰 손실을 입었을 때, 대출기관은 투자은행이 발행하는 기업어음과 환매조건부채권 매수를 중단하였다. 단기로 조달한 자금을 비유동적인 장기자산에 투자했기 때문에, 특히 베어스턴스나 리먼브러더스 같은 몇몇 대형 투자은행은 곤경에 빠지게 되었다. JP모건체이스의 회장인 다이먼(Jamie Dimon)은 2007년 연차보고서에 이와 같은 상황을 다음과 같이 표현했다. "금융에는 어겨서는 안 되는 계명이 있다. 단기로 빌려 장기투자를 하지 말라. 특히 유동성이 낮은 장기자산에는 투자하지 말라."[2] 그러나 불행하게도 금융위기로 이어지는 기간 동안 많은 투자은행이 이 계명을 지키지 않았다.

투자은행 산업

대공황이 발생하기 이전에 연방정부는 상업은행 업무와 투자은행 업무의 겸업을 제한하지 않았다. 대공황은 1929년에 시작되었다. 주가가 폭락하고 9,000개가 넘는 은행이 파산했다. 미 의회는 금융시스템을 개혁하는 작업의 일환으로 글래스-스티걸법(Glass-Steagall Act)을 통과시켰다. 이 법의 골자는 상업은행과 투자은행을 분리하는 것이었다. 의회는 투자은행 업무가 상업은행 업무보다 원천적으로 더 위험하다고 보았다. 실제로 1929년 10월 주식시장의 붕괴로 투자은행은 인수 업무에서 커다란 손실을 입었다. 주식을 발행한 기업에게 보증한 가격보다 훨씬 낮은 가격으로 팔아야 했기 때문이다. 글래스-스티걸법은 예금보험제도의 도입에 관한 조항도 담고 있었다. 하지만 대다수의 의원들은 정부가 예금을 보장하면 은행들이 그 예금을 가지고 위험이 높은 투자를 할 가능성이 있으므로 이를 막아야 한다고 생각했다. 글래스-스티걸법에 따라 많은 대형 은행이 독립적인 상업은행과 투자은행으로 분리되었다. 예를 들어 당시 상업은행이었던 JP모건은 모건스탠리를 분사시켜 투자은행으로 분리하였다.

그 후 수십 년이 지나면서 1930년대 무질서했던 은행 산업의 모습이 사람들의 기억에서 사라졌고, 경제전문가들과 정책입안자들은 글래스-스티걸법의 원칙에 대해 다시 생각하게 되었다. 원칙적으로 글래스-스티걸법은 상업은행에 예치된 예금을 위험한 투자로부터 보호하기 위해 만들어진 것이었다. 그러나 몇몇 전문가들은 그 법이 도리어 투자은행을 경쟁으로부터 보호하는 결과를 가져왔다고 주장했다. 규제가 상업은행에 집중되었기 때문이다. 만약 투자은행과 상업은행이 분리되지 않고 서로

2 James Dimon,"Letter to Shareholders," March 10, 2008, in JPMorgan Chase's Annual Report, 2007, p. 12.

관련 사례

도덕적 해이가 투자은행의 발목을 잡았나?

1980년대 초까지 모든 대형 투자은행은 유한회사의 형태였다. 은행 영업자금은 대부분 파트너가 은행에 투자한 자본에서 나왔다. 은행이 이익을 내면 파트너들이 이를 나누어 가졌고 은행이 손실을 입으면 이 또한 파트너들이 나누어 분담했다. 1970년대 말 살로먼브러더스 투자은행의 파트너들은 성과가 좋지 않았던 투자 한 건에 대해 걱정하고 있었는데, 그때의 상황을 금융 작가 로웬스타인(Roger Lowenstein)은 다음과 같이 기술한다. "은행의 자본계정은 한 작은 장부에 기록되었는데 이 장부는 앨런 파인이라는 파트너의 사무실 바깥에 놓여 있었고, 매일 오후 파트너들은 긴장한 채로 파인의 사무실 앞으로 와서 손실이 얼마인지를 확인하곤 했다." 1981년 살로먼브러더스는 대형 투자은행 중 처음으로 주식시장에 상장하면서 유한회사에서 주식회사로 전환하였다. 다른 모든 대형 투자은행들도 금융위기 전 상장회사로 전환하였다. 제9장에서 지적하였듯, 주식회사에서는 소유와 지배가 분리되는데 주주들이 기업을 소유하기는 하지만 기업을 실제로 지배하는 것은 경영자들이기 때문이다. 이에 따른 도덕적 해이가 주인-대리인 문제를 야기할 수 있는데 경영자는 주주의 이익에 반하는 행동을 하게 될 수도 있다.

도덕적 해이를 줄이는 한 가지 방법은 주주들이 경영자의 행위를 감독하는 것이다. 하지만 2000년대 초 투자은행이 인수 주선, 기업 인수합병 자문 등의 전통적 업무에서 부채담보부증권(CDO), 신용부도스왑(CDS) 계약 등의 복잡한 금융 증권의 거래로 중점사업을 바꾸어 가면서 주주와 이사회는 이들 업무와 관련된 위험을 이해하지 못했고 은행 경영자를 효과적으로 감독할 수도 없었다. 그 결과로 투자은행은 주택시장 활황기 레버리지(부채와 자본의 비율)를 높이고 주택저당증권을 사들이면서 더 많은 위험을 떠안게 된 것이라고 일부 평론가들과 정책 결정자들은 주장한다. 물론 주택저당채권은 위험한 것으로 나중에 판명되었다. 투자은행이 많은 위험을 떠안은 것은, 손실이 발생하더라도 이를 경영자가 부담하지 않기 때문이다. 은행이 유한회사의 형태였다면 경영자는 은행에 발생한 손실을 부담했을 것이다. 루이스(Michael Lewis)는 몇 년 동안 살로먼브러더스 채권 영업부에서 일했고 나중에 금융저술가가 되었다. 그는 다음과 같이 주장한다.

> 투자은행의 주인이 직원이었더라면 레버리지 비율을 35 대 1로 올리거나 메자닌('중간층'을 뜻하는 말로 위험도가 중간 정도라는 뜻) CDO에 투자하는 일은 결코 없었을 것이다. 투자은행이 유한회사였더라면 신용평가사를 속이려 들지도 않았을 것이고 … 메자닌 CDO를 고객에게 파는 것조차도 허용하지 않았을 것이다. 그렇게 해서 얻을 단기 이득이 아무리 크더라도 장기적으로 발생할 문제를 무시할 수 없었을 것이기 때문이다.

다른 평론가들은 이 같은 주장에 동의하지 않는다. 투자은행의 경영자들도 금융위기 중 상당한 손실을 입었다. 베어스턴스와 리먼브러더스는 레버리지 비율이 가장 높았던 투자은행에 속한다. CDO 가격이 하락하기 시작했을 때도 이 두 은행은 수십억 달러의 CDO를 여전히 보유하고 있었다. 그런데 이 두 은행에서는 많은 직원이 상당량의 자사 주식을 보유하는 게 전통이었다. 그 결과 금융위기 중 두 은행 주식의 가치를 대부분 잃었을 때 은행 직원들의 개인 재산 또한 크게 떨어졌다. 리먼브러더스의 이사회 의장 겸 대표인 펄드(Richard Fuld)는 회사가 파산했을 때 리먼브러더스 주가 하락의 결과로 약 9억 3,000만 달러의 손실을 입었다.

금융위기 전 투자은행이 레버리지 비율을 더 높이고 더 많은 위험을 취한 이유가 무엇인지에 대한 논쟁은 계속될 것으로 보인다.

출처 : Michael Lewis, "The End," *Portfolio*, December 2008. Roger Lowenstein, *When Genius Failed: The Rise and Fall of Long-Term Capital Management*, New York: Random House, 2000, p. 4. Aaron Lucchetti, "Lehman, Bear Executives Cashed Out Big," *Wall Street Journal*, November 22, 2009.

경쟁했더라면 아마도 기업들은 신규증권을 발행하거나 M&A를 할 때 더 적은 비용만 지불해도 되었을 것이다. 이와 같은 정서가 확산되면서 1990년대 들어 의회는 글래스-스티걸법을 폐지하기에 이르렀다. 마침내 1999년 그램-리치-블라일리법(Gramm-Leach-Bliley Act), 즉 금융서비스선진화법(Financial Services Modernization Act)이 글래스-스티걸법을 대체하게 되었다. 이 법은 새로운 형태의 금융지주회사(financial holding company) 형태를 허용했다. 즉 증권회사 및 보험회사가 상업은행을 소유할 수 있도록 허락한 것이다. 또한 이 법은 상업은행이 증권, 보험, 부동산 업무를 할 수 있도록 허용했다. 하지만 금융위기가 발생하자 몇몇 전문가들은 글래스-스티걸법의 폐기는 실수였다고 주장했다. 1930년대에 그랬던 것처럼 위험한 투자 업무로 인해 상업은행이 다시 취약해졌고 정부의 예금보호제도마저 위태로워졌다는 것이다.

글래스-스티걸법 폐지 후 투자은행 산업은 커다란 변화를 겪었다. 대형 은행들은 몇 가지 형태로 구분되었다. JP모건과 시티그룹 같은 은행은 광범위한 업무를 포괄적으로 다루지만 상업은행 업무에 치중하는 타입이다. 골드만삭스, 모건스탠리, 리먼브러더스, 베어스턴스, 메릴린치는 상업금융 업무를 거의 하지 않는 전형적인 투자은행 형태를 유지했다. 한편 대형 상업은행인 BOA, UBS, 와코비아, 도이치뱅크는 투자은행 업무를 위해 계열사를 두었다.

투자은행은 다 어디로 갔는가?

2007~2009년 금융위기는 투자은행 산업에 엄청난 영향을 미쳤다. 단기 대출을 받아 장기 자산에 투자한 투자은행은 위기가 악화되자 대출을 연장하기 어려웠고 낮은 가격에 자산을 팔 수밖에 없었다. 게다가 투자은행은 상업은행이 아니기 때문에 일시적 유동성 문제를 해결하기 위해 연준으로부터 재할인대출을 받을 수 없었다. 2008년 3월 파산위기에 처한 베어스턴스는 JP모건체이스에 헐값으로 회사를 매각하였다. 2008년 9월 리먼브러더스는 결국 파산을 신청했고, 메릴린치는 BOA에 매각되었다. 같은 해 10월 대형 투자은행 가운데 살아남은 두 곳인 골드만삭스와 모건스탠리는 연준

표 11.1 월스트리트의 종말? 대형 투자은행들의 운명

투자은행	운명	연도
First Boston	Credit Suisse에 매각	1988
Salomon Brothers	Travelers에 매각	1997
Donaldson, Lufkin, & Jenrette	Credit Suisse에 매각	2000
PaineWebber	UBS에 매각	2000
JPMorgan	Chase에 매각	2000
A.G. Edwards	Wachovia에 매각	2007
Bear Stearns	JPMorgan Chase에 매각	2008
Goldman Sachs	금융지주회사로 전환	2008
Lehman Brothers	파산	2008
Merrill Lynch	Bank of America에 매각	2008
Morgan Stanley	금융지주회사로 전환	2008

주 : Credit Suisse는 스위스 취리히에 본사 은행이 있다. Travelers는 미국 코네티컷 주 하트퍼드에 본사를 둔 보험회사이다. UBS(Union Bank of Switzerland)는 스위스 취리히에 본사를 둔 은행이다. Chase는 Chase Manhattan Bank이고 뉴욕 시에 본사가 있으며 현재는 명칭이 JPMorgan Chase로 바뀌었다. Wachovia는 캘리포니아 북부 지역인 샬럿에 본점이 있고 나중에 Wells Fargo에 합병되었다.

출처 : Tabular adaptation of p.80 ("The End of the Line") from *The Wall Street Guide to the End of the Wall Street as We Know It* by Dave Kansas. Copyright © 2009 by The Wall Street Journal. Reprinted by permission of Harper Collins Publishers.

에 금융지주회사로 전환시켜 줄 것을 요청했다. 금융지주회사가 되면 연준의 규제를 받지만 자회사가 재할인대출을 받을 자격을 갖는다. 금융지주회사로 전환한 골드만삭스와 모건스탠리는 연준으로부터 돈을 빌릴 수 있게 되었으며, 또한 2008년 10월 제정된 부실자산구제프로그램(TARP)에 따라 재무성으로부터 자금을 지원받게 되었다.

그동안 대형 투자은행이 주식시장과 채권시장에서 중요한 역할을 해 왔기 때문에 이러한 사태는 사람들에게 '월스트리트의 종말'로 불렸다. 표 11.1은 11개 대형 투자은행의 지난 25년의 운명을 보여 준다. 물론 산업구조는 변했지만 인수 및 M&A와 같은 전통적인 투자금융 업무는 금융지주회사의 자회사, 상업은행의 계열사, 그리고 소형 투자은행(boutique investment bank)에서 계속되었다.

관련 사례

그러니까 당신은 투자은행원이 되겠다는 것인가?

지난 20년 동안 투자은행원은 세상에서 가장 많은 보수를 받는 직종 중 하나였다. 근래에는 골드만삭스, 모건스탠리, JP모건 같은 투자은행의 임원들이 월급과 보너스로 수천만 달러를 받았다. 이 같은 보수는 논란을 불러일으켰다. 일부 정치평론가들은 인수 주선과 기업 인수합병 자문 업무의 경제적 기여가 이들 임원들이 받는 거액의 보수를 정당화할 만큼 크지는 않다고 주장했다. 일부 평론가들은 높은 보수가 너무 많은 인재들을 투자은행으로 끌어 간다고 한탄했다. 그들이 보기에는 더 생산적인 공업, 과학, 법, 의학, 교육 같은 분야에 인재가 부족해졌다는 것이다. 금융위기가 전개되며 투자은행 임원에 대한 비판은 커져 갔다. 일부 정책 결정자와 경제학자는 투자은행이 주택저당증권에 대한 판촉활동을 편 것이 위기 발생을 도왔다고 주장한다. 앞서 살펴본 대로 금융위기 이후 대형 투자은행 중 투자은행 업무만을 수행하는 독립기업으로 살아남은 경우는 없다.

그러나 투자은행 활동은 중단되지 않았다. 상업은행의 투자은행 사업단들은 인수 주선과 기업 인수합병 자문사업을 활발히 벌이고 있다. 많은 소규모 투자은행과 지역 투자은행도 여전히 살아 있다. 골드만삭스와 모건스탠리는 명목상 금융지주회사로 바뀌었지만 사실상 위기 전과 별 다름없이 사업을 하고 있다. 2007년 176억 달러의 이익을 냈던 골드만삭스는 위기가 가장 심했던 2008년에는 13억 달러의 손실을 보았다. 하지만 2009년에는 198억 달러의 이익을 냈다. 골드만삭스 대표인 블랭크파인(Lloyd Blankfein)은 2009년 월급과 보너스로 960만 달러를 벌어들였는데, 이는 2007년에 받은 6,860만 달러보다는 훨씬 낮은 액수였다. 2009년 이 회사 38,500명 임직원은 평균 49만 8,000달러의 월급과 보너스를 받았다. 2007년 이후 신입사원 모집 규모가 크게 줄었음에도 많은 대학졸업생들이 여전히 투자은행원이 되고자 하는 것은 이처럼 높은 보수 때문이다.

투자은행에 고용된 대학졸업생들은 한동안 '백오피스(back office, 금융회사에서 보조적 업무를 수행하는 부서를 통칭)' 업무를 담당하게 되는데 회사의 운영에 필요한 사무적, 기술적 보조 업무를 수행하는 것이다. 투자은행의 신입사원은 보통 애널리스트라고 불린다. 이 직책은 주당 근로시간이 80시간 혹은 이를 초과하는 것으로 유명하다. 애널리스트의 하루 일과에는 산업과 기업에 대한 조사, 은행 고객을 상대로 한 발표, 기업공개를 위한 기업실사 보조, 문서 작성, 기업 인수합병거래 팀 참여 등이 포함된다. 투자은행은 애널리스트들에게 '승진 아니면 퇴직' 시스템을 적용하는 게 보통이다. 2~4년이 지난 후 애널리스트는 어소시에이트의 직위로 승진하거나 그게 아니면 회사를 떠나야 한다. 학부졸업이 아니라 MBA를 받은 경우 바로 어소시에이트로 입사하기도 한다. 투자은행에서 더 높은 직책으로는 바이스프레지던트(vice president, 우리나라 차장 정도에 해당), 디렉터(director, 부장 정도에 해당), 매니징 디렉터(managing director, 국장 정도에 해당) 등이 있다.

2010년 도드-프랭크 법을 통해 도입된 금융규제의 변화로 투자은행원의 보수는 낮아질지도 모른다. 이 변화로 인해 대학졸업생들의 투자은행업 진출의욕이 수그러들지는 두고 봐야 알 수 있을 것이다.

출처 : 골드만삭스의 월급, 직원 자료, 이익은 다음 참조—Graham Bowley and Eric Dash, "Some See Restraint in Goldman Chief Bonus," *New York Times*, February 5, 2010. wsj.com에서 골드만삭스에 대한 주요 정보(Key Facts)와 연간이익(Annual Earnings) 참조.

11.2 투자기관 : 뮤추얼펀드, 헤지펀드, 금융회사

투자은행만이 비은행금융기관은 아니며, **투자기관**(investment institutions)도 자금을 모아 대출하거나 유가증권에 투자하는 중요한 금융기관이다. 주요 투자기관으로는 뮤추얼펀드, 헤지펀드, 금융회사 등이 있다. 특히 금융시스템에서 뮤추얼펀드와 헤지펀드의 중요성은 계속 커지고 있다.

[학습목표]
뮤추얼펀드와 헤지펀드의 차이를 알아보고 금융시스템에서의 역할을 설명한다.

투자기관 자금을 모아 대출하거나 유가증권에 투자하는 헤지펀드나 뮤추얼펀드 같은 금융회사

뮤추얼펀드

뮤추얼펀드(mutual funds)는 개인들에게 주식을 팔아 모은 자금으로 주식, 채권, 모기지, 단기금융상품 등에 투자하는 금융기관이다. 뮤추얼펀드는 개인의 금융 거래비용을 절약할 수 있게 하는 이점을 제공한다. 개인들은 서로 다른 자산을 일일이 거래하는 대신 뮤추얼펀드를 매수하는 한 번의 거래로 여러 자산을 균형 있게 살 수 있다. 뮤추얼펀드는 쉽게 현금화할 수 있는 장점도 있다.

뮤추얼펀드 개인들에게 주식을 팔아 모은 자금으로 주식, 채권, 모기지, 단기금융상품 등에 투자하는 금융기관

뮤추얼펀드의 종류 뮤추얼펀드는 폐쇄형과 개방형으로 구분된다. **폐쇄형 뮤추얼펀드**(closed-end mutual funds)의 운영은 뮤추얼펀드 회사가 정해진 양의 비상환 주식(nonredeemable shares)을 발행하면서 시작된다. 폐쇄형 펀드의 지분은 증권거래소가 아닌 장외시장을 통해 거래된다. 반면 **개방형 펀드**(open-end mutual funds)는 그것을 만든 뮤추얼펀드사에게 언제든지 상환을 요구할 수 있으므로 더 흔하게 거래되는 형태의 펀드이다.

최근에는 **상장지수펀드**(exchange-traded funds, ETF)가 인기를 끌고 있다. ETF는 거래소에서 하루 종일 거래되지만, 일반 펀드와 다른 점은 펀드매니저에 의해 적극적으로 운영되지 않는다는 점이다. 즉 편입된 포트폴리오의 구성이 변하지 않는다. (물론 최근에는 적극적으로 운영되는 ETF도 등장하고 있다.) 또한 ETF에는 거래소에 상장된 종목 전부가 편입되거나 일부가 편입될 수 있다.

많은 경우에 뮤추얼펀드는 매입 수수료(load)를 부과하지 않는 **노-로드 펀드**(no-load fund)이다. 대신 뮤추얼펀드사는 펀드 자산가치의 0.5% 정도를 펀드 운영에 대한 관리비로 부과하여 수입을 얻는다. 물론 **로드 펀드**(load fund)로 불리는 펀드는 매수자에게 매입 수수료를 부과한다.

MMF 뮤추얼펀드 가운데 가장 크게 성장한 **MMF**(money market mutual fund)는 단기국채, 양도성예금, 기업어음과 같은 우량한 단기자산을 보유한다. 대부분의 MMF는 500달러 이상의 수표를 쓸 수 있는 서비스를 제공하므로 이자율이 낮은 은행예금의 대안으로 인기를 끄는 금융상품이다.

MMF 단기국채, 양도성예금, 기업어음과 같이 단기 금융상품에만 투자하는 뮤추얼펀드

이미 1980년대부터 MMF는 상업은행과의 경쟁에서 승리를 거두기 시작했다. 자금을 원하는 회사들은 은행에서 대출을 받는 대신 기업어음을 펀드에 파는 방식으로 단기 자금을 조달했다. 회사가 어음에 지불하는 이자율은 은행의 대출이자율보다 낮았다. 물론 재무성증권 이자율보다는 높았다. MMF는 재무성증권이 아닌 기업어음을 매수하는 데 따르는 신용 위험을 감수해야 한다. 그러나 어음의 만기가 90일 이내인 데다가 보통 신용평가사로부터 높은 등급을 받은 어음에 투자하기 때문에 위험은 축소되었다. 그러자 2000년대 들어 투자은행을 포함한 금융회사들도 단기 자금을 조달하기 위해 기업어음을 팔기 시작했다.

MMF는 기초자산이 단기성인데다 질이 우수하기 때문에, 대개의 경우 순자산가치(net asset values, NAV)를 안정적으로 1달러 수준으로 유지할 수 있다. 다른 종류의 뮤추얼펀드와 달리 투자자들은 원금손실을 걱정할 필요가 없으며, 적어도 금융위기 이전까지는 대부분 그렇게 생각했다. 그러나 2008년 9월 리먼브러더스가 파산하자 당시 유명한 MMF이던 리저브펀드는 원금손실(break the buck, 1달러의 투자원금이 1달러 이하로 떨어지는 것)을 인정했다. 순자산가치가 0.97달러로 떨어졌기 때문이었다. 이것은 투자원금에 3% 손실이 발생한 것을 의미한다. 게다가 리저브펀드는 지분을 상환하거나 수표 쓰는 것을 보류하겠다고 발표하였다.

유명 MMF에 원금손실이 발생하자 투자자들은 다른 MMF에서도 투자금을 인출하기 시작했다. 급작스럽게 MMF에서 대형 인출사태가 일어나자 재무성은 MMF 투자의 원금을 보장하겠다고 발표하기에 이르렀다. 비록 재무성의 보증이 인출사태를 지연시키기는 했지만, MMF는 기업어음 매수 규모를 대폭 줄여야 했다. 많은 회사가 단기 운영자금을 조달하는 데 기업어음에 의존했기 때문에 자금난이 발생할 수밖에 없었다. 2008년 10월 연준은 단기금융시장을 안정화시키는 일에 착수했다. 연준은 1930년대 대공황 이후 처음으로 직접 기업어음을 매수하였다. 연준의 비상조치로 기업어음에 의존하는 회사의 자금난은 다소 완화되었다.

헤지펀드

헤지펀드 소수의 부유한 투자자들로부터 자금을 모아 상대적으로 위험이 높은 투자를 하는 펀드

헤지펀드(hedge fund)는 자금을 모아 투자한다는 점에서는 뮤추얼펀드와 유사하지만 몇 가지 다른 점이 있다. 헤지펀드는 99명 이하의 투자자 연합이며, 주로 부유한 개인과 연금기금 같은 기관투자가로 이루어진다. 소수의 투자자로 구성된 헤지펀드는 상대적으로 규제를 덜 받기 때문에 뮤추얼펀드가 할 수 없는 위험한 투자를 할 수 있다.

헤지펀드는 종종 공매도(short selling) 전략을 사용한다. 공매 전략이란 다음과 같은 것이다. 가격이 떨어질 것으로 예상되는 증권을 딜러로부터 빌려 시장에서 매도한다. 실제로 해당 증권의 가격이 떨어지면 시장에서 매수하여 빌렸던 증권을 되갚는다. 이렇게 하면 가격이 하락한 만큼 차익을 얻을 수 있다. 즉 가격 하락으로 이득을 취할 수 있는 것이다. 초기의 헤지펀드는 매도포지션과 매수포지션을 적절히 배합하여 가격의 상승과 하락에 대비하는 전략을 구사했다. 이러한 헤지 전략 때문에 '헤지펀드'라는 명칭이 붙여진 것이다. 그러나 현대의 헤지펀드는 헤지보다는 투기에 열중하는 경우가 많기 때문에 더 이상 적절한 명칭은 아니다. 비록 정확한 통계는 아니지만 2010년 기준으로 미국에 1만 개 이상의 헤지펀드가 있으며, 이들이 운영하는 자금 규모는 1조 달러가 넘는다.

헤지펀드는 몇 가지 이유로 논쟁거리가 된다. 첫째, 뮤추얼펀드는 단지 약간의 운영 수수료만 부과하지만, 헤지펀드는 보통 2%의 운영 수수료에다 수익금의 20%를 부과한다. 둘째, 몇몇 헤지펀드는 금융시스템을 위협할 정도의 막대한 손실을 입었다. 가장 주목할 만한 것은 1998년 LTCM(Long-Term Capital Management) 사례이다. 이 헤지펀드의 설립자 중에는 노벨 경제학상을 수상한 숄즈(Myron Scholes)와 머튼(Robert Merton)이 있었다. 당시 LTCM은 고위험 채권의 이자율이 저위험 채권의 이자율에 비해 상대적으로 더 떨어지면 이득을 보는 포지션에 투자했는데, 불

행하게도 해당 이자율 갭이 더 확대되는 바람에 파산 직전까지 몰리게 되었다. LTCM의 투자 원금은 40억 달러였지만, 차입과 파생상품의 거래를 통해 투자의 총가치가 1조 1,000억 달러를 넘었다. 만약 LTCM이 파산을 선언하고 대출금 상환과 파생상품 거래 의무를 이행하지 못한다면 다른 많은 헤지펀드들도 큰 손실을 입고 금융시스템 자체의 안정성을 흔들 수 있었다. 결국 뉴욕 연준은 1998년 9월 긴급구제조치를 발동했다. 우리는 제12장에서 연준의 LTCM 구제조치에 대해 논의할 것이다.

마지막으로, 헤지펀드는 공매도 전략을 과도하게 사용한다는 점에서 비판을 받는다. 공매도 규모가 커지면 지속적인 매도 주문에 의해 증권의 가격이 떨어지기 때문이다. 금융위기 동안 대형 투자은행의 경영자들은 헤지펀드에 의한 공매도가 주식의 가격을 지나치게 낮은 수준으로 하락시키는 문제를 야기할 수 있다고 주장하였다. 2010년 독일 정부는 몇몇 유럽국가의 국채와 몇몇 독일 금융회사의 주식에 대한 투기가 유럽 금융시장 전체를 불안정하게 한다고 우려했다. 그해 5월 독일 정부는 결국 무차입 공매(naked short sales)를 금지하는 조치를 내렸다. 무차입 공매는 증권을 빌리지 않고 공매하는 것으로 위기 시에 증권의 가격을 급락시킬 소지가 큰 거래이다. 나아가 독일 정부는 헤지펀드 규제안을 유럽 의회가 통과시킬 것을 요구했다.

그럼에도 불구하고 많은 경제학자들은 헤지펀드가 금융시스템에서 중요한 역할을 한다고 믿고 있다. 헤지펀드가 대규모 자금을 동원하거나 레버리지를 일으켜 거래함으로써 시장의 비효율성을 신속하게 바로잡는 역할을 한다고 보기 때문이다.

금융회사

금융회사(finance company)는 기업어음이나 유가증권 등을 매각하여 자금을 모으고 가계와 기업에 소액대출을 해 주는 비은행금융기관이다. 상업은행과 달리 금융회사는 예금을 받지 않는다. 따라서 정부는 정보공개나 사기방지 정도의 규제만을 두고 그 이상의 규제를 가할 필요성을 느끼지 못했다. 규제를 덜 받기 때문에 금융회사는 차입자의 사정에 따라 맞춤식 대출을 해 줄 수 있다.

금융회사 기업어음이나 유가증권 등을 매각하여 자금을 조달한 뒤 가계와 기업에 소액대출을 해 주는 비은행금융기관

금융회사는 크게 세 가지 유형으로 구분된다. 소비자금융(consumer finance), 기업금융(business finance), 판매금융(sales finance)이 그것이다. 소비자금융회사는 소비자들이 자동차, 가구, 가전제품을 사거나 가계부채를 상환하기 위한 대출을 해 준다. 채무불이행의 위험이 작지 않기 때문에 은행대출금리보다 높은 금리가 적용된다. 기업금융회사는 주로 외상채권을 매입하는 팩토링(factoring) 업무를 한다. 예를 들어 A기업이 B기업에게 외상으로 물품을 구입하였다면, B기업은 채권을 회수할 때까지 기다리지 않고 기업금융회사에 팔아 현금화할 수 있다. 물론 조기에 현금화하는 대신 할인된 금액을 받는다. 기업금융회사는 사들인 외상채권의 만기가 돌아올 때까지 자금을 빌려주고 그 대가로 할인한 만큼의 이자를 받는 셈이다. 기업금융회사의 또 다른 업무는 비행기나 중장비와 같은 고가의 장비를 구매하여 일정 기간 동안 회사에 임대해 주는 일이다. 판매금융회사는 주로 고가의 상품을 만들어 파는 제조사와 제휴한다. 예를 들어 메이시스나 JC페니와 같은 백화점은 고객들에게 백화점에서 사용할 수 있는 신용카드를 발행한다. 이 편리한 신용카드는 판매를 높이기 위한 백화점의 노력의 산물이다.

금융회사는 금융시스템 내에서 상업은행이 미치지 못하는 틈새 영역을 채워 주는 역할을 한다.

11.3 계약저축기관 : 연금기금과 보험회사

[학습목표]
연금기금과 보험회사가 금융시스템에서 어떤 역할을 하는지 설명한다.

계약저축기관 연금기금이나 보험회사와 같이 계약에 의해 납입금을 받아 투자하는 금융중개기관

연금기금 퇴직 후 연금을 지급하기 위해 회사와 종업원의 납입금을 모아 주식, 채권, 모기지 등에 투자하는 금융중개기관

연금기금과 보험회사는 개인들의 납입금을 받아 그 돈으로 투자하는 금융중개회사이다. 개인들이 연금기금 협정이나 보험증권과 같은 계약에 입각하여 납입금을 내기 때문에 연금펀드와 보험회사를 **계약저축기관**(contractual savings institutions)이라고 부른다.

연금기금

은퇴를 위한 저축은 많은 사람들에게 가장 중요한 형태의 저축이다. 개인적으로 저축할 수도 있지만 많은 경우에 고용주가 후원하는 연금에 의존한다. **연금기금**(pension fund, 연금펀드)은 퇴직 후 연금을 지급하기 위해 회사와 종업원의 납입금을 모아 주식, 채권, 모기지 등에 투자한다. 은퇴는 예측이 가능하므로 연금기금은 장기 자산에 투자할 수 있다. 사적 연금기금과 공적 연금기금은 자본시장에서 가장 큰 기관투자가이다. 그림 11.2는 연금기금의 규모를 보여 주고 있는데, 미국 전체 금융자산의 20%를 차지하고 있으며 공개된 주식의 22%, 회사채의 5%를 보유하고 있다.

개인적으로 저축하는 것에 비해 연금이 갖고 있는 이점은 다음 세 가지 정도이다. 첫째, 연금펀드는 포트폴리오를 더 낮은 거래비용으로 효과적으로 관리할 수 있다. 둘째, 연금펀드는 종신연금과

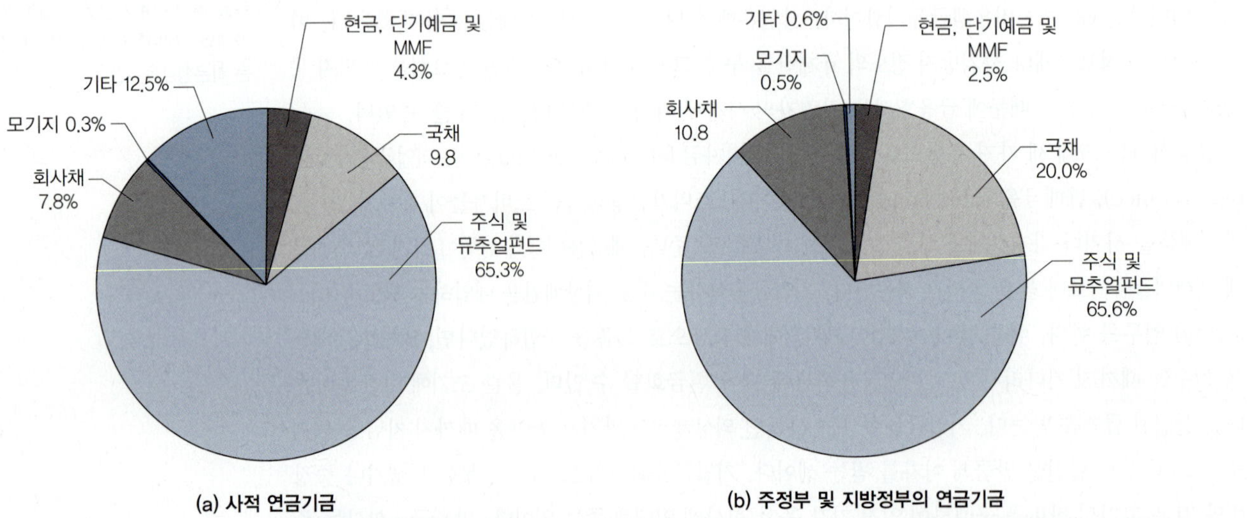

그림 11.2 연금기금의 자산 : 2009년

사적 연금기금과 공적 연금기금의 투자는 주식, 채권과 같은 장기자산에 집중되어 있다.

출처 : Board of Governors of the Federal Reserve System, *Flow of Funds Accounts of the United States*, March 11, 2010.

같은 이점을 제공한다. 종신연금은 개인적으로 관리하기가 쉽지 않다. 셋째, 고용주는 월급을 현금으로 주는 것보다 연금 납입 형태로 지급하면 세제상 혜택을 받을 수 있어 유리하다.[3]

보험회사

보험회사(insurance company) 는 자동차 사고나 화재와 같은 특정 사건과 관련된 금전적 손실을 보호해 주는 계약을 담당하는 금융중개기관이다. 보험계약자들은 사고 발생 시 보험회사가 돈을 지불하는 것에 대한 대가로 **보험료**(premium)를 지불하며, 보험회사는 계약자들의 보험료를 모아 주식, 채권, 모기지 등 장기자산에 투자한다.

보험회사 특정 사건과 관련된 금전적 손실을 보호하기 위한 계약을 담당하는 금융중개기관

보험산업은 두 부분으로 나뉜다. **생명보험사**는 피보험자의 사망, 은퇴, 장애에 대한 금전적 손실을 보상하는 보험증권을 판매한다. **손해보험사**는 자연재해, 사고, 화재, 절도, 질병으로부터 보호하는 보험증권을 판매한다. 그림 11.3을 보면 두 회사의 자산 구성이 다르다는 것을 알 수 있다. 2009년 말 생명보험사는 4조 8,000억 달러의 자산을 보유한 반면 손해보험사의 자산은 1조 4,000억 달러였다. 생명보험사의 투자자산은 면세 혜택을 받지만 손해보험사는 이러한 혜택을 받지 못한다. 이러한 차이는 보유 포트폴리오에 영향을 미친다. 손해보험사는 주로 지방채에 투자를 하고 있는데, 지방채에는 이자소득세가 면제되기 때문에다. 반면 생명보험사는 수익률이 높은 회사채 투자 비중이 높다.

보험회사의 수익성은 리스크를 줄이는 능력에 달려 있다. 가장 큰 리스크는 역선택과 도덕적 해이에서 비롯되는데, 보험회사는 이러한 리스크를 줄이는 방책들을 강구한다.

위험의 분산 보험회사는 **대수의 법칙**(law of large number)을 사용하여 지급액이 언제 얼마나 될지 예측한다. 이 통계학 개념은 사망, 질병, 상해 등을 개별적으로 예측하진 못하지만 다수의 사람에게 그러한 사건들이 평균적으로 얼마나 발생하는지를 대체로 잘 예측한다. 보험회사는 충분히 많은 수의 계약자를 받아야 하고 잠재적 청구액수를 예측할 수 있어야 한다. **보험계리사**(actuaries)는 사고의 발생 확률을 예측하는 일을 한다.

역선택 줄이기 : 심사와 할증료 보험회사는 역선택 문제에 직면한다. 보험에 가입하길 원하는 사람들은 보험금을 청구할 가능성이 높은 사람들이다. 아픈 사람들이 생명보험에 가입하길 원하며 불이 자주 나는 지역 사람들이 화재보험에 들기를 원한다. 우선 보험회사는 역선택 문제를 해결하기 위해 위험도 심사에 필요한 정보를 모은다. 만약 당신이 개인적으로 건강보험에 가입한다면 보험회사에 병력을 알려 주어야 하며, 자동차보험에 가입한다면 속도위반 횟수나 자동차 사고 경력을 제공해야 한다.

보험회사는 역선택을 줄이기 위해 **할증보험료**를 부과한다. 보험회사는 속도위반 횟수가 많고 사고가 많았던 운전자에게 높은 보험료를 부과하며, 생명보험의 경우 나이가 많은 사람에게 젊은 사람보다 더 높은 보험료를 부과한다.

3 개인이 내는 납입분은 일부 또는 전부가 개인 소득에서 제외되며, 고용주도 자신이 내는 분담금에 대해 세금공제 혜택을 받는다. 연금의 투자 수익에 대해 세금을 내지 않아도 되며 연금을 받을 때까지 세금을 내는 것이 미뤄진다.

그림 11.3

미국 보험회사가 보유한 금융자산

생명보험사는 손해보험사보다 자산 규모가 더 크다. 손해보험사는 지방채를 많이 보유하고 있는데, 지방채의 이자소득에 면세 혜택이 있기 때문이다. 반면 생명보험사는 회사채를 많이 보유하고 있는데, 이는 수익률이 높기 때문이다.

출처 : Board of Governors of the Federal Reserve System, *Flow of Funds Accounts of the United States*, March 11, 2010.

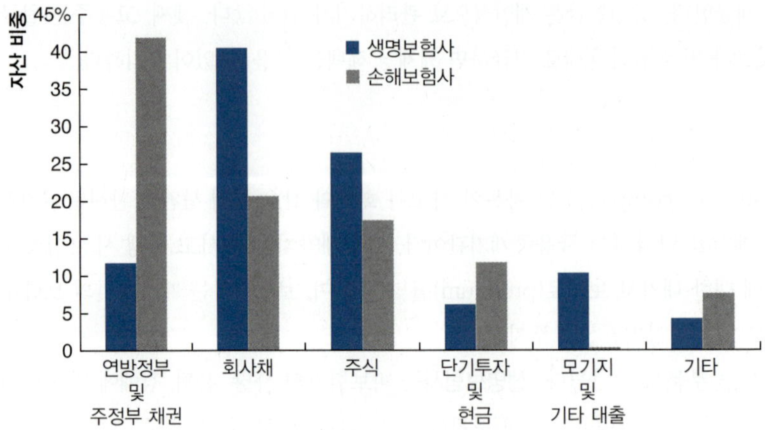

도덕적 해이 줄이기 : 공제, 공동보험, 제한적 약관 도덕적 해이 또한 보험회사가 안고 있는 큰 문제이다. 보험계약자들은 보험에 가입하고 난 뒤에 다른 태도를 취한다. 예를 들어 회사는 창고에 화재가 날 위험에 대비하기 위해 보험에 가입하지만, 계약하고 난 뒤에는 스프링클러를 수리하는 데 드는 돈을 아끼려고 한다. 보험회사가 사고를 줄이는 방법 가운데 하나는 보험계약자의 돈을 위험하게 만드는 것이다. 보험회사는 사고가 나더라도 지불해 주지 않는 **공제액**(deductible)을 설정한다. 예를 들어 자동차보험에 공제액이 500달러로 설정되어 있으면, 자동차 사고로 2,000달러 손실이 발생했을 때 보험회사는 손실액에서 500달러를 제한 1,500달러만 지급한다. 도적적 해이의 가능성을 줄이고 또 가입자의 보험료를 낮추기 위해 보험회사는 가입자에게 **공동보험**(coinsurance)의 옵션을 제공하기도 한다. 이 옵션에 따르면 가입자는 보험회사와 손실액을 분담한다. 예를 들어 공제액이 200달러이고 계약자 부담이 20%인 건강보험에 가입했다고 하자. 만약 의료비 청구액이 1,000달러이면 당신이 360달러[=$200+(0.20×$800)]를 내고 보험회사는 640달러를 낸다.

한편 도덕적 해이 문제를 해결하기 위하여 보험회사는 때로 **제한적 약관**을 이용한다. 이는 가입자의 위험한 활동을 억제하기 위한 조항들이다. 예를 들어 화재보험사는 가입자가 연기 탐지기, 소화기, 스프링클러 등의 장치를 설치하지 않거나 유지하지 않은 경우에는 불이 나도 보험금을 지급하지 않는다는 조항을 넣을 수 있다.

이와 같이 역선택과 도덕적 해이 문제를 줄이기 위해 사용하는 장치들은 보험회사와 가입자의 이익을 조절해 준다. 보험회사가 성공하는 한 보험을 제공하는 비용도 줄어들게 된다. 보험회사 간의 경쟁으로 비용은 더 줄어들 수 있고 그 결과는 가입자에게 보험료 인하의 혜택으로 돌아갈 수 있다.

11.4 체계적 위험과 그림자 은행시스템

[학습목표]
그림자 은행시스템과 체제적 위험의 연관성을 설명한다.

2007~2009년 금융위기가 발생하기 전까지 약 15년간 투자은행, 헤지펀드, MMF와 같은 비은행금융기관은 자금을 중개하는 데 중요한 역할을 했다. 이러한 비은행금융에 '그림자 은행시스템'이라는

관련 사례

연준이 거대 보험회사인 AIG에 구제금융을 지원한 이유는?

금융위기 때 일어난 가장 극적인 사건 중 하나는 2008년 9월 16일 발생했다. 이날 미국 정부는 미국에서 가장 큰 보험회사인 AIG의 지분 80%를 850억 달러에 인수한다고 발표했다. 그 이후의 지원액을 합해 연방정부는 이 회사에 총 1,820억 달러를 지원했다. (2010년 중반 버냉키 연준 의장은 AIG가 결국은 이 돈을 모두 갚을 것이라고 말했다.) 금융위기 중 투자은행과 상업은행에 문제가 있다는 것은 잘 알려졌지만 대형 보험회사가 위기에 빠졌다는 것은 놀라운 소식이었다. 보험업은 아주 안정된 사업이라고 생각하는 게 보통이다. 보험가입자가 정기적으로 내는 보험료를 모아 두었다가 보험청구자에게 지급하고(이 지급액 규모는 대부분 예측 가능하다) 보험료를 투자해서 이익을 만들어 내는 게 보험사의 업무다. 하지만 AIG는 이런 기본적 보험 업무 외 영역으로 사업을 확장했던 것이다.

AIG는 스타(Cornelius Vander Starr)에 의해 1919년 중국에서 설립되었다. 그는 1926년 미국으로 사업을 확장했다. 그린버그(Maurice Greenberg, '행크'라는 별명으로 불리기도 했다)가 스타를 이어 대표가 된 1968년 이후 회사는 급속도로 성장하였다. 2007~2009년 금융위기 때 회사가 문제에 봉착한 것은 런던에 소재한 사업단인 AIG파이낸셜프로덕츠가 1998년 내린 결정에서 기인한다. 그해에 AIG파이낸셜프로덕츠는 부채담보부증권(CDO)에 대한 신용부도스왑(CDS) 계약을 팔기 시작했다. 계약의 매수 시점에 AIG는 돈을 받지만, 향후 CDO 가치가 하락하면 AIG는 매수자에게 돈을 지불할 의무가 있다. 처음에는 CDS의 기초자산이 되는 CDO는 상대적으로 안전한 회사채에 약간의 부동산담보증권이 더해져서 만들어졌다.

하지만 주택시장 활황이 절정에 달했을 때 AIG는 CDO에 대한 CDS를 수천억 달러 규모로 발행했는데, 이때의 CDO는 대부분 주택저당증권으로 구성되었다. 이 주택저당증권의 바탕이 되는 모기지의 대부분은 서브프라임 혹은 앨트-A 대출자(프라임 바로 아래 등급이 앨트-A이고 그 아래 등급이 서브프라임이다)에게 이루어진 것이었지만 신용평가사들은 이들 대출에서 만들어진 CDO에 높은 신용등급을 부여했다. 당시 CDS의 매수자 중에는 CDO를 보유하지 않은 사람들이 많았다. 이들은 보유하고 있는 CDO에 대한 보험으로 CDS를 사들인 것이 아니다. 이들은 CDO의 가치가 곧 떨어질 가능성에 돈을 건 헤지펀드이거나 다른 투자자들이었다. 어쨌거나 AIG는 CDS를 팔아서 한 해에 2억 5,000만 달러의 수익을 내고 있었다. 2006년 주택가격이 하락하기 시작하면서 부동산대출의 채무불이행 위험이 커지는 상황에서도 런던 사업단의 총책임자인 카사노(Joseph Cassano)는 상황을 낙관하고 있었다. 2007년 8월 카사노는 다음과 같이 말한 것으로 전해진다. "아무리 보수적으로 생각하더라도 이 거래 중 어느 하나에서 단 1달러라도 손실을 입을 가능성을 상상해 보는 것조차 어렵다." 그러고 난 직후 모기지의 채무불이행은 증가하였고 CDO 가격은 하락하였으며 AIG는 CDS에 따른 거액의 지불 의무를 떠안게 됐다. 2008년 9월까지 AIG는 CDS와 관련해 250억 달러의 손실을 입었고, CDS 보유자들은 AIG에게 추가 손실에 대비한 담보를 제공할 것을 요구하기 시작했다. AIG는 담보로 제공할 자산을 충분히 보유하고 있지 못했고 정부의 지원이 없으면 파산을 선언해야 한다는 점을 연준에 알렸다.

연방정부가 일개 보험회사에 대해 수십억 달러의 구제금융을 제공하기로 한 이유는 무엇일까? 리먼브러더스가 파산을 선언한 직후 AIG에 구제금융이 지원된 것은 우연이 아니다. 리먼브러더스의 경우 미 재무부와 연준은 개입하지 않기로 결정했었다. 하지만 리먼브러더스의 몰락으로 이 투자은행의 거래상대방이 큰 손실을 입으면서 금융위기가 더욱 악화되었다. 미 재무성과 연준은 AIG마저 몰락하여 채무불이행을 선언하면 다른 기업이 입는 손실로 인해 금융위기가 더욱 깊어질 수 있다는 점을 걱정하였다. 이 상황에 대해서는 다음 장에서 더 논의할 것이다.

출처 : Christopher Cox, "Swapping Secrecy for Transparency," *New York Times*, October 19, 2008. AIG 런던 사업단 책임자인 카사노의 언급은 다음 참조—Gretchen Morgenson, "Behind Insurer's Crisis, a Blind Eye to a Web of Risk," *New York Times*, September 27, 2008. James Bandler, with Roddy Boyd and Doris Burke, "Hank's Last Stand," *Fortune*, October 13, 2008.

이름이 붙여졌다. 그림자 은행시스템은 상업은행 밖에서 저축자와 차입자를 연결시켜 주지만, 원칙적으로 저축자와 차입자 모두에게 이익을 주었다. 사실 금융위기가 발생하기 직전까지 규모 면에서 그림자 은행이 상업은행보다 더 컸다.[4] 이러한 자금중개 경로의 변화가 금융시스템과 경제에 어떤 영향을 주는 것일까? 그림자 은행시스템은 금융위기에 어떤 영향을 미쳤을까?

체계적 위험과 그림자 은행시스템

원칙적으로 시장경제하에서 기업은 자유롭게 운영된다. 그러나 금융 권력의 해악에 대한 두려움 때문에 미 정부는 여러 방법으로 은행을 규제해 왔다. 은행지점 수를 제한하고 주 간 은행 업무(interstate banking)를 금지하였다. 비록 몇 가지 규제는 1990년대에 없어졌지만 대부분의 금융기관을 포함하여 은행은 다른 일반기업에 비해 훨씬 심한 규제를 받고 있다.

1930년대 주가의 폭락과 은행의 파산사태는 새로운 규제를 도입하는 계기가 되었다. 은행시스템의 안정화를 위해 상업은행의 예금을 보장하는 연방예금보험공사(FDIC)가 설립되었다. 또한 금융시장에서 정보 문제를 줄이는 방안으로 주식시장과 채권시장을 규제하는 증권거래위원회(SEC)가 설립되었다.

예금보험제도가 없으면 은행의 경영자는 위험한 투자를 회피하려고 한다. 위험한 투자가 예금자들을 불안하게 하기 때문이다. 예금자들은 은행이 자신의 예금을 어떻게 투자하는지 감시할 것이다. 은행이 파산하면 은행의 주주와 예금자가 손해를 입지만, 이러한 손실의 가능성은 시장시스템하에서는 언제나 존재하는 것이다. 그런데 예금보험제도를 실시하면 은행 경영자가 위험한 투자를 회피하는 성향은 오히려 줄어들고, 예금자도 은행을 감시할 의욕이 떨어지게 된다. 도덕적 해이 문제가 더 커지는 것이다. 그러면 미 의회는 왜 FDIC를 설립한 것인가? 사실 예금자의 손실을 보호하는 것이 주목적은 아니었다. 주목적은 은행공황(bank panic)을 막는 것이었다. 한 은행의 파산은 예금인출사태를 불러일으킬 수 있다. 이와 같은 **전염**(contagion) 가능성을 막기 위한 것이었다. 예금보험제도로 예금자들의 두려움이 사라져 은행공황의 가능성은 거의 사라지게 되었다. 미 의회가 FDIC를 설립하면서 가장 먼저 고려한 것은 개별 예금자가 지닌 위험보다 금융시스템 전체에 가해지는 **체계적 위험**(systemic risk)이었다.

체계적 위험 개별 기업이나 투자자가 아닌 금융시스템 전체에 가해지는 위험

예금보험제도는 은행시스템을 안정화시키는 데 성공하였다. 그러나 그림자 은행시스템에는 예금보험 같은 것이 없었다. 그림자 은행시스템에서는 은행예금이 아니라 주로 환매채, 기업어음, 기타 단기금융상품을 매개로 자금이 오간다. 금융위기 동안 미 재무성은 MMF에 투자한 사람들의 투자원금을 보장해 주는 이례적인 조치를 취했지만, 이 조치는 2009년 9월에 끝났다. 정부는 그림자 은행이 손실을 입고 있을 때 그들에게 대출하거나 투자한 사람들에게는 배상해 주지 않는다. 과거에는 상업은행의 뱅크런이 문제였지만 현재는 그림자 은행에서의 대규모 인출사태가 문제이다. 1934년 FDIC를 설립하기 전에 상업은행이 체계적 위험에 시달린 반면 2007~2009년 위기에는 그림자 은행이 체계적 위험에 직면했다.

규제와 그림자 은행시스템

역사적으로 상업은행은 불안정한 시기를 거쳐 오면서 이런저런 규제를 받아 왔다. 정부는 상업은행

4 미 재무장관 가이트너는 금융위기가 발생하기 직전인 2007년 기준으로 투자은행과 헤지펀드가 소유한 자산에다 자산담보부 기업어음(asset-backed commercial paper)과 환매채의 가치를 합한 것이 상업은행이 보유한 대출, 유가증권, 기타 자산의 합보다 크다는 사실을 강조한 바 있다.

이 소유할 수 있는 자산의 종류와 레버리지 정도를 통제하였다. 그러나 투자은행이나 헤지펀드 같은 그림자 금융회사는 이러한 규제를 적용받지 않았다. 보유자산의 종류와 레버리지 정도에 대한 규제로부터 예외를 인정받은 이유는 크게 두 가지이다. 첫째, 정책 당국자들은 그림자 금융회사들이 상업은행만큼 금융시스템에 중요한 영향을 미친다고 보지 않았다. 이 회사들이 파산하더라도 금융시스템 전체를 손상시키지는 않을 것이라고 믿었다. 둘째, 이 회사들은 소규모 개인 투자자가 아니라 주로 부유한 개인 투자가, 기관투자가, 금융회사들을 상대한다. 정책 당국자들은 투자은행 및 헤지펀드와 거래하는 투자자들은 자금력과 전문지식이 있는 사람들이므로 정부의 규제라는 도움 없이 스스로 이익을 챙길 수 있을 것이라고 믿었다.

1934년에는 증권거래위원회(SEC)가 설립되어 주식시장과 채권시장을 감독하는 권한을 갖게 되었다. 이후에는 선물거래가 증가하여 1974년에는 선물시장을 규제하는 선물거래위원회(CFTC)가 설립되었다. 그러나 시간이 지나면서 시장은 두 감독기관의 규제를 받지 않은 복잡한 금융상품을 개발하기 시작했다. 금융위기 시기에 신용부도스왑(CDS) 같은 금융상품은 SEC나 CFTC의 감시를 피해 가며 그림자 은행시스템에서 수조 달러나 거래되었다. 금융위기를 통해 드러났듯이 이 거래에는 거래상대방 위험이 존재한다. 제7장에서 살펴보았듯이, 파생상품이 거래소를 통해 거래될 때에는 거래소가 거래상대방 역할을 하며, 매수자와 매도자의 채무불이행 위험을 낮춰 준다. 그림자 은행시스템에서 거래상대방 위험은 시간이 지날수록 증가하였고, 몇몇 회사의 레버리지는 매우 높은 수준까지 올라갔다. 레버리지 비율이 높으면 작은 손실도 크게 확대되고 채무불이행 가능성이 높아진다.

그림자 은행시스템의 취약성

그림자 금융시스템의 취약성을 다음과 같이 요약할 수 있다. 그림자 금융시스템의 회사들도 상업은행과 마찬가지로 단기로 조달하여 장기로 운용하는 방식을 취했다. 그러나 몇 가지 이유로 상업은행보다 더 취약한 구조를 갖고 있었다. 첫째, 은행예금자들과 달리 투자은행과 헤지펀드에 단기자금을 제공하는 투자자들은 정부로부터 원금을 보장받지 못했다. 따라서 1930년대 상업은행들과 같이 투자은행과 헤지펀드도 위기에 취약할 수밖에 없었다. 둘째, 그림자 금융은 규제를 덜 받았기 때문에 상업은행보다 레버리지 비율도 높고 투자자산의 건전성도 낮았다. 끝으로, 그림자 금융은 2000년대 들어 주택가격 하락 시 손실을 입게 되는 증권에 너무 많은 투자를 하였다. 주택가격의 하락이 시작되자 이들은 막대한 손실을 입었고 몇몇은 파산을 신청해야 했다. 그 결과는 대공항 이후 최악의 금융위기였다.

11장의 질문에 대한 답변

Question 2007~2009년 금융위기에서 그림자 은행시스템은 어떤 역할을 했는가?

Answer 많은 그림자 은행, 특히 투자은행과 헤지펀드는 장기 투자자금을 조달하는 데 주로 단기 차입에 의존하여 차입 비율이 높아지게 되었고, 주택가격이 하락하면 손실을 입는 증권을 많이 보유하고 있었다. 주택가격이 떨어지자 이 회사들은 큰 손실을 입었고 몇몇은 파산하였다. 금융시스템에서 그림자 은행의 비중이 커진 상황에서 그 결과는 금융위기로 나타났다.

핵심용어

계약저축기관
금융회사
기업공개
뮤추얼펀드
보험회사
신디케이트
연금기금
인수
체계적 위험
투자기관
투자은행
헤지펀드
MMF

연습문제

01 2005년 당시 뉴욕 연준은행 총재였던 가이트너는 경쟁압력이 고조되어 헤지펀드의 레버리지가 올라가고 있다고 생각했다. 고조된 경쟁압력이 헤지펀드의 레버리지를 올린 이유는 무엇인가? 같은 이유가 투자은행에도 적용되었는가? 간단히 설명하라.

출처 : Anna Bernasek, "Hedge Funds' Heft Raises Increasing Concern About Their Risks," *New York Times*, July 5, 2005.

02 당신이 20만 달러의 집을 구매한다고 가정해 보자. 다음 각 상황에서 이 투자의 레버리지 비율을 계산하라.

a. 현금으로 총 20만 달러를 지불한다.
b. 20% 할인된 가격을 지불한다.
c. 10% 할인된 가격을 지불한다.
d. 5% 할인된 가격을 지불한다.

그해 말에 집값이 22만 달러로 상승했다고 가정해 보자. 위의 각 상황에서 투자 수익률을 계산하라. 계산할 때 주택 대출이자와 주거 서비스의 가치는 무시하기로 한다.

03 보통의 경우 소액의 저축자는 MMF에 돈을 맡기면 은행의 저축계좌보다 더 높은 이자를 받는다. 그렇다면 은행은 어떻게 소액 저축자를 끌어들일 수 있는가?

04 2010년 초 뉴욕타임스에 다음과 같은 기사가 실렸다. "자동차 대출이 아주 비싸졌다. 연준에 따르면 자동차 금융 이자율은 작년 12월 3.26%였지만 올해 2월에는 4.72%까지 올랐다."

a. 자동차 금융회사는 어떤 곳인가?
b. 자동차 딜러들이 구매자들의 자금 조달을 위해 은행이 아닌 금융회사를 이용하는 것은 어떤 이점이 있기 때문인가? 또 자동차 구매자들에게 어떤 이점이 있는가?

출처 : Nelson D. Schwartz, "Interest Rates Have Nowhere to Go But Up," *New York Times*, April 10, 2010.

05 헤지펀드에 관한 다음 몇 가지 사실을 고려해 보자.

1. "자산이 10억 달러 이상인 대기업이 전체 산업에서 차지하는 자산의 비중이 2006년 75%에서 2010년 초에는

82%로 상승했다."

2. "연구 결과에 따르면 오래된 대형주 펀드의 수익률은 신규 소형주 펀드에 비해 낮았다."
3. "2008년 금융위기 시 대형주 펀드는 소형주 펀드에 비해 낙폭이 작았다."

a. 헤지펀드란 무엇인가?

b. 위의 세 사실은 서로 모순되는가? 아니면 일관성 있게 설명할 수 있는가?

06 보험회사는 미래에 지불해야 할 액수를 정확히 알 수 없다. 그럼에도 불구하고 보험회사가 회사채나 대출 같이 유동성이 떨어지는 장기 자산을 많이 보유하는 이유는 무엇인가?

07 금융위기 동안 미 재무성은 MMF 투자에 대해 원금을 보장해 주는 조치를 취했다. 이 프로그램을 설명하면서 재무성은 다음과 같이 언급했다. "국제금융시스템의 통합성과 안정성을 보호하기 위해 MMF에 대한 신뢰를 유지하는 것이 중요하다." 왜 MMF 산업이 그토록 중요한 것인가? 만약 MMF에 문제가 생기면 그냥 돈을 은행에 맡기면 되는 일 아닌가?

출처 : U.S. Department of the Treasury, "Treasury Announces Expiration of Guarantee Program for Money Market Funds," September 18, 2009.

08 금융위기를 설명하는 과정에서 로웬스타인(Roger Lowenstein)은 투자은행인 메릴린치가 안고 있는 문제를 다음과 같이 지적했다. "과도한 레버리지, 과도한 단기 차입금, 자산 가운데 특히 가치가 의심스러운 부동산." 투자은행에게 과도한 레버리지는 왜 문제가 되었는가? 과도한 단기 차입금은 왜 문제가 되는가?

출처 : Roger Lowenstein, *The End of Wall Street*, New York: Penguin Press, 2010, p. 172.

09 예일대학 교수인 고튼(Gary Gorton)은 그림자 은행이 사용한 환매조건부채권과 상업은행의 예금을 비교하며 다음과 같이 말했다. "만약 예금자가 자신의 예금이 안전하지 않다고 걱정하면 환매조건부채권을 갱신하지 않는 방식으로 은행에서 돈을 인출할 수 있다."

a. 환매조건부채권은 어떤 의미에서 은행예금과 같은가?

b. 만약 예금자들이 환매조건부채권을 갱신하지 않으면 그림자 은행에 미치는 결과는 무엇인가?

출처 : Gary Gorton, "Banking Panics: Déjà Vu All Over Again," *New York Times*, October 5, 2009.

10 2008년 3월 미 재무성과 연준은 투자은행 베어스턴스의 파산을 막기 위해 JP모건체이스에 매각을 주선하는 작업을 하고 있었다. 당시 뉴욕타임스의 칼럼니스트는 다음과 같은 글을 썼다.

"베어스턴스를 살리기 위해 정부가 나서는 것은 구시대 뱅크런 때나 있을 법한 일이다 … 베어스턴스는 상업은행이 아니다. 상업은행의 뱅크런을 막기 위해 75년 전에 루스벨트 대통령이 정부보증을 도입했지만, 베어스턴스는 이것을 받을 자격이 없다."

a. 투자은행은 어떤 식으로 인출사태를 겪게 되는가?

b. 상업은행은 75년 전 정부로부터 어떤 보증을 받았는가?

c. 이 정부보증은 상업은행의 뱅크런을 어떻게 막을 수 있었는가?

출처 : Floyd Norris, "F.D.R.'s Safety Net Gets a Big Stretch," *New York Times*, March 15, 2008.

11 2009년 미 의회와 대통령은 금융위기의 원인을 규명하기 위해 금융위기 조사위원회를 구성했다. 2010년에 열린 청문회에서 루빈(Robert Rubin)은 "금융업에 종사하는 우리 모두 심각한 위기가 올 잠재성이 있다는 것을 알아차리지 못했다."고 증언하였다. 루빈은 골드만삭스의 최고경영자를 거쳐 클린턴 정부에서 재무장관을 역임했고 금융위기 기간에는 시티그룹의 이사로 근무하였던 금융계의 거물이다. 금융계의 고위층 인사들조차 금융위기를 예측하지 못했던 이유는 무엇인가? 2007년 금융위기의 발생 가능성을 뒤늦게라도 알아차릴 만한 조짐이 있었다면 그것은 무엇이었겠는가? 간단히 설명해 보라.

출처 : Ezra Klein, "Wall Street Says Washington Doesn't Understand Finance. Well, Neither Does Wall Street," *Washington Post*, April 19, 2010.

부록 한국의 비은행금융기관

금융기관은 크게 은행 대 비은행금융기관으로 구분할 수 있다. 한국의 경우에 아직 정식으로 투자은행이라는 명칭이 붙은 금융기관은 없다. 한국의 비은행금융기관은 비은행 예금기관, 보험회사, 증권기관, 기타 금융기관으로 구분될 수 있다. 여기서는 주요 비은행금융기관으로 어떤 기관들이 있는지 살펴보기로 한다.

비은행 예금기관

비은행 예금기관(또는 비은행 예금취급기관)은 예금과 대출 업무를 한다는 점에서 은행과 유사하지만 설립의 목적과 업무의 범위가 은행보다는 다소 제한적이다. 비은행 예금기관으로 상호저축은행, 신용협동기구, 종합금융회사, 우체국예금이 있다.

상호저축은행 상호저축은행은 설립 목적상 지역 서민과 소기업을 대상으로 하는 예금기관으로 은행을 보완하는 역할을 한다. 상호저축은행은 본점이 소재한 특별시, 광역시, 도를 영업 구역으로 하여 인가를 받도록 되어 있는데, 수신에는 제한이 없으나 여신에 있어서는 영업 구역 내의 개인과 중소기업에 대한 대출이 50%를 넘어야 한다. 비록 규모가 은행에 비해 영세하긴 하지만, 취급하는 업무는 은행과 거의 같다.

신용협동기구 신용협동기구로 신용협동조합, 새마을금고, 상호금융이 존재하는데, 설립 목적상 조합원에 대한 저축편의 제공과 대출을 통해 조합원 상호 간의 공동이익 추구를 목적으로 한다. 물론 비조합원도 신용협동기구를 이용할 수는 있으나, 설립 목적상 비조합원에 대한 금융 서비스가 일정 범위 이내로 제한된다.

우체국예금 우체국예금은 국가가 직접 운영하는 공적 금융기관으로 원리금의 지급을 국가가 보장한다. 대부분 예금으로 자금을 조달하며(다른 금융기관에 비해 그 비중이 월등히 높음), 주로 예치금과 유가증권투자로 자금을 운용한다. 대출을 하지 않고 공공자금관리기금 예탁 등 예치금의 비중이 높은 것이 특징이다.[5]

종합금융회사 종합금융회사는 보험과 소비자금융을 제외한 대부분의 기업금융 업무를 담당한다. 종합금융회사는 사금융을 제도권으로 흡수하고 기업의 단기금융을 원활화하기 위하여 1975년 12월 도입되었다. 도입 당시에는 은행과 증권으로 양분된 체제를 보완하고 종합적인 금융 서비스를 제공하는 금융기관을 지향하였으나 금융·외환위기 이후 대부분 퇴출되거나 합병되었다. 종합금융회사는 발행어음, CMA, 차입금 등으로 조달한 자금을 대출금, 유가증권, 리스자산 등으로 운용한다.

---

5 대출이 완전히 금지되는 것은 아닌데, 자금중개회사를 통한 금융기관 대여 업무를 하지만 그 비중이 예금자금의 일부(현재 5%)로 제한된다.

보험회사

보험회사는 생명보험회사, 손해보험회사, 우체국보험, 공제기관, 수출보험공사로 구분된다. 생명보험과 손해보험 업무를 겸하는 것은 원칙적으로 금지된다. 다만, 개별 특별법에 의거하여 **유사보험(quasi-insurance)**을 취급하는 공제기관의 경우에는 생명공제와 손해공제를 함께 취급한다.[6] 정부가 직접 운영하는 우체국보험은 생명보험만을 취급하며, 수출보험공사는 수출과 관련된 손해보험 업무만을 담당한다.

한국의 수입보험료 규모는 세계에서 6~7위를 차지할 정도로 큰 수준이며, GDP에 대비한 수입보험료의 비중도 미국과 일본에 비해 뒤지지 않는 수준이다. 생명보험사가 취급하는 보험 가운데에는 사망보험 등의 개인보험이 95% 이상을 차지하고 있으며, 손해보험사가 취급하고 있는 보험 가운데에는 자동차보험과 장기저축성보험이 70% 이상을 차지한다.

생명보험과 손해보험 업무를 겸하는 것이 원칙적으로 금지되고 있다고 해도, 예를 들어 장기저축성보험과 같이 생명보험과 손해보험의 양면성을 띤 부문에 대해서는 겸영이 허용되고 있다. 사실 고객의 수요에 따라 보험, 저축, 투자의 기능이 혼합된 다양한 보험상품이 등장하고 있는데, 그 일례로 2001년에 도입된 변액보험은 납입보험료로 기금을 조성한 뒤 주식, 채권 등 유가증권에 투자해 그 이익을 계약자에게 배분하는 상품으로 보험과 투자를 결합한 것이다. 한국은 금융선진국에 비해 장기금융상품이 부족하기 때문에, 보험사고가 없더라도 만기 시에 보험금을 지급하는 장기저축형 또는 장기투자형 보험상품이 적지 않은 비중을 차지한다.

보험사들은 자금 운용상 원래 장기채권에 대한 투자 수요가 높다. 그러나 한국에서는 3년 만기 채권이 주종을 이루고 있어 기본적으로 장기투자 대상을 확보하기 어려운 측면이 있다. 따라서 대안으로 외국의 10년 내외 장기채권에 투자하기도 한다. 장기자산인 주식에 투자할 수 있으나 주요 선진국과 비교하면 주식 투자의 비중은 낮은 편이다.

증권 관련 기관

직접 금융시장에서 유가증권 거래에 관한 업무를 주로 취급하는 금융기관을 증권 관련 기관으로 통칭한다. 증권회사를 위시하여 자산운용회사, 사모투자전문회사, 투자자문회사, 선물회사, 증권금융회사가 증권 관련 기관에 속한다. 여기서 증권회사 대신 포괄적으로 증권 관련 기관이라고 하는 이유는 자산운용회사 등을 포함할 수 있기 때문이다.

증권회사 증권회사는 유가증권을 통해 기업과 투자자를 직접 연결시킨다. 증권회사는 세 가지 주요 업무, 즉 **위탁매매**(brokerage), **자기매매**(dealing), **인수 주선**(underwriting) 업무를 수행한다. 증권회사는 중개 기능을 주요 업무로 영위하기 때문에 자금의 조달과 운용이 주로 유동부채와 유동자산으로 구성되는 것이 특징이다. 또한 증권회사 수익의 원천으로 가장 비중이 큰 것은 수수료 수

6 공제란 원래 공통적 유대를 가진 특정 조합원끼리 상호 부조 차원에서 자금을 각출하여 저축과 보험 기능을 수행하는 데서 출발하였다. 우리나라의 공제기관으로는 농업협동조합공제, 수산업협동조합공제, 새마을금고공제, 신용협동조합공제가 있으며, 이 기관들은 조합원뿐만 아니라 일반인을 상대로도 공제 업무를 수행하고 있다.

입으로, 증권회사의 수익은 주식시장의 상황에 따라 기복이 심하다.

선물회사 선물회사는 선물거래의 자기거래, 위탁거래, 위탁의 중개 업무를 담당한다. 선물회사는 1996년 7월 선물거래법 시행으로 도입되었으며, 1999년 4월 선물거래소가 개장되고 선물상품이 다양화됨에 따라 거래량이 비약적으로 증가하였다.

자산운용회사 자산운용회사는 일반 투자자로부터 자금을 조달하여 유가증권이나 부동산 등에 투자한 뒤, 그 운용수익을 실적에 따라 배당하는 업무를 담당한다. 자산운용회사는 계약형 또는 회사형으로 자산을 운용하는데, 한국과 일본, 유럽 등에서 주로 취급하는 계약형은 자산운용회사가 발행하는 수익증권을 투자자가 매입하는 형태로 이루어진다. 자산운용회사가 취급하는 주식형·채권형·혼합형 투자신탁, MMF 등은 빠른 신장세를 보이고 있다. 한편 2004년 10월 우리나라에 처음 도입된 사모투자전문회사는 투자회사의 특수한 형태로 소수의 투자자로부터 사모의 방식으로 자금을 조달한 뒤 M&A 등 기업의 구조조정을 통해 이익을 창출하고자 하는 회사이다.[7]

투자자문회사 투자자문회사는 유가증권 투자에 대해 고객에게 조언하고 또 투자판단을 일임받아 고객을 대신해 투자하는 회사이다. 투자자문회사는 자산운용회사에 비해 설립이 용이하지만, 자산운용회사가 투자자문업을 겸영하는 경우가 대부분이기 때문에 전업 투자자문회사의 계약 실적은 전체의 5% 내외를 차지하고 있는 정도이다.

증권금융회사 증권금융회사는 증권회사와 일반 투자자에게 증권의 인수나 매매에 관한 자금을 공급하거나 증권을 대여해 주는 금융기관이다. 미국과 유럽에서는 은행 등의 금융기관이 일반금융과 마찬가지로 증권금융도 함께 취급하지만, 한국과 일본의 경우에는 증권금융을 전담하는 기관을 두고 있다. 현재 증권금융 전담기관은 한국증권금융이다.[8]

기타 금융기관

전통적인 은행, 보험, 증권 업무 이외의 업무를 담당하는 기관은 모두 기타 금융기관으로 분류될 수 있다.

여신전문금융회사 여신전문금융회사는 수신 기능 없이 여신 업무만을 취급한다. 주식 또는 채권을 발행하여 자금을 조달한 뒤, 다른 금융기관들과 차별화된 여신 업무를 수행한다. 할부금융회사, 신용카드사, 리스회사, 신기술사업금융회사가 여신전문금융회사에 속한다. 할부금융회사는 할부금융을 이용하는 소비자에게 구매자금을 공급하는 기관이다. 과거에도 자동차·가전업체 등이 자사제품 판매 목적으로 자체적으로 할부금융을 제공해 왔으나, 할부금융을 전업으로 하는 금융기관이 영업을 시작한 것은 1996년부터이다. 신용카드회사는 신용카드의 이용과 관계된 소비자금융을 취급한다. 현금서비스 한도제한 폐지 등 정부의 신용카드 장려책으로 2000년대 초 급신장하였으나,

7 우리나라의 사모투자전문회사는 기업발행주식의 10% 이상 되는 투자 또는 사실상 경영지배권 행사가 가능한 지분투자 등 기업 구조조정과 관련된 투자만을 하도록 되어 있어, 서구의 헤지펀드에 비해 업무 영역이 협소하다.

8 투자자가 증권회사 위탁계좌에 보유한 현금 부분은 한국증권금융에 예치되며, 이는 예금보험의 대상이다.

신용카드사들의 과도한 외형 확대경쟁으로 결국 신용불량자를 양산하는 계기가 되기도 하였다. 리스회사는 시설대여 방식으로 기업의 설비자금을 공급한다. 리스업만을 영위하는 전업회사도 있으나 종합금융회사 등이 리스업을 겸영하고 있다.

벤처캐피탈회사 벤처캐피탈회사는 조합원들의 자금을 모아 신생기업에게 자금을 공급하는 역할을 한다. 벤처캐피탈회사는 자금을 지원한 대가로 신생기업의 주식을 받으며, 단순히 지분투자만을 하는 것이 아니라 경영상담을 하거나 직접 신생기업 이사회의 일원으로 참여함으로써 신생기업의 가치를 제고시키기 위해 적극적인 역할을 한다. 한국의 벤처캐피탈회사로는 신기술사업금융회사, 중소기업창업투자회사 및 기업구조조정전문회사가 있다. 이들 3개 회사는 조세특례제한법에 따라 주식양도차익과 배당소득에 대한 비과세 등의 혜택을 받는다.[9]

신탁회사 신탁회사는 고객으로부터 금전 또는 재산을 수탁받아 운영·관리·처분하는 금융기관으로 신탁업법상 은행신탁과 부동산신탁으로 구분된다. 사실 신탁회사의 업무는 증권 관련 기관인 자산운용회사의 업무와 매우 유사하다. 다만 한국의 경우 은행이 은행계정과 별도로 신탁계정을 통해 투자신탁 업무를 겸영하고 있는데, 부동산신탁을 제외하면 은행의 신탁계정이 곧 신탁회사라고 볼 수 있다. 자산운용회사의 수익증권 등 투자상품이 다양화되기 전까지 비교적 높은 수익률로 금융소비자의 인기를 끌어 1995년 한때 신탁계정 규모가 은행계정 규모의 3분의 1에 육박하기도 하였으나, 최근 들어서는 은행계정의 약 10% 내외로 안정화되었다.

9 신기술사업금융회사와 중소기업창업투자회사는 업무 내용이 유사하다. 다만 신기술사업금융회사는 여신전문금융회사의 일종으로 할부금융 등 다른 여신전문업을 겸영할 수 있으나, 중소기업창업투자회사는 중소기업창업지원법에 따라 중소기업 창업과 관련한 벤처캐피탈 업무에 특화한다. 기업구조조정전문회사는 산업발전법에 따라 부실기업의 구조조정 업무에 특화한다.

CHAPTER 12

금융위기와 금융규제

[학습목표]

12.1 금융위기가 어떤 것인지 또 무엇이 금융위기를 일으키는지 설명한다.

12.2 대공황 시기에 발생했던 금융위기를 이해한다.

12.3 2007~2009년에 발생했던 금융위기를 이해한다.

12.4 금융위기와 금융규제 사이의 관계를 논의한다.

금융위기를 보는 흐린 수정구

서브프라임 모기지로 인한 미국 주택시장의 문제는 2007~2009년 금융위기를 불러일으켰고 또 1930년대 이래 최악의 경기침체를 야기했다. 그러나 많은 정책입안자, 경영자, 경제학자들은 위기가 다가오고 있다는 것을 알아차리지 못했다. 한 예로 연준 의장 버냉키는 2007년 5월 은행권 컨퍼런스 연설에서 다음과 같이 언급했다.

> 경제의 기초여건이 주택 수요를 제대로 지지하고 있는 상황이므로 서브프라임 부문의 문제가 주택시장 전체에 미치는 영향은 제한적일 것이며, 경제 전반과 금융시스템에 심각한 파급효과를 가져오지는 않을 것이다. 대부분의 모기지는 계속해서 잘 작동될 것이며 심지어 서브프라임 모기지도 그러할 것이다.

대부분의 경제전문가들은 2007년 가을까지 완만한 정도의 경기침체도 예상하지 못했다. 당시 BOA의 수석 경제학자는 다음과 같이 말했다. "금융혼란과 주택시장에서 비롯된 문제들이 분명히 경기를 하방으로 이끌 것이다. 하지만 더딘 성장의 기간이 길어지는 것일 뿐 경기침체는 아니다." 와코비아 은행의 경제학자도 "어떤 수치를 보더라도 경기침체의 징후는 없다. 경제는 여전히 완만한 성장세를 보이고 있다."고 했다. 전미제조업협회의 수석 경제학자는 2007년 11월에 "내년쯤이면 세계 경제는 다시 강해질 것이다."라고 말하기도 했다.

기업을 경영하는 사람들의 예측도 정확하지 못했다. 미국 대기업 CEO 105명을 대상으로 한 설문조사에 따르면 2007년 말 미국 경제에 대한 전망은 이전 연도에 실시했던 것보다도 낙관적이었다. 절반 이상의 CEO가 채용을 늘릴 것이라고 답했다.

중요한 것은 이러한 사람들의 예측이 빗나간 것이 아니다. 일반적으로 경기침체는 예측하기 힘든 것이고, 더욱이 2007~2009

12장의 이슈와 질문

▶ 정답은 288쪽에

Issue 2007~2009년 금융위기는 1930년대 대공황 이래 가장 심각한 위기였는가?

Question 2007~2009년 금융위기의 심각성이 그 기간의 경기침체의 심각성을 설명해 주는가?

년 경기침체의 심각성을 예측할 수 있는 사람은 거의 없었다. 이 정도 심각한 금융위기를 경험한 사람들은 1930년대 상황을 겪어 봤던 일부 사람들에 불과했다. (물론 정책입안자, 경제학자, CEO 가운데는 2007년이나 그 이전부터 미국 경제가 침체를 향해 가고 있다고 본 사람들도 있었다. 더욱이 몇몇은 심각한 경기침체를 예고하기도 했다.) 다만 이 장에서 금융위기를 논의할 때 정책입안자, 금융기관 경영자, 투자자뿐만 아니라 일반 사람들 모두 전례 없는 상황을 헤치고 나가기 위해 분투했다는 것을 염두에 두기로 하자.

출처 : Ben S. Bernanke, "The Subprime Mortgage Market," speech at the Federal Reserve Bank of Chicago's 43rd Annual Conference on Bank Structure and Competition, Chicago, May 17, 2007, on the Web site of the Board of Governors of the Federal Reserve System, www.federalreserve.gov/newsevents/speech/bernanke20070517a.htm; David Leonhardt and Jeremy W. Peters, "Unexpected Loss of Jobs Raises Risk of Recession," *New York Times*, September 8, 2007; Associated Press, "Growth Slows in Services, but a Recession Is Doubted," *New York Times*, Ocober 4, 2007; Peter S. Goodman, "Companies Bolster Sales Abroad to Offset Weakness at Home," *New York Times*, November 20, 2007; and Floyd Norris, "Ressimism Is Growing in Executive Suites," *New York Times*, December 6, 2007.

제11장에서는 지난 20년 동안 그림자 금융시스템의 출현과 함께 자금흐름의 방식에 변화가 생겼다는 것을 살펴보았다. 이 장에서는 금융위기의 원인과 결과에 대해 알아보고, 그림자 은행시스템이 2007~2009년 동안의 금융위기에 어떤 영향을 주었는지 살펴보도록 한다.

12.1 금융위기의 원인

금융시스템의 주된 기능은 저축자에서 차입자로 자금의 흐름을 원활하게 해 주는 것이다. **금융위기**(financial crisis)는 이 흐름이 심하게 무너진 것을 일컫는다. 금융위기는 가계와 기업 모두 자금을 조달하기 어렵게 만들기 때문에 경기침체를 야기한다. 남북전쟁 이전부터 1930년대를 거치는 동안 미국에서 일어난 금융위기의 대부분은 상업은행제도와 관련이 있었다. 이제 은행공황을 중심으로 금융위기에 대한 논의를 시작해 보기로 하자.

[학습목표]
금융위기가 어떤 것인지 또 무엇이 금융위기를 일으키는지 설명한다.

상업은행의 근본적인 취약성

상업은행의 기본 역할은 단기예금을 유치하여 장기 대출을 하거나 장기채권을 매입하는 것이다. 즉 은행은 예금주로부터 단기로 자금을 빌려 가계와 기업에게 장기로 빌려 준다. 결과적으로 부채의 만기가 자산의 만기보다 훨씬 짧기 때문에 은행은 만기불일치 상황에 놓인다. 대출금을 회수하는 데 어려움을 겪는 반면 예금주들이 언제든지 인출을 요구할 수 있기 때문에 은행은 상대적으로 현금이 부족하다. 이것이 유동성 위기에 직면하는 이유이다. 많은 예금주들이 인출하려는 금액이 은행 보유 현금보다 더 많으면 통상적으로 은행은 다른 은행으로부터 현금을 빌려야 하고, 현금을 빌릴 수 없다면 보유 자산을 매각해야 한다. 만약 은행의 대출금과 보유 채권의 가치가 하락하면 은행은 **지급불능**(insolvent) 상태에 빠진다. 이는 은행의 자산가치가 은행의 부채보다 작은 상태, 즉 순자산이 음(−)인 상태이므로 은행은 예금주에 대한 지급의무를 이행할 수 없게 된다.

지급불능 은행 또는 기업의 자산이 부채보다 작은 상태, 즉 순자산이 음(−)인 상태

뱅크런, 전염, 은행공황

유동성 위기의 가능성은 은행이 안고 있는 고유의 문제이다. 만약 예금보험제도가 없고 중앙은행도 없다면 더할 것이다. 1836~1914년 사이 미국에는 중앙은행이 없었다. 1933년 이전까지는 예금보험제도도 없었다. 그 기간 동안에는 은행 부실이 의심되면 예금주들은 예금을 찾으러 은행으로 달려가야 했다. 유동성 자산이 소진된 경우에 은행은 자금을 모을 때까지 일시적으로 문을 닫아야 했다. 현금을 확보하지 못하는 은행은 영원히 문을 닫아야 했다. 파산한 은행의 예금주들은 예금 가운데 일부만 돌려받을 수 있었는데 그것도 대개는 오랜 시간이 걸렸다. 은행 예금주들의 동시다발적인 인출로 인한 은행 폐업을 **뱅크런**(bank run)이라고 부른다.

뱅크런 은행을 신뢰하지 못하는 예금주들이 은행 문을 닫아야 할 정도로 예금을 동시다발적으로 인출하는 과정

은행에 문제가 있다고 의심할 만한 어떤 이유라도 있으면 사람들은 예금을 인출하기 위해 너도나도 맨 첫째 줄에 서려고 한다. 비록 당신이 거래하는 은행은 잘 운영되고 있다고 믿는 경우에도, 만약 다른 예금주들이 은행에 문제가 있다고 생각한다면 당신은 사람들이 돈을 찾아가기 전에 당신의 예금부터 찾아 놓으려고 할 것이다. 즉 예금보험이 없는 경우에 은행의 안정성은 예금주들의 신뢰에 달려 있다. 잘못된 루머일지라도 좋지 않은 뉴스가 신뢰를 흔들어 버리는 상황이 도래하면 은행은 뱅크런을 경험하게 된다.

예금보험제도가 없는 상황에서 한 은행에 대한 나쁜 뉴스는 눈덩이처럼 커져 다른 은행에게도 영향을 주게 되는데 이를 **전염**(contagion)이라고 한다. 한 은행에 뱅크런이 발생하면 다른 은행도 비슷한 문제가 있을 것이라는 우려를 낳고 다른 은행들에서도 뱅크런의 징후가 생기기 시작한다. 은행은 보유 자산인 대출과 채권을 처분하여 예금주들에게 지급할 자금을 모으게 된다. 중요한 것은, 만약 여러 은행이 동시에 자산을 매각하려고 하면—예를 들어 현대 은행시스템하의 주택저당증권—자산의 가격이 급락한다는 것이다. 자산가격 하락으로 은행의 순자산이 감소하고 일부 은행은 지급불능 상태에 놓인다. 만약 여러 은행에 뱅크런이 발생하면 그 결과는 **은행공황**(bank panic)이다. 최악의 경우에 거의 모든 은행이 문을 닫을 수 있다. 이와 같이 은행공황은 자기충족적인(self-fulfilling) 인식에서 비롯된다. 사람들이 은행이 문제가 있다고 믿으면 실제로 은행에 문제가 생긴다.

전염 한 은행에 발생한 뱅크런이 다른 은행으로 퍼지면서 결국에는 은행공황이 도래하는 과정

은행공황 많은 은행들이 동시다발적으로 뱅크런에 직면하게 되는 상황

전염과 은행공황의 근저에는 정보의 문제가 있다. 은행은 대출을 하기 위해 각 채무자에 대한 정보를 수집하지만 이렇게 모아 놓은 정보는 은행의 사적 정보이기 때문에 예금주는 어떤 은행이 안전한지 아닌지 알기 어렵다. 예금주는 은행이 보유한 포트폴리오의 질을 평가하기에 충분한 정보가 없고 은행의 지급능력에 대해서도 잘 알지 못한다. 따라서 한 은행에 대한 나쁜 뉴스는 다른 은행들의 안전성에 대한 불신을 고조시키고 결국 은행공황으로 이어진다.

은행공황을 멈추기 위한 정부의 개입

정책 당국자들은 은행산업의 건전성이 유지되기를 원한다. 유동성 위기로 인해 은행의 건전성이 악화되면 일반 가계와 중소기업이 대출받기 어렵게 되어 결국 금융중개의 효율성이 감소한다.

최종대부자 중앙은행은 지급능력은 있지만 유동성이 낮은 대출자산을 보유한 은행에게 대출해 줌으로써 은행시스템에 최종적으로 신용을 공급하는 원천 역할을 함

정부가 은행공황을 막는 데는 두 가지 방법이 있다. 그것은 (1) 중앙은행이 **최종대부자**(lender of last resort) 역할을 하거나 (2) 정부가 예금보험제도를 운영하는 것이다. 미 의회는 1913년 연방

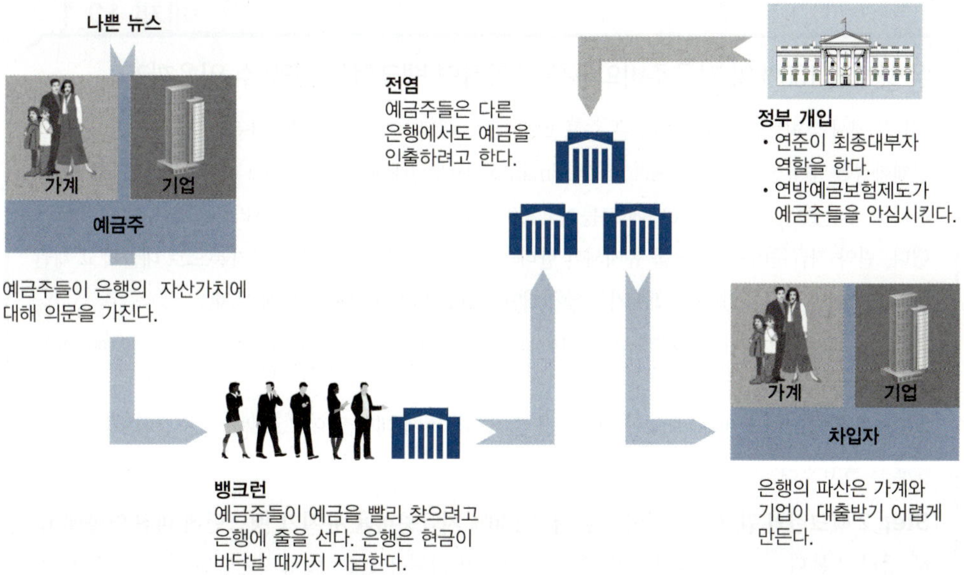

그림 12.1

뱅크런과 정부의 대응

뱅크런은 불안한 은행뿐만 아니라 안전한 은행까지도 파산하게 만들 수 있다. 가계와 기업이 대출을 얻을 수 능력을 떨어뜨리기 때문에 은행 파산의 비용은 매우 크다.

준비제도를 설립하여 은행공황에 대비하고자 했다. 전문가들은 '은행의 은행', 즉 최종대부자의 필요성을 주장했다. 최종대부자로서 은행공황 기간에도 은행에게 신용을 공급하는 역할을 하게 하는 것이다. 지급능력은 있지만 유동성이 낮은 대출자산을 보유한 은행에게 연준은 그 대출자산을 담보로 대출을 해 준다. 당시의 정책입안자들은 연준이 지급능력이 없는 은행은 파산하도록 놔두고 지급능력이 있는 은행에 한해 대출해 줄 것을 기대했다.

그런데 앞으로 살펴볼 것이지만, 연준은 1930년대 초 은행공황을 막지 못했고, 의회는 1934년에 **연방예금보험공사**(FDIC)를 설립하게 되었다. 예금주들을 안심시킨 예금보험제도는 효과를 발휘하여 은행공황 시대에 종지부를 찍었다. 그림 12.1은 은행공황과 정부 개입의 원인과 결과를 설명하고 있다.

연방예금보험공사 상업은행의 예금을 보호하기 위해 1934년에 설립된 연방정부기관

은행공황과 경기침체

표 12.1에서 보듯 미국은 19세기 초부터 예금보험제도가 도입되기 전인 1933년까지 지속적으로 은행공황의 고통을 받아 왔다. 전미경제연구원(National Bureau of Economic Research, NBER)은 경기 상황을 종합적으로 판단하여 경기침체 기간을 확정해 공표한다. NBER이 판정한 최초의 경기침체기인 1854년부터 1933년까지를 보면, 1860년대 초 남북전쟁 시기에 발생한 두 번의 은행공황을 제외하면 모든 은행공황은 경기후퇴와 결부되어 있다.

은행공황과 경기침체가 함께 발생하는 것은 우연의 일치가 아니다. 은행공황은 경기침체를 촉발하거나 이미 진행 중인 경기침체를 악화시킨다. 은행의 파산은 가계와 기업이 보유한 예금을 없애 버리기 때문에 이들의 지출능력에 직접적인 타격을 준다. 은행의 주주들도 손실을 입는다. 게다가 파산한 은행의 신용에 의존했던 가계와 기업은 자금을 조달하지 못하게 된다. 전형적인 모습은 은행공황

예제 12.1

은행에게 100%의 지급준비의무를 부과하면 뱅크런을 없앨 수 있을까?

제10장에서 살펴보았듯이 미 연준은 수표발행예금에 대해 10%의 지급준비율을 부과하고 있다. 노벨 경제학상을 수상한 프리드먼(Milton Friedman)은 1950년대에 은행이 100% 지급준비율을 유지해야 한다고 제안했다. 그 후 2010년에 코틀리코프(Laurence J. Kotlikoff)도 프리드먼과 유사한 제안을 했다. 만약 지급준비율 100%를 유지해야 한다면 은행은 예금이 아니라 자기자본으로 대출하고 채권을 매수해야 한다. 이 안이 뱅크런 가능성에 어떤 영향을 미치게 될지 토론해 보자.

출처 : Kotlikoff's account of 100% reserve banking is part of his general proposal for financial reform in Laurence J. Kotlikoff, *Jimmy Stewart Is Dead*, Hoboken, NJ: John Wiley & Sons, 2010.

Step 1 복습. 이 문제는 무엇이 뱅크런을 일으키는지에 대한 것이므로 '뱅크런, 전염, 은행공황' 부분을 복습한다.

Step 2 뱅크런의 원인이 무엇이고 은행의 100% 지급준비율 유지가 뱅크런에 미칠 영향에 대해 생각해 본다. 만약 은행이 지급준비율을 10%가 아니라 100%로 유지한다면 예금주들은 더 이상 예금을 되돌려 받을 수 없다는 두려움을 갖지 않아도 될 것이다. 은행이 투자에 실패하더라도 은행의 대출금과 채권의 가치가 예금과 연결되지 않으므로 예금주들은 예금을 잃어버릴 위험에 노출되지 않는다. 지급준비율을 100% 부과하는 제도의 장단점이 무엇이든, 적어도 뱅크런의 위험에는 노출되지 않는다고 결론 내릴 수 있다.

의 시기에는 지급능력이 있는 은행조차 인출에 대비하여 대출을 줄인다는 것이다. 그 결과 **신용경색**이 발생한다. 예전에는 건실하다는 평가를 받았던 가계와 기업조차 더 이상 은행대출을 받지 못하게 된다. 끝으로 은행의 예금계좌가 붕괴함에 따라 경제 전체의 통화공급이 감소한다.

은행공황과 경기침체 사이에는 부정적인 피드백이 존재한다. 이미 살펴보았듯이 경기침체가 공황을 야기하고 은행공황은 경기침체를 더 심화시킬 수 있다. 경기침체가 깊어질수록 기업의 이윤은 감소하고 가계소득도 감소한다. 채무자들은 대출금을 갚지 못하고 은행이 보유한 채권가격도 하락하기 때문에, 은행에 대한 예금주들의 신뢰가 훼손되어 예금인출사태가 발생한다. 은행의 입장에서도 상환능력이 있는 채무자가 감소하기 때문에 대출을 줄일 수밖에 없다. 가계와 기업의 지출능력이 줄어들면서 경기침체는 더욱 심화된다.

미국이 주로 은행공황이라는 형태의 금융위기를 겪었던 반면, 다른 나라들은 **외환위기**[currency crisis, 또는 외환위기(exchange rate crisis)라 부름]와 **국가부채위기**(sovereign debt crisis)를 경험했다.

외환위기

제8장에서 통화 간의 환율이 다른 가격과 마찬가지로 수요와 공급의 상호작용에 의해 결정된다는

표 12.1 미국의 은행공황

은행공황 시기	은행공황이 경기침체기에 발생했는지 여부
1857년 8월	예
1861년 12월	아니요
1864년 4월	아니요
1873년 9월	예
1884년 6월	예
1890년 11월	예
1893년 5월	예
1896년 10월	예
1907년 10월	예
1930년 10월	예
1931년 4월	예
1931년 9~10월	예
1933년 1~2월	예

주 : 경기침체 시기는 전미경제연구원(NBER)에 의존했으며, 최초의 경기침체기는 1854년이다. 1873년 9월의 은행공황은 경기후퇴가 시작되기 한 달 전에 발생했다.

출처 : Carmen M. Reinhart and Kenneth S. Rogoff, *This Time Is Different: Eight Centruries of Financial Folly*, Princeton, NJ: Princeton University Press, 2009, Table A.4.1; Michael Bordo, Barry Eichengreen, Daniela Klingebiel, and Maria Soledad Martinez-Peria, "Is the Crisis Problem Growing More Severe?" *Economic Policy*, Vol. 32, Spring 2001, pp.52-82, Web appendix; Michael Bordo and Joseph G. Haubrich, "Credit Crises, Money and Contractions: An Historical Review," *Journal of Monetary Economics*, Vol. 57, January 2010, pp. 1-18; and National Bureau of Economic Research.

것을 살펴보았다. 그러나 어떤 경우에 국가들은 다른 나라의 통화에 대해 자국의 통화를 **연계**(pegging)시킴으로써 자국의 통화가치를 유지하려 했다. 예를 들어 1990년대에 많은 개발도상국이 미국 달러에 대해 자국의 통화가치를 고정시켰다. 고정환율제도는 무역 확대에 이점이 있다. 환율이 고정되면 기업이 사업계획을 세우기 수월하다. 예를 들어 한국의 원화 가치가 미국 달러에 비해 상대적으로 상승하면 한국의 TV 제조업체는 미국에 수출하는 TV의 달러 가격을 인상해야 하기 때문에 판매가 감소할 것이다. 그러나 한국 원화와 달러의 환율이 고정되면 TV 제조업체는 가격변동을 고려할 필요가 없어 사업계획을 수립하기 쉽다.

한편 어떤 국가의 기업이 외국으로부터 자금을 조달할 때 환율이 변동하면 기업의 채무 상환액 또한 변동하게 된다. 예를 들어 태국 기업이 미국 달러를 일본 은행으로부터 대출받는다고 하자. 만약 태국 기업이 대출받은 달러로 태국에 공장을 짓기 원한다면 달러를 태국 통화인 바트로 교환해야 한다. 공장 문을 열고 생산을 시작하면서 태국 기업은 대출금을 상환하기 위해 벌어들인 바트를 달러로 바꿀 필요가 있다. 만약 달러에 대한 바트의 가치가 하락하면 태국 기업은 필요한 달러를 충당하기 위해 더 많은 바트를 지불해야 하는 문제가 생긴다. 그러나 태국 정부가 바트-달러 환율을 고정시키면 외국 통화로 대출받은 자국기업의 리스크를 줄일 수 있다.

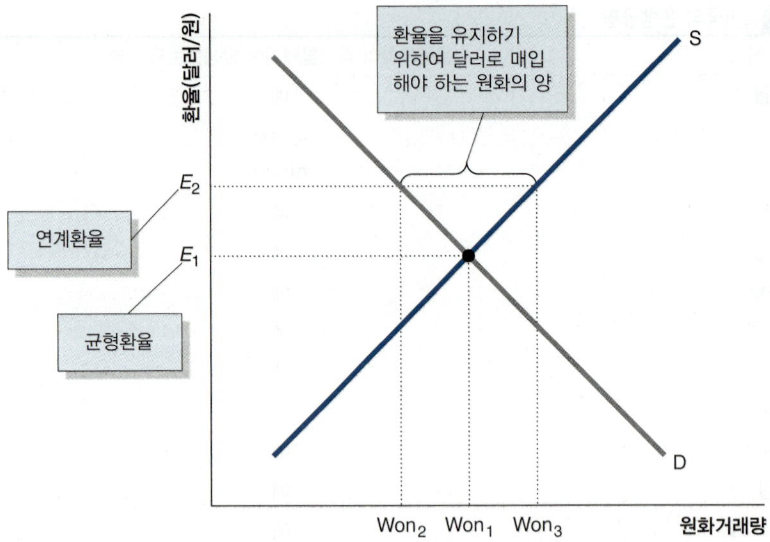

그림 12.2

고정환율에서 비롯된 동아시아 국가들의 외환위기

한국 정부는 원화의 가치를 달러에 연계시켰다. 고정환율인 E_2는 외환시장의 균형환율 E_1보다 높은 수준이었기 때문에 한국은행은 Won_3–Won_2에 해당하는 잉여 원화를 매입하기 위해 달러를 소진했다.

그런데 고정된 환율이 외환시장의 수요 공급 조건을 반영하는 균형환율 수준과 다를 경우에는 문제가 발생할 수 있다. 그림 12.2는 1990년대 후반 달러에 대한 자국 통화의 가치를 균형 수준보다 높게 설정했던 일부 아시아 국가들이 직면했던 문제를 보여 준다. 만약 환율을 연계시키지 않았다면 한국 원화와 달러 간의 균형환율은 E_1이고 외환시장에서 매일 거래되는 원화의 거래량은 Won_1일 것이다. 그런데 한국 정부가 이 균형 수준보다 높은 E_2로 원화 가치를 연계시켰기 때문에 Won_3–Won_2만큼의 원화 초과공급이 발생한다. 이 환율 수준에서는 원화의 공급이 원화에 대한 수요보다 많기 때문에 원화의 가치는 하락 압력을 받는다. 즉 달러로 교환하려는 원화의 양(원화의 공급량)이 달러를 원화로 교환하려는 양(원화의 수요량)보다 많기 때문에, 만약 환율이 자유롭게 변동한다면 원화의 달러에 대한 가치는 하락할 것이다. 그러나 고정된 환율을 유지하기 위해 한국의 중앙은행은 시장에서 달러를 구하지 못한 사람들에게 달러를 충분히 공급해 주어야 한다. 아니면 고정환율을 포기해야 한다.

그러나 중앙은행이 계속 달러를 공급하다 보면 결국에는 보유하고 있는 달러를 모두 소진하게 될 것이다. 한국을 비롯한 동아시아 국가들은 고정시킨 환율을 오래 유지하기 위해, 즉 자국의 통화가치를 높게 유지하기 위해 비슷한 수순을 밟았다. 주된 전략 가운데 하나는 국내 이자율을 올리는 것이었다. 높은 이자율로 외국의 투자 자금을 유인할 수 있기 때문이다. 그러나 이자율이 상승하면 국내기업의 투자와 가계의 지출이 감소하게 된다. 결국 1990년 후반 동아시아 국가들의 외환위기는 경기침체로 이어졌고, 이들은 고정환율을 포기했다.

국가부채위기

국가부채는 정부가 발행한 채권, 즉 국채이다. 국가부채위기는 한 나라가 발행한 국채의 이자나 원금을 갚기 어려울 때, 또는 투자자들이 해당국이 국채 상환에 어려움을 겪을 것이라고 예상할 때 발

관련 사례

2007~2009년 경기침체의 심각성을 예측하기 어려웠던 이유는?

정책 결정자, 경제학자, 기업 대표 모두가 2007~2009년 미국 경기침체의 깊이에 놀랐다는 것을 이 장의 시작에서 살펴보았다. 경기침체에 이렇게 놀란 이유 중 하나는 미국은 1930년대 이후 금융공황을 경험하지 않았다는 점이다. 경기침체에는 여러 이유가 있다. 2001년의 경기침체는 많은 기업이 1990년대 후반 닷컴 호황기 때 정보통신에 지나친 지출을 했다가 투자지출을 줄이기 시작하면서 야기되었다. 석유가격의 증가가 경기침체를 가져온 적도 있다. 하지만 1933년에서 2007년 사이 미국에서 발생한 경기침체는 발생 이유는 다양했지만 금융공황을 동반하지는 않았다. 1930년대 대공황이 시작할 때는 일련의 금융공황이 있었다. 2007~2009년 경기침체 때 역시 금융공황이 있었다. 하지만 일반은행 영역에서 문제가 생긴 게 아니라 '유사은행' 영역에서 문제가 생겼다는 데 차이점이 있다. 대공황의 경우나 2007~2009년의 경우나 모두 경기침체가 매우 심했다. 이렇게 심한 경기침체가 발생한 것은 금융공황의 결과인가? 보다 일반적으로 금융공황을 동반한 경기침체는 그렇지 않은 경기침체보다 더 심각해지는가?

메릴랜드대학의 라인하트(Carmen Reinhart)와 하버드대학의 로고프(Kenneth Rogoff)는 경기침체와 금융공황 혹은 은행위기에 대한 자료를 여러 나라에서 수집, 이 질문에 답하려 했다. 오른쪽 표는 미국 대공황기와 일본, 노르웨이, 한국, 스웨덴 등의 나라에서 제2차 세계대전 후 발생한 은행위기에 대하여 위기 발생 이후 주요 경제변수의 변화폭 평균을 보여 준다. 표를 보면 이 나라들에서는 평균적으로 보아 은행위기가 발생한 후 나타나는 경제위기가 매우 심각했음을 알 수 있다. 실업률은 7%포인트 상승하였고(예를 들어 5%에서 12%로 상승), 위기 시작 후 거의 5년 동안 지속적으로 상승하였다. 1인당 실질 GDP도 크게 감소하였고 산출량 침체는 거의 2년 동안 지속되었다. 인플레율에 대해 조정하였을 때 주가는 절반 아래로 떨어졌고 집값은 3분의 1 이상 떨어졌다. 정부 부채는 86% 이상 증가하였다. 공공부채의 증가는 정부지출 증가의 결과이기도 한데 실패한 금융기관에 대한 구제금융을 위한 지출도 여기에 포함된다. 그러나 부채 증가의 대부분은 정부의 재정적자의 결과로, 경기침체의 결과 소득과 이익이 크게 떨어져 조세수입도 크게 줄어들었기 때문이다.

경제변수	평균 변화폭	평균 지속 기간	국가 수
실업률	+7%포인트	4.8년	14
1인당 실질 GDP	−9.3%	1.9년	14
실질 주식가격	−55.9%	3.4년	22
실질 주택가격	−35.5%	6년	21
실질 정부 채무	+86%	3년	13

위의 표는 2007~2009년 경기침체기 미국의 자료를 포함하고 있지 않은데 이는 라인하트와 로고프가 자료를 수집할 때에도 경기침체가 계속 진행 중이었기 때문이다. 아래 표는 2007~2009년 미국 경기침체기 일부 주요 지수를 제2차 세계대전 이후 미국에서 발생한 다른 경기침체기의 지수와 비교하고 있다.

	지속 기간	실질 GDP	최고 실업률
전후 경기침체의 평균	10.4개월	−1.7%	7.6%
2007~2009년 경기침체	18개월	−4.1%	10.1%

금융공황 후 발생하는 경기침체는 유난히 심각하다는 라인하트와 로고프의 발견과 부합하게 2007~2009년 경기침체는 1930년대 대공황 이후 미국에서는 최악의 침체였다. 이번 경기침체는 이전의 전후 경기침체의 평균보다 2배나 긴 기간 동안 지속되었고 GDP도 평균보다 2배 더 감소하였으며, 최고 실업률도 평균보다 3분의 1 정도 높았다.

대부분의 사람들은 금융위기가 발생하리라는 것을 몰랐기 때문에 2007~2009년 경기침체가 매우 심각하리라는 것도 예측하지 못한 것이다.

주 : 두 번째 표에서 침체기의 지속 기간은 NBER 경기변동일에 바탕한 것이고, 실질 GDP의 감소는 경기 고점에서 경기 저점 사이의 단순 퍼센트 변화율이며, 최고 실업률은 경기 고점 이후 최고 월간 실업률이다.

출처 : 첫 번째 표는 다음 자료에서 작성—Carmen M. Reinhart and Kenneth S. Rogoff, *This Time Is Different: Eight Centuries of Financial Folly*, Princeton, NJ: Princeton University Press, 2009, Figures 14.1-14.5. 두 번째 표는 미국 노동청(U.S. Bureau of Labor Statistics), 미국 경제분석청(U.S. Bureau of Economic Analysis) 전미경제연구소(National Bureau of Economic Research)로부터 작성.

생한다. 실제로 국가가 채무불이행 상태에 빠지면 해당국은 상당 기간 동안 국채를 발행할 수 없고 정부지출을 충당하기 위해 오직 세금에만 의존해야 한다. 채무불이행을 피한다고 하더라도 추가로 국채를 발행하려면 더 높은 이자율을 제시해야 한다. 그 결과 정부는 지출을 줄이거나 세금을 올려야 하고 경제는 침체에 빠지게 된다.

국가부채위기는 주로 다음 두 가지 상황에 처했을 때 발생한다—(1) 만성적인 국가부채 때문에 정부지출 가운데 국채에 대한 이자 지급 비중이 늘면서 재정적자가 심화된다. (2) 극심한 경기침체로 세입이 줄고 정부지출이 증가하여 재정적자가 급증한다. 실제로 2007~2009년 경기침체가 발생하자 그리스를 필두로 몇몇 유럽국가들의 경우에 투자자들이 그들의 국채 상환능력에 대해 의구심을 품게 되면서 위기에 몰리게 되었다. 이러한 국가들은 재정적자를 줄이기 위해 정부지출을 대폭 삭감하고 세금을 올리게 되었다.

12.2 대공황의 금융위기

[학습목표]
대공황 시기에 발생했던 금융위기를 이해한다.

미국에서는 지난 100년 동안 심각한 금융위기가 두 차례 발생했다. 한 번은 1930년대 대공황을, 또 한 번은 2007~2009년의 경기침체를 동반했다. 이 절과 다음 절에서는 이 위기들에 대해 자세히 살펴볼 것이다.

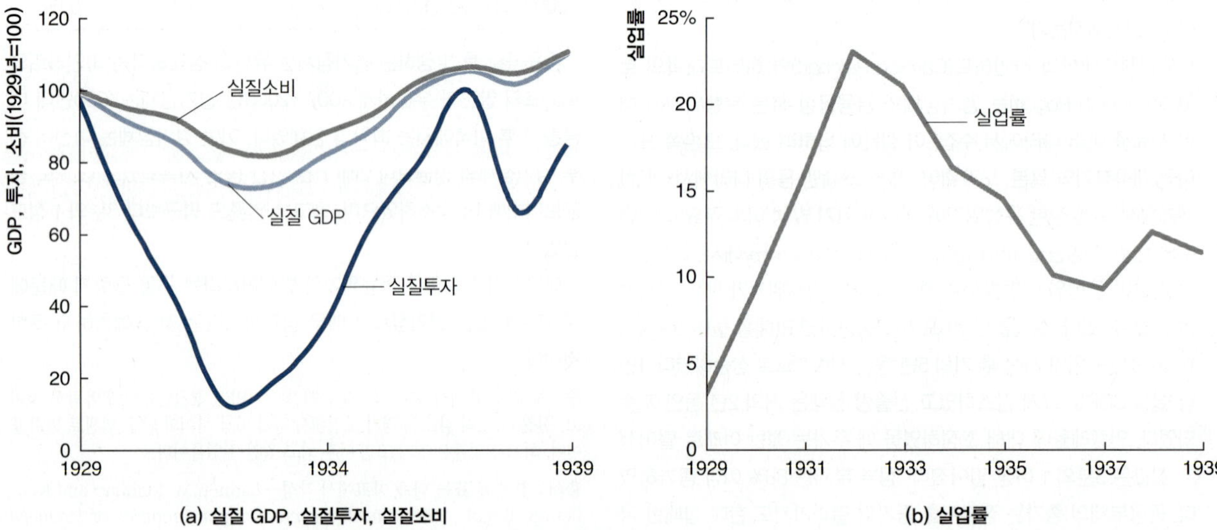

그림 12.3 대공황

(a)에서 각 지수는 1929년을 기준으로 한 상대값이다. 실질 GDP는 1929년과 1933년 사이 27% 하락했고 실질소비는 18% 감소했으며 놀랍게도 실질투자는 81%나 떨어졌다. 이는 20세기 들어 가장 큰 하락폭이었다. (b)는 실업률을 나타내고 있다. 1929년부터 1930년까지 실업률이 3배나 상승하여 1932년에는 20%를 넘었고 대공황 시작 10년 후인 1939년에도 여전히 10%를 넘는 수준이다.

출처 : (a) U.S. Bureau of Economic Analysis; (b) Economic historians have compiled varying estimates of unemployment during the 1930s, years during which the federal government did not collect data on unemployment. The estimates used in the panel are from David R. Weir, "A Century of U.S. Unemployment, 1890-1990," in Roger L. Ransom, Richard Sutch, and Susan B. Cater (eds.), *Research in Economic History*, Vol. 14, Westport, CT: JAI Press, 1992, Table D3, pp.341-343.

대공황의 시작

그림 12.3(a)는 1929년부터 1939년까지 미국의 실질 GDP, 실질투자, 실질소비 추이를 보여 준다. 이 자료는 1929년을 기준(=100)으로 지수화한 것이다. 실질 GDP는 1929년과 1933년 사이 27% 하락했고 실질소비는 18% 감소했으며 놀랍게도 실질투자는 81%나 떨어졌다. 이는 20세기 들어 가장 큰 하락폭이었다. (b)는 실업률을 나타내고 있다. 1929년부터 1930년까지 실업률이 3배나 상승하여 1932년에는 20%를 넘었고 대공황 시작 10년 후인 1939년에도 여전히 10%를 넘는 수준을 기록했다.

많은 사람들이 1929년 10월 주식시장이 붕괴되면서 대공황이 시작되었다고 생각함에도 불구하고 NBER은 이미 두 달 전인 1929년 8월부터 경기침체에 돌입했다고 기록하고 있다. 그림 12.4는 1920년부터 1939년까지 S&P 500 주가 지수 움직임을 보여 준다. 사실 1928년까지 연준은 주가가 너무 급하게 올라가고 있다고 우려했다. 연준이 거품을 제거하기 위해 이자율을 인상하자 1929년 초반부터 경제의 성장 속도가 느려졌고 결국 경기침체로 들어서게 되었다.

경기가 침체에 빠져든 데는 몇 가지 이유가 있었다. 1929년 9월과 1930년 9월 사이 주가가 40% 이상 떨어지면서 가계의 자산가치가 급감했고 기업이 주식발행으로 자금을 모으는 일이 어려워지면서 미래에 대한 불확실성이 높아졌다. 불확실성이 커짐에 따라 자동차와 같은 내구재 소비가 크게 줄었고 기업도 공장과 사무실 등 실물자본에 대한 지출을 줄였다. 게다가 의회는 1930년에 스무트-홀리 관세법(Smoot-Hawley Tariff Act)을 통과시켰는데, 보복관세를 골자로 하는 이 법안 때문에 외국의 관세가 올라갔고 그 결과 미국의 수출도 감소했다. 또 몇몇 경제학자들은 신규주택판매 감소가 경기침체를 심화시켰다고 믿고 있다. 1920년대 초 이민을 제한하는 법안이 도입되자 인구증가율이 둔화되어 주택수요가 정체되었기 때문이다.

1930년대 초의 은행공황

만약 1929년 8월에 시작된 경기침체가 1930년 가을에 마무리되었다고 하더라도 기록상 최악으로

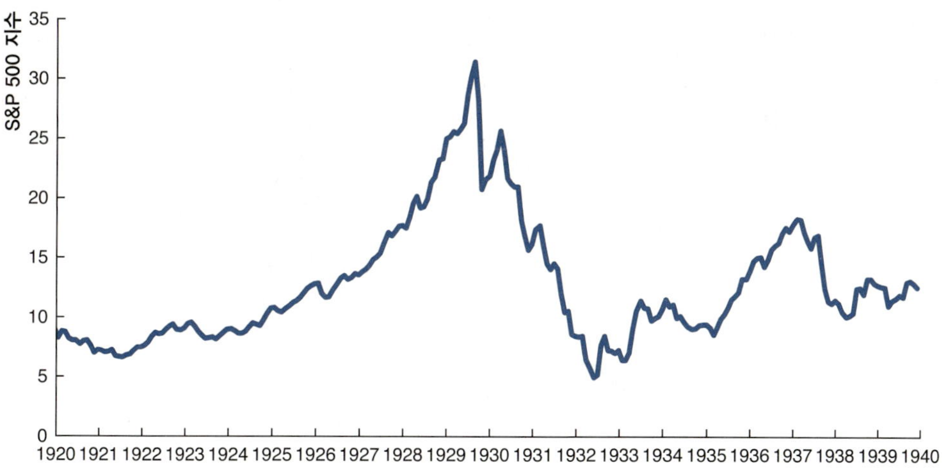

그림 12.4

S&P 500 주가 지수 : 1920~1939년

연준은 1928~1929년 동안 주가가 급격하게 상승하는 것을 우려하여 이자율을 인상했다. 미국 역사상 1929년부터 1932년까지 주가의 하락폭이 가장 컸다.

출처 : Robert J. Shiller, *Irrational Exuberance*, Princeton, NJ: Princeton University Press, 2005, as updated at http://www.econ.yale.edu/~shiller/data.hmt.

남는다. 그러나 하락은 여기서 멈추지 않고 1933년 3월까지 지속되었다. 게다가 1937년 5월부터 1938년 6월까지 또다시 침체가 왔고 그 이후에도 회복은 더디게 이루어졌다. 대공황 발생 10년 후인 1939년도 많은 기업은 생산능력 이하로 생산했고 실업률도 여전히 높은 수준이었다. 미국 경제는 1945년 제2차 세계대전이 끝날 때까지 회복되지 못했다.

1930년 가을 시작된 일련의 은행공황은 대공황의 기간과 심각성에 지대한 영향을 주었다. 은행공황은 1930년 가을, 1931년 봄, 1931년 가을, 1933년 봄에 물결처럼 몇 번이고 밀려들었다. 그런데 소규모로 분산된 수많은 은행이 위기에 기름을 부었다. 특히 상품가격이 하락하자 농업자금을 대출한 은행들이 큰 타격을 받았다. 일시적으로 문을 닫거나 영원히 문을 닫는 은행들이 속출했다. 그림 12.5는 1920년부터 1939년까지 매년 영업정지된 은행의 숫자를 보여 준다. 특히 1933년에 가장 심했는데, 몇몇 주에서는 모든 은행이 문을 닫는 '은행휴일(bank holidays)'을 선포하기도 했다. 결국 루스벨트 대통령은 1933년 3월 취임 후 전국적으로 은행휴일을 선포하여 거의 모든 은행이 문을 닫게 되었다. 1929년 6월 24,500개였던 상업은행은 1934년 6월 15,400개만 남았다. 그림을 보면 1934년에 FDIC가 설립되고 난 뒤에야 진정되었음을 알 수 있다.

부채-디플레이션 과정 피셔가 처음 정립한 개념으로 자산가격 하락과 물가 하락이 경기후퇴를 가속화시키는 과정

우리는 이미 은행공황이 경기침체를 가져오는 경로에 대해 논의한 바 있다. 여기서 추가할 것은 **부채-디플레이션**(debt-deflation) **과정**이다. 부채-디플레이션은 당시 예일대학 교수인 피셔(Irving Fisher)가 처음 제시한 이론이다. 은행들이 자산을 매각하자 자산가격이 하락했고 연쇄적인 하락으로 은행과 투자자들의 파산이 이어졌다. 여기에다 경제침체가 심화됨에 따라 물가 수준도 하락했다. 물가 하락은 경제에 다음과 같이 부정적인 영향을 미친다—실질이자율이 상승하면서 부채의 실질가치가 상승하는 것이다. 실제 1929년과 1933년 사이 미국의 소비자 물가지수는 거의 25%나 하락했는데 이로 인해 채무자의 부담과 채무불이행 가능성이 높아지게 되었다. 대출과 채권에 대하여 명목적으로 고정된 액수를 상환해야 하는데 물가 하락으로 실질적인 상환 부담이 늘어났기 때문이다. 자산가격의 하락과 물가의 하락으로 파산과 채무불이행이 증가하면서 경기후퇴가 가속화되었다.

그림 12.5

은행의 영업정지 건수 : 1920~1939년

일시적 또는 영구적인 은행의 영업정지는 1934년 FDIC의 설립으로 진정되기까지 1930년대 초 은행공황 기간에 가장 심했다.

출처 : Board of Governors of the Federal Reserve System, *Banking and Monetary Statistics of the United States, 1914-1941, Washington, D.C.*: USGPO, November 1943.

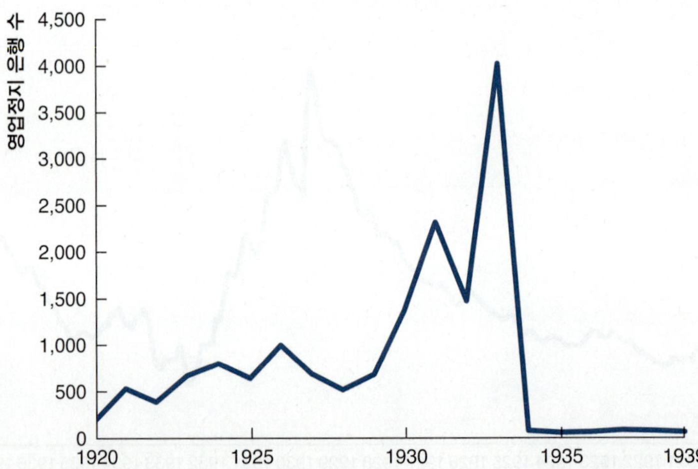

대공황 당시 연준의 정책 실패

1930년대 초 많은 은행이 파산했으나 어려움을 겪은 은행들 가운데 상당수는 현금이 일시적으로 부족했을 뿐이지 지급불능 상태에 빠진 것은 아니었다. 이러한 은행들마저 문을 닫게 된 것은 당시 금융시스템이 불안정했기 때문이었다. 아이러니하게도 1913년에 은행공황을 대비해 설립된 연준이 미국 역사상 가장 최악의 공황을 다루게 된다.

그러면 연준은 왜 금융시스템을 안정화시키기 위해 시장에 개입하지 않았을까? 경제학자들은 이에 대한 설명으로 다음 네 가지를 제시한다.

1. **누구도 책임지지 않았다.** 오늘날에는 연준 의장에게 권한과 책임이 집중되어 있다. 연준 의장은 연준이사회와 연방공개시장위원회 의장으로서 연준의 가장 중요한 정책을 결정한다. 연방준비제도는 1935년 이후에야 현재의 구조를 갖추게 되었는데, 1930년대 초에는 연방준비제도의 권한이 지금보다 더 분산되어 있었다. 대통령의 지시를 따르게 되어 있는 재무장관과 통화감독관이 당시의 연준이사회에 참여했다. 이는 오늘날의 연준이사회에 비해 행정부로부터 독립적이지 못했다. 게다가 12개의 지역 연준은행 총재들은 지금보다 더 독자적으로 행동할 수 있었는데, 당시 뉴욕 연준은행 총재는 연준이사회 내에서 연준 의장과 맞먹는 영향력을 행사할 수 있었다. 당시 뉴욕 연준은행 총재였던 해리슨(George Harrison)은 연방공개시장위원회의 전신인 공개시장정책평의회 의장을 맡았다. 해리슨은 당시 연준 의장이었던 영(Roy Young)과 메이어(Eugene Meyer)와 종종 독립적인 행보를 취했다. 중요한 결정을 내리는 데는 다른 그룹들 간에 합의가 필요했다. 하지만 1930년대 초에는 합의가 형성되기 쉽지 않았고 단호한 결정을 내리는 것이 힘들었다.
2. **연준은 지급불능 상태에 놓인 은행을 구제하기를 꺼렸다.** 원래 연준의 설립 목적은 단지 일시적으로 지급 문제를 겪는 지급가능(solvent) 은행의 최종대부자 역할을 하는 것이었다. 당시 연준은 지급불능 상태의 은행을 도와주면 은행 경영자들이 위험한 행동을 멈추지 않을 것이라고 믿었다. 오늘날 경제학자들이 도덕적 해이라고 부르는 문제를 두려워한 것이다.
3. **연준은 명목이자율과 실질이자율 사이의 차이를 잘 이해하지 못했다.** 연준은 명목이자율을 모니터링했는데, 특히 1930년대 초에 단기 대출이자율이 매우 낮은 수준으로 하락했기 때문에 채무자들이 낮은 비용으로 차입할 수 있을 것이라고 믿었다. 그러나 경제학자들이 강조하는 것처럼 명목이자율보다는 실질이자율이 더 나은 지표이다. 미국 경제는 1930년과 1933년 사이에 물가 수준이 연평균 6.6% 하락하는 디플레이션을 경험했다. 실질 기준으로 볼 때 1930년대 초의 이자율은 연준 관리자들이 믿었던 것보다 훨씬 더 높았던 것이다.
4. **연준은 투기적 과잉을 억제하길 원했다.** 연준의 구성원들은 대공황이 1920년대 후반의 금융투기, 특히 1928년과 1929년에 집중된 거품의 결과라고 믿었다. 그들은 거품이 제거되기만 하면 회복이 가능할 것이라고 믿었다. 어떤 경제학자들은 당시 연준이 재무장관 멜론(Andrew Mellon)이 주장했던 '청산자(liquidationist)' 정책을 그대로 따랐다고 믿는다. 물가가 하락하는 것을 허용하여 경쟁력 없는 은행과 기업이 파산하도록 놔두면 저절로 경기가 회복될 것이

관련 사례

뱅크오브유나이티드스테이츠의 몰락이 대공황을 초래했는가?

1960년대 초 시카고대학의 프리드먼과 전미경제연구소(NBER)의 슈바르츠(Anna Schwartz)가 저술한 『미국화폐사 1867–1960』은 금융공황의 중요성에 대한 논의를 담고 있는데, 이 논의는 정책 결정자들에게 상당한 영향력을 행사했다. 이 책과 다른 저술에서 프리드먼과 슈바르츠는 뉴욕 시에 위치한 대형 민간은행인 뱅크오브유나이티드스테이츠가 1930년 12월 몰락한 것을 특별한 중요성을 가진 사건으로 판단한다.

> 1930년 12월 11일 이 은행의 파산은 1929년 8월 시작된 경기위축의 성격을 근본적으로 바꿔 놓았다. 처음에는 금융위기의 징후가 없었지만 이 사건을 계기로 경기침체는 재앙으로 변모하였고, 1933년 3월 모든 은행이 일주일간 문을 닫는 은행휴일 상황에서 정점에 달했다.

뱅크오브유나이티드스테이츠가 문제에 빠진 것은 전체 대출에서 부동산대출이 차지하는 비중이 매우 높았다는 점 때문이기도 하다. 1930년 가을에 이르면 가격 하락과 채무불이행으로 부동산시장은 침체에 빠지게 된다. 게다가 주주들은 은행의 주가를 지지하는 데 은행자금을 썼다. 이는 불법행위로, 이로 인해 두 명의 주주는 결국 감옥에 갔다. 이 은행이 몰락하기 전 몇 주 동안 뉴욕 연준은행은 다른 2개의 뉴욕 소재 은행과 이 은행과의 합병을 주선하였다. 하지만 합병 계획이 무산되었고 이 은행은 문을 닫게 되었는데, 그때까지 미국에서 문 닫은 은행 중 가장 큰 은행이었다.

뱅크오브유나이티드스테이츠의 몰락은 당시 많은 논란을 초래했으며 지금까지도 논란이 지속되고 있다. 이 은행은 문을 닫은 시점에 지급불능 상태에 있었던 것으로 보이는데, 이 때문에 다른 은행과 합병하여 은행을 살리려던 계획이 실패로 돌아간 것이라는 설명이 있다. 하지만 당시 뉴욕 연준은행의 책임자였던 해리슨이 합병 계획을 지지하지 않았다는 증거가 있는데, 해리슨의 태도가 다른 은행이 합병을 거부하는 데 영향을 미쳤을 수도 있다. 경제학자들은 연준이 이 은행을 살리기 위해 더 적극적으로 움직였어야 했는지에 대해 여전히 합일점을 찾지 못하고 있다.

많은 경제학자들은 은행 실패의 중요성을 강조하는 프리드먼과 슈바르츠의 견해를 지지하지 않는다. 이 은행이 몰락한 후 뉴욕의 다른 은행들은 심각한 유동성 문제를 겪지 않았고, 몰락한 은행도 없었다. 그다음 금융공황은 몇 달 후에나 나타났는데 이 공황에 영향을 받은 은행들의 대부분은 뉴욕 밖에 있는 작은 은행들이었다. 또 이 공황이 뱅크오브유나이티드스테이츠의 몰락과 관련이 있는지도 불분명하다. 뱅크오브유나이티드스테이츠의 몰락 후 신용도 낮은 회사채의 이자율은 신용도가 높은 회사채의 이자율에 비해 높아지기 시작했지만 이 같은 변화가 은행 몰락의 결과인지도 불투명하다.

뱅크오브유나이티드스테이츠 몰락의 자세한 내용보다는 이 경험이 이후 정책 결정자에게 미친 영향이 더 중요하다. 특히 프리드먼과 슈바르츠의 책이 출간된 후 연준에 있는 경제학자들을 포함한 많은 경제학자들은 은행이 실패하도록 놔둔 것은 심각한 정책 오류였다고 믿게 됐다. 연준이 '대마불사' 원칙을 세우는 데 이 경험이 중요한 계기가 됐다고 주장하는 사람들도 있다. 이 원칙에 따르면 대형 금융기관은 망하도록 놔두어서는 안 되는데 대형 금융기관의 몰락은 전체 금융권을 불안정하게 할 수 있기 때문이다. 이 원칙은 2007~ 2009년 금융위기와 그 이후 격렬한 논쟁의 대상이 되었다.

뱅크오브유나이티드스테이츠의 몰락은 80년이 더 지난 일이지만 그 몰락의 결과는 지금의 정책에도 영향을 끼치고 있다.

출처 : Milton Friedman and Anna Schwartz, *A Monetary History of the United States, 1867-1960*, Princeton, NJ: Princeton University Press, 1963, pp. 308-313. 프리드먼 인용문은 다음 참조—Milton Friedman, "Anti-Semitism and the Great Depression," *Newsweek*, Vol. 84, November 16, 1974, p.90. Alan H. Meltzer, *A History of the Federal Reserve: Volume 1: 1913-1951*, Chicago: University of Chicago Press, 2003, pp. 323-326. Elmus Wicker, *The Banking Panics of the Great Depression*, Cambridge, UK: Cambridge University Press, 1996. Arthur J. Rolnick, "Interview with Ben S. Bernanke," Federal Reserve Bank of Minneapolis, *The Region*, June 2004.

라는 생각이었다.

12.3 2007~2009년의 금융위기

[학습목표]
2007~2009년에 발생했던 금융위기를 이해한다.

몇 가지 요인이 2007~2009년 경기침체에 기여했으며, 2004년에 배럴당 34달러 하던 유가가 2008

년에 147달러까지 상승한 것도 그중 하나였다. 그러나 무엇보다 중요한 요인은 주택시장의 거품 붕괴였다.

주택시장의 거품 붕괴

2000년 1월과 2005년 7월 사이 신규주택 판매가 60%까지 증가할 때, 많은 경제학자들은 주택시장에 거품이 형성되었다고 생각했다. 주식의 경우 그 기본 가치는 주식을 소유함으로써 받을 것이라고 예상하는 배당금의 현재가치와 같다. 마찬가지로 주택의 기본가치는 주택 소유자가 받을 것이라고 예상하는 주거 서비스의 현재가치와 같다. 문제는 주거 서비스를 금액으로 환산하기 쉽지 않다는 것이다. 그런데 쉽게 관찰할 수 있는 것 가운데 임대료가 주거 서비스와 가장 가까운 변수일 것이다. 따라서 주택가격과 임대료가 대략 비슷하게 증가할 것이라고 예상할 수 있다.[1] 주택 임대료에 비해 상대적으로 주택의 가격이 더 많이 오르면 주택시장에 거품이 존재할 가능성이 높다. 2000년 1월과 2006년 5월 사이 주택가격은 2배 이상 상승했다. 그러나 같은 기간 임대료의 상승률은 25%에도 미치지 않았는데, 이 정도면 주택가격에 거품이 존재한다는 증거라고 할 수 있다.

신규 및 기존 주택의 가격이 2006년 중반부터 하락하자 집을 산 사람들은 모기지를 상환하는 데 어려움을 겪기 시작했다. 채권자가 모기지를 갚지 못하는 집을 일부 차압하여 담보권을 행사하자 주택가격은 더 하락했다. 서브프라임 대출 비중이 높았던 모기지 채권자들은 심각한 손실을 입었고 사업을 접기 시작했다. 은행과 채권자들은 대출조건을 강화했고, 신용경색으로 인해 잠재적 주택 구매자들은 모기지를 얻기 힘들어졌고 주택시장은 더 가라앉았다. 주택시장 침체로 가구, 가전제품, 주택개조 부문의 판매도 영향을 받았다. 주택을 소유한 사람들도 주택가격 하락으로 대출받기가 더 어려워졌다.

베어스턴스와 리먼브러더스의 뱅크런

2007년에 들어서자 서브프라임 모기지로 구성된 MBS에 투자했던 금융기관과 투자자들이 심각한 손실을 입게 될 것이 분명해졌다. 그럼에도 불구하고 사람들은 문제가 경제 전반으로 확산되지는 않을 것이라는 연준 의장 버냉키의 말을 믿었다. 금융위기가 오고 있음을 알리는 첫 번째 사건은 프랑스 은행인 BNP파리바가 고객에게 일부 펀드의 상환을 허용하지 않겠다고 선언한 일이었다. 해당 펀드는 MBS 비중이 매우 높았는데, 당시 MBS 거래가 거의 이루어지지 않고 시장가격이 불분명하여 펀드의 지분가치를 산정하기 어려웠기 때문이었다.

2007년 가을과 2008년 봄에는 신용조건이 더 나빠졌다. 대출기관은 초단기가 아니면 대출하기를 꺼렸고 그것도 국채를 담보로 요구했다. 제11장에서 살펴보았듯이 투자은행은 장기 투자자금을 단기로 조달하고 있었다. 만약 단기 대출 연장을 거절당하면 투자은행도 상업은행처럼 인출사태에 놓일 수 있는데, 바로 그런 일이 2008년 3월 베어스턴스에 발생했다. 사람들은 베어스턴스가 투자

1 물론 주택 소유자가 미래에 임대료가 상승할 것을 예상하고 있다면, 현재의 임대료가 변하지 않아도 주택가격이 상승할 가능성이 있다. 그러나 2000~2005년 동안 주택 소유자나 경제학자들이 미래에 임대료가 가파르게 상승할 것이라고 예상했었다는 지표는 많지 않다.

한 MBS의 가치가 베어스턴스를 지급불능으로 몰고 갈 정도로 떨어질 것이라고 생각했다. 결국 연준의 도움으로 파산은 면했지만 베어스턴스는 JP모건체이스에 주당 10달러에 매각되었다. 바로 1년 전까지 베어스턴스의 주가는 주당 170달러였다.

상황은 계속 나빠졌고 2008년 8월에 이르자 30일 이상 연체된 서브프라임 모기지가 거의 25%에 달했다. 베어스턴스와 달리 재무성과 연준이 리먼브러더스를 인수할 곳을 물색하지 않기로 하자 리먼브러더스는 9월 15일 파산보호를 신청했다. 반면 메릴린치는 BOA에 매각하기로 했다. 리먼브러더스의 파산은 금융위기의 전환점이었다. 제11장에서 언급한 대로 9월 16일에는 대형 MMF인 리저브 프라이머리 펀드가 포트폴리오에 편입했던 리먼브러더스 CP에서 엄청난 손실을 입었기 때문에 펀드의 단위당 지분가치가 0.97달러로 하락하는 일이 발생했다. 고객의 MMF 투자에 대해 원금손실을 선언한 것이다. 이 선언은 MMF 인출사태를 촉발했다. 증권화된 금융상품의 거래는 멈추었고 금융시스템의 많은 부분이 작동하지 못했다. 이제 중소기업뿐만 아니라 대기업도 단기 대출을 받기 어려워졌다.

연방정부의 이례적 대응

연방정부의 금융정책과 규제는 상업은행시스템과 주식시장에 초점이 맞추어져 있어서 투자은행, MMF, 보험회사, 헤지펀드와 같은 그림자 은행시스템에 발생한 위기를 다루기에 준비가 미흡했다. 게다가 대부분의 정책 당국자들은 서브프라임 위기가 대규모 금융위기로 치달을 때까지도 현실을 직시하지 못했다. 그럼에도 불구하고 연준, 재무성, 의회, 대통령은 위기가 시작되자 강력하게 대응했다. 연준은 2007년 9월 18일부터 상업은행 간 단기금리인 연방기금금리를 공격적으로 인하하기 시작했다. 2008년 12월까지 연방기금금리는 거의 0%에 가까울 정도로 하락했다. 역사상 가장 낮은 수준이었다. 연방정부는 2008년 9월 모기지 대출을 전문으로 하는 국책금융기관인 패니매(Fannie Mae)와 프레디맥(Freddie Mac)을 국유화했다. 재무성은 두 기관의 지분을 80% 얻는 대신 각 기관에 1,000억 달러까지 지원하고, 경영권을 연방주택금융공사에 넘겼다. 또한 MMF 인출사태를 진정시키기 위해 500억 달러를 지원하기로 했다. 같은 해 10월 연준은 대공황 이후 처음으로 비금융기업이 발행한 3개월 CP를 매입하기 시작했다. 기업어음매입기금을 통해 기업에게 직접 단기자금을 대출해 주기로 한 것이다.

2008년 9월 연준과 재무성은 금융기관이 보유한 모기지와 MBS를 매입하는 데 7,000억 달러를 투입하는 계획을 발표했다. 의회는 10월 초에 즉각 이 **부실자산구제프로그램**(TARP)을 통과시켰다. 이 프로그램의 목적은 당시 대차대조표상으로 부실자산 규모가 수조 달러였던 금융기관을 구제하여 MBS 시장을 회복시키기 위한 것이었다. 그러나 부실자산 가운데 MBS만 세세하게 분리하여 매수하는 일이 쉽지 않았기 때문에, 실제로 TARP 펀드의 대부분은 아예 은행의 자본을 직접 확충해 주는 데 쓰이게 되었다.

이러한 정책들은 미국 역사상 정부가 금융시스템에 가장 광범위하게 개입한 사례의 하나로 남게 되었다. 물론 이러한 정책이 장기적으로 의도하지 않은 부정적 결과를 가져올지는 아직 미지수다.

그러나 대부분의 전문가들은 이러한 정책들이 2008년 가을에서 2009년 봄 사이 금융시스템을 안정시키는 역할을 했다고 믿는다. 또한 2009년에 재무성이 19개의 대형 금융기관에 대해 스트레스 테스트(stress test)를 실시한 것도 안정화에 도움이 되었다. 이 테스트는 경기침체가 더 악화된다는 가정하에 금융기관이 얼마나 견딜 수 있는가를 측정하는 것이다. 최악의 경우에도 1,000억 달러 이내의 자본금 지원으로 버틸 수 있다는 결과가 나오면 투자자가 안심할 수준이었다.

위기가 지나간 후에 의회는 금융규제를 재정비하는 작업에 착수했고 2010년 7월 '월스트리트 개혁과 소비자보호에 관한 법(Wall Street Reform and Consumer Protection Act)'을 통과시켰다.

12.4 금융위기와 금융규제

[학습목표]
금융위기와 금융규제 사이의 관계를 논의한다.

2007~2009년 금융위기에 대한 연방정부의 대응에서 보듯이 위기가 발생하면 정부는 새로운 금융규제를 도입하게 된다. 과거의 경험으로 볼 때, 정부의 금융규제에는 다음과 같은 일정한 패턴이 존재한다—(1) 위기, (2) 규제, (3) 규제에 대한 금융부문의 대응, (4) 새로운 규제로 대응.

첫 번째 국면은 금융시스템에 위기가 발생하는 것이다. 예를 들어 예금주들이 은행에 대한 신뢰를 상실하면 뱅크런이 발생하고, 은행은 자금중개 기능을 상실한다.

두 번째 국면은 정부가 **규제**를 도입하여 위기를 종식시키는 단계이다. 예를 들어 미국은 은행공황이 발생하자 예금보험제도를 도입했다. 일반적으로 금융부문이 불안정해지면 정부는 금융소비자를 보호하고 금융기관의 이윤을 적절히 보장해 주는 조치를 취하게 된다.

세 번째 국면은 **금융부문의 대응**이다. 새로운 규제는 금융기관의 활동에 변화와 혁신을 유도한다. 예를 들어 예금보험은 예금주가 은행을 감시할 유인을 떨어뜨리기 때문에 은행이 위험한 투자를 감행할 수 있다. 마치 비금융기업이 신상품을 개발하는 것처럼 금융기업도 혁신과 경쟁으로 이윤을 확대하려고 한다.

네 번째 국면은 금융규제 당국이 **새로운 규제로 대응**하는 것이다. 금융기관이 금융혁신으로 규제를 피해 나갈 때 규제 당국은 정책을 수정해야 하고 새로운 규제 방법을 찾아야 한다.

최종대부자의 역할

미 의회는 은행공황 시기에 최종대부자 역할을 할 연방준비제도를 설립했지만 1930년대 초 금융시스템이 붕괴하는 것을 막지 못했다. 그러자 FDIC를 설립하고 FOMC를 연준의 주요 정책기구로 만들어 연방준비제도를 다시 구성했다. 또한 전국에 분산된 12개의 지역 연준은행이 아니라 워싱턴에 설치한 연준이사회에 의사결정이 집중될 수 있도록 했다.

전후의 성공과 대마불사 정책의 전개 대공황 기간에는 불안한 모습을 보였지만 연준은 제2차 세계대전 이후 대부분의 기간 동안 역할을 잘 수행했다. 예를 들어 한때 미국에서 가장 큰 기업 가운데 하나였던 펜센트럴레일로드(Penn Central Railroad)는 1970년에 파산신청을 하고 2억 달러의 기업어음에 대한 채무를 이행하지 못했다. 투자자들은 다른 대기업이 발행한 기업어음에 대해서도 의

구심을 가지게 되었다. 연준은 상업은행들에게 자금을 대출하여 기업어음시장이 정상화되도록 함으로써 위기를 피할 수 있었다.

1974년에도 비슷한 일이 있었는데, 프랭클린내셔널은행(Franklin National Bank)이 발행한 양도성예금증서(CD)를 보유한 예금주들의 인출사태가 시작되었다. 이 CD는 4만 달러 이상이어서 당시 연방예금보험의 한도를 초과하는 것이었고 투자자들은 은행이 파산할까 두려워했다. 다른 은행들도 CD 소유자들이 예금을 대거 인출하지 않을까 우려했다. 은행으로서는 CD가 자금 조달의 중요한 원천이었기 때문에 기존 대출을 회수하거나 신규 대출을 줄였다. 이때 연준은 플랭클린내셔널을 인수할 곳이 나타날 때까지 15억 달러 이상 단기자금을 공급해 주면서 뱅크런을 피했다. 연준의 즉각적인 대응으로 악영향을 막을 수 있었던 것이다.

1987년 10월 19일 주가가 급락하자 주식시장은 1929년의 악몽이 재발할지 모른다는 공포에 사로잡혔다. 많은 증권회사들이 주가의 폭락으로 극심한 손실을 입었다. 증권사들의 파산은 증권거래를 붕괴시켜 버릴 수 있었다. 다음 날 주식시장이 개장하기 전에 연준 의장 그린스펀(Alan Greenspan)은 뉴스를 통해 금융시스템을 지지하기 위해 즉각 유동성을 공급할 태세를 갖추었다고 발표했다. 최종대부자로서 연준은 은행들에게 증권회사에 대한 대출을 독려했고 은행에 대한 대출을 확대했다. 그 결과 은행들과 투자자들은 안심했고 금융시장은 무난하게 작동할 수 있었다.

이와 같이 연준은 금융시스템을 안정화시키는 최종대부자 역할을 성공적으로 수행해 왔으며, 1930년대 금융시스템이 붕괴되는 동안 지급불능인 은행을 구하지 않고 지켜만 보았던 연준의 오류를 피하고자 했다. 그러나 연준이 반대방향으로 오류를 범할 가능성은 없었을까? 원칙적으로 중앙은행은 지급불능 상태의 은행이 아니라 지급불능 상태는 아니지만 유동성이 떨어지는 자산 때문에 일시적으로 어려움을 겪는 은행에게 단기자금을 공급해야 한다. 지급불능 상태의 은행을 구제해 주면 도덕적 해이가 만연하게 된다. 1980년대까지 대형 은행들은 연준과 FDIC의 지원을 받는 **대마불사**(too big to fail)로 인식되었다. 실제로 1984년에는 전국 단위로 영업하는 은행에 대한 규제를 담당하는 통화감독청(comptroller of the currency)이 대마불사로 인식되는 은행들의 명단을 의회에 제출했는데, 이 가운데 하나라도 파산하면 금융시스템이 체계적 위기에 빠질 수 있었다.

대마불사 정책 금융시스템에 미치는 악영향을 우려하여 대형 금융기관이 파산하도록 놔두지 않는 정책

연준과 FDIC가 이러한 대형 은행의 파산을 막아 주고 있기 때문에 예금주들은 그 틀 안에서 사실상 무제한적인 예금보장 혜택을 누렸다. 예금보장 한도인 10만 달러를 초과하는 예금을 보유하고 있더라도 대형 은행이 파산하게 놔두지 않을 것이므로 돈을 잃어버릴 가능성은 없다. 따라서 예금주들은 은행의 경영을 모니터링할 동기가 약했고, 은행이 무모한 투자를 하더라도 예금을 인출하거나 이자율 인상을 요구할 유인도 적었다.

게다가 대마불사 정책은 대형 은행과 소형 은행을 차별하고 있기 때문에 불공평하다는 비난을 받는다. 1990년 FDIC는 할렘가에 위치한 아프리카계 미국인 소유의 프리덤내셔널은행을 폐쇄했다. 많은 예금주, 특히 흑인 대학생을 위한 장학재단과 자선단체들은 보험에 들지 않은 예금에 대해 달러당 약 50센트만 돌려받았다. 몇 달 뒤인 1991년 1월에는 규모가 훨씬 큰 뉴잉글랜드은행이 부동산 포트폴리오에서 큰 손실을 입고 파산하게 되었다. 그러나 예금은 전부 보호받았고, 여기에는 납

세자의 비용 23억 달러가 들어갔다.

불공평과 도덕적 해이를 우려한 의회는 1991년 연방예금보험공사개선안(FDICIA)을 통과시켰다. 이 법안은 FDIC가 파산 은행을 최소비용으로 처리할 것을 주문했다. 은행이 폐업하면 우선 예금보험 가입자의 예금을 변제한 다음, 비가입자에게는 은행자산 매각으로 최대한 자금을 모아 돌려주는 방안이었다. 단, 은행 구제의 남발을 막고자 한 이 법안은 은행의 파산이 '경제 상황 혹은 금융안정에 심각한 악영향'을 일으키는 경우에 대해 예외를 인정하고 있다. 이러한 예외가 작동하기 위해서는 FDIC 임원의 3분의 2와 연준이사회 임원의 3분의 2, 그리고 재무장관의 동의를 얻어야 한다. 2007~2009년 금융위기 동안 이 예외 조항이 매우 중요한 것으로 판명되었다.

금융위기로 인해 최종대부자 역할을 확대한 연준 금융위기 초반에는 상업은행보다 투자은행이 더 큰 타격을 입었기 때문에 정책 당국은 예상하지 못한 도전에 직면하게 되었다. 상업은행과 달리 투자은행은 연준으로부터 직접 대출을 받을 자격이 없다. 상업은행 예금주가 FDIC를 통해 보호받는 반면 투자은행에 대한 대출과 투자는 보호를 받지 못한다. 그러나 이미 살펴본 대로 연준은 대형 투자은행에게 자금을 공급하고 기업어음을 매입해 주는 방식으로 이 문제를 해결했다. 게다가 재무성은 MMF에 대해 한시적으로 보험을 제공했다.

아마도 연준이 한 일 가운데 논란의 소지가 가장 큰 것은 재무성과 협의하여 베어스턴스가 파산하지 않도록 JP모건체이스에게 넘긴 2008년 3월의 결정일 것이다. 매각을 주선한 연준은 베어스턴스가 보유한 MBS를 떠안는 과정에서 JP모건체이스가 어려움을 겪을 수 있기 때문에 290억 달러까지 손실을 충당해 주기로 했다. 일부 전문가들은 이 조치가 금융시스템에 도덕적 해이를 만연시킬 것이라고 비판했다. 이러한 비판은 2008년 9월 리먼브러더스가 파산하도록 내버려 둔 결정에 일조한 듯했다. 그러나 며칠 지나지도 않아 연준은 보험회사인 AIG를 국유화하면서 80% 지분을 대가로 막대한 자금을 제공했다. 사실 연준, FDIC, 재무성은 리먼브러더스를 뺀 모든 대형 금융기관을 살려 주었다. 대마불사 정책이 되돌아온 것이다.

2010년 금융시스템의 정비 작업 : 대마불사의 종식? 연준, FDIC, 재무성의 안정화 노력이 전문가들의 칭찬을 받았음에도 불구하고 많은 의원들은 TARP와 대형 금융기관 살리기가 '월스트리트 구제금융'이라고 비난했다. 의회는 대마불사 정책을 제한하기 위한 방안을 마련하기 시작했고, 결국 2010년 7월 '월스트리트 개혁과 소비자보호에 관한 법(일명 도드-프랭크 법)'을 통과시켰다. 이 법안은 연준, FDIC, 재무성이 대형 금융기업을 장악하여 '서서히 멈추게' 할 수 있도록 유도하고 있는데, 금융시장을 불안정하게 하지 않는 방법으로 해당 기업의 자산을 매각 처리한다는 것이다. 이전까지는 FDIC에게만 이러한 권한이 주어졌고, 또 오직 상업은행을 폐쇄하는 데 이용할 수 있었다. 이는 대형 금융기업을 살려 주거나 파산하게 하거나 하는 극단의 방법 이외에 정책 당국에게 제3의 옵션을 주는 것이다. FDIC 의장인 베어(Sheila Bair)는 이 법안으로 투자자들의 자금 일부가 소형 금융기업으로 이동할 것으로 예측했다. 대마불사 정책에 기댈 수 없는 대형 금융기업은 이제 투자자들에게 더 높은 수익률을 제공해야 할지 모른다. 물론 이 법안은 세부사항의 시행을 규제 당국에게 맡기고 있어 실제로 대마불사 정책이 종료될지 여부는 두고 보아야 한다.

관련 사례

롱텀캐피탈매니지먼트가 대형참사의 씨앗이 되었나?

돌이켜 보면 2000년대 중반 많은 금융회사들이 위험한 곳에 투자를 했는데, 투자에서 얻은 수익률은 위험을 보상할 만큼 크지 못했다는 점이 분명하다. 가장 두드러진 예로 주택저당증권에 대한 투자를 들 수 있는데 이로부터 일반은행, 투자은행, 그리고 다른 금융기관들이 받은 이자는 훨씬 위험이 적은 증권에서 받을 수 있었던 이자보다 아주 조금 높았을 뿐이었다. 이 회사들이 이 같이 위험한 투자를 한 이유는 무엇일까? 한 가지 대답은 미국이 대공황 이후 전국적인 대규모 부동산 가격 하락을 경험한 적이 없다는 점에서 금융기관들이 주택저당증권의 위험성을 과소평가했을 수 있다는 것이다. 하지만 일부 경제학자와 정책 결정자들은 금융회사가 위험한 투자를 한 것은 투자가 잘못됐을 때 연준이 그들을 구해 줄 것이라고 기대했기 때문이라고 주장한다.

이 기업들이 연준에 구제금융을 그토록 자신할 수 있었던 이유는 무엇일까? 이에 대한 답으로 특정한 사건이 지목되기도 한다. 1999년 연준은 헤지펀드인 롱텀캐피탈매니지먼트(LTCM)의 몰락에 개입했다. 노벨상을 수상한 경제학자인 머튼과 숄즈가 파트너로 있었던 LTCM은 레버리지가 매우 높은 투자에 의존했는데, 이 투자는 위험도가 높은 채권과 위험도가 낮은 채권의 이자율 스프레드가 작아질 때 이익을 내도록 고안되었다. 1998년 봄 러시아 정부는 국채 일부에 대한 지급중지를 선언했고 그 결과로 고위험 채권과 저위험 채권 사이의 이자율 차가 더 넓어졌다. LTCM에게는 큰 타격이었다. LTCM의 자본은 40억 달러에 불과했지만, 대출과 파생상품으로 투자 규모를 키운 결과 LTCM이 보유한 자산의 가치는 1조 1,000억 달러가 넘었다. 연준은 LTCM이 파산을 선언하고 대출과 파생상품계약에 대한 지급중지를 결정할 경우 다른 여러 금융기관이 영향을 받을 것이고 금융권 전체의 안정성이 위협을 받을 것이라는 점을 우려했다. 그린스펀의 도움으로 뉴욕 연방준비은행 총재인 맥도너(William McDonough)는 LTCM 경영진과 16개 금융기관 간의 회의를 주선했고, 이 회의 결과 이 금융기관들은 LTCM에 투자해서 회사를 안정화시킬 것에 동의했다. 금융시장에 불안을 초래하지 않도록 LTCM의 자산은 천천히 매각되도록 했다.

연준의 개입으로 금융위기를 피할 수 있었지만 장기적으로는 연준의 개입이 부정적 효과를 가질 것이라는 비판도 있었다. 연준의 개입으로 LTCM의 주주와 이 회사의 거래상대방은 LTCM의 위험한 투자가 초래한 결과를 책임지지 않게 된 것이다. 비판론자들의 주장에 의하면 연준의 개입으로 다른 회사들, 특히 레버리지(부채와 자본의 비율)가 높은 투자은행과 헤지펀드들은 위험한 투자로 큰 손실을 입으면 연준이 개입해서 구제해 줄 것이라는 점에 확신을 갖게 되었다. 이런 면에서 1998년 LTCM 사태에 연준이 개입한 것이 2007~2009년 금융위기의 씨앗이 되었다고 볼 수 있다.

하지만 LTCM에 구제금융을 제공하기로 한 결정이 2007~2009년 금융위기 전 수년 동안 금융기관 직원들의 행동 방식에 큰 영향을 미쳤다는 주장에 모든 경제학자와 정책 결정자가 동의하는 것은 아니다. LTCM이 헤지펀드이기는 했지만 금융위기 중 연준이나 다른 연방정부기구로부터 도움을 받은 헤지펀드는 존재하지 않는다는 점은 주목할 만하다. 1930년 뱅크오브유나이티드스테이츠를 구제하지 않기로 한 연준의 결정에 대해 그랬듯, 1998년 LTCM을 구제하기로 한 연준의 결정에 대해서도 아마 오랫동안 논쟁이 지속될 것이다.

출처 : Roger Lowenstein, *When Genius Failed: The Rise and Fall of Long-Term Capital Management*, New York: Random House, 2000. Franklin R. Edwards, "Hedge Funds and the Collapse of Long-Term Capital Management," *Journal of Economic Perspectives*, Vol. 13, No. 2, Spring 1999, pp. 189-210.

그림 12.6은 금융위기, 규제, 금융시스템의 대응, 규제기관의 대응이라는 틀을 가지고 최종대부자로서의 연준의 역할을 요약하고 있다.

은행의 안정성 제고

대공황으로 연방준비제도가 재구성되고 FDIC가 설립되었다. 미 의회는 한발 더 나아가 상업은행 시스템을 안정시키기 위한 새로운 규제를 도입하기 시작했다. 초점은 은행 간 경쟁을 억제하여 은행의 도덕적 해이를 줄이려는 것이었다. 경쟁을 제한하면 은행이 과도한 위험을 감행하는 일이 줄어들 것이라고 믿었다.

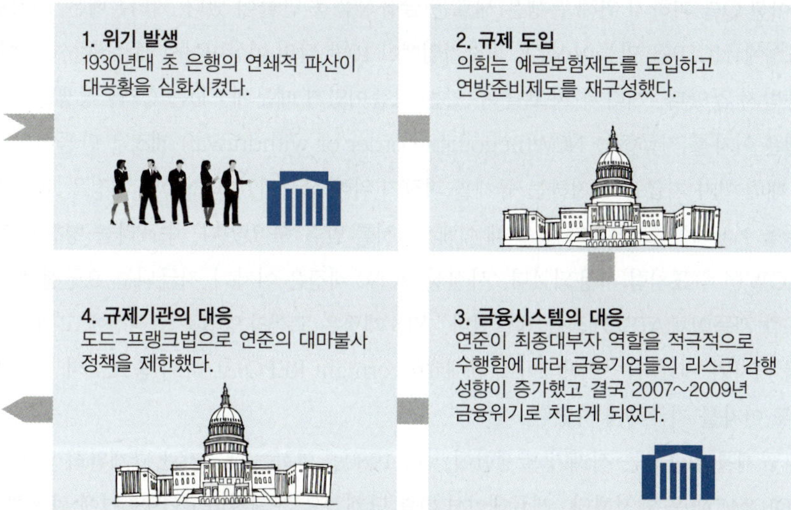

그림 12.6

최종대부자 : 금융위기, 규제, 금융시스템의 대응, 규제기관의 대응

그러나 장기적으로 볼 때 경쟁제한적인 규제는 은행의 안정성을 촉진시키지 못할 것이다. 왜냐하면 규제를 받지 않는 금융기관들이 은행예금이나 대출과 비슷한 대체상품을 개발하여 은행과 경쟁할 것이기 때문이다. 경쟁을 제한하는 규제가 실제로는 도리어 새로운 경쟁을 유발했다. 극적인 예는 은행의 예금이자율을 제한하자는 아이디어였다. 이를 둘러싼 논란이 1933년의 은행법에서 시작되었는데, 그때 **레귤레이션 Q**(Regulation Q)가 도입되었다. 연준이 운영했던 레귤레이션 Q는 정기예금과 저축성예금에 대해 이자율 상한을 두고 요구불예금에 대해서는 이자를 지급하지 못하도록 했다. 당시에 수표를 발행할 수 있는 예금은 요구불예금뿐이었다. 레귤레이션 Q의 목적은 은행 간 예금유치 경쟁을 제한하고 예금이자율과 대출이자율 간에 적절한 스프레드를 보장하여 은행이 수익성을 유지하도록 한 것이다. 그러나 실제로 은행들은 이 규제하에서 살아남기 위해 강도 높은 혁신을 해야 했다.

시장이자율이 레귤레이션 Q의 이자율 상한을 넘을 때마다 은행에서 돈이 빠져나갔고 은행에는 대출할 자금이 줄어들었다. 인플레이션으로 인해 시장이자율이 레귤레이션 Q 상한을 넘자 1960년대 후반에는 건전하지 못한 패턴이 구체화되었다. 특히 대기업과 부유한 개인은 단기자금을 은행 단기예금에서 빼내 국채, 기업어음, 환매조건부채권에 투자했다. 게다가 1971년 MMF의 도입은 은행예금을 대체할 새로운 투자처가 되었다.

MMF의 발전은 기업에게 새로운 자금 조달처를 찾는 계기가 되었다. 대기업은 은행이 아니라 기업어음(CP)을 발행하여 단기자금을 조달했고 기업어음 가운데 상당 부분이 MMF에 편입되어 판매되었다. 은행은 기업어음시장에 영역을 빼앗기게 되었다. 역선택 개념을 이용해 볼 때, 건실한 기업은 성공적으로 기업어음을 팔 수 있었고 그렇지 못한 기업만 은행에 의존하게 되었다. 저축자와 대부자가 은행에서 금융시장으로 빠져나가는 것을 **탈중개화**(disintermediation)라고 한다. 탈중개화로 은행의 수익성은 악화되었다.

탈중개화 저축자와 대부자가 은행에서 금융시장으로 빠져나가는 현상

레귤레이션 Q를 피하기 위해 은행은 새로운 금융상품을 만들어 냈다. 씨티은행은 1961년 6개월 만기 양도성예금(CD)을 만들어 냈다. 최소가입액이 10만 달러 이상이어서 레귤레이션 Q 이자율 상한을 적용받지 않았다. 게다가 사고팔 수 있는 상품이었기 때문에 CD는 CP와 경쟁할 수 있었다. 또한 은행은 이자를 지급하는 **NOW(negotiable order of withdrawal) 계정**을 만들어 냈다. 요구불예금에 대해 이자 지급을 금지하는 규제를 피하기 위한 상품이었다. NOW 계정을 소유한 예금주들은 자금을 이체해야 할 필요가 있을 때 이체지시서를 받을 수 있었다. 수표라는 명칭이 붙지는 않았지만 NOW는 수표처럼 사용되었다. 사실상 NOW 계정은 이자가 지급되는 요구불예금이었다. 은행은 또한 **자동이체(ATS) 계정**을 개발했다. ATS 계정은 고객의 영업종료 시점에 고객의 요구불예금 잔고를 이자가 지급되는 오버나이트 환매채(overnight REPO)로 바꿔 줌으로써 실질적으로 당좌예금에도 이자를 지급하게 하였다.

이자율 규제를 위반하는 사례가 발생함에 따라 1980년 의회는 예금기관 규제완화 및 통화규제에 관한 법(DIDMCA)을 제정했다. 레귤레이션 Q를 단계적으로 폐지하고(1986년에 완전히 사라짐) NOW와 ATS를 공식적으로 허용하여 은행의 부담을 완화시켰다. 1982년에는 탈중개화를 막기 위해 은행에게 MMDA(money market deposit accounts)를 허용했다. FDIC로부터 예금을 보호받으면서도 지급준비금을 보유할 의무는 없는 예금이었다. 예금자에게 한 달에 6번 이내로 수표를 발행할 수 있는 편의가 제공되었고, 지급준비 의무가 없기 때문에 NOW 계정보다 이자율이 높았다. 시장이자율을 지급하는 데다 안전하고 편리한 상품이어서 MMDA는 성공을 거두었다.

그림 12.7은 이자율 상한제에 금융위기, 규제, 금융시스템의 대응, 규제기관의 대응이라는 틀을

그림 12.7

이자율 상한제 : 금융위기, 규제, 금융시스템의 대응, 규제기관의 대응

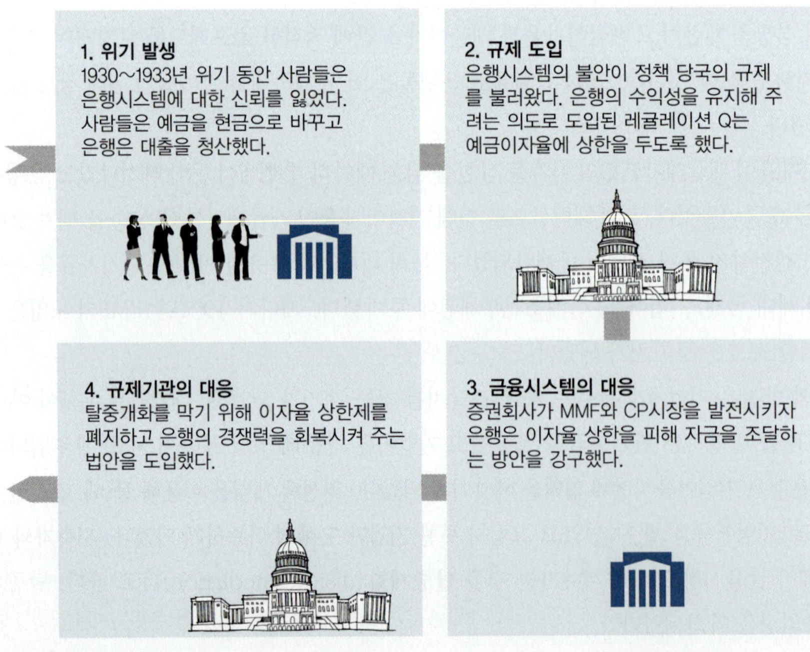

적용하고 있다.

자본요건

연방정부는 은행시스템의 안전성을 촉진하기 위해 FDIC, 연준, 통화감독청의 조사관을 은행에 파견한다. (통화감독청은 전국 단위로 영업하는 대형 은행에 조사를 한정한다.) 조사가 끝난 뒤에 은행에게는 다음과 같은 CAMELS 등급이 매겨진다.

자본적절성(**C**apital adequacy)
자산건전성(**A**sset quality)
경영관리능력(**M**anagement)
수익성(**E**arnings)
유동성(**L**iquidity)
시장 리스크에 대한 민감도(**S**ensitivity to market risk)

CAMELS 등급이 나쁘면 은행에게는 영업정지 명령이 내려질 수 있다. CAMELS 가운데 가장 주목을 받는 두 가지 범주는 자산건전성과 자본적절성이다. 은행의 최소자본량을 규제하는 것은 도덕적 해이를 막고 은행 파산으로 인한 FDIC의 비용을 감소시킨다. 1980년대 저축대부조합(S&L) 위기 이후 자본요건에 대한 관심이 높아졌다. 1930년대에 설립된 S&L은 주로 장기 고정금리의 모기지를 제공했다. 그러나 자금 조달은 주로 단기예금에 의존하였기 때문에 구조적으로 만기불일치의 문제를 안고 있었다. 다만 이자율이 안정적인 수준으로 규제되었기 때문에 별다른 문제가 발생하지는 않았다. 그러나 1979년 들어 시장이자율의 급격한 상승으로 모기지 자산의 현재가치가 급락하면서 S&L의 순자산도 급격히 줄어들었다. S&L은 자본이 자산에서 차지하는 비율이 3% 정도에 불과할 정도로 레버리지가 높았기 때문에 자산가치 하락의 충격은 매우 컸다. 1980년대 S&L의 파산 물결은 결국 연방정부의 구제금융으로 끝이 났다. 상업은행은 S&L에 비해 레버리지와 모기지 의존도가 낮아 손실이 제한적이었지만, 그래도 이 기간 동안 어려움을 겪었다.

S&L 위기를 계기로 정책 당국자들은 자본적절성의 문제를 제대로 다루어야 할 필요성을 느꼈다. 미국은 다른 국가들과 함께 스위스 바젤에 위치한 국제결제은행(Bank for International Settlements, BIS)이 주관하는 프로그램에 참여했다. 바젤은행감독위원회는 은행의 자본요건을 규제하기 위해 **바젤협약**(Basel accord)을 제정했다.

바젤협약 은행의 자본요건에 대한 국제협약

바젤협약에 의하면 은행의 자산은 위험 정도에 따라 네 가지 범주로 구분된다. 네 가지 범주에 각각 위험조정계수를 부여하고, 각 범주의 자산가치에 해당 범주의 위험조정계수를 곱해 위험조정자산(risk adjusted asset)을 산출한다. 위험조정자산의 가치는 가상의 숫자이다. 은행의 자본적절성은 위험조정자산에 대해 자본이 몇 퍼센트를 차지하는가로 측정한다. 단, 자본을 두 가지 기준으로 나누어 비율을 계산한다. 티어1자본(Tier 1 capital)은 주로 자기자본으로 구성된다. 티어2자본(Tier 2 capital)은 대손충당금과 후순위채 및 기타 항목으로 구성된다. 제10장에서 살펴본 대로 은행은 미래의 대출손실을 감안하여 대손충당금을 따로 적립해 두는데, 대손충당금은 은행의 이윤이 급변

표 12.2 은행의 자본적절성

범주	내용	티어1자본 비율	총자본 비율
1	우수 (well capitalized)	6% 이상	10% 이상
2	적절 (adequately capitalized)	4% 이상	8% 이상
3	부적절 (undercapitalized)	4% 미만	8% 미만
4	수준미달 (significantly undercapitalized)	3% 미만	6% 미만
5	위험 (critically undercapitalized)	2% 미만	–

출처 : FDIC.

동하는 것을 막아 준다. 한편 은행이 발행하는 채권 중에는 **선순위채**(senior debt)와 **후순위채**(subordinated debt 또는 junior debt)가 있다. 은행이 파산하게 되면 선순위채 보유자는 후순위채 보유자에 우선하여 투자금을 회수할 수 있다. 후순위채를 보유한 사람들은 은행을 모니터링할 유인이 높기 때문에 바젤협약에 따라 후순위채는 티어2자본에 포함된다.

은행감독기관은 두 가지 비율로 자본적절성을 측정한다. 두 가지 비율은 위험조정자산에 대한 티어1자본의 비율과 위험조정자산에 대한 총자본(티어1자본과 티어2자본의 합)의 비율이다. 그리고 표 12.2에 나타난 것처럼 두 가지 비율을 근거로 은행의 자본적절성을 다섯 단계로 구분한다. 위험조정자산 대비 자본 비율이 높을수록 단기적인 손실을 더 잘 견뎌낼 것이다.

범주 1에 속한 은행은 일반적인 규제만 받을 뿐 영업활동에 다른 제한을 받지 않는다. 범주 2에 속한 은행은 일정한 제약을 준수해야 하지만 어떤 조치를 취하도록 명령을 받지는 않는다. 범주 3, 4, 5에 속한 은행은 자본 비율을 높이는 조치를 취해야 한다. 통상적으로 범주 3, 4, 5에 속한 은행들은 어떤 조치를 언제까지 취해야 할지에 대해 FDIC와 공식 협약을 맺는다. 범주 5에 속한 은행은 즉각 자본을 확충하겠다는 구체적인 계획을 FDIC에게 제출해야 하며, 그렇지 못하면 문을 닫아야 한다. 주목할 점은 범주 5에 속한 은행은 지급가능 상태이더라도 즉시 자본을 확충하지 못하면 FDIC에 의해 폐업당할 수 있다는 것이다.

자본요건의 강화는 은행시스템의 안정성을 제고한다. 그러나 대형 상업은행들은 자본요건 강화에 대응하여 부외거래(off their balance sheet)를 활용했다. 자산의 일부를 대차대조표 밖으로 내보낸 것이다. MBS와 같이 위험한 자산에 투자하기 위해 씨티그룹과 같은 대형 은행들은 **특수투자회사**(special investment vehicles, SIV)를 세웠다. SIV는 이들을 지원하는 은행으로부터 경영과 자본을 분리했지만 증권을 매매할 때 지원은행과 연계하면서 혜택을 누렸다. 금융위기가 올 때까지 약 30개의 SIV가 있었는데 자산 규모가 3,200억 달러에 달했다. SIV가 보유한 자산에서 손실이 발생함에 따라 지원은행은 SIV를 파산시킬지 은행의 대차대조표에 다시 올려야 할지 선택해야 했다. 결국 대부분의 은행은 대차대조표에 손실을 올리는 두 번째 방법을 택했지만, SIV와 거래한 고객과의 관계를 계속 유지했다.

2010년 9월 바젤에서는 은행의 자본 비율을 상향시켜야 한다는 새로운 협정이 체결되었다. 그러나 새 준칙을 준수하기 위해 8년 이상의 시간이 주어졌고, 대부분의 대형 은행들은 당장 자본을 확충

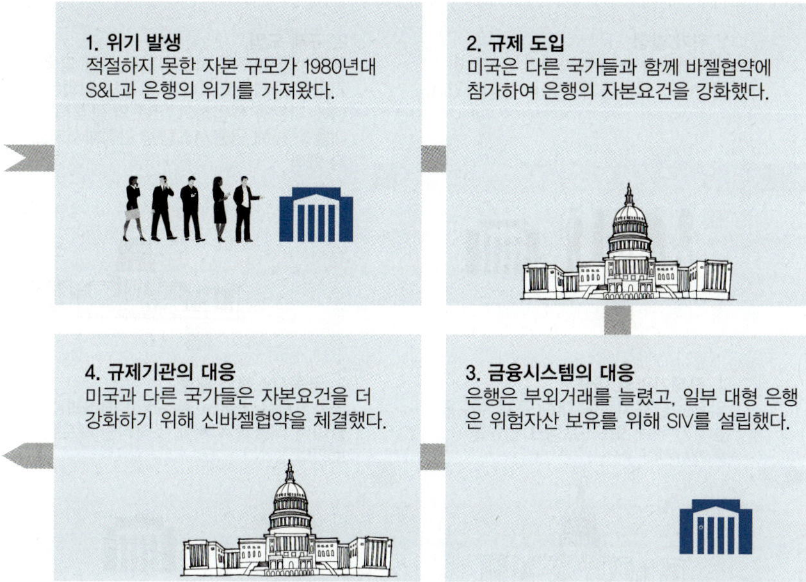

그림 12.8

자본요건 : 금융위기, 규제, 금융시스템의 대응, 규제기관의 대응

할 필요가 없었다. 단기적으로 새로운 협약이 국제금융시스템에 충격을 주지는 않겠지만, 장기적으로는 은행에 대한 정부 지원이 감소될 것이 기대된다. 그림 12.8은 자본요건에 금융위기, 규제, 금융시스템의 대응, 규제기관의 대응이라는 틀을 적용하고 있다.

2007~2009년 금융위기와 위기-대응의 패턴

2007~2009년의 금융위기 기간 및 그 이후의 사건들은 이 장에서 수차례 살펴보았던 위기와 대응이라는 패턴에 그대로 적용된다. 주택시장의 붕괴는 대공황 이래 최대의 위기를 야기했다. 주택가격 하락은 가계의 순자산을 감소시켰고 가계는 채무를 줄이기 위해 지출을 줄였고 대출기준 강화로 대출을 받기 힘들어졌다. 중소기업들은 상업부동산가격의 하락으로 비슷한 상황에 놓였다.

주택저당채권의 가격과 주택 관련 자산가격의 하락으로 금융기관은 막대한 손실을 입었다. 재무성과 연준 등 규제기관의 대응은 AIG와 같은 대형 금융기관을 구제하고, TARP를 통해 상업은행에 자본을 투입하고, 연준의 공격적인 대출을 통해 금융시스템을 안정화시키는 것이었다.

은행은 자본을 확충하고, 무수익여신(nonperforming loan)을 줄이며 지준을 늘리는 것으로 새로운 규제에 대응했고, 나아가 대출기준을 강화하면서 위험을 회피했다. 이로 인해 중소기업들은 장기간 거래한 은행에서조차도 대출을 받기 어려워졌다.

위기가 지나가자 의회는 월스트리트 개혁과 소비자보호에 관한 법(도드-프랭크 법)으로 금융규제를 점검하려고 했다. 이 법안에 대해서는 제13장에서 다시 살펴볼 것인데 여기서 몇 가지 주요 항목을 소개한다.

- 연준 내에 금융소비자보호국을 설치함

그림 12.9

2007~2009년의 금융위기 : 위기, 규제, 금융시스템의 대응, 규제기관의 대응

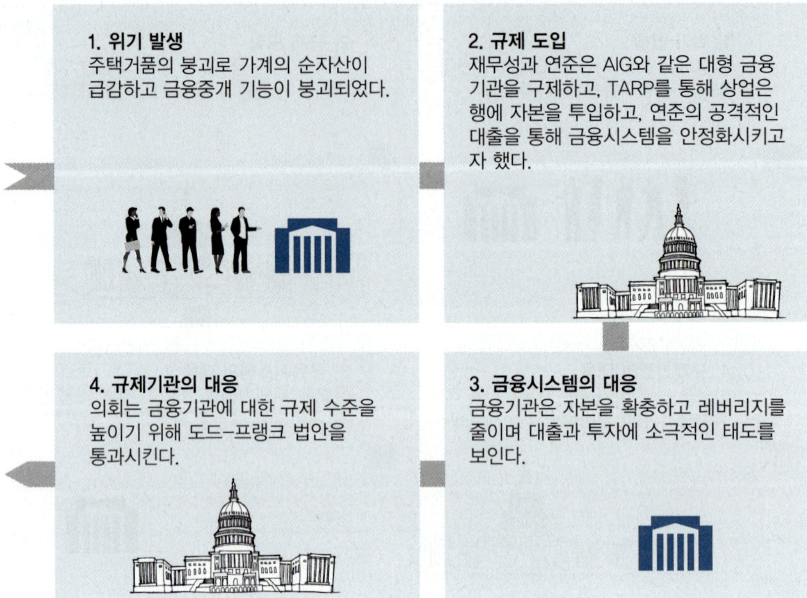

- 금융안정감독위원회를 설립하여 금융시스템의 체계적 위험을 감지하고 대응하는 역할을 부여함
- 대마불사 정책의 종료
- 연준의 운영 방식 일부를 변경함
- 일부 파생상품을 장외시장이 아니라 거래소에서 거래하도록 함
- 상업은행의 프롭트레이딩을 금지하는 '볼커룰' 도입
- 헤지펀드와 사모투자회사의 SEC 등록 의무화
- 주택저당채권 및 유사 증권을 판매하는 기업이 자체적으로 최소 5%의 신용 위험을 부담하도록 함

도드-프랭크 법안이 금융시스템에 어떤 영향을 줄지는 아직 미지수다. 그러나 역사를 돌이켜 볼 때 분명 금융기관들은 새로운 규제에 대해 새로운 혁신으로 대응할 것이다.

그림 12.9는 2007~2009년 금융위기에 금융위기, 규제, 금융시스템의 대응, 규제기관의 대응이라는 틀을 적용하고 있다.

12장의 질문에 대한 답변

Question 2007~2009년 금융위기의 심각성이 그 기간의 경기침체의 심각성을 설명해 주는가?

Answer 2007~2009년의 경기침체는 1930년대의 대공황 이후 가장 심각했다. 또한 1930년대 이래 금융위기를 동반한 최초의 경기침체였다. 라인하트와 로고프의 연구에 따르면 금융위기와 결부된 경기침체가 그렇지 않은 경우보다 더 깊고 길다. 금융위기는 자금의 중개 기능을 붕괴시키기 때문에 지출이 크게 축소되어 경기침체가 심화된다. 따라서 2007~2009년 금융위기의 심각성은 경기침체의 심각성을 설명해 준다.

핵심용어

금융공황
금융위기
대마불사
바젤협약
뱅크런
부채-디플레이션 과정
연방예금보험공사(FDIC)
전염
지급불능
최종대부자
탈중개화

연습문제

01 이코노미스트지의 한 기사는 몇몇 파생상품이 장외시장이 아니라 거래소에서 거래될 필요가 있다는 도드-프랭크 법에 대해 다음과 같이 평가했다.

> "이 법안은 파생상품 거래를 거래소로 이전시킴으로써 전염의 위험을 감소시킬 수 있을 것이다. 왜냐하면 거래상대방 위험을 덜고 파산 시에 지급을 보증할 수 있기 때문이다."

a. '거래상대방 위험'이란 무엇인가?

b. 만약 은행이나 금융회사가 처한 거래상대방 위험을 평가할 수 있다면, 왜 전염의 위험이 감소되는가?

출처 : "In Praise of Doddery," *Economist*, March 18, 2010.

02 보스턴대학의 코틀리코프는 모든 은행을 '제한목적은행(limited purpose banks)'으로 전환해야 한다는 금융개혁안을 제시했다. 그는 다음과 같이 설명한다.

> "은행은 단지 중개인의 역할만 하게 될 것이다. 은행은 금융자산을 소유하거나 어떤 것에도 투자하지 않는다 … [제한목적은행]은 수표발행이 가능한 예금에 대해 100% 지급준비금을 쌓는다. 이렇게 하면 예금보험도 필요 없으며 뱅크런의 가능성도 제거된다."

예금에 대해 100%의 지준 보유를 의무화하면 왜 예금보험이 필요 없는가? 예금주들은 은행이 파산하여 돈을 잃게 되는 것에 대해 두려워할 필요가 없는가?

출처 : Laurence J. Kotlikoff, *Jimmy Stewart Is Dead*, Hoboken, NJ: John Wiley & Sons, 2010, pp. 123-124, 132.

03 라인하트와 로고프는 그들의 저서 『This Time Is Different』에서 "제2차 세계대전 이후의 심각한 금융위기의 여파를 조사한 결과 금융위기가 자산가격, 산출, 고용에 대해 매우 깊고 지속적인 영향을 미쳤다."고 결론을 내렸다. 금융위기와 결부된 경기침체는 그렇지 않은 경기침체에 비해 더 심각한 양상을 보이는가?

출처 : Carmen M. Reinhart and Kenneth S. Rogoff, *This Time Is Different: Eight Centuries of Financial Folly*, Princeton, NJ: Princeton University Press, 2009, p. 248.

04 연준 의장인 버냉키는 취임 이전에 발표한 학술논문에서 다음과 같이 서술했다.

> "예금보험이 없는 시스템에서 뱅크런은 은행이 대출할 자금을 빼앗아 버린다. 은행대출이 전문적이고 정보에 민감한 한, 이러한 대출은 비은행권 신용으로 대체되기 어렵다."

a. 은행대출이 '정보에 민감'하다고 말한 의미는 무엇인가?

b. '비은행권 신용'이란 무엇인가? 왜 '정보에 민감한' 은행대출이 비은행권 신용으로 대체되기 어려운가?

c. 버냉키에 따르면 은행공황이 대공황의 심각성에 어떤 역할을 한 것인가?

출처 : Ben S. Bernanke, *Essays on the Great Depression*, Princeton, NJ: Princeton University Press, 2000, p. 26.

05 2010년 8월 월스트리트 저널에 다음과 같은 논평이 실렸다.

> "국채에서 정크본드까지 온갖 종류의 채권에 투자자들이 몰려들었다. 만약 디플레이션이 지속된다면 꾸준히

지급되는 이자는 그 가치가 점점 올라갈 것이다."

a. 디플레이션이 발생하면 왜 채권에 대한 이자 지급의 가치가 올라가는가?

b. 디플레이션이 발생하면 채권에 대한 명목이자율이 실질이자율보다 높아지는가 낮아지는가? 간단히 설명하라.

출처 : Jane J. Kim and Eleanor Laise, "How to Beat Deflation," *Wall Street Journal*, August 7-8, 2010.

06 2010년 뉴욕 타임스의 한 기사는 연준의 전 의장이었던 그린스펀의 다음과 같은 주장을 인용했다.

"주택가격에 거품이 발생한 것은 저금리 때문이었다. 그러나 주택가격에 충격을 준 것은 장기금리지, 그간 사회적인 통념처럼 되어 버린 중앙은행의 단기금리는 아니었다."

a. '주택가격 거품'이란 무엇인가?

b. 왜 장기금리가 단기금리보다 주택가격과 더 밀접한 관계를 맺는가?

c. 그린스펀은 왜 낮은 단기금리보다 낮은 장기금리가 더 중요하다고 했는가?

출처 : Sewell Chan, "Greenspan Concedes That the Fed Failed to Gauge the Bubble," *New York Times*, March 18, 2010.

07 2010년 4월에 발표된 논문에서 연준의 전 의장 그린스펀은 금융위기를 회고하며 다음과 같이 주장했다.

"금융권의 위기 관리자들은 그림자 은행의 출현이 불러일으킨 금융혁신과 그 파급효과를 완전히 이해하지 못했다. 그 결과 리스크의 수준이 한층 높아졌지만, 리스크가 증가된 만큼 자본이 확충되지 않았다."

a. 그림자 은행의 출현은 어떻게 금융시스템의 리스크를 증가시켰는가?

b. 그린스펀이 "리스크가 증가된 만큼 자본이 확충되지 않았다."고 말한 것의 의미는 무엇인가? 만약 더 많은 자본을 보유하고 있었다면, 그림자 은행은 어떤 문제들을 피할 수 있었겠는가?

출처 : Alan Greenspan, "The Crisis," April 15, 2010, p. 21.

제4부

통화정책

Money, Banking, and the Financial System

CHAPTER 13

연방준비제도와 중앙은행

[학습목표]

13.1 미국의 연방준비제도는 어떤 방식으로 구성되어 있는지 설명한다.

13.2 연방준비제도는 어떻게 운영되는지 설명한다.

13.3 미국 이외의 다른 국가들은 중앙은행의 독립성이 어느 정도인지 알아본다.

연준은 금융시스템의 거인인가?

2010년 5월 미 상원은 금융규제 개편안을 96 대 0으로 통과시켰다. 2007년 12월 금융위기에 신속하게 대처하기 위해 도입된 연방준비제도(연준)의 긴급대출프로그램에 대해 회계감사를 지시하는 내용이었다. 제2장에서 살펴본 것처럼, 1913년의 연준법은 연준을 연방정부로부터 재정적으로 독립시키고 정치적으로도 어느 정도 독립시키려고 했었다. 물론 출발부터 연준이 독립성을 부여받아야 하는지에 대한 비판이 있었고, 일부 의원들은 연준이 해당 지역에서 은행 건물을 매입하는 것처럼 사소한 일에도 문제를 제기하곤 했지만, 의회가 연준 프로그램에 대해 회계감사를 지시한 것은 매우 이례적인 일이었다. 연준에 대한 회계감사 규정은 2010년 7월에 통과된 '월스트리트 개혁과 소비자보호에 관한 법', 즉 '도드-프랭크 법'에 포함되었다.

미 의회의 이러한 조치는 금융위기로 연준의 역할이 강화되는 만큼 연준에 대한 관리감독도 강화되어야 한다는 것을 뜻한다. 연준의 중요성을 보여 주는 단적인 예는 연준 의장의 발언과 증언에 금융시장이 아주 민감한 반응을 보인다는 것이다. 예를 들어 2010년 7월 대부분의 투자자들은 미국이 '이중 경기침체(double dip recession)'를 겪을지 모른다는 걱정을 하고 있었다. 사실 2009년 중반쯤에 경기침체가 끝났음에도 불구하고 일부 경제학자들은 2010년 말에 경제가 다시 침체에 빠질 것이라고 예측하였다. 투자자들은 2010년 7월 21일 버냉키 의장이 의회에서 증언할 때 침체 극복에 대한 새로운 정책에 대해 언급하기를 기대했다. 그러나 발언 가운데 그런 내용이 없자 다우존스 지수는 바로 160포인트 이상 하락하였다. 사람들은 경제와 금융에 미치는 영향력에 있어 연준 의장을 대통령 다음이라고 생각한다.

그러면 투표로 선출되지 않는 중앙은행 의장이 그렇게 큰 힘을 가져도 될까? 경제학자들과 정책입안자들은 이 문제로 수십 년간 토론을 벌였고, 2010년 도드-프랭크 법안이 통과될 때에도 논쟁거리였다.

출처 : Jonathan Cheng, "Stocks Fall on Fed Outlook," *Wall Street Journal*, July 21, 2010.

13장의 이슈와 질문

▶정답은 308쪽에

Issue 금융위기가 발생하자 미 의회는 연준의 독립성을 줄이는 문제에 대해 논쟁을 벌였다.

Question 의회와 대통령은 연준에 대해 지금보다 더 강한 권한을 행사해야 하는가?

이 장에서는 경제정책 결정의 본체라고 할 수 있는 연준의 조직, 구조, 역할에 대해 살펴본다. 또한 연준이 활동하는 정치적 영역과 도드-프랭크 법안이 통과될 때 제기된 중앙은행의 독립성 논쟁도 알아본다. 나아가 유럽중앙은행을 포함하여 다른 국가의 중앙은행들은 조직과 독립성 면에서 어떤 차이가 있는지 알아본다.

13.1 연방준비제도의 구조

미국처럼 복잡한 중앙은행 구조를 가진 나라는 거의 없다. 작은 단위로 분산된 은행시스템이 형성된 것처럼, 연준도 오랜 정치적 투쟁 과정을 거쳐 만들어졌다. 경쟁력 있고 강한 금융기관을 지지하는 측과 강력한 금융기관이 권한을 남용할 것을 우려하는 측이 대립했기 때문이다. 연준이 왜 지금과 같은 모습으로 조직되었는가를 이해하려면 초기 역사를 살펴볼 필요가 있다.

[학습목표]
미국의 연방준비제도는 어떤 방식으로 구성되어 있는지 설명한다.

연방준비제도의 탄생

미국이 독립을 획득한 지 얼마 되지 않아 당시 재무장관 해밀턴(Alexander Hamilton)은 정부와 민간이 공동으로 지분을 갖는 미국제1은행(Bank of the United States)을 설립했는데, 이것이 미국 최초의 중앙은행인 셈이다. 당시 상업은행들이 가진 인가는 모두 개별 주정부로부터 받은 것이었는데, 1791년 미 의회는 미국제1은행에게 20년 인가를 내주었다. 그러나 의회의 충분한 지원이 확보되지 않아 인가를 갱신하는 데 실패하고 1811년 업무를 중단하게 되었다. 그 후 1816년에 다시 미국제2은행(Second Bank of the United States)을 설립했는데, 인가 기간은 역시 20년뿐이었다. 이 은행 역시 금융시스템을 규제하려는 측과 그에 저항하는 세력 간의 투쟁 과정에서 1836년에 인가가 만료되고 말았다. 미국은 다시 중앙은행이 없는 상태에 놓이게 되었는데, 이는 은행들에 대한 최종대부자가 없어진 것을 의미했다. 이후 경기침체를 동반한 1873년, 1884년, 1893년, 1907년의 금융공황을 겪으면서 미 의회는 금융불안에 대처할 필요성에 대해 다시 인식하게 되었고, 특히 1907년 공황 발생으로 정부 개입의 불가피성을 절감하게 되었다. 결국 의회는 당시 통화위원회에게 중앙은행 설립에 대해 연구하도록 지시하였고, 1913년 윌슨(Woodrow Wilson) 대통령의 지원을 받아 연방준비제도법(연준법)을 통과시키게 되었다.

연준법에 의해 미국의 중앙은행 격인 **연방준비제도**(Federal Reserve System)가 탄생하였지만, 의원들 대부분은 은행을 관리하고 감독하는 관료들에게 권력이 집중될 것을 우려했다. 따라서 권력을 분산하기 위해 4개의 그룹으로 나누어 이들이 각자 독립적으로 업무를 수행하게 만들었다. 4개의 그룹은 연준, 연방준비제도에 가입한 민간 상업은행, 연준이사회, 연방공개시장위원회(FOMC)였다. 전국 단위로 영업하는 은행, 즉 연방정부의 인가를 받은 은행은 반드시 시스템에 소속되도록 한 반면, 주 단위로 영업하는 은행, 즉 주정부의 인가를 받은 은행은 시스템에 소속될지 여부를 선택할 수 있도록 했다. 즉 1913년 당시에는 지금처럼 연준에 권력이 집중되지 않았다. 그러나 시간이 지남에 따라 연준은 금융시스템에서 자신의 역할을 확대해 나가게 된다.

연방준비제도 미국의 중앙은행

연준은행

연준은행 연방준비제도의 지역은행으로 재할인대출을 수행함

권한을 분산하려는 의도를 가진 의회는 단일 중앙은행을 세우는 것에 반대하였다. 대신 미국 전역을 12개의 연준 지역으로 나누고, 각각 한 도시를 정해 지역의 **연준은행**(Federal Reserve Bank)을 두도록 하였다. 중앙은행을 12개 지역에 분산시켜 놓은 셈이다. 지역 연준은행의 주된 역할은 해당 지역에 소속된 은행들에 재할인대출을 하는 것이었다. 최종대부자 역할을 하되, 분권화 목표를 잃지 않으려고 한 것이다. 그림 13.1은 연준 지역과 해당 지역 연준은행의 위치를 보여 주고 있다. 처음에는 이 지도가 어색하게 보일지 모르는데, 주가 연준 지역을 나누는 기준이 아니기 때문이다. 캘리포니아 주와 뉴욕 주도 그렇다. 일부 주들은 지역 경계에 의해 분할되기도 하고, 경제적으로 유사하지 않은 주인데 같은 지역으로 묶여 있기도 하다. 이 같은 분할은 특정 이해집단 혹은 특정 주가 연준은행으로부터 특혜를 얻는 것을 방지하기 위한 것이었다.[1]

그렇다면 12개 지역의 연준은행은 각각 누가 소유하는 것일까? 은행이 연방준비제도의 회원으로 가입하려면 해당 지역 연준은행의 주식을 사야 한다. 그리고 은행은 소유 지분에 대해 6%의 고정된 배당을 받는다. 원칙상 회원은행들이 해당 지역의 연준은행을 소유하는 구조로 되어 있다. 그러나 회원은행은 주주로서의 권리나 특권을 거의 누리지 않기 때문에, 민간과 정부의 조인트 벤처(joint venture) 형식이라고 할 수 있다.

1913년 연준법의 핵심은 한 집단이 중앙은행의 권한을 과도하게 가짐으로써 다른 집단이 희생되게 할 수 없다는 것이다. 지역 연준은행 이사회의 구성을 보면, 9명의 이사가 세 집단, 즉 은행, 기업, 일반인의 이익을 대변하는 역할을 한다. 회원은행들은 은행권 인사 가운데 3명의 Class A 이사를 선출하고, 산업계 인사 가운데 3명의 Class B 이사를 선출한다. 그리고 연준이사회가 일반인을 대표하는 3명의 Class C 이사를 선출한다. 이 9명의 이사가 연준이사회의 승인을 받아 연준은행 총재를 선출해 왔는데, 2010년 제정된 도드-프랭크 법 이후로 Class A 이사는 총재 선출에 참여할 수 없게 되었다.

12개의 연준은행은 지급결제시스템, 통화공급, 금융규제와 관련하여 다음과 같은 업무를 수행한다.

- 지급결제시스템을 감독한다.
- 새로운 달러를 발행하고 손상된 달러를 회수함으로써 화폐유통을 원활하게 한다.
- 해당 지역에 속한 은행들에게 재할인대출을 해 주고 이를 관리한다.
- 회원은행들의 경영 실태를 살피고 합병 신청에 대해 평가하는 등 감독과 규제 기능을 수행한다.
- 해당 지역의 경제 상황에 대한 자료를 수집하고, 통화 및 은행 관련 보고서를 작성한다.
- 지역 연준은행 자격으로 연방공개시장위원회(FOMC)에 참여한다.

요컨대 지역 연준은행은 (재할인대출을 함으로써) 통화정책을 직접 수행하는 한편, FOMC의 구성원으로서 통화정책에 간접적으로 참여한다. 이론상 지역 연준은행은 재할인대출에 적용되는 재할

1 연방준비제도(연준)를 영어로 간략하게 Fed로 부르는 반면, 지역 연준은행은 FRB로 줄여 부른다.

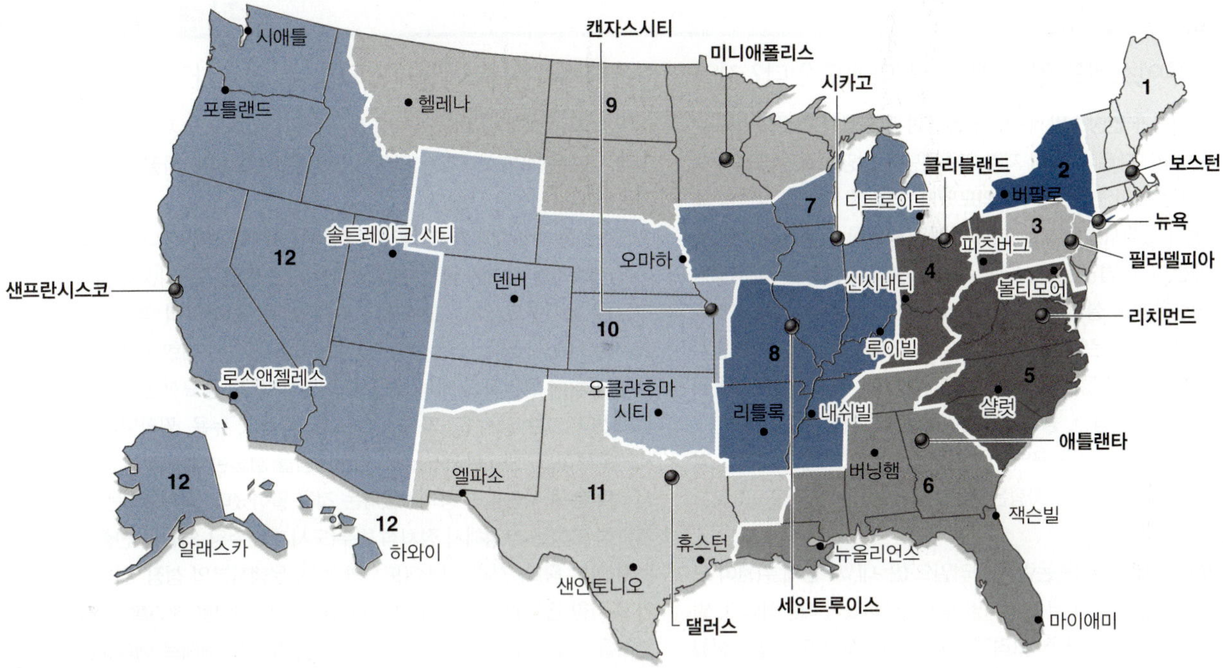

그림 13.1 연방준비제도 지역

미국을 12개의 연방준비제도 지역으로 나눈 것은 각 구가 도시 및 지방뿐 아니라 제조업, 농업, 서비스 산업을 모두 포함하도록 하기 위한 것이다. 하와이와 알래스카는 12번째 연방준비제도 지역에 포함되어 있다.

출처 : *Federal Reserve Bulletin.*

인율과 그 양을 결정하게 되어 있지만, 실제로 재할인율은 최근 수십 년간 워싱턴 소재 연준이사회에 의해 단일하게 설정되었다. 연준은행은 FOMC에 참여하고, 또 연준은행 총재들로 구성된 자문기구인 연방자문회의(Federal Advisory Council)에 참여함으로써 통화정책에 영향을 미칠 수 있다.

회원은행

전국을 대상으로 영업하는 은행들은 연방준비제도의 회원이 되어야 하지만, 주를 대상으로 영업하는 은행들은 회원가입 여부를 선택할 수 있다. 현재 주 단위 영업 은행의 16% 정도만이 연방준비제도의 회원인데, 금액상으로는 회원은행의 예금이 대부분을 차지함에도 불구하고 숫자상으로는 미국 전 은행의 3분의 1 정도만 연방준비제도에 가입되어 있다.

역사적으로, 한 주 내에서만 영업하는 은행들은 연방준비제도에 가입하지 않는 경향이 있었다. 가입에 따르는 비용은 연준이 회원은행에 요구하는 지준으로, 연준은 지준에 대해 이자를 지급하지 않았으며, 은행들은 이를 세금으로 여겼다. 특히 1960년대와 1970년대에는 이자율이 상승하면서 회원가입의 기회비용이 상승하였고, 회원은행의 수는 줄어들었다.

관련 사례

세인트루이스에도 있고 캔자스시티에도 있다? 지역 연준은행의 위치를 어떻게 설명할 수 있는가?

당초 미 의회가 연방준비제도법을 만들며 의도했던 연준의 형태는 지금과는 많이 다르다. 특히 지역 연준은행에 상당한 독립성을 부여하고자 하는 것이 원래 의회의 의도였다. 의회가 법안을 심의할 때 연준은행의 소재지를 어디로 할지가 매우 중요한 논쟁거리가 된 것도 이 때문이다. 법안은 8~12개 사이의 구역을 만들고 각 구역당 1개의 연준은행을 설립할 수 있도록 허용했으나 구역을 어떻게 나눌지, 그리고 연준은행의 소재지를 어느 도시로 할지에 대해 명시하지 않았다. 이 결정은 연준은행구성위원회에 맡겨졌는데, 이 위원회에는 재무부 장관, 농업부 장관, 통화감독청장이 참여하였다. 이 위원회는 1914년 4월 구역의 경계와 연방준비은행 소재지를 발표하였는데, 이때 결정된 사항은 지금까지 변함없이 유지되어 오고 있다.

위원회의 결정은 많은 논란을 불러일으켰는데, 세 명의 위원이 모두 민주당 출신 대통령 윌슨이 지명한 사람들이었기 때문이었다. 일부에서는 민주당의 정치적 고려에 따라서 위원회가 도시를 선정했다고 비판했다. 예를 들어 2개의 연준은행을 가진 유일한 주인 미주리를 봐도 그렇다. 캔자스시티에는 제10구역 연준은행이 위치해 있고, 또 세인트루이스는 제8구역 연준은행의 소재지이다. 비판세력은 당시 민주당 소속이었던 하원의장이 미주리에 지역구를 가지고 있었다는 점을 지적한다. 연방준비제도법의 발의자 중 한 명인 민주당 소속 상원의원 글래스(Carter Glass)의 본거지인 버지니아 주의 리치먼드 시에 연준은행이 위치하게 된 것도 비슷한 관점에서 생각할 수 있다. 연준 임원들을 설득해서 위원회의 결정을 뒤집으려는 노력이 있었지만, 1916년 미국 검찰총장은 연방준비제도의 지역 경계와 지역 연준은행의 소재지는 의회가 연방준비제도법을 바꿀 때에만 가능하다는 해석을 내렸다.

연준은행의 소재지가 20세기 초 정치적 이해를 반영한다는 관점이 경제학자들 사이에 넓게 퍼져 있지만 최근의 연구는 이런 관점에 의문을 제기하고 있다. 오네오타 소재 뉴욕주립대학의 맥커보이(Michael McAvoy)는 연준은행구성위원회의 결정에 대한 재검토를 통해 정치적 요인과 경제적 요인 중 어떤 것이 더 중요했는지를 살펴보았다. 그는 당시 6개의 도시(보스턴, 시카고, 뉴욕, 필라델피아, 세인트루이스, 샌프란시스코)에 연준은행을 설립한다는 것에 대해서 대부분의 사람들이 동의하였다는 것을 알아냈다. 맥커보이는 통계학적 모형을 추정해서 정치적 변수(도시가 민주당 의원을 선출했는지 여부 등)와 경제적 변수(도시의 인구, 은행자본의 성장, 위원회가 조사한 금융권 인사들의 선호도 등)가 도시 선택을 예측할 수 있는지를 검토하였다. 경제적 변수는 선택된 도시를 제대로 예측하는 반면 정치적 변수는 그렇지 못하다는 게 맥커보이의 결론이었다.

그러니까 미주리 주가 2개의 연준은행을 가지고 있는 게 지금에 와서는 다소 이상하지만 1914년에는 그럴 만한 경제적 이유가 있었던 것이다.

출처 : Michael R. McAvoy, "How Were the Federal Reserve Bank Locations Selected?" *Explorations in Economic History*, Vol. 43, No. 3, July 2006. Allan H. Meltzer, *A History of the Federal Reserve, Volume 1: 1913-1951*, Chicago: University of Chicago Press, 2003, pp. 73-75.

회원은행의 수가 줄어들자 연준은 통화공급 조절능력이 상실될 수 있다고 우려하였고, 모든 상업은행이 연방준비제도에 가입하도록 법제화해야 한다고 주장했다. 그러나 의회는 아직도 이 요구를 법제화하지 않았다. 다만 1980년 제정된 '예금기관 규제완화 및 통화 관리법'을 통해 비회원은행도 회원은행과 마찬가지로 연준에 지준을 예치하도록 의무화했다. 그와 함께 비회원은행에게도 재할인대출과 지급결제시스템에 대한 접근을 허용하였다. 그에 따라 회원 감소 현상이 멈추었으며 회원 및 비회원은행의 구분이 모호해지게 되었다. 한편 금융위기 직후인 2008년 10월부터 연준이 지준에 대해 0.25%의 이자를 지급하기 시작했는데, 이로써 은행의 지준 보유의 기회비용은 다소 낮아지게 되었다.

예제 13.1

지급준비 의무에는 비용이 얼마나 드는가?

웰스파고 은행이 예금계정 잔액에 대해 연 3%의 이자를 지급한다고 하자. 충족시켜야 할 지준예치 의무는 10%이다. 연준이 지준에 0.25%의 이자를 지급한다고 하자. 한편 웰스파고는 대출 및 투자를 통해 6% 수익을 얻을 수 있다.

a. 계정 잔액이 1,000달러 증가할 때 지준 의무는 얼마나 변하는가? 은행이 예금자에게 지급하는 이자 외에 발생하는 다른 비용은 무시한다.

b. 지준 의무의 기회비용은 경기침체나 확장기 어느 때 더 높은 경향이 있는가? 간단히 설명해 보라.

Step 1 복습. 이 문제는 지준 의무의 효과에 관한 것이므로, '회원은행'에 관한 부분을 복습한다.

Step 2 은행이 지불하는 비용의 계산. 지준 의무가 10%일 때, 웰스파고는 1,000달러 중에서 100달러를 지준으로 보유해야 하며, 이에 대해 연준으로부터 0.25%의 이자를 지급받는다. 나머지 900달러는 대출이나 투자로 운용할 수 있다. 따라서 은행의 수익은 ($900×0.06)+($100×0.0025)=$54.00+$0.25=$54.25이다. 만약 은행이 예금에 대해 지준을 보유하지 않아도 된다면 수익은 $1,000×0.06=$60일 것이다. 결국 지준 의무는 은행의 수익을 5.75달러 혹은 $5.75/$1,000=0.575%만큼 감소시킨다.

Step 3 경기변동에 따른 지준세의 변동. 지준에는 낮은 이자수익밖에 없으므로 은행이 대출이나 투자로 벌어들이는 수익이 크면 클수록 지준 보유의 기회비용은 증가한다. 제4장에서 살펴본 것처럼 이자율은 경기침체기에 떨어지고 경기확장기에 상승하는 경향이 있다. 따라서 지준에 대한 기회비용은 경기침체기보다 경기확장기에 더 높은 경향이 있다.

연준이사회

연준이사회 대통령에 의해 임명되는 7명의 이사로 구성된 연방준비제도의 이사회

연준이사회(Board of Governors)는 워싱턴에 본부를 두고 있다. 이사회는 7명으로 구성되며 대통령이 임명하고 상원이 승인한다. 독립성을 보장하기 위해 이사의 임기는 14년으로 되어 있으며 갱신이 불가능하다. 이사 임기의 종료일은 보통 2년마다 1월 31일로 되어 있어서, 한 대통령이 연준이사회 이사를 모두 임명하게 되는 경우는 거의 없다. 평균적으로 대통령은 2년마다 1명을 새로 임명하지만, 2010년에는 예외적으로 오바마 대통령에 의해 3명의 이사가 한꺼번에 임명되기도 했다. 한 사람이 14년 이상 일하는 것도 가능하다. 중도에 사퇴한 이사의 잔여 임기를 채우는 형식으로 임명된 사람은 그 잔여 임기를 채운 뒤 다시 14년 임기를 받을 수 있다. 이러한 방식으로 그린스펀은 1987년부터 2006년까지 연준이사회에 머물 수 있었다. 단, 하나의 연준 지역을 대표하는 이사는 1명으로 제한된다.

대통령은 연준이사회 7명의 이사 가운데 1명을 이사회 의장으로 임명한다. 의장의 임기는 4년이고 재임이 가능하다. 버냉키는 2006년 1월 부시 대통령에 의해 임명되었는데, 2010년 1월에 오바마 대

통령에 의해 다시 의장으로 임명되었다.

최근 연준 이사는 경제학자가 맡는 경우가 많다. 그러나 제2차 세계대전 이래 연준 의장은 월스트리트 출신의 마틴, 학계 출신의 번즈와 버냉키, 기업 출신인 밀러, 공무원 출신인 볼커, 경제예측 전문가였던 그린스펀까지 그 배경이 다양했다.

연준이사회는 공개시장조작, 지급준비율 조절, 재할인대출을 통해 통화량과 이자율에 영향을 주는 통화정책을 결정한다. 1935년 이래 연준이사회는 지급준비율과 재할인율을 결정해 왔다. 또한 연준 이사들은 FOMC의 12석 가운데 7석을 차지하고 있어서 공개시장조작에도 결정적인 역할을 한다. 이들은 이러한 공식적 방법뿐만 아니라 비공식적인 방법으로도 경제정책의 결정에 영향을 미친다. 예를 들어 연준 의장으로서 대통령에게 자문하고, 의회에서는 경제 성장, 인플레이션, 실업과 같은 문제에 대한 견해를 진술하기도 한다.

연준이사회는 금융규제의 권한도 일부 수행한다. 거래보증금 비율, 즉 증권을 매수할 때 신용이 아닌 현금으로 지불해야 하는 비율을 결정하며, 은행 간의 합병을 승인하기도 한다. 연준 의장은 2010년 도드-프랭크 법안으로 신설된 금융안정감독위원회(FSOC)에도 일원으로 참여한다. 연준이사회는 지역 연준은행의 예산을 검토하고, 각 연준은행의 총재와 직원들의 연봉을 결정하는 등 행정통제 역할도 한다.

관련 사례

연준이사회에는 네 명도 너무 많다

연준의 가장 중요한 통화정책수단은 연방기금금리 목표를 정하는 것이다. 이 때문에 연준의 주요 통화정책에 대한 논의는 연방공개시장위원회에서 이뤄졌다. 경제학자들과 월가의 애널리스트들은 연방공개시장위원회의 논의 결과를 자세히 들여다봄으로써 연준 정책의 방향을 가늠하려 했다. 1980년대까지는 그랬다. 하지만 2007~2009년 금융위기 때 연준이 더 이상 연방기금금리 목표로만 정책수단을 한정시킬 수 없음이 분명해졌다. 다른 침체기 때와 마찬가지로 연준은 2007년 9월부터 목표금리를 빠른 속도로 낮추기 시작했다. 하지만 2008년 12월에 이르면 목표금리는 사실상 0%로 떨어졌지만 경제는 여전히 위축되고 있었고 금융권도 위기 상황에 있었다.

금융위기에 대한 제12장의 논의에서 보았듯 버냉키 연준 의장은 일련의 정책을 내놓았는데 이 중 일부는 전례가 없는 것이었다. 상황이 매우 빠르게 변하고 있었기 때문에 다음 연방공개시장위원회 모임이 열릴 때까지 기다렸다가 새로운 정책을 논의하는 것은 불가능했다. 게다가 연방공개시장위원회는 이사회 구성원 모두와 12개 연방은행의 은행장으로 구성되기 때문에 빠른 의사결정을 내리기에는 그 규모가 너무 컸다. 그렇다고 이사회에 의존하지 않고 정책 결정을 내리는 것에도 문제가 있었다. 1976년 의회는 선샤인법을 통과시켰는데 이 법에 따르면 대부분의 연방정부 산하기관의 경우 회의 개최 전에 회의소집공고를 내는 것이 의무화되어 있다. 이 법에 따르면 4명 이상의 연준이사회 구성원이 모여서 정책을 논의하면 이는 공식적 회의에 해당되고 사전 공고가 필요하다. 버냉키는 매 시각 진행되는 상황에 대응해서 빠르게 정책을 결정할 필요가 있었는데, 사전 공고 의무 규정으로 인해 2명 이상의 연준이사회 구성원을 한 번에 만나는 것은 불가능했다.

그 결과 버냉키는 비공식적 조언자 그룹에 의존하게 됐는데 이 그룹에는 이사회 구성원인 콘(Donald Kohn)과 와시(Kevin Warsh), 그리고 뉴욕 연준은행장 가이트너가 포함돼 있었다. 가이트너는 연방공개시장위원회 위원이지만 이사회의 구성원이 아니었기 때문에 가이트너가 회의에 참석한다고 해서 선샤인법 규정이 적용되는 것은 아니었다. 이들은 '사총사'로 불리게 됐는데 위기 기간 중 연준에서 주요 의사결정기구로 작용했다. 의도한 것은 아니지만 선샤인법이 다른 연준이사회 구성원들의 통화정책 결정 과정 참여를 크게 제한시키는 결과를 가져온 것이다.

출처 : David Wessel, *In Fed We Trust: Ben Bernanke's War on the Great Panic*, New York: Crown Business, 2009.

연방공개시장위원회

연방공개시장위원회(FOMC) 공개시장조작을 관장하는 12명의 연방준비위원회

총 12명으로 구성된 **연방공개시장위원회**(Federal Open Market Committee, FOMC)는 연준의 공개시장조작을 관장한다. FOMC는 연준 의장을 포함한 7명의 연준 이사, 뉴욕 연준은행 총재, 그리고 4명의 다른 연준은행 총재로 구성된다. 뉴욕 연준은행 총재는 당연직으로 참여하지만, 뉴욕을 제외한 11명의 연준은행 총재는 순번에 따라 4명씩 참여한다. FOMC 위원장은 연준 의장이 맡는다. 지역의 연준은행 총재 가운데 뉴욕 연준은행 총재를 포함한 5명의 연준은행 총재만 투표권을 가지지만, 나머지 7명의 연준은행 총재들도 회의에 참석한다. FOMC 회의는 1년에 8번 워싱턴에서 개최된다.

회의가 열리기 전 FOMC 위원들은 세 권의 자료집을 읽어 본다. '그린북(Greenbook)'은 향후 2년간의 경제 전망을 담고 있고, '블루북(Bluebook)'에는 통화량 예측치와 선택할 수 있는 몇 가지 통화정책이 제시된다. '베이지북(Beigebook)'에는 개별 연방 지역의 경제 현황이 요약되어 있다. 토론을 마치면 의장은 논의 내용을 요약하고 연방기금금리 목표를 정하기 위한 투표를 실시한다. 이렇게 정한 금리 목표를 달성하기 위해 연준은 재무성증권 거래를 통해 은행시스템 내의 지준 수준을 조절한다. 다만 FOMC가 직접 증권을 거래하는 것은 아니고 뉴욕 연준은행 내의 거래부서에 지시를 내린다. 지시를 받은 거래부서의 공개시장조작 담당자는 **프라이머리 딜러**(primary dealers)를 상대로 재무성증권을 거래한다. 프라이머리 딜러는 재무성증권의 공개시장조작 거래 대상으로 지정된 민간금융회사이다.

연준 내부의 권력과 권위

애초에 연준은 견제와 균형이 유지되도록 설계되었지만 1930년대 초 극심한 은행위기는 분권화된 시스템을 재고하는 계기가 되었다. 1935년 개정된 은행법은 연준이사회가 FOMC의 다수를 차지하게 함으로써(12명 가운데 7명), 사실상 연준이사회를 중심으로 권력이 집중되도록 만들었다. 게다가 당시 연준이사회에 있던 재무장관과 통화감독관을 제외시킴으로써 연준의 독립성을 강화했다.

연준이사회와 FOMC가 통화정책에 대한 공식적 입장을 결정하지만, 이들이 가진 비공식적 권한에 주목할 필요가 있다. 그림 13.2는 연준의 조직구조와 권력관계를 보여 준다. 뉴욕 연준은행 총재는 FOMC의 당연직 위원이기 때문에 언제나 영향력을 미칠 수 있고, 연준 의장은 조직 전반에 영향력을 행사한다. 때로 일부 위원과 지역 연준은행 총재가 의장이 내놓은 의제에 이의를 제기하기도 하지만, 의장의 영향력은 여전히 연준 전체에 미치게 된다.

회원은행은 지역 연준은행의 명목상 주인이지만 연방준비제도에서 영향력을 거의 행사하지 못한다. 회원은행이 연준의 주식을 소유하지만 주주로서 행사할 수 있는 권한은 없으며 연준의 수익과 상관없이 고정적으로 연 6%의 배당금을 받을 뿐이다. 정책은 워싱턴에 있는 연준이사회가 만들며, 그들의 지분이 어떻게 사용되는지 통제할 수 없고 잔여이윤에 대한 청구권도 없다. 물론 회원은행에게는 9명의 연준은행 이사 가운데 Class A 이사 3명과 Class B 이사 3명 등 6명의 이사를 선출하는 권한이 있지만, 후보자들이 입후보하여 경쟁하는 것이 아니라 관례상 해당 연준은행 또는 워싱턴의 연준이사회가 추천하는 인물이 선출된다.

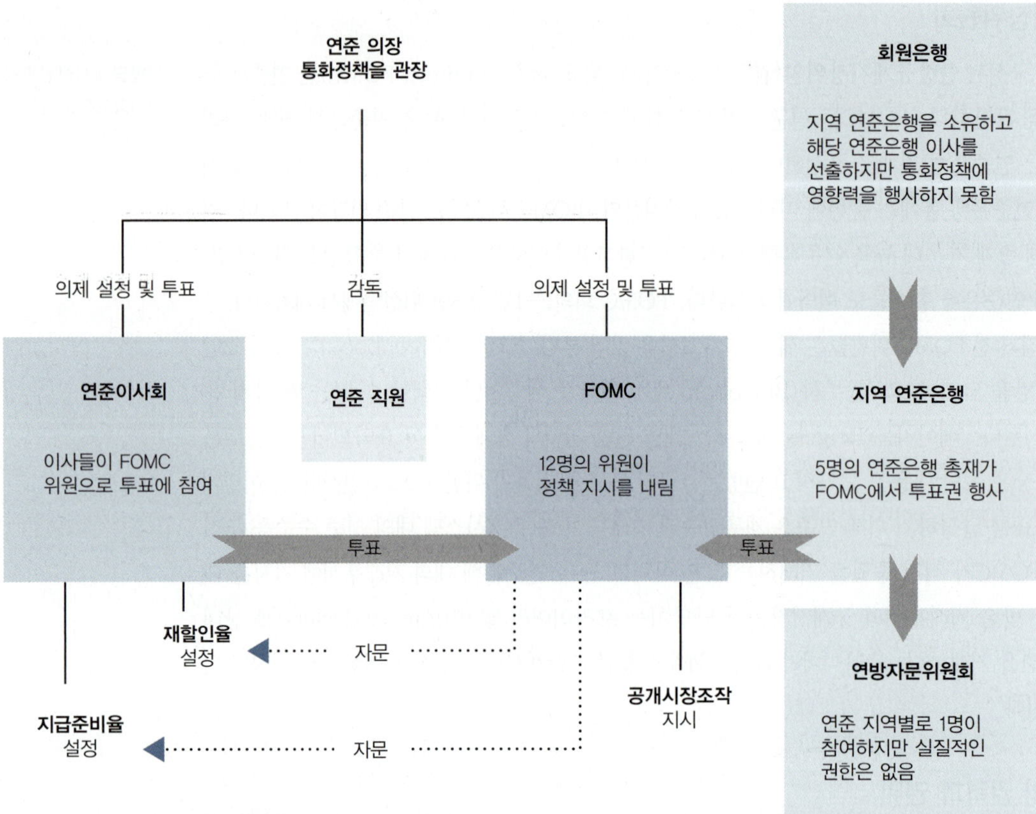

그림 13.2 연준의 조직과 권력관계

1913년의 연준법에 의해 연방준비제도가 창설되었으며, 시스템으로 견제와 균형이 유지되도록 설계되었다. 그러나 공식적 설계가 지향했던 것과는 달리, 연준 내부의 비공식적인 힘이 점점 더 연준 의장에게 모이게 되었다.

도드-프랭크 법 도입에 따른 연준의 변화

도드-프랭크 월스트리트 개혁과 소비자보호에 관한 법 금융규제를 개혁하려는 의도로 2010년에 통과된 법안

미 의회는 금융위기가 발생하자 금융개혁에 대한 긴 논쟁을 거쳐 연준의 구조와 업무를 조정하기 위한 여러 제안을 내놓았다. 그러나 2010년 7월 **도드-프랭크 월스트리트 개혁과 소비자보호에 관한 법**이 최종적으로 통과될 때 연준에 미치는 변화는 그리 크지 않았다. 다음은 연준에 변화를 가져온 주요 개정 내용이다.

- 연준은 SEC와 FDIC를 포함하는 9개의 감독기관과 함께 새로 설립된 금융안정감독위원회(FSOC)의 구성원이 되었다. 2008년 리먼브러더스 사태처럼 거대 금융기관의 파산은 금융시스템 자체를 위협하므로 이 위원회를 통해 금융기관의 자본요건을 강화하고 금융불안을 초래하지 않는 방식으로 파산 절차가 진행되도록 하였다.
- 연준이사회 이사 가운데 1명이 연준의 금융감독 활동을 담당하는 부의장으로 임명된다.
- 감사원(GAO)이 연준의 긴급대출프로그램을 감사하도록 했다.

- 연준은행의 Class A 이사는 연준은행 총재를 뽑는 투표에 참여할 수 없도록 하였다.
- 투명성 제고를 위해 연준은 대출해 주거나 증권을 매입·매각해 준 금융기관을 공개해야 한다.
- 연준 내에 소비자금융보호국이 신설되었다. 장소도 연준 내에 있고 예산도 연준에서 나오지만 연준의 다른 부서와는 독립적으로 활동하며 연준의 감독을 받지도 않는다. 국장은 대통령이 임명하고 상원이 승인한다. 이 부서의 목적은 모든 금융사에 적용될 소비자보호 규칙을 제정하는 것이다. 소비자대출 규제에 대해 연준이 가졌던 책임 중 일부는 이 부서로 이전되었다.

13.2 연준은 어떻게 작동하는가

[학습목표]
연방준비제도는 어떻게 운영되는지 설명한다.

연준은 백악관 및 의회의 제약을 받는다. 이 절에서는 연준이 정치적 환경에서 어떻게 움직이고 있는지 살펴보고, 중앙은행의 독립성 논쟁에 대해서도 알아본다.

외부 압력 다루기

미 의회는 연준이 대통령, 의회, 은행산업, 기업집단으로부터 받게 되는 외부 압력을 피해 독립적으로 운영되길 원했다. 연준의 이사는 어느 한 대통령의 영향력을 줄이고 대통령과 의회의 비위를 맞추는 것을 막기 위해 갱신할 수 없는 장기 임기로 임명된다.

연준의 재정적 독립도 외부 압력에 견딜 수 있게 해 준다. 일반적으로 다른 공공기관들은 의회에 예산을 신청하고 승인을 받아야 하지만 연준은 이 과정을 면제받는다. 오히려 정부재정에 기여하는 측면도 있다. 연준 수익의 대부분은 보유 증권에 대한 이자에서 나오며, 이보다는 작지만 재할인대출 이자와 금융기관에게 제공하는 서비스에서 나오는 수익도 있다. 예를 들어 2009년 연준의 순수입은 500억 달러를 넘었다. 이는 대기업과 견주었을 때도 꽤 큰 규모이다. 다만 민간기업과 달리 연준의 순수입은 재무성으로 이전된다.

독립성을 보장하기 위한 다양한 장치에도 불구하고, 연준은 외부 압력으로부터 완전히 자유롭지 않다. 첫째, 대통령은 연준이사회의 구성에 통제를 시도할 수 있다. 연준 이사들은 민간기관으로 옮기면 훨씬 더 많은 연봉을 받을 수 있기 때문에 종종 14년의 보장된 임기를 다 채우지 않는다. 따라서 한 대통령이 재임 기간 동안 수 명의 이사를 임명할 수 있을지 모른다. 게다가 대통령은 매 4년마다 새 의장을 임명할 수 있다. 물러나는 의장은 남은 임기를 일반 이사로 보낼 수 있지만 보통은 사임한다. 이 때문에 대통령이 채워 넣을 수 있는 이사 자리가 하나 더 생기게 된다.

둘째, 의회에 예산을 신청할 필요는 없지만, 그래도 엄연히 연준은 의회가 만든 기관이기 때문에 의회의 요구를 받게 되어 있다. 미 헌법이 구체적으로 중앙은행을 명시하고 있지 않기 때문에 의회는 연준의 인가와 권한에 대한 사항들을 수정할 수 있다. 1970년대 중반 이후 의회는 연준에게 설립 목적과 업무 수행 절차에 대해 설명할 것을 요구했다. 1975년에 통과된 상하 양원 결의안 133은 연준에게 통화공급 목표를 공표하도록 했다. 게다가 1978년의 완전고용 및 균형성장에 관한 험프리-호킨스(Humphrey-Hawkins) 법은 이러한 목표치가 대통령의 경제 목표와 일치하는지 설명하도록 했다. 더 최근에는 도드-프랭크 법이 연준의 조직과 절차 일부를 수정했다. 물론 그럼에도 불구하고 의회는 실제로 독립적인 통화정책을 수행하는 연준의 능력에 제한을 두지 않는다.

연준과 재무성의 갈등 사례

종종 연준과 대통령 사이에 갈등이 발생한다. 제2차 세계대전 기간 루스벨트 행정부는 연준에 대한 통제를 강화했다. 부족한 전비 조달을 위해 연준은 재무성 단기채권에 대해 0.375%, 재무성 장기채권에 대해서는 2.5%와 같이 저금리를 유지함으로써 정부 정책에 협조했다. 당시 민간이 사지 않는 모든 채권을 사들임으로써 이렇게 낮은 금리를 유지할 수 있었다. 전쟁이 끝나도 재무성은 이 정책이 지속되기를 원했지만, 연준은 동의하지 않았다. 당시 연준의 관심은 인플레이션이었다. 연준의 재무성채권 대량 매입으로 통화공급이 증가하여 인플레이션 문제를 발생시키고 있었다. 게다가 전쟁이 끝나자 정부는 전쟁 중에 인플레이션을 막기 위해 실시했던 가격통제정책을 폐기했다.

연준 의장 에클스(Marriner Eccles)는 정부가 원하던 이자율 고정 정책을 반대했고, 트루먼 행정부에 반발하던 그는 1948년 의장직에서 물러나게 되었다. 그럼에도 불구하고 이사로서 남은 임기를 채우며 연준의 독립성을 위해 싸웠다. 결국 1951년 3월 4일, 정부는 재무성-연준 협약에 따라 재무성채권 금리를 고정하던 전시 정책을 공식적으로 포기하게 되었다. 연준이 재무성과 독립적으로 움직인다는 원칙을 재확립했다는 측면에서 이 협약은 중요했다.

그러나 재무성과 연준 사이의 분쟁은 이 협약에서 끝나지 않았다. 예를 들어 1980년대 초 레이건 대통령과 연준 의장 볼커는 당시 심각한 경기침체가 과연 누구의 책임인지를 놓고 논쟁을 벌였다. 레이건은 금리를 올리는 연준을 비난하였고, 볼커는 (대통령과 의회의 정책 결정에서 비롯된) 재정적자가 축소될 때까지 금리를 내릴 수 없다고 맞섰다. 재무성은 연준이 권고하는 수준보다 금리를 낮게 유지하고 싶어 하는 경향이 있기 때문에 갈등은 이후에도 다시 발생하였다.

단, 2007~2009년 금융위기 기간 연준은 재무성과 거의 함께 움직였다. 두 기관이 밀접한 관계를 보이자 일부 경제학자와 정책입안자들은 연준의 독립성이 훼손되는 것은 아닌지 우려스러운 눈길을 보냈다. 사실 2008년 말 위기의 정점 기간에 연준 의장 버냉키와 재무장관 폴슨의 빈번한 협의는 연준의 전통을 깨는 것이었다. 연준이 앞으로 과연 독립된 정책을 수행할 수 있을지 의문이 제기되었다. 게다가 2010년에는 지역 연준의장도 대통령이 임명해야 한다는 주장이 제기되었고, 이로써 연준의 독립성에 대한 우려는 극에 달했다. 그럼에도 불구하고 도드-프랭크 법은 결국 연준의 독립성을 거의 훼손시키지 않는 선에서 타결되었다.

연준을 움직이게 하는 요소

연준은 통화정책에 대해 상당한 권한을 가지고 있다. 그렇다면 연준의 행동을 이끌어 내는 동기는 무엇일까? 이에 관한 두 가지 견해, 즉 공익수호 견해와 주인-대리인 견해를 살펴보자.

공익수호 견해 중앙은행이 공공의 이익을 최우선시 하여 행동한다는 견해

공익수호 견해 기업의 경영자는 주주의 이익을 위해 행동한다. **공익수호 견해**(public interest view)는 연준이 일반 대중의 이익에 부합한 목표 달성을 추구한다는 것이다. 그러한 목표의 예로는

물가안정, 완전고용, 경제 성장 등이 있다. 그러면 연준이 공공의 이익을 추구한다는 증거가 있을까? 일부 경제학자들은 연준이 물가안정에 관심을 가지지 않는 것처럼 보인다고 주장한다. 제2차 세계대전 이후 지속적인 인플레이션, 특히 1970년대 말과 1980년대 초반에 극심했던 인플레이션 현상은 연준이 물가안정을 중시한다는 주장을 약화시킨다. 물론 다른 학자들은 1970년대 인플레이션이 유가 상승으로 발생한 것이기 때문에 물가안정에 관한 연준의 업적은 상대적으로 괜찮은 편이라고 한다. 다른 경제지표의 안정성에 연준이 얼마나 기여했는지에 대해서도 비슷한 논쟁이 있다.

주인-대리인 견해 많은 경제학자들은 조직이 서로 상충되는 목표를 가진다고 본다. 정부 조직은 대중을 위해 만들어졌고 실제로 공공 서비스를 수행하지만, 명시된 목표와 일치하지 않는 내부적 목표를 가진다. 사실 공공조직도 민간기업과 마찬가지로 주인-대리인 문제에 직면한다.

회사 지분이 거의 없는 경영자(대리인)에게는 주주(주인)의 이익을 위해 최선을 다할 동기가 약할 수 있다. 털록(Gordon Tullock)과 노벨상 수상자 뷰캐넌(James Buchanan)은 연준 같은 관료 조직에서 주인-대리인 문제가 발생함을 주장했다. 관료의 목표는 공공후생의 증대가 아니라 그 자신이 누리게 되는 권력, 영향력, 특권이 될 가능성이 높다. 즉 **주인-대리인 견해**(principal-agent view)에 따르면 연준은 대통령과 의회라는 주인이 설정한 제약하에서 최대한 그 자신의 권력, 영향력, 특권을 추구할 가능성이 높다.

주인-대리인 견해 중앙은행이 일반 대중의 이익보다 사적 이익을 극대화하는 방향으로 행동한다는 견해

주인-대리인 견해가 맞다면 연준은 독립성을 위해 싸우게 될 것이고, 실제로도 그러하다. 의회가 예산을 통제하려고 하면 그에 저항하고, 자신의 이익을 지키기 위해 은행인과 기업인들을 동원하기도 한다. 금융규제 전반을 점검하려 했던 2010년의 입법 초안에는 연준의 독립성과 규제권한을 줄이는 조항들이 포함되어 있었지만, 의회에 로비하여 대부분의 조항을 도드-프랭크 최종안에서 떼어냈다. 물론 공익수호론자들은 여전히 연준을 대변한다.

주인-대리인 견해에 따르면 연준은 자신의 권한, 영향력, 특권을 제한할 수 있는 그룹과의 분쟁을 피하려 한다. 예를 들어 연준은 자신에게 우호적인 대통령의 재선을 돕는 방향으로 통화정책을 펼 수 있다. 집권당의 호응을 얻고 선거 이전에 경기를 부양하기 위해 이자율을 낮추는 것이다. 이에 따라 소위 **정치적 경기변동**(political business cycle)이 발생한다. 선거가 끝나고 나면 확장정책으로 발생된 인플레이션 압력을 줄이기 위해 경기를 수축시키고, 경제는 그 대가를 치르게 된다. 하지만 그때는 이미 연준에 우호적인 대통령이 재선된 뒤다. 그러나 미국 데이터를 볼 때 정치적 경기변동이론이 지지되는 것은 아니다. 예를 들어 1972년 닉슨의 재선 선거 때에는 통화량이 증가했지만, 1980년과 1992년 카터와 부시(George H.W. Bush) 재선 선거 때에는 통화량이 감소하였다.

정치적 경기변동 정책 당국자들이 선거에 앞서 경기를 부양하기 위해 연준에게 이자율을 낮추어 달라고 요구한다는 이론

그럼에도 불구하고 대통령이 원하는 것은 미묘하게라도 연준의 정책에 영향을 미치는 것이다. 연준의 행태에 관한 한 연구는 1979년부터 1984년까지 월스트리트저널에 실린 통화정책 관련 기사를 검색했다. 그리고 행정관료가 바람직한 통화정책 방향에 대해 언급한 기사의 횟수를 측정했다. 이 연구는 행정부가 보내는 이러한 신호와 실제 통화정책의 변화 사이에 높은 상관관계가 있음을 발견하였다.[2]

2 Thomas Havrilesky, "Monetary Policy Signaling from the Administration to the Federal Reserve," *Journal of Money, Credit, and Banking*, Vol. 20, No. 1, February 1988, pp. 83–101.

물론 주인-대리인 견해에 대해 비판도 있다. 그 가운데 하나는 외부 압력으로부터 연준의 의도를 분리할 필요가 있다고 지적한다. 즉 연준 자신은 순수하게 어떤 한 방식으로 행동하기를 원하는데 의회와 대통령이 연준에게 다른 목적을 추구하도록 유도한다는 것이다. 또 주인-대리인 견해는 의회가 왜 연준에게 재정적 독립성을 허용하는지 잘 설명하지 못하는 단점이 있다. 물론 일부 학자들은 연준이 스스로 재원을 조달하는 방식이 오히려 의회에게 장기적 이익을 제공할지 모른다는 주장을 하기도 한다. 재원을 자체 조달하기 위해 연준이 더 많은 공개시장매입을 할 유인이 있다면(통화공급의 증가), 정부는 세금을 더 많이 걷게 되고 의회가 쓸 예산은 늘어날 것이기 때문이다.

연준의 독립성

일반적으로 연준의 독립성이 정치적 이슈가 되는 것은 통화정책이나 연준의 역할 자체에 대한 의견충돌이 있어서가 아니라, 연준 정책에 대한 대중의 부정적 반응 때문이다. 예를 들어 연준의 자율성을 축소시키기 위해 1982년에 도입된 법은 당시 고금리 정책에 대한 대중의 불만에서 비롯된 것이었다. 연준의 독립성에 관한 찬반론에 대해 살펴보기로 하자.

찬성론 연준 독립에 대한 주요 찬성론은 정치인들이 통화정책을 결정하기에는 너무 중요하고 또 너무 복잡하다는 것이다. 빈번한 선거 때문에 정치인들은 단기적 이익에만 집착하는 근시안적 행태를 보일 수 있다. 재선되고 싶은 정치인의 단기적 이익은 낮은 인플레이션이라는 국가의 장기적 이익과 상충될 가능성이 크다. 따라서 정치인의 목적이 대중의 필요를 반영한다고 할 수 없으며, 대중 또한 정치인보다는 연준의 전문가가 통화정책을 결정하는 것을 선호할지 모른다.

또 다른 찬성론은, 선거로 뽑힌 정치인과 그들에 의해 임명된 관료들이 연준을 통제하는 경우에 정치적 경기변동 경향이 강화될 수 있다는 것이다. 정치적으로 임명된 관료들은 재정확보를 위해 연준에 국채 매입 압력을 넣을지도 모른다. 이는 통화공급을 증가시키고 인플레이션을 유발한다.

반대론 통화정책이 매우 중요하다는 사실이 중앙은행 독립성을 반대하는 근거가 되기도 한다. 이러한 주장은 다음과 같은 믿음에서 나온 것이다. 민주 국가에서는 국민이 뽑은 사람들이 공공정책을 만들어야 한다. 통화정책이 국민에 미치는 영향이 큰 만큼, 대통령과 의회는 통화정책에 대한 통제권을 조금 더 가져도 좋다. 사실 국가 안전보장과 외교 전반에 대한 정책도 장기적 시야와 정교한 분석이 요구되므로 선출된 공직자들에게 맡겨진다. 통화정책도 예외는 아니다. 게다가 중앙은행을 행정부의 통제하에 두면 재정정책과 통화정책을 조정 통합하는 장점도 있다.

의회가 통제를 강화해야 한다고 믿는 사람들은 연준이 그들이 가진 독립성을 잘 활용하지 못한다고 주장한다. 예를 들어 연준은 1930년대 초 경기침체가 발생했을 때 은행시스템을 구제하는 데 실패했다. 경제학자들이 많이 인용하는 또 다른 사례는 1960년대와 1970년대에 걸쳐 연준이 인플레이션을 유발했다는 것이다. 2000년대 초 주택시장 거품을 방치했고, 2006년 들어 거품이 붕괴될 때까지 너무 느리게 대응했다는 점도 지적된다.

결론 경제학자들과 정책입안자들이 연준 독립성의 장점에 대해 모두 동의하는 것은 아니다. 다만

관련 사례

연준을 없애라?

미국 헌법은 연방정부에게 중앙은행을 설립할 권한을 명시적으로 주고 있지 않다. 이 사실은 19세기 초 미국제1은행과 미국제2은행에 관한 논란에도 영향을 끼쳤다. 이들 은행의 설립에 반대하는 사람 중에는 이들 은행이 헌법이 허용한 범위를 넘어서 연방정부의 권력을 주에서 행사하기 위한 수단일 뿐이라고 믿는 사람들이 있었다. 남부의 노예 소유자 중 다수는 미국제2은행의 설립에 반대했는데 연방정부가 중앙은행을 설립할 권한이 있다고 주장하게 놔두면 노예제도를 없앨 권한도 있다고 주장할 수 있을 것을 우려했기 때문인 측면도 있다.

1913년 연방준비제도법에 대한 논쟁이 벌어질 때 중앙은행이 헌법에 위배되는가의 문제가 다시 제기되었다. 연준이사회가 헌법에 부합한다고 보는 사람들의 대표적 근거는 미국 헌법 제1장 제8절, '의회는 화폐를 발행하고 그 가치를 규제할 권한을 가진다'는 부분이다. 의회는 이 권한을 연방준비제도법에 따라 연준이사회에 위임하였다. 연방법원은 연방준비제도법이 합헌이라는 점을 확인해 주었는데, 특히 1929년 「레이클 대 뉴욕 연방준비은행」에 대한 판결을 보면 그렇다.

연준의 위헌성을 바탕으로 연준에 반대하는 경우는 더 이상 많지 않다. 그보다는 통화정책을 수행하는 최선의 방법이 독립적 중앙은행을 통해서인가라는 점에서 연준을 비판하는 경우가 있다. 2008년 공화당 대통령 후보 경선에 나선 폴(Ron Paul) 하원의원은 연방준비제도를 없애야 한다고 강력히 주장했다. 그의 저서 『연준을 없애라』는 베스트셀러가 되었다. 연준을 없앴을 때 생기는 이득 중에는 '경기변동을 멈추고, 인플레를 없애고, 모든 미국인에게 번영을 가져오고, 정부와 은행 사이의 부패한 협력관계를 끝내는 것' 등이 포함된다고 주장했다. 연준을 없애는 것 외에도 폴 하원의원은 금본위제로 돌아갈 것과 제12장에서 살펴본 100% 지준 제도를 도입할 것을 제안했다.

2009년과 2010년 금융제도 규제 개혁방안에 대한 국회 논의에서 연준을 없애자는 주장은 큰 호응을 얻지 못했다. 하지만 연준에 대해 대폭적 구조조정을 실시하거나 연준의 독립성을 크게 낮추자는 몇몇 제안은 초기 법안에 포함되었다. 한 예로 하원 금융서비스위원회는 감사원이 연준의 통화정책 집행을 감사하도록 허용하자는 폴 의원의 제안을 채택했다. 연준 관리들은 의회 산하기관인 감사원이 연준의 정책 집행을 감독하도록 하는 것은 연준의 독립성을 크게 해칠 것이라며 항의하였다. 초안에는 연준이 가지고 있던 은행감독권 대부분을 없애는 내용도 포함되어 있었고, 지역 연준은행 총재를 대통령이 지명하도록 하는 안도 포함되어 있었다. 그러나 2010년 7월 발효된 도드-프랭크 법의 최종안에는 이러한 제안들이 하나도 포함되지 않았다.

연준이 막강한 권한을 가지고 있고 연준의 관리들이 선출직이 아니기 때문에 경제학자들과 정책입안자들이 연준의 역할에 대해 앞으로도 계속 논쟁을 벌이게 되는 건 피할 수 없어 보인다.

출처 : Ron Paul, *End the Fed*, New York: Grand Central Publishing, 2009. Edmund L. Andrews, "Senator Moves to Hold Up Bernanke Confirmation," *New York Times*, December 2, 2009. Stephen Labton, "Senate Plan Would Expand Regulation of Risky Lending," *New York Times*, November 10, 2009.

대통령제하에서 연준의 독립성은 절대적일 수 없고, 그래서 양측의 비판이 다 옳다고 보일 때도 있다. 중요한 논쟁거리는 연준의 독립성을 제거하자는 것이 아니라, 어떤 측면에서 독립성이 제한되어야 하는가에 대한 것이다. 도드-프랭크 법 제정을 둘러싼 논쟁을 계기로 연준의 독립성에 비판적인 사람들은 여러 가지 다양한 제안을 내놓을 수 있었다. 그러나 결국 법에 반영된 것은 많지 않았다.

13.3 주요국 중앙은행의 독립성

중앙은행의 독립성은 나라마다 차이가 있다. 캐나다, 유럽, 일본의 중앙은행과 미국의 연준을 비교해 보면 일정한 패턴을 찾을 수 있다. 중앙은행 이사의 임기가 연준처럼 14년이나 되는 경우는 없기

[학습목표]
미국 이외의 다른 국가들은 중앙은행의 독립성이 어느 정도인지 알아본다.

때문에 미국 연준의 독립성이 더 높은 것처럼 보인다. 그러나 다른 나라에서는 중앙은행장의 임기가 4년을 넘는 경우도 있기 때문에, 이러한 측면에서는 미국 연준이 받는 정치적 통제가 더 강하다고 볼 수 있다.

국가별로 중앙은행의 독립성 정도는 다양하다. 중앙은행이 독립적이면 의회와 정부의 간섭 없이 스스로의 목표를 추구할 수 있을 것이다. 따라서 대부분의 경제학자들은 중앙은행이 독립적일수록 인플레이션을 낮게 유지하는 데 더 집중할 수 있을 것이라 믿는다. 대체로 유럽중앙은행(European Central Bank)은 매우 독립적이다. 반면, 일본중앙은행(Bank of Japan)과 영국중앙은행(Bank of England)은 1990년대 말까지는 독립성이 약한 편이었지만 지금은 둘 다 독립성이 강화되었다.

영국중앙은행은 1694년에 세워진 세계에서 가장 오래된 중앙은행 중의 하나이다. 그러나 1997년에 와서야 독립적으로 이자율을 정할 수 있는 권한을 얻었다. 정부는 '극단적 상황'에서 중앙은행의 결정을 기각할 수 있다. 그러나 지금까지 그렇게 한 적은 없다. 재무장관이 중앙은행의 인플레이션 목표를 정하지만, 이자율 결정은 통화정책위원회(Monetary Policy Committee)의 몫이다. 이 위원회의 구성원은 중앙은행 총재, 2명의 부총재, (재무장관과 상의한 뒤) 총재가 임명하는 2명, 그리고 재무장관이 지명하는 4명의 외부 전문가이다.

1998년 4월 발효된 일본의 중앙은행법은 정책이사회(Policy Board)에 더 많은 자율성을 주었다. 정책이사회는 총재와 2명의 부총재, 그리고 내각이 지명하고 의회의 동의를 얻은 6명의 외부인사로 구성된다. 정부는 투표권은 없지만 정책이사회 회의에 관료를 참석시킬 수 있으며, 통화정책과 관련 없는 부분에 대해서는 예산통제권을 행사한다.

캐나다중앙은행(Bank of Canada)은 인플레이션 목표제를 실시하고 있는데, 중앙은행과 정부 간의 합의로 인플레이션 목표치가 설정된다. 1967년 이래 통화정책에 대한 최종 책임이 정부에 있었지만 실제로 중앙은행이 통화정책을 통제해 왔다. 재무부가 중앙은행에게 방향을 제시할 수 있지만, 그러한 지시는 기록되고 공개되어야 한다. 그러나 이제까지 그런 지시가 내려진 적은 없었다.

최근 대부분의 선진국에서 중앙은행의 독립성에 대한 압박이 더 강해졌고, 또 그러한 주장이 설득력을 얻고 있지만 실제 독립성의 정도는 다양하다. 그러면 중앙은행 구조의 차이로부터 어떤 결론을 끌어낼 수 있을까? 대부분의 전문가들은 중앙은행이 독립적이어야 경기의 변동성을 증가시키지 않으면서도 인플레이션을 낮게 유지할 수 있을 것이라고 믿는다. 제2장에서 살펴본 것처럼, 하버드대학의 알레지나와 서머스는 중앙은행의 독립성이 높을수록 인플레이션이 낮은 경향이 있다는 것을 발견하였다.

중앙은행이 명실상부한 독립성을 가지려면 어떻게 되어야 할까? 중앙은행이 독립적이라는 정부의 선언만으로는 불충분하다. 중앙은행은 정부의 간섭 없이 정책을 수행할 수 있어야 한다. 또한 스스로 책임질 수 있는 목표를 세울 수 있어야 한다. 좋은 예가 인플레이션 목표제이다. 유럽중앙은행처럼 캐나다, 핀란드, 뉴질랜드, 스웨덴, 영국 등은 인플레이션 목표제를 실시하고 있다. 미국은 비공식적으로 실시하고 있지만, 미국의 연준도 인플레이션 목표제를 명시적으로 채택해야 한다고 주장하는 경제학자들이 많다.

유럽중앙은행

현재 유럽중앙은행(ECB)은 공용화폐인 유로를 사용하는 EMU(European Monetary Union) 16개국에 대한 통화정책을 담당하고 있다. 유럽의 많은 국가들은 1991년 12월 네덜란드 마스트리히트에서 중요한 협정에 서명했다. 이 조약은 1994~1999년 사이에 화폐통합이 이루어질 수 있도록 점진적으로 접근하는 방식을 택했다. ECB 설립 작업도 미리 시작되었다.

어떤 점에서 ECB 조직은 미 연준과 유사하다. ECB의 집행이사회(executive borad)는 총재를 포함한 6명의 이사로 구성된다. 여기에는 부총재 1명과 4명의 이사가 포함되어 있는데, 유럽 경제재무장관 이사회가 유럽의회(European Parliament)와 ECB 운영이사회(Governing Council)와 협의를 거친 뒤 추천하며, 참가국 원수들의 합의를 얻어 임명된다. 집행이사의 임기는 8년 단임이다. 그리고 유로 참가국 중앙은행 총재들이 6명의 집행이사와 함께 ECB 운영을 맡게 되며, 이들의 임기는 적어도 5년 이상이다. 이렇게 임기를 길게 만든 것은 ECB의 정치적 독립성을 제고시키기 위해서다.

원칙상 ECB는 높은 수준의 독립성을 가지고 있다. 물가안정을 강조하는 명확한 목표를 갖고 있으며, 세계에서 가장 독립적인 중앙은행으로 알려진 독일 분데스방크(Bundesbank)의 전통을 따른다. 유럽연합(EU)과 개별 국가에 의한 간섭으로부터도 자유롭다. 무엇보다 ECB의 설립인가는 마스트리히트 협정을 바꾸어야만 바뀔 수 있는데, 이 협정을 변경하려면 애초에 협정에 서명했던 모든 국가의 동의가 있어야 한다.

그러나 법적 독립성이 실제의 독립성을 보장하기에 충분한지는 별개의 문제이다. 미 연준의 역사를 볼 때 ECB에 대해서도 같은 우려가 제기될 수 있다. 미국의 1913년 연준법은 분권화된 중앙은행 시스템을 만들어 냈지만, 시스템 내에서 권력투쟁이 발생했고 1930년대 금융위기 때에는 정책상 합의를 도출하는 메커니즘이 작동하지 않았다. ECB 내에서도 개별 국가의 중앙은행은 상당한 영향력을 행사할 수 있다. 각국의 중앙은행 총재는 ECB 운영이사회에서 다수의 투표권을 갖는다. 그리고 개별 국가의 중앙은행 직원들을 합치면 ECB 직원보다 훨씬 많다.[3]

분쟁은 어디서 발생하는가? ECB는 물가안정을 강조하는 반면, 각국의 중앙은행은 자율적인 통화정책의 장점을 주장한다. 이러한 갈등은 2007~2009년 금융위기 동안에 분명하게 드러났다. 그리스, 스페인, 아일랜드와 같은 국가들은 생산과 고용이 심각하게 축소되자 ECB에 확장적 통화정책을 촉구했지만, 상대적으로 사정이 괜찮았던 독일과 같은 국가들은 ECB가 인플레이션 목표를 포기하는 것을 내켜 하지 않았다.

유럽중앙은행과 국가부채 위기

유럽중앙은행은 힘겨운 숙제를 안고 있다. 미국, 영국, 일본과 달리 ECB는 유로를 사용하는 16개국의 통화정책을 담당하고 있다. 2007~2009년 금융위기가 16개국에 미친 영향은 서로 달랐다. 개별 국가가 처한 경제 상황이 서로 다를 때 하나의 중앙은행에 의해 통제되는 시스템이 잘 작동될 수

3 ECB의 최고 의사결정기관은 6명의 집행이사 및 유로 참가국 중앙은행 총재들로 구성되는 운영이사회(Governing Council)이다. 집행이사회(Executive Council)는 운영이사회의 결정에 따라 통화정책을 실시한다.

있을까? 이는 유로화 출범 이전에 이미 제기되었던 문제이다. 일반적으로 경기침체에 직면한 중앙은행은 확장적 통화정책을 추구한다. 그러나 2007~2009년의 침체 동안 16개국은 여전히 ECB에 의존할 수밖에 없었고 독립적인 정책을 사용할 수 없었다.

경기침체는 일부 국가들을 다른 국가들보다 더욱 힘들게 만들었다. 2010년 중반 독일의 실업률 7.6%는 경기침체 이전보다도 낮은 수치였지만 스페인, 그리스, 아일랜드, 포르투갈의 실업률은 10%가 넘었다. 실업률이 높은 국가들은 ECB가 확장적인 정책을 펴 주기를 기대했지만 독일의 관료들은 계속해서 ECB의 물가안정 목표를 강조했다.

경기침체를 심하게 겪은 국가들은 세입이 줄고 정부지출이 늘어남에 따라 대규모 재정적자를 겪게 되었다. 이들은 적자를 조달하기 위해 국채를 발행해야만 했다. 그리스는 2010년 봄까지, 과연 이자를 갚을 수 있을지 의심받을 정도로 많은 양의 국채를 발행했다. 투자자들은 아일랜드, 스페인, 포르투갈이 발행한 국채도 의심하기 시작했다. 국가부채 위기는 ECB에 딜레마를 안겨 주었다. 부채의 일부를 사들이는 개입이 가능하지만, 그렇게 하면 인플레이션 기대를 상승시켜 훨씬 더 많은 유동성이 공급되어야 할지 모른다. 게다가 부채를 사들이면 일부 국가의 나쁜 재정정책을 용인하는 것으로 보일 수 있어 도덕적 해이가 발생할 수 있다. 2010년 5월 10일, ECB는 1,650억 유로 상당의 채권을 사들임으로써 개입을 실시했다. ECB의 트리쉐(Jean-Claud Trichet) 총재는 개입이 불가피하다고 주장했다. 국채를 대량 보유하고 있는 은행들의 파산을 막아야 하고, 또 위기에 처한 국가가 계속 국채를 발행할 수 있다는 신뢰를 투자자들에게 심어 주는 것이 필요했기 때문이다. 그러나 이러한 행동은 상당한 논란을 불러일으켰다. 독일 중앙은행의 총재이자 ECB 임원 가운데 한 명인 베버(Axel Weber)는 이를 공개적으로 비판하였는데, 관례상 매우 드문 일이었다.

단일 통화와 단일 중앙은행에 대한 유럽의 실험이 성공할지는 앞으로도 계속 의문으로 남을 것이다.

13장의 질문에 대한 답변

Question 의회와 대통령은 연준에 대해 지금보다 더 강한 권한을 행사해야 하는가?

Answer 연준의 독립성에 대한 논쟁은 연준이 설립될 때부터 있어 왔다. 1913년의 연준법은 대통령이 임명한 재무장관과 화폐통제관을 연준이사회에 속하게 하고 재무장관이 의장을 맡도록 했다. 1935년에 의회는 연준의 독립성을 위해 이 두 명을 이사회에서 배제시켰다. 2010년에는 금융개혁안을 만드는 과정에서 12명의 지역 연준은행 총재를 대통령이 임명하는 방안이 심각하게 논의되었다. 물론 이 안은 도드-프랭크 법 제정 최종 단계에서 제외되었다. 금융시스템의 중요성을 고려할 때 연준의 독립성에 대한 논쟁은 앞으로도 계속될 것이다.

핵심용어

공익수호 견해
도드-프랭크의 월스트리트 개혁과 소비자보호에 관한 법
연방공개시장위원회(FOMC)
연방준비은행
연방준비이사회
연방준비제도
정치적 경기변동
주인-대리인 견해

연습문제

01 미국에는 1836년 이래 중앙은행이 없었는데, 왜 의회는 1913년에 연방준비제도법을 통과시켰는가?

02 연준의 역사에 대해 서술한 카네기멜론대학의 경제학자 멜처(Alan Meltzer)에 따르면,

> 연준이사회와 지역 연준은행 사이의 긴장은 연방준비제도가 출범하기도 전에 시작되었다. 워버그(Paul Warburg)는 이 문제를 이렇게 설명했다. "연준이사회가 지배하면 이자율 결정에 정치적 고려가 개입된다. 그렇다고 지역 연준은행이 지배하면 연준이사회가 무기력해진다."

워버그는 1914년 윌슨 대통령이 임명한 연준 이사 가운데 한 명이다.

a. 의회는 왜 연준은행과 연준이사회 사이에 긴장이 유지되도록 시스템을 구성했는가?
b. 지금은 이러한 긴장이 해소되었는가? 혹시 그렇다면 어떻게 가능했는가?

출처 : Alan H. Meltzer, *A History of the Federal Reserve, Volume I : 1913-1951*, Chicago: University of Chicago Press, 2003, p.75.

03 세인트루이스 연준은행의 휠록(David Wheelock)은 대공황 초기의 한 에피소드에 대해 설명하였다.

> 1929년 10월 주식시장이 붕괴되자 뉴욕 연준은행은 은행시스템에 지준을 풀기 위해 재무성증권을 공개시장매입하고 상업은행들에게 재할인창구를 열었다. 연준이사회는 사후적으로 이를 승인하였다. 그러나 이사들은 뉴욕 연준은행의 이같은 독자 행동에 불쾌감을 표시하였다.

a. 독자적인 행동을 하는 연준은행에 대한 찬성, 반대의 논거는 무엇인가?
b. 요즘의 시스템에서 뉴욕 연준은행이 1929년에 했던 것과 같은 행동이 일어날 수 있는가?

출처 : David C. Wheelock, "Lessons Learned? Comparing the Federal Reserve's Responses to the Crises of 1929-1933 and 2007-2009," Federal Reserve Bank of St. Louis *Review*, Vol. 92, No. 2, March/April 2010, pp. 97-98.

04 BOA(Bank of America)가 계정 잔고에 대해 연 2%의 이자를 지불한다고 하자. 지급준비율은 10%이다. 연준은 BOA의 지준에 대해 0.25%의 이자를 지불하고 BOA는 대출이나 투자에서 7%의 수익을 올릴 수 있다.

a. 지급준비 의무는 BOA가 예금 1,000달러로 벌어들이는 수익에 어떤 영향을 주는가? 예금자에게 주는 이자를 제외한 기타 비용들은 무시하라.
b. 은행의 지급준비 의무에 대한 기회비용은 인플레이션이 높은 기간이 더 높은가, 아니면 인플레이션이 낮은 기간이 더 높은가? 간단히 설명하라.

05 고소득국과 저소득국 가운데 어느 곳의 중앙은행의 독립성이 높을 가능성이 큰가? 당신의 답에 따르면 저소득국과 고소득국의 인플레이션에는 어떤 차이가 있는가?

06 다음은 로이터 뉴스에 나온 기사이다.

> 일본은행은 선거 이전에 경기를 진작시켜 줄 것을 협조해 달라는 일본 정부의 압력을 받고 있다. 일본은행 총재와 일본 총리가 만났다. 그러나 회담에서 총리는 일본은행 총재에게 확장정책을 요청하지 않았다고 했다. 회동 후 기자회견에서 총리는 일본은행에 대한 비판이 일지 않도록 질문을 피해 나갔다.

왜 일본은행 총재와 일본 정부의 총리는 정부가 일본은행에

정책을 지시하는 인상을 주지 않으려고 하는 것인가?

출처 : "Japan's Central Bank Open to More Steps on the Economy," Reuters, December 2, 2009.

07 영국중앙은행의 통화정책위원회 위원인 포젠(Adam Posen)의 말이 다음과 같이 인용되었다.

중앙은행이 정부채무를 매입하는 것이 중앙은행의 독립성을 낮추는 것은 아니며 … 오히려 그로 인해 신뢰성이 강화되어야 한다 … 중앙은행의 독립성에 대해 중요한 것은 'no'라고 말할 수 있는 능력이다. 그리고 'yes'라고 말할 때 그것을 책임질 수 있는 능력이다.

a. 왜 정부채무의 매입이 중앙은행의 독립성을 낮추는 것처럼 보이는가?

b. 독립성을 유지하기 위해 중앙은행은 어떤 것에 대해 'no'라고 말할 필요가 있는가? 그러나 어떨 때에는 'yes'라고 말해도 되는가?

출처 : Natasha Brereton, "BOE's Posen Defends ECB's Actions," *Wall Street Journal*, June 15, 2010.

부록 한국의 중앙은행

중앙은행의 기원

19세기 후반까지 우리나라에는 중앙은행 기능을 수행하는 기관이 없었다.[4] 조선 말기 1883년에 고종이 전환국을 설립하여 화폐발행을 독점해 보려고 했으나, 금과 은의 보유량 및 경제 전반의 자금력이 부족하여 실패하였다. 지역마다 다른 화폐가 통용되고 일부 개항장에서는 엔화가 통용되기도 하였다. 게다가 1878년 부산지점을 설치한 일본의 상업은행인 제일은행은 우리나라에서 생산되는 쌀과 금은을 사서 일본으로 유출하는 업무에 주력하고 있었다. 당시 정부는 국내에서 유통되던 엔화의 통용을 막고 독자적으로 금본위제도를 구축하고자 했으나, 충분한 금은의 축적 없이 중앙은행제도를 만들 수는 없었다.

한편 제일은행은 지점과 영업을 전국적으로 확대해 나가다가, 1905년 자신이 발행하는 은행권을 한국의 법화로 만들어 버렸다. 일본의 한 민간은행이 발행하는 증서가 한국의 법화가 된 것이다. 한국 정부의 승인을 얻은 제일은행은 국고 업무와 함께 유통되던 한국의 화폐들을 정리하는 업무까지 맡게 되었다. 그러나 일개 민간은행이 일국의 중앙은행 기능을 맡는다는 것이 국내외 모두에서 비판을 받자, 한국 정부는 일본과 협의를 거쳐 1909년 7월 (구)한국은행을 설립하였다. 하지만 2년 후인 1911년 (구)한국은행은 조선은행으로 개칭되어 본격적으로 식민지 중앙은행 기능을 수행하기 시작

4 비록 1678년 숙종에 의해 법화인 상평통보(常平通寶)가 발행되었으나, 중앙관청뿐만 아니라 지방의 여러 관청과 군영에서 분산적으로 주조되는 문제를 안고 있었다. 결국 위조와 불량주화의 통용을 억제하지 못하였다. 1785년 정조는 화폐발행을 호조에 집중시키고 동전을 규격화하는 동시에, 매년 발행하는 상평통보의 양을 통제하려고 하였다. 그러나 중앙에 의한 화폐발행 독점 시도는 20년이 채 못 가서 중단되었다. 문제는 동전 부족이었으며, 지방 관청과 군영에 의한 분산 주조가 다시 성행하였다.

하였다. 그리고 해방 후인 1950년에 새로운 중앙은행이 탄생하기 전까지 조선은행이라는 이름으로 한국의 중앙은행 역할을 담당하게 된다.

근대적 중앙은행의 탄생

우리나라 최초의 근대적 중앙은행인 한국은행은 1950년 5월 5일 국회를 통과한 한국은행법에 따라 1950년 6월 12일 출범하였다. 당시 한은법은 한은의 설립 목적을 통화가치의 안정, 은행신용제도의 건전화, 대외준비자산의 관리로 규정하였다. 물가안정과 은행제도의 건전화에 초점을 맞춘 것은 국가정책에 부응해야 함을 강조했던 당시 일본은행법에 비해 진일보한 것이었다. 다만 한은의 의사결정 주체인 금융통화위원회를 구성함에 있어 한은 총재 대신 재무장관이 의장을 맡게 하고 총 7명의 위원 중 4명을 정부 측 인사로 구성함으로써 정부의 통제가 강했던 당시 경제 현실을 반영하고 있다.

개발금융체제하의 한국은행

한은법은 5 · 16 쿠데타 발생 약 1년 뒤에 처음으로 개정되었다. 이 시기에는 정부 주도의 강력한 개발금융체제가 구축되면서 금융기관에 대한 정부의 통제가 한층 강화되었다. 중앙은행은 물가안정보다는 실물부문의 성장을 뒷받침하는 데 중점을 두어야 했다. 금융통화위원회의 명칭은 금융통화운영위원회로 바뀌었고, 9명으로 늘어난 위원 가운데 의장(재무장관)을 비롯하여 6명이 정부 측 인사로 임명되었다. 게다가 재무장관에게 위원회 의결사항에 대해 재의를 요구할 수 있는 권한이 부여되었으며, 재의가 부결되는 경우에는 내각 최종 결정을 할 수 있도록 하였다. 한은 총재도 종전에는 국무회의의 동의를 거쳐 대통령이 임명했으나, 재무장관의 제청으로 내각수반이 임명하는 방식으로 바꿈으로써 총재의 위상이 격하되었다. 명실상부하게 중앙은행이 정부에 종속되는 구조였다. 한은법은 그 후 몇 차례에 걸쳐 부분적으로 개정되었으나, 1962년에 수립한 틀은 1997년 말 한은법이 제6차 개정될 때까지 그대로 유지되었다.

기능의 축소 및 물가안정목표제 도입

한국은행은 1997년 12월 31일 한은법 제6차 개정에 따라 새로운 모습으로 다시 태어나게 되었다. 무엇보다 한은의 목적이 통화가치 안정과 은행신용제도의 건전화에서 물가안정으로 단순화되었다.[5] 명시적으로 물가안정목표제를 도입한 것이다. 물가안정목표제하에서 한은은 매년 정부와 협의하여 물가안정목표를 정하고 이를 포함하는 통화정책 운영계획을 수립하고 통화정책의 수행 상황을 국회에 보고하도록 하였다. 최고의사결정기구의 명칭은 금융통화운영위원회에서 금융통화위원회로 환원되었고, 의장은 재무장관이 아닌 한은 총재가 맡게 되었다. 또 금융통화위원이 9명에서 7명으로 줄어드는 대신 전원 상근직으로 전환되었다. 그 이전까지는 9명의 위원 가운데 재무장관, 한은 총재를 제외한 7명의 임명직의 경우는 비상근직이었다. 법 개정으로 위원 모두를 상근직으로 전환함으로써 전문성과 책임성을 강화한 것이다.[6]

---

5 한국은행이 담당하던 외환정책 수립 기능은 1962년 개정 때 이미 재무부로 이관되었다.

한은의 독립성은 다소 강화되었지만 기능은 축소되었다. 그 이전까지 한은 내에는 은행감독원이 설치되어 일반은행에 대한 인가, 경영지도, 규제, 검사 및 제재 기능을 수행하고 있었다. 그러나 법 개정으로 은행을 포함한 금융기관의 감독 기능은 모두 정부로 넘어가게 되었다. 정부는 1997년 한은법 개정과 함께 은행, 증권, 보험부문을 통합 감독하는 금융감독원을 출범시킴으로써 한은으로부터 은행감독 기능을 분리해 냈다. 한은에게 남겨진 은행감독 기능은 금융감독원에 은행의 검사 및 공동검사를 요구할 권리 정도였다.

금융안정 목표의 추가

한은법은 2011년 9월 16일 제8차 개정되었다. 글로벌 금융위기 이후 금융안정의 중요성이 부각됨에 따라 한은의 설립 목적에 통화정책 수행 시 금융안정에 유의할 것을 명시적으로 규정하였다. 이로써 한은의 목적은 물가안정과 금융안정이라는 두 축을 갖게 되었다. 금융안정 목표가 추가됨에 따라 금융불안에 신속하게 대처할 수 있도록 금융기관 및 영리기업에게 긴급 유동성을 신축적으로 지원할 수 있도록 하였으며 지원 대상도 확대하였다. 또 1997년의 법 개정 이후 금융감독 기능이 사라졌다는 비판에 따라 금융기관에 대한 자료제출 요구 및 공동검사 기능이 다소 강화되었다. 그러나 금융감독의 핵심 기능은 여전히 금융감독원이 수행한다.

요컨대 물가안정목표제의 도입과 금융안정 목표의 강조 등으로 1997년 이전에 비하면 한은의 독립성이 한층 강화된 것은 사실이지만, 금융감독 기능을 거의 수행할 수 없고 금융통화위원회의 구성에 있어서도 여전히 정부의 영향력이 강하다는 측면에서 한은의 독립성은 아직도 제한적이라고 볼 수 있다.

6 1997년 제6차 한은법 개정에 의해 금융통화위원회 위원은 한은 총재를 당연직으로 하고 나머지 6인의 임명직은 재정부 장관, 한은 총재, 금융감독위원회 위원장, 상공회의소 회장, 은행연합회 회장, 한국증권업 협회장이 각각 1인을 추천하도록 했다. 2003년 제7차 개정 이후에는 한은 총재 이외에 한은 부총재도 당연직 위원이 되도록 하였고, 나머지 5인의 임명직은 재정부 장관, 한은 총재, 금융감독위원회 위원장, 상공회의소 회장, 은행연합회 회장이 한 명씩 추천하도록 했다.

CHAPTER 14

통화의 공급 과정

[학습목표]

14.1 연준의 대차대조표와 본원통화와의 관계를 알아본다.

14.2 가장 단순한 예금승수를 도출하고 그 의미를 이해한다.

14.3 은행과 비은행부문의 행위가 통화승수에 어떤 영향을 미치는지 설명한다.

14.A 부록 : M2의 공급 과정을 설명한다.

소로스는 금본위제도의 지지자일까?

금본위제도의 지지자(gold bug)로 알려진 일부 투자자들은 항상 금을 선호해 왔지만, 2009년과 2010년에 있었던 금 수요 폭등은 경제학자들을 놀라게 했다. 2009년도에는 사상 처음으로 투자용의 금 매출이 보석용 금 매출보다 많았다. 2010년에 금값이 올라가게 된 것은 개인 투자자들 때문만은 아니었다. 헤지펀드 매니저인 억만장자 소로스(George Soros)가 2010년 중반에 보유한 금괴와 금광회사 주식은 6억 달러가 넘었다. 소로스는 1992년 파운드화 가치 하락에 돈을 걸어 10억 달러 이상을 벌어 유명해진 인물로, 그의 금 투자는 많은 투자자의 관심을 끌었다. 유사하게도, 2007~2008년 주택가격 하락 쪽에 돈을 걸어 수십억 달러를 챙긴 헤지펀드 매니저 폴슨(John Paulson)도 금에 30억 달러를 투자하고 있었다. 티그리스 금융그룹의 캐플런(Thomas Caplan)은 금광회사 주식과 금광이 있을 것으로 생각되는 17개국의 토지에 20억 달러 이상을 투자했다.

왜 금에 열광하게 되었을까? 금에 투자하는 동기는 각기 다르겠지만, 투자자들이 우려한 것은 금융위기 동안에 정부가 취한 조치가 과연 어떤 결과를 가져올까 하는 것이었다. 미국을 포함한 많은 국가에서 통화공급은 급속하게 증가했다. 은행들은 사상 최고치의 지준을 보유하고 있었다. 비록 인플레이션은 2010년 하반기까지 낮은 수준을 유지하긴 했지만, 몇몇 투자자들은 수년 내에 물가가 급등할 것이라 보았고 위험을 회피하는 데 금이 최적의 수단이라고 생각했다.

출처 : Nelson Schwartz, "Uncertainty Restores Glitter to an Old Refuge, Gold," *New York Times*, June 12, 2010; Liam Pleven and Carolyn Cui, "A Billionaire Goes All-In on Gold," *Wall Street Journal*, May 22, 2010; "Store of Value," *Economist*, July 8, 2010; and United States Mint, *American Eagle Bullion Sales Totals, 1986-2010*, July 2010.

14장의 이슈와 질문

▶정답은 333쪽에

Issue 금융위기 이후 은행 지준이 급격히 증가하였다.

Question 은행 지준은 왜 급증했으며 정책 당국자들은 어떤 점을 우려했는가?

경제학자, 정책입안자, 투자자들은 모두 통화량에 관심을 갖고 있는데, 이는 통화량이 이자율, 환율, 인플레이션, 그리고 경제의 산출량에 영향을 주기 때문이다. 따라서 어느 나라의 중앙은행이든 통화량을 조절하려고 한다. 중앙은행이 통화를 어떻게 관리하는가를 이해하기 위해서는 어떤 요인이 통화량을 결정하고, 또 중앙은행이 어떻게 통화량을 증가시키고 감소시키는가를 알아야 한다. 이 장에서는 통화의 공급 규모를 설명하는 모형을 설정하고, 통화량이 왜 변동하는지 알아본다. 한 나라의 통화가 어떻게 창출되는가를 **통화의 공급 과정**(money supply process)이라고 하는데, 여기서는 미국의 경우를 살펴본다. 이 과정에서 2007~2009년 금융위기 기간 동안 은행의 지준이 왜 급등하게 되었는지 이해하게 될 것이다.

14.1 연준의 대차대조표와 본원통화

[학습목표]
연준의 대차대조표와 본원통화와의 관계를 알아본다.

본원통화 현금통화와 은행의 지준을 합한 것

우선 **본원통화**(monetary base)가 무엇인지 설명하고, 그다음에 본원통화가 통화공급과 어떤 관계를 맺고 있는지 살펴본다. 여기서 사용할 모형은 다음 세 가지 주체를 포함한다.

1. 연준 : 통화공급을 통제하고 은행시스템을 규제한다.
2. 은행시스템 : 통화량의 구성요소 가운데 가장 중요한 예금계정을 제공한다.
3. 비은행부문 : 모든 가계와 기업이 여기에 해당하는데, 이들은 어떤 형태로 통화를 보유하는지, 이를테면 현금으로 보유할지 예금으로 보유할지를 결정한다.

그림 14.1은 통화의 공급 과정을 나타내는데, 각 변수에 어느 주체가 영향을 주는가를 보여 준다. 통화의 공급 과정은 본원통화로부터 시작하는데, 본원통화는 **고성능화폐**(high powered money)로 불리기도 한다. 본원통화는 현금통화와 은행의 지준을 합한 것이다.

$$본원통화 = 현금통화 + 지준$$

연준은 본원통화를 통제하며, 통화승수가 본원통화와 통화량을 연결시켜 준다. 통화승수가 일정하면 연준은 본원통화를 통제하여 통화량을 통제할 수 있다. 이 모형은 협의의 통화량 M1에 적용되는데, 이 장의 부록에서는 광의의 통화량 M2의 공급 과정에 대해 설명한다.

그림 14.1

통화의 공급 과정
세 주체, 즉 중앙은행(연준), 은행시스템, 비은행부문이 통화공급을 결정한다.

연준의 대차대조표

본원통화는 연준의 대차대조표와 밀접한 관계가 있다. 표 14.1은 연준의 대차대조표와 본원통화를 증가시키거나 감소시키는 데 관련된 네 가지 요인만 포함된 약식 대차대조표를 함께 보여 주고 있다. 대개 연준이 보유하는 가장 중요한 자산은 재무성증권과 은행에 빌려 준 재할인대출이다. 그런데 2007~2009년 금융위기 동안 연준은 몇 가지 이례적인 정책을 집행했고 그 결과가 2010년의 대차대조표에 드러나 있다. 첫째, 연준은 패니매와 프레디맥이 보증한 대량의 주택저당증권을 매입하였다. 이는 모기지 시장에 자금을 공급하여 금리를 낮게 유지함으로써 침체된 주택시장을 치유하기 위한 조치였다. 둘째, 투자은행 베어스턴스와 보험회사 AIG의 파산을 막아 주었다. 셋째, 외국의 중앙은행들과 유동성 스왑 계약을 맺었다. 넷째, 자산담보부증권(asset backed securities, ABS) 시장을 지원하였다(부동산을 담보로 한 증권은 제외).

표 14.1(a)를 보면 연준의 주된 부채는 현금통화와 상업은행의 지준이다. 연준은 정부의 은행이기 때문에 재무성의 예금과 외국 정부 및 국제기구가 맡긴 예금도 갖고 있다. 제15장에서 상세히 다루겠지만, 연준은 공개시장조작 과정에서 발생하는 역환매조건부계약(reverse repurchase agree-

표 14.1 연준의 대차대조표

(a) 연준의 대차대조표 : 2010년 7월

자산		부채 및 자본	
증권		현금통화	902,259
재무성증권	777,013	역환매조건부채권	61,467
연방기관 채권	158,381	상업은행 지준	1,052,526
주택저당증권	1,124,590	재무성 예금	243,827
재할인대출	65,551	외국 정부와 국제기구의 예금	1,448
		이연가능 현금	2,182
금	16,237	기타 부채	15,238
AIG와 베어스턴스 관련 자산	92,840		
ABS(자산담보부증권)	541		
타점권	405	총부채	2,278,947
건물	2,231		
동전	2,033		
중앙은행 간 유동성 스왑	1,246	자본	56,840
기타 자산	93,719		
총자산	2,335,787	총부채와 자본	2,335,787

(b) 축약된 대차대조표

자산	부채와 자본
국채	현금통화
재할인대출	지준

주 : 금액의 단위는 백만 달러임.
출처 : (a) *Federal Reserve Statistical Release H.4.1, Factors Affecting Reserve Balances of Depository Institutions and Condition Statement of Federal Reserve Banks*, July 22, 2010.

ments) 형태의 부채를 안고 있다. 마지막으로, 회수 중인 자산인 '타점권'과 부채 가운데 하나인 '이연가능 현금'은 연준의 수표결제 활동과 관련된 항목이다.

표 14.1(b)는 본원통화의 증감에 직접 관련된 두 종류의 자산과 부채만 남기고 나머지를 생략한 대차대조표이다.

본원통화

현금통화 비은행부문이 보유한 지폐와 동전

은행 지준 은행의 연준 예치금과 시재금의 합

시재금 은행이 보유한 현금

표 14.1(b)에 나타난 연준의 두 종류의 부채는 **현금통화**(currency in circulation)와 **은행 지준**(reserves)이며, 이 둘을 합한 것이 본원통화이다.[1] 한편 연준이 발행한 화폐(연준권)를 화폐발행액(currency outstanding)이라고 부른다. 그런데 이 화폐 가운데는 은행이 보유하고 있는 부분이 있는데, 이를 **시재금**(vault cash)이라고 하며, 현금통화라고 정의되는 부분에 시재금은 포함되지 않는다. 따라서 현금통화는 연준의 화폐발행액에서 은행이 보유한 시재금을 뺀 금액이다.

$$\text{현금통화} = \text{화폐발행액} - \text{시재금}$$

시재금은 은행의 지준에 포함된다. 은행 지준은 은행이 연준에 예치한 금액과 시재금을 합한 것이다.

$$\text{지준} = \text{연준 예치금} + \text{시재금}$$

법정지준 연준이 은행에게 보유를 강제하는 지급준비금

초과지준 은행이 법정지준을 초과하여 보유하고 있는 지급준비금

연준 예치금은 은행에게는 자산이지만 연준에게는 부채이다. 은행이 인출을 요구할 때 이를 내어주어야 하기 때문이다. 한편 연준은 은행에 대해 예금의 일정 부분을 의무적으로 보유하도록 강제하는데, 이를 **법정지준**(required reserves)이라고 한다. 따라서 총지준은 은행이 의무적으로 보유해야 하는 법정지준과 이를 초과하여 은행이 선택적으로 보유하는 부분인 **초과지준**(excess reserves)으로 이루어진다.

$$\text{지준} = \text{법정지준} + \text{초과지준}$$

법정지준율 은행이 예금 가운데 법정지준으로 보유해야 하는 비율

연준은 **법정지준율**(required reserves ratio)을 정한다. 예를 들어 지준율이 10%이면 은행은 반드시 예금의 10%를 연준에 예치하거나 시재금으로 보관해야 한다. 연준은 2008년 10월 사상 처음 은행의 지준에 대해 이자를 지급했다(2010년 기준 0.25%). 과거에 은행은 초과지준을 많이 보유하지 않았지만 2007~2009년 금융위기를 거치면서 초과지준을 급격하게 증가시켰다. 주된 이유는, 비록 연준이 지급하는 이자는 낮았지만 그만한 수익원도 흔치 않았으며, 또 불확실성이 높은 상황에서 유동성을 확보하는 것이 절실했기 때문이다.

연준은 어떻게 본원통화를 변화시키나

연준은 보유 자산의 수준을 변화시킴으로써 본원통화를 변화시킨다. 즉 국채를 사고팔거나 은행에 대한 재할인대출을 통해 본원통화를 변화시킨다. 공개시장조작과 재할인대출에 대해서는 제15장에

1 기술적으로 볼 때, 본원통화에는 재무성이 발행하여 유통 중인 동전도 포함된다. 유통 중인 동전의 가치는 연준이 발행하여 유통 중인 현금통화와 은행 지준에 비해 규모가 아주 작기 때문에 무시하기로 한다.

서 더 자세히 다룰 것이므로, 여기서는 연준이 이런 수단을 어떻게 사용하는지 간단히 알아보기로 한다.

공개시장조작 본원통화를 변화시키는 가장 직접적인 방법은 **공개시장조작**(open market operations)으로서, 이는 주로 국채를 사고파는 것과 관련된다. 공개시장조작은 뉴욕 연준의 거래부서에서 이루어지는데, 담당 직원들이 프라이머리 딜러(국채전문딜러)와 전자 거래를 한다. 공개시장매입을 통해 국채를 사면 본원통화가 증가한다. 연준이 BOA로부터 100만 달러의 재무성증권을 매입한다고 해 보자. BOA는 증권의 소유권을 연준에 이전하고, 연준은 BOA의 연준 계정에 100만 달러를 입금한다.

공개시장조작 연준이 금융시장에서 증권(주로 재무성증권)을 매입하거나 매도하는 행위

대차대조표를 단순화한 T-계정을 이용하여, **공개시장매입**(open market purchase)이 연준의 대차대조표를 어떻게 변화시키는지 알아보자. 아래의 예는 연준이 증권을 한 은행으로부터 매입하는 것으로 되어 있지만, 실제로 연준은 보통 여러 은행으로부터 동시에 매입한다. 은행시스템의 대차대조표에는 증권이 100만 달러 감소하고 지준은 100만 달러 증가한다.

공개시장매입 연준의 증권(주로 재무성증권) 매입

은행시스템

자산		부채	
증권	−100만 달러		
지준	+100만 달러		

연준의 대차대조표 변화도 T-계정을 사용해 알 수 있다. 연준이 증권을 매입하였으므로 연준의 증권은 100만 달러 증가하고, 100만 달러를 은행의 지준 계정에 지급하였으므로 지준 또한 그만큼 증가한다.

연준

자산		부채	
증권	+100만 달러	지준	+100만 달러

연준의 공개시장매입이 지준을 100만 달러 증가시켰으므로, 본원통화가 100만 달러 증가한다. 핵심은 공개시장매입량만큼 본원통화가 증가한다는 것이다.

이와 반대로 연준은 **공개시장매도**(open market sale)를 통해 본원통화를 감소시킬 수 있다. 연준이 보유 중이던 100만 달러 상당의 재무성증권을 바클레이즈 은행에 팔았다고 가정하자. 연준은 바클레이즈 은행으로 증권을 이전하고, 은행은 연준에 있는 자기 지준 계정 자금으로 값을 지불한다. 그 결과 은행의 증권은 100만 달러 증가하고 은행이 연준에 예치한 지준은 100만 달러 감소한다.

공개시장매도 연준의 증권(주로 재무성증권) 매도

은행시스템

자산		부채	
증권	+100만 달러		
지준	−100만 달러		

한편 연준의 보유 증권은 100만 달러 감소하고 지준도 그만큼 줄어든다.

연준

자산		부채	
증권	−100만 달러	지준	−100만 달러

지준이 100만 달러 감소하였으므로 본원통화도 그만큼 감소한다. 즉 **본원통화는 연준의 공개시장매도량만큼 감소한다.**

앞으로 알게 되겠지만, 비은행 민간이 통화의 공급 과정에서 하는 핵심적인 역할은 예금에 비해 상대적으로 얼마나 많은 현금을 보유할지 결정하는 것이다. 물론 민간의 현금 보유 선호도가 본원통화 자체에 영향을 미치지는 않는다. 이를 알아보기 위해 가계와 기업이 예금 계정에서 100만 달러를 인출한다고 가정해 보자. 다음의 T-계정은 비은행 민간의 대차대조표이다.

비은행 민간

자산		부채	
예금	−100만 달러		
현금	+100만 달러		

은행이 가계와 기업에게 지급하기 위해 100만 달러를 지준에서 인출하면, 은행의 대차대조표는 다음과 같이 변한다.

은행시스템

자산		부채	
지준	−100만 달러	예금	−100만 달러

은행의 지준은 감소하지만, 그만큼 현금통화가 증가함에 따라 연준의 대차대조표는 다음과 같이 변하게 된다.

연준

자산		부채	
		현금	+100만 달러
		지준	−100만 달러

본원통화의 한 구성요소인 지준이 100만 달러 감소하였지만, 다른 구성요소인 현금통화가 100만 달러 증가하였다. 본원통화는 영향을 받지 않았는데, 이러한 결과는 매우 중요하다. 비은행 민간의 현금 보유 선호와는 상관없이, 연준은 공개시장조작을 통하여 본원통화를 원하는 만큼 늘리거나 줄일 수 있는 것이다.

재할인대출 연준이 (주로) 상업은행에 대해 제공하는 대출

재할인대출 통상적으로 연준은 본원통화를 관리하는 데 주로 공개시장조작을 활용하지만, 은행에 대한 **재할인대출**(discount loan)을 통해 지준을 늘리거나 줄일 수 있다. 지준의 변화는 곧 본원

통화의 변화이다. 은행이 연준으로부터 100만 달러의 재할인대출을 받는다고 가정해 보자. 연준은 은행의 지준 계정에 100만 달러를 지급한다. 연준의 자산은 대출금 100만 달러만큼 증가하지만 지준이 증가하기 때문에 부채도 그만큼 증가한다. 즉 대차대조표 양변에 영향을 미친다.

연준

자산		부채	
재할인대출	+100만 달러	지준	+100만 달러

은행시스템도 양변에 영향을 받는다. 지준 형태로 자산이 100만 달러 늘어나고, 재할인대출의 형태로 갚아야 할 부채가 100만 달러 늘어난다.

은행시스템

자산		부채	
지준	+100만 달러	재할인대출	+100만 달러

연준이 은행에 100만 달러의 재할인대출을 해 준 결과 은행의 지준과 본원통화가 100만 달러씩 증가하였다.

만약 은행이 100만 달러의 재할인대출을 연준에 갚는다면 이전 절차와 반대의 결과가 나타난다. 연준의 대차대조표에서 재할인대출은 100만 달러 감소하고, 지준과 본원통화는 그만큼 감소한다.

연준

자산		부채	
재할인대출	−100만 달러	지준	−100만 달러

은행시스템

자산		부채	
지준	−100만 달러	재할인대출	−100만 달러

공개시장조작과 재할인대출의 비교

공개시장조작과 재할인대출 둘 다 본원통화를 변화시킬 수 있지만, 연준은 재할인대출보다 공개시장조작을 더 잘 통제할 수 있다. 뉴욕 연준은행의 거래부서가 프라이머리 딜러들과의 거래를 주도하는데, 이들은 공개시장조작을 성공적으로 완수하기 위해 어떤 가격으로도 증권을 사고팔 태세를 갖춘다.

반면 재할인대출의 경우에는 차입 여부를 은행이 결정하기 때문에 공개시장조작에 비해 연준의 통제력이 떨어진다. 물론 재할인대출에 적용하는 이자율인 **재할인율**(discount rate)을 정하기 때문에 연준은 재할인대출에 대해 어느 정도의 통제력을 가진다. 재할인율은 연준이 정하는 것이기 때문에, 금융시장에서의 수요와 공급에 의해 결정되는 대부분의 이자율과는 다르다.

재할인율 연준이 재할인대출에 부과하는 이자율

공개시장조작과 재할인대출에 대한 연준의 통제력이 다르기 때문에 본원통화를 두 부분으로 나

관련 사례

본원통화량의 폭발적 증가에 대한 설명

다음 그래프가 보여 주듯 2008년 가을 본원통화량이 크게 증가하여 9월부터 12월 말까지 2배로 늘어났다. 본원통화량은 2010년 가을까지 높은 수준에 머물렀다. 또한 그래프는 금융위기가 시작되기 전에는 본원통화량의 5%에 불과하던 지준이 2009년 봄에 이르면 50%를 넘어선다는 것도 보여 준다. 다시 말해 본원통화량 증가의 대부분은 현금통화의 증가가 아니라 은행지준의 증가로 인한 것이다.

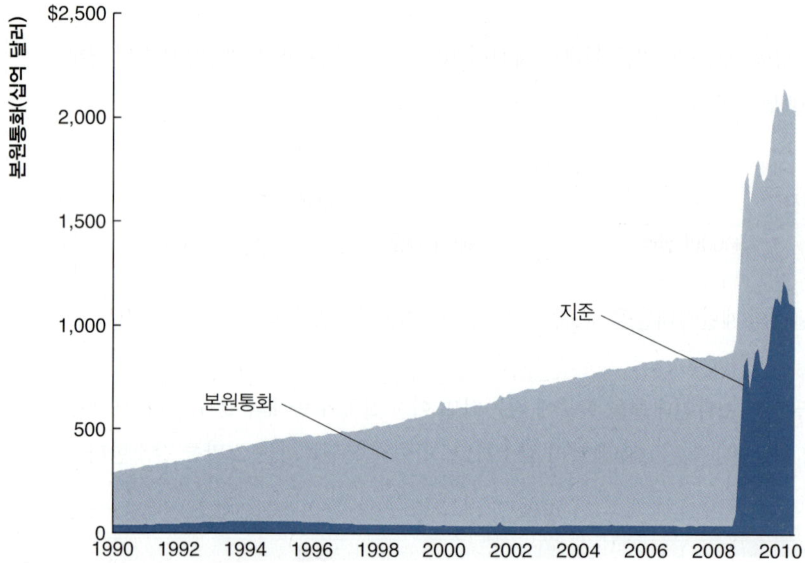

출처 : Federal Reserve Bank of St. Louis.

앞서 살펴본 대로 연준은 재무성증권의 공개시장매입을 통해서 은행 지준을 증가시킬 수 있고, 그 결과로 본원통화량도 증가시킬 수 있다. 일반적으로 본원통화량이 큰 폭으로 증가했다면 연준이 재무성 단기채권 및 기타 증권을 대량으로 사들였기 때문이다. 하지만 이번 경우는 다르다. 본원통화량이 폭발적으로 증가하는 동안 연준의 재무성증권 보유량은 오히려 감소했다. 2007년 1월 연준이 보유한 모든 재무성증권의 가치는 7,790억 달러에 달했지만 2009년 1월에는 4,750억 달러로 줄었다. 재무성 단기채권 보유량만 보면 2007년 1월 2,770억 달러였던 것이 2009년 1월에는 180억 달러로 떨어졌다.

따라서 본원통화량의 증가는 공개시장매입의 결과가 아니다. 본원통화량의 증가는 제12장에서 논의한 연준의 새로운 정책 도구를 반영한다. 연준이 주택저당증권, 기업어음, 베어스턴스 및 AIG와 관련된 자산 등을 사들이면서 연준의 대차대조표에서 자산이 크게 늘었고 이에 따라 본원통화량도 크게 늘었다. 이 경험으로부터 본원통화량 증가 방식과 관련한 중요한 시사점을 얻을 수 있다. *연준이 자산을 매입하면 그 자산의 종류에 관계없이 본원통화량은 증가한다*는 점이다. 연준이 사들이는 자산이 재무성 단기채권인지, 주택저당증권인지, 전산시스템인지는 중요하지 않다. 가령 댈러스 연준은행이 지역의 정보통신업체에게 1,000만 달러를 주고 전산시스템을 산다고 해 보자. 댈러스 연준은행은 이 업체에게 수표를 발행해서 값을 지불할 것이다. 이 업체는 수표를 거래은행에 예치할 것이고, 은행은 수표를 연준에 보낼 것이다. 수표를 받은 연준은 이 은행의 지준을 1,000만 달러만큼 증가시킬 것이다. 그 결과로 본원통화량은 1,000만 달러만큼 증가할 것이다. 전산업체가 수표를 은행에 예치하고 바로 현금을 인출한다고 해도 결과는 동일하다. 현금통화는 1,000만 달러 증가하고 전산업체 거래은행의 지준은 변화가 없을 것이므로 본원통화량은 여전히 1,000만 달러 증가하게 된다.

2008년 가을 연준은 수천억 달러어치의 주택저당증권 및 기타 금융자산을 매수하기 시작했다. 본원통화량이 증가하는 것은 불가피한 결과였다.

출처 : William T. Galvin, "More Money: Understanding Recent Changes in the Monetary Base," *Federal Reserve Bank of St. Louis Review*, Vol. 91, No. 2, March/April 2009, pp. 49-59.

누어 볼 수 있다. 두 요소는 비차입 본원통화(nonborrowed monetary base, B_{non})와 재할인대출의 다른 이름인 차입지준(borrowed reserves, *BR*)이다. 따라서 본원통화 *B*를 다음과 같이 나타낼 수 있다.

$$B = B_{non} + BR$$

여기서 재할인대출은 연준과 은행이 동시에 결정하지만, 비차입 본원통화는 연준이 완전히 통제할 수 있는 부분이다.

14.2 단순예금승수

[학습목표]
가장 단순한 예금승수를 도출하고 그 의미를 이해한다.

통화의 공급 과정을 잘 이해하기 위해 통화승수(money multiplier)를 살펴보기로 하자. 경제의 세 주체(연준, 은행, 비은행부문)가 통화승수의 크기를 결정한다는 점에서 분석을 세 단계로 나누어 본다. 첫 단계는 **예금의 팽창 과정**에서 통화공급이 얼마나 증가하고 감소하는지에 관한 것으로, 이 절에서는 **단순예금승수**(simple deposit multiplier)의 크기가 어떻게 결정되는지 알아본다. 둘째 단계는 비은행부문의 행동이 통화승수에 어떤 영향을 주는가, 셋째 단계는 은행의 행동이 어떤 영향을 주는가이다. 둘째와 셋째 단계는 다음 절에서 다룬다.

예금의 팽창 과정

연준이 공개시장매입을 통해 은행 지준을 증가시킬 때 통화공급에는 어떤 일이 발생할까? 먼저 한 은행에서 발생하는 변화를 살펴보고, 나아가 전체 은행시스템에서 어떤 변화가 발생하는지 분석해 보자.

한 은행은 지준 증가에 어떻게 반응하는가 연준이 재무성증권 10만 달러를 BOA로부터 매입하고, 이로 인해 BOA의 지준이 10만 달러 늘었다고 가정해 보자. 이러한 거래로 BOA의 T-계정은 다음과 같이 변한다.

BOA

자산		부채
증권	−10만 달러	
지준	+10만 달러	

이때의 지준 증가는 모두 초과지준이 증가한 것으로, 법정지준에는 변화가 없다. 예금에 영향을 미치지 않는 거래여서 BOA가 법정지준을 증가시킬 필요가 없기 때문이다. 늘어난 지준에 대해 연준으로부터 약간의 이자를 받을 수 있지만, BOA에게는 이 자금으로 대출하거나 투자할 유인이 생긴다.

이제 BOA가 A사에게 10만 달러를 대출해 줬다고 가정해 보자. BOA는 대출과 함께 A사에게 수표를 발행할 수 있는 예금계정을 만들어 준다. 이렇게 되면 BOA의 자산과 부채는 모두 10만 달러씩 증가한다.

BOA

자산		부채	
증권	−10만 달러	예금	+10만 달러
지준	+10만 달러		
대출	+10만 달러		

제2장에서 소개한 바와 같이 통화량 M1이 현금통화와 수표발행예금의 합이라는 사실을 상기하도록 하자. 대출과 함께 예금계정이 만들어짐으로써 통화량이 증가한다. 또한 대출을 받은 A사가 B사로부터 물품을 구입하면서 10만 달러를 수표로 지불했다고 하자. B사는 받은 수표를 자신이 거래하는 PNC 은행에 예치한다. 이 수표는 BOA 계좌에서 나온 것이므로, BOA는 PNC에 자금을 이체해 준다. 그렇게 되면 BOA 계정에 있던 지준과 예금 10만 달러는 대차대조표 양변에서 없어지게 된다.

BOA

자산		부채	
증권	−10만 달러	예금	0
대출	+10만 달러		
지준	0		

공개시장조작이 시작되기 이전과 비교해 볼 때, BOA는 재무성증권 10만 달러 대신 대출자산 10만 달러를 보유하게 되었다. 아마도 BOA에게는 수익률이 낮은 재무성증권보다는 이자율이 높은 대출이 더 만족스러울 것이다. 그러나 공개시장조작이 은행시스템에 미치는 효과는 이제 시작일 뿐이다.

은행시스템은 지준 증가에 어떻게 반응하는가 한편 PNC 은행은 B사가 예치한 10만 달러의 수표를 청산하고 BOA로부터 자금을 이전받으므로 PNC의 대차대조표는 다음과 같이 변한다.

PNC

자산		부채	
지준	+10만 달러	예금	+10만 달러

PNC의 예금과 지급준비금은 모두 10만 달러 증가한다. 이런 변화가 생기기 전에 PNC가 초과지준을 보유하지 않았다고 하자. 만약 법정지준율이 10%이면, PNC는 증가된 예금 10만 달러에 대해 1만 달러를 반드시 지준으로 보유해야 한다. 이제 PNC의 지준 가운데 법정지준 1만 달러를 제외한 9만 달러는 초과지준이다. 이제 PNC가 9만 달러를 C사에게 대출하였다고 가정하자. 또 대출받은 C사가 물품 구매 대금으로 9만 달러를 D사에게 수표로 지급한다고 하자. D사는 9만 달러의 수표를 자신이 거래하는 SunTrust 은행에 입금하고, SunTrust 은행은 이 수표를 PNC에 보내 청산하고 자금을 이전받는다. 결국 PNC와 SunTrust의 대차대조표에는 다음과 같은 변화가 생긴다.

PNC

자산		부채	
지준	+1만 달러	예금	+10만 달러
대출	+9만 달러		

SunTrust

자산		부채	
지준	+9만 달러	예금	+9만 달러

애초에 연준이 10만 달러의 공개시장매입을 실시한 결과, 이 단계까지 은행예금은 19만 달러 증가하였다. 그러나 은행예금의 증가는 계속 이어진다.

SunTrust는 PNC와 같은 결정을 내린다. 늘어난 지준 9만 달러 가운데 법정지준 9,000달러를 제외한 초과지준을 대출할 수 있다. SunTrust가 초과지준 8만 1,000달러를 E사에게 대출했다고 하자. 그리고 E사가 수표를 사용하여 대출받은 금액을 지출하고, 그 수표가 청산되고 나면 SunTrust의 대차대조표는 다음과 같아진다.

SunTrust

자산		부채	
지준	+9,000달러	예금	+9만 달러
대출	+8만 1,000달러		

한편 E사가 지출한 금액은 또 다른 은행에 예금될 것이므로, 은행시스템의 예금은 8만 1,000달러만큼 증가한다. 이 단계까지만 볼 때, 연준이 증가시킨 10만 달러의 지준은 예금을 27만 1,000달러(10만 달러 + 9만 달러 + 8만 1,000달러) 증가시켰다. 이 같은 과정을 **승수적 예금 창출**(multiple deposit creation)이라고 한다. 대출이 나갈 때마다 통화공급이 증가하는 것이다. 은행 지준 및 본원통화에 발생한 초기의 변화가 이후 통화공급을 몇 배로 증가시키는 결과를 가져온다.

승수적 예금 창출 은행 지준의 증가분이 수많은 대출과 예금을 창출하고, 결과적으로 애초의 증가분보다 훨씬 많은 통화공급의 증가를 유발하는 과정

물론 이 과정은 아직도 끝나지 않았다. E사가 지불한 수표를 받은 수령자는 이를 예금할 것이기 때문에 은행시스템의 예금은 다시 그만큼 증가한다. 이 결과는 표 14.2에서 알 수 있다. 단, 예금과 대출의 과정이 반복되면서 예금이 창출되지만, 일부는 법정지준으로 보유해야 하기 때문에 예금의 증가분은 점차 감소한다는 것에 유의해야 한다.

단순예금승수 계산하기

표 14.2는 10만 달러의 공개시장매입이 은행 지준을 10만 달러 증가시키고, 궁극적으로 예금을 100만 달러 증가시킨다는 것을 보여 준다. 애초의 지준 증가에 대하여 은행이 창출해 낸 총예금량의 비율을 **단순예금승수**(simple deposit multiplier)라고 부른다. 이상의 예에서 단순예금승수는 10(100만/10만)이다. 왜 그런가? 은행 지준 10만 달러의 증가가 궁극적으로 예금을 100만 달러만큼 증가시킨다는 것을 어떻게 알 수 있는가?

단순예금승수 애초의 지준 증가에 대하여 은행이 창출해 낸 총예금량의 비율

표 14.2 승수적 예금 창출 : 연준의 10만 달러 공개시장매입, 법정지준율 10%

은행	예금 증가분	대출 증가분	지준 증가분
PNC 은행	$100,000	$90,000	$10,000
SunTrust 은행	90,000	81,000	9,000
세 번째 은행	81,000	72,900	8,100
네 번째 은행	72,900	65,610	7,290
다섯 번째 은행	65,610	59,049	6,561
.	.	.	.
.	.	.	.
.	.	.	.
총증가분	$1,000,000	$900,000	$100,000

두 가지 방법으로 설명할 수 있다. 첫째, 어떤 은행도 초과지준을 보유하지 않는다고 가정했기 때문에, 이 과정에서 각 은행은 정확히 예금의 10%만 지준으로 보유한다. 즉 초과지준이 없기 때문에 은행시스템에 전체적으로 증가하게 될 지준의 양은 바로 연준이 공개시장에서 매입한 액수인 10만 달러이다. 따라서 10만 달러는 100만 달러의 10%이기 때문에 결과적으로 은행시스템 전체에 증가된 예금은 100만 달러일 수밖에 없다.

둘째, 단순예금승수식을 도출할 수 있다. 표 14.2를 이용하면 예금의 총증가분을 계산하는 식을 다음과 같이 쓸 수 있다.

$$\Delta D = \$100,000 + [0.9 \times \$100,00] + [(0.9 \times 0.9) \times \$100,000] + [(0.9 \times 0.9 \times 0.9) \times \$100,000] + \cdots$$

이를 단순화하면 다음과 같다.

$$\Delta D = \$100,000 \times [1 + 0.9 + 0.9^2 + 0.9^3 + \cdots]$$

무한급수의 공식을 이용하면 합계는 다음과 같아진다.

$$\frac{1}{1 - 0.9} = \frac{1}{0.10} = 10$$

즉 $\Delta D = \$100,000 \times 10 = \$1,000,000$이다. 여기서 10이라는 숫자는 1을 법정지준율(이 경우에는 0.1 또는 10%)로 나눈 것이다.

$$\text{단순예금승수} = \frac{1}{rr_D}$$

예금의 변화량 ΔD는 지준의 초기 변화량 ΔR에 단순예금승수 $(\frac{1}{rr_D})$를 곱한 것이다.

$$\Delta D = \frac{\Delta R}{rr_D}$$

이상의 예에는 다음과 같이 적용된다.

$$\Delta D = \frac{\$100,000}{0.10} = \$1,000,000$$

은행이 대출이 아니라 지방채나 다른 증권에 초과지준의 일부 혹은 전부를 투자하기로 결정했다면 어떻게 될까? 이 경우에도 예금의 팽창 과정은 은행이 대출을 할 때와 같을 것이다. 위의 예에서 PNC가 9만 달러를 대출하는 대신 골드만삭스로부터 9만 달러의 지방채를 매입했다고 가정하자. PNC로부터 9만 달러를 받은 골드만삭스는 이를 은행에 예금한다. 골드만삭스가 거래하는 은행 또한 늘어난 초과지준을 이용해 대출이나 투자 혹은 그 밖의 행위를 한다. 은행이 초과지준을 가지고 대출을 하든 투자를 하든 승수적 예금 창출에 미치는 효과는 동일하다.

언뜻 보기에는 개별 은행이 통화를 만들어 내는 것처럼 보일지 모른다. 그러나 은행은 초과지준 액수만큼 대출할 뿐이다. 새로운 예금은 차입자가 은행에서 빌린 돈을 지출하고 그 돈이 은행시스템에 예금될 때 창출된다. 이처럼 승수적 예금 창출은 개별 은행이 아닌 은행시스템 전체의 행위와 관련되어 있다.

마지막으로, 연준이 지준을 증가시켜 예금을 증가시킬 수 있는 것과 마찬가지로, 지준을 줄여서 은행시스템 전체의 예금을 감소시킬 수 있다는 것도 알아야 한다. 연준은 공개시장매도를 통해 지준을 줄일 수 있다. 이 조치는 앞서 살펴본 것과 비슷한 파급효과를 가져오지만 방향은 반대이다. 즉 공개시장매도의 결과는 **승수적 예금 수축**이다. 연준이 10만 달러의 재무성증권을 BOA에 팔면 은행의 지준은 10만 달러 감소하며, 이는 궁극적으로 100만 달러의 예금 감소로 이어진다.

14.3 은행, 비은행부문, 통화승수

[학습목표]
은행과 비은행부문의 행위가 통화승수에 어떤 영향을 미치는지 설명한다.

단순예금승수만으로는 통화의 공급 과정을 완전히 이해할 수 없다. 앞에서 단순예금승수를 도출할 때에는 다음과 같은 두 가지 중요한 가정이 사용되었다.

1. 은행은 초과지준을 보유하지 않는다.
2. 비은행부문은 현금 보유를 증가시키지 않는다.

즉 은행이 초과지준을 보유하면 전부 다 대출한다고 가정했다. 또한 가계나 기업(비은행부문)이 수표를 받으면, 전부 예금하고 현금 형태로는 보유하지 않는다고 가정했다. 사실 이 가정은 현실적이지 않다. 은행은 어느 정도 초과지준을 보유하고 있으며, 비은행부문도 예금이 증가함에 따라 현금 보유를 늘리는 경향이 있기 때문이다. 이 절에서는 위의 가정을 완화해서 통화의 공급 과정을 알아보기로 하자.

현금 보유와 초과지준 증가의 효과

어떤 이유로 자금이 증가하였을 때, 가계와 기업은 증가된 자금의 일부를 예금이 아닌 현금 형태로 보유한다. 은행에 예치된 자금은 승수적 예금 창출 과정을 따르게 되지만 현금으로 보유하는 자금은 그렇지 않다. 따라서 비은행 민간이 예금에 비해 현금을 많이 보유할수록 승수적 예금 창출 과정은 축소된다.

은행이 초과지준을 얼마나 보유할 것인지도 승수적 예금 창출 과정에 영향을 준다. 만약 은행이 증가된 예금 전부를 초과지준으로 보유한다면 예금 창출이 안 되기 때문에 승수적 예금 창출 과정은 즉시 멈출 것이다. 앞의 예에서 PNC 은행이 늘어난 예금을 대출하지 않고 모두 초과지준으로 보유하면, 애초 연준의 공개시장매입은 단지 그만큼의 예금만 증가시킬 뿐이다. 이 경우 예금승수는 10이 아니라 1에 불과하다. 따라서 은행이 예금에 비해 초과지준을 많이 보유할수록 승수적 예금 창출 과정은 축소된다.

그림 14.1을 볼 때, 통화의 공급 과정을 이해하는 데 가장 중요한 목표는 본원통화와 통화량을 연결하는 안정적인 통화승수를 찾는 것이다. 일단 연준은 공개시장조작을 통해 본원통화의 크기를 통제할 수 있다. 만약 통화승수가 안정적이면 연준은 본원통화를 통제하여 통화량도 통제할 수 있을 것이다. 앞에서 정의한 단순예금승수는 통화공급 과정의 핵심인 대출과 예금의 연쇄적 증가를 이해하는 데 중요했다. 그러나 단순예금승수를 다음 세 가지 방법으로 정교하게 만들 필요가 있다.

1. 지준과 예금의 관계보다는 본원통화와 통화량 간의 관계를 분석하는 것이 필요하다.
2. 비은행 민간의 (예금에 대비한) 현금 보유 성향이 변할 때, 이것이 통화의 공급 과정에 어떤 영향을 주는지 분석해야 한다.
3. 은행의 (예금에 대비한) 초과지준 보유 성향이 변할 때, 이것이 통화의 공급 과정에 어떤 영향을 주는지 분석해야 한다.

통화승수의 도출

본원통화(B)와 통화량(M)을 이어 주는 통화승수(m)를 도출해 보자.

$$M = m \times B$$

통화승수는 본원통화에 비해 통화량이 몇 배인가를 나타낸다.

$$m = \frac{M}{B}$$

통화량은 현금통화(C)와 예금(D)의 합이고 본원통화는 현금통화와 은행 지준(R)의 합인 것을 기억하자. 초과지준 보유에 대한 은행의 결정을 고려하기 위해, 지준을 법정지준(RR)과 초과지준(ER)으로 나눈다. 이제 통화승수에 관한 식을 다음과 같이 나타낼 수 있다.

$$m = \frac{C + D}{C + RR + ER}$$

현금-예금 비율(C/D) 비은행민간의 예금(D) 대비 현금(C) 보유 비율

비은행 민간은 예금에 비례한 일부를 현금으로 보유하려는 성향이 있고, 또 은행은 예금에 비례한 일부를 초과지준으로 보유하려는 성향이 있다는 점에 주목하여, 통화승수를 도출하는 데 이러한 성향을 반영시켜 보자. 이러한 성향은 비은행 민간의 **현금-예금 비율(C/D)**과 은행의 초과지준-예금

비율(ER/D)로 나타낼 수 있다. 통화승수식에 이런 비율이 나타나도록 분모와 분자를 D로 나누어 주면 다음과 같은 식을 얻는다.

$$m = \left(\frac{C + D}{C + RR + ER}\right) \times \frac{(1/D)}{(1/D)} = \frac{(C/D) + 1}{(C/D) + (RR/D) + (ER/D)}$$

은행이 지켜야 할 예금 대비 법정지준의 비율인 법정지준율이 rr_D임을 이용하면,

$$m = \frac{(C/D) + 1}{(C/D) + rr_D + (ER/D)}$$

또한 '통화량 = 통화승수×본원통화'이기 때문에,

$$M = \left(\frac{(C/D) + 1}{(C/D) + rr_D + (ER/D)}\right) \times B$$

예를 들어 다음과 같은 값들을 가정해 보자.

$$C = \$5{,}000\text{억}$$
$$D = \$1\text{조}$$
$$rr_D = 0.10$$
$$ER = \$1{,}500\text{억}$$

현금-예금 비율은 0.5($5,000억/$1조)이고, 초과지준-예금 비율은 0.15($1,500억/$1조)이므로, 통화승수의 값은 다음과 같다.

$$m = \frac{0.5 + 1}{0.5 + 0.10 + 0.15} = \frac{1.5}{0.75} = 2$$

통화승수가 2인 상황에서는 본원통화가 10억 달러 증가할 때마다 통화량은 20억 달러 증가한다.

통화량과 본원통화를 연결하는 식에 대해서는 다음과 같이 몇 가지 주목해야 할 점이 있다.

1. 통화량은 본원통화가 증가(감소)하거나 통화승수의 값이 증가(감소)할 때 증가(감소)한다.
2. 본원통화가 일정할 때, 현금-예금 비율이 증가하면 통화승수가 감소하고 통화량도 감소한다. 예를 들어 앞의 예에서 현금-예금 비율이 0.5에서 0.6으로 증가하면, 통화승수의 값은 2(1.5/0.75)에서 1.88(1.6/0.85)로 감소한다. 현금-예금 비율이 높아질수록 은행이 대출할 수 있는 자금이 줄어들어 예금의 승수적 창출이 감소하기 때문이다.
3. 본원통화가 일정할 때 법정지준율(rr_D)이 증가하면 통화승수가 감소하고 통화량도 감소한다. 통화승수식에서 rr_D가 분모에 들어가 있기 때문에 rr_D가 상승하면 m이 하락한다는 것을 쉽게 알 수 있다. 법정지준율이 증가하면 그만큼 은행이 대출할 수 있는 자금이 줄어든다.
4. 본원통화가 일정할 때 초과지준-예금 비율이 증가하면 통화승수가 감소하고 통화량도 감소한다. 초과지준 비율의 증가는 그만큼 승수적 예금 창출에 기여하는 대출의 비율이 낮아진 것을 의미한다.

이 장의 초반에 본원통화가 비차입 본원통화(B_{non})와 차입지준(BR)으로 구분된다는 것을 언급한 바 있다. 여기서 차입지준이란 재할인대출의 또 다른 이름이다.

예제 14.3

통화승수의 활용

다음 정보를 이용해 보자.

은행 지준 = 5,000억 달러

현금 = 4,000억 달러

a. 은행이 법정지준으로 800억 달러를 보유하고 법정지준율이 0.10이면 예금은 모두 얼마인가?

b. 통화량(M1)은 얼마가 될 것인가? 본원통화량과 통화승수는 각각 얼마인가?

Step 1 복습. 이 문제는 통화승수에 관한 것이므로, '통화승수의 도출' 부분을 복습한다.

Step 2 예금의 가치 계산하기. 법정지준(RR)은 예금(D)에 법정지준율(rr_D)을 곱한 것과 같다.

$$RR = D \times rr_D$$

$$\$800\text{억} = D \times 0.10$$

$$D = \$800\text{억}/0.10 = \$8{,}000\text{억}$$

Step 3 통화량, 본원통화량, 통화승수 계산하기. 통화량은 현금(C)과 예금(D)의 합이다.

$$M = C + D = \$4{,}000\text{억} + \$8{,}000\text{억} = \$1\text{조 } 2{,}000\text{억}$$

본원통화는 현금(C)과 지준(R)의 합이다.

$$B = C + R = \$4{,}000\text{억} + \$5{,}000\text{억} = \$9{,}000\text{억}$$

통화승수는 두 가지 방법으로 계산할 수 있다. 첫째, 통화승수(m)는 본원통화(B) 대비 통화량(M)의 비율이다.

$$m = \frac{M}{B} = \frac{\$1\text{조 } 2{,}000\text{억}}{\$9{,}000\text{억}} = 1.33$$

둘째, 통화승수식을 이용할 수 있다.

$$m = \frac{(C/D)+1}{(C/D)+rr_D+(ER/D)}$$

이 식을 이용하려면 초과지준값을 알아야 한다. 지준 총액이 5,000억 달러이고 법정지준이 800억 달러이기 때문에, 초과지준은 4,200억 달러이다. 이 값을 통화승수에 대입하면,

$$m = \frac{(\$4{,}000\text{억}/\$8{,}000\text{억})+1}{(\$4{,}000\text{억}/\$8{,}000\text{억})+0.10+(\$4{,}200\text{억}/\$8{,}000\text{억})} = \frac{1.5}{1.125} = 1.33$$

두 방법으로 같은 결과를 얻게 된다.

$$B = B_{non} + BR$$

재할인대출은 연준과 은행이 함께 결정하지만, 비차입 본원통화에 대해서는 연준이 훨씬 큰 통제력을 행사할 수 있다. 이 사실을 이용해 통화량과 본원통화의 관계를 다시 써 볼 수 있다.

$$M = (\frac{(C/D) + 1}{(C/D) + rr_D + (ER/D)}) \times (B_{non} + BR)$$

이로써 통화의 공급 과정에 대한 설명을 완성하였다.

1. 통화량은 본원통화와 통화승수의 곱이다.
2. 본원통화는 연준이 주로 공개시장조작을 통해 결정하는 비차입 본원통화와, 연준과 은행이 공동으로 결정하는 재할인대출의 합으로 이루어진다.
3. 통화승수는 법정지준율(연준이 정함), 초과지준-예금 비율(은행이 정함), 현금-예금 비율(비은행 민간이 정함)에 의존한다.

표 14.3은 통화량을 결정하는 변수가 각각 통화량에 어떤 영향을 주는지 요약한 것이다.

이 장의 초반에 연준이 통화량을 통제할 수 있다고 언급했지만, 사실 이 진술은 정확하지 않다. 연준이 확실히 통제할 수 있는 것은 비차입 본원통화이다. 비은행부문이 현금-예금 비율을 통해 통화의 공급에 영향을 주고, 은행이 재할인대출의 양과 초과지준-예금 비율을 통해 영향을 주기 때문이다. 금융위기 동안에 발생한 본원통화와 통화량의 변화를 이해하는 데 이러한 분석을 이용해 보자.

2007~2009년 금융위기 기간의 통화량, 통화승수, 본원통화

금융위기에 대처하기 위해 2008년 가을 초 연준은 MBS를 포함한 막대한 양의 금융자산을 매입했다. 그 결과 그림 14.2(a)에서처럼 본원통화가 크게 증가했다. M1도 증가했지만 본원통화만큼 증가하지는 않았다. 그림 14.2(b)에서 알 수 있듯이 통화승수는 급격히 하락하였다. 이전부터 통화승수가 하락 추세를 보여 왔는데, 1990년 초반에는 3이었으나 2007년 초반에는 1.7까지 하락했다. 게다가 위기 기간에 50% 이상 하락하여, 2008년도 후반에는 1 이하로 떨어졌다. 본원통화는 M1보다 더 커졌고, 통화승수는 승수가 아니라 **통화의 분할자**(money divider)가 되어 버렸다.

왜 본원통화가 M1보다 많아졌을까? 그림 14.3은 이 문제를 푸는 열쇠이다. 이 그림은 현금-예금

표 14.3 통화의 공급 과정에 관련된 변수들

~에 의한	~의 증가로	통화량	원인
연준의 공개시장조작	비차입 본원통화(B_{non})	증가	본원통화 증가
연준	법정지준율(rr_D)	감소	통화승수 감소
비은행 민간	현금-예금 비율(C/D)	감소	통화승수 감소
은행	초과지준-예금 비율(ER/D)	감소	통화승수 감소

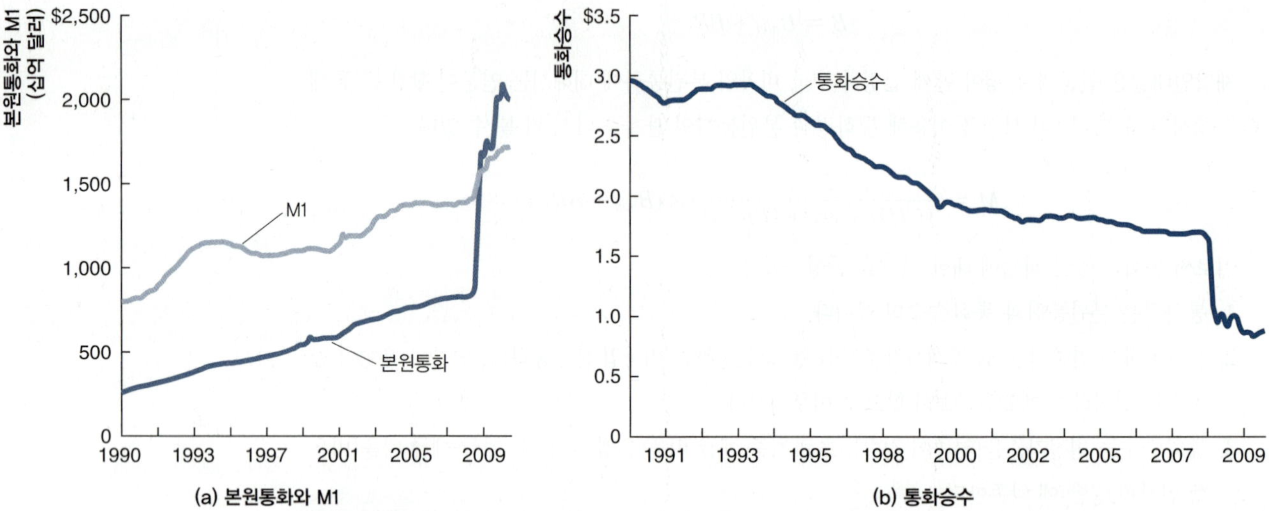

그림 14.2 본원통화, M1, 통화승수의 추이 : 1990~2010년

(a)에서 2008년 가을 초반부터 본원통화가 증가했음을 알 수 있는데, 통화량 M1은 그만큼 증가하지는 않았다. 그 대신 (b)에서 보듯이 통화승수는 급격히 하락하였다.

출처 : Federal Reserve Bank of St. Louis.

비율(C/D)과 초과지준-예금 비율(ER/D)을 보여 준다. 현금-예금 비율은 1990년 이래 완만한 속도로 증가했었다. 그러나 금융위기 기간에는 이 비율이 감소했는데, 그 이유는 가계와 기업이 자금을 위험자산으로부터 예금으로 대거 이전시켰기 때문이다. 다른 조건이 일정할 때, C/D의 감소는 주어진 본원통화에 대하여 통화승수를 증가시키고 M1 또한 증가시킨다. 하지만 그림 14.2(b)에 따르면 통화승수는 하락했다. 왜 그런가? 이는 ER/D가 급증했기 때문이다. 과거에 은행이 보유한 초과지준은 아주 작았고 2008년도 9월에 ER/D 값은 0에 가까웠지만, 2009년도 가을에는 약 1.3까지 상승했다. 은행이 보유한 초과지준이 예금보다도 많았다는 이야기이다. 결국 ER/D의 증가가 C/D의 감소보다 훨씬 커서 통화승수가 하락했고, 본원통화가 대폭 증가하였음에도 불구하고 M1의 증가는 그에 비하면 미미했다.

은행의 초과지준은 2008년 가을부터 증가했고, 몇 가지 이유로 2010년 가을까지도 높은 상태를 유지하였다. 첫째, 연준은 2008년 10월 사상 처음 은행의 초과지준에 대해 이자를 지급하기 시작하였다. 비록 이자율은 0.25%에 불과했지만, 다른 명목이자율도 급격히 감소한 데다 연준에 예치한 지준에는 위험이 없었기 때문이다. 둘째, 금융위기 동안 은행은 MBS와 일반 모기지 부문에서 막대한 손실을 입었다. 따라서 은행은 향후 자본을 재구축할 때 필요한 유동성의 확보가 절실했다. 셋째, 은행은 차입자의 신용도가 하락하자 대출기준을 강화했다. 별다른 대안이 없는 상태에서 그나마 연준에 돈을 맡겨 두는 게 훨씬 매력적이었던 것이다.

은행이 막대한 규모의 초과지준을 보유하게 되자 투자자, 정책 당국자, 경제학자들은 인플레이션

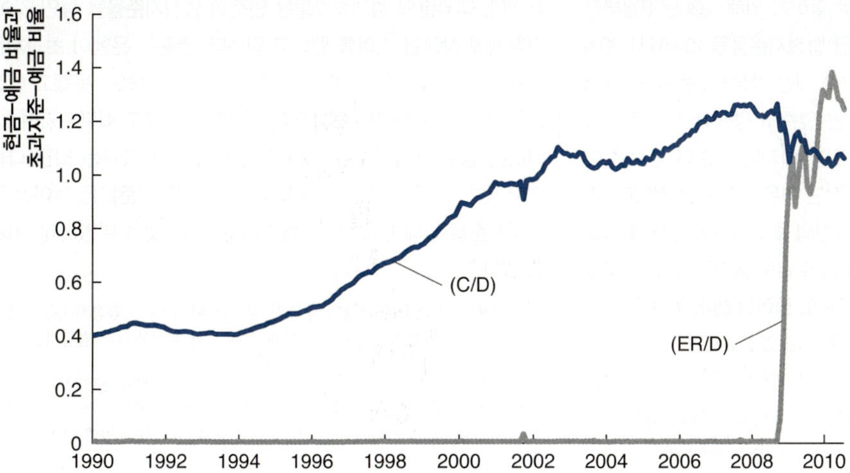

그림 14.3

C/D와 ER/D의 추이

현금-예금 비율(*C/D*)은 1990년 이래로 완만히 증가하였지만 2007~2009년 금융위기 기간에는 하락했다. 은행의 초과지준-예금 비율(*ER/D*)은 2008년 9월 이전에는 0에 가까운 수준이었지만 2009년 가을에는 1.3까지 올라갔다. 은행이 예금보다 더 많은 초과지준을 보유하기 시작한 것이다.

출처 : Federal Reserve Bank of St. Louis.

관련 사례

초과지준에 대한 연준의 우려가 1937년에서 1938년 사이의 불황을 초래했는가?

연준이 은행권의 초과지준 수준을 걱정한다면 한 가지 해결책은 법정지준율을 증가시켜서 초과지준을 법정지준으로 바꾸는 것이다. 대공황이 진행되던 1930년대 중반 연준은 바로 이 방법을 택했다. 아래 그림이 보여 주듯 은행공황이 끝난 1933년 초 은행권의 초과지준은 크게 증가했다.

1930년대 중반 은행이 초과지준을 축적한 이유는 2008년에서 2010년 사이의 기간에 은행이 초과지준을 축적한 이유와 비슷하다. 연방예금보험공사의 설립으로 은행공황은 종결되었지만 큰 손실을 경험한 뒤였기 때문에 은행들은 충분한 유동성을 확보해 놓으려 했다. 명목이자율 역시 아주 낮은 수준으로 떨어졌기 때문에 연준에 지준을 예치하는 데 따른 기회비용도 높지 않았다. 끝으로 대공황의 심각성을 고려할 때 대부분 대출자의 신용도가 악화됐으리라는 점도 알 수 있다. 1935년 후반 실업률은 여전히 14%를 웃도는 높은 수준에 있었고 인플레율은 2% 미만의 낮은 수준에 머물렀다. 그럼에도 연준이사회 구성원 중 일부는 주가가 급격히 상승하는 것에 우려를 표명했는데, 이들은 경기침체에도 불구하고 주가가 상승하는 것은 1929년 10월의 주가 폭락 전에 형성됐던 것과 유사한 주가 거품일 수도 있다고 우려했다. 연준 직원들이 작성한 문건에 따르면 "많은 사람들이 현재 규모의 초과지준은 언젠가는 인플레 압력으로 작용할 것이고 이 압력이 너무 커지기 전에 적절히 대응하지 못한다면 결국 통제 불가능한 상황에 몰릴 수 있다는 두려움을 가지고 있었다."

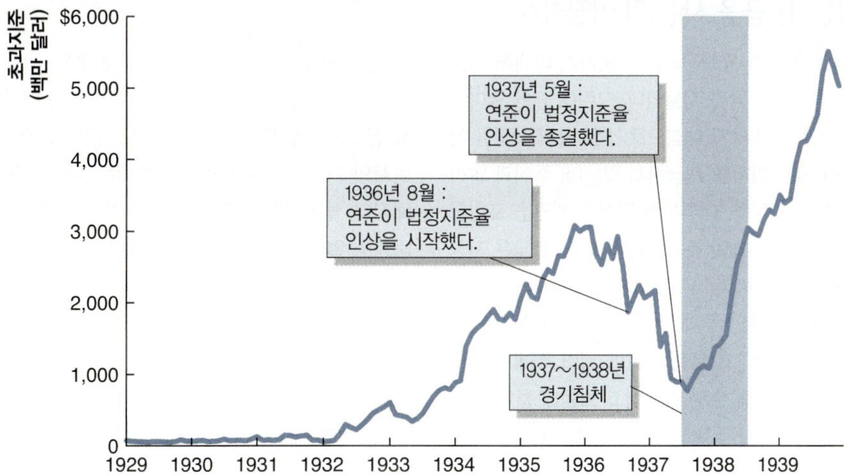

출처 : Banking and Monetary Statistics of the United States.

연준이사회는 은행권의 초과지준을 줄이기 위해 1936년 8월부터 4단계에 걸쳐서 수표발행예금에 대한 법정지준율을 10%에서 20%로 인상했다. 이사회는 또한 정기예금에 대한 법정지준율을 3%에서 6%로 인상했다. 앞 페이지의 그래프는 연준의 정책이 초기에 초과지준을 낮추는 데 성공했음을 보여 준다. 하지만 연준의 정책은 이 기간 은행들이 초과지준을 보유하려 했던 이유를 무시한 것이다. 법정지준의 인상이 있은 후 은행들은 이전의 초과지준 수준을 회복하기 위해 대출을 줄이고 수표발행예금의 수신도 줄이는 수밖에 없었다. 은행 대출이 줄어들면서 통화공급량도 줄어들었다. 가계와 기업은 대출을 얻을 수 없었기 때문에 지출을 줄였고 1937년 경제는 침체로 빠져들었다. 대공황이 시작되기 전 1929년의 완전고용실업률 수준보다 훨씬 높은 수준에 있던 실업률도 다시 증가하기 시작했다.

연준은 1938년 4월 정책기조를 일부 전환, 수표발행예금에 대한 법정지준율을 20%에서 17.5%로 낮추었고 정기예금에 대한 법정지준율을 6%에서 5%로 낮추었다. 하지만 상당한 피해가 이미 발생한 후였다. 대부분의 경제학자들은 연준이 법정지준율을 높인 것이 경기침체에 상당한 기여를 했다고 믿는다. 연준은 은행이 초과지준을 보유하려는 성향을 가지고 있음을 제대로 판단하지 못했고 법정지준율이 높아진 후에도 초과지준을 이전 수준으로 회복시키려 할 것이라는 점을 예상하지 못했다. 연준의 한 경제학자는 최근 다음과 같이 말한 바 있다. "1930년대의 경험은 법정지준율을 높이는 것이 초과지준을 없애는 최선의 방법이 아니라는 것을 분명하게 보여 주고 있다."

주 : 1930년대 연준은 은행의 규모와 장소에 따라 다른 법정지준율을 설정했다. 위에서 논의된 법정지준율은 시내 소재 은행에 적용되는 법정지준율이다.

출처 : David Wheelock, "How *Not* to Reduce Excess Reserves," *Federal Reserve Bank of St. Louis Economic Synopses*, No. 38, 2009. Board of Governors of the Federal Reserve System, *Banking and Monetary Statistics of the United States, 1914-1941*, Washington, DC, November 1943. 1935년 연준 회의록 인용문은 다음 참조: Milton Friedman and Anna Schwartz, *A Monetary History of the United States, 1867-1960*, Princeton, NJ: Princeton University Press, 1963, p.523.

을 우려하게 되었다. 연준이 지준에 대해 이자를 지급하지 않았던 정상적인 시기에 은행은 초과지준을 남기지 않고 거의 다 대출하였다. 만약 은행이 보유하고 있는 초과지준을 갑작스럽게 대출하기 시작한다면 어마어마한 통화의 팽창과 인플레이션이 뒤따르게 될 것이다. 사실 이러한 두려움 때문에 2010년에 일부 투자자들이 금에 투자한 것이다. 다음 장에서는 연준이 금융시스템을 정상으로 복원시키기 위해 초과지준 문제를 어떻게 다루었는지 살펴보기로 한다.

관련 사례

인플레가 우려되는가? 금을 사는 건 어떨까?

2010년 많은 투자자들은 지준과 통화공급량의 증가가 미래에 높은 인플레율을 야기할 것을 우려해 금을 사들였다. 그런데 금은 얼마나 좋은 투자 대상인가? 금은 분명 투자 대상으로서 몇 가지 약점을 가지고 있다. 채권과 달리 금은 이자를 지급하지 않는다. 주식과 달리 금은 배당금을 지급하지도 않는다. 대부분의 주식과 채권을 포함한 많은 투자 대상이 전산시스템 안에만 존재하는 이 시기에 금은 저장과 보호가 필요한 진짜 유형자산이다. 가령 미국 조폐공사가 발행한 아메리칸 이글 금화를 보유한 개인 투자자는 이 금화를 저장할 곳을 찾아야 하고, 어쩌면 수수료를 내고 은행 금고에 넣어 두게 될지도 모른다. 게다가 분실 시에 대비해 수수료를 내고 보험에 들어야 할지도 모른다. 이러한 비용을 피하기 위해서 금 ETF를 살 수도 있지만 미래에 금융제도가 몰락할 것이 염려돼서 금을 사는 사람들은 실물 금을 보유하는 것을 더 선호할 것이다.

금은 이자를 지급하지 않기 때문에 투자 대상으로서의 기본 가치를 정하기가 쉽지 않다. 궁극적으로 금의 최저가격은 공업용 금속으로서의 가치와 액세서리에 사용되는 금속으로서의 가치에 의해 정해진다. 투자 대상으로서의 금의 가치는 금 가격이 미래에 오를 가능성이 얼마나 큰가에 따라 정해지는데, 이자가 없는 금의 경우 자본이득을 통해서만 수익이 생기기 때문이다. 많은 개인 투자자들은 금이 인플레에 대한 적절한 헤지 수단이라고 믿고 있는데, 이는 물가 수준이 상승할 때마다 금값도 반드시 오른다고 믿기 때문이다. 그런데 이런 믿음은 정확한 믿음일까? 그래프의 파란색은 1975년 1월에서 2010년 6월 사이의 금값을 나타낸다.

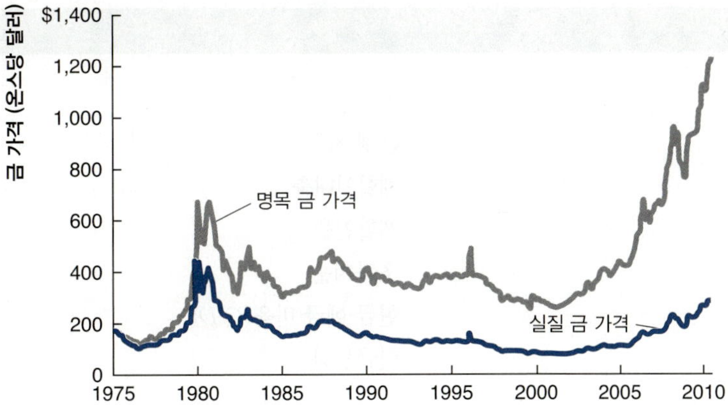

그래프를 보면 1970년대 후반 인플레율이 높았던 시기에 금값도 크게 올랐음을 알 수 있다. 1975년 1월 금은 온스당 175달러에 팔리고 있었는데 1980년 9월에는 가격이 670달러로 상승했다. 하지만 1980년 이후 물가 수준은 계속 상승했지만 금값은 오히려 떨어졌음은 금 투자자에게는 나쁜 소식이다. 1999년 8월 금은 온스당 255달러에 팔리고 있었는데 이는 20년 전 기록한 최고치에 비해 60% 정도 낮은 가격이다. 이 기간 동안 소비자 물가지수는 두 배로 올랐다. 그래프의 빨간 선은 금의 명목가격을 소비자 물가지수로 나누어 얻은 금의 실질가격을 보여 준다. 빨간 선을 보면 2009년과 2010년 명목가격이 크게 오른 뒤에도 금의 실질가격은 여전히 1980년 9월에 비해 30% 낮음을 알 수 있다. 다시 말해 장기적으로 금은 인플레에 대한 좋은 헤지 수단이 못 된다.

2010년 여름 인플레에 대한 헤지로 금을 사들인 투자자들은 현명한 투자를 한 것일 수도 있지만 지난 30년의 기록을 보면 그렇지 않을 가능성이 높다.

주 : 금의 실질가격을 얻는 데 사용된 소비자 물가지수의 기준 연도는 1975년이다(1975년=100).

출처 : U.S. Bureau of Labor Statistics.

14장의 질문에 대한 답변

Question 은행 지준은 왜 급증했으며 정책 당국자들은 어떤 점을 우려했는가?

Answer 은행의 지준이 증가한 것은 연준이 2008년 가을부터 자산을 매입했기 때문이다. 연준이 자산을 매입할 때마다 본원통화가 증가했다. 연준이 지준에 이자를 지급하기 시작한 데다 자금 운용에 위험이 증가했기 때문에, 별 다른 대안이 없는 은행은 초과지준 보유에 만족해야 했다. 비록 인플레이션이 낮게 유지되었지만, 은행이 초과지준을 대출하기 시작하면 인플레이션 발생이 불가피할 것이라는 우려가 제기되었다.

핵심용어

공개시장매도	시재금
공개시장조작	은행 지준
공개시장매입	재할인대출
단순예금승수	재할인율
법정지준	초과지준
법정지준율	현금-예금 비율(C/D)
본원통화(또는 고성능화폐)	현금통화
승수적 예금 창출	

연습문제

01 한때 연준의 경제학자였다가 브루킹스 연구원으로 옮긴 다이넌(Karen Dynan)은 다음과 같이 언급했다.

> 금융위기 이후 연준의 대차대조표 규모는 2배가 되었고 은행의 연준 예치금 규모도 어마어마하게 커졌다. 중앙은행 직원들은 은행들이 대출을 재개하는 경우에 급격한 인플레이션이 발생할 우려를 갖게 되었다.

a. '연준의 대차대조표 규모'란 무엇을 뜻하는가?

b. 2배가 된 연준의 대차대조표와 은행의 연준 예치금 대량 증가는 어떤 관계가 있는가? 간략히 설명하라.

출처 : Sewell Chan, "Fed in Hot Seat Again on Economic Stimulus," *New York Times*, July 20, 2010.

02 다음 각 경우에 연준과 은행시스템의 대차대조표 상에 어떤 변화가 일어나는지 T-계정을 이용해 답하라.

a. 연준이 20억 달러의 재할인대출을 증가시켰다.

b. 연준이 20억 달러의 공개시장매도를 하였다.

03 초과지준이 없는 은행이 수표발행예금으로 현금 1만 달러의 예금을 받았다고 하자. 만약 법정지준율이 0.10이면 은행이 대출할 수 있는 최대 금액은 얼마인가?

04 아래 은행의 대차대조표는 100만 달러 단위로 표시된 것이다. 수표발행예금에 대한 법정지준율은 처음 30달러에 대해서는 3%이고, 30달러를 초과한 부분에 대해서는 12%라고 하자.

자산		부채	
지준	18.9달러	수표발행예금	180.0달러
대출	150.0달러	순자산	20.0달러
증권	31.1달러		
합계	200.0달러	합계	20.0달러

a. 은행의 초과지준을 계산하라.

b. 은행이 500만 달러의 증권을 매도하고 현금을 받았다고 하자. 이 거래 후의 대차대조표를 보여라. 은행의 새로운 초과지준은 얼마인가?

c. (b)에서 생긴 초과지준을 지역의 한 기업에 대출하였다고 가정하자. 대출이 나갔지만 그 기업이 아직 대출금을 사용하지 않은 경우에 은행의 대차대조표를 보여라. 은행의 초과지준은 얼마인가?

d. 이제 대출받은 기업이 수표를 써서 대출금을 사용했다고 하자. 은행의 대차대조표를 다시 만들고 이 수표가 청산된 뒤의 초과지준을 계산해 보라.

05 다음의 관찰에 동의하는지 설명해 보라—"법정지준율이 0이면, 승수적 예금 팽창의 과정은 영원하다."

06 이코노미스트지에서 "통화정책이 계속해서 이자율을 낮게 유지하는 한, 금 보유의 기회비용은 한동안 낮을 것이다."라고 했다. 왜 이자율이 금 보유의 기회비용인가? 낮은 이

자율은 금 가격에 어떤 영향을 주는가?

출처 : "Store of Value," *Economist*, July 8, 2010.

07 은행이 초과지준을 보유하지 않고, 예금 대비 현금의 비율은 1이며, 수표발행예금에 대한 법정지준율이 100%라면 M1 승수는 얼마인가?

08 다음의 정보를 고려하자.

통화	1,000억 달러
은행 지준	2,000억 달러
수표발행예금	8,000억 달러
정기예금	1조 2,000억 달러
초과지준	400억 달러

예금 대비 현금의 비율, 예금 대비 총지준 비율, 본원통화, M1 승수, M1 공급량을 계산하라.

09 다음 정보를 고려하자.

통화	8,500억 달러
수표발행예금	7,000억 달러
은행 지준	7,000억 달러

a. 예금 대비 현금의 비율, 예금 대비 총지준 비율, 본원통화, M1 승수, M1 공급량을 계산하라.

b. 예금에 대한 총지준 비율이 (a)에서 계산한 값에서 2.0으로 변했다고 가정하자(예금 대비 현금의 비율은 일정하다). 이제 M1 승수는 얼마인가?

10 다음 정보를 고려하자(단위 : 십억 달러).

	1930년 6월	1931년 6월	1932년 6월
통화	$3.681	$3.995	$4.959
수표발행예금	21.612	19.888	15.490
은행 지준	3.227	3.307	2.829

예금 대비 현금의 비율, 예금 대비 총지준 비율, 본원통화, 통화승수, M1 통화공급량을 계산하라. 예금 대비 현금의 비율과 예금 대비 총지준 비율이 1930년과 1932년 사이에 이처럼 움직인 이유를 어떻게 설명할 수 있는가?

M2의 공급 과정

부록

[학습목표]
M2의 공급 과정을 설명한다.

과거 M1은 교환의 매개수단을 대표하는 자산이었으나, 1980년대와 1990년대 금융혁신을 거치면서 이에 대한 회의가 제기되었고, 대신 사람들의 관심은 M2로 모아졌다. M2는 M1보다 넓은 의미의 통화로서, 거래에 즉각 사용될 수 있는 현금(C)과 수표발행예금(D)뿐만 아니라 비거래계정까지 포함한다. 여기서 비거래계정은 저축예금과 소액정기예금을 포함하며(N으로 표시), 이제는 MMDA[2] 및 그와 유사한 예금까지도 포함시킨다(MM으로 표시). 나라마다 정의는 조금씩 다르지만, 미국의 M2는 다음과 같이 정의된다.

$$M2 = C + D + N + MM$$

M2는 가계와 기업이 이리저리 예금을 옮기는 경우에 M1보다 덜 민감하게 반응한다. 예를 들어 사

2 M2에 포함되는 단기 금융상품에는 상업은행의 MMDA, 증권회사의 MMF, 은행의 일일RP, 미국 은행의 해외지사가 미국 거주자에게 발행한 일일유로달러가 포함된다.

람들이 수표발행가능 예금(D)과 저축예금(N)을 MMDA를 포함한 단기금융계정(MM)으로 옮긴다고 하자. 이때 D의 감소로 M1은 감소하지만, M2의 경우에는 D와 N의 감소분만큼 MM이 증가하기 때문에 변하지 않는다. M2를 M2 승수와 본원통화의 곱으로 표현할 수 있다.

$$M2 = M2\,승수 \times 본원통화$$

다음과 같이 M1 승수식과 비슷하게 M2 승수식을 도출할 수 있다.

$$M2\,승수 = \frac{1 + (C/D) + (N/D) + (MM/D)}{(C/D) + (ER/D) + rr_D}$$

M2 승수에는 (N/D)와 (MM/D)가 추가되기 때문에 그 값은 M1 승수보다 훨씬 크다. 비거래계정들에 대해서는 은행이 법정지준을 보유해야 할 의무가 없기 때문에 본원통화가 증가할 때 M2는 M1보다 더 많이 팽창한다. 한편 1980년 이래 M2 승수는 M1 승수보다 안정적으로 움직여 왔다.

M2 승수의 구성요소에 변화가 생기면 승수의 크기도 변한다. M1의 경우처럼 법정지준율과 현금-예금 비율의 증가는 M2 승수를 감소시킨다. 또한 사람들이 수표발행예금보다 비거래계정이나 단기금융계정을 선호하게 되어 그쪽으로 자금을 옮기는 경우에도 M2 승수는 증가하게 된다. M2가 얼마나 증가할지 예측하는 방식은 M1의 경우와 마찬가지이다. 즉 본원통화와 M2 승수가 각각 얼마나 변할지를 예측하는 것이다.

CHAPTER 15

통화정책

[학습목표]

15.1 통화정책의 목표를 설명한다.

15.2 연준이 연방기금금리에 영향을 미치기 위해 통화정책 수단들을 어떻게 사용하는지 알아본다.

15.3 시간에 따라 다양한 통화정책수단의 중요성이 어떻게 변화되어 왔는지를 살펴본다.

15.4 통화정책에서 통화량 타겟팅의 역할을 설명한다.

버냉키의 딜레마

2010년 여름, 연준 의장 버냉키는 어려운 처지에 놓였다. 2007~2009년의 금융위기 동안에 연준은 금융시스템이 붕괴하는 것을 막기 위해 이례적인 정책들을 시도하였다. 제14장에서 살펴본 바와 같이, 금융위기는 2008년 가을 리먼브러더스의 파산으로 심화되었다. 당시 연준은 자산을 대거 매입하였고 그로 인해 지준과 본원통화가 큰 폭으로 증가했다. 그리고 연준은 2년 후쯤 경제가 회복되는 시점에 버냉키가 언급한 '출구 전략(exit strategy)'을 시도할 수 있기를 기대하였다. 비록 자세히 설명하지는 않았지만 출구 전략이란 은행 지준과 본원통화를 정상적인 수준으로 회복시키고, 연준의 대차대조표 규모를 축소시키는 것이었다.

유감스럽게도 연준의 예상과 달리 경제의 회복 속도는 매우 느렸다. 2010년 2사분기의 경제 성장률은 전년 동기 대비 1.7%에 불과했다. 이는 9%가 넘는 실업률을 낮추고 고용을 충분히 회복시키기에는 너무 낮은 수치였다. 경제가 하반기에 더 빠른 속도로 성장할 수 있을 것인가에 대해 버냉키는 "매우 불확실하다."고 전망했다. 비록 2010년 3사분기에는 성장률이 2.0%로 높아졌지만 그 해 11월 초에 연준은 미 재무성 장기채를 6,000억 달러 매입하는 제2차 **양적완화**(quantitative easing)를 단행하였다.

버냉키에 대한 대중의 관심은 평소와 다르지 않았다. 2009년 초에 의회와 오바마 대통령은 재정지출을 증가시키는 법안을 통과시켰지만 대부분의 거시경제정책은 연준이 주도하는 통화정책에 기반을 두고 있었다. 재정정책은 대통령과 국회의원 535명의 의결을 거쳐야 하기 때문에 많은 시간과 노력이 필요하다. 반면 통화정책은 연준이사회와 연방공개시장위원회(FOMC)에서 신속하게 결정될 수 있다. 사실 연준이사회와 FOMC 모두 통상적으로 연준 의장의 제안에 동조하는 경향이 있으므로 통화정책

15장의 이슈와 질문

▶정답은 361쪽에

Issue 위기에 직면한 연준은 금융안정을 위해 새로운 정책수단을 많이 도입했다.

Question 중앙은행에게는 여전히 물가안정이 제일 중요한 목표가 되어야 하는가?

에 대한 권한은 의장에게 집중되어 있다. 2010년 느린 경제회복과 관련하여 버냉키가 주목을 받은 것은 놀라운 일이 아니었다.

출처 : Sudeep Reddy, "Bernanke Prepared to Take New Steps," *Wall Street Journal*, July 22, 2010.

버냉키가 인정한 대로, 통화정책의 목표가 분명하더라도 그 목표를 달성하는 정책을 수행하는 것은 쉬운 일이 아니다. 게다가 연준이 갖고 있는 정책수단은 제한되어 있다. 연준은 주로 통화량과 단기 금리를 조절한다. 그러나 금융위기 동안에는 그 외의 정책수단도 사용해야 했다. 이 장에서는 연준이 통화정책을 어떻게 수행하고, 또 통화정책을 효과적으로 수행하는 데 있어 어떠한 어려움이 있는지 살펴보기로 하자.

15.1 통화정책의 목표

[학습목표]
통화정책의 목표를 설명한다.

일반적으로 경제후생(economic well-being)은 노동과 자본의 효율적 사용과 산출량의 지속적 증가에 의해 이루어진다. 또한 생산과 고용의 변동이 최소화되고, 이자율이 안정되며, 금융시장이 안정적으로 작동하는 것도 경제의 후생을 향상시킨다. 이와 같은 관점에서 연준은 여섯 가지 통화정책 목표를 설정하고 있다—(1) 물가안정, (2) 고용확대, (3) 경제 성장, (4) 금융시장 및 제도의 안정, (5) 이자율 안정, (6) 외환시장의 안정. 미국의 연준 및 다른 나라의 중앙은행들도 이와 같은 목표를 달성하기 위해 통화정책을 수립한다.

물가안정

인플레이션, 즉 지속적인 물가의 상승은 화폐의 가치를 하락시킨다. 특히 1970년대에 예상치 못한 인플레이션을 겪은 이래로 대부분의 선진국에서는 물가안정을 경제정책의 주요 목표로 삼고 있다. 시장경제에서 가격은 가계와 기업에게 재화와 서비스에 대한 수요와 비용에 대한 정보를 전달하는 수단이다. 그러나 인플레이션이 발생하면 자원배분에 대한 신호로서의 가격 기능이 저하된다. 물가 수준이 변하면 가계는 자녀의 교육이나 퇴직에 대비해 얼마를 저축해야 할지 고민하게 되며, 기업은 미래의 불확실한 물가 전망 때문에 공급자나 소비자와 장기계약을 맺는 것을 주저하게 된다. 또한 인플레이션율이 예상보다 높으면 자금을 대출한 사람들이 손실을 보는 것처럼 예상치 못한 소득재분배가 일어날 수 있다.

심각한 인플레이션은 매우 큰 경제적 비용을 초래한다. 1년에 100% 또는 1,000% 이상의 인플레이션이 발생하는 **초인플레이션(hyperinflation)**은 경제의 생산능력에 심각한 타격을 준다. 극단적인 경우에 화폐는 더 이상 교환의 매개수단이나 가치저장 수단의 역할을 할 수 없으며, 식료품을 사는 데 현금을 가득 실은 수레가 필요하게 될지 모른다. 독일에서는 1920년대 초인플레이션으로 생산이 급감하고 실업률이 급등했으며, 경제 불안이 10년 후 히틀러의 파시스트 정권이 들어서게 되는 기반을 제공했다. 불확실성 증대에서 경제 파괴에 이르기까지 인플레이션이 가져오는 여러 문제들로 인해 물가안정은 통화정책의 가장 중요한 목표로 자리 잡았다.

고용확대

높은 고용, 낮은 실업률 또한 통화정책의 주요 목표이다. 미 의회는 고용확대와 물가안정을 촉진시키기 위해 1946년의 고용법과 1978년의 '완전고용 및 균형성장법(험프리-호킨스 법)'을 제정한 바 있다.

연준도 고용확대에 관심을 가진다. 다만, 0%의 실업률은 추구될 수 없다. **마찰적 실업**(frictional unemployment)이 존재하기 때문이다. 최적의 경제 상황에서도 일부 근로자들은 직장을 옮기는 과정에서 일시적으로 실업 상태에 놓인다. 또 교육과 직업훈련을 받기 위해 직장을 그만두기도 한다. 물론 다시 직장을 구하려고 할 경우에는 시간이 필요하다. 한편 기술의 변화, 산업의 변화와 같은 경제구조의 변화에 의해 **구조적 실업**(structural unemployment)이 발생하기도 한다. 통화정책은 마찰적 실업 및 구조적 실업을 감소시키는 데는 별 다른 영향을 주지 못한다. 대신 연준은 경기변동 과정에서 발생하는 **경기적 실업**(cyclical unemployment)을 감소시키기 위해 노력한다. 물론 구조적 실업과 경기적 실업을 구분하는 것은 쉽지 않다. 예를 들어 일부 경제학자들은 2010년의 높은 실업률이 일차적으로는 경기침체 때문이라고 인정하면서도, 향후 수년간 지속될 것으로 예상되는 주택건설업의 축소 때문에 구조적 실업이 증가해 왔다고 주장했다. 물론 구조적 실업의 증가가 높은 실업률에 얼마나 기여했는지는 분명하지 않다.

마찰적 실업과 구조적 실업을 제외하고 모든 근로자가 자신이 원하는 일자리를 가지게 되는 경우, 즉 노동의 수요와 공급이 일치하는 경우의 실업률을 **자연실업률**(natural rate of unemployment) 또는 **완전고용실업률**(full-employment rate of unemployment)이라 한다. 그러나 자연실업률이 정확히 얼마인지에 대해서는 경제학자들 사이에도 의견이 일치되기가 힘들다. 노동력의 연령구조와 성별구조, 조세, 최저임금, 실업보험 등과 같은 요인들에 의해 자연실업률이 시간에 따라 변하기 때문이다. 현 시점에서 대부분의 경제학자들은 미국의 자연실업률이 5~6% 수준이라고 본다. 분명한 것은 2010년 10월의 실업률 9.6%보다는 훨씬 낮은 수준이라는 것이다.

경제 성장

정책입안자들은 지속적인 **경제 성장**(economic growth), 즉 시간의 흐름에 따라 재화와 서비스 산출량이 증가하기를 희망한다. 경제가 성장해야만 가계의 소득이 실질적으로 증가할 수 있고 고용도 높은 수준을 유지할 수 있다. 정책입안자들은 특히 안정적인 경제 성장을 원한다. 가계와 기업 모두 안정적인 경제환경에서 계획을 정확히 세울 수 있고, 지속 성장에 필요한 장기투자도 가능해지기 때문이다.

경제 성장 통화정책의 목표 중 하나로, 시간의 흐름에 따라 재화와 서비스의 산출량이 증가되는 것

금융시장 및 제도의 안정

저축자와 차입자를 연결함에 있어 금융시장과 제도가 효율적으로 작동되지 않을 경우 경제는 손실을 입게 된다. 잠재력 있는 기업이 상품을 고안하여 개발하고 마케팅하는 데 필요한 자금을 조달하지 못하고, 저축자들은 만족스러운 투자 대상을 찾는 데 자원을 낭비하게 된다. 금융시장과 제도가 안정되어야 저축자와 차입자의 효율적인 연결이 가능하다.

미 의회는 19세기 말과 20세기 초 금융공황에 대응하기 위해 연준을 창설하였다. 연준은 1930년대 초 은행공황을 막는 데 실패하였지만, 제2차 세계대전 이후 잠재적 패닉을 방지하는 데는 비교적 성공적이었다. 연준은 1987년 주식시장이 붕괴되고 2001년 9월 11일 테러가 발생하자 금융안정을 위해 시장에 적극 개입하였다. 물론 2007년에 시작된 금융위기에 대해서도 적극적으로 대응했지만, 초기에 위기의 심각성을 과소평가하여 경기침체를 막을 수 없었다. 금융위기가 발생하자 연준이 1990년대 말 닷컴 붐(dot.com boom)과 2000년대 주택시장 거품을 사전에 억제하는 조치를 취했어야 했다는 주장이 다시 불거졌다. 연준의 정책입안자들과 많은 경제학자들은 일반적으로 거품을 사전에 감지하기 쉽지 않은 데다 거품을 축소하기 위한 조치가 역효과를 낳을 수도 있다는 점을 우려한다. 하지만 2007~2009년의 심각한 침체는 기존의 관점을 재고하는 계기가 되었다. 이제 금융안정은 분명히 연준의 주요 목표가 되었다.

이자율 안정

물가의 변동과 마찬가지로 이자율의 변동은 가계와 기업이 장래 계획을 세우고 투자를 결정하는 데 어려움을 준다. 이자율이 변동하면 기업이 공장과 설비에 대한 투자 계획을 세우기 어려워지고, 가계도 주택을 구입할지 망설이게 된다. 이자율의 안정은 안정된 저축투자환경을 제공한다. 이자율이 급격하게 변동하면 은행과 기타 금융기관에 문제가 발생할 수 있다. 이자율의 안정화는 금융시스템의 안정화에도 도움이 된다.

외환시장의 안정

외환시장의 안정과 환율의 안정도 연준의 주요 목표 가운데 하나이다. 달러의 가치가 안정되면 무역거래와 자본거래 계획을 세우기 수월하다. 달러 가치의 변동은 미국 산업의 국제경쟁력을 변화시킨다. 달러가 절상되면 미국의 재화가 해외시장에서 더 비싸지므로 수출이 감소하고, 달러가 절하되면 외국의 재화가 미국 내에서 더 비싸진다. 다만 실제로 외환정책은 연준보다는 미 재무성이 주도하며, 연준은 정책상의 변화를 실천에 옮기는 역할을 한다.

그러면 연준은 이러한 통화정책의 목표들을 달성할 수 있을까? 연준이 이러한 목표들을 달성하기 위해 사용가능한 통화정책수단들에 대해 살펴보기로 하자.

15.2 통화정책수단과 연방기금금리

[학습목표]
연준이 연방기금금리에 영향을 미치기 위해 통화정책수단들을 어떻게 사용하는지 알아본다.

2007~2009년의 금융위기 이전까지 연준은 주로 세 가지 통화정책수단에 의존하였다. 금융위기가 발생하자 연준은 몇 가지 새로운 정책수단을 발표하였다. 먼저 세 가지 전통적인 통화정책수단부터 살펴보자.

공개시장조작 연준이 금융시장에서 직접 증권을 매입하고 매각하는 것

1. 공개시장조작. **공개시장조작**(open market operations)은 연준이 금융시장에서 직접 증권을 매

입하고 매각하는 것을 말한다. 전통적으로 연준은 은행의 지준과 단기금리에 영향을 주려는 목적으로 주로 재무성 단기채권(Treasury bill) 거래에 집중했다. 그러나 금융위기를 맞아 장기금리에도 영향을 주기 위해 다양한 종류의 증권을 사들였다.

2. 재할인정책. **재할인정책**(discount policy)은 재할인율을 정하고 재할인대출의 조건을 설정하는 것을 말한다. 미 의회가 1913년 연준법을 통과시킬 당시에는 재할인정책이 통화정책의 주요 수단이 될 것이라고 기대했다. 연준은 **재할인 창구**(discount window)를 통해 은행에게 재할인대출을 해주는데, 이는 은행이 단기 유동성을 충족하기 위한 경로로 사용되고 있다.

재할인정책 재할인율과 재할인 대출조건을 설정하는 정책수단

재할인창구 연준이 은행의 단기 유동성을 충족시켜 주기 위해 재할인대출을 제공하는 통로

3. 지급준비제도. 연준은 은행이 수표발행예금의 일부를 시재금과 연준 예치금으로 보유하도록 규정하고 있다.[1] **지급준비제도**(reserve requirements)는 전통적인 세 가지 통화정책수단 중 마지막 수단이다. 제14장에서 살펴본 대로 법정지준율은 통화승수의 결정요인 가운데 하나이다.

지급준비제도 은행으로 하여금 수표발행예금의 일부를 시재금과 연준 예치금으로 보유하도록 하는 제도

금융위기 동안에 연준은 전통적인 세 가지 통화정책수단 외에 2개의 새로운 정책수단을 도입하였다.

1. 지준예치금에 대한 이자 지급. 2008년 10월 연준은 은행의 법정지준과 초과지준에 대해 이자를 지급하는 새로운 수단을 도입하였다.[2] 제14장에서 살펴본 바와 같이 지준제도는 은행에게 암묵적으로 세금을 매기는 제도이다. 연준은 은행의 지준에 이자를 지급함으로서 세금을 줄여 주었다. 이로써 연준은 지준에 영향을 미칠 수 있는 더 큰 힘을 갖게 되었다. 연준이 지준에 지급하는 이자율을 인상하면 은행은 지준 보유를 증가시키는데, 이는 은행의 대출 확대와 그에 따른 통화량 증가를 억제하는 효과가 있다. 이자율을 인하하면 반대의 효과가 나타난다.

2. 정기예금제도. 2010년 4월 연준은 은행에게 정기예금(term deposit)을 매입할 기회를 준다고 발표하였다. 이는 은행이 가계와 기업에게 제공하는 정기예금과 유사한 것이었다. 연준은 주기적인 경매를 통해 은행들에게 정기예금을 제공하였다. 경매를 통해 결정되는 이자율은 연준이 지준에 지불하는 이자율보다 약간 높았다. 예를 들어 2010년 10월 은행이 50억 달러를 28일 만기의 연준 정기예금에 가입했을 때 이자율은 0.27%였고, 이는 지준 예치금에 대한 이자율 0.25%보다 조금 높은 수준이었다. 제14장에서 살펴본 바와 같이, 새로 도입한 정기예금제도는 2010년 말 1조 달러가 넘는 은행의 지준을 관리하는 또 다른 수단이 되었다. 은행이 연준의 정기예금에 더 많은 돈을 예치할수록 대출과 통화공급이 억제될 것이다.

연방기금시장과 연방기금금리 목표

연방기금금리(federal funds rate)는 은행들이 자금의 과부족을 해소하려는 목적으로 서로 초단기 대출을 할 때 부과하는 이자율이다. 2007~2009년의 금융위기가 발생하기 이전까지 수십 년 동안

연방기금금리 연방기금시장에서 은행들이 자금의 과부족을 해소하려는 목적으로 서로 초단기 대출을 할 때 부과하는 이자율

1 법정지준은 수표발행예금의 규모에 따라 달라진다. 2010년 11월 기준으로 은행은 수표발행예금 가운데 첫 1,070만 달러에 대해서는 지준을 보유할 필요가 없다. 그러나 그다음 4,450만 달러에 대해서는 3%의 지준을, 그리고 5,520만 달러 이상의 수표발행예금에 대해서는 10%의 지준을 보유해야 한다.

2 기술적으로, 연준은 법정지준과 초과지준에 대해 다른 이자율을 적용할 수 있다. 2010년 11월 두 지준에 대한 이자율은 모두 0.25%였다.

연준의 정책 초점은 연방기금금리 목표를 설정하는 데 있었다. 연방기금금리 목표는 매년 8회 열리는 FOMC를 통해 결정된다. 비록 연준이 연방기금금리 목표를 결정한다 하더라도, 실제의 연방기금금리는 **연방기금시장**(federal funds market)에서 은행의 지준에 대한 수요와 공급에 의해 결정된다. 연준은 연방기금금리 목표를 정하고 시장에서 금리가 목표 수준에 근접하도록 조절하는 역할을 한다.

연방기금금리 결정요인을 분석하기 위해서는 은행시스템의 지준 수요와 연준의 지준 공급 과정을 살펴볼 필요가 있다. 연준이 연방기금금리와 통화공급에 영향을 미치기 위해 어떻게 정책수단을 사용하는지를 지준의 수요와 공급에 관한 그래프를 사용하여 살펴보기로 하자.

지준에 대한 수요 은행들은 법정지준을 보유하고 또 단기 유동성을 충족시키기 위해 초과지준을 보유한다. 그림 15.1에서 보듯이 지준에 대한 수요곡선 D는 은행의 법정지준 RR과 초과지준 ER에 대한 수요를 포함한다. 이 수요곡선은 은행의 지준 수요에 영향을 미치는 여타의 시장이자율이나 법정지준율 같은 요인들이 일정하다는 가정하에 그려진 것이다. 다른 유형의 자금과 마찬가지로 이자율이 높아질수록 자금의 수요량이 줄어든다. 연방기금금리 i_{ff}가 상승함에 따라 초과지준 보유의 기회비용이 증가하므로 지준 수요량이 감소하는 것이다. 지준에 대한 은행의 수요곡선은 우하향하는 기울기를 갖는다.

그림 15.1에서 지준에 대한 수요곡선이 이자율 i_{rb} 수준에서 수평 또는 완전탄력적인 것에 주목하자. 이 이자율은 연준이 은행의 지준 예치에 지불하는 이자율로 연방기금금리의 최저점이다. 그 이유를 살펴보기 위해 연준이 은행에게 지준에 대한 이자를 0.25% 지불하고 있지만, 연방기금금리는 0.10%라고 가정해 보자. 은행은 연방기금시장에서 0.10%에 자금을 차입하여 연준에 예치하면 0.15% 무위험 수익률을 올릴 수 있다. 무위험 차익거래를 하려는 은행 간의 경쟁으로 연방기금금리는 곧 0.25%까지 상승할 것이며, 이 이자율 이상에서는 차익거래 이익을 얻을 수 없다.

지준 공급 그림 15.1은 또한 지준에 대한 공급곡선 S도 보여 주고 있다. 연준은 재할인대출을 통해 차입지준을 공급하고, 공개시장조작을 통해 비차입지준을 공급한다. 공급곡선이 수직인 것은 연준이 목표를 달성하기 위해 필요한 R 수준의 지준을 설정할 수 있다고 가정하기 때문이다. 따라서 지준의 공급량은 연방기금금리에 의존하지 않고 공급곡선의 일부 형태는 수직이 된다. 공급곡선이 이자율 i_d에서 수평 또는 완전탄력적인 형태가 되긴 하지만, 이 이자율은 연준이 설정한 재할인율이라는 점에 주목하자. 연방기금금리가 재할인율보다 낮으면 은행은 다른 은행으로부터 더 싸게 차입할 수 있기 때문에 연준으로부터의 차입은 0이 된다. 이 경우에 은행의 지준은 전부 비차입지준이다. 은행은 다른 은행으로부터 돈을 빌릴 때 재할인율 이상의 이자율을 지불하려고 하지 않을 것이다. 재할인율은 연방기금금리의 상한이다.

연방기금시장의 균형 균형 연방기금금리와 균형 지준의 양은 그림 15.1에서와 같이 지준의 수요와 공급이 교차하는 점에서 결정된다. 균형 지준은 R^*, 균형 연방기금금리는 i^*_{ff}이다.

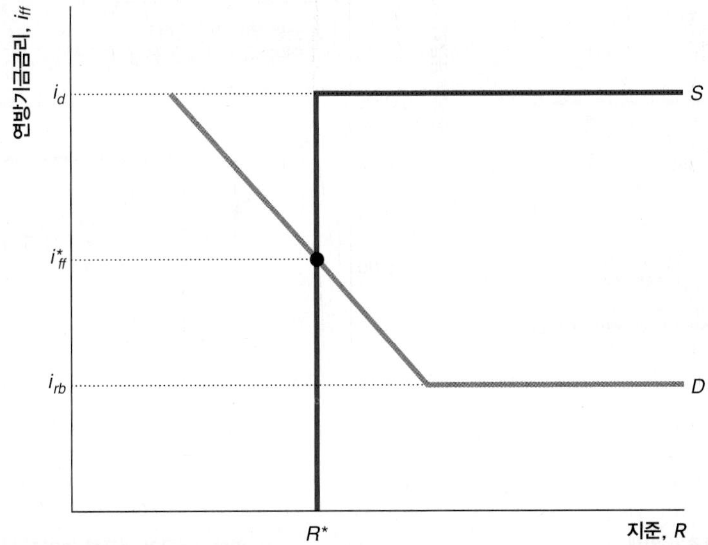

그림 15.1

연방기금시장의 균형

연방기금시장에서의 균형은 지준에 대한 수요곡선 D와 공급곡선 S가 교차하는 점에서 결정된다. 연준은 지준 R, 재할인율 i_d, 은행의 지준예치에 지불하는 이자율 i_{rb}를 정한다. 이때 균형 지준은 R^*, 균형 연방기금금리는 i^*_{ff}이다.

공개시장조작과 연방기금금리 목표

연준은 FOMC 회의를 통해 연방기금금리 목표를 정하고 발표한다. 비록 은행들만 연방기금시장에서 연방기금금리로 대차거래를 하지만, 이 금리의 변화는 경제에 미치는 영향이 크다. 예를 들어 FOMC가 연방기금금리 목표를 낮추면, 은행의 자금 조달 비용이 낮아져 그 여파로 가계와 기업에게 부과하는 대출이자율도 낮아지게 된다. 이자율이 낮아지면 기업은 기계, 설비, 기타 투자재에 대한 지출을 증가시키고, 가계는 자동차, 가구, 기타 내구재에 대한 소비를 증가시키게 된다.

연준은 연방기금금리 목표를 달성하기 위해 공개시장조작을 사용한다. 예를 들어 2008년 10월 29일 금융위기에 따른 경기침체를 극복하기 위해 FOMC는 연방기금금리 목표를 1.5%에서 1%로 낮추었다. 이 목표를 달성하기 위해 연준은 재무성증권에 대해 **공개시장매입**을 해야 했다. 연방기금금리 목표를 낮추는 것과 동시에 재할인율도 1.75%에서 1.25%로 낮추었다. 그림 15.2(a)는 연준이 시행한 정책의 결과를 보여 주고 있다. 다른 조건들이 일정하면, 공개시장매입으로 지준의 공급곡선은 S_1에서 S_2로 우측이동하고, 이로 인해 은행의 지준은 증가하며 연방기금금리는 하락한다. 재할인율도 하락하였기 때문에 지준 공급곡선의 수평 부분은 아래로 이동한다. 은행의 균형 지준은 R^*_1에서 R^*_2로 증가하며 균형금리는 1.5%에서 1.0%로 하락한다.

연방기금금리 목표를 인상할 때에는 재무성증권에 대한 **공개시장매각**을 실시한다. 예를 들어 2006년 6월 29일, FOMC는 연방기금금리 목표를 5%에서 5.25%로 인상했다. 동시에 재할인율도 6%에서 6.25%로 인상했다. 당시 연준은 주택가격 거품과 인플레이션의 증가에 직면한 경제를 안정시키기 위해 금리를 인상해야 했다. 그림 15.2(b)는 공개시장매각 결과를 보여 주고 있다. 지준 공급곡선은 S_1에서 S_2로 좌측이동하고, 이로 인해 은행의 균형 지준은 R^*_1에서 R^*_2로 감소하며 균형금리는 5%에서 5.25%로 상승한다. 재할인율도 올라갔기 때문에 지준 공급곡선의 수평 부분이 위로

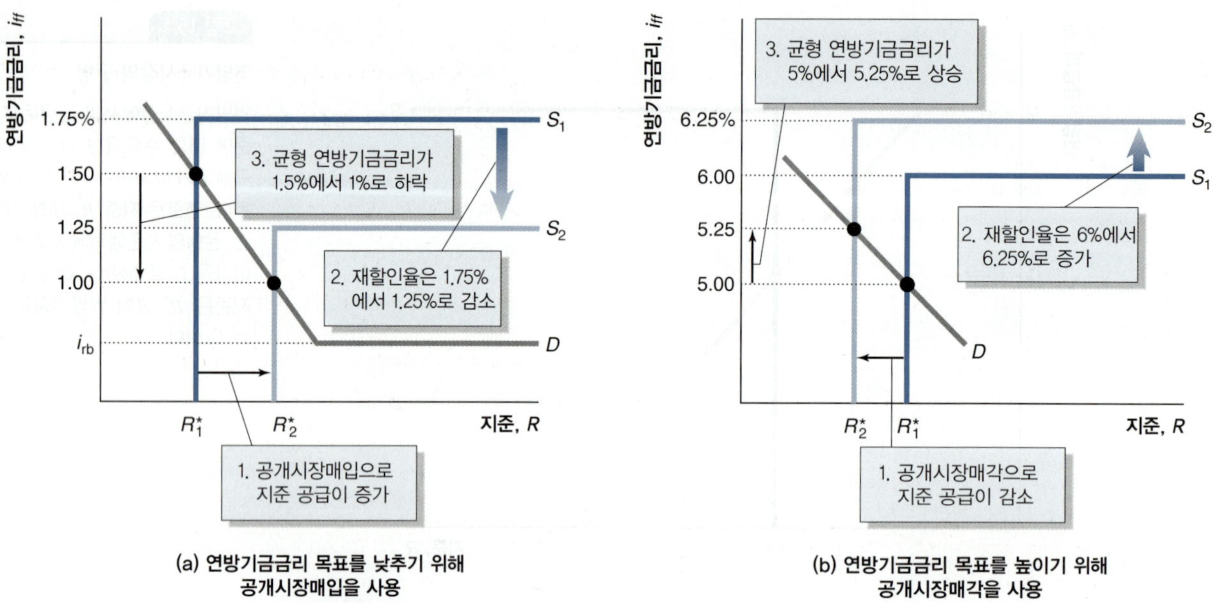

그림 15.2 연방기금시장에 대한 공개시장조작의 효과

(a)에서, 연준의 공개시장매입으로 은행시스템에서 지준이 증가하며, 지준 공급곡선은 S_1에서 S_2로 우측이동한다. 균형 지준은 R_1^*에서 R_2^*로 증가하고 균형 연방기금금리는 1.5%에서 1.0%로 하락한다. 한편 연방기금금리 인하와 함께 재할인율은 1.75%에서 1.25%로 인하되었다.

(b)에서, 연준의 공개시장매각으로 은행시스템에서 지준이 감소하며, 공급곡선은 S_1에서 S_2로 좌측이동한다. 균형 지준은 R_1^*에서 R_2^*로 감소하고 균형 연방기금금리는 5%에서 5.25%로 상승한다. 한편 연방기금금리 인상과 함께 재할인율은 6%에서 6.25%로 인상되었다.

이동한다. (연준이 은행의 지준예치에 이자를 지불하기 전에 일어난 일이기 때문에 지준 수요곡선의 수평 부분을 제외시킨 점에 주목하자.)

요약하면, 연준의 공개시장매입은 연방기금금리를 하락시키는 반면 공개시장매각은 연방기금금리를 상승시킨다.

재할인율과 법정지준율의 변화

실제로 연준은 연방기금금리 목표를 달성하는 데 거의 전적으로 공개시장조작에 의존한다. 이제 재할인율과 법정지준율 변화의 효과를 간략하게 살펴보기로 하자.

재할인율의 변화 2003년 이래 연준은 재할인율을 연방기금금리 목표보다 높게 유지해 왔다. 재할인율은 일종의 벌칙금리(penalty rate)이다. 은행이 연방기금시장에서 차입하는 것보다 연준으로부터 차입하는 경우에 패널티를 지불한다는 의미이다. 일반적으로 연준은 연방기금금리 목표를 올리거나 내리는 동시에 재할인율도 올리거나 내렸다.[3] 결과적으로 재할인율은 연방기금금리에 연동되

3 이 규칙에 대한 예외는 2010년 2월 연준이 연방기금금리 목표를 동결한 반면 재할인율을 0.50%에서 0.75%로 인상한 것이다.

는 경향이 있다. 지준시장 그래프에서 공급곡선의 수평 부분은 항상 균형 연방기금금리보다 위에 위치한다.

법정지준율의 변화 연준이 법정지준율을 변화시키는 일은 극히 드물다. 1992년 4월 12%에서 10%로 내린 것이 마지막 시도였다. 물론 연준이 법정지준율을 변경하는 것은 언제든지 가능하다. 공개시장조작을 사용하지 않고 법정지준율을 변화시키는 것도 연방기금금리에 변화를 가져올 수 있다. 그림 15.3(a)에서 이러한 결과를 볼 수 있다. 다른 요인들이 일정할 때, 법정지준율의 인상은 지준 수요곡선을 D_1에서 D_2로 우측이동시키는데, 이는 은행들이 더 많은 지준을 보유해야 하기 때문이다. 그 결과 균형금리는 i^*_{ff1}에서 i^*_{ff2}로 상승하는 반면 균형 지준은 R^*_1에서 변화하지 않는다.

연준이 연방기금금리 목표를 변경하는 수단으로 법정지준율을 사용한 경우는 거의 없다. 따라서 만약 연준이 법정지준율을 변화시킨다면 연방기금금리 목표가 변화하지 않도록 공개시장조작을 통해 상쇄시킬 가능성이 높다. 그림 15.3(b)는 연준이 연방기금금리 목표를 변화시키지 않도록 하기 위해 법정지준율 인상과 공개시장매입을 병행하는 상황을 보여 주고 있다. (a)에서와 같이 법정지준율의 상승은 수요곡선을 D_1에서 D_2로 우측이동시키지만, 동시에 공개시장매입으로 공급곡선이 S_1에서 S_2로 우측이동함으로써 연방기금금리 목표는 i^*_{ff1}에서 변하지 않는다. 다만 균형 지준은 R^*_1에서 R^*_2로 증가한다.

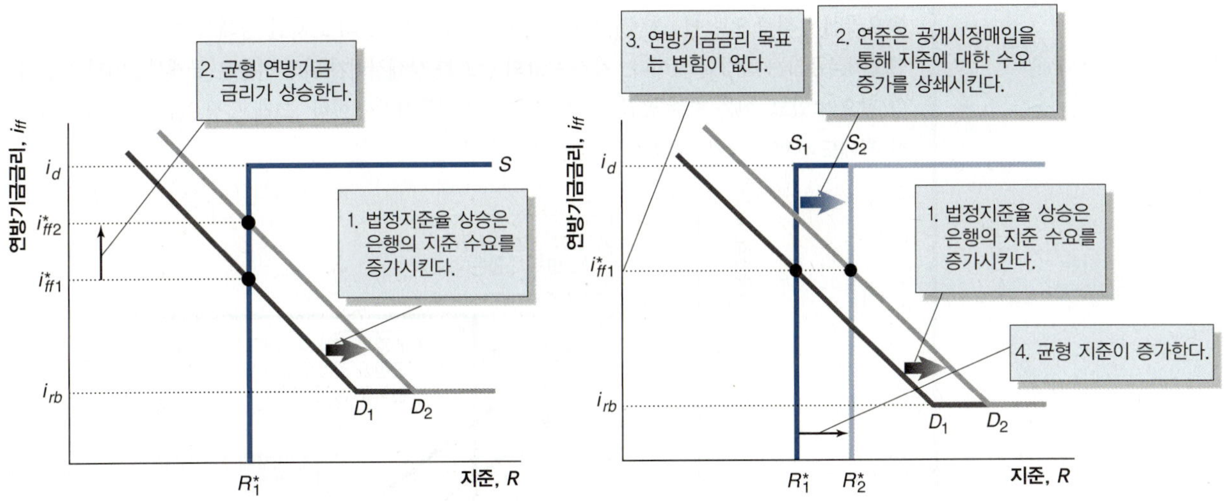

(a) 법정지준율의 상승

(b) 법정지준율의 상승과 공개시장매입으로 인한 상쇄

그림 15.3 법정지준율 변화가 연방기금시장에 미치는 효과

(a)에서, 연준이 법정지준율을 인상하면 지준 수요곡선이 D_1에서 D_2로 이동하며 균형 연방기금금리는 i^*_{ff1}에서 i^*_{ff2}로 상승한다. (b)에서, 연준이 법정지준율을 인상하면 지준 수요곡선이 D_1에서 D_2로 이동한다. 이때 만약 연준이 공개시장매입을 통해 법정지준율 상승 효과를 상쇄시키고자 하면, 지준 공급곡선이 S_1에서 S_2로 우측이동한다. 연방기금금리 목표는 i^*_{ff1}에서 변하지 않고 균형 지준만 R^*_1에서 R^*_2로 증가한다.

15.3 통화정책수단의 변화

[학습목표]
시간에 따라 다양한 통화정책수단의 중요성이 어떻게 변화되어 왔는지 살펴본다.

앞에서는 연준의 통화정책수단이 연방기금금리에 미치는 영향을 중심으로 살펴보았다. 이제 각 정책수단에 대해 좀 더 구체적으로 살펴보기로 하자.

예제 15.2

연방기금시장 분석

다음 두 가지 상황을 분석하기 위해 연방기금시장의 수요곡선과 공급곡선의 그래프를 이용하자. 그래프에서 균형 연방기금금리와 균형 지준의 변화, 그리고 수요곡선과 공급곡선 중 어느 곡선이 이동하게 되는지 확인하라.

a. 은행들이 지준에 대한 수요를 감소시킨다고 가정하자. 균형 연방기금금리가 불변인 상황에서 연준이 공개시장조작을 통해 이러한 변화를 어떻게 상쇄시킬 수 있는지 설명하라.

b. 균형 연방기금금리와 연준이 지준에 지불하는 이자율이 같다고 가정하자. 만약 연준이 공개시장매입을 실시한다면 균형 연방기금금리에 어떠한 영향을 주는지 설명하라.

Step 1 복습. 이 문제는 연방기금시장에 관한 것이므로 '공개시장조작과 연방기금금리 목표' 부분과 '재할인율과 법정지준율의 변화' 부분을 복습한다.

Step 2 적절한 그래프를 그려 (a)에 답하기. 만약 은행들이 지준에 대한 수요를 감소시킨다면 수요곡선은 좌측으로 이동할 것이다. 연준이 수요곡선 이동의 효과를 상쇄시키지 못한다면 균형 연방기금금리는 하락할 것이다. 지준 수요의 감소를 상쇄시키기 위해 연준은 공개시장매각을 실시할 필요가 있고, 이는 지준 공급곡선을 좌측으로 이동시킬 것이다. 그래프 상으로 두 곡선이 이동한 후에도 균형 연방기금금리는 이전과 같아야 한다.

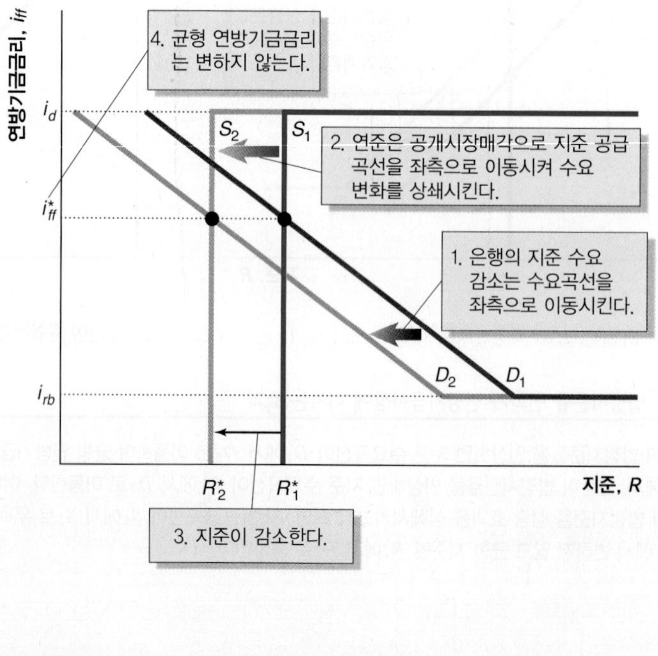

Step 3 적절한 그래프를 그려 (b)에 답하기. 만약 균형 연방기금금리가 연준이 은행의 지준예치에 지급하는 금리와 같다면 공급곡선은 수요곡선의 수평 부분에서 수요곡선과 교차해야만 한다. 공개시장매입은 공급곡선을 우측으로 이동시킨다. 이때 균형 지준은 증가하지만 공급곡선이 이미 수요곡선의 수평 부분에 있기 때문에 균형금리는 변하지 않는다.

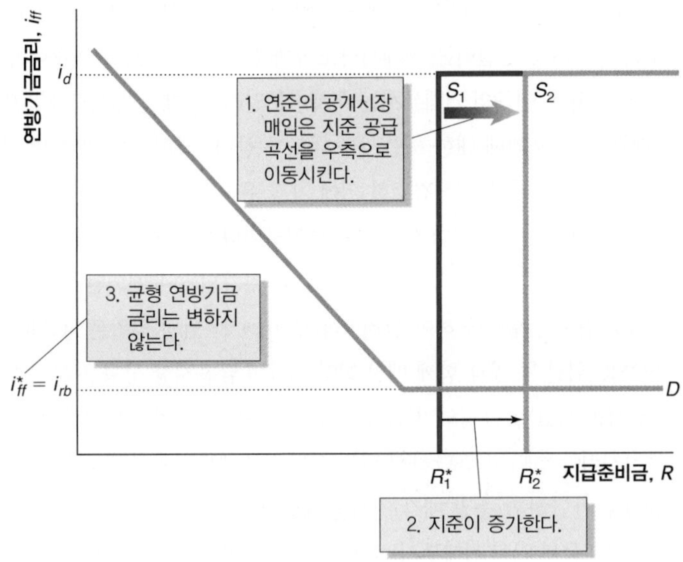

공개시장조작

애초의 연방준비법에는 공개시장조작이 명시되어 있지 않았는데, 당시만 해도 공개시장조작에 대한 이해가 부족했기 때문이었다. 1920년대에 들어서면서 연준은 정책수단으로 공개시장매입을 수행하기 시작하였다. 이는 제1차 세계대전 중에 전비 조달을 위해 발행되었던 자유공채(Liberty bonds)를 은행들로부터 매입하여 기업에 대한 대출 여력을 늘려 주기 위한 조치였다. 1935년 이전까지 지역연준은행이 증권시장에서 제한적으로 공개시장조작을 사용했지만, 중앙은행에 의해 통제되지 않았고 통화정책 목표를 달성하기 위한 것도 아니었다. 1930년대 초 심각한 은행위기를 겪으면서도 연준은 일사불란하게 시장에 개입하지 못했다. 미 의회는 연준이 공개시장조작을 수행할 수 있도록 1935년 FOMC를 설립하도록 했다.

연준이 재무성증권을 공개시장매입할 경우에 증권의 가격은 상승하고 수익률은 하락한다. 공개시장매입은 본원통화를 증가시키기 때문에 통화량이 늘어난다. 공개시장매각의 경우에는 재무성증권의 가격이 하락하고 수익률은 상승한다. 공개시장매각은 본원통화를 감소시키기 때문에 통화량이 줄어든다. 공개시장매입은 이자율을 하락시키기 때문에 **확장정책**, 공개시장매각은 이자율을 상승시키기 때문에 **긴축정책**으로 간주된다.

공개시장조작의 수행 연준은 공개시장조작을 실제로 어떻게 수행하는가? 매 회의가 마무리될 시점에 FOMC는 경제 전반에 관한 평가 보고서와 함께 연방기금금리 목표를 발표한다. 또한 FOMC는 연방준비제도의 회계 담당 임원인 뉴욕 연준은행의 부행장에게 정책지시를 내린다. 그에게는 공개시장조작을 통해 연방기금금리 목표를 달성하는 책임이 맡겨져 있다. 실제로 공개시장조작은 뉴욕 연준은행의 공개시장조작 거래부서에서 매일 아침 수행된다. 이 거래부서는 TRAPS(Trading Room Automated Processing System)라는 시스템을 통해 18곳의 **국채전문딜러**(primary dealers)와 전산으로 연결되어 있다. 국채전문딜러는 공개시장조작에 참여할 수 있도록 연준이 선정한 민간 증권회사들이다. 매일 아침 뉴욕 연준의 거래부서는 국채전문딜러들에게 공개시장매입 또는 매각의 규모를 알려 주고, 거래할 양과 조건에 대한 제안서를 내도록 한다. 딜러들은 바로 몇 분 내에 제안서를 써 내고, 연준의 담당 임원은 제안서를 검토한 뒤에 가장 유리한 조건을 채택한다. 그리고 거래부서는 지준이 연준의 목표량에 도달할 때까지 증권을 매입하거나 매각한다. 매입하거나 매각한 증권들은 총자산의 비율에 따라 여러 연준은행의 포트폴리오에 추가되거나 제외된다.

공개시장조작 담당 임원은 무엇을 해야 할지 어떻게 아는가? 담당 임원은 FOMC의 정책지시를 충분히 이해하고, FOMC 위원 두 명과 함께 매일 회의를 하며 금융시장 상황을 분석한다. 그리고 실제의 지준과 연방기금금리 목표를 달성하기 위해 필요한 지준의 추정치를 비교한다. 만약 지준을 현재 수준 이상으로 증가시켜야 한다고 판단하면 담당 임원은 거래부서에 증권 매입 지시를 내린다. 지준을 감소시켜야 한다고 판단하면 증권 매각 지시를 내린다.

공개시장조작을 수행함에 있어 거래부서는 동태적 또는 영구적 공개시장조작과 방어적 또는 일시적 공개시장조작 모두를 수행한다. **동태적 공개시장조작**(dynamic open market operation)은 FOMC의 지시에 따라 통화정책을 기조적으로 변화시키는 것이다. **방어적 공개시장조작**(defensive open market operation)은 통화정책 기조 자체를 변화시키려는 것은 아니고, 지준에 대한 수요와 공급의 일시적인 변동을 상쇄시키는 것이다. 동태적 공개시장조작은 재무성증권의 단순매입과 단순매각을 수행한다. 그러나 일반적으로 수행되는 것은 동태적 공개시장조작이 아니라 방어적 공개시장조작이다. 예를 들어 방어적 공개시장매입은 다음과 같은 환매계약을 수반한다. 즉 연준이 국채전문딜러로부터 증권을 매입하되 특정일(보통 일주일 이내)에 일정한 가격으로 다시 파는 계약을 하는 것이다. 딜러의 입장에서는 연준에게 증권을 매도한 뒤 며칠 후에 다시 사는 계약이다. 방어적 공개시장매입은 연준이 시중에 단기 대출을 제공하는 것인데, 재무성증권이 여기에 담보 역할을 하는 셈이다. 방어적 공개시장매각의 경우에는 **환매조건부 매각**[때로 **역리포**(reverse repos)라고 함]이 사용된다. 즉 연준이 국채전문딜러에게 증권을 매각하되 며칠 후에 다시 매입하는 방식이다. 방어적 공개시장매각은 일시적으로 시중의 유동성을 흡수하기 위해 사용된다.

공개시장조작 대 기타 정책수단 공개시장조작은 다른 정책수단에 비해 통제가능성, 신축성, 실행의 용이성과 같은 장점을 가진다. 연준은 정해진 양을 매입하고 매각하기 때문에 공개시장조작 규모를 완벽히 통제할 수 있다. 그러나 재할인대출의 양은 대출을 요청하는 은행들의 의사에 달려 있으므로 연준이 완벽하게 통제할 수 없다.

공개시장조작은 대규모이든 소규모이든 연준이 직접 공개시장조작을 수행하기 때문에 신축적이다. 일반적으로 동태적 조작은 대규모로, 방어적 조작은 소규모로 이루어진다. 기타 정책수단들에는 이러한 신축성이 부족하다. 공개시장조작은 역방향으로 수행하기도 수월하다. 공개시장매입으로 지준이 너무 빠르게 증가하는 것 같으면 바로 공개시장매각으로 전환할 수 있다. 재할인율과 법정지준율 조절로는 지준의 증가 추세와 감소 추세를 역방향으로 빨리 전환시키기 어렵다.

또한 연준은 행정상의 지연 없이 공개시장조작을 신속하게 수행할 수 있다. 필요한 것은 연준의 거래부서가 국채전문딜러에게 매수 · 매도 주문을 내는 것뿐이다. 그러나 재할인율이나 법정지준율을 변경하려면 오랫동안 신중하게 검토해야 한다.

'양적 완화' : 장기국채 매입 지난 수십 년간 연준의 공개시장조작은 단기 재무성증권을 대상으로 이루어졌다. 그러나 2008년 12월 연준이 연방기금금리 목표를 거의 제로 수준까지 내렸음에도 불구하고 위기와 침체는 더 악화되었다. 상황이 개선되지 않자 연준은 2009년과 2010년 초 주택저당증권(MBS)과 장기 재무성증권을 1조 7,000억 달러나 매입하는 이례적인 조치를 취했다. 이와 같이 장기증권을 매입하여 경제를 활성화시키려는 중앙은행의 정책을 **양적완화**(quantitative easing, QE)라고 부른다. 연준의 목표는 주택담보대출과 10년 만기 재무성증권 이자율을 낮추는 것이었다. 주

양적완화 장기증권을 매입하여 경제를 활성화시키는 중앙은행의 정책

관련 사례

공개시장 거래부서의 오전 업무

다음은 뉴욕연방준비은행 공개시장 거래부서의 오전 업무에 대한 개관이다.

오전 7시. 팀장은 연구원으로부터 당일과 남은 유지 기간 동안의 지준 공급량 예상치를 전달받는다. 유지 기간이란 연준이 은행의 필요지준 잔고를 계산하는 데 기준이 되는 2주일 동안의 기간을 말한다.

오전 8~9시. 팀장은 국채시장 상황을 파악하기 위해 시장 참여자들과 비공식적인 논의를 시작한다. 이러한 논의와 연방공개시장위원회 직원들이 제공한 자료를 바탕으로 팀장은 지준에 대한 수요와 그날 국채가격의 변동을 예측한다. 팀원들은 재무성 예치금에 대한 예측치와 향후 재무성증권 발행 시기에 대한 정보를 재무성 재정국 직원들에게 확인해 본다. 재무성의 이런 활동은 은행의 지준과 통화량에 영향을 미칠 수 있다.

오전 9시 10분. 여러 직원들로부터 받은 정보를 검토한 후 팀장은 연방공개시장위원회의 지침을 확인한다. 이 지침에는 연방기금금리가 어떤 수준이 되어야 하는가를 담고 있다. 팀장은 연방공개시장위원회가 요구한 변화를 달성하기 위해 필요한 동태적 공개시장조작과 일시적 지준 변동을 상쇄시킬 방어적 공개시장조작을 계획해야 한다. 팀장은 거래 전략을 논의하기 위해 연방공개시장위원회 위원 중 적어도 두 명에게 전화를 건다.

오전 9시 30분. 거래 전략이 허가를 받으면 뉴욕 연준은행의 트레이더들은 국채시장의 주요 딜러들에게 연준이 원하는 거래를 알린다. 트레이더들이 공개시장매수를 계획할 때는 매도호가를 요청한다. 트레이더들이 공개시장매도를 계획할 때는 매수호가를 요청한다. (매도호가는 딜러가 증권을 팔고자 하는 가격이고, 매수호가는 딜러가 증권을 사고자 하는 가격임을 기억하라.)

오전 9시 40분. 주요 딜러들은 공개시장 거래부서로 자신들의 제안 가격을 보낸다.

오전 9시 41분. 거래부서는 매수 시에는 가장 낮은 제안 가격을 선택하고 매도 시에는 가장 높은 가격을 선택한 후 선택 결과를 딜러에게 알린다.

오전 10시 30분. 이 시간까지는 거래가 완결되고 뉴욕 연준은행의 거래실은 조용해진다. 하지만 팀장과 팀원들이 오래 휴식 시간을 갖거나 여러 잔의 마티니를 곁들인 점심을 먹으러 가는 건 아니다. 왜냐하면 연방기금시장의 상황과 은행 지준 규모를 지켜보며 다음 날의 거래를 준비하느라 나머지 시간도 바쁘게 보내기 때문이다.

출처 : 다음 책에 포함된 "A Morning at the Desk"라는 글에서 발췌—Christopher Burke, *Implementing Monetary Policy: The Federal Reserve in the 21st Century*, Federal Reserve Bank of New York, January 13, 2010.

택담보대출 이자율이 낮아져야 신규주택 판매가 회복될 수 있고, 10년 만기 재무성증권 이자율이 낮아져야 회사채 이자율도 낮아질 수 있기 때문이었다. 양적완화 조치는 한 번으로 끝나지 않았다. 2010년 11월, 연준은 제2차 양적완화(QE2)를 발표하였다. 제2차 양적완화를 통해 연준은 2011년 6월까지 6,000억 달러의 장기 재무성증권을 추가 매입하기로 했다. 제2차 양적완화를 실시한 것은

관련 사례

연준이 때로 연방기금금리 목표를 달성할 수 없는 이유는?

언론에서는 연준이 연방기금금리를 정한다고 하지만 사실은 연준은 연방기금금리의 *목표치*를 정할 뿐이다. 연방기금금리 실제치는 연방기금시장에서의 준비금에 대한 수요와 공급에 의해서 결정된다. 연준이 지준에 대한 수요를 통제할 수는 없기 때문에 연방기금금리의 실제치가 목표치와 항상 같아지도록 만들 수는 없다. 공개시장조작을 통해서 연방기금금리의 실제치가 목표치에 가능한 한 가깝도록 유지하는 것은 뉴욕 연준에 있는 트레이더들의 역할이다. 다음 그림은 1998년 1월부터 2010년 7월 사이 주별 연방기금금리의 목표치와 실제치를 보여 준다.

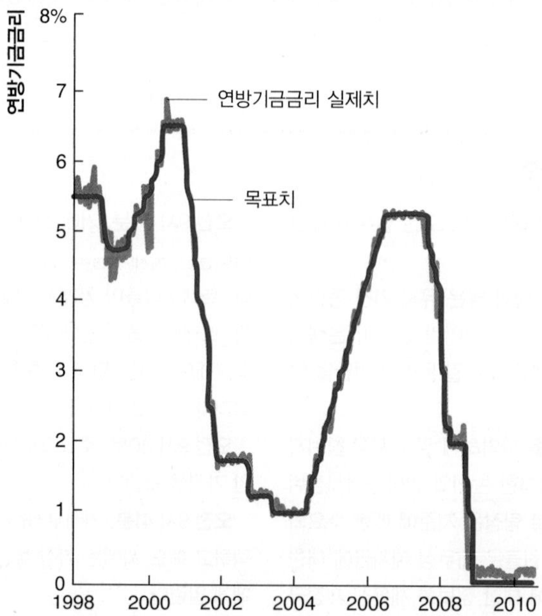

전체적으로 보았을 때 뉴욕 연준의 트레이더들은 실제치가 목표치에 근접하도록 만드는 데 성공적이었다. 그림을 보면 2008년 12월 이후 목표치는 0%였다. 사실은 이 기간 목표치가 0~0.25% 사이 구간이라고 발표하였고 연방기금금리의 실제치는 2010년 10월까지 매주 이 구간에 있었다. 하지만 대부분의 경우 연방기금금리의 실제치는 0.25% 미만이었는데, 은행이 연준에 맡긴 지준에 대해 받는 이자율이 0.25%임에도 불구하고 이런 현상이 나타났다. 은행들이 연준에 돈을 예치하면 더 높은 이자를 받을 수 있음에도 연방기금시장에서 기꺼이 돈을 빌려 준 이유는 무엇일까? 이 질문에 대한 답은 연방기금시장에서 돈을 빌리고 빌려 줄 수 있는 금융기관 중 일부는 연준에 자금을 예치하고 이자를 받을 권한이 없다는 데 있다. 특히 정부의 지원을 받아 모기지를 사들이는 연방기관인 패니매와 프레디맥은 지준시장에 상당한 규모의 자금을 공급하는데, 그 결과 연방기금시장의 균형이자율은 지준 예치 이자율 아래로 떨어지게 된다.

하지만 뉴욕 연준의 트레이더들은 연방기금금리가 목표치에 접근하도록 만들 수단을 가지고 있다.

경기회복이 너무 느렸기 때문이었다. 그러나 연준의 대규모 채권 매입으로 본원통화가 크게 증가했기 때문에 일부 경제학자들과 정책입안자들은 결국 높은 인플레이션으로 이어질 것을 우려했다.

재할인정책

1980년 이전까지 연준은 연방준비제도의 회원은행에게만 재할인대출을 했지만, 1980년 이후에는 모든 예금기관이 재할인창구를 이용할 수 있게 되었다. 각 지역 연준은행은 각자 재할인창구를 운영하지만 모두 동일한 재할인율을 부과한다.

재할인대출의 구분 재할인대출은 (1) 제1차신용, (2) 제2차신용, (3) 계절신용으로 나눌 수 있다. **제1차신용**(primary credit)은 자본이 충분하고 감독기관으로부터 높은 신용등급을 받은 은행들이 이용하는 재할인대출이다. 제1차신용의 목적은 건전하나 일시적으로 유동성 문제를 겪고 있는 은행들에게 자금을 이용할 수 있게 하는 것이다. 보통 재할인율이라고 할 때에는 제1차신용에 대한 이자율을 말하는 것이다. **제2차신용**(secondary credit)은 자본이 충분하지 못하고 감독기관으로부터 높은 신용등급을 받지 못해 제1차신용을 받지 못하는 은행들을 위한 재할인대출이다. 유동성 문제가 심각하거나 파산할지도 모르는 은행에게 제공되는데, 연준은 이 은행들을 주의 깊게 감독하며 제1차신용 이자율보다 대략 0.50%p 높게 설정한다. **계절신용**(seasonal credit)은 농업 지역이나 관광지의 소규모 은행들에게 계절적 자금수요를 충족시켜 주기 위한 단기 재할인대출이다. 계절신용의 이자율은 연방기금금리와 CD 금리의 평균으로 설정된다.

2007~2009년 금융위기 동안의 재할인대출 2007년 금융위기가 시작되는 시점에 정작 문제가 된 곳은 상업은행보다는 투자은행과 같은 그림자 은행이었다. 금융위기가 시작되었을 때 연준은 은행이 아닌 곳에 대출해 준 전통이 없었기 때문에 최종대부자로서의 역할에 어려움을 겪었다. 다만, 연준은 광범위하게 대출을 해 줄 수 있는 권한을 가지고 있었다. 연방준비법의 제13조 제3항은 '흔치 않은 긴급한 상황'에서 적절한 담보를 제공할 수 있고 상업은행으로부터 차입할 능력이 없다는 것을 입증할 수 있는 '개인, 조합 또는 기업'에게 대출해 줄 수 있는 권한을 부여하고 있다. 연준은 긴급 상황에서 몇 가지 한시적인 대출을 제공하기 위해 이러한 권한을 사용하였다.

우선 연준은 국채전문딜러인 대형 증권사와 투자은행에게 주택저당증권을 담보로 긴급자금을 대출해 주었다. 나아가 총 2,000억 달러 한도 내에서 일반 금융회사들에게도 주택저당증권을 담보로 대출해 주는 제도를 도입했다. 또한 연준은 비금융사가 발행한 3개월 만기 기업어음을 매입해 주었다. 많은 기업이 기업어음으로 단기자금을 조달하고 있었으나 리먼브러더스 파산 이후 기업어음 시장이 극도로 위축되자 일반기업들조차 정상적인 영업을 할 수 없었기 때문이었다. 한편 금융위기를 겪으면서 자산담보부증권(asset-backed securities, ABS) 시장이 위축되자 자산담보부증권 매입을 위한 대출 기한을 연장해 주는 조치를 취하기도 했다. 새로운 대출제도 이외에 연준은 최초로 재할인대출 이자율을 경매로 정하는 방식을 도입했다. 경매에는 제1차신용을 받을 자격이 있는 예금기관들이 참여할 수 있었으며, 사실상 시장에서 처분하기 어려운 주택저당증권이 담보로 제공되었고, 경매 이자율도 공식적인 재할인율보다 낮게 결정되었다. 이러한 최악의 상황에서 한시적으로 도입된 제도들은 2010년에 모두 폐지되었다.

15.4 통화 타겟팅과 통화정책

[학습목표]
통화정책에서 통화량 타겟팅의 역할을 설명한다.

중앙은행은 높은 경제 성장과 낮은 인플레이션 목표에 도달하려는 과정에서 상충관계(trade-off)에 직면한다. 예를 들어 이자율을 낮추는 과정에서 늘어난 통화공급은 장기적으로 인플레이션을 유발한다. 즉 하나의 목표를 달성하기 위한 정책은 또 다른 목표에 역효과를 가져온다. 중앙은행은 통화정책의 목표를 달성하는 과정에서 또 다른 문제에 직면한다. 비록 경제 성장과 물가안정을 위한 정책을 펼친다 하더라도, 실질산출량과 물가 수준을 직접 통제할 수는 없다. 공개시장조작, 재할인율 정책, 지급준비제도와 같은 수단을 사용하여 산출과 물가에 영향을 미칠 수는 있으나, 이러한 수단들이 직접 목표에 도달하도록 만드는 것은 아니다.

또한 중앙은행은 통화정책수단을 사용함에 있어 시차 문제에 직면한다. 첫 번째 문제는 **정보시차**(information lag)이다. 중앙은행이라고 할지라도 GDP, 인플레이션, 기타 경제변수의 변화를 즉각 관찰할 수는 없다. 중앙은행이 그때그때 정확한 정보를 갖고 있지 않으면 실제의 경제 상황에 맞지 않는 정책을 쓸 수도 있고 도리어 정책이 문제를 악화시킬 수도 있다. 예를 들어 일부 경제학자들은 연준이 주택가격 거품이 붕괴되었던 2006년과 2007년에 연방기금금리 목표를 너무 천천히 낮추었다고 주장한다. 두 번째 문제는 **충격시차**(impact lag, 또는 외부시차)이다. 이것은 통화정책의 변화가 산출, 고용 또는 인플레이션에 영향을 미치기 위해 필요한 시간이다. 이자율과 통화공급의 변화는 시차를 두고 경제에 영향을 미친다. 자칫 중앙은행은 잘못된 시기에 정책을 취할지 모른다. 이자율 인하의 효과가 실제 서서히 나타나면서 경기가 회복되는 과정인데도 계속 이자율을 낮춘다든지, 이자율 인상의 효과가 서서히 나타나면서 물가가 안정되는 과정인데도 계속 이자율을 인상한다든지 하는 오류를 범할 수 있다.

정보시차와 충격시차 때문에 발생하는 문제들에 대처하는 한 가지 방법은 목표(goal) 달성을 위한 타겟(target)을 사용하는 것이다. 이 타겟은 중앙은행이 경제 성과를 직접 통제하지 못하는 한계를 부분적으로 해결해 주며, 경기변동 상황을 관찰하고 대응하는 과정에서 시차를 줄여 줄 수 있다. 그러나 유감스럽게도 타겟 또한 문제를 가지고 있다. 연준은 지난 20여 년간 일부 전통적인 타겟 접근법을 사용했지만 여러 가지 이유로 포기하였다. 이 절의 나머지 부분에서는 통화정책에 어떤 타겟이 사용되고 타겟 접근법의 장단점은 무엇인지 살펴보기로 한다.

목표 달성을 위한 타겟의 사용

타겟은 중앙은행이 직접 영향을 미칠 수 있고, 또 통화정책의 목표를 달성하는 데 도움을 주는 변수이다. 전통적으로 연준은 두 가지 유형의 타겟을 사용해 왔다. 하나는 **중간목표**(intermediate target)이고 또 하나는 **운용목표**(operating target, 또는 policy instrument)이다. 비록 현재 연준이 선호하는 접근법은 아니지만, 이러한 접근법이 어떻게 작동되는지 살펴봄으로써 중앙은행이 통화정책을 수행하는 과정에서 직면하는 어려움에 대해 잘 이해할 수 있을 것이다.

중간목표 중간목표는 M1이나 M2와 같은 통화량 또는 이자율을 뜻한다. 연준은 재무성증권 이자율과 같은 단기 이자율이나 회사채 또는 주택담보대출 이자율과 같은 장기 이자율을 중간목표로 사용한다. 연준은 일반적으로 최종목표를 달성하는 데 직접 도움이 되는 것을 중간목표로 선택할 수 있다. 최종목표에만 집중하는 것보다는 중간목표(예를 들어 M2)를 사용함으로써 직접 통제하기 어려운 물가안정이나 완전고용과 같은 최종목표에 더 쉽게 도달할 수 있기 때문이다. 또한 중간목표를 사용하면 정책이 목표 달성에 부합하는지에 대한 피드백이 제공될 수 있다. 예를 들어 통계적 연구로부터 연준이 매년 3%씩 안정적으로 증가하는 M2가 물가안정 목표에 부합한다고 추정했다고 하자. 만약 M2가 실제로 6%씩 증가하고 있다면 연준은 즉시 M2 성장률을 3%로 낮추기 위해 통화정책수단(예를 들어 공개시장매각)을 사용할 것이다. 중간목표는 주어진 최종목표 달성을 돕는 역할을 한다.

운용목표 중간목표가 유용함에도 불구하고 연준은 주택담보대출 이자율이나 M2와 같은 중간목표변수 역시 간접적으로만 통제할 수 있다. 민간부문이 이러한 변수들에 영향을 주기 때문이다. 따라서 정책수단과 중간목표를 연결해 주는 타겟이 필요하다. 운용목표는 연준이 통화정책수단을 사용하여 직접 통제할 수 있는 변수이며, 중간목표와도 밀접하게 관련되어 있는 변수이다. 미국의 경우 운용목표는 연방기금금리와 비차입지준이다. 그중에서도 지난 수십 년간 연준이 사용해 온 것은 연방기금금리였다. 연준은 은행 지준 시장에 막강한 영향력을 행사할 수 있고 시장에 개입하여 연방기금금리를 조절할 수 있기 때문이다. 대부분의 주요 중앙은행들도 운용목표로 단기 이자율을 사용하고 있다.

그림 15.4는 통화정책의 목표를 달성하기 위해 운용목표와 중간목표를 사용하는 전통적인 접근법을 보여 주고 있다. 물론 연준이 목표를 설정했다 하더라도 통제할 수 있는 것은 운용목표뿐이다. 타겟팅 접근의 성공 여부는 정책수단, 운용목표, 중간목표, 최종목표 간에 신뢰할 수 있는 연계가 존재하는가에 달려 있다. 그러나 시간이 지남에 따라 이러한 연계의 일부가 깨지게 되었다. 예를 들어 1980년 이전에는 M1과 M2 증가율이 대략 2년 후의 인플레이션율과 연계되는 모습을 보였다. 그러나 이러한 관계는 1980년 이후 깨진 것으로 판명되었다. 통화량은 크게 증가했지만 인플레이션은 그리 높지 않았던 것이다. 최근 많은 경제학자들과 정책입안자들은 중간목표와 최종목표 간에 안정적인 관계가 존재한다는 것을 더 이상 믿지 않는다. 물론 논쟁이 완전히 끝난 것은 아니며, 다음 절에서 이러한 논쟁에 대해 좀 더 알아보기로 한다.

지준 타겟팅과 연방기금금리 타겟팅 간의 선택

전통적으로 연준은 무엇을 운용목표로 사용할지 평가하는 데 세 가지 기준을 사용해 왔다. 연준의 주요 운용목표는 지준(총지준이나 비차입지준)과 연방기금금리였다. 이러한 변수들이 세 가지 평가

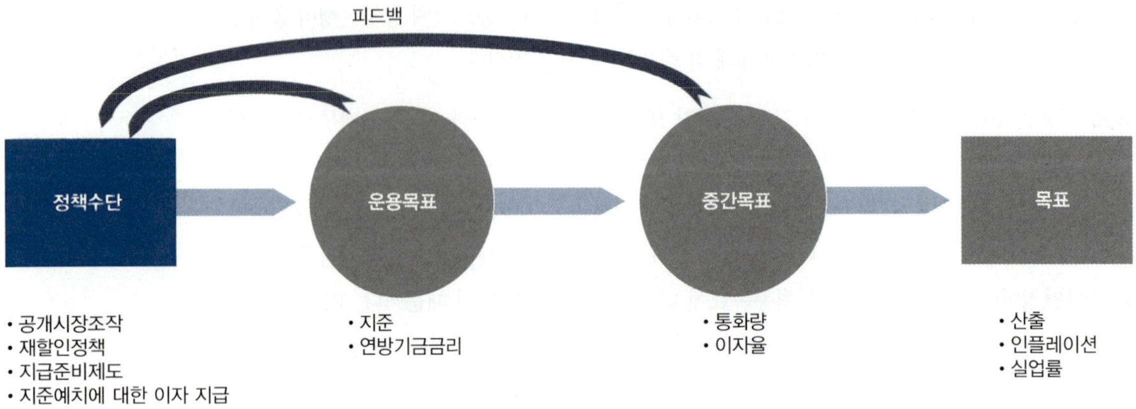

그림 15.4 통화정책 목표의 달성

연준은 인플레이션율과 실업률과 같은 경제변수에 대한 목표를 설정한다. 단, 연준이 직접 통제할 수 있는 변수는 운용목표뿐이다. 연준은 통화정책의 최종목표를 달성하는 데 도움을 주고 영향을 미칠 수 있는 변수에 대해 타겟(운용목표와 중간목표)을 사용할 수 있다.

기준을 얼마나 충족하는지 간략히 살펴보자.

1. **측정가능성** : 타겟변수는 정보시차 없이 측정될 수 있어야 한다. 연준은 필요하다면 지준과 연방기금금리 모두 매 시간마다 측정할 수 있다.

관련 사례

통화와 물가 사이의 연결고리는 어떻게 되었는가?

1960년대, 1970년대, 1980년대 등 10년 단위로 기간을 나누어 놓고 보면 미국에서 통화공급이 빠르게 증가하던 시기와 인플레율이 비교적 높았던 시기는 일치한다. 하지만 장기적으로 경제변수들 간에 존재하는 관계가 정책 결정자들에게 항상 도움이 되는 건 아니다. 정책 결정자는 단기에 경제를 조절하고자 하기 때문이다. 1980년 이전에는 통화와 물가 사이의 연결고리가 1년 혹은 2년 정도의 단기에도 유지된다는 상당한 증거가 있었다. 사실 많은 경제학자들은 1960년대 후반과 1970년대에 인플레율이 올라간 것은 이 기간 연준이 통화공급 증가 속도를 크게 높였기 때문이라고 믿고 있다.

이 점을 가장 설득력 있게 주장한 경제학자들은 *통화주의자*라고 불린다. 가장 저명한 통화주의자는 노벨상 수상자인 시카고대학의 프리드먼이었다. 1979년 7월 카터 대통령이 볼커를 연방준비제도이사회 의장으로 임명했을 때 통화주의자들의 입지가 강화된 듯이 보였다. 볼커는 인플레율을 낮추고자 했고 통화량을 중간목표로 삼았다. 볼커의 지휘 아래 연준은 비차입지준을 운용목표로 삼는 정책으로 전환했다. 이를 '위대한 통화주의자들의 실험'이라고 부르기도 한다. 처음에 연준의 정책은 성공적인 듯 보였다. 통화공급의 증가율이 떨어졌고 시차를 두고 인플레율도 떨어졌다. 하지만 1981년 7월에는 심각한 경기침체가 시작되었고, 그 해 말에는 통화공급 증가율이 다시 높아지기 시작했다. 1981년 3사분기에서 1983년 3사분기 사이에 M1 지표는 연율 9% 이상의 속도로 증가했다. 프리드먼은 이렇게 높은 통화 증가율은 시차를 두고 더 높은 인플레율을 초래할 것이라고 예측했다.

미국경제학회지에 실린 논문에서 프리드먼은 자신의 주장을 뒷받침하기 위해 다음 페이지의 표에 있는 데이터의 일부를 제시했다. 우선 표에서 회색으로 강조되어 있지 않은 부분을 보자. 프리드먼은 2년간 M1 증가율과 그 2년 후 인플레율 사이에 밀접한 관계가 있다고 주장했다. 표에서 회색으로 강조되어 있지 않은 부분을 보면 1973년부터 1981년 사이에 이러한 관계가 성립함을 알 수 있다. 특히 1977년부터 1979년까지의 기간에 8.6%던 통화공급 증가율이 1979년에서 1981년 사이의 기간에 6.1%로 하락한 것은 볼커가 취한 정책의 결과인데 이 같은 통화공급의 감소는 인플레율이 9.4%에서 4.8%로 하락한 것과 연계되어 있다. 이렇게 보면 통화공급 증가율이 1981년에서 1983년 사이의 기간에 9.2%로 올라가도록 연준이 허용했기 때문에 인플레율이 치솟을 것이라는 프리드먼의 예측은 타당했다고 볼 수 있다. 그렇지만 표에서 회색으로 강조되어 있는 부분을 보면 사정이 다르다. 이 부분을 보면 통화공급의 증가에도 불구하고 인플레율은 *상승하기보다는 하락했다는* 것을 알 수 있다. 게다가 통화증가율은 그 이후 2년 동안에도 높았지만 인플레율은 더 떨어졌다. 이후의 기간에는 M1 혹은 M2의 증가율과 인플레율 사이의 연결고리는 더 이상 분명하지 않았다.

통화 증가율 기간	M1 성장률	2년 후 인플레율	인플레율 기간
1973년 3사분기에서 1975년 3사분기까지	5.2 %	6.3 %	1975년 3사분기에서 1977년 3사분기까지
1975년 3사분기에서 1977년 3사분기까지	6.4	8.3	1977년 3사분기에서 1979년 3사분기까지
1977년 3사분기에서 1979년 3사분기까지	8.6	9.4	1979년 3사분기에서 1981년 3사분기까지
1979년 3사분기에서 1981년 3사분기까지	6.1	4.8	1981년 3사분기에서 1983년 3사분기까지
1981년 3사분기에서 1983년 3사분기까지	9.2	3.3	1983년 3사분기에서 1985년 3사분기까지
1983년 3사분기에서 1985년 3사분기까지	8.1	2.8	1985년 3사분기에서 1987년 3사분기까지

1980년 이후 통화공급 증가율과 인플레율 사이의 단기 연결고리가 끊어진 이유는 무엇일까? 대부분의 경제학자들은 연결고리가 끊어진 것은 1980년 이후 M1과 M2의 본질이 바뀌었기 때문이라고 믿는다. 1980년 이전에는 은행이 수표발행예금에 이자를 지불하는 것이 허용되지 않았다. 1980년 의회는 이자를 지급할 수 있는 NOW 계좌를 허가하였는데, 그 결과 M1은 순수 교환수단에서 저장가치가 있는 것으로 변했다. 게다가 은행들의 금융혁신으로 인해 가계와 기업이 보유하고자 하는 수표발행예금의 액수가 증가하였다. ATS 계좌는 수표발행예금의 잔고를 매일 저녁 고이율의 양도성예금증서(CD)로 옮겼다가 아침에 다시 수표발행예금으로 옮겨 준다. 스위프 계좌는 기업고객을 위한 것인데, 매주 말 수표발행예금의 잔고를 MMDA로 옮겼다가 다음 주 초에 이를 다시 수표발행예금으로 옮긴다. (기업에 대해서는 이자를 지급하는 당좌예금계좌, 즉 NOW 계좌의 보유가 허용되지 않는다.) 이러한 변화의 결과로 M1의 급격한 증가는 지출의 증가로 바로 이어지지 않았고, 이 때문에 인플레율도 증가하지 않았다.

통화공급 증가율과 인플레율 사이의 관계가 사라졌기 때문에 1993년 이후 연준은 더 이상 M1과 M2의 목표치를 발표하지 않는다. 한때 투자자들은 향후 인플레율을 가늠하기 위해 연준이 매주 발표하는 M1과 M2의 자료에 관심을 가졌지만 지금은 그 발표가 금융시장에 별 다른 영향을 끼치지 못한다.

출처 : 표는 다음 논문의 〈표2〉를 바탕으로 함—Benjamin M. Friedman, "Lessons from Monetary Policy in the 1980s," *Journal of Economic Perspectives*, Vol. 2, No. 3, Summer 1988, p. 62. 미국경제학회지에 발표한 프리드먼의 글—Milton Friedman, "Lessons from the 1979-1982 Monetary Policy Experiment," *American Economic Review*, Vol. 74, No. 2, May 1984, pp. 397-400.

2. **통제가능성** : 지준과 연방기금금리는 은행의 지준에 대한 수요에 의존하기 때문에 연준이 완벽하게 통제할 수는 없다. 그러나 뉴욕 연준은행의 거래부서는 공개시장조작을 통해 두 변수를 목표 수준에 근접하게 유지할 수 있다.
3. **예측가능성** : 타겟변수는 통화정책의 최종목표를 예측할 수 있어야 한다. 그러나 경제 성장이나 물가안정과 같은 목표에 대해 지준과 연방기금금리와 같은 운용목표가 얼마나 예측력이 있을지는 미지수이다. 운용목표의 변화가 통화정책의 최종목표변수에 미치는 효과는 매우 복잡하다. 이것이 연준이 한때 통화량과 같은 중간목표에 의존했던 이유이기도 하다. 지준이든 연방기금금리이든 어느 것이 예측력 있는 변수인지 분명하지 않기 때문에 논쟁은 계속되고 있다.

연준은 운용목표로 지준을 선택할 수도 있고 연방기금금리를 선택할 수도 있지만, 두 변수 모두를 선택할 수는 없다. 그 이유를 알아보기 위해 그림 15.5를 살펴보자. 그림에는 연방기금시장에서 지준에 대한 수요와 공급이 제시되어 있다. (a)에서는 연준이 지준 목표를 R^*로 유지한다고 가정한다. 지준에 대한 수요 D_1에 대해 균형 금리는 i^*_{ff1}이 된다. 만약 가계와 기업이 수표발행예금을 더 보유하거나 은행들이 더 많은 초과지준을 보유하기로 한다면, 지준에 대한 수요는 D_1에서 D_2로 우측이동한다. 그 결과 균형금리는 i^*_{ff1}에서 i^*_{ff2}로 올라간다. 반대로 만약 가계와 기업이 수표발행예금을 덜 보유하거나 은행들이 초과지준을 덜 보유하기로 한다면, 지준에 대한 수요는 D_1에서 D_3로 좌측이동한다. 그 결과 균형금리는 i^*_{ff1}에서 i^*_{ff3}로 내려간다. **연준이 운용목표로 지준을 사용하면 연방기금금리의 변동을 허용할 수밖에 없다.**

그림 15.5(b)에서는 연준이 연방기금금리 목표를 i^*_{ff}로 유지한다고 가정한다. 지준에 대한 수요 D_1에 대해 균형 지준은 R^*_1이다. 만약 지준에 대한 수요가 D_1에서 D_2로 증가하면 연준은 금리 목표 i^*_{ff}를 유지하기 위해 지준 공급을 S_1에서 S_2로 증가시켜야 하며 균형 지준은 R^*_1에서 R^*_2로 증가한다. 반대로 지준에 대한 수요가 D_1에서 D_3로 감소하면, 연준은 금리 목표를 유지하기 위해 지준

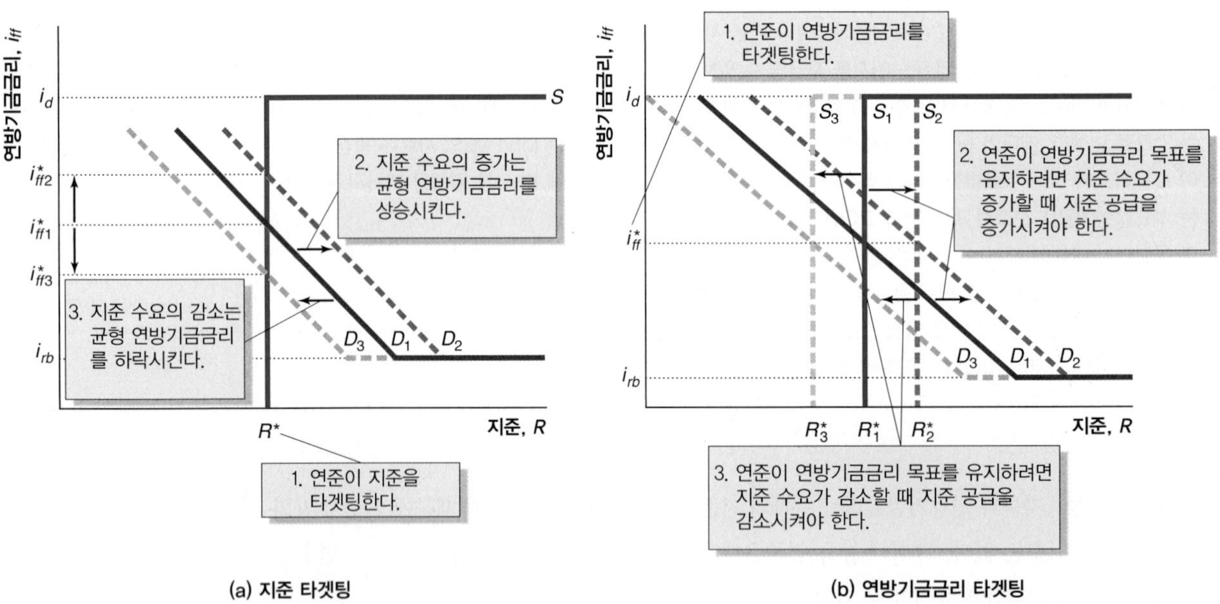

그림 15.5 운용목표의 선택

(a)에서는 연준이 지준 목표를 R^*로 유지한다고 가정한다. 지준에 대한 수요 D_1에 대해 균형금리는 i^*_{ff1}이 된다. 만약 지준에 대한 수요가 D_1에서 D_2로 우측이동하면 균형금리는 i^*_{ff1}에서 i^*_{ff2}로 올라간다. 반대로 지준에 대한 수요가 D_1에서 D_3로 좌측이동하면 균형금리는 i^*_{ff1}에서 i^*_{ff3}로 내려간다.

(b)에서는 연준이 연방기금금리 목표를 i^*_{ff}로 유지한다고 가정한다. 만약 지준에 대한 수요가 D_1에서 D_2로 증가하면 연준은 금리 목표 i^*_{ff}를 유지하기 위해 지준 공급을 S_1에서 S_2로 증가시켜야 하며 균형 지준은 R^*_1에서 R^*_2로 증가한다. 반대로 지준에 대한 수요가 D_1에서 D_3로 감소하면, 연준은 금리 목표를 유지하기 위해 지준 공급을 S_1에서 S_3로 줄여야 하며 균형 지준은 R^*_1에서 R^*_3로 감소한다.

공급을 S_1에서 S_3로 감소시켜야 하며 균형 지준은 R_1^*에서 R_3^*로 감소한다. **연준이 운용목표로 연방기금금리를 사용하면 지준의 변동을 허용할 수밖에 없다.**

이와 같이 연준은 상충관계에 직면한다. 운용목표로 지준을 선택하면 연방기금금리의 변동을 받아들여야 하고, 연방기금금리를 선택하면 지준의 변동을 받아들여야 한다. 1980년대에 이르자 연준은 연방기금금리와 정책목표 사이의 관계가 지준과 정책목표 사이의 관계보다 더 밀접하다는 결론을 내렸고, 지난 30년 동안 운용목표로 연방기금금리를 사용하여 왔다.

테일러 준칙 : 연준 정책의 요약

전통적인 타겟팅 방식이 사라지게 된 것은 연준 의장 그린스펀의 임기와 거의 일치하였다. 그린스펀은 1987년 8월부터 2006년 1월까지 연준 의장을 맡았다. 그 후임자가 버냉키이다. 그린스펀의 의회 증언은 이해하기 어렵기로 유명했다. 연설 도중 그는 이런 농담을 한 적이 있다. "만약 내가 분명하게 이야기하면 아마도 여러분은 내 말을 오해할 것이다."[4] 그린스펀의 재임 기간 연준이 운용목표로 연방기금금리를 사용하였다는 것은 공공연한 사실이었다. 그러나 FOMC가 연방기금금리 목표를 어떻게 설정하였는지에 대해서는 명확하지 않았다.

실제로 연준은 많은 요인을 복잡하게 다 고려한다. 스탠퍼드대학의 테일러(John Taylor)는 연방기금금리 목표를 정할 때 연준이 고려하는 요인들을 아주 간단히 요약했고, **테일러 준칙**(Taylor Rule)이라는 명칭이 붙게 되었다.[5] 테일러 준칙은 실질연방기금금리의 추정에서 시작한다. 이 값은 장기적으로 실질GDP가 잠재 실질GDP 수준에 있을 때 그에 부합하는 실질연방기금금리 수준이다. 실질GDP와 잠재 실질GDP가 일치하면 경기적 실업이 0이므로 연준은 고용에 대한 목표를 달성하게 될 것이다. 테일러 준칙에 따르면, 연준은 현재의 연방기금금리 목표를 현재의 인플레이션율에다 균형실질연방기금금리를 더하고, 여기에 2개의 추가 항을 합한 것으로 설정한다. 첫째 항은 현재 인플레이션율과 목표 인플레이션율 간의 차이인 **인플레이션갭**(inflation gap)이며, 둘째 항은 실질GDP가 잠재 실질GDP에서 몇 퍼센트 이탈하였는지 나타내는 **산출량 갭**(output gap)이다. 인플레이션갭과 산출량 갭에는 각각 가중치가 주어지는데, 테일러 준칙에서는 똑같이 2분의 1이 주어진다.

테일러 준칙 경제학자 테일러에 의해 제시된 준칙으로, 연방기금금리 목표를 정하기 위한 통화정책의 가이드라인

연방기금금리 목표 = 현재 인플레이션율 + 균형실질연방기금금리
+ (1/2 × 인플레이션갭) + (1/2 × 산출량 갭)

인플레이션율이 연준의 목표치보다 높으면 FOMC는 연방기금금리 목표를 인상한다. 산출량 갭이 음(−)이면, 즉 실질GDP가 잠재GDP보다 낮으면 FOMC는 연방기금금리 목표를 낮춘다. 이 준칙을 수치화하면서 테일러는 균형실질연방기금금리를 2%, 목표 인플레이션율을 2%로 가정하였다. 그림 15.6은 만약 연준이 테일러 준칙을 따를 때의 가상적인 연방기금금리 수준과 실제의 연방기금

4 Floyd Norris, "What if the Fed Chief Speaks Plainly?" *New York Times*, October 28, 2005.

5 해당 준칙에 대한 테일러의 논의는 John B. Taylor, "Discretion Versus Policy Rules in Practice," *Carnegie-Rochester Conference Series on Public Policy*, Vol. 39, 1993, pp. 195–214.

금리 목표 수준을 보여 주고 있다. 두 선이 대체로 근접해 있기 때문에 연준의 정책을 설명하는 데 테일러 준칙이 유용하다는 것을 보여 준다. 그러나 두 선이 크게 벗어난 기간도 있다. 1960년대와 1970년대 초·중반 연방기금금리 목표는 테일러 준칙에 의한 연방기금금리보다 낮았다. 이 차이는 이 기간 동안 높은 인플레이션율에 직면한 FOMC가 연방기금금리 목표를 더 높였어야 했다는 대부분의 경제학자의 견해와 일치한다. 또한 1981년~1982년의 심각한 침체기에는 FOMC가 연방기금금리를 테일러 준칙에 입각한 금리보다 더 천천히 낮추었음을 보여 준다. 마지막으로, 2001년의 침체에서 회복되는 시기에는 테일러 준칙에 입각한 금리보다 연방기금금리를 훨씬 낮게 유지하였다는 것을 보여 준다. 일부 경제학자들은 연준이 오랜 기간 연방기금금리를 너무 낮은 수준으로 유지함으로써 주택시장 붐이 일어났다고 주장하였다. 낮은 연방기금금리 때문에 주택담보대출 이자율이 낮아졌고, 그로 인해 주택시장 붐이 촉발되었다는 것이다. 이에 대해 그린스펀은 당시 경제가 디플레이션으로 빠질 가능성을 막기 위해 금리를 낮춰야 했다고 주장했다. 현 의장인 버냉키는 당시의 저금리가 연준의 정책 때문은 아니고, 2000년대 초 글로벌 저축과잉에 의한 장기금리 하락을 반영하는 것이라고 주장했다. 끝으로, 테일러 준칙에 따르면 연방기금금리는 2009년 내내 음(−)이 되어야 한다는 점에 주목해 보자. 이는 2007~2009년이 얼마나 심각한 침체기인가를 보여 주는 구간이다.

테일러 준칙에 의한 금리가 실제 연방기금금리와 밀접하게 움직이는 것으로 보아, 연준이 중간목표를 통해 간접적으로 정책목표를 달성하려 하지 않고 연방기금금리의 조절을 통해 직접적으로 정책목표를 달성하려고 한다는 것을 알 수 있다.

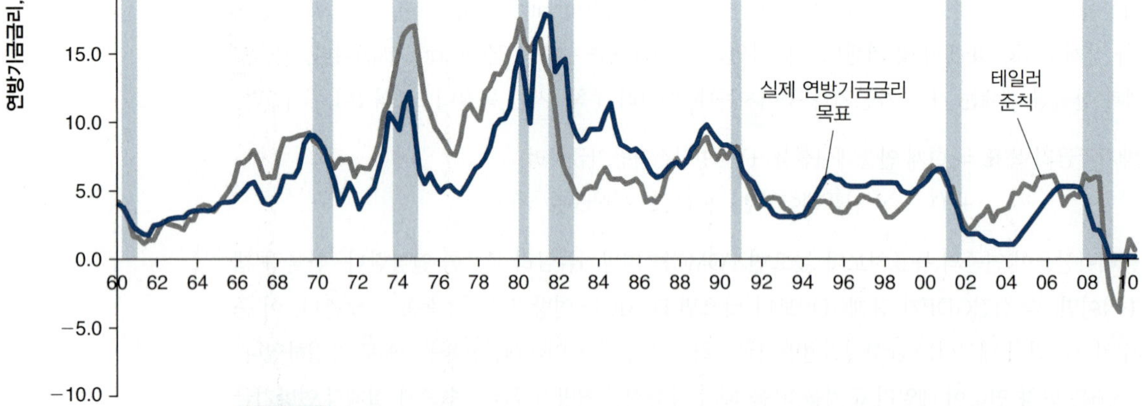

그림 15.6 테일러 준칙

회색 선은 테일러 준칙에 입각한 가상적인 연방기금금리이며, 파란 선은 실제 연준의 연방기금금리 목표치이다. 이 그림은 테일러 준칙이 연준의 정책을 설명하는 데 유용하다는 것을 보여 주지만, 한편으로는 연방기금금리 목표가 테일러 준칙에 입각한 수준에서 벗어난 기간이 있다는 것도 보여 준다. 음영 처리된 부분은 경기침체 기간이다.

출처 : Federal Reserve Bank of St. Louis and Congressional Budget Office.

인플레이션 타겟팅

금융위기가 발생하기 전 수년간 많은 경제학자들과 중앙은행 총재들은 **인플레이션 타겟팅**(inflation targeting, 또는 물가안정목표제)에 지대한 관심을 보였다. 인플레이션 타겟팅 방식에 따르면 중앙은행은 일정 기간 동안 인플레이션 목표치를 명시적으로 공개하고, 정부와 대중은 목표의 달성 여부를 근거로 중앙은행의 성과를 판단하게 된다. 예를 들어 중앙은행이 매년 2%의 평균 인플레이션을 유지하겠다고 발표한다. 연준은 공식적으로 인플레이션 타겟팅을 채택하지 않고 있지만, 일부 국가들은 공식적으로 인플레이션 타겟팅을 채택하고 있다. 버냉키는 연준 의장에 취임하기 전 프린스턴 대학의 경제학자로서 인플레이션 타겟팅을 주제로 많은 연구를 했으며, 연준 의장이 되고 난 뒤에도 인플레이션 타겟팅을 분명하게 지지했다. 인플레이션 타겟팅에 대한 논쟁은 이 정책이 실제 어떻게 작동하며, 찬성론이 반대론에 비해 얼마나 우세한가에 쏠려 있다.

인플레이션 타겟팅을 채택하면 중앙은행은 딱딱한 규칙에 얽매이지 않고 특별한 상황에 유연하게 대처할 수 있는 재량을 갖게 된다. 물론 기본적으로 통화정책의 목표와 운용은 인플레이션과 인플레이션의 예측에 집중된다. 중앙은행의 목표가 낮은 인플레이션에 집중되므로 고용과 같은 다른 목표와 어떻게 조화를 이룰지는 미지수로 남는다. 인플레이션 타겟팅을 지지하는 근거는 대략 다음 네 가지로 정리할 수 있다. 첫째, 중앙은행이 인플레이션 목표를 명시적인 수치로 발표하기 때문에 중앙은행이 무엇을 하려고 하는지에 대한 대중의 관심을 끌 수 있다는 것이다. 대부분의 경제학자들은 통화정책이 장기적으로 산출보다 인플레이션에 미치는 효과가 더 크다고 믿고 있다. 둘째, 투명한 인플레이션 목표는 인플레이션 예측에 대한 기준을 제공할 것이다. 만약 중앙은행의 인플레이션 목표가 2%라면, 사람들은 현재의 인플레이션이 목표치에 비해 일시적으로 낮거나 높더라도 결국 목표치로 돌아갈 것이라고 기대할 것이다. 셋째, 인플레이션 목표의 발표는 통화정책을 제도화하는 데 도움이 될 것이다. 마지막으로, 인플레이션 목표는 중앙은행의 성과를 측정할 수 있는 척도가 되므로 중앙은행의 책임성을 제고할 것이다.

인플레이션 타겟팅 반대론은 다음 세 가지로 요약된다. 첫째, 엄격한 인플레이션 목표 때문에 다른 목표를 수행하기 위한 통화정책의 유연성이 떨어진다. 둘째, 인플레이션 타겟팅을 위해서는 미래의 인플레이션을 예측해야 하므로 기본적으로 불확실성에 노출되어 있다. 셋째, 중앙은행의 책임이 오직 인플레이션에만 한정되어 있으므로 중앙은행이 국가 전반을 위해 얼마나 조화로운 정책을 수행하는지 감시하고 견제하기 힘들다.

연준은 인플레이션 타겟팅을 채택해야 하는가? 그러나 인플레이션 타겟팅에 대한 논쟁은 2007년 금융위기의 시작과 함께 뒷전으로 밀려났다. 연준의 노력이 인플레이션보다는 금융부문을 안정시키고 대공황 이래 최악의 경기침체를 극복하는 데 온통 집중되었기 때문이다.

통화정책의 국제 비교

각국의 중앙은행이 통화정책을 수행하는 방식에는 제도적인 차이가 있지만 최근에는 두 가지 중요한 유사점이 발견된다. 첫째, 선진국의 중앙은행들은 대부분 미국의 연방기금금리와 같이 단기 이자율을 운용목표로 사용하고 있다. 둘째, 많은 중앙은행들이 특정한 중간목표보다 궁극적 목표인 인플레이션에 더 집중하고 있다. 이하에서는 캐나다, 독일, 일본, 영국, 유럽연합의 통화정책을 간략히 비교해 보도록 하자.

캐나다은행 캐나다은행은 1988년 인플레이션 타겟팅을 도입했다. 인플레이션 목표를 달성하기 위해 캐나다은행은 미국의 연방기금금리와 유사한 1일 금리에 대해 명시적인 목표 범위를 설정하였다. 단, 미국의 통화정책이 인플레이션갭과 산출량 갭에 주로 관심을 가지는 반면 캐나다은행은 정책의 초점을 캐나다 달러의 교환가치(특히 미 달러에 대한 환율)에 맞추었다. 이는 캐나다 경제에서 수출의 비중이 크다는 점을 반영한 것이다.

독일 분데스방크 독일의 중앙은행인 분데스방크는 인플레이션을 억제하기 위해 1970년대 말 통화량 타겟팅을 시도하였다. 당시 분데스방크는 매년 M3 증가율의 목표 범위를 점점 낮아지도록 설정했고, 1981~1985년 동안 성공적으로 목표를 달성하였다. 그러나 당시 행정부가 서독 마르크화의 가치 하락을 원했기 때문에 1986년 이후 통화량은 다시 증가하게 되었다. 1991년 독일의 통일로 인플레이션에 대한 두려움이 발생하였지만 분데스방크는 비교적 인플레이션을 잘 통제했다. 독일은 1999년 유럽중앙은행이 창설되기 전까지 비공식적이지만 2%의 인플레이션 목표를 사용하고 있었고, M3 타겟팅을 고수하여 이를 지킬 수 있다고 믿었다. 또 M3 타겟팅을 위해 **롬바드금리**(lombard rate, 단기 환매조건부금리)를 사용하였다. 그러나 독일의 성공적인 통화정책 수행이 통화량 타겟팅 때문인지는 논란의 여지가 있다. 많은 애널리스트들이 분데스방크가 실제로 오랜 기간 통화량 목표에서 벗어나는 것을 허용하였다고 언급하였다. 아마도 분데스방크가 성공한 것은 통화량 타겟팅을 엄격히 준수해서라기보다 인플레이션을 통제한다는 분명한 목표를 세우고 실행에 옮기면서 신뢰를 얻었기 때문인지 모른다. 2002년 유로가 도입된 이래 독일의 통화정책은 분데스방크보다 유럽중앙은행이 책임을 지게 되었다.

일본은행 1973년 제1차 오일쇼크의 여파로 일본은 20%를 초과하는 인플레이션율을 경험했다. 높은 인플레이션은 일본은행으로 하여금 명시적인 통화 증가율 목표를 채택하도록 하였다. 특히 1978년을 시작으로 일본은행은 M2에 상응하는 통화량 목표를 발표하였으며, 1979년 제2차 오일쇼크 이후 통화 증가율을 더 줄이게 되었다. 1978년부터 1987년까지 통화 증가율의 점진적인 감소는 빠른 속도로 인플레이션을 감소시켰다. 이 기간 동안 일본은행은 미국의 연방기금시장과 유사한 일본의 은행 간 자금시장의 단기 이자율을 운용목표로 사용하였다.

또한 미국과 마찬가지로 일본의 은행들과 금융시장은 1980년대 규제완화와 금융혁신의 물결을 경험하였다. 그 결과 일본은행은 통화정책을 수행하는 과정에서 M2에 덜 의존하기 시작하였다. 1980년대 중반 이후 엔화의 가치가 급격히 절상되었기 때문에 일본은행은 이에 확장적인 통화정책으로 대응했다. 하지만 1980년대 후반의 급격한 통화 증가율은 부동산과 주식 등 자산가격 붐을 일으켰다. 일본은행은 투기를 억제하기 위해 긴축정책으로 방향을 바꾸었지만 그로 인해 자산가격이 폭락하고 성장은 둔화되기 시작했다. 1978~1987년의 기간 동안 일본은행은 인플레이션을 통제하고 물가안정을 강조했지만 공식적으로 인플레이션 타겟팅을 채택하지는 않았다. 그 후 일본은행은 2000년대 중반부터 1년 또는 2년 후의 예상 인플레이션율에 초점을 맞춘 새로운 정책 틀을 도입하였다. 다만 2007년에 시작된 금융위기는 다시 확장적 통화정책을 시행하는 계기가 되었다.

영국은행 영국은행은 1973년 말 인플레이션 압력에 대응하기 위해 통화량 목표를 발표하였다. 그러나 엄격하게 통화량 타겟팅을 수행한 것은 아니었다. 1970년대 말 인플레이션 압력이 다시 상승하자 1980년 대처 수상은 M3 증가율을 점진적으로 축소하는 정책을 공식적으로 도입하였다. 금융혁신의 물결로 미국 M1 목표 달성에 어려움을 겪었던 것처럼 영국은행은 M3 목표 달성에 어려움을 겪었다. 영국은행은 1983년부터 본원통화를 타겟팅하기 시작했으며, 1992년에는 인플레이션 타겟팅을 채택하게 되었다. 물론 이러한 과정에서 다른 나라와 마찬가지로 단기 이자율을 조절하는 방식이 사용되었다. 1984년 이후로 단기 이자율은 영국은행 총재와 재무부 장관의 월례회의에서 결정되었다. 이자율을 변경하는 경우에는 그 이유를 자세히 설명하고 통화정책이 인플레이션 목표 달성에 역점을 두고 있다는 점을 강조하였다.

금융위기가 발생하자 영국은행은 몇 가지 적극적인 조치를 취했다. 2007년 가을 미 연준의 재할인율에 해당하는 **기준금리**(base rate)를 낮추기 시작하였다. 2009년 1월에는 기준금리를 1.5%로 낮추었는데, 이는 1694년 영국은행 설립 이래 가장 낮은 수준이었다. 더 나아가 2009년 3월에는 0.5%로 낮추었고, 이 금리는 2010년 가을까지 동결되었다. 그리고 미국처럼 장기국채를 매입하는 양적완화를 실시했다.

유럽중앙은행 유럽중앙은행(ECB)과 유럽연합의 모든 회원국 중앙은행으로 구성된 유럽중앙은행 시스템(European System of Central Banks, ESCB)이 1999년 1월 출범하였다. ESCB는 독일의 분데스방크를 모델로 만들어졌기 때문에 주목적은 물가안정이었다. 또 다른 목적은 유럽연합의 경제정책을 지원하는 것이었다. ESCB는 통화량, 특히 M3의 증가율을 중시하지만, 한편으로는 인플레이션을 0~2% 사이로 안정시킬 것을 강조해 오고 있다. 실제로 ECB의 전략이 통화 타겟팅 접근인지 인플레이션 타겟팅 접근인지는 명확하지 않다.

금융위기 이후 ECB는 회원국이 겪는 다양한 어려움에 대해 적절하게 통화정책을 수행하기 쉽지 않았다. 독일과 같은 일부 국가들이 침체로부터 빠른 회복세를 보인 반면 그리스, 아일랜드, 스페인과 같은 국가들은 높은 실업률을 경험하였다. 게다가 ECB는 그리스를 비롯한 몇몇 국가의 국가채무 디폴트 가능성에도 대비해야 한다. 유럽의 재정위기는 계속 ECB에게 중압감으로 작용할 것이다.

15장의 질문에 대한 답변

Question 중앙은행에게는 여전히 물가안정이 제일 중요한 목표가 되어야 하는가?

Answer 경제학자들은 중앙은행이 명시적으로 인플레이션 목표를 설정해야 하는지에 대해 논쟁하고 있다. 물가안정 없이 장기적으로 높은 성장과 고용을 유지하는 경제는 거의 없다. 통화정책의 초점을 물가안정에 두는 것이 장점이 많음에도 불구하고, 금융위기와 침체의 심각성 때문에 연준의 인플레이션 타겟팅 도입을 둘러싼 논쟁은 잠시 보류될 수밖에 없었다.

핵심용어

경제 성장
계절신용
공개시장조작
양적완화
연방기금금리
재할인창구
재할인정책
제1차신용
제2차신용
지급준비제도
테일러 준칙

연습문제

01 인플레이션이 통화가치를 약화시킨다면 중앙은행은 디플레이션 목표를 추구해야 하는가?

02 자연실업률은 인구구조, 경제구조, 정부의 정책에 의해 시간에 따라 변화한다. 고용증대 목표를 가진 중앙은행이 자연실업률 변화를 정확히 인식해야 하는 이유는 무엇인가?

03 물가안정 목표를 달성하는 것은 중앙은행으로 하여금 안정된 이자율과 환율과 같은 또 다른 목표를 달성할 수 있게 한다. 중앙은행이 물가를 안정시키는 데 실패하면 왜 이자율과 환율을 안정시키는 것이 어려운가?

04 다음과 같은 연준의 정책은 지준의 수요와 공급에 어떤 영향을 주는가? 그래프를 이용해 설명하라.

a. 법정지준율 인하
b. 재할인율 인하
c. 지준예치에 지급하는 이자율 인하
d. 국채의 공개시장매각

05 다음 세 가지 상황을 연방기금시장의 수요-공급곡선을 사용해 분석하라.

a. 연준이 연방기금금리 목표를 2%에서 2.25%로, 재할인율을 2.5%에서 2.75%로 올리기로 결정했다. 연방기금금리 목표를 올리기 위해 연준은 어떻게 공개시장조작을 해야 하는가?

b. 은행들이 지준에 대한 수요를 증가시키고 있다고 하자. 균형 연방기금금리 목표를 그대로 유지하려면 연준은 어떻게 공개시장조작을 해야 하는가?

c. 연준이 법정지준율을 인상하지만 연방기금금리 목표는 변경하지 않는다고 하자. 연준은 이 목표를 달성하기 위해 어떻게 공개시장조작을 해야 하는가?

06 연방기금금리 목표가 연준이 지준에 대해 지불하는 이자율과 같은 수준이라고 하자. 이때 공개시장 매각의 효과를 지준의 수요-공급곡선을 이용하여 분석하라.

07 양적완화는 연준의 전통적인 공개시장조작과 어떻게 다른가? 2007~2009년 금융위기 동안 연준은 왜 양적완화를 실시했는가? 양적완화 정책은 미래의 인플레이션에 대한 우려를 어떻게 발생시켰는가?

08 2007~2009년 금융위기가 완화되자 연준은 자신의 대차대조표를 축소하고, 또 은행 지준과 본원통화를 정상적인 수준으로 돌려놓는 '출구 전략'을 필요로 했다. 초과지준의 많은 부분이 대출되는 것을 막기 위해 연준은 지준예치에 지급하는 이자율을 어떻게 사용했는가? 또한 연준이 도입한 새로운 정책수단 중 하나인 정기예금제도는 은행들을 어떻게 제약했는가?

09 연준이 경기적 실업을 줄이려고 한다고 하자. 인플레이션이 높을 때와 낮을 때, 어느 경우에 더 적극적인 행동을 취하려고 하겠는가? 간략히 설명해 보라.

10 연준이 운용목표로 연방기금금리를 사용한다면, 지준에 대한 수요 증가는 지준의 증가를 불러오는가 감소를 불러오는가? 연준이 운용목표로 지준을 사용한다면, 지준에 대한 수요 증가는 연방기금금리의 상승을 불러오는가 하락을 불

러오는가? 지준에 대한 수요-공급곡선을 이용해 답하라.

11 다음은 이코노미스트지에 실린 기사의 일부이다. "중앙은행은 인플레이션을 예측하기 위해 '광의 통화'가 얼마나 늘어나는지 추적한다."

a. 미국에서 광의 통화는 어떻게 정의되는가?

b. 인플레이션을 예측하는 데 통화공급의 변화는 얼마나 유용한가? 해당 예측이 단기 예측인지 장기 예측인지가 중요한가?

출처 : "Broad Money Supply," *Economist*, April 8, 2010.

12 테일러 준칙을 사용하여 2010년 7월 연방기금금리 목표를 계산해 보라. 주어진 정보는 다음과 같다. 균형실질연방기금금리는 2%, 인플레이션 목표는 2%, 현재의 인플레이션율은 1.2%, 총산출량 갭은 −7%이다. 현재 인플레이션이 인플레이션 목표보다 낮기 때문에 인플레이션갭은 음수이다. 실제로 0~0.25% 사이였던 연방기금금리와 테일러 준칙을 사용해 계산된 연방기금금리는 어떻게 비교될 수 있는가?

13 테일러는 "주택시장을 붐으로 이끌었던 기간에 과잉통화(monetary excess)의 명백한 증거가 있다."고 주장했다.

a. '과잉통화'란 무엇인가?

b. '과잉통화'의 증거는 무엇인가?

출처 : John Taylor, *Getting Off Track*, Stanford, CA: Hoover Institution Press, 2009, p. 2.

한국의 통화정책 부록

한국은행의 통화정책을 통화정책 목표, 통화정책의 운영체계, 통화정책수단을 중심으로 간략히 살펴보기로 하자.

통화정책 목표

한국은행법은 한국은행의 설립 목적을 효율적인 통화정책을 통하여 물가안정을 도모하고 금융안정에 유의하는 것으로 규정하고 있다. 1997년 한은법 개정으로 물가안정목표제가 도입되었으며, 2011년 개정으로 한은의 목적에 금융안정이 명시적으로 추가되었다. 현대적인 중앙은행은 거시적 목표를 물가안정에 한정하는 한편 그에 못지않게 중요한 미시적 목표를 금융안정에 두기 시작하였으며, 우리나라도 이러한 추세에 따르게 된 것이다.

통화정책의 운영체계

한국은행은 통화정책 운영체계로서 물가안정목표제를 채택하고 있다. 물가안정목표제는 통화량이나 환율 등 중간목표를 정하고 이에 영향을 미쳐 최종목표인 물가안정을 달성하는 것이 아니라, 중간목표에 구애받지 않고 최종목표인 물가 자체에 목표치를 정하고 중기적 시계에서 이를 달성하려는 통화정책 운영 방식이다. 이러한 방식에 구체성이 결여되어 있다고 볼 수도 있지만, 중앙은행이 신뢰성을 가지고 추진하는 경우 인플레이션 기대심리의 안정에 도움이 된다고 알려져 있다.

물가안정목표제 한국은행은 정부와 협의하여 3년간 적용할 중기 물가안정목표를 설정한다. 물가 상승률이 3년이라는 중기적 시계에서 목표의 중심선(예를 들어 3.0%)을 크게 벗어나지 않도록 노력하는 것이다. 중·장기적으로는 물가안정에 주력하면서 단기적으로는 경제 성장과 금융시장 안정도 중시하는 통화정책을 운영한다. 개념적으로는 이러한 정책 운영 방식을 **신축적 물가안정목표제**(flexible inflation targeting)라고 지칭하며, 경기나 금융시장 상황에 대한 고려 없이 물가목표 달성에만 전념하는 **경직적 물가안정목표제**(strict inflation targeting)와 대비된다. 이는 물가 상승률이 일시적으로 목표치를 벗어나더라도 성장 및 금융시장에 미치는 영향을 감안하여 점진적으로 목표치로 복귀시키도록 하는 것을 말한다.

한국은행의 기준금리 한국은행 기준금리는 한국은행이 금융기관과 환매조건부증권(RP) 매매, 자금조정예금 및 대출 등의 거래를 할 때 기준이 되는 정책금리로서 간단히 **기준금리**(base rate)라고도 한다. 한국은행은 기준금리를 통상 7일물 RP 거래에 적용하고 있다.[6] 그리고 자금조정예금 및 대출금리는 기준금리에서 각각 ±1% 가감하여 운용한다.[7] 이렇게 결정된 기준금리는 초단기금리인 콜금리에 즉시 영향을 미치고, 장·단기 시장금리, 예금 및 대출금리 등의 변동으로 이어져 궁극적으로는 실물경제 활동에 영향을 미치게 된다.

통화정책의 실제 운영 통화정책은 한국은행의 최고의사결정기구인 금융통화위원회가 결정한다. 통화정책방향 결정을 위한 금융통화위원회의 회의일자는 연간 단위로 미리 정하고 있다. 기준금리는 매월 1회 금융통화위원회 본회의에서 결정되고, 통화정책방향 의결문이 작성된다. 본회의에서 논의된 내용을 수록한 의사록은 일정 기간(6주)이 지난 후에 공개된다. 의사록 공개는 정책 결정 내용에 대한 일반의 이해를 돕고 통화정책의 투명성을 제고하기 위한 방안의 하나이다.

금융통화위원회 금융통화위원회는 한국은행의 통화신용정책에 관한 주요 사항을 심의·의결하는 정책 결정기구로서 한국은행 총재 및 부총재를 포함하여 총 7인의 위원으로 구성된다. 한국은행 총재는 금융통화위원회 의장을 겸임하며 대통령이 임명한다. 부총재는 총재의 추천에 의해 대통령이 임명하며, 다른 5인의 위원은 각각 기획재정부 장관, 한국은행 총재, 금융위원회 위원장, 대한상공회의소 회장, 전국은행연합회 회장 등의 추천을 받아 대통령이 임명한다. 총재의 임기는 4년, 부총재는 3년으로 각각 1차에 한하여 연임할 수 있으며, 나머지 금융통화위원회 위원의 임기는 4년으로 연임할 수 있다. 한국은행 총재는 금융통화위원회를 대표하는 의장으로서 회의를 주재한다. 본회의에 상정되는 안건을 심의·의결하기 위해서는 통상 7인의 금통위원 중 5인 이상의 출석과 출석위원 과반수의 찬성이 필요하다.

---

6 RP 매각 시에는 고정입찰금리로, 7일물 RP 매입 시에는 최저입찰금리로 사용한다.

7 지준적립 기간의 마지막 영업일에는 ±0.5% 가감

통화정책수단

한국은행의 통화정책수단은 크게 공개시장조작, 여·수신제도, 지급준비제도로 구분된다. 여기서 여·수신제도라고 칭하는 것은 전통적인 통화정책수단 가운데 재할인정책에 해당하는 것으로 우리나라는 재할인율을 조절하는 방식을 택하지 않는다는 점에 유의할 필요가 있다.

공개시장조작 한국은행은 공개시장조작을 통해 콜시장의 초단기금리(콜금리)가 한국은행 기준금리 수준에서 크게 벗어나지 않도록 유도한다. 물론 금융불안 시에는 공개시장조작을 활용하여 시중에 유동성을 확대 공급하는 등 금융시장 안정을 도모하는 기능도 수행한다. 한국은행의 매매 대상 증권은 국채, 정부보증채, 금융통화위원회가 정하는 기타 유가증권으로 제한되어 있다. 매매 대상 기타 유가증권으로는 통화안정증권이 포함되어 있으며 2008년 9월 리먼브러더스 사태 이후에는 신용경색 완화를 위해 대상 증권을 한시적(08.11.7~09.11.6)으로 확대한 바 있다.[8] 한편 증권매매의 종류에는 소유권이 완전히 이전되는 단순매매와 일정 기간 이후 증권을 되사거나 되파는 환매조건부매매(RP)가 있다. 단순매매는 유동성이 영구적으로 공급 또는 환수되어 장기 시장금리에 직접적인 영향을 줄 수 있기 때문에 제한적으로만 활용되며, 증권매매는 RP 거래(통상 7일물)를 중심으로 이루어진다. 통화안정증권은 한국은행이 발행하는 채무증서로서 만기가 비교적 긴 데다 일단 발행되면 원칙적으로 만기 전에 중도환매가 이루어지지 않기 때문에 그 기간 동안 정책효과가 지속되는 기조적인 유동성 조절 수단으로 활용된다.

여·수신제도(구 대출제도) 중앙은행의 여·수신제도는 중앙은행이 개별 금융기관(우리나라의 경우에는 은행금융기관으로 한정됨)을 상대로 대출을 해 주거나 예금을 받는 정책수단이다. 전통적으로 중앙은행의 통화정책수단은 공개시장조작, 지급준비제도와 함께 대출제도를 의미하였다.[9] 그러나 최근 들어 많은 중앙은행이 개별 금융기관을 상대로 한 일시적 부족자금 대출과 함께 일시적 여유자금을 예수할 수 있는 대기성 여·수신제도(standing facility)를 도입하면서 중앙은행의 대출제도는 여·수신제도로 발전되었다. 한국은행도 2008년 3월 대기성 여·수신제도인 자금조정대출 및 자금조정예금을 새롭게 도입함으로써 이전의 중앙은행 대출제도를 여·수신제도로 확대·개편하였다.

한국은행이 상시적으로 운용하고 있는 대출제도에는 (1) 금융기관의 자금수급 과정에서 발생한 부족자금을 지원하는 자금조정대출, (2) 금융경제 상황과 중소기업 및 지역 금융 동향 등을 감안하여 정한 한도 범위 내에서 지원하는 총액한도대출, (3) 금융기관의 일중 지급 결제에 필요한 일시적인 부족자금을 당일 결제 마감 시까지 지원하는 일중당좌대출 등이 있다. 이 밖에도 한국은행법에 의거하여 긴급한 사유 발생 시에는 금융기관에 대한 긴급여신을, 심각한 통화신용의 수축기에는 영

---

8 은행채 및 일부 특수채(한국토지공사·대한주택공사·중소기업진흥공단이 발행한 채권, 한국주택금융공사가 발행한 사채 및 주택저당채권)

9 여기서 대출제도는 재할인정책에 해당된다. 미국의 경우 재할인율을 조절하는 방식으로 대출제도를 운영하고 있으나 우리나라는 그렇지 않다.

리기업에 대한 여신 등 특별대출을 실행할 수 있다. 한편 한국은행은 금융기관이 자금수급 과정에서 발생한 여유자금을 예치할 수 있는 자금조정예금제도를 운용하고 있다.

1. **자금조정대출 및 자금조정예금** : 자금조정대출 및 자금조정예금제도는 금융기관의 일시적인 부족자금이나 여유자금을 한국은행으로부터 차입하거나 한국은행에 예치할 수 있는 대기성 여·수신제도로서 2008년 3월 이후 도입·시행되었다. 자금조정대출과 자금조정예금을 할 수 있는 금융기관은 한국은행의 지준예치 대상 금융기관에 한하고 있으며 대출 및 예금의 만기는 1일이다.[10]
2. **총액한도대출** : 총액한도대출은 경제 상황과 중소기업 및 지역 금융 동향 등을 감안하여 금융통화위원회가 정한 총액한도 범위 내에서 은행의 중소기업대출 실적 등에 따라 저리 자금을 지원하는 제도이다. 총액한도대출금리는 은행의 중소기업대출 취급유인을 제고하기 위하여 일반적으로 기준금리보다 낮은 수준을 적용하고 있으며 대출 만기는 1개월 단위로 운용된다.[11] 2008년 9월 리먼브러더스 사태 이후에는 신용경색 완화를 위해 총액대출한도도 증액한 바 있다.
3. **일중당좌대출** : 일중당좌대출은 당일 영업시간 중에 발생하는 금융기관의 일시적인 지급 결제 부족자금을 무이자로 지원하는 제도이다. 금융기관 간 자금거래 및 금융기관을 통해 이루어지는 기업 간 자금거래의 원활화를 도모하기 위해 2000년 9월 도입·시행되었다. 한국은행은 일중당좌대출에 대해 원칙적으로 이자를 징수하지 않지만, 동 대출에 대한 금융기관의 과도한 의존으로 결제 리스크가 커지는 것을 방지하기 위하여 자기자본의 일정 비율을 초과하는 부문에 대해서는 일정 수준의 이자[12]를 받는다.
4. **특별대출** : 한국은행은 한은법에 의거 비상시에는 금융기관은 물론 영리기업에 대해서도 특별대출을 할 수 있다. 금융기관에 대한 긴급여신은 자금 조달 및 운용의 불균형 등으로 유동성이 악화된 경우에 한해 금통위원 4인 이상의 찬성으로 실행될 수 있다. 한편 영리기업에 대한 여신은 금융기관으로부터 자금 조달에 중대한 애로가 발생한 경우에 한해 금통위원 4인 이상의 찬성으로 실시될 수 있다.

지급준비제도 지급준비제도는 금융기관으로 하여금 예금의 일정 비율(지급준비율)에 해당하는 금액을 중앙은행에 지급준비금으로 예치하도록 의무화하는 제도이다. 현재 우리나라의 지급준비제도 적용 대상 금융기관에는 일반은행 및 특수은행이 있다. 이들 금융기관은 예금 종류에 따라 차등화되어(대체로 0~7%) 있는 지급준비율에 해당하는 금액을 지급준비금으로 보유하여야 한다. 지급준비제도는 1980년대 이후 전 세계적으로 통화정책이 통화량 중심에서 금리 중심으로 전환됨에 따

---

10 자금조정대출과 자금조정예금에 적용되는 금리는 각각 한국은행 기준금리에서 1%를 가감하여 결정하도록 되어 있다(지준적립 기간의 마지막 영업일에는 각각 0.5%를 가감).

11 미국의 재할인율이 연방기금금리보다 높은 일종의 벌칙금리 수준으로 정해지는 것과는 대조적이다. 우리나라 중앙은행의 대출정책(재할인정책)은 중소기업에 대한 저리 자금의 제한적 공급이라는 성격을 갖고 있다.

12 금융기관 자기자본의 25%를 초과하는 일중당좌대출에 대해서는 직전 분기 말월 중 3년물 국고채 유통수익률에서 무담보 익일물 콜금리를 차감한 금리를 적용하고 있다.

라 그 활용도가 과거에 비해 저하된 것이 사실이다. 통화량 중심의 정책을 펴는 경우에도, 지급준비율의 변경은 은행의 영업이익에 직접 영향을 준다는 부작용을 안고 있다. 예를 들어 지급준비율을 인상하면 통화량 축소라는 소기의 목적을 달성할 수는 있으나 자금 운용으로 수익을 창출하는 은행 경영에 피해를 입히게 된다. 한편 지급준비제도는 본원통화(현금통화+지준)가 아닌 통화승수에 영향을 주는 정책으로서, 지급준비율의 변경으로 인해 발생하는 통화량의 증감 정도를 예측하기 힘들다는 측면도 있다.

CHAPTER 16

국제금융시스템과 통화정책

[학습목표]

16.1 연준의 외환시장 개입이 본원통화에 어떤 영향을 주는지 분석한다.

16.2 연준의 외환시장 개입이 환율에 어떤 영향을 주는지 분석한다.

16.3 환율제도가 어떻게 변해 왔는지 알아본다.

유로는 생존은 가능한가?

유로는 처음부터 도박이었다. 2002년 단일통화를 사용하기로 한 12개국의 결정은 전례 없는 실험이었다. 작은 국가가 자국 통화를 포기한 예는 있었지만 독일, 프랑스, 이탈리아와 같이 경제 규모가 큰 국가가 단일통화를 사용하기로 한 적은 없었다. 유럽의 4대국 가운데 영국만 '유로존' 가입을 거절하고 파운드를 사용하고 있으며, 2010년에는 유로존이 16개국으로 확대되었다. 16개국 중앙은행들은 유럽중앙은행(ECB)의 통제를 받게 되었다. 각국 중앙은행이 아니라 ECB가 통화정책의 주요변수인 은행 간 단기금리와 본원통화와 같은 변수를 결정한다.

출범 후 첫 5년 동안 유로의 도박은 성공한 것처럼 보였다. 화폐가치의 변동을 걱정할 필요가 없었으며, 이 시기에는 생산과 고용도 안정되었다. 그러나 2007~2009년 금융위기가 발생하자 상황은 달라졌다. 그리스, 스페인, 포르투갈, 아일랜드가 특히 심각했다. 유로가 도입되기 이전에 개별 국가의 중앙은행은 평가절하를 통해 경기침체에 대응할 수 있었다. 또 본원통화를 늘릴 수도 있었다. 그러나 단일통화와 ECB 체제하에서는 이런 대책을 쓸 수 없었다. 문제를 더 복잡하게 만드는 것은 국가부채의 증가였다. 그리스의 경우가 가장 심각했고 투자자들은 그리스의 디폴트 가능성이 높다고 보았다. ECB와 독일은 국가부채 문제를 해결하라는 압력에 시달리고 있다. 그리스를 비롯한 다른 유로존 국가가 국가채무를 디폴트하게 되면 유로시스템은 붕괴될지도 모른다. 유로의 지속과 성공 여부는 회원국들이 위기를 극복해 나가는 과정에서 얼마나 공조를 잘해 나가느냐에 달려 있다.

우리는 제8장에서 외환시장이 어떻게 작동하는지 살펴보았다. 이 장에서는 연준과 같은 중앙은행이 외환시장에 어떻게 개입하는지에 중점을 둔다. 또한 환율제도에 따라 국내 통화정책이 어떻게 달라지는지 다룬다.

16장의 이슈와 질문

▶정답은 385쪽에

Issue 금융위기는 유럽중앙은행의 통화정책에 대한 논쟁을 불러일으켰다.

Question 유럽국가들은 단일통화의 사용을 포기해야 하는가?

16.1 외환시장 개입과 본원통화

앞으로 자세히 살펴보겠지만, 중앙은행이 환율에 영향력을 행사하고자 할 때에는 통화량이 변동하게 된다. 따라서 중앙은행이 외환시장을 안정화하려는 시도는 경제 성장과 물가안정이라는 통화정책의 주요 목표와 충돌을 일으킬 수 있다. 실제로 미 연준과 다른 중앙은행은 종종 자국 통화의 가치에 영향을 주기 위해 외환시장에 개입한다. 외환시장 개입은 환율에 영향을 주기 위한 중앙은행의 의도적 행동이다. **외환시장 개입**(foreign exchange market intervention)으로 중앙은행의 외화표시 자산인 **외환보유고**(international reserve) 규모가 변하게 된다.

[학습목표]
연준의 외환시장 개입이 본원통화에 어떤 영향을 주는지 분석한다.

외환시장 개입 환율에 영향을 주기 위한 중앙은행의 의도적 행동

외환보유고 외화표시의 중앙은행 자산

예를 들어 연준이 달러의 가치를 올리고자 한다면 외환시장에서 외화자산을 팔고 달러를 사는 방식으로 달러에 대한 수요를 증가시키며, 달러의 가치를 떨어뜨리고자 한다면 외화자산을 사고 달러를 파는 방식으로 달러의 공급을 증가시킬 수 있다. 그런데 이 같은 거래는 달러의 가치뿐만 아니라 국내의 본원통화에 영향을 준다. 본원통화가 어떤 영향을 받는지 연준의 T-계정을 사용해 보자.

연준이 달러의 가치를 떨어뜨리기 위해 외국 정부가 발행한 단기국채를 10억 달러 매입한다고 가정하자. 이 거래는 연준의 외환보유고를 10억 달러만큼 증가시키고, 연준의 대차대조표에는 외화자산이 10억 달러만큼 증가한 것으로 표기된다. 이때 만약 연준이 10억 달러를 현금으로 지불하면, 연준의 부채란에는 현금통화가 10억 달러 증가한 것으로 표기된다. 여기서 현금통화(currency in circulation)가 연준의 부채라는 점을 상기할 필요가 있다.

연방준비제도

자산		부채	
외화자산(외환보유고)	+10억 달러	현금통화	+10억 달러

만약 연준이 수표로 지불하는 경우에는 어떻게 표기되는가? 이 수표는 연준의 부채이며, 수표를 받은 자가 거래은행에 수표를 입금하게 되므로(거래자가 은행 자체일 수 있음) 은행의 연준 예치금이 10억 달러 늘어나는 것으로 표기된다.

연방준비제도

자산		부채	
외화자산(외환보유고)	+10억 달러	연준 예치금(지준)	+10억 달러

본원통화는 현금통화와 은행 지준의 합과 같기 때문에, 두 가지 방식의 거래는 모두 외화자산을 매입한 만큼 본원통화를 증가시킨다. 즉 중앙은행의 외화자산 매입(외환보유고 증가)은 공개시장조작으로 국채를 매입할 때처럼 본원통화를 증가시킨다. 단지 매입한 자산이 국내통화표시자산인가 외화표시자산인가의 차이가 있을 뿐이다.

반대로 연준이 외화자산을 매각하면 본원통화는 감소한다(이때 달러의 가치는 상승할 것이다). 연준이 보유하고 있던 외국 정부의 단기국채를 매각하면 연준의 외화자산은 10억 달러 줄어든다. 이때 외화자산을 매입한 자가 은행에서 발행한 수표로 지불한다면 연준은 그 은행이 연준에 예치하고

있는 지준을 10억 달러 감소시킨다. 이 거래는 연준의 대차대조표에 다음과 같이 기재된다.

연방준비제도

자산		부채	
외화자산(외환보유고)	−10억 달러	연준 예치금(지준)	−10억 달러

만약 연준이 수표가 아닌 현금(달러)을 받으면 대차대조표 상에 현금통화가 줄어드는 것으로 표기된다. 본원통화는 현금통화와 은행 지준의 합과 같기 때문에, 연준이 수표로 받든 현금으로 받든 외화자산의 매각은 본원통화를 감소시킨다. 중앙은행의 외화자산 매각(외환보유고 감소)은 공개시장조작으로 보유 국채를 매각할 때처럼 본원통화를 감소시킨다.

태화 외환시장 개입 중앙은행이 외환시장 개입에 의한 본원통화의 변화를 상쇄시키지 않는 방식

중앙은행이 외환시장에 개입하면 본원통화가 변하게 되는데, 이러한 본원통화의 변화를 그대로 허용하는 개입 방식을 **태화 외환시장 개입**(unsterilized foreign exchange intervention)이라고 한다. 그러나 중앙은행은 외환시장에 개입하되 본원통화가 변하는 것을 원하지 않을 수 있다. 이때 중앙은행은 외환시장 개입으로 발생하는 본원통화의 변화를 상쇄시키기 위해 국내자산에 대해 공개시장조작을 사용할 수 있다. 예를 들어 연준이 외화자산을 10억 달러 매각하는 경우를 살펴보자. 만약 본원통화의 변동을 허용한다면 외화자산과 함께 본원통화도 10억 달러 감소할 것이다. 만약 연준이 본원통화가 감소하는 것을 원치 않고 감소를 상쇄하고자 하면 재무성 단기채를 10억 달러 매입하면 된다. 이런 거래를 T-계정으로 표시하면 다음과 같다.

연방준비제도

자산		부채	
외화자산(외환보유고)	−10억 달러	본원통화(현금 + 은행 지준)	+0달러
국내자산(재무성 단기채)	+10억 달러		

대차대조표의 자산 란에는 외화자산이 감소하고 대신 국내자산(재무성 단기채)이 증가하는 것으로 나타난다. 중앙은행의 자산에 변동이 없으므로 부채에도 변동이 없다. 이와 같이 외환시장 개입이 본원통화의 변화를 가져오지 않도록 국내 공개시장조작으로 상쇄하는 방식을 **불태화 외환시장 개입**(sterilized foreign exchange intervention)이라고 한다.

불태화 외환시장 개입 중앙은행이 외환시장 개입에 의한 본원통화의 변화를 상쇄시키는 방식

16.2 외환시장 개입과 환율

[학습목표]
연준의 외환시장 개입이 환율에 어떤 영향을 주는지 분석한다.

비록 외환시장 개입이 국내 통화량에 영향을 줄지라도 중앙은행은 환율의 변동을 최소화하기 위해 외환시장에 종종 개입한다. 예를 들어 국내통화의 가치가 떨어지면(평가절하) 수입재의 가격이 상승하여 인플레이션율이 상승할 수 있다. 이때 중앙은행은 평가절하를 억제하기 위해 외화자산을 팔고 국내자산을 사는 시도를 한다. 또한 만약 국내통화의 가치가 올라가면(평가절상) 국내재화의 국제경쟁력이 감소하므로, 이를 억제하기 위해 중앙은행은 외화자산을 사고 국내자산을 파는 시도를 한다. 태화 개입과 불태화 개입이 환율에 어떤 효과를 가져오는지 살펴보자.

태화 외환시장 개입

제8장에서 보았듯이 환율은 외환시장에서의 수요와 공급에 의해 결정된다. 구체적으로 말하면 서로 교환하고자 하는 통화가 거래되는 시장에서 교환의 비율, 즉 환율이 결정되는 것이다. 이제 중앙은행이 외환시장에 개입하는 과정을 살펴보자. 여기서는 연준이 일본의 엔화에 대한 달러의 가치(교환가치)를 증가시키기 위해 태화 개입을 실시한다고 가정한다. 연준이 엔화와 달러가 교환되는 시장에서 상대적으로 엔화의 가치를 떨어뜨리고 달러의 가치를 올리기 위해서는 엔화표시자산을 팔고 달러표시자산을 사야 할 것이다. 이를 위해 연준이 보유하고 있던 일본의 단기국채를 매각한다고 하자. 연준이 일본 국채 매각의 대가로 달러(표시자산)를 수취하므로 그만큼 본원통화가 감소한다. 그런데 본원통화의 감소는 미국 이자율의 상승을 가져온다. 일본의 이자율에 비해 미국의 이자율이 상승하는 것이다. 이제 외국 투자자들은 미국의 금융자산을 매입하기 위해 달러의 수요를 증가시킬 것이다. 반면 미국 투자자들은 상대적으로 수익률이 낮아진 일본의 금융자산을 더 적게 매입하려고 한다. 즉 엔-달러 시장에서 달러의 공급을 감소시킨다. 그림 16.1(a)는 달러의 수요곡선이 D_1에서 D_2로 이동하고 달러의 공급곡선이 S_1에서 S_2로 이동하는 것을 보여 준다. 달러당 엔화 환율은 E_1에서 E_2로 상승한다. 상대적으로 엔화의 가치는 떨어지고 달러의 가치는 올라간다. 이와 같이 본원통

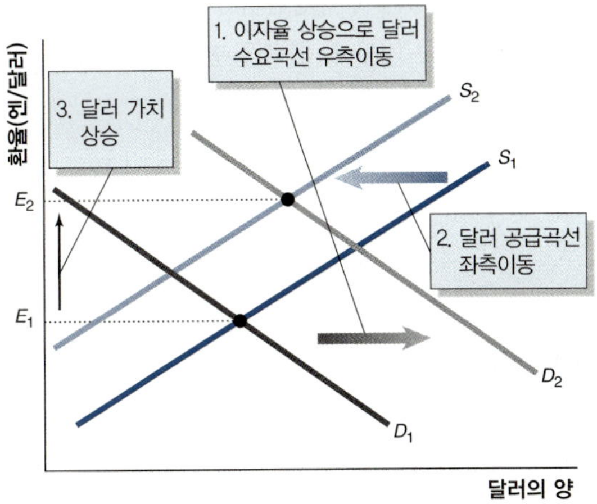

(a) 외환시장 개입과 환율 상승

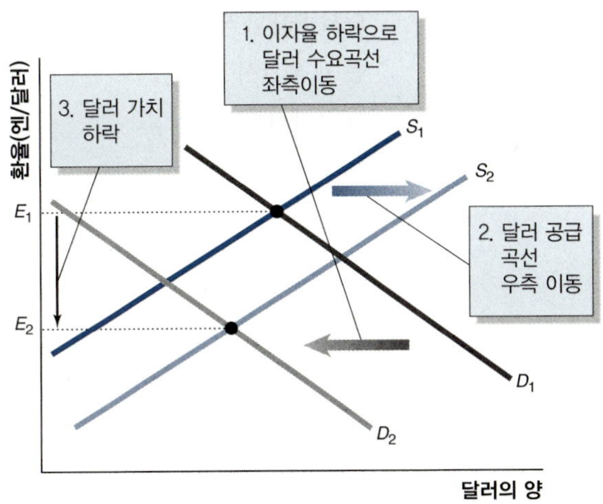

(b) 외환시장 개입과 환율 하락

그림 16.1 태화 외환시장 개입의 효과

(a)는 연준이 일본의 단기국채를 매각하는 외환시장 개입을 한 경우이다. 미국의 본원통화는 감소하고 미국의 이자율은 상승한다. 그 결과 달러의 수요곡선은 D_1에서 D_2로 우측이동하고 달러의 공급곡선은 S_1에서 S_2로 좌측이동하며, 달러당 엔화 환율은 E_1에서 E_2로 상승한다(달러의 가치 상승).

(b)는 연준이 일본의 단기국채를 매입하는 외환시장 개입을 한 경우이다. 미국의 본원통화는 증가하고 미국의 이자율은 하락한다. 그 결과 달러의 수요곡선은 D_1에서 D_2로 좌측이동하고 달러의 공급곡선은 S_1에서 S_2로 우측이동하며, 달러당 엔화 환율은 E_1에서 E_2로 하락한다(달러의 가치 하락).

이 두 가지는 모두 태화 외환시장 개입의 예이다.

화의 변동을 허용하는 중앙은행의 외화자산 매각은 국내통화의 절상을 유도한다.

반대로 연준이 일본의 단기국채를 매입하면 미국의 본원통화는 증가할 것이다. 본원통화 증가로 미국 이자율은 하락한다. 미국의 이자율이 일본의 이자율에 비해 상대적으로 하락하면 외국투자자들은 달러에 대한 수요를 줄일 것이고, 미국 투자자들은 달러의 공급을 늘릴 것이다. 즉 엔과 달러가 서로 교환되는 시장에서 달러의 수요곡선은 좌측이동, 공급곡선은 우측이동한다. 그림 16.1(b)는 그 결과 달러당 엔화의 환율이 하락하는 결과를 보여 준다. 상대적으로 엔화의 가치는 올라가고 달러의 가치는 떨어진다.

이 두 가지 예는 모두 본원통화의 변동을 그대로 허용하는 태화 개입의 예를 보여 준다. 이 과정에서 국내 이자율이 변하고, 그에 따라 국내자산(또는 해당 외화자산)의 수요과 공급이 변하여 환율이 변하게 된다는 것을 알 수 있다.

불태화 외환시장 개입

불태화 외환시장 개입의 경우에, 중앙은행은 외환시장에 개입할 때 본원통화가 변동하는 것을 상쇄시키기 위해 공개시장조작을 사용한다. 불태화 개입의 경우에는 본원통화가 변하지 않기 때문에 국내 이자율도 변하지 않는다. 외환시장에 개입하더라도 불태화 방식으로 개입하면 국내 이자율에 영향을 주지 않으므로 엔-달러 시장에서 달러에 대한 수요곡선과 공급곡선이 변하지 않을 것이다. 따라서 불태화 외환시장 개입은 환율에 영향을 미치지 않는다. 중앙은행이 본원통화에 변화를 주지 않은 채 외환시장 개입으로 환율을 변경시키기 어렵다는 것이다. 환율을 변경하기 위해서는 태화 개입이 불가피하다.

예제 16.2

엔화 가치 상승에 대한 일본중앙은행의 대응

2010년 8월 달러당 엔화의 환율은 ¥85=$1 아래로 떨어졌다. 월스트리트저널의 한 기사는 "토요타나 소니와 같은 일본의 수출업체가 달러당 85엔을 견뎌내기 어려울 것이다."라는 크레딧 스위스 은행의 한 투자 전략가의 견해를 인용했다. 기사는 또한 일본중앙은행이 "엔화의 가치에 하락 압력을 주기 위해 미국과 일본의 금리차를 확대하려고 할 것"이라고 전망했다.

a. 왜 토요타와 소니가 "달러당 85엔을 견뎌내기 어려울 것이다."라고 보는가?

b. 왜 일본중앙은행은 엔화의 가치를 하락시키기 위해 미국과 일본의 금리차를 확대하려고 하는가? 어떤 방향으로 금리차를 확대하려는 것인가? 이번에는 본문에서와는 다르게 달러와 교환되는 엔화를 중심으로 그래프를 그려 답하라.

c. 일본중앙은행이 이자율의 변화 없이 달러표시자산을 매입함으로써 엔의 가치를 떨어뜨릴 수 있는가? 간략하게 설명해 보라.

Step 1 복습. '외환시장 개입과 환율' 부분을 복습한다.

Step 2 (a) 엔화 가치 상승이 왜 일본의 수출업체에 피해를 주는지 설명한다. 예를 들어 소니가 미국의 베스트바이(Best Buy)와 같은 전자제품 판매업체에게 플레이스테이션3을 200달러를 받고 판매한다고 하자. 만약 환율이 ¥110=$1라면 소니는 22,000엔을 받지만, 만약 환율이 ¥85=$1이라면 소니는 단지 17,000엔만 받게 된다.

Step 3 (b) 일본중앙은행이 왜 일본의 금리를 내려 엔화의 가치를 떨어뜨리려고 하는지에 대해 설명한다. 만약 일본중앙은행이 이자율을 더 내려 미국과 일본 간의 금리차가 확대되면, 이전에 비해 일본에 대한 투자 매력도는 더 떨어지게 된다. 그래프로 볼 때, 엔에 대한 수요는 D_1에서 D_2로 감소하고 엔의 공급곡선이 S_1에서 S_2로 증가하며 1엔당 달러 환율은 E_1에서 E_2로 하락한다. 여기서 일본중앙은행의 시각에서 그래프를 그렸기 때문에 수직축이 '엔/달러'가 아닌 '달러/엔'으로 표기되는 것에 주의하자.

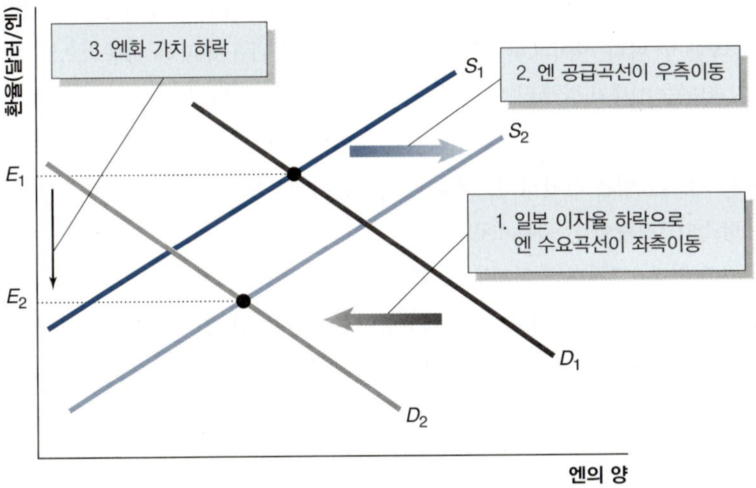

Step 4 (C) 만약 일본중앙은행이 불태화 개입을 하면 환율에는 변함이 없을 것이다. 만약 일본중앙은행이 미 재무성채권과 같은 달러표시자산을 매입하여 외환시장에 개입한다면, 일본의 본원통화는 증가하고 일본의 이자율은 하락한다. 이것이 바로 태화 개입인데, 엔화의 가치는 그래프에서와 같이 하락한다. 그러나 만약 일본중앙은행이 미 재무성채권의 매입과 동시에 공개시장조작으로 일본의 단기국채를 매각하여 본원통화와 이자율을 그대로 유지한다면, 이러한 불태화 개입으로는 엔화의 가치를 떨어뜨리지 못할 것이다.

출처 : Takashi Nakamichi, Tomoyuki Tachikaw, and Kana Inagaki, "Japan Hints at Yen Intervention," *Wall Street Journal*, August 12, 2010.

16.3 환율제도와 국제금융시스템

[학습목표]
환율제도가 어떻게 변해 왔는지 알아본다.

환율제도 환율 및 국가 간 자본의 이동을 조절하는 시스템

각 국가들은 환율 및 국가 간 자본의 이동을 조절하는 일정한 시스템, 즉 특정 **환율제도**(exchange-rate regime)를 선택해야 한다. 어떤 국가는 환율의 변동을 제한하는 제도를 택하며 또 어떤 국가는 환율이 수요와 공급에 따라 변동하는 것을 허용하는 제도를 택한다. 그리고 중앙은행은 선택한 제도를 유지하기 위해 노력한다.

고정환율제도와 금본위제도

고정환율제도 정부에 의해 환율 수준이 결정되고 유지되는 환율제도

금본위제도 고정환율제도의 일종으로 그 제도에 참여한 국가들이 각국의 통화와 금 간의 교환 비율을 정한 뒤 그 비율로 금과 교환할 수 있게 한 환율제도

과거 대부분 환율제도는 **고정환율제도**(fixed exchange rate system)로, 환율은 정부에 의해 결정되고 유지되었다. 고정환율제도는 정부가 특정 통화에 대한 환율을 일정 수준으로 고정시키고 이를 유지하기 위해 중앙은행이 외환시장에 개입하는 제도이다. 자국 통화의 가치를 금에 고정시켰던 **금본위제도**(gold standard)하에서 각국의 통화는 정해진 비율대로 금과 교환될 수 있었다. 따라서 금본위제에 속한 두 나라 사이의 환율은 각 통화의 금 교환 비율에 따라 자동적으로 정해졌다. 고전적인 금본위제도는 19세기 말부터 1914년 제1차 세계대전이 발발하기 전까지 성행했다. 그림 16.2는 1870년과 1913년 사이 금본위제도의 확산을 보여 주고 있다.

금본위제도의 작동법은 간단하다. 예를 들어 금본위제하에서 미국의 1달러가 금 1/20온스와 교환되고, 프랑스의 1프랑이 1/80온스로 교환되면, 달러와 프랑은 서로 $1=FF4 또는 $0.25=FF1으로 교환될 수 있었다. 그렇다면 실제로 이 교환 비율은 어떻게 유지될 수 있을까? 만약 미국 제품에 대한 수요에 비해 프랑스 제품에 대한 수요가 증가한다면, 상대적으로 프랑에 대한 수요는 증가하고 달러에 대한 수요는 감소할 것이다. 이때 달러당 프랑의 환율은, 예를 들어 공식 환율인 $1=FF4에서 실제 환율인 $1=FF3로 절상 압력이 발생한다. 그러면 미국의 수입업자 입장에서는 달러를 프랑으로 직접 교환하여 프랑스 제품을 사는 것보다는 미국에서 정해진 비율로(1달러당 1/20온스) 금을 사서 그 금을 프랑스로 수송하여 프랑으로 바꾸어(1/20온스당 4프랑) 프랑스 제품을 사는 것이 유리하다. (만약 달러를 프랑으로 직접 교환한다면 달러당 3프랑밖에 얻지 못할 것이다.)

그런데 이와 같은 일이 계속 발생하면 프랑스에는 어떤 일이 일어날까? 미국의 금 보유는 줄고 프랑스의 금 보유는 늘어난다(미국의 무역수지 적자, 프랑스의 무역수지 흑자). 금본위제하에서 금은 외환보유고이며, 태환을 보장하기 때문에 미국의 본원통화는 줄고 프랑스의 본원통화는 늘어난다. 프랑스에서는 통화량 증가로 물가 상승 압력이, 미국에서는 통화량 감소로 물가 하락 압력이 발생한다. 그 결과 프랑스 제품은 미국 제품에 비해 상대적으로 비싸지게 되어 프랑스 제품에 대한 수요가 줄어들고 프랑에 대한 수요도 줄어들게 되어 실제 환율이 공식 환율인 $1=FF4로 회복된다. 금본위제하에서는 이와 같이 한 나라의 통화가치가 금에 고정시킨 가치 수준으로 되돌아가게 하는 자동조절 메커니즘이 작동한다. 이를 가격-정화-플로우 메커니즘(price-specie-flow mechanism)이라고 한다.

금본위제도하에서 경제가 조정되는 과정에서 발생하는 문제는 무역수지 적자국에는 디플레이션

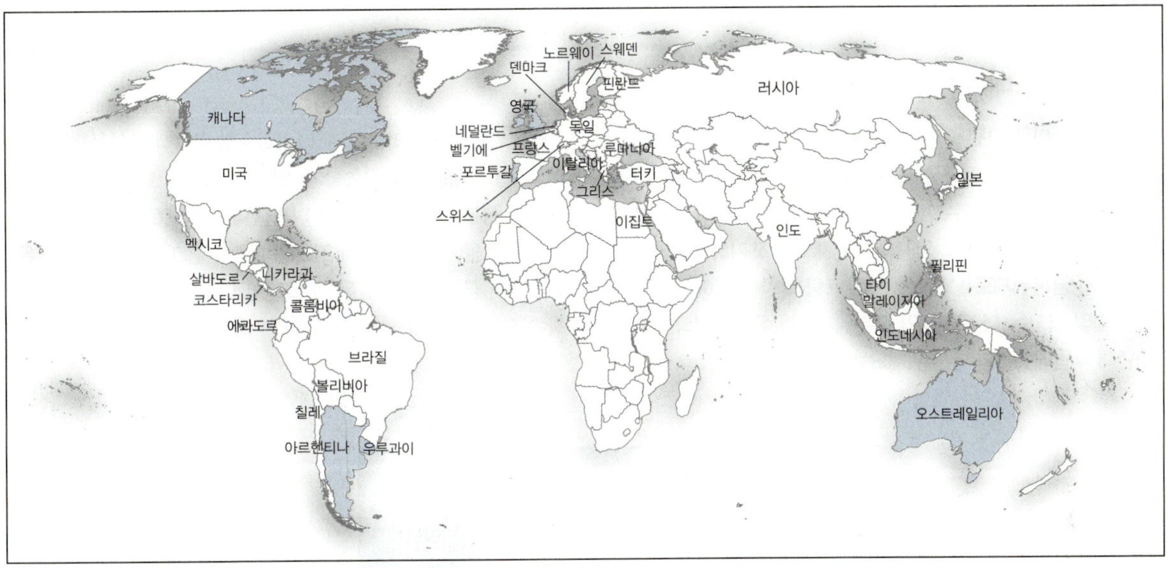

(a) 1870년 금본위제도에 속한 국가

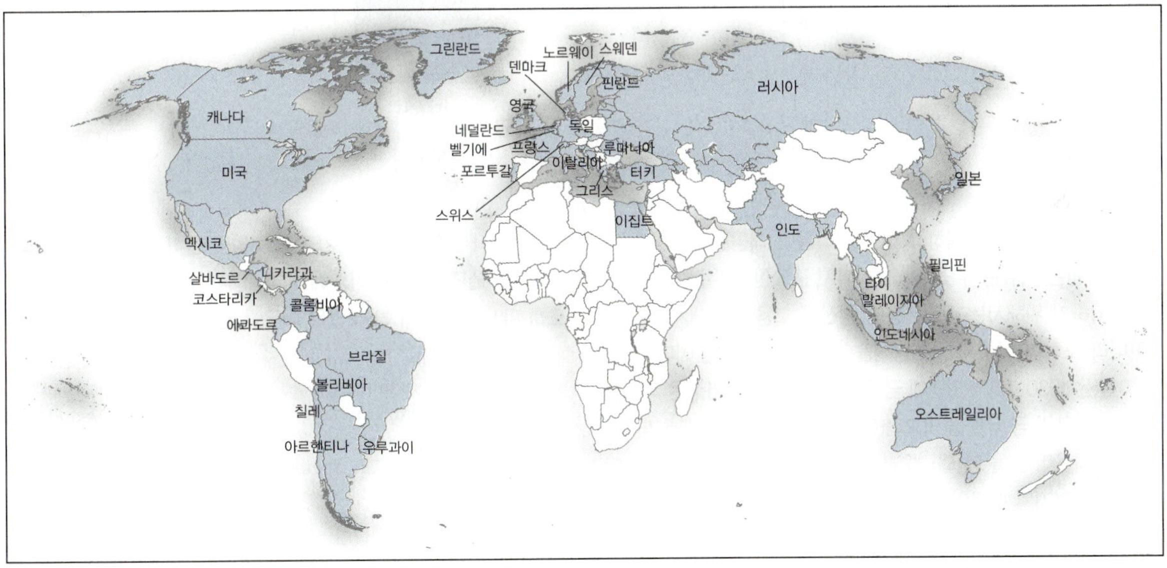

(b) 1913년 금본위제도에 속한 국가

그림 16.2 금본위제도의 확산

1870년 금본위제도에 속한 나라는 파란색으로 표시되어 있다—영국, 캐나다, 오스트레일리아, 포르투갈, 아르헨티나, 우루과이. 1913년에는 유럽과 서반구 대부분의 나라가 금본위제에 속해 있었다. 1930년대 후반에 금본위제도는 사라지게 된다. 지도에서 국경은 2010년 기준으로 그려진 것이다.

출처 : Maps prepared by authors from information in Christopher M. Meissner, "A New World Order: Explaining the International Diffusion of the Classical Gold Standard, 1870-1913," *Journal of International Economics*, Vol.66, No. 2, July 2005, Table 1, p. 391.

관련 사례

금본위제도가 대공황을 더 악화시켰는가?

1929년 대공황이 시작됐을 때 정부는 중앙은행이 확장적 통화정책을 펼 수 있도록 금본위제도를 포기해야 한다는 압력을 받았다. 1931년 영국은 주요국 중 금본위제도를 포기한 첫 번째 나라가 되었다. 그 해에 다수의 다른 나라도 역시 금본위제도를 포기하였다. 미국은 1933년까지 금본위제도를 유지했는데 프랑스, 이탈리아, 벨기에를 포함한 몇몇 국가는 더 오랫동안 금본위제도를 유지하였다. 하지만 1930년대 후반에 이르러 금본위제도는 붕괴되었다.

금본위제도를 빨리 포기한 나라일수록 확장적 통화정책을 이용하여 더 쉽게 대공황을 탈출할 수 있었다. 그림이 보여 주듯이 1933년 이전에 금본위제도를 포기한 나라들의 경우 1929~1934년 사이 산업생산이 평균적으로 단지 3% 하락하는 데 그쳤다. 1933년 혹은 그 이후까지 금본위제도를 유지하고 있던 나라들은 평균 30% 이상의 하락을 경험하였다.

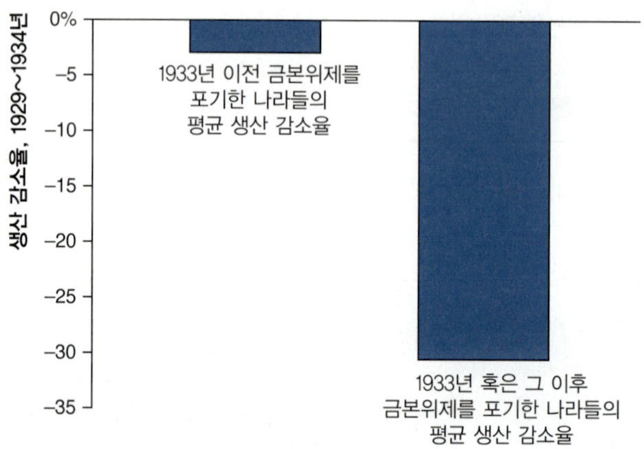

금본위제도를 계속 채택하고 있던 나라들이 대공황으로부터 더 큰 고통을 받은 이유는 무엇일까? 한 가지 중요한 이유는 금본위제도를 유지하기 위해서는 중앙은행이 생산과 고용을 증대시키는 것이 아니라 오히려 감축시키는 정책을 취해야 했기 때문이다. 예를 들면 미국은 1930년과 1931년에 금 유출을 경험했다. 연준은 재할인율을 올림으로써 금 유출을 막으려 했는데 이 같은 정책이 효과적인 이유는 이자율이 높을 때 외국투자자들은 미국에 투자하는 것이 더 이익이라고 여기기 때문이다. 금 유출을 막고 미국이 금본위제도를 유지할 수 있도록 하는 데는 높은 이자율이 효과적이지만 국내 지출을 늘리기 위해 필요한 것은 그 반대인 낮은 이자율이다. 미국은 금본위제도를 포기한 시점인 1933년 3월이 돼서야 대공황으로부터 벗어나기 시작했다.

1930년대 금본위제도에 가장 오랫동안 남아 있었던 국가들의 초라한 경제실적을 보면 이후에 정책 결정자들이 전통적인 금본위제도를 다시 채택하려 하지 않은 이유를 알 수 있다.

출처 : Ben Bernanke and Harold James, "The Gold Standard, Deflation, and Financial Crisis in the Great Depression: An International Comparison," in R. Glenn Hubbard, ed., *Financial Markets and Financial Crises*, Chicago: University of Chicago Press, 1991. Barry Eichengreen, *Golden Fetters: The Gold Standard and the Great Depression 1919-1939*, New York: Oxford University Press, 1992.

금본위제도 포기 시점의 출처—Melchior Palyi, *The Twilight of Gold, 1914-1936*, Chicago: Henry Regnery, 1972, Table IV-I, pp. 116-117. 생산의 변화는 산업생산의 변화이며 다음이 출처—League of Nations, *World Production and Prices, 1925-1934*, Geneva: League of Nations, 1935, Appendix II, Table 1, p. 133.

이, 흑자국에는 인플레이션이 발생한다는 것이다. 특히 무역수지 적자가 신속하게 회복되지 못하고 시간을 끌게 되면 디플레이션이 지속되고 이는 경기침체로 이어지게 된다. 실제로 미국에서는 1870년대, 1880년대, 1890년대 동안 몇 차례의 디플레이션을 겪었다. 디플레이션은 가계와 기업이 지고 있는 부채의 실질가치를 증가시키는 문제를 일으키고, 채무상환에 어려움을 겪는 경우에는 금융시스템에 혼란을 초래한다. 더욱이 금본위제도가 잘 유지되려면 세계의 실질산출 증가 속도에 맞게 금의 양도 적절하게 증가해야 한다. 1870년대와 1880년대에 경제는 급속하게 성장했지만 금광의 발견이 뜸해지자 디플레이션이 발생했다. 반면 1890년대에는 미국의 알래스카와 남아프리카에서 대거 금광이 발견되어 전 세계적으로 인플레이션이 발생했다.

이론적으로 금본위제도는 참여국 모두에게 고정된 환율로 그들의 통화를 금으로 전환할 수 있도록 약속했다. 특히 영국은 이러한 약속을 믿을 만하게 만들었다. 당시 영국 경제의 강점은 무역흑자와 대량의 금 보유고였다. 특히 런던은 당시 국제금융의 중심지로 대량의 금 수송이 일어나는 곳이었다. 그러나 제1차 세계대전으로 화폐를 금으로 전환하기 어려워졌고, 또 런던의 금융기관이 활동을 정지하자 국제 금 결제는 마비되었다. 금본위제도는 제1차 세계대전 이후 잠시 부활했지만 1930년대 대공황으로 마침내 붕괴되고 말았다.[1]

수정된 고정환율제도 : 브레튼우즈 시스템

금본위제도의 종말에도 불구하고 많은 나라가 고정환율에 대한 미련을 버리지 못했다. 제2차 세계대전이 끝날 무렵 주요국 대표가 새로운 국제통화 질서를 만들기 위해 미국 뉴햄프셔에 있는 브레튼우즈에 모였다. **브레튼우즈 시스템**(Bretton Woods system)으로 불린 합의는 1945년부터 1971년까지 지속되었다. 이 시스템을 만든 사람들은 고정환율제를 회복시키되, 금본위제도보다 단기적으로 경제를 조절하기 더 쉬운 제도를 원했다. 우선 미국은 달러를 금 1온스당 35달러에 고정시켰다. 즉 35달러로 금 1온스를 살 수 있게 하였는데, 이 거래는 오직 외국의 중앙은행하고만 할 수 있게 하였다. 그리고 각국의 중앙은행은 달러에 대한 환율을 고정시켰다. 그 결과 국가들 사이의 환율 또한 고정되었다. 당시에는 세계 경제에서 미국이 절대적으로 우위를 차지했기 때문에 미국에게 특별한 역할이 주어진 것이다. 게다가 미국은 전 세계 금의 상당량을 갖고 있었다. 각국의 중앙은행은 금과 함께 미국 달러를 외환보유고로 사용했다. 달러가 **국제준비통화**(international reserve currency)가 된 것이다.

브레튼우즈 시스템 각국은 대미 환율을 고정시키며, 미국은 외국 중앙은행이 달러를 금으로 전환해 줄 것을 요구할 때 그에 응하기로 한 제도로 1945년에서 1971년까지 유지됨

그러면 고정된 환율은 영원히 지속될 수 있을까? 브레튼우즈 시스템에서 환율은 근본적인 불균형이 지속되는 경우, 다시 말해 국제수지의 적자나 흑자가 오랫동안 지속되는 경우에만 조정될 수 있다. 고정환율제를 유지하되, 근본적인 불균형을 억제하고 대처하기 위해 **국제통화기금**(International Monetary Fund, IMF)이 만들어졌다.

국제통화기금(IMF) 브레튼우즈 합의에 따라 고정환율제도를 유지하고 국제수지의 문제를 겪는 국가들에게 최종대부자 역할을 하기 위해 설립된 다국적 기구

1 제1차 세계대전 이후 경제 규모가 커진 미국으로 금이 대거 유입되자 미국에서 인플레이션이 일어났다. 이에 대응하여 미국이 통화량을 억제하기 위해 불태화 정책을 취하자 금본위제의 장점인 국제수지 조절 기능이 사라지게 되었다. 유럽에서는 독일의 전쟁배상금이 현물로 충분히 지급되지 않자 화폐가치가 하락하여 인플레이션이 발생했다. 이런 상황에서 대공황이 확대되자 영국은 1931년 금본위제를 이탈하였고, 미국을 제외한 다른 나라들도 잇달아 금본위제를 이탈하게 되었다.

IMF는 브레튼우즈 시스템이 끝난 이후에도 여전히 남아 있다. IMF는 비록 고정환율제도를 유지하는 데는 실패했지만, 전 세계 최종대부자로서의 역할은 지속되고 있다. 1980년대 개도국 부채위기 때 해당 국가들에게 부채상환을 위한 자금을 제공했고, 1994~1995년의 멕시코 외환위기와 1997~1998년 동아시아 외환위기 때에도 구제금융을 제공했다.[2]

브레튼우즈 시스템에서의 고정환율 브레튼우즈 시스템하에서 각국의 중앙은행은 고정환율을 유지하기 위해 외환시장에 개입한다. 만약 자국 통화가 달러에 대해 절상되면 중앙은행은 자국 통화로 달러를 매수하며, 절하되는 경우에는 달러(외환보유고)를 팔아 자국 통화를 환수한다. 앞서 살펴본 대로 환율에 영향을 주기 위해 중앙은행은 태화 개입을 해야 하고 그 과정에서 본원통화가 변동한다. 고정환율을 유지하기 위해서는 국내통화량을 통제하기 어렵다. 국제수지 흑자가 나는 경우에 외환시장에서 자국 통화의 절상 압력이 발생하는데, 중앙은행은 환율을 유지하기 위해 달러를 매입해야 한다. 그 결과는 통화량 증가와 물가 상승으로 이어진다. 반대로 국제수지 적자가 나는 경우에 외환시장에서 자국 통화의 절하 압력이 발생하는데, 중앙은행은 환율을 유지하기 위해 달러를 매도해야 한다. 그 결과는 통화량 감소와 물가 하락으로 이어진다. 그러나 국제수지 적자국은 단기적으로 큰 어려움을 겪을 수 있다. 환율을 안정시키기 위해 달러를 매도해야 하지만, 중앙은행이 보유한 달러(외환보유고)가 부족하면 어떻게 되는가? 여기서 근본적인 불균형이 발생할 소지가 생긴다. 브레튼우즈 시스템하에서 각국의 중앙은행은 외환보유고를 충분히 비축해야 하며, 외환보유고가 고갈되는 경우에는 고정환율을 포기해야 하는 문제가 존재한다.

브레튼우즈 시스템하에서의 평가절상과 평가절하 브레튼우즈 시스템에서 한 국가는 기본적으로 외환보유고를 매입하거나 매각하는 방식으로 고정환율을 지켜 나간다. 그러나 필요한 경우에 IMF에 환율 변화를 허락해 달라고 요청할 수 있다. 예를 들어 자국 통화가 달러에 대해 현저히 고평가되었을 때 IMF의 동의를 얻어 **평가절하**(devaluation)를 실시할 수 있다. 즉 달러에 대한 자국 통화의 공식적인 가치를 떨어뜨리는 것이다. 반대로 자국 통화가 달러에 대해 현저히 저평가되었을 때에는 **평가절상**(revaluation)을 실시하여 자국 통화의 공식적인 가치를 올릴 수 있다. 물론 실제로는 평가절하와 평가절상을 자주 실시하지 않는다. 브레튼우즈 시스템하에서 각국은 자신의 통화정책에 결함이 있다는 비판을 받기보다는 평가절하와 절상을 연기하는 쪽을 선호하는 경향이 있다. 특히 평가절상은 주저할 수밖에 없는 선택인데, 자국제품의 국제경쟁력이 약화되기 때문이다.

평가절하 다른 통화에 대한 자국 통화의 공식적인 가치를 인하함

평가절상 다른 통화에 대한 자국 통화의 공식적인 가치를 인상함

브레튼우즈 시스템하에서의 투기적 공격 해당국 정부가 환율을 유지하기 어려워졌고 더 이상 평가절하나 평가절상을 미룰 수 없다고 판단되면, 투자자들은 약한 통화를 공격적으로 팔아 치우거나 강세 통화를 공격적으로 사들이는 투기를 감행한다. 이러한 **투기적 공격**(speculative attack)은 금융위기를 불러일으킨다.

---

2 금융위기에 대해 최후의 보루 역할을 한다는 점에서 IMF의 필요성이 여전히 지지되고 있지만, 반대론도 만만치 않다. 첫째는 IMF의 최종대부자 기능은 회원국의 도덕적 해이를 증가시킨다는 것이다. 둘째는 IMF가 구제금융 대가로 요구하는 프로그램이 재정 축소와 금리 인상에만 초점이 맞추어져 있고, 지나치게 엄격한 프로그램이 경제를 불필요할 정도로 크게 위축시킨다는 것이다.

1967년 영국 파운드가 달러에 대해 고평가되었을 때 투기적 공격이 발생했다. 당시 영국의 공식적인 고정환율은 £1=$2.80였으나, 이 수준에서 파운드는 달러에 대해 공급과잉이었다. 즉 파운드의 가치는 더 떨어져야 했다. 영국은행은 달러(외환보유고)를 매각하여 파운드의 가치를 지켜야 했다. 그러나 투기자들은 결국 영국은행의 외환보유고가 줄어들어 언젠가는 환율 방어 노력을 포기해야 한다는 것을 알고 있었다. 투기자들은 파운드의 가치가 떨어지기를 기대하면서 파운드를 빌려 달러를 공격적으로 사들였다. 영국은행은 달러가 고갈될 때까지 달러를 팔고 파운드를 사들였지만, 외환보유고를 거의 다 잃게 되자 1967년 11월 18일에 결국 파운드를 14% 평가절하했다.

마르크에 대한 투기적 공격과 브레튼우즈 시스템의 붕괴 영국에서는 과대평가된 파운드에 대해 투기적 공격이 발생한 반면, 1971년에는 과소평가된 독일 마르크에 대한 투기적 공격이 발생했고, 이는 브레튼우즈 시스템의 종말을 앞당기는 계기가 되었다. 원래 브레튼우즈 시스템하에서 미국을 제외한 국가들은 외환보유고를 충분히 유지할 필요가 있었고 그러기 위해 국제수지 흑자와 자국 통화의 평가절하를 선호했다. 그 결과 1970년에 이르기까지 미국의 국제수지 적자 규모는 큰 폭으로 확대되었고, 미국 외부의 국제수지 흑자는 국제금융시장에 두려움을 유발했다. 당시 국제수지 흑자 규모가 컸던 독일(당시는 서독)의 마르크화는 달러에 대해 과소평가되어 있었다. 만약 독일이 공식적인 고정환율을 유지한다면 독일은 외환시장에서 계속 마르크를 매각하고 달러를 매입해야 한다. 그러나 문제는 그렇게 함으로써 본원통화가 증가하여 물가 상승 압력이 생긴다는 점이다. 만약 독일이 평가절상을 단행한다면 인플레이션 압력은 피할 수 있지만, 브레튼우즈 시스템하에서의 약속은 깨지게 되고 수출에 타격을 받을 것이다.

독일의 딜레마는 시장에 투기적 공격의 발판을 제공했다. 투기자들은 분데스방크가 $0.27=DM1의 고정환율을 곧 포기할 것이라고 확신했다. 마르크의 가치가 오를 것을 기대하고 달러를 빌려 마르크를 공격적으로 매수했다. 1971년 5월 5일 분데스방크는 10억 달러 이상 달러를 매입하다가 그날 이후 개입을 중단했다. 계속해서 달러를 매입하고 마르크를 풀다가는 엄청한 인플레이션이 유발될지 모르는 일이었다.

고정환율을 포기한 분데스방크의 결정은 브레튼우즈 시스템에 결정타를 날렸지만, 시스템 자체가 가진 기본적인 문제가 더 컸다. 달러라는 국제준비자산을 제공하는 미국에서 지속적으로 인플레이션과 국제수지 적자가 발생했고, 1960년대 후반에 이르자 외국의 중앙은행들이 보유한 달러의 규모가 엄청나게 늘어났다. 브레튼우즈 시스템하에서 미국은 외국의 중앙은행에게 35달러를 금 1온스로 교환해 주기로 약속했다. 그러나 온스당 35달러의 가격을 적용할 때, 1971년 미국이 보유한 금의 가치는 외국의 중앙은행들이 보유한 달러 총액의 3분의 1에도 미치지 못했다. 즉 미국은 외국 중앙은행에게 달러를 받고 금을 내어줄 능력이 없었다. 1971년 8월 15일 닉슨 정부는 다른 국가들에게 평가절상을 요구했다. 금태환을 전격 중지하고, 수입관세를 올리되 평가절상한 국가에 대해서만 예외를 둔다는 강경한 조치를 발표했다. 달러에 대해 평가절상을 유도하는 과정은 1971년 12월 스미소니언(Smithsonian) 회의에서 비로소 완성되었다.

그러나 스미소니언에서 합의된 새로운 환율조건도 잘 지켜지지 못했다. 비록 각국 중앙은행들이 환율의 변동을 막기 위해 외환시장에 개입하였음에도 불구하고, 실제로 많은 통화들이 시장에서 자유롭게 움직이기 시작했다. 1976년 1월 자메이카에서 열린 회의에서 IMF는 공식적으로 변동환율제 도입을 허용했다. 또한 회원국들은 국제통화제도에서 금의 공식적인 역할을 인정하지 않기로 했다. 이미 1970년과 그 이전에 많은 국가가 공개적으로 브레튼우즈 시스템에서 탈퇴했다. IMF는 금을 대신할 증서, 즉 **특별인출권**(Special Drawing Rights, SDR)으로 불리는 새로운 대외준비자산을 만들어 냈다. 이로써 금의 가격은 다른 상품과 마찬가지로 시장에서 수요와 공급에 의해 정해지게 되었다.

요약해 볼 때, 브레튼우즈 시스템은 고정환율을 유지하되 국제수지 적자 문제가 발생할 때 IMF가 최종대부자로서 개입한다는 시스템이었다. 그러나 결국 붕괴되고 말았다. 시스템의 책임을 진 미국 스스로가 인플레이션을 통제하지 못하여 대외준비자산인 달러의 가치를 안정시키지 못했고, 또한 다른 국가들도 그들 통화가 평가절상되는 것을 용인하지 않아 고정환율이 시장의 압력을 견딜 수 없었기 때문이었다.

브레튼우즈 이후의 외환시장 개입

변동환율제도 환율이 외환시장에서 자유롭게 결정되는 제도

브레튼우즈 시스템이 붕괴된 이후 미국은 공식적으로 **변동환율제도**(flexible exchange rate system)를 채택했으며, 많은 국가가 같은 길을 따랐다. 변동환율제도하에서 환율은 외환시장에서 자유롭게 결정된다. 그렇지만 연준과 외국의 중앙은행들이 그들 통화가 현저히 절하되거나 절상되었다고 판단되었을 때 외환시장에 개입하는 권리를 포기한 것은 아니다. 예를 들어 2010년 9월 일본은행은 달러에 대한 엔화의 가치를 떨어뜨리기 위해 엔화로 미국 달러를 매입하는 개입을 실시했다. 이러한 의미에서 현재의 국제금융시스템은 **관리변동환율체제**(managed float regime)이다. 때로는 '더러운 변동환율제(dirty float regime)'라고 부르기도 한다. 중앙은행은 환율에 영향을 주기 위해 가끔씩 개입한다.

관리변동환율제도 중앙은행이 환율에 영향을 주기 위해 가끔씩 개입하는 환율제도

정책의 상충 관리변동환율제도하에서 외환시장에 개입할 때 중앙은행은 상충관계에 직면한다. 앞서 지적한 대로 환율과 본원통화를 동시에 통제하기 어렵다는 것이다. 예를 들어 일본은행이 달러에 대한 엔화의 가치를 떨어뜨리기 위해 엔화로 미국 달러를 매입하는 개입을 실시하면, 일본 내에 본원통화가 증가한다. 일반적으로 중앙은행은 환율의 안정과 국내통화량의 안정이라는 두 목표 사이에서 선택을 해야 한다.

미국 달러의 경우 달러 자체가 국제준비통화였기 때문에 미국은 다른 국가들과 달리 외환시장의 방해를 받지 않고 통화정책을 수행할 수 있었다. 브레튼우즈 시스템이 붕괴한 이후에도 달러는 준비통화로서의 역할을 유지했다. 그 후 2000년대에 들어서면서 유로화와 엔화의 중요성이 확대되었다. 물론 달러는 여전히 각국 외환보유고에서 가장 큰 비중을 차지하고 있다. 많은 경제학자들이 다음 세대에도 달러가 국제준비통화의 지위를 잃지 않을 것이라고 믿고 있다. 그럼에도 불구하고 예전에 비해 달러의 위상이 낮아지고 있는 것이 사실이기 때문에, 많은 전문가들은 만약 달러가 준비통화의

지위를 내려놓게 된다면 미국이 뭔가를 잃게 될 것이라고 믿는다. 왜 그럴까?

첫째, 미국인들은 세계 어디서나 달러로 거래하고 돈을 빌릴 수 있는 장점을 잃게 될 것이다. 이러한 장점 때문에 이제까지는 각종 거래비용을 낮출 수 있었고 환율변동의 위험을 피할 수 있었다. 둘째, 달러가 준비통화이기 때문에 외국투자자들은 미국 정부가 발행한 국채를 기꺼이 사들였고, 이 때문에 미국은 외국으로부터 싼 이자율로 차입할 수 있었다. 만약 달러가 준비통화의 지위를 상실한다면 더 이상 예전처럼 낮은 금리로 돈을 빌리지 못할 것이다. 마지막으로, 국제금융부문에서 뉴욕의 선도적 역할이 위협받을 것이며, 이는 그동안 미국의 부를 창출해 온 거대한 금융자본이 몰락하는 것을 의미한다.

유럽의 고정환율

고정환율의 장점 가운데 하나는 환율변동으로 인한 불확실성을 줄이는 것이다. 유럽 내 국가들 간의 거래 규모가 크기 때문에 이 장점은 매우 중요하다. 고정환율의 또 다른 장점은 인플레이션을 억제하는 데 유용하다는 것이다. 이러한 장점들이 유럽으로 하여금 고정환율을 선호하게 만들었다.

환율 메커니즘과 유럽통화동맹(EMU) 일찍이 유럽경제공동체(EEC) 회원국들은 1979년에 **유럽통화제도**(European Monetary System)를 만들었다. 당시 유럽 8개국이 통화가치의 변동을 제한하기 위해 **환율 메커니즘**(exchange rate mechanism, ERM)에 참여하기로 했다. 회원국들은 ecu라는 이름을 붙인 합성통화단위를 만들고 일정한 범위 내에서 자국 통화가치가 움직이도록 했다. 미국 달러나 다른 통화에 대해서는 함께 변동하되 회원국의 통화는 서로 일정한 범위 내에서 움직이도록 하였다. 그러나 사실상의 기준 통화는 안정적으로 강세를 유지하는 독일 마르크화였고, 영국과 프랑스는 그들 통화의 가치를 마르크화에 묶어 인플레이션을 억제하고자 했다.

그러나 영국은 1992년 ERM으로부터 철수해야 했다. 그 과정에서 외환시장 역사상 가장 유명한 투기적 공격이 일어났다. 영국은 인플레이션을 억제하기 위해 파운드화의 가치를 독일 마르크에 연계시켰지만 영국의 인플레이션은 독일에 비해 높았다. 구매력평가에 따르면 영국 파운드화는 가치가 떨어져야 했지만 마르크화에 묶어 버렸기 때문에 파운드화는 고평가 상태에 놓일 수밖에 없었다. 게다가 서독과 동독이 통일됨에 따라 독일 정부는 동독 지역을 재건하기 위해 외국인 투자자금이 필요했고 이를 유치하기 위해 이자율을 높게 유지했다. 독일의 높아진 이자율로 마르크화의 가치는 더 상승했다. 외환시장은 영국은행이 파운드의 가치를 방어하기 힘들 것이라고 확신했다. 비록 영국정부가 이자율을 올려 파운드의 가치를 방어하려고 했지만, 외환딜러들은 1992년 9월 16일 검은 수요일(Black Wednesday)까지 끊임없이 파운드를 팔았다. 결국 영국 정부는 ERM을 포기했고 파운드화의 변동을 허용했다. 파운드 투매에 참여한 외환딜러 가운데 주목할 만한 승자는 소로스였다. 헝가리 태생의 이 헤지펀드 매니저는 파운드 하락에 배팅하여 10억 달러 이상을 벌었다고 알려졌다. 영국은행을 붕괴시킨 사나이라는 이름이 붙여지기도 했다. 그러나 소로스는 다음과 같이 말하면서 자신 때문에 영국은행이 ERM을 포기한 것은 아니라고 주장했다. “통화가치는 시장이 움직인다. 영국 파운드는 나 같은 사람이 태어나지 않았어도 붕괴되었을 것이다. 나는 책임이 없다.” 같은 해인 1992

유럽통화동맹 1992년 유럽을 하나의 단일시장으로 만들고 궁극적으로 단일통화를 도입하기로 한 계획

유로 유럽국가들의 단일통화

유럽중앙은행 유로를 채택한 유럽국가들의 중앙은행

년에 아예 단일통화를 사용하자는 **유럽통화동맹**(European Monetary Union, EMU) 초안이 작성되었다. 이 초안에 **유로**(Euro)라는 이름의 단일통화가 등장했다.

유럽통화동맹(EMU)의 실제 1991년 12월, 네덜란드 마스트리히트에서 점진적으로 화폐를 통합해 나간다는 데 합의가 이루어졌다. 1990년대 중반까지 각국의 통화정책을 수렴시켜 나가는 것을 목표로 삼고 1999년 1월 1일 단일통화를 출범시키기로 했다. 각국은 인플레이션율과 정부부채를 수렴시켜야 했다. 출범 당시 11개 회원국이 조건을 충족시켰지만, 영국은 참가를 거부했다. 그림 16.3은 2010년 기준으로 단일통화 유로를 사용하고 있는 16개 회원국을 보여 준다.

이 장의 초반에 언급한 대로 출범 초기에 유로는 꽤 성공적인 것처럼 보였다. 2002년 1월 유로가 도입되고 2007년 금융위기가 발생하기 전까지 유럽 경제는 비교적 안정된 시기를 보냈다. 이자율과 인플레이션율은 낮았고 생산과 고용은 안정적으로 증가했다. 실제로 유로를 도입한 몇몇 국가는 유로를 사용하면서부터 두드러지게 번영했다. 스페인은 1999~2007년 사이 연간 3.9% 성장했다. 1990년대 중반 스페인의 실업률은 거의 20%에 육박했지만 2007년에는 8% 아래로 내려가기도 했다. 아일랜드와 그리스도 이 기간 동안 가파른 성장세를 보였다.

2007~2009년에 경제위기가 닥쳤을 때, 심하게 타격을 입은 국가들은 ECB의 존재 때문에 독자

그림 16.3

유로 사용국

2010년 12월 기준으로 유로를 채택하고 있는 유럽연합(EU) 16개 회원국이 빗금으로 표시되어 있다. EU 회원국이지만 유로를 채택하지 않은 나라는 파란색으로, EU 회원국이 아닌 국가는 흰색으로 표시되어 있다.

적으로 확장적인 통화정책을 쓸 수 없었다. 수출증대와 경기회복을 위해 통화를 평가절하할 수 없었다. 예전의 금본위제도하에서처럼 스스로 확장적인 통화정책을 펴지 못했고 환율을 평가절하할 수 없었다. 앞서 살펴본 대로 1930년대 초 대공황을 맞아 각국은 경기회복에 걸림돌이 되는 금본위제에서 잇달아 이탈했고, 결국 금본위제는 붕괴되었다.

유로에도 똑같은 일이 일어날까? 일부 경제학자들, 특히 유로의 출범에 의구심을 품었던 사람들은 유로가 붕괴될 수도 있다고 생각했다. 이상적으로 볼 때 여러 나라가 같은 통화를 사용하려면, 유럽 각국은 마치 미국의 개별 주처럼 서로 조화를 이룰 수 있어야 한다. 미국은 주간 노동이동이 자유롭고 조세도 어느 정도 조화를 이루고 있다. 연방정부라는 공동의 정부를 선출하여 공통의 정책을 추진하고 언어도 통일되어 있다. 그러나 유로 사용국은 경제적, 정책적, 문화적으로 훨씬 다양하다.

대공황 당시에도 각국이 금본위제를 탈퇴하는 데는 적지 않은 시간이 걸렸다. 그리스, 스페인, 포르투갈, 아일랜드가 유로를 포기할 것인가? 유로를 포기하면 통화의 가치를 떨어뜨리고 확장적 통화정책으로 경기를 좀 더 빨리 회복시킬 수 있을지 모른다. 그러나 이는 단일통화 유로를 사용하는 장기적 이점을 포기하는 대가를 치러야 하는 일이다. 아마도 유로는 우여곡절을 겪으면서 살아남을지 모른다.

통화 페그

고정환율제를 유지하는 또 다른 방법은 **페그**(pegging)를 하는 것이다. 페그를 한다는 것은 자국 통화를 어떤 나라의 통화에 대해 고정시키는 것이다. 즉 어떤 한 국가에 대해서만 고정환율을 유지한다. 여기에는 두 나라의 동의가 필요한 것은 아니다. 예를 들어 1990년대에 한국, 대만, 태국, 인도네시아를 포함한 신흥국들은 미국 달러에 그들의 통화를 고정시켰다. 고정환율에 대해 미국은 책임이 없고 책임은 전적으로 이들 국가에 있다. 이 국가들은 환율변동 리스크의 감소, 물가안정뿐만 아니라 해외에서 대출을 받는 기업을 보호하기 위해 고정환율을 선호했다. 아시아 국가들에게 이 세 번째 장점은 매우 중요한 것이었다. 만약 환율이 고정되지 않으면 달러표시 차입금에 대한 상환액이 크게 변동할 수 있기 때문이다.

페그 자국 통화를 어떤 나라의 통화에 대해 고정시키는 것

그러나 수요와 공급에 의해 결정된 통화의 균형환율은 페그된 환율보다 상당히 다를 수 있다. 항상 그러했듯이 고정환율제에는 고평가 또는 저평가의 문제가 발생한다. 1990년대 달러에 페그한 상태에서 고평가되었던 아시아 국가들의 통화 역시 투기적 공격의 대상이 되었다. 외환위기가 발생하자 이 국가들은 이자율을 올리고 본원통화를 줄이고 달러를 풀어 자국 통화를 사들이면서 페그시킨 환율을 유지하려고 했다. 그러나 결국 외환보유고가 고갈되면서 페그를 포기해야만 했다.

중국과 달러 페그

2000년대 후반 중국의 달러에 대한 위안화 페그 정책에 상당한 논란이 있었다. 중국은 1978년부터 계획경제에서 시장경제로 이행하기 시작했다. 1994년부터 중국은 1달러에 8.28위안으로 환율을 고정시켰다. 달러에 대한 페그는 중국 수출업체의 미국 판매가를 안정시켰다. 그러나 2000년대 초에

관련 사례

아시아 외환위기 설명하기

1997년과 1998년, 태국에서 시작된 통화가치 하락과 채무불이행 사태는 엄청난 속도로 아시아를 거쳐 러시아와 남미의 신흥경제로 퍼졌고 경제학자들과 정책 결정자들은 그 원인을 이해하려 애썼다. 태국이 1997년 7월 바트화를 평가절하했을 때, 마치 작은 돌 하나가 산사태를 일으키듯이 태국뿐 아니라 인도네시아, 한국, 말레이시아 등에서도 통화가치 절하와 산출량 감소가 나타났고 충격파는 일본과 중국에서까지 느껴졌다. 1998년 러시아의 채무불이행 선언은 또 한 번 신흥경제로부터의 자본 유출 사태를 초래했고 미국의 대형 헤지펀드 롱텀캐피탈매니지먼트의 극적인 몰락에 기여했다. 말레이시아는 위기에 대한 대응으로 외환 투기세력을 비난하고 자본통제를 실시했는데, 이 때문에 여러 경제학자들은 자본통제와 무역제약의 소용돌이가 신흥경제를 휩쓸 것으로 걱정했다.

도대체 무엇이 잘못된 것일까? 아시아 외환위기가 발생하기 전, 민간부문의 단기 자본유입으로 아시아 국가들의 금고는 넘쳐났고 대출도 늘어났는데, 이 중 상당 부분은 외화표시 부채였다. 1996년에서 1998년 사이 태국, 한국, 말레이시아, 인도네시아, 필리핀으로의 순 민간 자본유입의 증감은 매우 컸는데 위기 전 국내총생산의 11% 정도에 이르렀다. 한 견해에 따르면 자본유입 변화에 따른 시장의 기대와 심리의 변화가 위기를 시작시킨 주요한 원인이었고, 위기는 IMF와 국제금융계의 경직된 정책 대응으로 더욱 악화되었다.

또 다른 견해에 따르면 아시아 경제와 금융의 기초 여건은 1997년 초에 이미 약화되어 있었다. 이들 국가에서는 허술한 감독과 불충분한 위기 관리로 부실해진 은행들이 도덕적 해이에 빠져들었다. 지나치게 많은 위험을 감수하기도 했고 수익성이 없는 사업에 대출을 하기도 했다. 도덕적 해이의 문제는 국내 상황에 의해서만 발생했다고 할 수 없는데, 위기 전 국제은행들이 이 지역의 금융권에 거액을 대출해 주었다는 점에서 그렇다. (이렇게 생긴 빚은 대부분 외화표시 대출과 채권의 형태였다.) 낮은 자기자본율로 이미 약화된 금융시스템은 악성채무의 축적이라는 문제에 당면했다. 악성채무 문제는 급속히 진행된 자본유출입 자유화와 금융시장 규제완화로 더욱 심각해졌는데 이 같은 정책이 해외로부터의 자본공급을 증가시켰기 때문이다.

왜 국제은행들은 이렇게 위험한 대출을 해 준 것일까? 이 견해에 따르면 국제채권자들은 대출 위험이 적다고 믿었는데 대부분의 대출이 지역은행들에게 제공된 단기 대출이었기 때문이다. 뿐만 아니라 국제채권자들은 대출에 문제가 생기면 정부가 개입해서 대신 갚아 주거나 그렇지 않으면 IMF가 개입할 것이라고 생각했다. 프린스턴대학의 노벨상 수상자 크루그먼을 비롯한 몇몇 저명한 경제학자들은 미래에 있을 구제금융에 대한 기대로 인해 국제투자자들이 아시아 경제에 대출을 해 줄 때 지나치게 많은 위험을 감수할 유인을 갖게 되었다고 주장한다.

어떤 견해가 맞는 것일까? 각 견해에서 제시된 요인들 모두 다 일정한 역할을 했다는 점은 거의 확실하다. 아시아 경제와 금융시스템의 기본 토대가 약했기 때문에 태국에서 일본에 이르는 국가들이 개혁 노력을 기울여 온 것이다. 대부분의 경제학들은 자본유출입을 통제하려는 정책에 반대하면서도 IMF의 역할에 대해서는 강하게 비판했다. 특히 다수 경제학자들은 IMF가 대출을 할 때는 중앙은행의 원리를 따를 것을 제안한다. 즉 IMF는 최종대부자 역할을 함과 동시에 국내 은행시스템이 충분한 충격흡수능력을 유지하도록 해서 금융위기의 출현의 가능성을 낮추어야 한다는 것이다.

많은 전문가들이 위안화가 달러에 대해 저평가되었다고 지적했다. 몇몇 미국 기업은 위안화의 저평가가 중국 기업들에게 불공정한 이득을 주고 있다고 주장했다.

그러자 중국 정부는 2005년 7월 바스켓(basket) 제도를 도입했다. 달러에만 페그시키는 것이 아니라 교역 비중이 높은 미국의 달러화, 일본의 엔화, 유로화, 한국의 원화 등의 평균적인 가치에 위안화를 연계하기로 한 것이다. 제도를 바꾸자 위안화의 가치는 달러당 8.28에서 8.11로 소폭 상승하였다. 중국중앙은행은 페그제에서 관리변동환율제로 전환을 선언했다. 그러나 위안화의 절상폭은 미미하였고, 중국중앙은행은 바스켓 환율을 실제로 어떻게 결정하는지 설명하지 않았다.

그림 16.4는 2005년 7월과 2008년 7월 사이에 위안화 가치가 달러에 대해 점진적으로 상승한 것을 보여 준다. 그러나 그 이후 달러당 6.83위안으로 안정되자 다시 '강한 페그(hard peg)'로 돌아

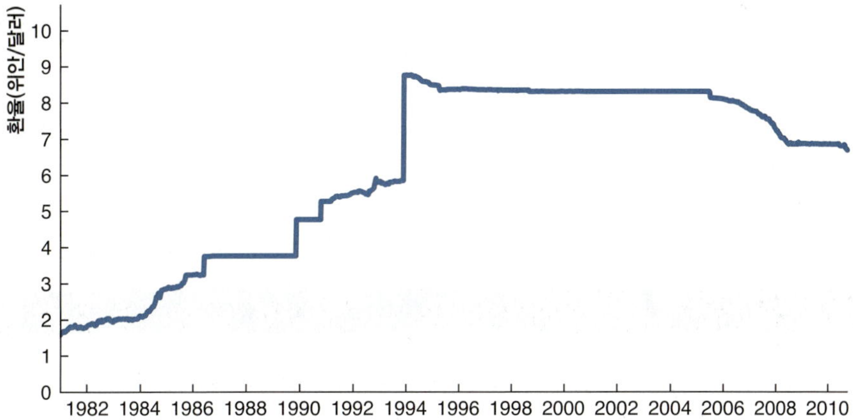

그림 16.4

위안-달러 환율

중국은 1994년 달러에 대해 위안의 가치를 페그했다. 2005년 7월~2008년 7월 사이 위안화의 가치는 점진적으로 상승했다. 그러나 그 이후 달러당 6.83위안으로 안정되었고, 다시 '강한 페그(hard peg)'로 돌아간 듯했다. 비록 2010년 6월 중국중앙은행이 위안화 절상을 용인한다고 발표했지만 환율이 크게 변하지는 않았다.

출처 : Federal Reserve Bank of St. Louis.

간 듯했다. 중국은 미국의 정책당국자들로부터 또 비난을 받았다. 2010년 중반 미국의 오바마 대통령은 "시장에서 결정되는 환율이야말로 글로벌경제 활성화의 핵심"이라고 주장하였다. 중국중앙은행은 며칠 후에 다시 바스켓 제도를 가동한다고 이에 응답했다. 매일 아침 위안화 환율을 정하면서 중국중앙은행은 외환시장에서 수요와 공급을 주시하고 있다고 말한다. 그러나 환율이 크게 변하지는 않았다. 중국이 미국에 대해 대규모 무역수지 흑자를 유지하는 한, 중국의 환율정책에 대한 논란은 계속될 것이다.

16장의 질문에 대한 답변

Question 유럽국가들은 단일통화의 사용을 포기해야 하는가?

Answer 대부분의 유럽국가들은 유로의 장점, 즉 역내에서 자유롭게 사고팔고 투자하는 장점을 누렸다. 실제 2002년 도입에서부터 2007년 금융위기 초까지 유럽 경제의 성과는 괜찮았다. 그러나 금융위기로 인해 유럽중앙은행과의 갈등이 불거졌다. 금융위기로 심한 타격을 받은 국가들은 평가절하를 통한 경기회복을 기대할 수 없었다. 이 점에서 유로시스템은 붕괴할 가능성이 있다. 그러나 많은 유럽의 경제학자와 정책 당국자들이 여전히 단일통화의 장점이 단점을 메울 수 있다는 신념을 갖고 있기 때문에 시스템을 그대로 유지해 나갈 가능성이 더 높아 보인다.

핵심용어

고정환율제도
관리변동환율체제
국제통화기금(IMF)
금본위제도
변동환율제도
불태화 외환시장 개입
브레튼우즈 시스템
외환보유고

외환시장 개입
유럽중앙은행(ECB)
유럽통화동맹(EMU)
유로
태화 외환시장 개입
페그
평가절상
평가절하
환율제도

연습문제

01 카네기멜론대학의 경제학자인 멜처는 다음과 같이 주장했다. "나는 연준이 외환시장에 개입할 때 흔하게 쓰는 방식인 불태화 외환시장 개입이 달러의 가치에 영향을 주었다는 것을 보인 연구를 아직 하나도 보지 못했다."

a. '불태화 외환시장 개입'은 무엇인가?

b. 연준은 외환시장에서 불태화 개입을 어떻게 이행하는가?

c. 왜 불태화 개입은 달러의 가치에 영향을 주지 않는가?

출처 : Joel Kurtzman, "Fed vs. Treasury on Dollar's Value," *New York Times*, March 28, 1990.

02 연준이 엔화표시 일본 국채 50억 달러를 매각하는 경우에 연준의 대차대조표가 어떻게 변하는지 T-계정을 이용하여 보여라. 연준의 외환보유고와 본원통화는 어떻게 되는가? 이것은 불태화 개입인가, 태화 개입인가?

03 연준이 유로표시 독일 국채를 20억 달러 매입하고 동시에 미국 국채 20억 달러를 공개시장조작으로 매각하였다. T-계정을 이용하여 연준의 대차대조표가 어떻게 변하는지 보여라. 연준의 본원통화는 어떻게 되는가? 이것은 불태화 개입인가, 태화 개입인가?

04 다음의 경우에 미국의 본원통화는 어떻게 변하는가?

a. 연준이 외화자산을 100억 달러 매입

b. 연준이 외화자산을 100억 달러 매각하고 미 재무성증권을 100억 달러 매입

c. 연준이 불태화 외환시장 개입을 수행

d. 연준이 외환자산을 100억 달러 매각하고 미 재무성증권 100억 달러 매각

05 일본중앙은행이 미 재무성증권을 50억 달러 매각한다고 가정하자. 달러와 엔의 환율에 어떤 영향을 주는지 보기 위해 (달러와 교환되는) 엔의 수요와 공급 그래프로 나타내라. 단, 환율은 $/¥으로 정의된다.

06 만약 연준이 연방기금금리 목표를 변화시키지 않는다면 연준이 환율을 변화시키기 위해 외환시장에 개입할 수 있는가? 만약 연준이 연방기금금리를 변화시키지 않는다는 목표를 세우면서 외환시장에 개입하고자 한다면, 연준의 회계 담당 매니저는 연방기금금리 목표를 유지하기 위해 어떻게 해야 하는가?

07 금본위제하에서 인플레이션은 가능한가? 개별 국가의 경우와 전 세계의 경우 둘 다 고려하라.

08 다음 주장을 평가해 보라. "미국은 사실상 1933년에 금본위제를 떠나지 않았다. 브레튼우즈 시스템하에서 미국은 고정된 가격으로 금을 달러로 언제든지 교환해 주기로 했다."

09 다음은 2010년 중반 이코노미스트지에 실린 기사이다. "유럽의 단일통화를 해체로부터 구원하는 방법에 대한 논의는 꽉 막혀 있다. 이렇게 된 데는 유로존의 양대국 독일과 프랑스가 공조를 강조하면서도 무엇을 공조할 것인지 동의하지 못하고 있기 때문이다." 여기서 '공조'란 무엇인가? 유로가 살아남기 위해서는 무엇을 해야 하는가?

출처 : "Staring Into the Abyss," *Economist*, July 8, 2010.

10 다음은 1997년 뉴욕타임스에 실린 기사이다. "오늘 한국 정부는 IMF에 긴급구제금융을 요청했다. 자금의 규모는 600억 달러로, 이는 지난 달 인도네시아에 대한 지원금의 3배이자 8월에 태국에 제공된 자금의 4배에 달한다.

a. IMF가 한 국가에 대하여 '긴급구제'한다는 것은 무슨 뜻인가?

b. IMF는 왜 1997년에 한국, 인도네시아, 태국에 긴급구제 금융을 제공했는가? 긴급구제의 목적은 무엇인가?

출처 : Nicholas Kristof, "South Korea Moves Closer to Requesting I.M.F. Aid," *New York Times*, November 21, 1997.

11 2010년 초 중국 위안화 환율의 적정성에 대해 미국의 오바마 대통령은 다음과 같이 말했다. "우리 상품의 가격은 인위적으로 인플레되어 있고(artificially inflated), 중국 상품은 인위적으로 디플레되어 있다(artificially deflated). 이 때문에 우리는 경쟁에 불이익을 받을 수밖에 없다."

a. 미국 상품이 '인위적으로 인플레되어 있고', 중국 상품은 '인위적으로 디플레되어 있다'면 중국의 위안화는 달러에 대해 가치가 어떻게 평가되고 있다는 것인가?

b. 왜 가격의 '인플레이션'과 '디플레이션'이 미국 상품을 경쟁 열위에 놓이게 만드는가?

출처 : Edward Wong and Mark Landler, "China Rejects U.S. Complaints on Its Currency," *New York Times*, February 4, 2010.

제5부

금융시스템과 거시경제

Money, Banking, and the Financial System

CHAPTER 17

화폐이론 I : *AD-AS* 모형

[학습목표]

17.1 총수요곡선이 어떻게 도출되는지 설명한다.

17.2 총공급곡선이 어떻게 도출되는지 설명한다.

17.3 *AD-AS* 모형을 이용하여 거시경제 균형을 도출한다.

17.4 *AD-AS* 모형을 이용하여 통화정책의 효과를 설명한다.

미국은 높아진 실업률을 '새로운 정상 수준'으로 받아들여야 하는가?

전미경제연구원(NBER)에 따르면 대침체(The Great Recession)라고 불리는 금융위기는 2007년 12월에 시작하여 2009년 7월에 끝났다. 그러나 침체 기간이 끝난 후에도 실업률이 상승했다. 2009년 7월 9.4%에서 2010년 10월 9.6%까지 올라간 것이다. 실업의 범위를 넓혀 정의할 때에는 구직을 포기하거나 정규직을 찾지 못해 파트타임으로 일하는 사람들까지 포함시킨다. 이렇게 측정한 실업률은 2010년 10월 17%였고 이는 1년 전과 거의 같은 수치였다. 장기 실업이 차지하는 비중도 높아졌다. 2010년 10월 실업자 중 42%가 실업 기간 6개월 이상의 장기 실업자였다. 6개월 이상 실업자의 비중은 1년 전만 해도 36%였고 2007년 4월에는 17.5%에 불과했다. 게다가 약 150만 명이 99주 이상 실업 상태였다.

연준은 수년간 실업률이 높은 수준을 유지할 것이며, 완전고용 실업률인 5.0~5.5%로 회복될 때까지는 아주 오랜 시간이 걸릴지도 모른다고 전망했다. 일부 경제학자들은 이렇게 비관적인 예측이 당연한 것일 수 있다고 생각하였으며, 높은 실업률이 '뉴노멀(new normal)'이라고 말하기 시작했다. 예전에 비해 실업률이 완전고용 상태로 천천히 회복되는 이유는 무엇일까? 경제학자들은 경제의 구조 변화를 그 이유로 든다. 2004년과 2005년 동안 주택건설부문이 GDP의 6% 이상을 차지하였지만 2010년 상반기에는 2.5%에 불과했다. 작은 수치처럼 보일지 모르지만 이는 신규주택 구입 지출이 4,500억 달러나 줄어든 것을 뜻한다. 건설부문의 고용은 2006년 봄의 정점으로부터 2010년 9월까지 200만 명 이상 줄어들었다. 침체 기간 동안 실직자의 4분의 1이 건설업에서 나왔으며, 특히 주택건설 부분의 일자리는 44%나 줄어들었다. 건설업에 종사했던 근로자들은 다른

17장의 이슈와 질문

▶정답은 412쪽에

Issue 금융위기가 회복되는 과정에서도 실업률은 여전히 높았다.

Question 2009년 시작된 경기회복 기간에도 실업률이 높게 유지된 것은 무엇 때문인가?

곳에서 일자리를 구해야 하고, 그렇게 하자면 새로운 기술을 습득하거나 다른 분야로 진출해야 한다. 주택담보대출, 부동산 감정평가, 가구, 가전제품, 건축설비와 같이 건설 경기에 영향을 받는 업종에서 일하는 사람들에게도 비슷한 일이 발생했다. 침체는 자동차 산업에도 타격을 주었고, 2010년 생산량은 2005년의 정점에 비해 30%가량 줄어들었다. GM과 크라이슬러가 파산하여 납품업체들도 문을 닫게 되었고, 자동차 산업을 떠난 실직자들은 새로운 일자리를 찾지 못했다.

미니애폴리스 연준은행 총재인 코첼라코타(Narayana Kocherlakota)는 2010년 미국 노동시장이 드문 상황에 처해 있다고 주장하였다. 일부 산업에서 대량 실업이 발생하는 반면 다른 산업, 특히 제조업, 원유탐사업, 그 밖에 숙련노동을 요하는 산업은 오히려 구인난을 겪고 있다는 것이다. 즉 일자리의 미스매치(mismatch)가 심각하다는 것이다. 코첼라코타는 이러한 미스매치가 없다면 2010년 8월 실업률은 9.6%가 아닌 6.5%가 되어야 한다고 추정했다. 사람들이 경제의 구조 변화에 적응하는 데는 꽤 오랜 시간이 걸릴지 모른다.

출처 : U.S. Bureau of Labor Statistics, *Employment Situation Summary, August 2010*, September 3, 2010; Board of Governors of the Federal Reserve System, *Monetary Policy Report to the Congress*, July 21, 2010; U.S. Bureau of Economic Analysis; Narayana Kocherlakota, "Back Inside the FOMC," speech delivered in Missoula, Montana, September 8, 2010; and Nelson D. Schwartz, "Jobless and Staying That Way," *New York Times*, August 7, 2010.

이제까지 통화정책이 실물경제에 어떤 영향을 주는지 직접 분석하지는 않았다. 이번 장과 다음 장에서는 거시경제 모형을 사용하여 통화량, 이자율, GDP, 물가의 관계를 살펴보기로 한다. 먼저 **총수요-총공급(*AD-AS*) 모형**에서 출발해 보기로 하자.

17.1 총수요곡선

[학습목표]
총수요곡선이 어떻게 도출되는지 설명한다.

재화와 서비스에 대한 수요와 물가 수준 간의 관계부터 살펴보기로 하자. 경제학자들은 **총지출**(aggregate expenditure)이라는 용어를 사용하여 가계, 기업, 정부의 수요를 분석한다. 재화와 서비스에 대한 총지출은 다음 네 가지 요소, 즉 (1) 가계에 의한 소비 C, (2) 공장, 사무용 빌딩, 기계설비와 같은 자본재에 대한 기업의 지출과 가계의 신규주택 구입 지출 I, (3) 연방정부, 주정부, 지역정부에 의한 정부지출 G(연금 지급과 같은 개인에 대한 이전지출은 포함되지 않음), (4) 국내에서 생산된 재화와 서비스의 수출에서 해외에서 생산된 재화와 서비스의 수입을 뺀 순수출 NX로 구성된다. 총지출 AE는 다음과 같이 나타낼 수 있다.

$$AE = C + I + G + NX$$

총수요곡선 재화와 서비스에 대한 총지출과 물가 수준 간의 관계를 나타내는 곡선

총지출 개념을 이용하여 **총수요**(aggregate demand, *AD*)**곡선**을 도출할 수 있다. 총수요곡선은 가계, 기업, 정부에 의해 사용되는 재화와 서비스에 대한 총지출과 물가 수준 간의 관계를 나타낸다. 그림 17.1은 가로축에 총산출(Y), 세로축에 물가 수준(P)을 표시한 총수요곡선을 보여 준다. 총수요곡선이 어떻게 도출되는지는 다음 절에서 분석한다.

그림 17.1

총수요곡선

총수요곡선은 물가 수준과 총지출 간의 관계를 나타낸다.

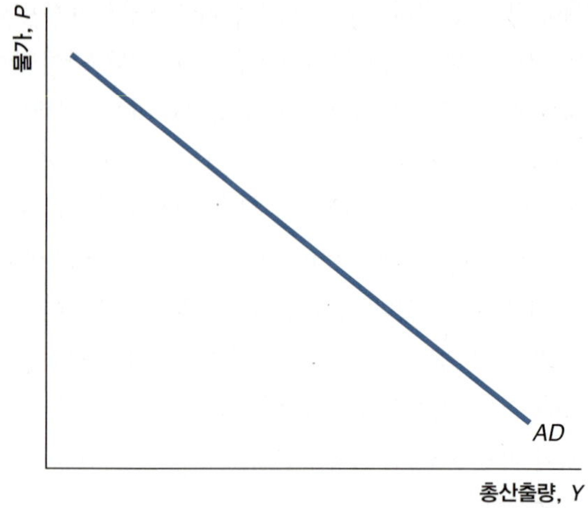

화폐시장과 총수요곡선

AD 곡선의 형태와 위치는 균형산출량과 균형물가 수준을 결정하는 데 중요하다. 다른 요인이 일정할 때 물가 수준의 상승이 재화와 서비스의 총지출을 줄어들게 하므로 *AD* 곡선은 우하향한다. 물가 수준의 상승으로 이러한 효과가 나타나는 이유는 **화폐시장**(market for money)을 살펴봄으로써 이해할 수 있다.[1] 화폐시장에서는 가계와 기업에 의해 수요되는 M1(현금 및 수표발행예금)과 연준이 공급하는 M1 사이에 상호작용이 일어난다. 이와 같이 화폐시장을 분석하는 이론을 종종 **유동성선호이론**(liquidity preference theory)이라고 부르는데, 이는 영국의 경제학자 케인즈가 붙인 명칭이다.

가계와 기업에 의한 M1 수요량은 물가 수준에 의존한다. 물가 수준이 낮을 때에는 거래를 위해 필요한 화폐량이 비교적 적지만 물가 수준이 상승하면서 점점 필요한 화폐량이 늘어나게 된다. 이러한 점을 고려하여 경제학자들은 **실질화폐잔고**[real money balances(*M*/*P*), 줄여서 실질잔고라 부르기도 함]라는 개념을 사용한다. 이는 통화량 *M*을 물가 수준 *P*로 나눈 것으로, 보통 *M*으로는 M1을 사용하며 *P*는 소비자 물가지수(CPI) 또는 GDP 디플레이터로 측정한다.

실질화폐잔고, *M*/*P* 물가 수준으로 조정된 화폐의 가치

그림 17.2(a)에는 세로축에 재무성 단기채권 이자율 같은 단기명목이자율(*i*), 가로축에 실질화폐잔고(*M*/*P*)가 표시되어 있다. 이 그래프는 실질화폐잔고에 대한 수요곡선이 우하향하는 것을 보여주고 있다. 가계와 기업이 화폐를 보유하는 것은 기본적으로 거래적 동기 때문이다. 사람들이 교환의 매개수단으로 화폐를 보유하기 때문이다. 그러나 사람들은 화폐 보유의 편리함과 화폐 보유에 따른 낮은 이자율(혹은 제로금리) 간의 상충관계에 직면한다. 단기국채와 같은 단기금융자산에 대

1 주의할 점 : 일반적으로 '화폐시장'이라고 할 때에는 단기국채와 같이 만기가 1년 이하의 단기금융상품이 거래되는 시장을 말한다. 그런데 경제학자들은 화폐의 수요와 공급에 대해 분석할 때도 '화폐시장'이라는 용어를 사용한다. 즉 화폐시장이라는 용어는 두 가지 용도로 다 쓰일 수 있다. 다만 한국에서는 혼동을 피하기 위해 단기금융상품이 거래되는 시장이라는 의미를 부각시키기 위해 단기금융시장이라는 용어를 사용한다. 물론 학술적으로는 여전히 화폐시장이라는 용어를 사용하기도 한다.

한 이자율이 높아질수록 사람들은 화폐를 적게 보유하려고 한다. 따라서 단기 명목이자율은 **화폐 보유에 따른 기회비용**이라고 할 수 있다. 이자율이 높을수록 사람들이 보유하고자 하는 실질화폐잔고는 작아질 것이다. 반대로 이자율이 낮을수록 사람들이 보유하고자 하는 실질화폐잔고는 많아진다. 따라서 실질화폐수요곡선은 이자율에 대해 우하향하는 기울기를 가진다. 한편 연준이 M1을 완벽히 통제할 수 있다고 가정하면 실질공급곡선은 수직이 될 것이다. 물론 제14장에서 은행과 민간의 행동이 M1의 크기에 영향을 미친다는 것을 살펴보았지만, 여기서는 분석의 단순화를 위해 연준이 M1을 통제할 수 있다고 가정하기로 한다.

그림 17.2(b)는 명목화폐공급(현금 및 수표발행예금)이 일정하다는 가정하에 물가 상승이 화폐시장에 어떤 영향을 주는지 보여 준다. 물가 상승은 실질화폐공급을 감소시키므로 공급곡선을 $(M/P)^S_1$에서 $(M/P)^S_2$로 좌측으로 이동시킨다. 공급곡선이 좌측으로 이동하면 최초의 균형이자율 i_1에서 실질화폐수요가 실질화폐공급보다 많아지게 된다. 화폐수요를 충족시키기 위해 사람들은 재무성채권과 같은 단기자산을 처분하여 실질화폐잔고를 유지하려고 할 것이다. 재무성채권의 공급 증가는 채권가격을 하락시키고 이자율을 상승시킬 것이다. 이자율은 새로운 균형이자율까지 상승한다. 이와 같이 물가의 상승은 다른 조건이 일정할 때 이자율을 상승시킨다.

이자율이 상승하면 기업들은 공장과 설비에 대한 투자지출을 줄이려 하고 소비자들은 지출보다는 저축을 더 하려는 유인을 갖는다. 소비(C)와 투자(I)가 감소하므로 총지출(AE)이 감소한다. 한

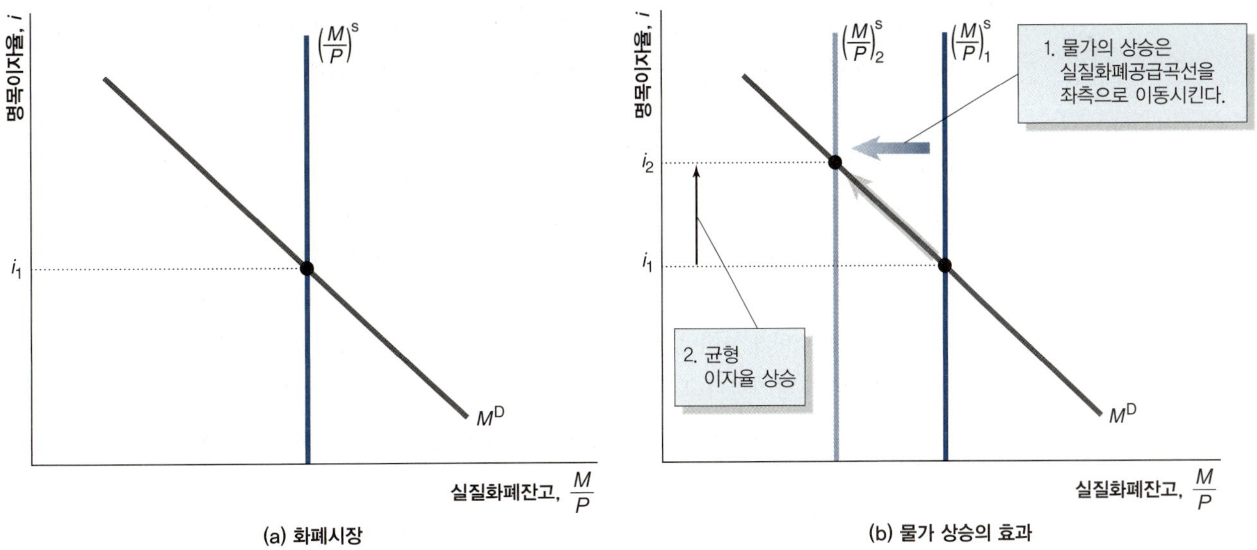

그림 17.2 화폐시장

(a)에서, 단기 이자율이 높을수록 화폐 보유에 따른 기회비용이 증가하기 때문에 실질화폐수요곡선이 우하향한다. 또한 연준이 M1을 통제할 수 있다는 가정하에 실질화폐공급곡선은 수직이다.
(b)에서, 물가 상승에 따라 실질화폐공급곡선이 $(M/P)^S_1$에서 $(M/P)^S_2$로 좌측으로 이동하고 균형이자율은 i_1에서 i_2로 상승한다.

편 이자율 상승은 환율에 영향을 미치기 때문에 순수출(*NX*)도 변한다. 국내이자율이 해외이자율에 비해 상대적으로 높아진 것은, 국내금융자산의 수익률이 해외금융자산의 수익률보다 높아져 국내금융자산의 매력도가 높아진 것이므로 자국 통화에 대한 수요가 증가한다. 자국 통화에 대한 수요 증가는 환율을 하락(자국 통화가치의 상승)시키므로 수입이 증가하고 수출이 감소하여 순수출(*NX*)과 총지출(*AE*)이 감소한다. 반대로 물가의 하락은 실질화폐잔고를 증가시키고 이자율을 낮춘다. 이자율이 낮아지면 저축이 줄어들고(소비는 증가) 투자와 순수출이 증가하기 때문에 총지출 또한 증가한다.

그림 17.1을 통해 *AD* 곡선이 개별 상품의 수요곡선처럼 우하향하는 것을 알 수 있다. 그러나 *AD* 곡선이 우하향하는 이유가 개별 상품의 수요곡선이 우하향하는 이유와는 다르다는 점에 유의해야 한다. 개별 상품의 수요곡선과 달리 *AD* 곡선 상의 점들은 물가와 총산출량의 균형 조합을 나타낸 것이다. 앞으로 살펴보겠지만, 이 균형 조합 가운데 어느 점이 최종적인 균형점이 되는가는 총공급에 달려 있다.

총수요곡선의 이동

주어진 물가 수준에서 총지출이 증가하거나 감소할 때 *AD* 곡선이 이동한다. *AD* 곡선이 우측으로 이동하는 것은 경제의 팽창을 의미한다. 각 물가 수준에서 총지출이 증가하는 것이기 때문이다. 반대로 *AD* 곡선이 좌측으로 이동하는 것은 경제의 축소를 의미한다. 각 물가 수준에서 총지출이 감소하는 것이기 때문이다.

이제 총수요곡선을 이동시키는 주요 요인에 대해 살펴보기로 하자. 만약 주어진 물가 수준에서 연준이 명목화폐공급을 증가시키면 실질화폐잔고가 증가한다. 화폐시장에서 이자율이 하락하면 소비(*C*), 투자(*I*), 순수출(*NX*)이 모두 증가한다. 총지출(*AE*)의 증가는 *AD* 곡선을 우측으로 이동시킨다. 반대로 연준이 명목화폐공급을 감소시키면 실질화폐잔고가 감소한다. 이자율이 상승하고 소비, 투자, 순수출 모두 감소한다. 총지출의 감소는 *AD* 곡선을 좌측으로 이동시킨다.

이 밖에도 *AD* 곡선은 여러 가지 이유로 이동한다. 만약 어떤 이유로 소비자들이 저축을 줄이고 소비를 증가시키면 *AD* 곡선은 우측으로 이동한다. 소비자들이 미래 소득의 증가를 예상한다면 저축이 줄어들고 소비가 늘어날 것이다. 대부분의 경제학자들은 조세의 감소가 현재의 가처분소득을 증가시켜 소비가 증가한다고 생각한다. 기업들은 향후에 자본의 수익률이 증가하거나 사업소득세가 감소할 것을 예상하면 투자를 증가시키려고 한다. 정부지출(*G*)의 증가는 즉각적으로 총지출을 증가시킨다. 자국 제품에 대한 해외의 수요가 증가하면 순수출(*NX*)이 증가한다. 소비(*C*), 투자(*I*), 정부지출(*G*), 순수출(*NX*)의 증가는 총지출(*AE*)을 증가시키고 *AD* 곡선은 우측으로 이동한다. 반대로 소비, 투자, 정부지출, 순수출의 감소는 *AD* 곡선을 좌측으로 이동시킨다. 표 17.1은 총수요곡선을 이동시키는 요인을 요약하였다.

표 17.1 총수요곡선의 이동에 따른 결정요인

아래 요인의 증가	*AD* 곡선의 이동	결과
명목화폐공급	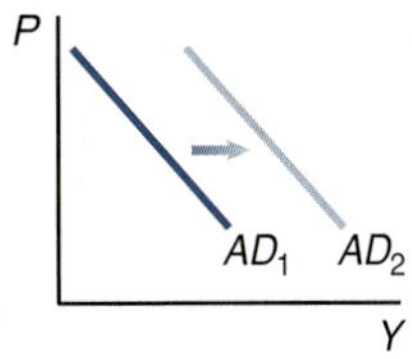	실질화폐잔고 증가 및 이자율 하락
미래의 기대소득	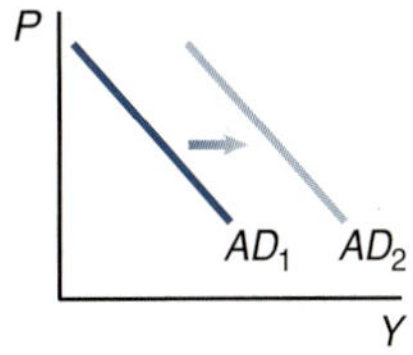	소비 증가
정부지출	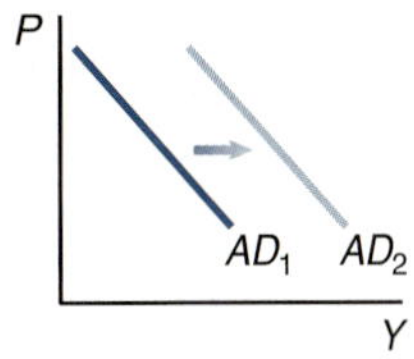	총수요의 즉각적인 증가
예상되는 자본의 수익률	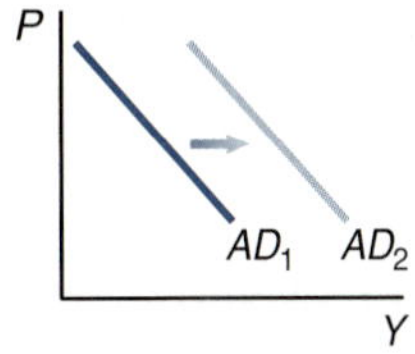	투자 증가
사업소득세	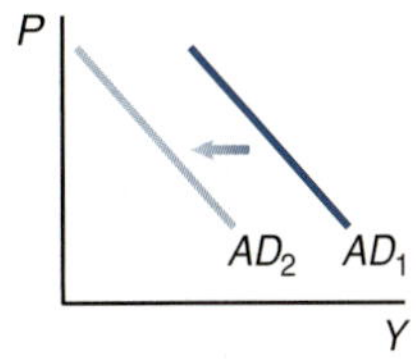	투자 감소

17.2 총공급곡선

AD-AS 모형의 두 번째 구성요소는 **총공급**(aggregate supply)이다. 총공급이란 기업들이 주어진 물가 수준에서 기꺼이 공급하고자 하는 총산출량(실질 GDP)을 뜻한다. 먼저 **단기 총공급곡선**[short-run aggregate supply(*SRAS*) curve]을 도출해 보기로 하자. 단기 총공급곡선이란 단기에 물가 수준과 기업들이 기꺼이 공급하려는 총산출량 간의 관계를 나타낸다.

단기 총공급곡선의 분석은 총수요곡선처럼 간단하지 않다. 물가의 변화에 따른 기업의 반응은 단기와 장기에서 차이가 난다. 따라서 우리는 기업들이 직면한 총공급곡선의 분석을 단기와 장기로 분리하여 분석하고자 한다. 먼저 단기 총공급곡선부터 살펴본 다음 장기 총공급곡선을 도출하기로 한

[학습목표]
총공급곡선이 어떻게 도출되는지 설명한다.

총공급 기업들이 주어진 물가 수준에서 기꺼이 공급하려는 총산출량, 또는 실질 GDP

단기 총공급곡선(*SRAS*) 물가 수준과 기업들에 의해 공급되는 총산출량(실질 GDP) 간의 단기적 관계를 나타내는 곡선

다. 경제학자들은 기업의 단기적인 행태에 대해 완전히 동의하지 않는다. 대부분의 경제학자들은 단기적으로 물가가 상승할 때 총공급량도 증가한다고 보고 있다. 그러나 장기적으로는 물가의 변화가 총공급량을 변화시키지 않는다고 본다. 경제학자들은 이러한 패턴이 서로 다른 원인 때문에 나타나는 것으로 여긴다.

단기 총공급곡선은 개별 기업의 공급곡선처럼 보일지 모른다. 그러나 개별 기업의 공급곡선이 해당 재화의 가격과 공급량 간의 관계인 반면 경제 전체의 단기 총공급곡선은 물가 수준과 총공급량 간의 관계이다.

단기 총공급곡선

단기 총공급곡선이 우상향하는 데는 몇 가지 이유가 있다. 그 가운데 하나는 **새고전학파**(new classical)의 거장인 시카고대학의 루카스(Robert. E. Lucas, Jr.)에 의해 고안되었다. 그의 접근 방법은 **착오이론**(misperception theory)이라고 불리기도 한다. 개별 기업은 자신이 생산하는 제품의 가격이 상승할 때, 그것이 다른 제품의 가격에 비해 상대적으로 상승한 것인지 아니면 전반적인 물가의 상승으로 그렇게 된 것인지 분간하기 어렵다. 예를 들어 당신이 장난감 회사를 경영하고 있는데 장난감 가격이 15% 올랐다고 해 보자. 만약 당신의 장난감 가격이 다른 장난감 가격에 비해 상대적으로 상승한 것이라면 수요 증가에 대해 생산 증가로 대응할 것이다. 그러나 만약 전체적으로 물가가 15% 상승한 것이라면 장난감의 상대가격에는 변함이 없는 것이므로 생산을 늘려 이윤을 증가시킬 수 없다고 생각할 것이다.

물론 당신은 수많은 생산자 가운데 하나에 불과하다. 모든 생산자에 대해 일반화시키면 착오이론으로 경제의 총공급량이 물가 수준에 반응하는 것을 설명할 수 있다. 경제 전체적으로 물가가 15% 상승하지만 제품 간의 상대가격은 변하지 않는다고 가정해 보자. 그런데 개별적인 생산자들이 이 상황을 제대로 인식하지 못하면 총산출량이 증가한다. 왜 그럴까? 개별 생산자들이 그들 제품의 가격 상승을 상대가격이 상승한 것으로 잘못 생각하면 각자 공급량을 증가시키는데, 이러한 일이 수많은 개별 생산자에게 동시에 일어나면 전체적으로 생산량이 증가하기 때문이다. 새고전학파의 견해에 따르면, 예상물가의 상승률과 실제 가격의 상승률이 같으면 생산량을 변화시키지 않지만, 예상물가의 상승률과 실제 가격의 상승률이 다르면 생산량을 증가시키거나 감소시킨다. 만약 모든 생산자가 물가가 10% 상승할 것으로 예상하는데 실제 가격은 5%만 상승하면 생산을 줄일 것이다.

이러한 기업의 행태를 가정할 때, 총공급량은 실제 물가 수준과 예상 물가 수준의 차이와 정(+)의 관계를 갖게 된다. 이제 새고전학파의 총공급곡선을 표현해 보자. 실제 물가 수준이 P이고 예상 물가 수준이 P^e라고 할 때, 총산출량과 물가 수준 간의 관계를 다음과 같이 나타낼 수 있다.

$$Y = Y^p + a(P - P^e)$$

Y : 실질 총산출량 또는 실질 GDP

Y^p : 잠재 또는 완전고용 GDP(완전고용 수준에서 생산되는 실질 산출량)

a : 실제 물가 수준과 예상 물가 수준의 차이에 대해 산출량이 얼마만큼 반응하는지를 나타내는 양(+)의 계수

이 식은 실제 물가 수준과 예상 물가 수준이 일치할 때($P = P^e$) 산출량 Y가 잠재 GDP, 즉 Y^p와 일치한다는 것을 나타낸다. 실제 물가 수준이 예상 물가 수준보다 높으면($P > P^e$) 기업들은 산출량을 증가시킬 것이다. 이에 반해 실제 물가 수준이 예상 물가 수준보다 낮으면($P < P^e$) 기업들은 산출량을 감소시킨다. 기업들이 상대가격의 변화와 일반 물가 수준의 변화를 구별할 수 있을 때까지 단기 산출량은 완전고용 수준보다 높거나 낮을 수 있다. 따라서 단기적으로는 주어진 예상 물가 수준에서 실제 물가 수준의 상승이 공급되는 총산출량을 증가시키며, 그에 따라 단기 총공급곡선(*SRAS* curve)은 우상향한다.

그런데 총공급곡선이 우상향하는 이유에 대해 케인즈와 그의 추종자들은 새고전학파와는 다르게 설명한다. 무엇보다도 가격 자체가 단기적으로 총수요의 변화에 대응하여 느리게 조정된다는 것이다. 즉 단기적으로는 가격이 경직적이다. 극단적인 가격 경직성(price stickiness) 가정하에서는 총수요가 변하더라도 가격이 조정되지 않기 때문에 단기 총공급곡선은 수평이 된다. 기업들은 가격이 고정되어 있는 상태에서 새로운 수요를 충족하기 위해 생산량을 조정한다. **새케인즈학파**(new Keynesian)는 가격이 경직적인 이유를 찾기 위해 노력했고 장기계약(long-term contracts)과 불완전경쟁(imperfect competition)와 같이 현실 세계에 존재하는 특성을 이용하여 이를 설명하고자 했다.

가격의 경직성은 명목임금의 장기계약(기업과 근로자들) 또는 중간재 가격(기업과 납품업체)에서 잘 나타난다. 장기 명목계약하에 임금이나 가격은 수개월 또는 수년 동안 그대로 유지된다. 계약에 의해 생산비용(임금 및 중간재 가격)이 고정되어 있기 때문에 기업은 수요의 변화에 대응하여 최종재의 가격을 쉽게 변화시키지 않는다. 비록 상황이 바뀌고 새로운 계약이 체결되더라도 모든 종류의 계약이 동시에 체결되지는 않는다. 경제 전체적으로 볼 때 계약마다 기간이 서로 다르고 중첩되어 있기 때문이다. 따라서 현 시점에서 조정될 수 있는 계약은 일부에 불과하다. 물론 장기적으로는 수요의 변화에 대하여 임금 및 중간재 납품가 계약이 모두 조정될 것이다. 그러나 모든 계약이 동시에 조정될 수는 없는 것이다. 즉 수요가 변화하여 계약을 조정할 필요성이 생기더라도 계약의 변경이 순차적으로 발생할 수밖에 없기 때문에 가격의 조정은 느리게 진행된다.

또한 새케인즈학파는 가격 경직성의 원인을 다양한 시장구조와 그에 따른 가격 결정 방식의 차이에서 찾기도 한다. 밀이나 재무성 단기채권처럼 제품이 표준화되어 있고 거래가 활발히 이루어지는 경우에 가격은 수요와 공급의 변화에 따라 빠르게 조정된다. 그러나 최신 의류, 미술품, 의료 서비스와 같이 제품이 표준화되어 있지 않은 경우에는 경쟁시장에서와 달리 가격 조정이 쉽게 이루어지지 않는다. 제품이 차별화되어 있고 소수의 공급자만 있는 경우에는 독점력이 존재한다. 판매자가 가격을 올리면 수요량은 감소하지만 제로까지 감소하지는 않는다. 독점적 경쟁시장에서는 판매자가 가격 결정자(price setter)이기 때문에 가격을 주어진 것으로 받아들이지 않는다. 그런데 새케인즈학파는 가격을 변경시키는 데 비용이 수반된다면 가격이 서서히 조정될 것이라고 주장한다. 가격변경 비용을 때로 **메뉴비용**(menu costs)이라고 한다. 메뉴비용이란 현재의 고객과 잠재적 고객들에게

가격이 바뀌었다는 것을 홍보하고 카탈로그와 가격표(메뉴판)를 교체하는 일체의 비용을 포함한다. 사실 이러한 비용들이 그리 크게 보이지는 않는데, 그러면 새케인즈학파는 이러한 비용들이 왜 중요하다고 생각하는 것일까?

완전경쟁시장의 특성을 다시 생각해 보자. 어떤 재화나 자산(밀 또는 보통주)의 판매자가 다른 판매자에 비해 약간만 높은 가격을 책정해도 그 판매자는 아무것도 판매하지 못할 것이다. 그러나 독점적 경쟁(의류)기업의 경우에는 가격을 조금 올리더라도 고객을 많이 잃지는 않는다. 만약 가격을 올리는 데 따르는 잠재적 이윤이 가격을 올리는 데 드는 메뉴비용보다 작다면 기업은 가격을 올리지 않는 것이 낫다.

독점적 경쟁기업은 단기적으로 빈번하게 가격을 바꾸기보다는 정해진 가격대로 판매하면서 수요 변화에 대비하는 경향이 있다. 어쨌든 독점적 경쟁기업은 가격을 한계비용보다 높게 설정하기 때문에 가격을 유지하는 것이 합리적인 전략일 수 있다. 독점적 경쟁기업은 수요가 증가할 때 가격을 올리는 대신 생산을 늘려 정해진 가격에 더 파는 것으로 대응할 수 있다. 수요가 변할 때마다 매번 가격을 조정하면 적지 않은 메뉴비용을 지불해야 하며 빈번한 가격 변화로 잠재적 고객을 잃을 수도 있다. 즉 독점적 경쟁기업은 가격을 변화시키지 않을 합리적 유인을 갖고 있다. 이렇게 가격 조정 없이 수요 변화에 대응하는 경우에 독점적 경쟁기업의 생산량은 총수요 변화에 따라 증가하거나 감소하게 된다.

이와 같이 기업들이 단기적으로 가격을 잘 변화시키지 않고 대신 생산량을 조절하는 경향이 존재할 때, 단기 총공급곡선의 형태는 어떻게 될까? 물론 모든 기업이 가격을 전혀 변화시키지 않는다면 단기 총공급곡선은 수평이 될 것이다. 그러나 수요 변화에 따라 가격을 신축적으로 조정하는 기업들도 존재한다. 경제 내에는 단기적으로 가격을 고정시키는 기업, 매번 신축적으로 가격을 조정하는 기업이 섞여 있다. 모든 기업이 신축적으로 가격을 조정하지 않는 한 단기 총곡급곡선은 우상향할 것이다. 가격을 고정시키는 기업의 비율이 높을수록 단기 총곡급곡선의 기울기는 완만할 것이다. 가격을 신축적으로 조정하는 기업의 비율이 높을수록 기울기는 가파르게 되고, 극단적으로 모든 기업이 신축적으로 가격을 조정하는 경우에는 단기 총곡급곡선이 수직이 된다. 이러한 극단적인 경우가 아니라면, 즉 적어도 일부 기업들이 가격을 고정시키는 전략을 취하는 경우에 단기 총곡급곡선은 우상향한다. 우상향하는 단기 총공급곡선의 의미는, 물가의 상승에 따라 경제의 총생산량이 증가한다는 것이다. 이것은 모든 기업이 가격을 올리지 않고 생산량 확대로 대응하는 기업들이 존재하기 때문이다.

장기 총공급곡선

새고전학파와 새케인즈학파 모두 단기 총공급곡선이 우상향한다고 말하지만, 장기에서는 이러한 관계가 성립되지 않는다. 새고전학파에 따르면, 기업은 결국 그들 상품의 상대가격 변화와 물가 수준의 변화를 정확히 구별하게 된다. 그 시점에 이르면 실제 물가 수준과 예상 물가 수준은 동일하다 ($P = P^e$). 새고전학파가 제시한 공식을 볼 때, 실제 물가 수준과 예상 물가 수준이 동일하면 현재

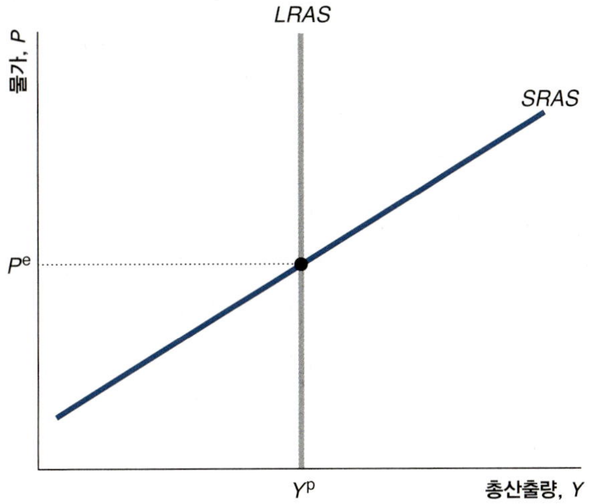

그림 17.3

단기 총공급곡선과 장기 총공급곡선

실제 물가 수준 P가 예상 물가 수준 P^e보다 높으면$(P > P^e)$ 총산출량이 증가하므로 단기 총공급곡선은 우상향한다. 그러나 장기에서 실제 물가 수준과 예상 물가 수준은 동일하다. 그러므로 장기 총공급곡선은 잠재 GDP (Y^P) 수준에서 수직이다.

의 산출량 Y는 잠재 GDP, 즉 Y^P와 일치하는 것을 알 수 있다. 따라서 **장기 총공급곡선**(long-run aggregate supply(*LRAS*) curve)은 Y^P에서 수직이다. 새케인즈학파에 따르면, 단기적으로는 생산비용이 고정되어 있어서 기업은 자신의 제품 가격이 상승하더라도 그에 비례한 생산비용의 상승 없이 산출량을 증가시킬 수 있다. 그러나 시간이 지나면서 생산비용도 물가 수준과 함께 상승하기 때문에, 장기적으로는 가격 신축성을 추구하는 기업뿐만 아니라 가격 경직성을 추구하는 기업도 수요 변화에 대응하여 가격을 조정한다. 즉 장기적으로는 모든 기업이 가격을 조정하므로 새고전학파와 마찬가지로 새케인즈학파의 장기 총공급곡선도 Y^P에서 수직이다.

장기 총공급곡선(LRAS) 물가 수준과 기업들에 의해 공급되는 총산출량(실질) 간의 장기적 관계를 나타내는 곡선

그림 17.3은 물가 수준, 단기 총공급곡선, 장기 총공급곡선의 관계를 보여 준다.

단기 총공급곡선의 이동

단기 총공급곡선을 이동시키는 세 가지 주요 요인은 다음과 같다.

1. **노동비용의 변화.** 노동비용은 생산비용의 큰 부분을 차지한다. 산출량 Y가 잠재 GDP인 Y^P보다 높으면$(Y > Y^P)$ 산출량이 늘어나 노동수요가 증가하고 임금이 인상되어 기업의 노동비용이 상승한다. 주어진 물가 수준에서 기업의 생산비용이 증가하고 산출량이 줄어들기 시작하기 때문에 단기 총공급곡선은 결국 좌측으로 이동할 것이다. 반대로 산출량 Y가 잠재 GDP Y^P보다 낮으면$(Y < Y^P)$, 기업들은 근로자들을 해고하기 시작하고 임금은 하락한다. 주어진 물가 수준에서 기업의 생산비용이 감소하고 산출량이 늘어나기 시작하기 때문에 단기 총공급곡선은 결국 우측으로 이동할 것이다.

공급충격 단기 총공급곡선을 이동시키는 요인으로 생산비용이나 생산기술의 예상치 못한 변화를 의미

2. **기타 투입비용의 변화.** 원자재 가격의 예상치 못한 변화나 생산기술의 변화도 단기 총공급곡선에 영향을 미친다. 이러한 변화를 **공급충격**(supply shocks)이라고 한다. 공급충격은 기술, 기후,

원자재(원유 등)의 예상치 못한 변화를 포함한다. 노동절약형 기술 진보나 좋은 기후로 식료품 가격이 하락하는 것은 정(+)의 공급충격이며, 이는 단기 총공급곡선을 우측으로 이동시키는 요인이다. 반대로 유가 상승과 같은 부(−)의 공급충격은 단기 총공급곡선을 좌측으로 이동시킨다.

3. **예상 물가 수준의 변화.** 임금 협상에 임하는 근로자들은 그들이 구입하는 재화와 서비스의 가격과 임금을 비교한다. 물가 상승을 예상하면 실질임금의 하락을 막기 위해 더 높은 명목임금을 요구할 것이다. 한편 기업들은 생산량을 결정할 때 그들이 생산하는 제품의 가격과 다른 재화와 서비스의 예상 가격을 비교한다. 물가 상승을 예상하면 기업들은 높은 임금과 기타 비용을 충당하기 위해 제품 가격을 인상할 것이다. 따라서 예상 물가의 상승은 단기 총공급곡선을 좌측으로 이동시킨다. 반대로 예상 물가 수준의 하락은 단기 총공급곡선을 우측으로 이동시킨다. 이는 명목임금과 기타 비용이 하락하여 제품 가격을 낮출 수 있기 때문이다. 주어진 물가 수준에서 기업들은 더 많이 생산하려고 한다.

장기 총공급곡선의 이동

장기 총공급곡선(*LRAS*)은 일정 기간에 경제가 산출해 낼 수 있는 실질 잠재 GDP 수준을 나타낸다. 따라서 장기 총공급곡선의 이동은 시간의 흐름에 따른 잠재 산출량의 증가를 나타낸다. 이러한

관련 사례

폴란드에서의 충격요법과 총공급

1992년 말, 서구 경제자문단이 처방한 충격요법을 3년간 견디며 황폐해진 폴란드 경제에 마침내 숨이 트이기 시작했다. 동유럽의 다른 구공산권 국가들과 마찬가지로 폴란드는 계획경제를 탈바꿈시키고 과감한 경제개혁을 통해 가격 통제를 없애려고 노력해 왔다. 하지만 폴란드의 개혁 속도는 대부분의 다른 나라들보다 훨씬 빨랐다. 가격 통제, 즉 가격 수준을 일정하게 유지시켜 주던 것을 없앤 결과로 예상 물가 수준은 상승하였고 *SRAS* 곡선을 좌측으로 이동시켰다. 통화공급량의 증가 속도를 낮추고 여러 보조금을 없앤 것 또한 *AD* 곡선을 좌측으로 이동시켰기 때문에 *SRAS* 곡선의 이동은 단기적으로 심각한 산출량 감소를 가져왔다. 1990년과 1991년 공장 출하량은 1989년 붕괴된 공산체제 때의 수준에 비교했을 때 40% 가까이 감소했다.

충격요법의 직접적 결과는 *SRAS* 곡선의 이동으로 인해 가격 수준이 오르고 산출량이 감소하는 것이었다. 1992년에 이르자 폴란드의 총생산 감소가 인플레율에 대한 하락 압력으로 작용하기 시작했다. 폴란드의 정책 결정자들은 단기 산출량의 변화보다는 장기적 성장 가능성에 더 관심이 많았다. 오랜 동안의 가격 통제와 생산의 정부 통제의 결과로 폴란드 경제는 재화와 용역의 생산 및 배분이 비효율적이었다. 그래서 개혁이 장기 총공급의 전망을 개선시킬 수 있는지가 중요한 문제였다.

가격 통제와 정부에 의한 배분을 없애면 보다 효율적이고 경쟁적인 기업이 만들어질 것이라고 전문가들이 말하였지만, 단기적으로는 많은 개인의 후생 수준이 낮아질 것임이 분명했다. 이러한 단기적 비용이 생산과 소비 가능성에서의 장기적 이득으로 충분히 보상될 수 있을지가 문제였다.

많은 경제학자, 특히 콜럼비아대학의 삭스(Jeffrey Sachs)는 1992년 폴란드 경제의 반등은 폴란드 장기 총공급곡선의 바람직한 이동의 시작이라고 주장했다. 중앙 계획의 포기와 공장 생산성의 개선은 *LRAS* 곡선을 우측으로 이동시켰고 그 결과 산출량이 증가하고 인플레 압력은 줄어들었다. 이 같은 장기 공급곡선의 변화가 폴란드 경제의 미래 성장에 핵심이다. 폴란드는 1990년대 나머지 기간, 그리고 2000년대에 들어서도 2007년의 금융위기 전까지 탄탄한 경제 성장과 낮은 인플레율을 경험했다.

경제 성장의 요인은 다음과 같다—(1) 자본과 노동 투입의 증가, (2) 생산성 증가율의 상승.

투입요소의 증가는 경제의 생산력을 증대시킨다. 기업들이 새로운 공장과 설비(낡은 공장과 설비의 보수)에 투자하는 경우 생산에 쓰이는 자본량이 증가하고, 인구 증가나 경제활동 참가자가 많아질수록 노동량이 증가한다. 그런데 미국을 포함한 많은 국가들의 경제 성장요인을 살펴보면 장기간에 걸친 생산성의 증가가 매우 중요한 역할을 하는 것으로 나타나고 있다. 예를 들어 개선된 성능을 가진 컴퓨터나 고도로 숙련된 노동이 생산성을 제고시키는 것으로 알려져 있다.

생산성 증가의 주요 원천으로 기술 진보, 직업 훈련 및 교육, 정부의 생산 규제, 에너지 가격의 변화 등을 들 수 있다. 지난 1973년 엄청난 유가 상승으로 운송업이나 플라스틱 제조업과 같이 에너지 의존도가 높은 산업의 생산성은 크게 둔화되었고, 많은 경제학자들은 바로 이것이 전 세계적으로 생

표 17.2 단기 총공급곡선과 장기 총공급곡선을 이동시키는 요인

아래 요인의 증가	SRAS 곡선의 이동	결과
노동비용	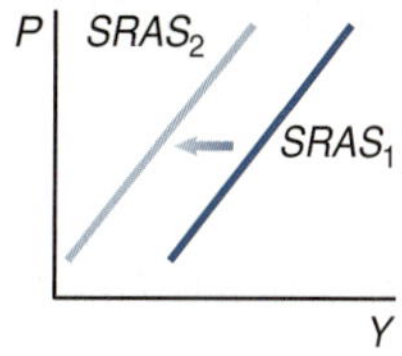	생산비용 증가
기타 투입비용	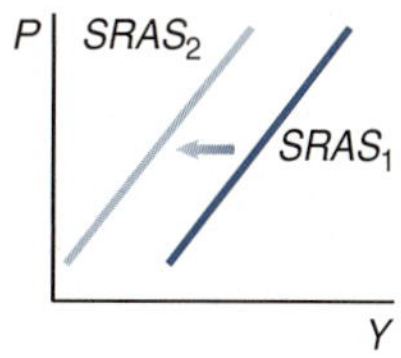	생산비용 증가
예상 물가 수준	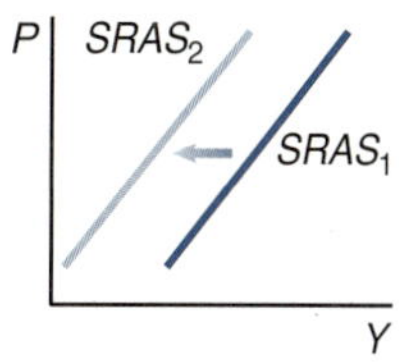	임금과 기타 생산비용의 증가
아래 요인의 증가	**LRAS 곡선의 이동**	**결과**
자본과 노동	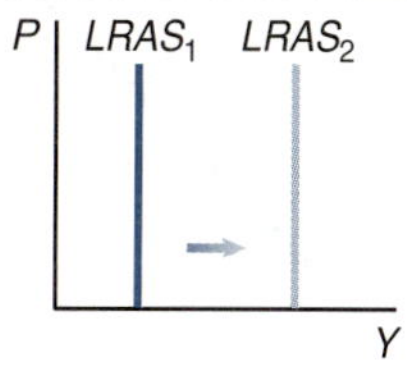	공급능력 증가
생산성	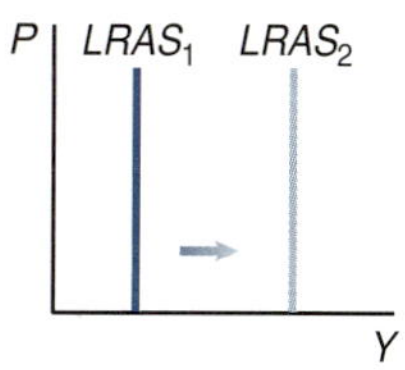	생산의 효율성 증가

산성 둔화를 초래했다고 주장했다. 일반적으로 정보통신기술, 컴퓨터와 같은 분야의 기술 진보는 생산성을 향상시킨다. 정부의 규제는 어떠한가? 정부의 규제가 생산성을 떨어뜨렸다고 주장하는 경제학자들도 적지 않다. 환경, 의료, 안전에 관련된 정부 규제가 강화되면서 다른 곳에 생산적으로 쓰일 수 있는 자본과 노동이 생산성이 낮은 규제 분야에 더 투입되었기 때문이라는 것이다. 물론 정부의 규제는 생산성 제고 자체가 목적은 아니고 사회적 관심을 반영하기 위한 것으로, 예를 들어 깨끗한 공기와 안전한 작업 환경 등은 그 자체로 사회적 편익을 가져다준다. 따라서 정부의 규제는 생산성과는 조금 다른 차원에서 보아야 할지 모른다.

표 17.2는 단기 총공급곡선과 장기 총공급곡선의 이동요인을 요약하였다.

17.3 총수요와 총공급의 균형

[학습목표]
AD-AS 모형을 이용하여 거시경제 균형을 도출한다.

앞에서 살펴본 대로 산출량을 공급하는 기업들의 행태가 단기와 장기에 있어 다르기 때문에 균형 산출량과 균형물가에 대해 단기 균형과 장기 균형의 두 가지 균형을 살펴보기로 한다.

단기 균형

단기 균형 산출량과 물가 수준을 정하기 위해 총수요(*AD*)곡선과 단기 총공급(*SRAS*)곡선을 교차해 보기로 한다. 그림 17.4는 두 곡선을 보여 준다.

경제의 단기 균형은 *AD* 곡선과 *SRAS* 곡선의 교차점인 E_1에서 발생하며, 다른 점들은 균형이 될 수 없다. 예를 들어 *AD* 곡선 상의 *A*점은 물가 수준 P_2에서 가계의 수요량보다 기업의 공급량이 더 많기 때문에 물가는 수요량과 공급량이 일치하는 균형점에 도달할 때까지 내려가게 된다(P_1). 반대

그림 17.4

단기 균형

경제의 단기 균형은 *AD* 곡선과 *SRAS* 곡선의 교차점인 E_1이 되며 이때 균형물가는 P_1이다. 이 수준보다 물가가 높으면 산출량의 초과 공급이 발생하고(*A*점), 낮으면 초과 수요가 발생한다(*B*점).

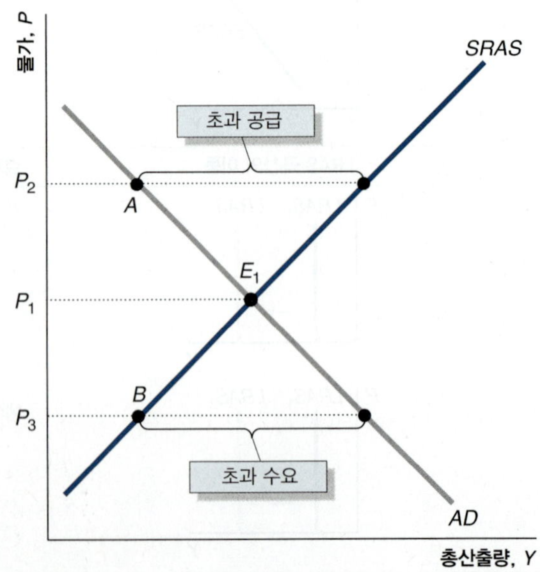

로 SRAS 곡선 상의 B점은 물가 수준 P_3에서 기업의 공급량보다 가계의 수요량이 더 많기 때문에 물가는 수요량과 공급량이 일치하는 균형점에 도달할 때까지 올라간다(P_1).

장기 균형

경제의 단기 균형 분석은 산출과 물가의 단기적인 조합을 보여 준다. 그런데 단기 균형은 총수요곡선과 단기 총공급곡선의 위치에 따라 다양하게 나타날 수 있다. 그러나 장기적으로 볼 때 경제는 잠재 GDP인 Y^P 수준에 놓이게 되며, 물가는 경제가 이 수준에서 균형이 되도록 조정된다. 장기 균형은 총수요곡선, 단기 총공급곡선, 장기 총공급곡선 모두가 교차하는 점에서 이루어진다. 그림 17.5에서 AD_1과 $SRAS_1$은 물가 수준 P_1과 산출량 Y^P에서 교차하고 있다. 이 점은 단기 균형이자 장기 균형이다.

예상하지 못한 총수요의 증가는 총수요곡선을 AD_1에서 AD_2로 우측이동시키며, 그에 따라 단기적으로 산출량이 증가하고 물가가 상승한다. 새로운 단기 균형점 E_2는 AD_2 곡선과 $SRAS_1$ 곡선의 교차점에서 발생한다. 그러나 시간이 지나면서 기업들은 물가와 투입비용이 상승할 것을 예상하여 산출량을 줄이려고 한다. 이로 인해 단기 총공급곡선이 $SRAS_1$에서 $SRAS_2$로 좌측이동한다. 장기적으로 SRAS 곡선은 Y^P에서 AD_2와 교차할 수 있도록 충분히 이동해야 한다. 장기 균형점은 물가 수준 P_2와 산출량 Y^P에 해당하는 E_3점이 된다.

이와 반대로, 예상치 못한 총수요의 감소는 AD 곡선을 좌측으로 이동시키고, 총수요가 증가할 때와 정반대의 과정이 진행된다. 처음에는 산출량과 물가 수준이 동시에 줄어든다. 그러나 시간이

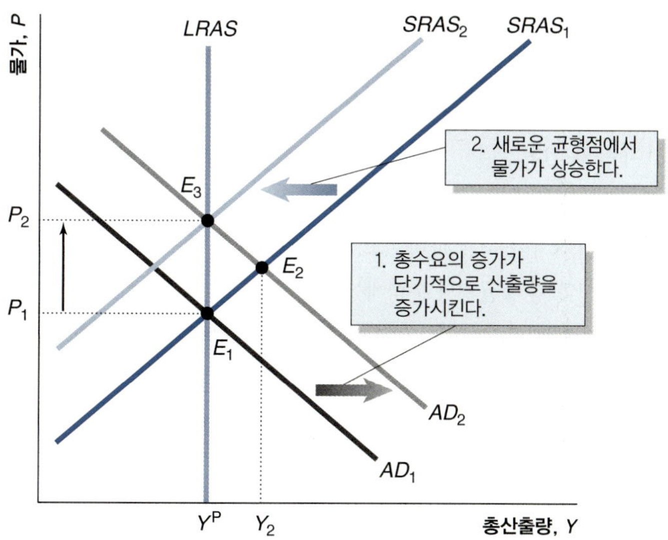

그림 17.5

장기 균형으로의 조정

최초 균형점 E_1에서 총수요의 증가로 AD 곡선이 AD_1에서 AD_2로 이동하며, 산출량은 단기적으로 Y^P에서 Y_2로 증가한다. 새로운 산출량은 Y^P보다 높기 때문에 물가가 상승하고, 예상 물가 수준의 상승에 따라 SRAS 곡선이 $SRAS_1$에서 $SRAS_2$로 이동한다. 새로운 균형점 E_3에서 산출량은 Y^P로 되돌아오지만 물가 수준은 P_2로 상승한다. 한편 LRAS 곡선은 잠재 GDP Y^P에서 수직이다. 따라서 AD 곡선의 이동은 단기 산출량에만 영향을 미친다. 새고전학파는 물가가 빠르게 조정된다고 보는 반면 새케인즈학파는 느리게 조정된다고 본다.

흐르면서 기업들이 물가와 투입비용이 하락할 것을 예상하기 때문에 *SRAS* 곡선이 아래쪽(우측)으로 이동할 것이다. 이러한 조정 과정은 얼마나 지속될까? 새케인즈학파는 새고전학파에 비해 이 과정이 훨씬 오래 지속된다고 보는데, 이는 가격의 경직성을 강조하기 때문이다. 새로운 장기 균형에서 산출은 여전히 Y^P이지만 물가는 P_1보다 낮아질 것이다.

장기적으로 *LRAS* 곡선은 잠재 GDP인 Y^P에서 수직이다. 경제는 Y^P를 생산할 것이고 물가 수준은 장기 균형을 이루도록 총수요를 이동시킬 것이다. 경제학자들은 *LRAS* 곡선이 수직이기 때문에 총수요의 변화가 장기적으로는 산출이 아닌 물가에 영향을 준다고 본다. *AD* 곡선과 물가 수준 간의 장기적인 관계는 **화폐의 중립성**(monetary neutrality)에 기인한다. 예를 들어 만약 연준이 화폐공급을 증가시켜 경기를 부양하려고 한다면 단기적으로는 산출량과 물가가 같이 증가하지만 장기적으로는 산출량이 Y^P로 돌아오기 때문에 물가만 상승하게 된다. 반대로 화폐공급의 감소는 장기적으로 물가 수준을 하락시킬 뿐 산출량에는 아무런 영향을 주지 못한다. 화폐공급의 변화는 장기적으로 산출에 아무런 영향을 미치지 못한다.

미국의 경기변동 사례

AD-AS 모형을 사용하여 과거의 사례를 설명하고 미래에 발생할지 모르는 일들을 예측해 볼 수 있다. *AD-AS* 분석을 이용하여 미국에서 일어난 과거 세 차례의 경기변동을 설명해 보기로 하자—(1) 1964~1969년의 총수요충격, (2) 1973~1975년 부(−)의 공급충격과 1995년 이후의 정(+)의 공급충격, (3) 1990~1991년 총수요에 영향을 준 신용경색충격. 그리고 *AD-AS* 분석을 통해 투자를 장려하는 세제개혁이 산출과 물가에 어떤 결과를 가져오는지 예측해 보기로 한다.

총수요충격, 1964~1969년 베트남전에 참전한 미국의 정부지출은 1960~1964년 사이에 (물가상승을 감안하여) 9% 증가하였다. 그 이후 1964~1969년 사이에는 21% 더 증가하였다. 연준은 정부지출에 의한 총수요 증가가 화폐수요와 이자율을 증가시킬 것을 우려하였다. 이자율 상승을 막기 위해 연준은 확장적 통화정책을 시행하였다. 이때 M1의 연평균 증가율은 1963년 3.7%에서 1964년에는 7.7%까지 올라갔다.

확장적 재정정책과 통화정책은 총수요곡선을 연속적으로 우측이동시켰다. 총수요 증가로 1960년대 중반에 산출은 잠재 수준을 초과하였고, 이로 인해 생산비용과 물가가 상승하였다. *AD-AS* 그래프를 통한 단기 균형과 장기 균형의 분석에서 알 수 있듯이, 산출량이 잠재 GDP보다 높으면 *SRAS* 곡선이 좌측으로 이동하게 된다. 이 시기에 미국에서는 확장적 재정정책과 통화정책이 수년간 지속되었기 때문에, 1964년부터 1969년까지 산출량의 증가와 인플레이션율의 상승이 동시에 발생했다.

공급충격, 1973~1975년과 1995년 이후 1970년대 초반 많은 경제학자와 정책입안자들은 산출이 증가하는 동안 인플레이션이 발생할 가능성이 높다고 보았다. 물론 이러한 변화는 총수요충격에 의해 촉발되는 당연한 현상이라고 생각했다. 그러나 1973~1974년에는 부(−)의 공급충격으로 높은 인플레이션과 낮은 산출량을 경험하게 된다. 1973년 석유수출국기구(Organization of Petroleum Exporting Countries, OPEC)는 아랍-이스라엘 전쟁에서 이스라엘을 지지했던 미국과 다른 국가들을 보복하기 위해 세계 석유시장에서 석유의 공급량을 제한하는 조치를 취했다. 국제원유가는 4배로 뛰었고, 전 세계적인 흉작으로 식료품 가격마저 폭등하였다. 게다가 미국에서는 1971년부터 임금과 가격을 통제하던 정책을 폐지하여 자체적으로도 물가 상승 압력을 받고 있었다. 여기에 두 가지 부(−)의 공급충격이 가해지는 바람에 물가가 가파르게 상승할 수밖에 없었다.

AD-AS 분석에 따르면 이러한 부(−)의 공급충격은 단기 총공급곡선을 좌측으로 이동시키며, 물가가 상승하고 산출량은 감소하게 된다. 실제로 1974년과 1975년에 인플레이션율이 상승하고 산출은 감소하였다. 인플레이션율의 상승과 산출량의 감소가 동시에 나타나는 현상을 **스태그플레이션**(stagflation)이라고 한다. 이 사례는 수요충격뿐만 아니라 공급충격에 의해서도 산출과 물가가 영향을 받는다는 것을 여실히 보여 주었다. 똑같은 부(−)의 공급충격 사례가 1978~1980년의 유가 상승으로 한 번 더 발생하였다.

한편 1990년대 말과 2000년대에는 정(+)의 공급충격을 경험하기도 했다. 많은 경제학자들은 이 시기에 정보통신기술, 특히 인터넷의 확산으로 생산성이 증가되었다고 보고 있다. 이 시기에는 생산은 증대되지만 물가는 안정되는 소위 '신경제(new economy)'라고 불리는 경제현상이 나타났다. 이러한 정(+)의 공급충격 또한 *AD-AS* 분석으로 이해할 수 있다. 단기 총공급곡선과 장기 총공급곡선 모두 우측으로 이동하여 산출량이 증가하고 물가 수준은 하락하는 것이다. 일부 경제학자들은 2001년 9·11 테러 및 2005년의 허리케인 카트리나와 같이 일시적인 부(−)의 공급충격이 발생하기도 했지만, 1990년대 중반 이래 기본적인 생산성 증가 현상이 꽤 오랫동안 지속되었고, 심지어 2007~2009년의 금융위기 기간까지도 지속되었다고 주장한다.

신용경색과 총수요, 1990~1991년 신용경색(credit crunch), 즉 은행이 광범위하게 대출을 축소하는 것은 산출량의 감소를 초래할 수 있다. 많은 분석가들은 신용경색이 1990~1991년의 경기침체를 더 악화시켰다고 보고 있다. 이 시기에 엄격해진 은행의 대출 규정 때문에 은행대출이 축소되었고, 또 기업의 높은 부채비율과 부동산가격 하락으로 은행대출이 줄어들 수밖에 없었다. 가계와 중소기업들이 은행 이외의 다른 기관으로부터 신용대출을 받을 수 없는 상황에서 가계의 내구소비재 지출과 기업의 투자지출이 줄어들었다.

AD-AS 분석에 의하면 이러한 지출의 감소는 *AD* 곡선을 좌측으로 이동시킨다. 시간이 지남에 따라 총수요의 감소는 물가 하락 압력으로 작용하므로 단기 총공급곡선도 아래로 이동한다. 실제로 1990~1991년의 경기침체기 동안 산출량이 줄어들었고 인플레이션율은 1989년에 4.3%였지만 1992년에는 2.9%로 하락하였다.

과잉투자 이후의 경기침체, 2001년 1991년 5월부터 시작된 미국의 호황은 정확히 10년 만에 끝이 났다. 2001년의 경기침체는 3월부터 11월까지 비교적 짧은 기간에 일어났다. 이 침체는 기업의 투자 감소 때문이었다. 1990년대 후반 대대적으로 컴퓨터와 소프트웨어 교체 작업이 일어났다. 많은 경우에 구형 컴퓨터가 연도를 두 자리로만 저장하기 때문에 1900년과 2000년을 구분하지 못할 것을 우려하여 이러한 문제를 지닌 컴퓨터와 소프트웨어를 교체해야 했기 때문이다. 단지 이러한 교체 수요뿐만 아니라 이 시기에 정보통신기술 분야에 광범위한 투자가 이루어졌다. 이러한 투자가 대체로 바람직한 것이었음에도 불구하고 기업들의 지나치게 낙관적인 예측 때문에 과잉투자가 된 것이다. 최적의 자본스톡에 비해 더 많은 자본스톡을 구비하였다는 것은 당분간 새로운 투자기회가 줄어들었다는 것을 뜻하고, 이로 인해 2000년과 2001년 미국의 주가는 폭락했다. *AD-AS* 분석에 따르면 계획된 투자의 감소는 *AD* 곡선을 좌측으로 이동시키며, 침체기 동안 산출은 감소하고 인플레이션율은 하락한다.

다만, 이 기간 동안 지속적인 생산성의 증가로 단기 총공급곡선과 장기 총공급곡선 모두 우측으로 이동하였고, 이는 *AD* 곡선의 좌측이동으로 인해 발생하는 산출의 감소를 완화시켰다. 이론적으로 총공급의 증가는 총수요 감소에 따른 인플레이션 하락 압력을 가중시킨다. 이 때문에 2002년과 2003년에 일부 경제학자는 미국에서 디플레이션이 발생할 수도 있다고 생각했다. 그러나 실제로 디플레이션이 발생하지는 않았다.

투자가 인플레이션을 자극할까? 1990년대 후반 많은 경제학자와 정책입안자들은 세제개혁이 투자를 자극할 수 있다고 주장하였다. 2002년에 부시 대통령은 투자 인센티브를 제고하는 법안을 제안하여 의회의 승인을 얻었다. 여기에는 다음과 같은 내용이 포함되어 있다—(1) 기업이 새로운 공장과 설비를 구입할 때 그 투자비를 여러 기간에 걸쳐 비용으로 처리하지 않고 한꺼번에 비용으로 처리하는 것을 인정해 주고, (2) 자본비용을 줄일 수 있도록 배당세와 자본이득세를 삭감해 주자는 것이었다. 많은 경제학자들은 이러한 세제개혁이 투자 수요와 자본재의 생산을 증가시킬 것이라고 믿었다. 그러면 이러한 개혁이 인플레이션을 자극할 것인가?

AD-AS 분석에 따르면 투자 촉진 정책은 일차적으로 총수요를 증가시켜 *AD* 곡선을 우측으로 이동시킨다. 그런데 새로운 공장과 설비들이 설치되었을 때에는 경제의 생산력이 증가하므로 단기 총공급곡선과 장기 총공급곡선이 우측으로 이동하게 될 것이다. 이렇게 되면 투자 촉진 세제개혁에 의한 인플레이션의 압력이 줄어들 것이다. 투자에 대한 세제상의 인센티브가 제대로 작동하면 경제의 공급능력이 확충되어 인플레이션 없이 긍정적인 효과가 나타날 것이다. 물론 투자 인센티브가 작동하지 않으면 재정수입이 감소하는 결과만 낳게 될 것이다.

2010년 9월 극심한 침체에서 벗어나기 위한 방안의 하나로 오바마 대통령은 중소기업법(Small Business Jobs Act of 2010)을 제안하여 의회의 승인을 얻었다. 이 법안은 기업에게 2011년 말까지 한시적으로 자본재 지출을 비용으로 처리할 수 있게 하는 것이었다.

17.4 통화정책의 효과

[학습목표]
AD-AS 모형을 이용하여 통화정책의 효과를 설명한다.

경기변동 경기의 확장과 후퇴가 주기적으로 반복해 나타나는 과정

경기변동(business cycle, 경기순환이라고도 함)은 경기의 확장과 후퇴가 주기적으로 반복하여 나타나는 현상을 말한다. 경기가 정점에 도달할 때까지의 확장 국면에서 산출량이 증가하며 이런 과정이 지나면 경기는 다시 후퇴하기 시작하여 저점에 이를 때까지 산출량이 감소한다. 이 과정은 몇

개월에서부터 몇 년의 기간이 걸릴 수 있고 경기확장과 경기후퇴의 강도도 다를 수 있다. 제2차 세계 대전 이후 시기와 1981~1982년의 침체, 그리고 최근 2007~2009년의 침체는 특히 심했다.

경기가 침체되면 산출량이 감소하고 실업이 증가하며, 이 과정에서 개인과 기업은 큰 어려움을 겪게 된다. 대부분의 경제학자들은 통화공급의 증가와 이자율의 하락이 단기적으로 생산량을 증가시킬 수 있다고 한다. 따라서 중앙은행은 침체의 심각성을 완화시키고 산출의 단기적 변동을 줄이기 위해 통화정책을 사용할 가능성이 크다. **안정화 정책**(stabilization policy)은 통화공급과 이자율을 변화시킴으로써 *AD* 곡선을 이동시킨다. 또한 의회와 정부는 경제 안정화 차원에서 정부지출이나 조세의 변화와 같은 재정정책(fiscal policy)을 사용할 수도 있다.

안정화 정책 경기변동의 심각성을 줄이고 경제를 안정화시키기 위해 사용하는 통화정책이나 재정정책

확장적 통화정책

2007년에 목격한 것처럼 경제에 신규주택시장 붕괴와 같은 **총수요충격**(aggregate demand shock)이 발생한다고 가정해 보자. 그림 17.6(a)를 보면 경제는 AD_1 곡선과 $SRAS_1$ 곡선, $LRAS$ 곡선이 교차하는 균형점 E_1에서 시작하며, 이때 산출량은 Y^P, 물가 수준은 P_1이다. 총수요충격은 총수요곡선을 AD_1에서 AD_2로 이동시킨다. 새로운 균형 E_2에서는 산출량이 Y^P에서 Y_2로 감소하고 물가는 P_1에서 P_2로 하락하면서 경제는 침체에 들어간다.

이 시점에서 연준은 확장적 통화정책을 시행해야 할지 결정해야 한다. 물론 연준이 통화정책을 시행하지 않는 경우에도 경제는 시간이 지나면 결국 최초의 소득 수준으로 되돌아갈 것이다. 균형점 E_2에서 산출량이 완전고용 수준보다 작기 때문에 시간이 지남에 따라 투입비용과 물가는 하락할 것이고, 단기 총공급곡선은 $SRAS_1$에서 $SRAS_2$로 이동할 것이다. 이러한 과정을 거쳐 최종 균형점 E_3에 도달하며, 새로운 물가 수준 P_3에서 경제는 다시 잠재 GDP 수준을 회복한다. 그러나 투입비용과 물가가 조정되면서 균형을 회복하는 데 오랜 시간이 걸릴지 모르기 때문에, 이 기간 동안 일부 근로자들은 실업 상태에 놓이고 기업들도 매출 감소를 겪게 될 것이다.

다른 대안은 그림 17.6(b)가 보여 주듯이 연준이 확장적 통화정책을 시행하는 것이다. 이는 경기의 회복 속도를 가속화하기 위한 것이다. 제15장에서 살펴보았듯이 연준은 연방기금금리 목표를 낮추는 통화정책을 실시할 수 있다. 확장적 통화정책은 총수요곡선을 AD_2에서 AD_1으로 우측이동시킬 것이다. 경제는 침체 국면이었던 E_2점에서 최초의 완전고용 수준인 E_1으로 돌아간다. 경제는 통화정책을 사용하지 않았을 때보다 더 빠른 속도로 잠재 GDP 수준으로 되돌아간다. 물론 이러한 안정화 정책에도 부작용은 있다. 통화정책을 실시하지 않은 경우에 비해 물가가 올라가는 것이다.

미국의 경우, 1960년대에 통화정책과 재정정책으로 경기변동을 완화시킨 경험이 있다. 그러나 경제학자들은 안정화 정책을 제안하고 시행하는 데 오랜 시차가 소요된다는 점을 지적한다. 이런 시차 때문에 경기를 조절하기 어렵다는 것이다. 따라서 경제학자들은 일반적으로 잦은 개입보다는 낮은 인플레이션이나 안정적인 성장과 같은 장기 목표에 초점을 맞출 것을 제안한다.

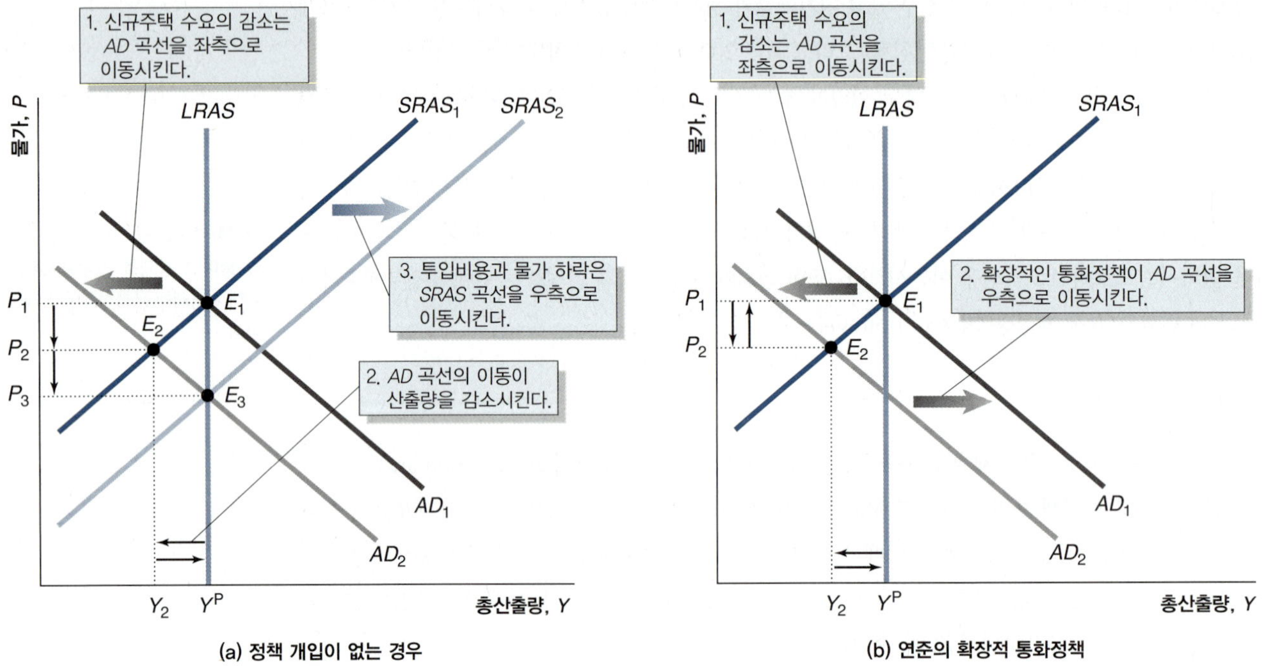

그림 17.6 통화정책의 효과

(a)에서, 경제의 최초 균형점 E_1에서 총수요충격은 AD 곡선을 AD_1에서 AD_2로 이동시키고 산출량은 Y^P에서 Y_2로 감소한다. 새로운 균형 E_2에서 경제는 침체된다. 시간이 지남에 따라 물가가 하향 조정되고 완전고용 수준의 균형 E_3로 회복된다.

(b)에서, 경제의 최초 균형점 E_1에서 총수요충격은 AD 곡선을 AD_1에서 AD_2로 이동시킨다. 새로운 균형 E_2에서 경제는 침체된다. 연준이 확장적 통화정책을 사용하면 AD 곡선이 AD_2에서 AD_1으로 이동하면서 경기회복이 가속화된다. 정책 개입이 없는 경우와 비교하여 경제는 더 빠른 속도로 회복한다. 그러나 장기적으로 물가 수준이 상승한다.

2007~2009년 침체기에 왜 통화정책이 효과를 발휘하지 못했을까?

이 장의 도입 부분에서 언급했듯이 2010년 후반 미국의 실업률은 여전히 매우 높았으며 실질 GDP의 증가도 실망스러운 수준이었다. 그렇다면 이는 통화정책의 실패를 의미할까? 반드시 그렇지만은 않다. 물론 분명한 것은 연준의 통화정책으로 그림 17.6(b)에서처럼 경제를 완전고용 수준까지 신속하고 원만하게 회복시킬 수 없었다는 것이다. 이 장의 도입 부분에서 살펴보았듯이 2007~2009년의 경기침체는 단순히 일시적인 총수요의 감소에 의한 것이 아니었다. 경제의 주요 부분인 주택건설과 자동차 산업의 산출 감소가 경제구조의 변화에서 유발된 것이기 때문에, 침체가 장기간 또는 어쩌면 영원히 지속될 수 있다는 것이다. 따라서 총수요를 증가시키는 것이 목적인 확장적 통화정책은 이러한 산업에서 일자리를 잃은 근로자들이 다시 고용되는 데 별 도움이 되지 않을 수도 있다. 아마도 일자리를 잃은 많은 근로자가 다른 일자리를 구하기 위해서는 재취업 훈련을 받거나 일자리가 늘어나고 있는 다른 지역으로 이주해야 할지도 모른다.

예제 17.4

총수요충격과 총공급충격에 대한 대응

경제가 완전고용의 최초 균형점에 있을 때, 부(−)의 총수요충격과 총공급충격을 동시에 받았다고 가정해 보자. 예를 들어 유가가 폭등하는 동시에 미래 소득에 대한 불확실성으로 가계의 소비가 급격히 감소하는 충격이 발생했다고 하자.

a. 총수요곡선과 총공급곡선을 그려 최초 균형점과 충격을 받은 후의 단기 균형점을 표시하라. 새로운 균형점에서 물가 수준이 상승할지 하락할지 확실하게 알 수 있는가?

b. 연준이 확장적 통화정책을 실시하지 않는다고 가정하자. 이 경우에 경제는 장기 균형으로 어떻게 회복되는가?

c. 연준이 확장적 통화정책을 실시한다고 가정하자. 만약 연준의 통화정책이 성과를 거둔다면 경제는 장기 균형으로 어떻게 회복되는가?

Step 1 복습. 이 문제는 연준의 확장적 통화정책의 시행에 관한 것이므로 '확장적 통화정책' 부분을 복습한다.

Step 2 적절한 그림을 그려 (a)에 답하고 물가가 상승할지 하락할지에 관해 설명한다. 부(−)의 공급충격은 총공급곡선을 $SRAS_1$에서 $SRAS_2$로 좌측이동시킬 것이다. 부(−)의 수요충격은 총수요곡선을 AD_1에서 AD_2로 이동시킨다.

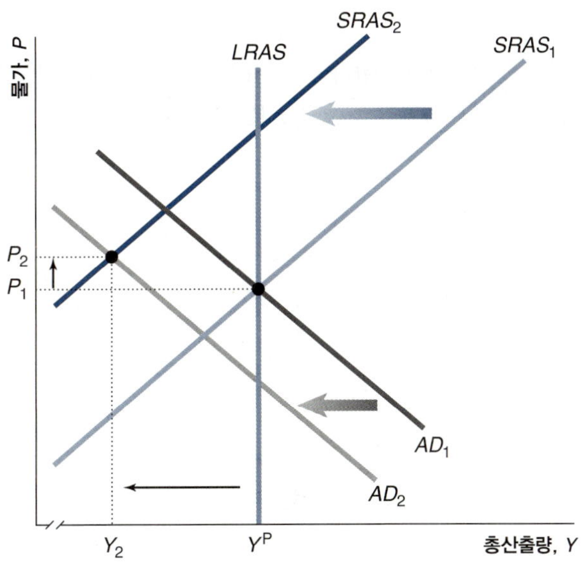

위 그래프는 물가가 P_1에서 P_2로 상승하는 경우를 보여 주지만, AD 곡선이 SRAS 곡선보다 더 좌측으로 이동할 경우에는 물가가 하락한다는 것에 유의해야 한다. 이와 같이 경제에 총수요충격과 총공급충격이 동시에 가해지면 물가가 상승할지 하락할지 확실하지 않다.

Step 3 적절한 그림을 그려 (b)에 답한다. (a)의 새로운 단기 균형점에서 산출량은 Y_2, 물가 수준은 P_2이다. 산출량 Y_2는 완전고용 수준보다 작기 때문에 시간이 지나면서 물가와 투입비용이 하락하여 단기 총공급곡선은 $SRAS_2$에서 $SRAS_3$로 하향 이동하게 된다. 결국 경제는 이전보다 더 낮아진 물가 수준 P_3에서 잠재 수준인 Y^P로 회복하게 된다.

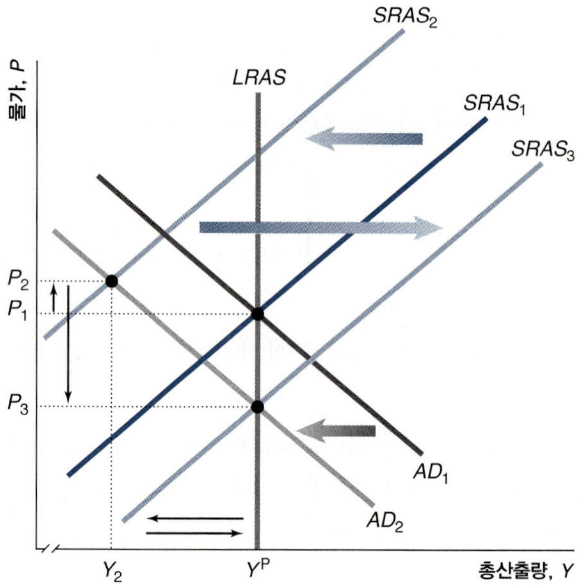

Step 4 적절한 그림을 그려 (c)에 답한다. 확장적 통화정책은 총수요곡선을 AD_2에서 AD_3로 이동시키며, 경제는 이전보다 더 높아진 물가 수준 P_3에서 잠재 GDP 수준인 Y^P로 회복하게 된다.

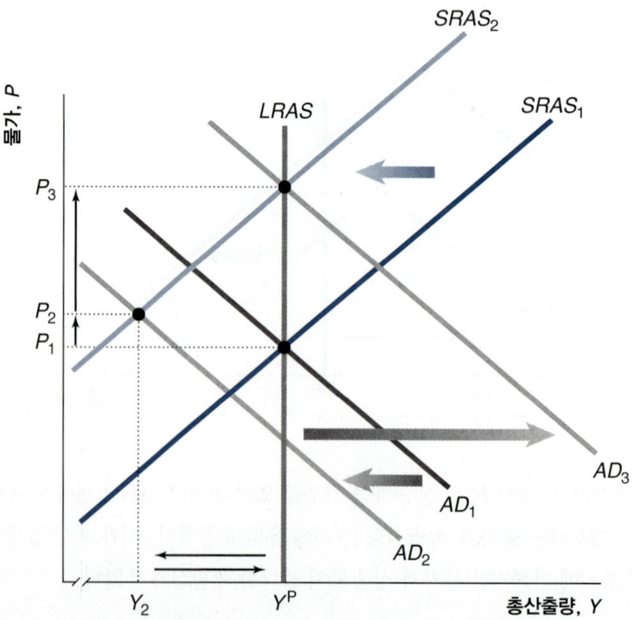

연준 안팎의 경제학자들은 장기간의 높은 실업률이 결과적으로 총공급의 지속적인 감소를 초래할지도 모른다는 점을 우려했다. 일부 경제학자들은 총수요가 대폭 감소한 것이 실제로 완전고용 수준의 산출량을 감소시켰다고 본다. 이 과정을 **이력현상**(hysteresis)이라고 한다. 이력현상이 존재하면 그림 17.6(a)와 같이 경제가 자동적으로 이전의 완전고용산출 수준으로 회복하는 메커니즘이 작동하지 않는다. 높은 실업률이 오래 지속될수록 근로자들은 그들이 가진 기술을 사용하지 못하거나 최신 기술을 습득하지 못하여 노동시장에 재진입할 기회를 잃어버리게 된다. 게다가 장기간 실업 상태에 놓이게 되면 지쳐서 구직을 포기하고 영원히 노동시장을 빠져나갈지도 모른다. 경기침체

관련 사례

1939년과 같은 상황인가?

2007~2009년의 불황기와 그 이후 경제학자와 정책 결정자들은 1930년대 대공황 때의 경험이 당시의 경제 상황에 대한 통찰력을 제공할 수 있는지에 대해 관심을 가졌다. 역시 금융위기와 연관되어 있었던 대공황은 10년 이상 지속되었는데, 이는 2010년의 정책 결정자들이 반복하지 않으려는 부분이다. 1930년대 초 은행공황을 연구했던 버냉키가 2008년 대형 금융회사를 구하기 위해 적극적 정책을 폈음을 이미 살펴본 바 있다.

대공황과 관련해 놀랄 만한 사실 중 하나는 1930년대 후반에 보인 높은 실업률이다. 제14장에서 살펴본 대로, 이 높은 실업률은 부분적으로는 1937~1938년의 침체로 인한 것인데, 이때의 경기침체는 연준이 법정지준율을 높여 나가다가 의도치 않게 초래한 면이 있다. 노스웨스턴대학의 고든(Robert Gordon)은 1939년 미국의 상황에 초점을 맞추었다. 비록 다양한 추정치가 제시되고 있기는 하지만 고든은 그해의 실업률은 17%를 넘었고, 실업자의 3분의 1 이상이 1년이 넘는 기간 동안 실업 상태에 있었다고 믿는다. 높은 실업률에도 불구하고 임금과 물가가 하락했다는 흔적은 거의 없는데, 임금과 물가의 하락이 있어야 본문의 그림 17.6(a)에 나타낸 과정에 의해 경제가 완전고용 상태로 돌아갈 수 있었다. 일부 경제학자들은 1939년의 높은 실업률은 총수요 문제로 인한 것이라고 믿는 반면, 다른 경제학자들은 총공급의 문제로 인한 것이라고 믿고 있다. 총공급 설명을 지지하는 경제학자들이 근거로 삼는 것은 1930년대 국회가 채택한 세율의 대폭적 인상, 노동조합 결성, 파업, 노사갈등의 두드러진 증가, 그리고 이들의 관점에 따르면 루스벨트 대통령의 뉴딜정책하에 이루어진 사적재산권의 제한 등이다. 이 논쟁은 2010년의 경제 상황을 분석하는 데 있어 경제학자들이 제기한 문제의 일부와 아주 유사하다.

고든은 총공급을 중시하는 견해에 동의하지 않는데, 대신 미국이 부족한 총수요로 인해 생긴 오랜 이력현상으로 고통을 받고 있었다고 주장한다. 그는 제2차 세계대전 참전 준비를 위해 1940년 국회가 군비지출을 큰 폭으로 증가시키기 시작하자 총생산이 빠른 속도로 증가했고, 실업률도 떨어졌다고 주장한다. 다시 말하면 총수요가 충분히 큰 규모로 증가하자 생산과 고용이 늘어나는 것을 막고 있던 구조적 장벽이 사라진 것이다. 하지만 고든의 이런 분석에 다른 경제학자들이 모두 동의하는 건 아니다. 경제학자 힉스(Robert Higgs)는 1930년대의 높은 실업률은 뉴딜정책으로 인한 체제 불안정성에 의한 것이라고 주장한다. 그는 1940~1945년 산출량의 증가는 대부분 전쟁 물자와 군수품 산업에 의한 것이고 실업률 하락은 징집과 전쟁 산업에서의 고용 증가에 따른 것이어서 진정한 번영은 1945년 전쟁이 끝날 때까지 돌아오지 않았다고 주장한다. 전후 번영이 가능했던 이유는 다음과 같다.

> 루스벨트의 사망과 트루먼 정부의 계승에 따라 투자자들이 매우 불확실한 것으로 여겼던 정치체제에서 자신들의 사적 재산권을 지켜 줄 것으로 확신하는 그런 정치체제로의 이행이 완료되었다 … 투자자들은 전후 투자 붐을 만들어 냈는데, 이는 중앙정부의 지출이 예외적으로 높았던 전시 수준에서 큰 폭으로 하락했음에도 불구하고 경제가 지속적 번영 상태로 돌아가는 것을 가능하게 했다.

힉스의 주장은 루스벨트 정부에서 트루먼 정부로의 정책 변경을 그렇게 극적인 것으로 여기지 않는 경제학자들로부터 비판을 받아왔다. 분명 경제학자들은 1930년대 미국 경제와 2007년 금융위기 시작 후 미국 경제 사이의 놀라우리만큼 유사한 점들을 계속 연구해 나갈 것이다.

출처 : Robert J. Gordon, "Back to the Future: European Unemployment Today Viewed from America in 1939," *Brookings Papers on Economic Activity*, Vol. 19, No. 1, 1988, pp. 271-312. Robert Higgs, *Depression, War, and Cold War: Challenging the Myths of Conflict and Prosperity*, Oakland, CA: Independent Institute, 2009.

를 계기로 많은 사람이 새 일자리를 찾는 과정에 장애가 발생할 수 있으며, 이는 만성적인 고실업과 저산출로 어이진다.[2]

2010년 연준 의장 버냉키는 이력현상 대신 '보기 드문 불확실성'이라는 용어로 침체의 지속성을 설명하려고 했다. 분명히 기업은 새로운 자본재의 구입, 고용확대, 그리고 새로운 제품의 개발에 있어 낮은 불확실성을 선호한다. 2007~2009년의 금융위기와 경기침체는 제2차 세계대전 이후 가장 심각한 것이었기 때문에 불확실성의 증가는 불가피한 것이었다. 이러한 불확실성의 증가가 총공급을 위축시키는 요인으로 작용했다고 보는 것이다. 연준은 딜레마에 빠졌다. 즉 경제가 직면한 주요 문제들이 총수요의 부족에서 비롯된 것이라면 산출량을 증가시키기 위해 전통적인 확장적 통화정책을 사용하는 것이 효과적일 것이다. 그러나 만약 총공급이 문제라면 전통적인 정책은 효과가 없을 것이다. 경제가 매우 이례적인 상황에 처해 있고, 총수요가 더 큰 문제인지 총공급이 더 큰 문제인지는 아직 분명하지 않다.

17장의 질문에 대한 답변

Question 2009년 시작된 경기회복 기간에도 실업률이 높게 유지된 것은 무엇 때문인가?

Answer 이 장에서 살펴본 바와 같이 2010년 후반 실업률은 9%를 넘는 수준이었는데, 이렇게 높은 실업률은 제2차 세계대전 이후에도 흔치 않은 일이다. 경제학자들은 실업률이 높게 유지되는 이유에 대해 서로 다른 의견을 보였다. 일부 경제학자들은 총수요의 부족으로 인한 것이라고 진단하고 전통적인 거시경제 안정화 정책을 사용하여 생산과 고용을 증가시킬 수 있다고 주장하였다. 하지만 다른 한편에서는 총공급의 문제를 지적한다. 구조적으로 주택건설과 자동차 산업의 중요성이 지속적으로 낮아지고 있었고, 또한 금융위기로 경제의 불확실성이 극도로 증가되면서 총공급이 위축되었다는 것이다.

핵심용어

경기변동
공급충격
단기 총공급곡선
실질화폐잔고
안정화 정책
장기 총공급곡선
총공급
총수요곡선
화폐의 중립성

2 원래 이력현상은 1980년대와 1990년대 유럽 국가들의 높은 실업률을 설명하는 데 쓰인 개념이다. 유럽 국가들에서 1970년대 유가 충격에 따라 실업률이 상승한 이래 실업률이 계속 높게 유지되었다. 물론 유럽의 고실업을 이력현상으로만 설명할 수는 없을 것이다. 높은 세율과 관대한 실업보험급여 및 고용보호제도가 고실업과 저성장에 기여했다는 분석들도 있다.

연습문제

01 화폐시장에서 물가 수준의 하락이 균형이자율에 미치는 영향을 그래프를 통해 설명하라. 이자율의 변화가 계획된 투자지출과, 소비지출, 순수출에 어떠한 영향을 미치는가?

02 연준의 재무성증권 매입과 같은 공개시장매입의 효과를 실질화폐잔고에 대한 수요곡선과 공급곡선을 사용하여 설명하라. 그리고 총수요곡선이 왜 이동하며, 연준이 재무성증권을 언제 매입하는지 그래프를 통해 설명하라.

03 2000년대 초·중반에 주가와 주택가격이 크게 상승하였다. 이러한 가계자산의 상승이 저축과 소비지출에 어떠한 영향을 미치는가? 또한 주가와 주택가격의 상승은 총수요에 어떠한 영향을 주는가?

04 아래와 같은 각 내용의 효과를 단기 총공급곡선에 나타내라.

a. 예상 물가 수준의 하락

b. 유가 하락

c. 기존 PC보다 10배 빠른 PC의 개발

d. 완전고용 수준 산출량보다 높은 산출로 인한 임금의 상승

e. 많은 지역에 영향을 미친 극심한 겨울 폭풍

05 조지메이슨대학의 코웬(Tyler Cowen)은 뉴욕타임스 기고문에서 다음과 같이 주장하였다. "투자세액공제는 기업이 새로운 물적자본에 대한 지출의 일부를 기업이 내야 할 세금에서 삭감해 주는 제도로서 투자를 자극하고 총수요와 총공급을 모두 증가시킬 수 있다." 케네디와 레이건 대통령은 이 정책을 각각 1960년대와 1980년대에 사용하였다. 투자세액공제가 총수요와 총공급 모두 증가시키는 이유를 설명하라.

출처 : Tyler Cowen, "Cut Taxes, Print More Money," *New York Times*, June 24, 2010.

06 장기 총공급곡선이 이동하면 단기 총공급곡선도 이동하는가? 반대로 단기 총공급곡선이 이동하면 장기 총공급곡선도 이동하는가? (힌트 : 각 곡선을 이동시키는 요인과 이러한 요인들이 다른 곡선도 이동시킬 수 있는지를 생각해 보라.)

07 동유럽이 공산주의 체제에 있을 때, 정부는 임금 통제와 가격 통제를 시행하였다. 이러한 통제하에서 일부 가격은 수년 동안 한 번도 변하지 않았다. 경제학자들 대부분은 시간이 지나면서 가격 통제가 경제의 자원배분을 왜곡시킬 것이라고 주장하였다. 가격 통제의 효과에 대한 이러한 견해가 옳다면, 가격 통제는 장기 총공급에 어떠한 영향을 미치는가? 한편 동유럽 국가들이 시장 지향적인 경제체제로 이전하면서 종전의 임금 통제와 가격 통제는 대부분 폐지되었다. 이러한 통제의 폐지는 총수요와 총공급에 어떠한 영향을 미치는가?

08 이코노미스트지에 다음과 같은 기사가 게재되었다. "인플레이션율을 상승시키기란 생각보다 어렵다. … 인플레이션을 상승시키려면 총수요가 잠재 산출량보다 많아야 한다." 총수요가 잠재 산출량보다 많다는 것이 인플레이션을 발생시키는 이유가 될 수 있는지를 *AD-AS* 그래프를 이용하여 나타내라. 또한 *AD-AS* 모형에서 총수요가 잠재 산출량보다 많다는 것이 인플레이션을 발생시키는 유일한 방법이 되는가? 간략하게 설명하라.

출처 : "A Winding Path to Inflation", *Economist*, June 3, 2010.

09 작년의 물가가 110이고 산출량은 14조 달러이며, 올해는 물가가 104이고 산출량은 13조 달러라고 해 보자. *AD-AS* 모형에서, 총수요곡선이나 총공급곡선 중 어느 곡선의 이동으로 한 해 동안 발생한 물가와 산출량의 변화를 설명할 수 있는가?

10 경제가 최초 균형점에서 잠재 GDP를 달성하고 있다고 하자. 정부지출의 증가가 단기와 장기에 물가 수준과 산출량에 미치는 영향을 *AD-AS* 그래프를 이용하여 나타내 보라.

11 경제가 최초 균형점에서 잠재 GDP를 달성하고 있다고 하자. 그리고 유럽의 소득 감소로 인해 미국 제품에 대한 수요가 줄어들었다고 가정해 보자. 유럽의 소득 감소가 단기와 장기에서 미국 산출량과 물가 수준에 어떠한 영향을 미치는지 *AD-AS* 그래프를 이용하여 나타내 보라.

12 연준은 확장적 통화정책과 긴축적 통화정책을 사용하여 총수요곡선을 이동시킬 수 있다. 다음 두 경우에 대해 통화정책의 사용으로 산출량이 잠재 GDP 수준으로 어떻게 회복

되는지 *AD-AS* 그래프를 이용하여 나타내라.

a. 총수요곡선과 단기 총공급곡선이 잠재 GDP 수준의 좌측에서 교차한다면, 연준은 어떤 정책을 쓸 것인가?

b. 총수요곡선과 단기 총공급곡선이 잠재 GDP 수준의 우측에서 교차한다면, 연준은 어떤 정책을 쓸 것인가?

13 경제가 최초 균형점에서 잠재 GDP를 달성하고 있다고 하자. 그리고 정(+)의 총수요충격과 부(−)의 총공급충격이 동시에 발생하였다고 가정해 보자. 예를 들어 유가가 폭등하는 동시에 유럽에 대한 미국의 수출의 크게 증가하였다.

a. *AD-AS* 그래프를 사용하여 최초 균형점과 충격 발생 후의 단기 균형점을 나타내라. 새로운 균형에서 산출량이 잠재 GDP보다 높을지 낮을지를 확실하게 알 수 있는가?

b. 연준이 통화정책을 시행하지 않는다고 가정하고, 경제가 어떻게 장기 균형으로 회복되어 가는지를 보여라.

c. 연준이 통화정책을 시행한다고 가정해 보자. 만약 통화정책이 성공한다면 경제는 어떻게 장기 균형으로 회복되어 가는가?

14 우리는 보통 총수요곡선을 이동시키는 요인과 장기 총공급곡선을 이동시키는 요인이 다르다고 생각한다. 이력현상의 경우에도 그러한가? 간략하게 설명하라.

CHAPTER 18

화폐이론 II : *IS-MP* 모형

[학습목표]

18.1 *IS* 곡선이 무엇이며 어떻게 도출되는지를 이해한다.

18.2 *MP* 곡선과 필립스곡선의 의미를 설명한다.

18.3 거시경제균형을 설명하기 위해 *IS-MP* 모형을 사용한다.

18.4 통화정책의 여러 경로를 논의한다.

18.A 거시경제균형을 설명하기 위해 *IS-LM* 모형을 사용한다.

연준이 경제를 예측하다

2010년 7월 연준이 의회에서 경제 성장에 대한 전망치를 낮추는 보고를 한 것은 좋은 소식이 아니었다. 연준은 2010년 실질 GDP 성장률이 약 3.5%가 될 거라고 사전에 예측하였지만 그 값을 3.25%로 낮추었던 것이다. 연준이 경제 성장 전망치를 낮춘 것은 1년여 만에 처음 있는 일이었다. 의회에 보고하기 전 연준 의장 버냉키는 다음과 같이 언급하였다. "주택시장이 여전히 침체를 벗어나지 못하고 있고, 노동시장의 느린 회복과 취업전망에 대한 불확실성으로 인하여 가계지출도 부진을 면치 못하고 있다." 버냉키는 또 다른 요인으로 "금융위기로부터 경제가 많이 개선되었지만 금융 상황이 최근 수개월간 경제 성장을 뒷받침하지 못하고 있다."고 언급하였다.

연준이 경제 성장을 하향 전망한 것은 많은 민간의 예측기관들도 예상한 일이었다. 그들은 2011년의 성장도 썩 좋지 않을 것이라고 전망했다. 영국은행은 향후 3년간 영국의 연간 실질 GDP 성장률 전망치를 3.6%에서 3.0%로 낮추었다. 사르코지(Nicholas Sarkozy) 프랑스 대통령도 2011년 실질 GDP 성장률 전망치를 2.5%에서 2.0%로 낮추었다고 발표하였다. 경제 성장률 전망에 대한 작은 조정이 큰 문제처럼 보이지 않을지도 모른다. 그러나 금융위기가 2009년 7월에 끝났다 하더라도 2010년 중반 미국의 실업률은 9.5%를 넘는 수준이었다. 몇 년 안에 경제가 완전고용 상태로 회복된다는 것은 거의 가망이 없는 것처럼 보였다.

통화정책을 결정함에 있어 미래의 성장률에 대한 연준의 예측은 대단히 중요하다. 이자율과 화폐공급의 변화가 시차를 두고 경제에 영향을 미치기 때문에, 현재 시행하는 통화정책들이 경제에 완전한 효과를 내는 데는 적어도 1년 이상이 걸린다. 따라서 미래의 경제 상태를 가늠하는 것이 오늘의 정책을 시행하는 데 매우 중요하다. 경제를 예측함에 있어 연준, 외국의 중앙은행들,

18장의 이슈와 질문

▶정답은 442쪽에

Issue 2008년 12월 연준은 연방기금금리 목표를 제로에 가깝게 낮추었다.

Question 경기침체 극복을 위한 금리 인하가 효과가 없다면, 그것은 어떤 경우일까?

그리고 개별적인 예측기관들은 보통 거시경제 모형에 의존한다.

이 장에서는 연준이 시행하는 정책들이 주요 거시경제변수에 어떻게 영향을 미치는지 분석하기 위한 하나의 모형을 살펴볼 것이다.

출처 : Ben S. Bernanke, "Semiannual Monetary Policy Report to the Congress," Committee on Banking, Housing, and Urban Affairs, U.S. Senate, July 21, 2010; Board of Governors of the Federal Reserve System, "Monetary Policy Report to the Congress," July 21, 2010; Julia Werdigier and Hiroko Tabuchi, "Blaming a Slow Recovery, the Bank of England Trims Its Economic Forecast", *New York Times*, August 11, 2010; William Horobin, "France Dims Outlook for 2011," *Wall Street Journal*, August 21-22, 2010.

제17장에서는 거시경제의 기본 모형인 *AD-AS* 모형을 살펴보았다. 비록 단기적으로 물가 수준과 실질 GDP가 어떻게 결정되는가에 대한 직관을 제공하고는 있지만, 이 모형에는 몇 가지 중요한 단점이 있다. 실제로 완전고용 산출 수준이 해마다 증가함에 불구하고 *AD-AS* 모형은 암묵적으로 그것이 고정되어 있다고 가정한다. 또 우리는 보통 인플레이션에 관심을 갖지만 *AD-AS* 모형은 **변화율**이 아닌 물가 수준을 다루고 있다. 무엇보다 중요한 것은 중앙은행이 경제 상황에 어떻게 반응하는지를 명시적으로 고려하지 않는다는 점이다. 이 장에서는 *IS-MP* 모형을 통해 실질 GDP, 인플레이션, 이자율 간의 관계를 보다 완전하게 다루고자 한다.

18.1 *IS* 곡선

[학습목표]
IS 곡선이 무엇이며 어떻게 도출되는지를 이해한다.

***IS-MP* 모형** 생산물시장의 균형에 관한 *IS* 곡선, 통화정책을 나타내는 *MP* 곡선, 그리고 산출갭과 인플레이션 간의 단기적 관계를 보여 주는 필립스곡선으로 구성된 거시경제 모형

***IS* 곡선** 재화 및 서비스시장에서 국민소득과 실질이자율의 균형 조합을 나타내 주는 곡선

***MP* 곡선** 연준의 통화정책을 나타내는 곡선

필립스곡선 산출갭(또는 실업률갭)과 인플레이션 간의 단기적 관계를 보여 주는 곡선

이 장에서는 총수요와 총공급(*AD-AS*) 모형보다 더 완전한 거시경제 모형인 ***IS-MP* 모형**(*IS-MP* model)을 구축할 것이다.[1] 연준의 통화정책 효과를 분석하기 위해서도 *IS-MP* 모형을 사용할 것이다. 물론 여기서 '완전한(complete)'이라는 용어는 상대적인 의미로 쓴 것이다. 이러한 모형을 유용하게 사용하기 위해서는 모형이 현실적이어야 한다. *IS-MP* 모형은 *AD-AS* 모형보다 더 완전하면서도 *AD-AS* 모형에서 얻지 못하는 질문에 대한 답을 제공할 수 있다. 물론 *IS-MP* 모형은 연준이 경제를 예측할 때 사용하는 다른 많은 거시경제 모형보다는 덜 완전하다. *IS-MP* 모형이 지나치게 단순한지 아닌지는 어떤 맥락에서 모형을 사용하는가에 달려 있다. 적어도 연준 통화정책의 주요 측면을 설명하는 데 있어서는 충분히 완전한 모형이다.

IS-MP 모형은 세 가지 부분으로 이루어져 있다.

1. ***IS* 곡선**은 재화 및 서비스시장에 대한 균형을 나타낸다.
2. ***MP* 곡선**은 연준의 통화정책을 나타낸다.
3. **필립스곡선**은 산출갭(실제 GDP가 잠재 GDP에서 몇 퍼센트 이탈하여 있는가를 보여 주는 지표)과 인플레이션 사이의 단기적 관계를 나타낸다.

먼저 *IS* 곡선부터 살펴보자.

1 경제학자들은 약어를 즐겨 사용한다. 이 경우에 *MP* 곡선은 통화정책을, *IS* 곡선은 투자와 저축을 줄인 말이다.

생산물시장의 균형

제17장에서 알아본 바와 같이 실질 GDP에 대한 **총지출**은 소비수요(C), 공장과 설비에 대한 기업투자, 재고투자, 주택투자에 대한 수요(I), 재화와 서비스에 대한 정부의 지출(G), 그리고 순수출(NX)의 합으로 이루어진다. 따라서 총지출 AE를 다음과 같이 쓸 수 있다.

$$AE = C + I + G + NX$$

국내총생산(GDP)이 일정 기간 동안(보통 1년) 한 나라에서 생산된 모든 최종생산물의 시장가치라는 것을 상기해 보자. 명목 GDP는 당해 연도의 가격을 이용하여 측정하는 반면 실질 GDP는 기준연도의 물가를 이용해 측정한다. 실질 GDP는 물가 수준의 변화가 반영된, 한 나라의 산출량을 나타내는 좋은 척도이기 때문에 실질 GDP를 총산출량의 척도로 사용한다. **생산물시장**은 경제가 특정 시점에서 생산하는 모든 최종생산물의 거래를 포함한다. 경제주체들에 의해 수요되는 재화와 서비스의 가치(총지출, AE)와 생산자들에 의해 생산되는 재화와 서비스의 가치(실질 GDP, Y)가 일치할 때 생산물시장의 균형이 이루어진다. 따라서 균형식을 다음과 같이 나타낼 수 있다.

$$AE = Y$$

그러면 만약 총지출이 실질 GDP보다 작으면 어떻게 될까? 생산되었던 일부 재화가 판매되지 않는다면 재고가 증가할 것이다. 예를 들어 GM이 어떤 특정한 달에 자동차 25만 대를 생산하고 딜러들에게 판매하도록 하지만 정작 22만 5,000대만 팔았다고 하면, 수많은 딜러에게 할당된 자동차의 재고는 2만 5,000대로 증가할 것이다. (재고의 증가는 투자의 일부로 산출되기 때문에 **실제 투자지출**이 계획된 **투자지출**보다 더 커지게 된다.) 만약 수요의 감소가 단지 자동차가 아닌 다른 재화와 서비스에도 영향을 미친다고 한다면, 기업들은 생산을 줄이고 근로자들을 해고할 것이다. GDP와 고용은 줄어들고 경제는 침체를 맞을 것이다.

그러나 만약 총지출이 GDP보다 크다면, 지출은 생산보다 더 클 것이고 기업들은 예상했던 것보다 재화와 서비스를 더 많이 판매할 것이다. 만약 GM이 자동차 25만 대를 생산하지만 판매는 30만 대라고 한다면, 딜러들은 재고를 내다 팔아야 하며 수많은 딜러에게 할당된 자동차의 재고는 5만 대만큼 줄어들 것이다. (이 경우에 기업들은 예상외로 재고를 감소시키기 때문에 실제 투자지출이 계획된 투자지출보다 작아지게 된다.) 딜러들은 GM의 공장으로부터 그들의 주문을 증가시키려 할 것이다. 자동차뿐만 아니라 다른 재화와 서비스의 판매도 증가된다면 기업들은 생산을 증가시키고 더 많은 근로자를 고용할 것이다. GDP와 고용은 증가하고 경제는 호황을 맞을 것이다.

총지출이 GDP와 일치할 때에만 기업들은 예상했던 것을 판매한다. 이 경우에 기업들은 예상하지 못한 재고의 증감을 경험하지 않고, 그에 따라 생산을 줄이거나 증가시킬 인센티브를 갖지 않는다. 이때 생산물시장이 균형을 이룬다. 표 18.1은 총지출과 GDP의 관계를 요약한 것이다.

여러분은 경제학원론 시간에 생산물시장의 균형을 나타내는 하나의 방법으로 **45°선**을 사용한 것을 기억할 것이다. 가장 단순한 45°선의 분석은 총지출의 4개 구성요소, 즉 소비(C), 투자(I), 정부지출(G), 순수출(NX)을 가정하며, 실질 GDP의 변화는 단지 소비(C)에만 영향을 미친다. 가계의

표 18.1 총지출과 GDP 간의 관계

총지출	예상하지 못한 재고의 변화	결과
GDP와 일치하는 경우	없음	생산물시장에서 균형
GDP보다 작은 경우	증가	GDP와 고용의 감소
GDP보다 큰 경우	감소	GDP와 고용의 증가

현재 소득이 증가할 경우에는 더 많이 소비하고 현재 소득이 감소할 경우에는 덜 소비한다. 소비지출과 현재 소득 또는 GDP 간의 관계를 **소비함수**라고 한다. 수학적으로는 다음과 같이 나타낼 수 있다.

$$C = MPC \times Y$$

여기서 *MPC*는 한계소비성향을 나타내며 0과 1사이의 숫자이다. 만약 GDP 변화에 대한 소비의 변화를 살펴보고자 한다면 $MPC = \Delta C / \Delta Y$로 표시하면 되는데, 이는 소비의 변화분을 GDP의 변화분으로 나눈 것이다. 예를 들어 *MPC*=0.90이면 가계는 추가적인 1달러 소득 가운데 0.9달러를 소비한다는 뜻이다.

여기서는 단순화를 위해 총지출 항목 가운데 소비(*C*) 이외의 투자(*I*), 정부지출(*G*), 순수출(*NX*)은 GDP에 영향을 받지 않고 고정된 값을 가진다고 가정한다. 고정된 변수들은 변수 위에 (−)를 붙여 표시한다. 따라서 소비(*C*)를 소득의 함수로 표현한 총지출을 다음과 같이 나타낼 수 있다.

$$AE = (MPC \times Y) + \bar{I} + \bar{G} + \overline{NX}$$

그림 18.1은 생산물시장에서 45°선을 이용한 균형을 그래프로 보여 주고 있다. 세로축은 총지출(*AE*)을 나타내고, 가로축은 실질 GDP 또는 실질 총소득(*Y*)을 나타낸다. 45°선상의 모든 점에서 *AE*=*Y*이다. 따라서 45°선상의 점들은 생산물시장의 잠재적 균형점들이다. 그리고 총지출선이 45°선과 교차하는 점에서 균형을 이룬다. 우상향하는 총지출선은 GDP에 따라 증가하는 소비를 반영하며, 총지출의 다른 구성요소들은 일정하게 고정된다.

그림 18.1(a)는 생산물시장에서 45°선과 *AE* 선이 교차되는 산출량 Y_1 수준에서 균형이 달성되는 것을 보여 준다. (b)는 생산물시장에서 균형을 달성하지 못하는 다른 산출량 수준을 보여 주고 있다. 만약 최초 산출량 수준이 Y_2이면 그에 상응하는 총지출은 AE_2이다. 이 경우에는 지출이 생산보다 작기 때문에 예상치 않은 재고의 증가가 발생한다. 재고의 증가는 기업들로 하여금 생산을 줄이게 하고 경제는 산출량 수준 Y_1에서 균형을 이룰 때까지 *AE* 선상을 따라 아래로 이동한다. 만약 최초 산출량 수준이 Y_3이면 그에 상응하는 총지출은 AE_3이다. 이 경우에는 지출이 생산보다 크기 때문에 예상치 못한 재고의 감소가 발생한다. 재고의 감소는 기업들로 하여금 생산을 증가시키게 하고 경제는 산출량 수준 Y_1에서 균형을 이룰 때까지 *AE* 선상을 따라 위로 이동한다.

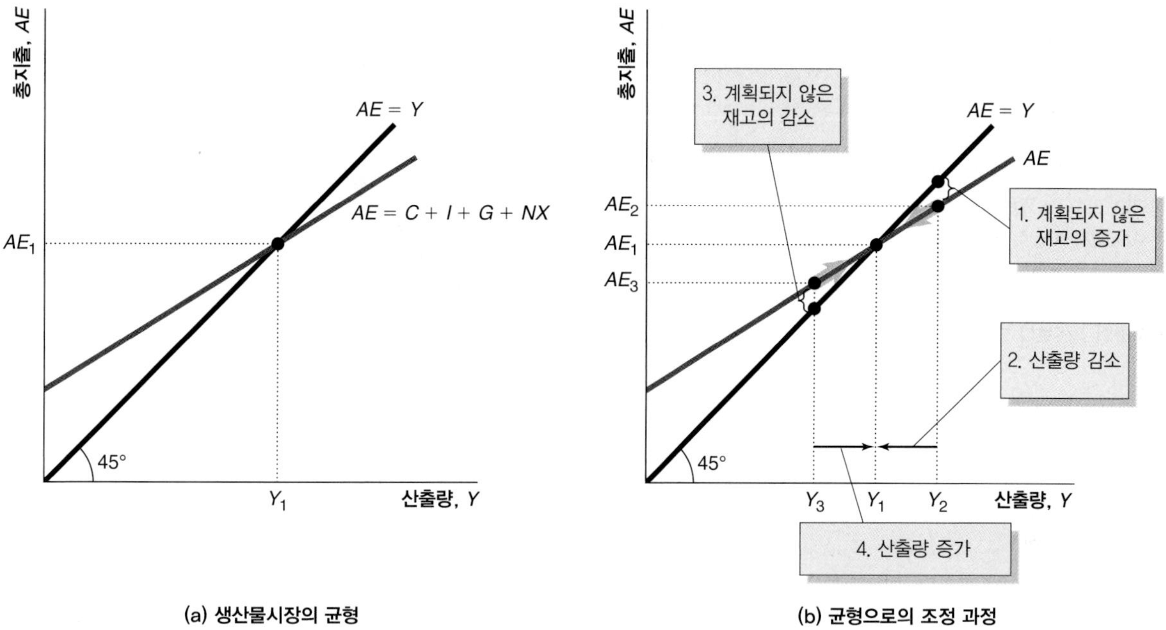

그림 18.1 생산물시장에서의 균형

(a)는 45°선과 총지출선이 교차하는 산출량 Y_1 수준에서 생산물시장의 균형이 달성되는 것을 보여 준다. (b)는 균형이 달성되는 과정을 보여 준다. 만약 최초의 산출량 수준이 Y_2이면 총지출은 AE_2이다. 이때 재고의 증가는 기업들로 하여금 생산을 줄이게 하고 경제는 산출량 수준 Y_1에서 균형을 이룰 때까지 AE 선상을 따라 아래로 이동한다. 만약 최초 산출량 수준이 Y_3면 총지출은 AE_3이다. 이때 재고의 감소는 기업들로 하여금 생산을 증가시키게 하고 경제는 산출량 수준 Y_1에서 균형을 이룰 때까지 AE 선상을 따라 위로 이동한다.

잠재 GDP와 승수효과

그림 18.1에서 GDP의 균형은 Y_1이지만 정책 당국자들이 반드시 달성하고자 하는 수준은 아닐 수 있다. 연준의 목표는 **잠재 GDP**(potential GDP)에 근접한 균형을 달성하는 것이다. 잠재 GDP는 모든 기업이 생산능력을 충분히 활용하여 달성할 수 있는 실질 GDP 수준을 의미한다. 이는 기업이 생산할 수 있는 최대의 산출량은 아니다. 정확히 말하면, 정상적인 수준의 노동력과 설비를 활용하여 생산해 내는 산출량이다. 잠재 GDP에서 경제는 완전고용을 달성하고, 경기적 실업(cyclical unemployment)은 제로로 줄어든다. 따라서 잠재 GDP를 **완전고용** GDP라고도 한다. 노동력의 증가, 새로운 공장과 오피스빌딩의 건설, 새로운 기계와 장비의 설치, 그리고 기술적 변화와 더불어 시간이 흐르면서 잠재 GDP는 서서히 증가한다.

잠재 GDP 모든 기업이 생산능력을 충분히 활용하여 달성할 수 있는 실질 GDP 수준

그림 18.2는 경제가 잠재 GDP인 Y^P에서 최초 균형을 달성하고 있을 때, 총지출이 감소하는 경우에 어떤 변화가 일어나는지 보여 준다. 주택건설에 대한 지출이 줄어들어 총지출의 구성요소인 투자(I)가 감소한다고 가정해 보자. 이때 총지출선은 AE_1에서 AE_2로 하향이동한다. 이제 지출이 생산보다 아래에 위치하므로 의도하지 않은 재고가 증가한다. 기업들은 예상치 못한 재고의 축적으로 생산을 줄이게 되고, 경제는 새로운 균형산출량 Y_2까지 선상을 따라 아래로 이동한다. 여기서 산출량

그림 18.2

승수효과

경제가 잠재 GDP인 Y^P에서 최초 균형을 달성하고 있을 때 총지출의 구성요소인 투자(I)가 감소한다고 하자. 그 결과 총지출선은 AE_1에서 AE_2로 이동한다. 경제는 새로운 균형산출량 Y_2로 이전한다. 이때 산출량의 감소는 투자지출의 감소보다 크다.

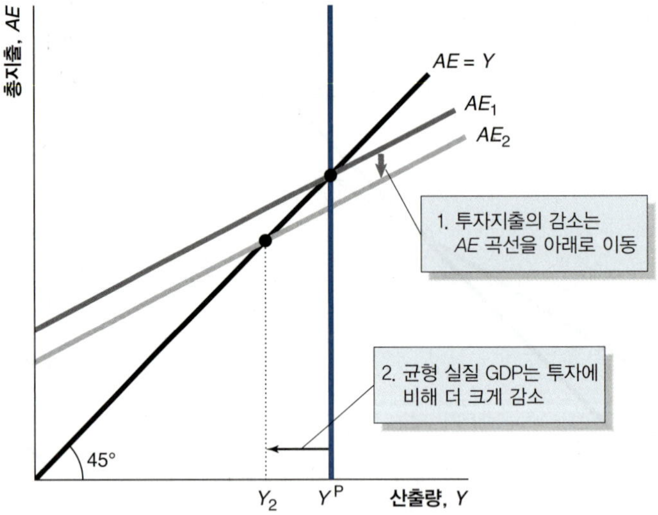

의 감소가 투자지출의 감소보다 크다는 사실에 주목하자. 거시경제 모형에서 **독립적 지출**(autonomous expenditure)은 소득(또는 GDP)에 의존하지 않는 지출이다. 단순 모형에서 투자지출, 정부지출, 그리고 순수출은 모두 독립적인 지출이다. 물론 소비지출은 그렇지 않다. 독립적 지출의 감소는 그만큼 소득을 감소시킨다. 예를 들어 주택에 대한 지출이 줄어들면 주택건설업자들은 주택건설을 줄이고 직원들은 일자리를 잃게 되며 건설 자재에 대한 수요도 줄어든다. 건설부문 소득의 감소는 가계로 하여금 소비를 줄이도록 한다.

독립적 지출의 변화에서 유발된 균형 GDP의 변화를 **승수효과**(multiplier effect)라고 한다. **승수**(multiplier)는 균형 국민소득의 변화분을 독립적 지출의 변화분으로 나눈 것이다. 승수를 다음과 같이 표시할 수 있다.

$$승수 = \frac{\Delta Y}{\Delta I}$$

그러면 승수는 얼마나 클까? 단순 모형에서는 상당히 큰 값을 가진다. 승수의 크기를 알아보기 위해 총지출 방정식을 상기해 보자.

$$AE = (MPC \times Y) + \bar{I} + \bar{G} + \overline{NX}$$

균형은 다음과 같다.

$$Y = AE$$

위 식을 대입시키면

$$Y = (MPC \times Y) + \bar{I} + \bar{G} + \overline{NX}$$

이고, 이를 정리하면 다음과 같은 식을 얻는다.

$$Y = \frac{\bar{I} + \bar{G} + \overline{NX}}{(1 - MPC)}$$

정부지출과 순수출이 변하지 않는 가운데, 투자가 변한다면 다음과 같은 식이 도출된다.

$$\Delta Y = \frac{\Delta I}{(1 - MPC)}$$

예제 18.1

균형 실질 GDP의 계산

다음 자료를 이용하여 균형 실질 GDP와 투자지출 승수를 계산해 보자.

$$\begin{aligned} C &= MPC \times Y = 0.8 \times Y \\ \bar{I} &= \$1.6\text{조} \\ \bar{G} &= \$1.3\text{조} \\ \overline{NX} &= -\$0.4\text{조} \end{aligned}$$

Step 1 복습. 이 문제는 균형 실질 GDP와 승수를 계산하는 것이므로 '생산물시장의 균형'과 '잠재 GDP와 승수효과'에 대해 복습한다.

Step 2 자료의 이용. 균형에서는 총지출과 실질 GDP가 일치한다. 먼저 총지출은 다음과 같이 표현된다.

$$AE = (MPC \times Y) + \bar{I} + \bar{G} + \overline{NX}$$

따라서 균형에서는

$$Y = AE = (MPC \times Y) + \bar{I} + \bar{G} + \overline{NX}$$

주어진 수치를 대입하면 다음과 같다.

$$\begin{aligned} Y &= 0.8Y + \$1.6\text{조} + \$1.3\text{조} + (-\$0.4\text{조}) \\ Y &= 0.8Y + \$2.5\text{조} \\ 0.2Y &= \$2.5\text{조} \\ Y &= \frac{\$2.5\text{조}}{0.2} = \$12.5\text{조} \end{aligned}$$

Step 3 주어진 자료로 승수 계산하기. 투자지출 승수는 다음과 같이 표현된다.

$$\frac{\Delta Y}{\Delta I} = \frac{1}{(1 - MPC)}$$

$MPC = 0.8$이면 승수는 다음과 같다.

$$\frac{1}{(1 - 0.8)} = \frac{1}{0.2} = 5$$

다시 정리하면

$$\frac{\Delta Y}{\Delta I} = \frac{1}{(1 - MPC)}$$

앞서 가정한 것과 같이 MPC = 0.90이면 승수는 다음과 같다.

$$\frac{\Delta Y}{\Delta I} = \frac{1}{(1 - 0.90)} = \frac{1}{0.10} = 10$$

다시 말해 10억 달러 투자지출의 감소는 실질 GDP를 100억 달러만큼 감소시킨다. 승수효과에 대한 분석은 1930년대 영국의 경제학자 케인즈와 그의 제자들(케인지언)에 의해 시도되었다. 그들은 승수효과가 대공황의 심각성을 설명하는 데 도움이 될 것이라 믿었다. 커다란 승수효과 때문에 작은 투자지출의 감소가 GDP의 큰 감소로 이어졌다는 것이다.

케인즈와 케인지언들은 승수효과가 크다는 것을 믿었고 그것을 바탕으로 재정정책의 유효성을 신뢰하였다. **재정정책**(fiscal policy)은 거시경제 목표를 달성하기 위해 정부지출과 조세를 변화시키는 것이다. 투자지출 승수처럼 정부지출 승수도 다음과 같이 표현된다.

재정정책 거시경제 목표를 달성하기 위해 정부지출과 조세를 변화시키는 것

$$\frac{\Delta Y}{\Delta G} = \frac{1}{(1 - MPC)}$$

만약 MPC=0.90이면 정부지출 승수 또한 10과 같다. 만약 실질 GDP가 잠재 수준에 2,000억 달러 미달하는 경우, 의회와 대통령은 정부지출을 200억 달러만큼 증가시킴으로써 실질 GDP를 잠재 GDP 수준으로 끌어올릴 수 있다.

그러나 승수이론이 개발될 초기에 승수의 크기는 너무 크게 추정되었다. 현실에 있어서는 GDP가 수입, 물가, 이자율, 소득세 등에 영향을 미치고 이는 승수의 크기를 훨씬 작게 만든다. 다만 여기서는 논의의 단순화를 위해 1930년대의 케인즈와 케인지언들처럼 승수의 크기를 작게 만드는 요인들을 무시하기로 한다.

2009년 초에 미국 역사상 가장 큰 재정정책으로서 정부지출 증가와 조세감면을 합쳐 총 7,870억 달러에 달하는 재정정책안이 의회를 통과했다. 오바마 정부가 제안한 '미국의 재건 및 재투자에 관한 법(American Recovery and Reinvestment Act, ARRA)'이었다. 이러한 정책을 제안함에 있어서 백악관의 경제학자들은 정부지출 승수를 1.57로 추정하였다. 이는 정부지출이 10억 달러 증가할 때 균형 실질 GDP가 15억 7,000억 달러 증가한다는 뜻이다. 이 값은 앞에서 계산한 승수의 크기 10과는 현저히 다르다. 게다가 일부 경제학자들은 1.57로 추정한 것도 매우 높은 수치라고 주장하였다. 심지어 어떤 경제학자들은 정부지출 승수가 1보다 작은 값을 가진다고 주장하기도 하였다. 경제의 여러 부문이 실질 GDP에 영향을 미치기 때문에 승수를 정확히 추정하는 것은 쉽지 않다. 정부지출의 효과만 따로 분리하는 것도 쉬운 일이 아니다. 앞으로도 승수의 크기에 대한 논쟁은 지속될 것이다.

IS 곡선의 구성

제15장에서 살펴보았던 것처럼, 연준 통화정책의 핵심은 연방기금금리 목표를 설정하는 것이다. 이는 연방기금금리의 변화가 다른 시장금리의 변화로 이어지면서 효과를 발휘한다는 것을 전제로 한다.

제17장에서 논의하였던 것처럼, 이자율은 총지출의 세 가지 구성요소, 즉 소비(*C*), 투자(*I*), 순수출(*NX*)에 영향을 준다. 여기서는 가계와 기업의 의사결정과 가장 관계가 깊은 실질이자율을 사용한다. 실질이자율은 명목이자율에서 예상 인플레이션율을 차감한 것이다. 실질이자율이 상승하면 기업이 공장과 설비투자를 줄이고 가계는 신규주택 구입을 줄인다. 즉 투자(*I*)가 감소한다. 또한 실질이자율의 상승은 가계로 하여금 소비보다는 저축할 유인을 주기 때문에 소비(*C*)가 감소한다. 한편 국내 실질이자율이 높아지면 상대적으로 외국 금융자산에 비해 국내 금융자산에 대한 수익률이 상승하므로 자본이 국내로 유입되는 압력이 발생하여 환율이 하락한다(국내통화가치의 상승). 국내통화가치의 상승은 수입을 증가시키고 수출을 감소시킨다. 그로 인해 순수출(*NX*)이 감소한다. 따라서 실질이자율의 상승은 총지출을 줄이는 역할을 한다. 반대로 실질이자율의 하락은 투자(*I*), 소비(*C*), 순수출(*NX*)을 증가시켜 총지출이 늘어나게 된다.

그림 18.3(a)에서는 45°선을 이용하여 실질이자율 변화가 생산물시장의 균형에 어떤 영향을 주는지 보여 준다. 최초의 실질이자율 r_1에서 총지출선은 $AE(r_1)$이고 균형산출량은 Y_1(*A*점)이다. 만약 이자율이 r_1에서 r_2로 하락하면 총지출선이 $AE(r_1)$에서 $AE(r_2)$로 상향이동한다. 그리고 균형산출량은 Y_1에서 Y_2(*B*점)로 증가한다. 만약 이자율이 r_1에서 r_3로 상승하면 총지출선이 $AE(r_1)$에서 $AE(r_3)$로 하향이동한다. 그리고 균형산출량은 Y_1에서 Y_3(*C*점)로 감소한다.

(b)는 (a)의 결과로부터 생산물시장의 균형을 이루는 실질이자율과 총산출량의 조합인 *IS* 곡선을 도출한다. (a)에서 45°선상의 균형점들에서는 총지출과 총산출량(GDP)이 일치한다. (b)에서는 세로축에 실질이자율을 놓고 가로축에 총산출량을 놓아 이 점들을 연결하여 그래프를 그린다. (b)의 *A*점, *B*점, *C*점은 (a)의 *A*점, *B*점, *C*점과 상응한다. 이자율이 상승할수록 총지출과 균형산출량이 감소하기 때문에 *IS* 곡선은 우하향하는 기울기를 가진다.

산출갭

제15장에서 살펴보았듯이 연준이 연방기금금리 목표를 어떻게 설정하는지에 대해서는 **테일러 준칙**(Taylor rule)이 잘 설명해 준다. 테일러 준칙에 따르면 연준은 **인플레이션갭**(inflation gap)과 **산출갭**(output gap)을 기초로 연방기금금리 목표를 조정한다. 인플레이션갭은 현재의 인플레이션율과 목표 인플레이션율과의 차이를 말하며, 산출갭은 실제 GDP가 잠재 GDP에서 몇 퍼센트(%) 이탈해 있는가를 말해 준다. 그림 18.4는 1950년부터 2010년 2사분기까지 산출갭의 변화를 보여 주고 있다.

산출갭 실제 GDP가 잠재 GDP에서 몇 퍼센트(%) 이탈해 있는가를 나타냄

불황기에는 실질 GDP가 잠재 GDP보다 아래에 있기 때문에 산출갭이 음(−)이다. 호황기에는 실질 GDP가 잠재 GDP보다 위에 있으므로 산출갭은 양(+)이다. 그림 18.4를 보면 제2차 세계대전 이래 가장 심각한 침체기였던 1981~1982년과 2007~2009년에 산출갭이 큰 폭으로 떨어진 것을 알 수 있다.

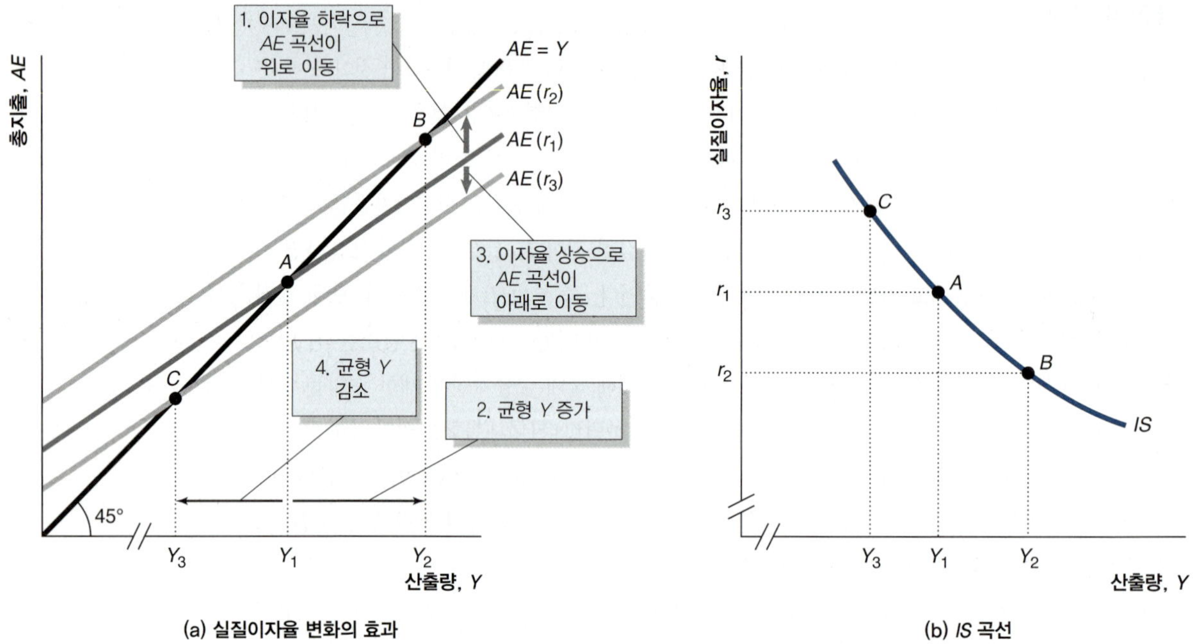

그림 18.3 *IS* 곡선의 도출

(a)는 45°선을 이용하여 실질이자율 변화가 생산물시장의 균형에 어떤 영향을 주는지 보여 준다. 최초의 실질이자율 r_1에서 총지출선은 $AE(r_1)$이고 균형산출량은 Y_1(*A*점)이다. 만약 이자율이 r_1에서 r_2로 하락하면 총지출선이 $AE(r_1)$에서 $AE(r_2)$로 상향이동한다. 그리고 균형산출량은 Y_1에서 Y_2(*B*점)로 증가한다. 만약 이자율이 r_1에서 r_3로 상승하면 총지출선이 $AE(r_1)$에서 $AE(r_3)$로 하향이동한다. 그리고 균형산출량은 Y_1에서 Y_3로 감소한다. (a)의 모든 점을 (b)의 *IS* 곡선으로 표시할 수 있다. (b)의 *A*점, *B*점, *C*점은 (a)의 *A*점, *B*점, *C*점과 상응한다.

그림 18.4

산출갭

산출갭은 잠재 GDP와 실질 GDP 간의 퍼센트(%) 차이이다. 실질 GDP가 잠재 GDP보다 아래에 있는 불황기에는 산출갭이 음(−)이다.

출처 : Congressional Budget Office and U.S. Bureau of Economic Analysis.

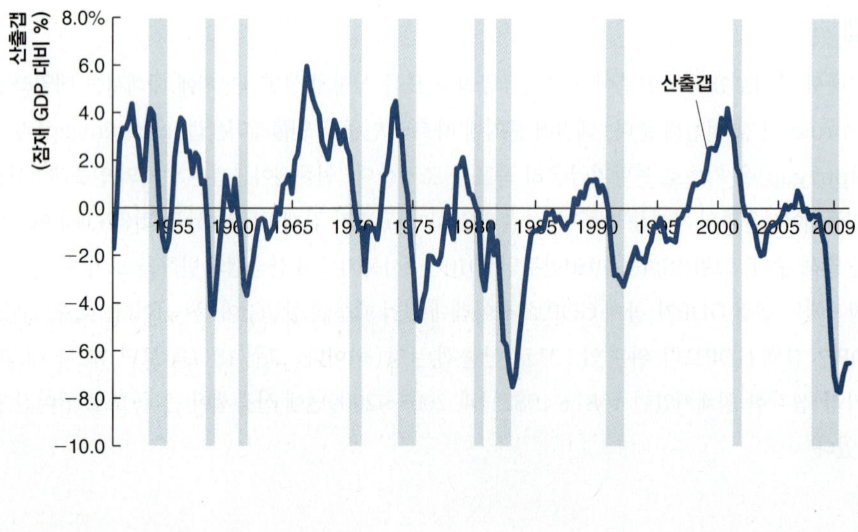

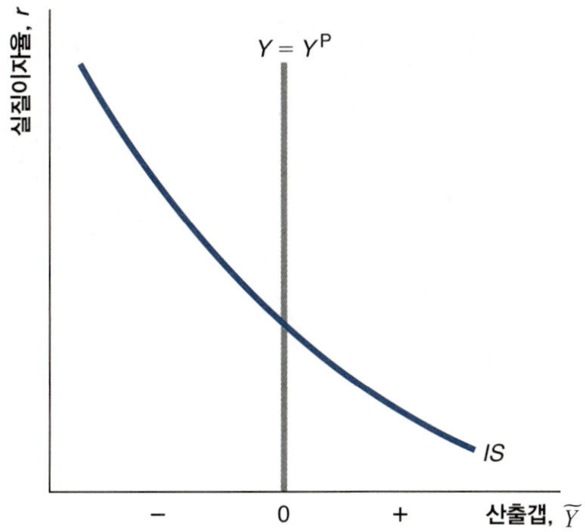

그림 18.5

산출갭을 이용한 *IS* 곡선

이 그래프는 가로축으로 실질 GDP 대신 산출갭을 사용한 *IS* 곡선이다. 가로축의 0을 기준으로 왼쪽은 산출갭이 음(−)인 불황을 나타내며, 오른쪽은 산출갭이 양(+)인 호황을 나타낸다. 수직선 $Y = Y^P$는 산출갭이 0인 상태를 나타낸다.

실제로 연준은 실질 GDP 자체보다는 산출갭에 초점을 맞추기 때문에 거시경제 모형에 산출갭을 포함시키는 것이 유용하다. 그림 18.3(b)에 있는 *IS* 곡선의 가로축은 산출갭이 아닌 실질 GDP이다. 그러면 *IS* 곡선의 가로축으로 실질 GDP 대신 산출갭을 써도 괜찮을까? 다음과 같이 생각하면 그렇게 할 수 있다. 실질이자율의 변화는 투자지출, 소비지출, 순수출에 영향을 주어 총지출을 변화시키는데, 이를 잠재 GDP에 대비하여 총지출을 변화시키는 것으로 이해하면 되기 때문이다. 예를 들어 실질이자율이 하락하여 소비(*C*), 투자(*I*), 순수출(*NX*)이 증가할 때, 이와 같은 총지출의 증가는 일정한 수준인 잠재 GDP에 대비하여 실질 GDP를 증가시키는 것이므로 산출갭도 증가하게 된다. 따라서 가로축을 산출갭으로 놓아도 *IS* 곡선은 여전히 우하향하는 형태가 된다.

그림 18.5는 가로축으로 산출갭을 사용한 *IS* 곡선을 보여 준다. 실질 GDP와 구별하기 위해 산출갭으로 기호 $\tilde{Y}$를 사용하기로 한다. 참고로 수직선 $Y = Y^P$는 산출갭이 0이라는 것을 의미한다. 보통은 가로축 0을 기준으로 세로축을 그려 그래프를 그리지만, 여기서는 그래프의 가로축 가운데를 0으로 두었고, 이해를 돕기 위해 세로축을 좌측으로 이동시켰다. 가로축의 0을 기준으로 왼쪽은 산출갭이 음(−)인 불황을 나타내며, 오른쪽은 산출갭이 양(+)인 호황을 나타낸다.

IS 곡선의 이동

실질이자율이 상승하거나 하락할 때 총지출은 *IS* 곡선을 따라 움직인다. 실질이자율 이외에 총지출에 영향을 미치는 다른 요인의 변화는 *IS* 곡선 자체를 이동시킨다. 실질이자율의 변화 이외에 총지출을 변화시키는 다른 요인들을 일컬어 **총수요충격**(aggregate demand shocks)이라 한다. 앞에서 총수요충격의 예로 2006년 초 미국에서 주택건설에 대한 지출이 급격히 감소한 사례를 살펴본 바 있다. 이와 같은 투자(*I*)의 감소는 *IS* 곡선을 좌측으로 이동시키는 음(−)의 수요충격이다. 2009년 말과 2010년 초 미국에 비해 중국과 유럽에서 경기회복이 더 빨랐던 이유는 미국으로의 수출이 증가한데 따른 것이었다. 이와 같은 순수출(*NX*)의 증가는 *IS* 곡선을 우측으로 이동시키는 양(+)의 수요충

총수요충격 총지출 구성요소의 변화로 *IS* 곡선이 이동하게 된다.

그림 18.6

IS 곡선의 이동

실질이자율이 주어진 상태에서 양(+)의 수요충격은 IS 곡선을 우측으로 이동시키고, 음(−)의 수요 충격은 IS 곡선을 좌측으로 이동시킨다.

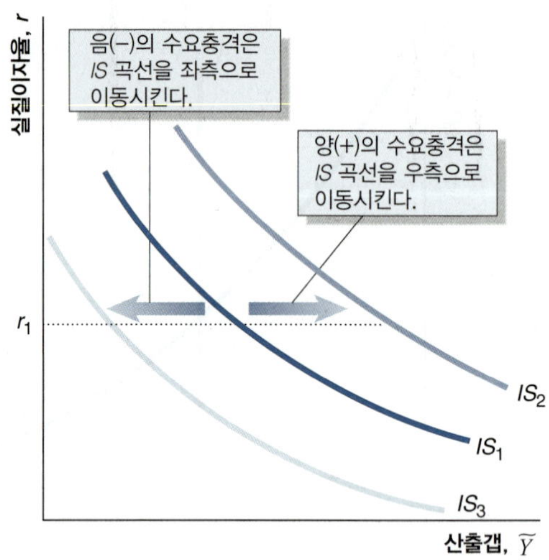

격이다. 그림 18.6에서 실질이자율이 주어진 상태하에 양(+)의 수요충격은 *IS* 곡선을 우측으로 이동시키고 음(−)의 수요충격은 *IS* 곡선을 좌측으로 이동시킨다.

18.2 *MP* 곡선과 필립스곡선

[학습목표]

MP 곡선과 필립스곡선의 의미를 설명한다.

IS-MP 모형의 두 번째 부분은 통화정책에 관련된 *MP* 곡선이다. 제15장에서 알아본 것처럼 연준은 연방공개시장위원회(FOMC)를 통해 연방기금금리 목표를 정하며, 이를 *MP* 곡선으로 나타낼 수 있다. 연준이 테일러 준칙에 따라 연방기금금리 목표를 정한다고 가정하자. 제15장에서 살펴보았던 테일러 준칙은 다음과 같다.

$$\text{연방기금금리 목표} = \text{현재 인플레이션율} + \text{균형 실질연방기금금리} + (1/2 \times \text{인플레이션갭}) + (1/2 \times \text{산출갭})$$

2005년 말에서 2006년 초에 인플레이션이 연준이 정한 목표치 2%보다 높아지자 FOMC는 연방기금금리 목표를 높였다. 2007년 초에는 산출갭이 음(−)이 되자 FOMC는 연방기금금리에 대한 목표를 낮추었다. 이 두 사례 모두 테일러 준칙을 통해 확인할 수 있는 일이다.

현실적으로 FOMC는 단기 명목이자율인 연방기금금리 목표를 조절하지만, 총지출 수준과 관련이 깊은 이자율은 장기 실질이자율이다. 예를 들어 사람들은 신규주택을 구입하는 의사결정을 할 때 30년 모기지에 대한 실질이자율을 고려하며, 기업은 신규투자 자금의 조달 방법을 결정할 때 장기 회사채에 대한 실질이자율을 고려한다. 다만 제5장에서 살펴보았듯이 단기 이자율과 장기 이자율은 함께 오르내리는 경향이 있다. 따라서 FOMC가 연방기금금리를 내리거나 올릴 경우 보통 장기 이자율도 하락하거나 상승한다. 또 연방기금금리는 명목이자율이지만 미래의 예상 인플레이션이 안정적이면, 연방기금금리 목표를 상향하거나 하향함으로써 실질이자율을 올릴거나 내릴 수 있다.

MP 곡선

앞에서 설명한 대로 연준이 연방기금금리 목표를 조정함으로써 실질이자율을 조절할 수 있다고 가정한다. 또한 산출갭이 증가하거나 감소함에도 불구하고 연준이 이자율을 일정하게 유지할 수 있다고 가정한다. 즉 연준은 산출갭의 변화와 상관없이 실질이자율을 일정한 수준으로 유지할 수 있다. 그림 18.7은 이러한 가정에 따라 연준이 정한 실질이자율에서 *MP* 곡선이 수평으로 나타나는 것을 보여 준다. 연준이 실질이자율을 r_1에서 r_2로 올리면 *MP* 곡선은 MP_1에서 MP_2로 상향이동하며, 그에 따라 소비지출과 투자지출, 순수출 모두 감소한다. 경제는 *IS* 곡선을 따라 위로 움직이며 실질 GDP가 잠재 GDP에 비해 감소하기 때문에 산출갭도 $\widetilde{Y}_1$에서 $\widetilde{Y}_2$로 변한다. 만약 연준이 실질이자율을 r_1에서 r_3로 내리면 *MP* 곡선은 MP_1에서 MP_3로 하향이동하며, 소비지출과 투자지출, 순수출 모두 증가한다. 경제는 *IS* 곡선을 따라 아래로 움직이며 실질 GDP가 잠재 GDP에 비해 증가하기 때문에 산출갭도 $\widetilde{Y}_1$에서 $\widetilde{Y}_3$로 변한다.

필립스곡선

테일러 준칙에 의할 때 인플레이션갭이 양(+)이면, 즉 현재 인플레이션율이 연준의 목표치보다 높으면 연준은 실질이자율을 올린다. 실질이자율이 상승하면 실질 GDP가 잠재 GDP에 비해 감소한다. 기업은 생산능력을 낮은 수준으로 운영할 것이고 실업률은 증가한다. 이는 비용과 물가에 대한 압력을 완화시키고 결국 인플레이션율이 낮아지게 된다.

테일러 준칙이 전제하는 것은 연준이 산출과 고용이 증가하면 인플레이션도 상승하고 산출과 고용이 감소하면 인플레이션도 하락한다는 것을 믿고 이자율을 정한다는 것이다. 뉴질랜드의 경제학

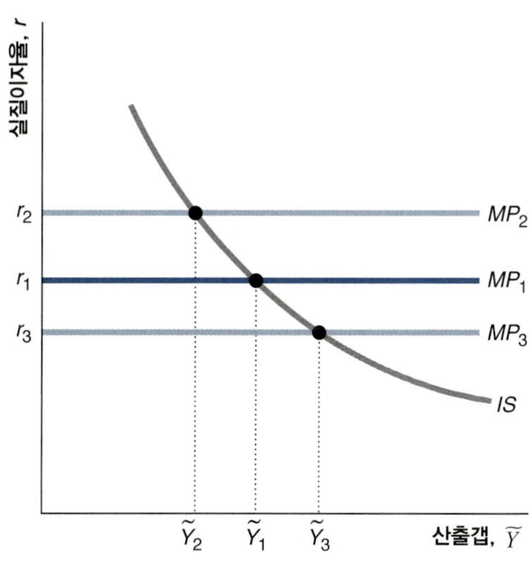

그림 18.7

MP 곡선

연준에 의해 결정된 실질이자율에서 *MP* 곡선은 수평이다. 연준이 실질이자율을 r_1에서 r_2로 올리면 *MP* 곡선은 MP_1에서 MP_2로 상향이동하며, 그에 따라 소비지출과 투자지출, 순수출 모두 감소한다. 경제는 *IS* 곡선을 따라 위로 움직이며 실질 GDP가 잠재 GDP에 비해 감소하기 때문에 산출갭도 $\widetilde{Y}_1$에서 $\widetilde{Y}_2$로 변한다. 만약 연준이 실질이자율을 r_1에서 r_3로 내리면 *MP* 곡선은 MP_1에서 MP_3로 하향이동하며, 소비지출과 투자지출, 순수출 모두 증가한다. 경제는 *IS* 곡선을 따라 아래로 움직이며 실질 GDP가 잠재 GDP에 비해 증가하기 때문에 산출갭도 $\widetilde{Y}_1$에서 $\widetilde{Y}_3$로 변한다.

그림 18.8

필립스곡선

필립스곡선은 인플레이션율과 실업률 간의 단기적 관계를 나타낸다. *A*점은 인플레이션율 4%와 실업률 4%의 조합을 나타내며, *B*점은 인플레이션 1%와 실업률 7%의 조합을 나타낸다.

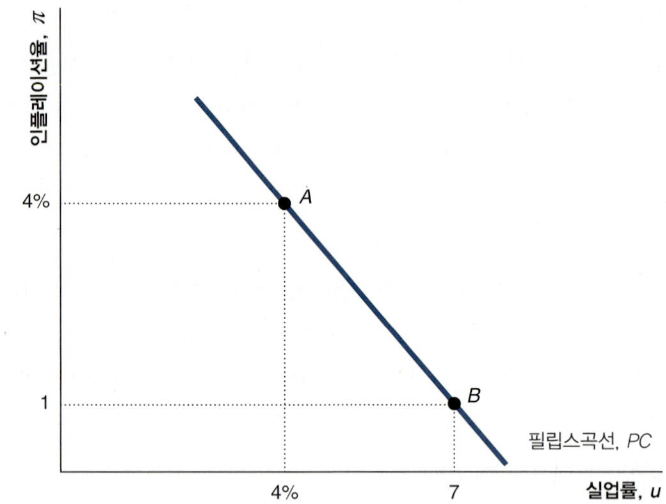

자 필립스(A. W. Phillips)는 1958년에 이러한 관계를 처음 체계적으로 분석하였다. 필립스는 영국의 인플레이션율과 실업률에 대한 자료를 이용하여 이들의 평균적인 관계를 곡선으로 보여 주었다. 이후 인플레이션과 실업률 간의 단기 관계를 나타낸 그래프를 **필립스곡선**(Phillips curve)이라 부르게 되었다. 그림 18.8의 필립스곡선 상의 각 점은 인플레이션율과 실업률의 조합을 나타낸다. 예를 들어 *A*점은 인플레이션율 4%와 실업률 4%의 조합이며, *B*점은 인플레이션 1%와 실업률 7%의 조합이다.

그런데 필립스곡선의 관계를 연구하던 경제학자들은 인플레이션과 실업 사이에 하나의 안정적인 상충관계가 존재하기보다는 필립스곡선의 위치가 시간이 지나면서 변할 수 있다는 결론을 내렸다. 예상 인플레이션의 변화와 공급충격으로 곡선 자체가 이동할 수 있다는 것이다. 제17장에서 살펴본 대로 예상치 못한 유가 상승과 같은 음(−)의 공급충격으로 물가가 상승하는 동시에 산출이 감소(실업이 증가)할 수 있다. 실업과 인플레이션 둘 다 높아지면 필립스곡선은 위로 이동한다. 또한 가계와 기업의 예상 인플레이션이 변하는 경우에도 필립스곡선이 이동할 것이다. 예를 들어 근로자와 기업이 연 2%의 인플레이션을 예상하지만 정작 인플레이션이 4%가 된다면, 그들은 인플레이션의 예상을 2%에서 4%로 조정할 것이다. 이렇게 되면 필립스곡선은 위로 이동한다.

경제에서 예상 인플레이션의 역할은 매우 중요하다. 예를 들어 근로자들이 미래의 인플레이션율이 2%가 아닌 4%가 될 것이라 믿는다면, 명목임금이 적어도 4% 증가하지 않는 한 실질임금(명목임금/물가)은 하락할 것이다. 또한 피셔효과에 의하면 예상 인플레이션의 상승은 명목이자율을 상승시킨다. 근로자와 기업, 투자자들이 예상 인플레이션율을 2%에서 4%로 조정하면 주어진 실업률에서 인플레이션율은 2%만큼 오를 것이다. 즉 필립스곡선이 2%만큼 위로 이동한다.

마지막으로, 대부분의 경제학자들은 현재의 실업률과 완전고용하에서의 실업률 또는 **자연실업률** 간의 갭에 주목한다. 인플레이션은 현재의 실업률 자체보다는 이 갭과 더 밀접한 관계를 맺는다. 현재의 실업률과 자연실업률 간의 갭이 양(+)인 것은 완전고용 수준의 실업률보다 실업률이 높아서 경기침체에 놓여 있는 것이므로 **경기적 실업**이라고 부른다. 공급충격의 효과와 예상 인플레이션이 일정하다는 전제하에서, 현재의 실업률과 자연실업률이 일치한다면 인플레이션율은 변하지 않는다. 현재의 실업률이 자연실업률보다 크면, 노동시장은 침체되고 임금 상승 또한 제한을 받을 것이며 기업의 생산비용도 줄어들 것이다. 따라서 인플레이션율은 하락하게 된다. 반대로 현재의 실업률이 자연실업률보다 작으면, 노동시장은 활기를 띠고 임금은 상승할 가능성이 높으며 기업의 생산비용도 올라갈 것이다. 따라서 인플레이션율은 증가하게 된다.

이러한 모든 요인을 고려하여, 다음과 같이 필립스곡선을 식으로 나타낼 수 있다.

$$\pi = \pi^e - a(U - U^*) - s$$

여기서

π = 현재의 인플레이션율

π^e = 예상 인플레이션율

U = 현재의 실업률

U^* = 자연실업률

s = 공급충격의 효과를 나타내는 변수[주의할 점 : s는 인플레이션을 낮추는 긍정적인 충격의 경우 (+)값을, 인플레이션을 높이는 부정적인 충격의 경우(−)값을 가짐]

a = 현재의 실업률과 자연실업률 간의 갭이 인플레이션율에 어느 정도 영향을 주는지 나타내는 계수

이 식은 예상 인플레이션의 증가 또는 음(−)의 총공급충격이 필립스곡선을 상향이동시키는 것과는 달리 예상 인플레이션의 하락 또는 양(+)의 공급충격이 필립스곡선을 하향이동시키는 것을 의미한다.

예상 인플레이션율을 변화시키는 이유는 무엇일까? 경제학자들은 만약 가계와 기업이 예상했던 인플레이션율보다 실제 인플레이션율이 더 높게 지속된다면 예상 인플레이션을 수정한다고 본다. 예를 들어 미국은 1960년대에 인플레이션이 연평균 약 2%였지만 1970년부터 1973년까지는 연간 5%, 1974년부터 1979년까지는 8.5%로 가속화되고 있었다. 이러한 지속적인 인플레이션율의 상승으로 가계와 기업들의 예상 인플레이션을 상향 조정하였으며, 필립스곡선도 위로 이동하였다. 필립스곡선이 위로 이동하게 되면 인플레이션과 실업 간의 단기적 상충관계는 사라진다. 제15장에서 살펴본 것처럼, 볼커는 1979년 8월 카터 대통령으로부터 인플레이션 억제에 대한 권한을 부여받고 연준 의장이 되었다. 인플레이션 억제를 위한 강력한 긴축 통화정책으로 1981~1982년 심각한 경제침체를 겪었을 당시 실업률이 급등하였고 기업의 생산능력은 과잉 상태였기 때문에 인플레이션이 급격히 하락하였다. 그 결과 1983년에서 1986년 사이에 연평균 인플레이션율은 3.3%로 내려갔다. 그에 따라 가계와 기업은 예상 인플레이션을 낮추었고 필립스곡선도 아래로 이동하였다.

그림 18.9는 필립스곡선이 이동하는 요인을 보여 준다.

그림 18.9

필립스곡선의 이동

예상 인플레이션의 상승 또는 음(−)의 총공급충격은 필립스곡선을 위로 이동시킨다. 예상 인플레이션의 하락 또는 양(+)의 총공급충격은 필립스곡선을 아래로 이동시킨다.

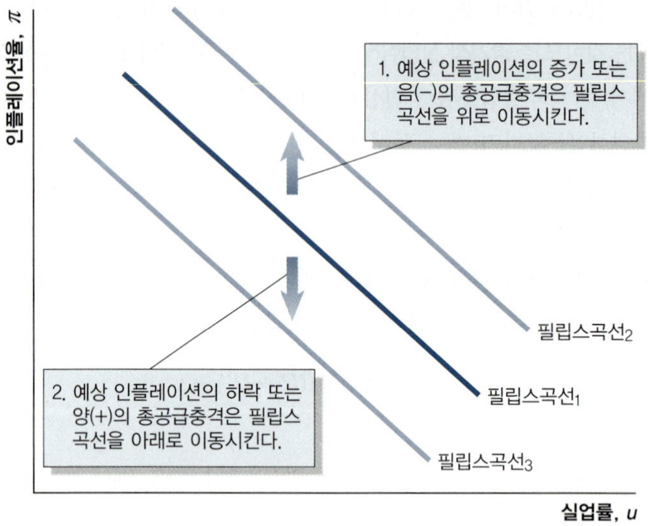

오쿤의 법칙과 산출갭으로 정의한 필립스곡선

필립스곡선은 인플레이션율과 실업률 간의 단기 관계를 보여 준다. 앞에서 그림 18.7을 통해 *IS* 곡선과 *MP* 곡선을 산출갭에 대해 표시한 바 있다. 따라서 필립스곡선을 산출갭에 대해 정의할 수 있다면 그러한 필립스곡선을 산출갭에 대해 정의한 *IS-MP* 모형에 포함시킬 수 있을 것이다. 다행히도, 필립스곡선을 인플레이션율과 실업률 간의 관계에서 인플레이션율과 산출갭 간의 관계로 수정하는 간단한 방법이 있다.

오쿤의 법칙 오쿤에 의해 발견된 산출갭과 경기적 실업률 간의 경험적 관계

1960년대 대통령 경제자문위원회 의장이었던 오쿤(Arthur Okun)의 이름을 따라 붙여진 **오쿤의 법칙**(Okun's law)은 산출갭 $\widetilde{Y}$와 현재 실업률과 자연실업률 간의 갭(경기적 실업률)을 다음과 같이

그림 18.10

오쿤의 법칙을 이용한 경기적 실업률의 예측

오쿤의 법칙은 산출갭이 현재 실업률과 자연실업률 간의 차이에 마이너스(−) 2를 곱한 것과 같다는 것이다. 이 그래프는 경기적 실업률이 오쿤의 법칙으로 잘 설명되는지 보여 준다.

출처: Congressional Budget Office and U.S. Bureau of Economic Analysis.

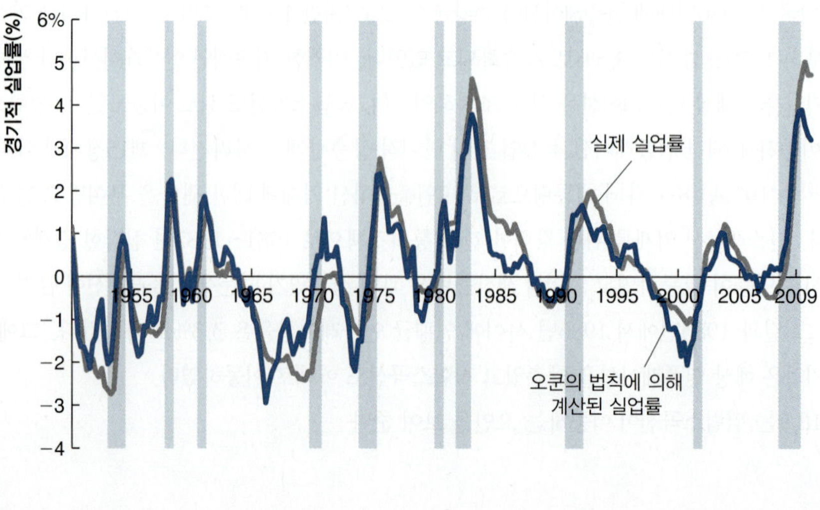

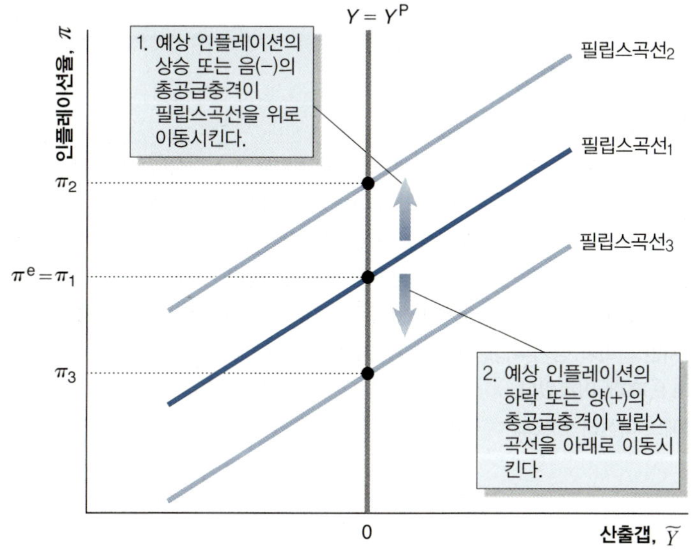

그림 18.11

산출갭으로 정의한 필립스곡선

필립스곡선은 가로축에 실업률 대신 산출갭에 대해 그린 것으로 그림 18.8의 그래프와는 차이가 있다. 산출갭에 대해 그린 것이므로 필립스곡선은 우하향하지 않고 우상향한다. 산출갭이 제로이고 공급충격이 없으면 실제 인플레이션율은 예상 인플레이션율과 일치한다. 예상 인플레이션의 상승 또는 음(−)의 공급충격은 필립스곡선을 위로 이동시키고, 예상 인플레이션율의 하락 또는 양(+)의 공급충격은 필립스곡선을 아래로 이동시킨다.

간단히 같이 요약하고 있다.

$$\widetilde{Y} = -2 \times (U - U^*)$$

그림 18.10은 1950년부터 오쿤의 법칙에 따라 계산된 경기적 실업률이 실제의 경기적 실업률과 유사한지를 보여 준다. 실제치와 예측치가 매우 유사하게 움직이고 있는 것을 알 수 있다. 따라서 필립스곡선 식에서 경기적 실업률 $(U - U^*)$을 산출갭 $\widetilde{Y}$로 대체하여 다음과 같이 인플레이션과 산출갭 간의 관계를 다시 표현해 볼 수 있다.

$$\pi = \pi^e + b\widetilde{Y} - s$$

이 식에서 계수 b는 산출갭에 인플레이션율이 얼마나 민감하게 반응하는지를 나타낸다.

그림 18.11의 필립스곡선은 가로축에 실업률 대신 산출갭에 대해 그린 것으로 그림 18.8의 그래프와는 차이가 있다. 산출갭에 대해 그린 것이므로 필립스곡선은 우하향하지 않고 우상향한다. 일반적으로 실업률이 증가할 때 인플레이션이 하락하지만 실질 GDP가 증가할 때에는 인플레이션이 증가하기 때문에 필립스곡선의 기울기가 바뀐다고 이해하면 된다. 산출갭이 제로이고 공급충격이 없으면 실제 인플레이션율은 예상 인플레이션율과 일치한다. 예상 인플레이션의 상승 또는 음(−)의 공급충격은 필립스곡선을 위로 이동시키고, 예상 인플레이션율의 하락 또는 양(+)의 공급충격은 필립스곡선을 아래로 이동시킨다.

관련 사례

2007~2009년 경기침체는 오쿤의 법칙을 깨뜨렸나?

2009년과 2010년, 백악관의 경제학자들은 실업률을 제대로 예측하지 못해 비난을 받았다. 2009년 초, 당시 대통령 경제자문위원회 의장을 맡고 있던 로머(Christina Romer)와 부통령 비덴(Joe Biden)의 경제보좌관이던 번스타인(Jared Bernstein)은 의회가 버락 오바마 대통령이 추진한 연방정부지출 증가와 조세 감축의 경기부양책을 통과시키면 실업률이 2009년 3분기에 8%로 최고점에 이르렀다가 그다음 분기부터 떨어질 것이라고 예측했다. 하지만 의회가 경기부양책을 통과시켰어도 실업률은 2009년 3분기에 9.7%에 이르렀다. 2009년 4분기에는 10%로 올랐고 2010년 2분기에도 여전히 9.7%에 달했다.

2009년, 2010년 실업률의 심각성을 예측하지 못한 건 로머와 번스타인만이 아니었다. 이처럼 틀린 예측을 하게 된 한 가지 이유는 실업률이 오쿤의 법칙을 적용해서 예상할 수 있는 수준보다 훨씬 높았다는 점이다. 본문의 그림 18.10을 보면 1950년 이후 전 기간 동안 오쿤의 법칙은 실업률의 움직임을 잘 설명하고 있음을 알 수 있다. 다음 그림은 2007년 1분기부터 2010년 2분기 사이의 기간을 보여 주고 있는데, 오쿤의 법칙이 2007~2009년의 침체기와 그 직후 기간의 실업률의 움직임을 잘 설명하지 못하고 있음을 보여 준다.

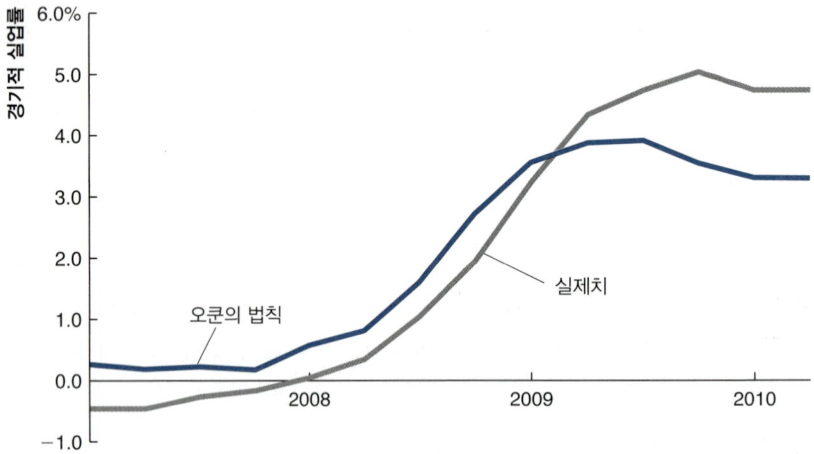

그래프를 볼 때 오쿤의 법칙에 따르면 2009년 초 경기적 실업률 –실제 실업률과 자연실업률의 차이–이 실현치보다 1% 정도 더 낮았어야 함을 알 수 있다. 2009년 말과 2010년 초에는 실제 경기적 실업률과 오쿤의 법칙에 의해 예측한 값의 차이가 약 1.5%로 커졌다. 이 기간 동안 오쿤의 법칙의 설명력이 낮았던 이유는 무엇일까? 경제학자들은 이 점에 대해 논쟁을 벌이고 있다. 하지만 일부 경제학자들은 2009년과 2010년 초 노동생산성의 상승을 주 원인으로 보았다. 노동생산성(즉 노동자 한 명당 생산량)이 증가할 때, 기업은 동일한 수의 노동자를 이용해 더 많은 산출물을 얻거나 더 적은 수의 노동자를 이용해 동일한 양의 산출물을 얻을 수 있게 된다. 2009년과 2010년 초 많은 기업은 두 번째 방법(더 적은 수의 노동자를 고용하여 동일한 생산 수준을 유지하는 방법)을 택한 것으로 보이는데, 이 때문에 많은 경제학자들이 예측했던 것보다 실업률이 더 크게 증가했던 것이다.

경제학자들은 2009~2010년 생산성의 급증이 단기적 현상이었는지, 그리고 오쿤의 법칙이 다시 실업률의 움직임을 제대로 설명해 내게 될지에 대해 다양한 의견을 가지고 있다. 노스웨스턴대학의 경제학자 고든(Robert Gordon)은 노동조합의 쇠락과 다른 변화들로 인해 기업이 침체기에 노동자를 해고하는 게 쉬워졌고 그 결과 오쿤의 법칙이 침체기에 실업률 증가를 설명하는 데 계속 어려움을 가질 것이라고 주장한다. 다른 경제학자들은 유난히 심했던 침체가 오쿤의 법칙이 부정확해진 이유라고 주장한다. 오쿤의 법칙은 1981년과 1982년의 심각한 침체 직후에도 실업률을 설명하는 데 어려움을 겪은 바 있다.

출처 : Christina Romer and Jared Bernstein, "The Job Impact of the American Recovery and Reinvestment Plan," January 10, 2009. Mary Daly and Bart Hobjin, "Okun's Law and the Unemployment Surprise of 2009," Federal Reserve Bank of San Francisco *Economic Letter*, March 8, 2009. Robert J. Gordon, "The Demise of Okun's Law and of Procyclical Fluctuations in Conventional and Unconventional Measures of Productivity," Paper presented at the NBER Summer Institute, July 21, 2010.

18.3 *IS-MP* 모형에서의 균형

이제 *IS-MP* 모형을 이루는 세 부분, 즉 *IS* 곡선, *MP* 곡선, 필립스곡선을 한데 모아 살펴보기로 하자. 그림 18.12는 *IS-MP* 모형의 장기 거시경제균형을 보여 준다. (a)를 보면 산출갭이 제로이고 실질이자율이 연준의 목표치와 같을 때 *IS* 곡선과 *MP* 곡선이 교차한다. (b)는 필립스곡선을 보여 주는데, 산출갭이 제로이기 때문에 실제 인플레이션율과 예상 인플레이션율이 일치한다.

[학습목표]
거시경제균형을 설명하기 위해 *IS-MP* 모형을 사용한다.

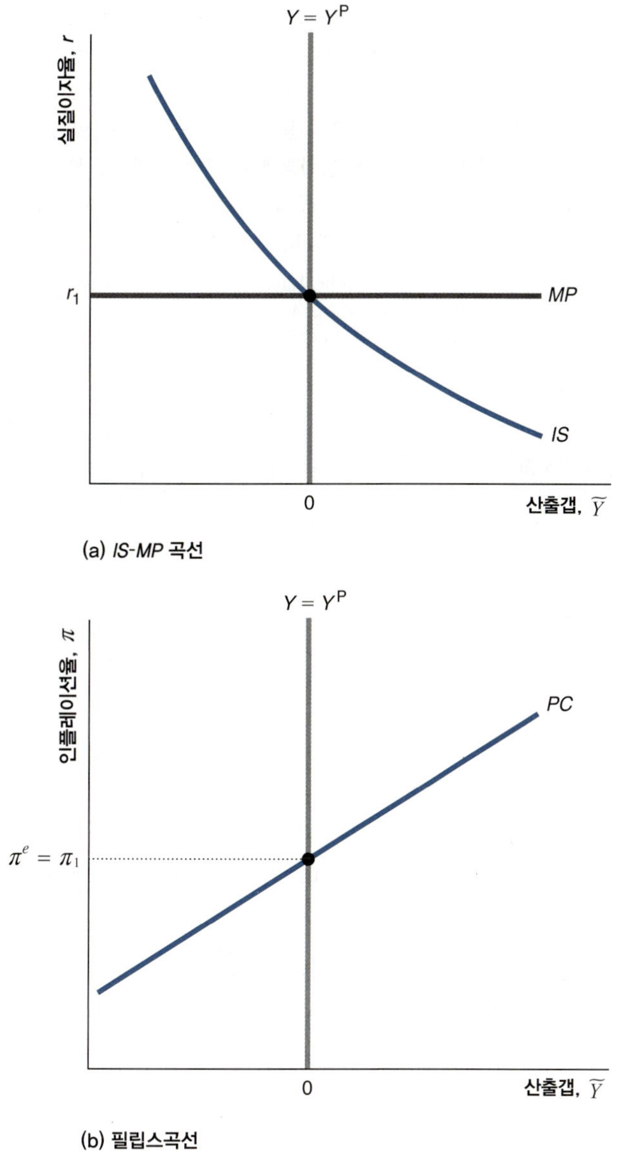

그림 18.12

모형의 장기 균형

(a)를 보면 산출갭이 제로이고 실질이자율이 연준의 목표치와 같을 때 *IS* 곡선과 *MP* 곡선이 교차한다. (b)는 필립스곡선을 보여 주는데, 산출갭이 제로이기 때문에 실제 인플레이션율과 예상 인플레이션율이 일치한다.

관련 사례

IS-MP 모형은 어디서 왔나?

이 장에서 지금까지 논의해 온 거시경제 모형은 역사적 뿌리를 가지고 있다. 영국의 경제학자 케인즈는 1936년에 출간된 책 『고용, 이자, 화폐에 관한 일반이론』에서 *IS* 곡선에 관한 기본적 아이디어를 발전시켰다. 케인즈는 총생산이 총지출의 변동에 반응해서 증가하거나 감소할 수 있다는 아이디어를 자세하게 논의한 첫 번째 경제학자였다. 그는 1929년에 시작된 총지출의 폭락이 대공황을 초래했다고 믿었다.

케인즈가 『일반이론』에서 *IS* 곡선을 명시적으로 그렸던 건 아니다. *IS* 곡선이 처음 나타난 건 1937년 힉스가 저술한 논문에서였다. *IS* 곡선에 관한 우리의 논의에서 *IS*라는 이름이 붙은 까닭은 미스터리로 남겨 놓았었다. 이 미스터리를 풀기 위해서는 상품시장에서의 균형 분석에 대한 힉스의 접근법을 따르면 된다. 폐쇄경제(수입도 수출도 없는 경제)를 들여다보면 총지출은 $C + I + G$와 같아진다. 그리고 균형에서는 $Y = C + I + G$가 된다. 이 표현을 조금 바꾸면 $Y - C - G = I$가 된다. $Y - C - G$는 현재기에 가계나 정부에 의해서 소비되지 않은 산출물을 나타내므로 이것을 *국민저축 S*로 생각할 수 있다. 그러면 투자가 국민저축과 일치할 때, 즉 $I = S$일 때 상품시장은 균형에 있다고 말할 수 있는데, 바로 이 때문에 힉스는 상품시장에서의 균형을 보여 주는 곡선을 *IS* 곡선이라고 불렀던 것이다. 상품시장의 균형에 관한 이 두 가지 접근법, 즉 (1) 총생산 = 총지출, 그리고 (2) 투자 = 저축은 사실 동일한 접근법이다.

힉스는 그의 모형에서 *MP* 곡선을 사용하지 않았다. 대신 그는 *LM* 곡선이라고 불리는 것을 사용했는데, *LM*은 '유동성(liquidity)'과 '화폐(money)'를 상징한다. (논문에서 힉스는 이 곡선에 *LL*이라는 이름을 붙였다.) *LM* 곡선은 화폐시장이 균형에 있도록 하는 이자율과 산출량의 조합을 나타낸다. (화폐시장에 대해서는 제17장에서 논의했다.) 힉스의 접근법은 *IS-LM* 모형이라고 불린다. (이 모형에 대한 논의는 이 장의 부록을 보라.) *IS-LM* 모형의 단점 중 하나는 연준이 통화공급 목표치를 설정함으로써 통화정책을 편다고 가정하는 것이다. 하지만 잘 알다시피 1980년대 초부터 연준은 통화공급이 아니라 연방기금금리에 대한 목표치를 설정해 왔다. 최근 연준은 단기 통화정책을 집행할 때 통화공급의 변화에 별다른 관심을 보이지 않고 있다. 2000년 캘리포니아 버클리대학의 로머(David Romer)는 *LM* 곡선을 그만 사용하고 *MP* 곡선을 사용할 것을 제안했는데, *MP* 곡선은 점차 통화정책을 분석하는 데 표준적 도구가 되어 왔다.

끝으로 필립스와 오쿤의 저술에 대해 더 알기를 원한다면 아래 출처를 참조하라.

출처 : John Maynard Keynes, *The General Theory of Employment, Interest and Money*, London: Macmillan, 1936. John R. Hicks, "Mr. Keynes and 'Classics'; A Suggested Interpretation," *Econometrica*, Vol. 5, No. 2, April 1937, pp. 147-159. David Romer, "Keynesian Macroeconomics Without the LM Curve," *Journal of Economic Perspectives*, Vol. 14, No. 2, Spring 2000, pp. 149-169. A. W. Phillips, "The Relation Between Unemployment and the Rate of Change of Money Wage Rates in the United Kingdom, 1861-1957," *Economica*, New Series, Vol. 25, No. 100, November 1958, pp. 283-299. Arthur M. Okun, "Potential GDP: Its Measurement and Significance," *Proceedings of the Business and Economic Statistics Section of the American Statistical Association*, 1962.

침체 극복을 위한 통화정책

경제가 그림 18.12의 장기 균형 상태에서 놓여 있을 때 수요충격을 맞게 된다고 가정해 보자. 이와 같이 부정적인 수요충격에 대해서는 2007년에 주택가격에 대한 거품이 꺼지면서 주택건설이 급격히 위축된 사례를 들 수 있다. 그림 18.13(a)에서는 수요충격에 의해 *IS* 곡선이 IS_1에서 IS_2로 좌측으로 이동한다. 실질 GDP가 잠재 GDP보다 감소하므로 산출갭은 $\widetilde{Y}_1$에서 음(−)의 값을 보인다. (a)에 대응하는 (b)는 필립스곡선을 따라 경기가 후퇴하면서 음(−)의 산출갭이 나타나는 것을 보여준다. 중요한 것은 필립스곡선을 따라 인플레이션율이 π_1에서 π_2로 하락한다는 것이다. 이때 연준은 어떤 행동을 취할까? 연준은 준칙에 따라 연방기금금리 목표를 낮추는 것으로 경기침체에 대응한다. 이러한 조치는 실질이자율을 낮추고 *MP* 곡선이 MP_1에서 MP_2로 내려간다. 실질이자율이 낮아짐에 따라 소비지출, 투자지출, 순수출이 증가하고, 경제는 *IS* 곡선을 따라 장기 균형으로 회복한다.

실질 GDP는 잠재 수준으로 되돌아오고 산출갭은 다시 제로 상태가 된다. 한편 (b)에서 보듯이 경기가 회복되면서 장기 균형으로 되돌아가는 과정에서 인플레이션율이 π_2에서 π_1으로 상승한다.

2007~2009년의 침체 극복 문제

이제까지 침체를 극복하는 연준의 정책을 살펴보았지만, 불행하게도 2007~2009년의 침체기에는 그림 18.13에 나타난 바와 같이 경제가 순조롭게 잠재 GDP로 되돌아가는 현상이 일어나지 않았다. *IS-MP* 모형은 연준이 연방기금금리 목표를 통해 금융시장의 실질이자율을 조절한다는 것을 가정하는데, 이례적인 상황에서 연준은 시장이자율에 직접 영향을 미치지 못했다. 보통 연준은 연방기금금리가 하락할 때 장기 실질이자율도 하락하고 연방기금금리가 상승할 때 장기 실질이자율도 상승하는 것을 기대한다. 그러나 2007~2009년의 침체기는 평상시와는 달랐다.

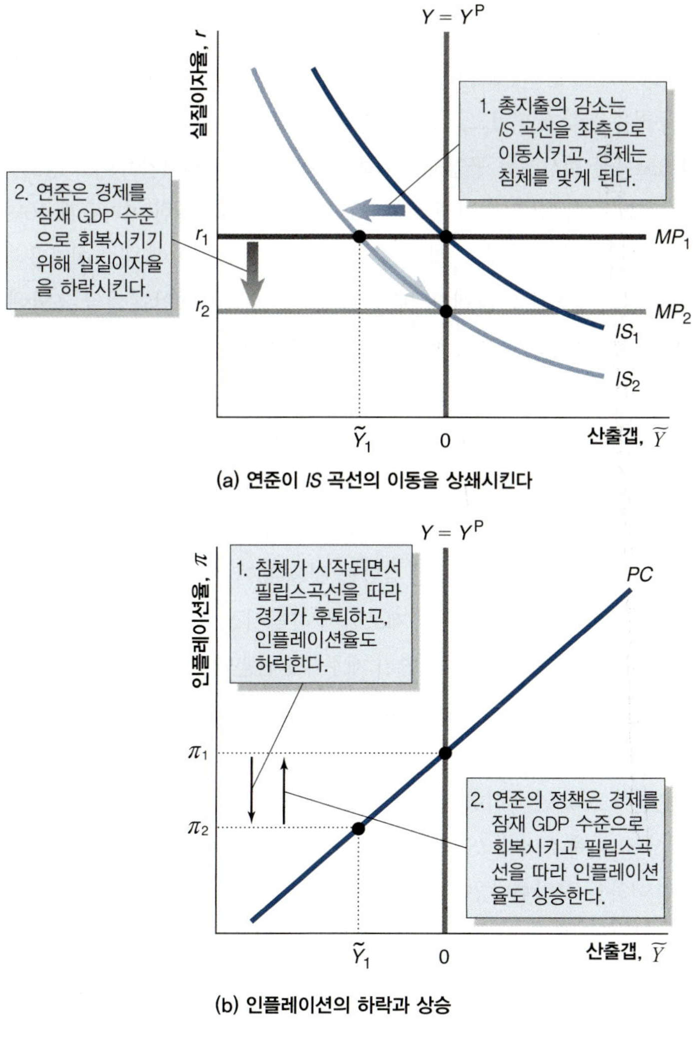

그림 18.13

확장적 통화정책

(a)에서 수요충격에 의해 *IS* 곡선이 IS_1에서 IS_2로 좌측으로 이동한다. 실질 GDP가 잠재 GDP보다 감소하므로 산출갭은 $\tilde{Y}_1$에서 음(−)의 값을 보인다. (b)는 필립스곡선을 따라 경기가 후퇴하면서 음(−)의 산출갭이 나타나는 것을 보여 준다. 또한 필립스곡선을 따라 인플레이션율이 π_1에서 π_2로 하락한다. 연준은 준칙에 따라 연방기금금리 목표를 낮추는 것으로 경기침체에 대응한다. 이러한 조치는 실질이자율을 낮추고 *MP* 곡선은 MP_1에서 MP_2로 내려간다. 실질이자율이 낮아짐에 따라 소비지출, 투자지출, 순수출이 증가하고, 경제는 *IS* 곡선을 따라 장기 균형으로 회복한다. 실질 GDP는 잠재 수준으로 되돌아오고 산출갭은 다시 제로 상태가 된다. (b)에서 보듯이 경기가 회복되면서 장기 균형으로 되돌아가는 과정에서 인플레이션율이 π_2에서 π_1으로 상승한다.

그림 18.14

2007~2009년 경기침체와 위험 프리미엄의 증가

2007~2009년 금융위기 동안, 10년 만기 미국 재무성증권과 Aaa등급의 채권에 비해 Baa등급 채권의 이자율이 상대적으로 더 증가하여 위험 프리미엄이 급등하였다.

출처 : Federal Reserve Bank of St. Louis.

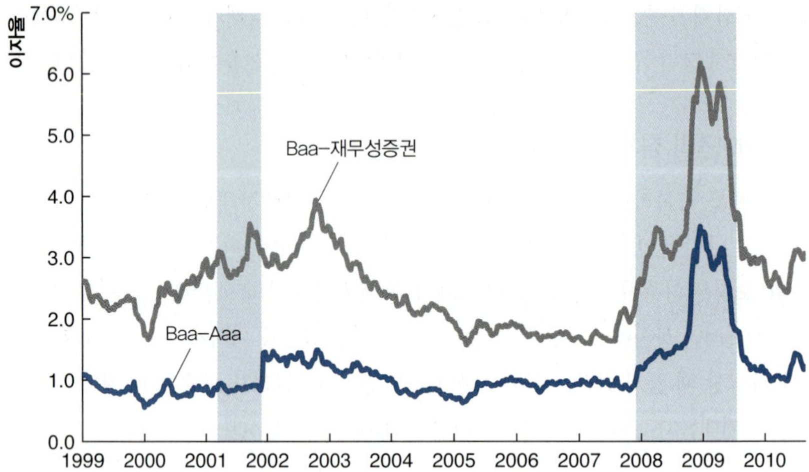

제5장에서 채무불이행에 대한 위험 프리미엄(default risk premium)에 대해 논의한 바 있다. 금융위기 동안, 특히 2008년 9월 리먼브러더스 파산 이후 투자자들은 투자원금이나 대출금 상환이 어려워질 것이라는 두려움을 갖게 되었고, 이로 인해 위험 프리미엄이 급등하였다. 그림 18.14는 투자자들이 무디스의 Baa등급 회사채를 구입하기 위해 요구한 위험 프리미엄이 어느 정도 증가하였는지를 두 가지 척도로 보여 주고 있다. 파란색 선은 Baa등급 회사채에 대한 이자율과 10년 만기 재무성증권에 대한 이자율의 차이를 나타내고, 빨간색 선은 Baa등급 회사채에 대한 이자율과 Aaa등급 회사채에 대한 이자율 간의 차이를 나타낸다. 보통 Baa등급 채권은 기업의 자금 조달에 매우 중요한 수단이다. 무디스 기준으로 Baa등급은 최저 투자등급이며, 기업이 발행하는 회사채는 대개 Aaa등급보다는 Baa등급을 받는다. 예를 들어 2010년 중반에는 단지 네 곳의 비금융기업만 무디스의 Aaa등급을 받았다. 금융위기 이전에는 Baa 이자율과 10년 만기 재무성증권 이자율 간의 차이가 약 1.5%였지만 금융위기가 절정이었을 때 그 차이는 6% 이상 급등하였다. 이는 대부분의 기업이 채권 발행을 통해 자금을 조달하기 어려웠다는 것을 뜻한다. 그림 18.14는 2007~2009년 침체기의 위험 프리미엄 증가가 2001년의 침체 때보다 훨씬 컸다는 것을 보여 준다.

연준은 2008년 말에 연방기금금리를 거의 제로까지 하락시켰지만 위험 프리미엄의 상승이 확장적 정책의 효과를 무력화시켰다. 연준은 10년 만기 재무성증권뿐만 아니라 주택담보증권(MBS)을 직접 매입하는 이례적인 조치로 장기 이자율을 내리려고 해 보았지만 전반적인 위험 프리미엄의 상승을 막을 수 없었다.

그림 18.15는 연준이 2008년에 시행한 확장적 통화정책의 문제를 그래프로 보여 주고 있다. 주택건설에 대한 지출이 크게 축소되자 *IS* 곡선이 IS_1에서 IS_2로 이동했고, 산출갭 $\widetilde{Y}_1$ 수준에서 실질 GDP는 잠재 GDP 이하로 하락했다. 연준은 실질이자율을 r_1에서 r_2로 대폭 낮춤으로써 이에 대응하였다. 정상적인 상황이라면 경제를 잠재 GDP 수준으로 회복시키기에 충분한 것이었지만, 위험 프리미엄의 상승으로 실질이자율은 도리어 r_3까지 상승하였고 경제는 산출갭 $\widetilde{Y}_2$ 수준으로 더 침체되

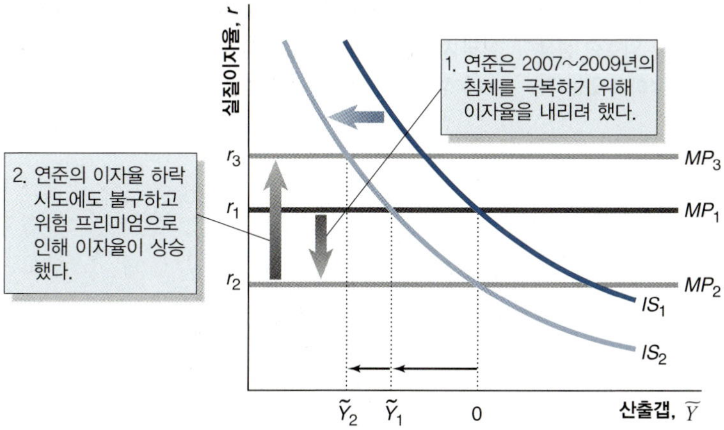

그림 18.15

위험 프리미엄의 상승에 직면한 연준의 확장적 통화정책

2007~2009년 침체기에 주택건설에 대한 지출이 위축되어 *IS* 곡선이 IS_1에서 IS_2로 이동했고, 실질 GDP는 잠재 GDP 이하로 떨어지고 산출갭 $\tilde{Y}_1$에서 (−)의 값을 보였다. 연준은 실질이자율을 r_1에서 r_2로 낮춤으로써 이에 대응하였지만 위험 프리미엄의 상승으로 인해 도리어 실질이자율이 r_3까지 상승하였고 경제는 산출갭 $\tilde{Y}_2$ 수준까지 더 침체되었다.

었다. 경제는 2009년 중반 위험 프리미엄이 정상 수준으로 하락하기 시작한 후에야 회복되기 시작하였다. 연준은 주택금융기관인 패니메와 프레디맥이 발행한 주택저당증권을 직접 매입하는 것과 같은 전례 없는 정책으로 위험 프리미엄을 다소 줄일 수 있었다.

관련 사례

움직이는 표적 맞추기 : 실시간 데이터를 이용한 경기예측

이 장의 시작 부분에서 연준이 거시경제 모형에서 얻은 예측치에 의존해서 정책 결정을 내린다는 것을 배웠다. 연준은 이 장에서 공부한 *IS-MP* 모형과 비슷한 모형들을 사용한다. 이 모형들을 사용해서 경제의 현재 상태를 분석하고 또 실질 GDP, 인플레율과 같은 주요 경제변수들의 미래 가격을 예측하기 위해서 연준은 여러 정부기관이 모은 데이터에 의존하게 된다.

중요한 경제 데이터 중 하나는 GDP인데, 상무부(Department of Commerce) 소속 경제분석청(Bureau of Economic Analysis, BEA)에서 분기마다 측정한다. 분기 GDP의 '1차 추정치'는 해당 분기가 끝나고 한 달 정도 지나고 나서야 발표된다. 이 같은 지연은 연준에게 문제가 될 수 있는데, 가령 1월에서 3월 사이 기간에 대한 GDP 추정치를 4월 말이 될 때까지 받지 못하기 때문이다. 연준에게 더 큰 문제가 되는 건 1차 추정치는 여러 차례 수정된다는 사실이다. 분기 GDP의 *잠정치*는 해당 분기가 끝나고 두 달 정도 경과한 후에 발표된다. *최종 추정치*는 해당 분기가 끝나고 3개월 정도 후에 발표된다. 최종 추정치라는 용어는 혼란을 초래할 수도 있는데, BEA는 이후 수년 동안 추정치를 수정한다는 점에서 그렇다. 예를 들어 BEA는 '최종' 추정치가 발표되고 1년, 2년, 3년이 지난 시점에서 첫 번째, 두 번째, 세 번째 연간 추정치를 발표한다. 이 또한 끝이 아닌데, 몇 해 뒤에는 추정 과정에 사용된 기준년이 바뀌고 이에 따른 수정이 진행되기 때문이다.

왜 이렇게도 추정치가 많은 것일까? GDP라는 게 경제 내 산출물에 대한 광범위한 척도이다 보니 필요한 데이터를 수집하는 작업에 많은 시간이 필요하다. 1차 추정치를 만들기 위해서 BEA는 소매 매출 및 제조업 출고에 대한 상무부 조사 외에도 산업단체의 데이터, 정부지출 추정치, 그 외 여러 자료에 의존한다. 시간이 지나며 이들 그룹들은 추가로 데이터를 모으고, BEA는 추정치를 더 정교하게 만들 수 있다.

GDP 추정치에 대한 이러한 수정 작업이 중요한가? 때로는 그렇다는 걸 다음의 예를 보면 알 수 있다. 2001년 초 미국 경기가 불황으로 빠져들고 있다는 신호들이 있었다. '닷컴' 주식시장 거품이 터진 게 그전 해 봄이었는데, 이는 주식 투자자들이 보유한 수조 달러의 재산을 증발시켰다. 정보통신에 대한 지나친 투자도 경기에 부담을 주었다. 하지만 1분기 GDP에 대한 1차 추정치에 따르면 실질 GDP는 연율 1.98%라는 비교적 양호한 증가세를 보인 것으로 나타났다. 그렇다면 연준이 걱정할 아무 이유가 없었던 것일까? 아래 그래프에서 보듯이 이 추정치는 이후 몇 해 동안 여러 차례 수정됐는데, 대부분 하향 수정되었다. 현재 BEA 데이터에 따르면 2001년 1분기 실질 GDP는 증가한 게 아니라 연율로 1.31% *하락*한 것으로 나온다. 3%포인트가 넘는 이러한 차이는 매우 큰 것으로, 2001년 1분기 경제 상황이 어떠했는가에 대한 인식을 바꾸어 놓았다. 양호한 성장세를 보이는 경기라는 인식에서 심각한 하락세를 경험하고 있는 경기라는 인식으로 바뀐 것이다. 전미경제연구원(NBER)은 2001년 불황이 3월에 시작한 것으로 확정했지만, 일부 경제학자들은 불황의 실제 시작점은 2000년 말이라고 보고 있다. GDP에 대한 BEA의 현재 추정치는 이 주장을 지지하는 면이 있다.

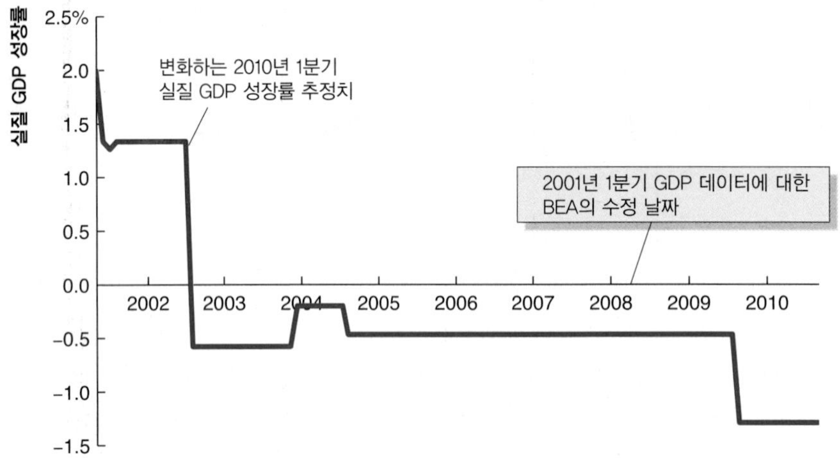

이 예가 보여 주듯, 통화정책을 성공적으로 추진하는 데 있어 연준이 고려해야 할 문제의 리스트에는 향후 수정될 수도 있는 데이터를 이용해서 미래를 예측해야 한다는 점이 포함되어야 할 것이다.

출처 : Federal Reserve Bank of Philadelphia, "Historical Data Files for the Real-Time Data Set," August 24, 2010. Bruce T. Grimm and Teresa Weadock, "Gross Domestic Product: Revisions and Source Data," *Survey of Current Business*, Vol. 86, No. 2, February 2006, pp. 11-15.

예제 18.3

인플레이션을 억제하기 위한 통화정책의 사용

제15장에서 소개한 대로 볼커는 인플레이션 억제의 권한을 부여받고 1979년 8월에 연준 의장으로 취임하였다. 여기서는 *IS-MP* 모형을 이용하여 연준이 인플레이션율을 영구히 낮추기 위해 예상 인플레이션을 어떻게 변화시킬 수 있는지 분석해 보기로 한다. *IS* 곡선, *MP* 곡선, 필립스곡선을 이용하여 정책의 초기 효과와 장기적 효과를 분석해 보라.

Step 1 복습. 이 문제는 필립스곡선이 이동하는 이유와 *IS-MP* 모형의 사용에 관한 것이므로 '필립스곡선' 부분과 '*IS-MP* 모형에서의 균형' 부분을 복습한다.

Step 2 연준이 인플레이션율을 낮추기 위해 사용하는 정책을 설명하고 그래프로 나타낸다. 인플레이션을 영구히 낮추기 위해 연준은 예상 인플레이션율을 낮출 필요가 있다. 만약 사람들이 예상 인플레이션율보다 낮은 인플레이션율을 지속적으로 경험한다면 예상 인플레이션율이 하락하게 될 것이다. 그런데 실제 GDP가 잠재 GDP보다 낮으면 인플레이션율이 하락한다(필립스곡선). 연준은 실질이자율을 올림으로써 실제 GDP를 하락시킬 수 있다. 그래프 상으로 *MP* 곡선이 MP_1

에서 MP_2로 상향이동하여 산출갭 $\widetilde{Y}_1$에서 새로운 균형이 발생하며, 인플레이션율은 필립스곡선을 따라 π_1에서 π_2로 하락한다.

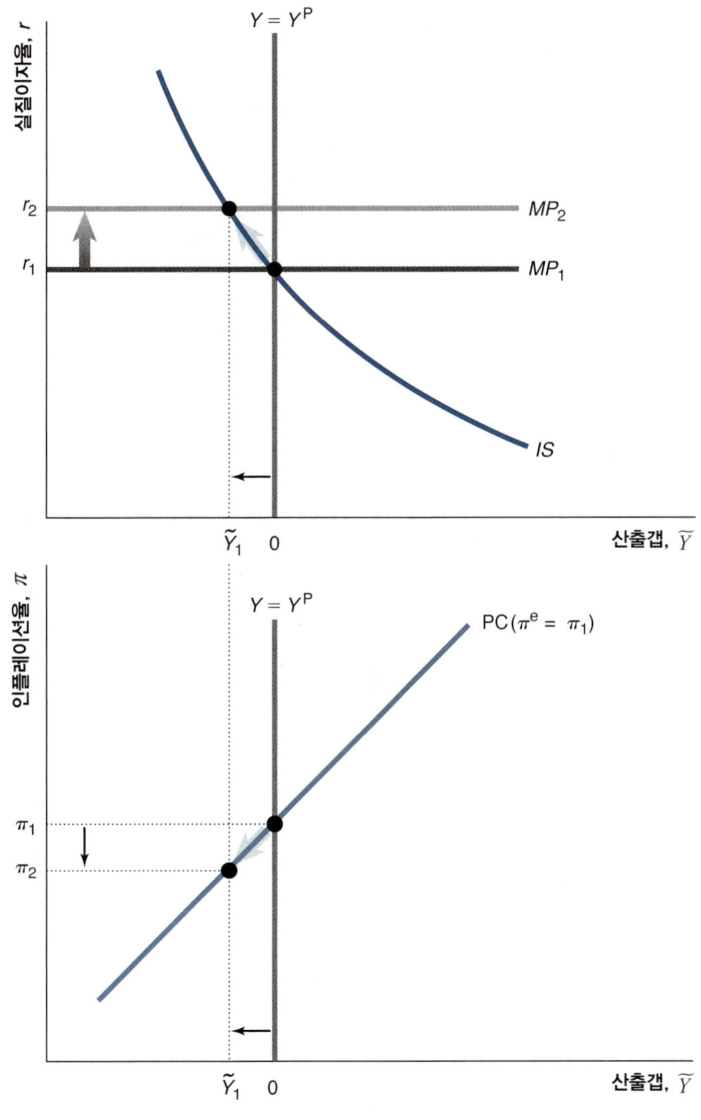

Step 3 필립스곡선을 따라 아래로 이동하여 낮아진 인플레이션에서 연준이 어떻게 다시 경제를 잠재 GDP 수준으로 회복시킬 수 있는지를 보인다. 만약 인플레이션이 낮아진 수준 π_2에서 지속된다면 사람들은 결국 예상 인플레이션율을 π_1에서 π_2로 낮출 것이다. 이렇게 되면 연준은 실질이자율을 r_2에서 r_1으로 내릴 수 있고 경제는 잠재 GDP 수준으로 회복할 수 있다.

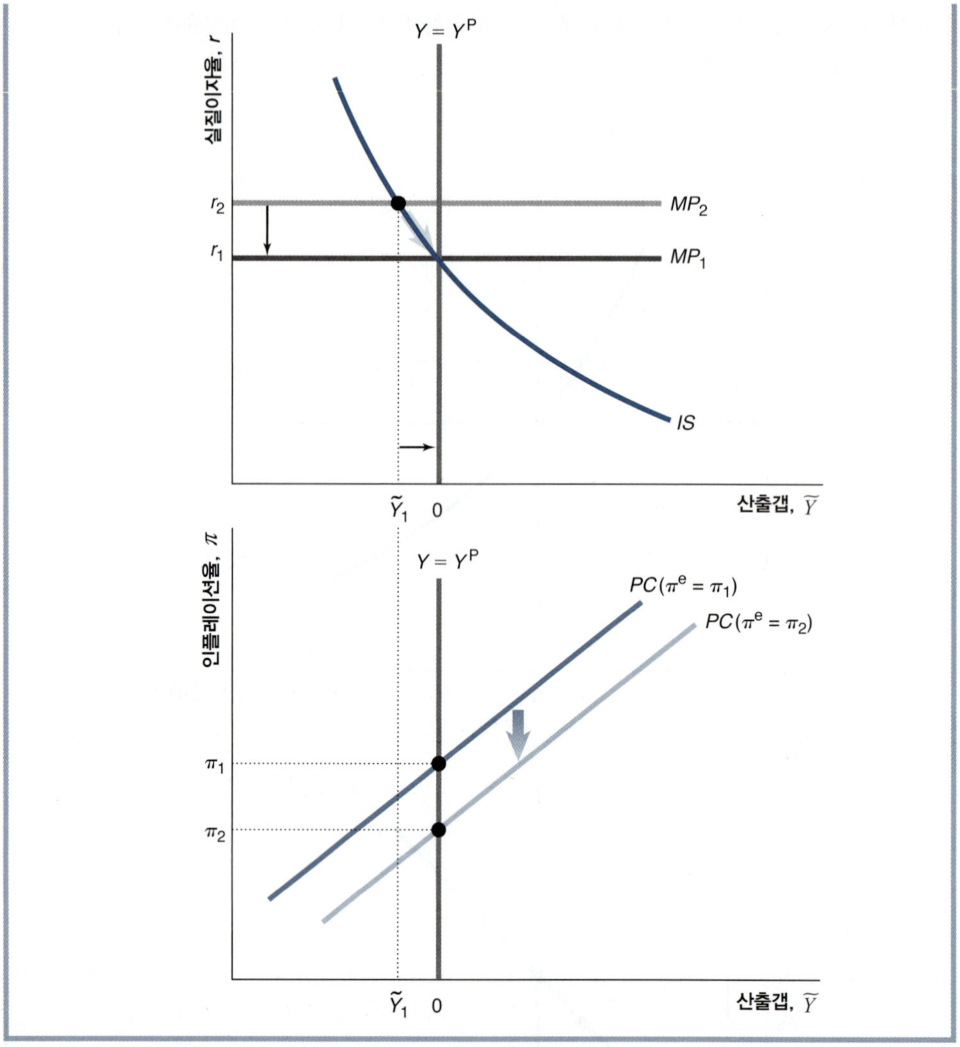

18.4 통화정책에서 이자율만 중요한가?

[학습목표]
통화정책의 여러 경로를 논의한다.

통화정책의 경로(channels of monetary policy)는 통화정책이 어떠한 경로를 거쳐 궁극적으로 산출과 물가에 영향을 주는가를 말한다. 우리가 다룬 *IS-MP* 모형에서 통화정책은 이자율 경로를 통해 작동한다. 연준이 공개시장조작으로 실질이자율을 변화시키고 그것이 총수요의 구성요소에 영향을 주어 산출갭과 인플레이션을 변화시킨다. 이자율 경로에 숨어 있는 가정은 차입자가 누구로부터 어떻게 자금을 조달하는지는 상관하지 않는다는 것이다. 이때 은행대출은 이 경로에서 특별한 역할을 하지 못한다.

은행대출 경로

이전의 장들에서 살펴보았듯이, 가계와 많은 기업은 별다른 자금 조달원이 없기 때문에 대부분 은행대출에 의존한다. 통화정책의 **은행대출 경로**(bank lending channel)는 은행대출에 의존하는 차입자들의 행동을 강조한다. 은행의 대출 의지 또는 능력의 변화는 은행에 의존하는 차입자들에게 지대한 영향을 미친다. 은행대출 경로에 의할 때 확장적 통화정책은 무엇보다 은행의 대출능력을 증가시킨다. 그 결과 은행에 의존하는 차입자들의 대출이 증가하고 그들의 지출이 증가한다. 반대로 긴축적 통화정책은 은행의 대출능력을 감소시키고, 은행에 의존하는 차입자들의 대출과 지출이 감소한다.

은행대출 경로 통화정책이 은행대출에 의존하는 차입자들의 행동에 미치는 효과를 강조하는 파급경로

이것은 이자율 경로와 어떻게 다른가? 이자율 경로에서 확장적 통화정책을 시행하는 연준은 공개시장매입을 통해 은행의 지준을 증가시킨다. 그에 따라 단기적으로 실질이자율이 하락하고 산출이 증가한다. 실제로 연방기금금리의 하락을 필두로 가계와 기업의 지출에 중요한 영향을 미치는 다른 이자율들이 차례대로 하락하면서 지출과 생산이 증가하게 된다. 사실 은행대출 경로도 일면 이자율 경로와 유사하다. 연준의 공개시장매입으로 은행지준이 증가하면 은행이 대출이자율을 낮출 수 있기 때문이다. 은행의 대출이자율이 하락하면 금융시장의 다른 이자율들도 하락하고, 차입자들은 은행대출과 다른 차입수단을 비교하여 선택하게 된다.

그러나 은행대출 경로가 강조하는 것은 이자율의 변동 없이도 통화정책이 은행의 대출량을 변동시킴으로써 경제에 영향을 줄 수 있다는 점이다. 은행대출 경로에서 확장적 통화정책은 두 가지 이유로 총지출을 증가시킨다. 첫째, 이자율의 하락으로 가계와 기업의 지출이 증가한다. 둘째, 은행대출의 이용 가능성이 증가한다. 은행대출의 이용 가능성은 대출이 증가하는 과정에서 더 확대될 수 있다. 확장적 통화정책으로 지준이 증가한 은행이 대출이자율을 내려 대출을 확대하면 그에 따라 예금도 증가하며 대출의 이용 가능성은 더 커진다. 은행에 의존하는 차입자들은 예전에 비해 어떤 이자율에서도 차입과 지출을 늘릴 수 있는 기회를 갖게 되는 것이다.

대차대조표 경로 : 통화정책과 순자산

통화정책은 기업의 대차대조표를 변화시킴으로써 경제에 영향을 줄 수 있다. 통화정책은 기업 대차대조표의 자산과 부채를 변화시킬 수 있다. 또한 가계와 기업의 유동성에도 영향을 준다. 가계와 기업 모두 부채 대비 유동자산의 비율이 높을수록 지출에 유리하다. 대차대조표 상의 유동성이 높아야 사업투자, 주택, 내구소비재에 대한 지출을 쉽게 결정한다. **대차대조표 경로**(balance sheet channel)는 통화정책으로 이자율이 변할 때 그것이 차입자의 순자산(net worth, 총자산−총부채)과 지출을 변화시키는 측면을 강조한다. 정보비용이 클수록 높은 순자산과 유동성이 차입하는 데 도움을 준다.

대차대조표 경로 통화정책이 차입자의 순자산에 영향을 주어 지출을 변화시키는 파급경로

그러면 통화정책은 차입자의 대차대조표에 어떤 영향을 주는가? 금융행위에 내재하는 정보의 문제 때문에 차입자의 순자산이 하락할 때 내부자금 조달 비용과 외부자금 조달 비용의 갭이 벌어진다는 사실을 상기해 보자. 즉 차입자의 순자산 하락은 외부자금 조달 비용을 증가시킨다. 긴축적인

표 18.2 통화정책의 파급경로

파급경로	초점	확장적 통화정책	긴축적 통화정책
이자율 경로	이자율	이자율 하락으로 총지출이 증가	이자율 상승으로 총지출이 감소
은행대출 경로	은행대출	은행에 의존하는 차입자에 대한 은행의 대출능력 증가로 총지출이 증가	은행에 의존하는 차입자에 대한 은행의 대출능력 감소로 총지출이 감소
대차대조표 경로	순자산과 유동성	순자산과 유동성의 증가로 총지출이 증가	순자산과 유동성의 감소로 총지출이 감소

통화정책으로 이자율이 상승할 때 변동금리대출을 받은 차입자는 부채가 늘어나며, 또 그들이 가진 자산의 현재가치가 줄어들어 결과적으로 순자산 가치가 하락한다.

긴축적 통화정책에 의한 이자율 상승은 그것으로 그치지 않고 차입자의 순자산가치를 떨어뜨려 차입하기 더 힘든 상황으로 이어진다. 반대로 확장적 통화정책에 의한 이자율 하락은 그것으로 그치지 않고 차입자의 순자산가치를 올려 차입하기 더 수월한 상황으로 이어진다. 대차대조표 경로는 통화정책의 파급을 강화하는 역할을 한다. 비록 통화정책에도 불구하고 은행의 대출능력에 변함이 없는 경우라고 해도, 통화정책에 의해 차입자의 순자산가치가 변화하면 이는 총수요와 산출을 변화시키는 요인으로 작용한다.

은행대출 경로와 대차대조표 경로가 이자율 경로의 존재를 부정하는 것은 아니다. 특히 대차대조표 경로는 이자율 경로와 동시에 작동하는 경향이 있다. 이 두 경로가 이자율 경로에 더해짐으로써 통화정책의 효과가 강화된다고 이해할 수 있다. 표 18.2는 통화정책의 세 가지 경로를 요약하고 있다.

18장의 질문에 대한 답변

Question 경기침체 극복을 위한 금리 인하가 효과가 없다면, 그것은 어떤 경우일까?

Answer 이 책을 통해 살펴보았던 것처럼 2007~2009년의 불황은 매우 심각한 금융위기를 수반하였다. 2008년 가을 연준은 연방기금금리 목표를 낮추어 불황을 극복하는 표준적인 정책이 효과가 없다는 것을 인정했다. 비록 충분하지는 않지만 이 장에서 도입한 모형은 이런 사실을 설명하는 데 하나의 설명을 제공한다. 비록 연준이 연방기금금리를 거의 제로까지 내렸다 하더라도, 위험 프리미엄이 크게 증가하여 실제로 대부분의 기업이 지불하는 이자율은 올라간 것이다.

핵심용어

IS 곡선
MP 곡선
IS-MP 모형
대차대조표 경로
산출갭
승수
승수효과
오쿤의 법칙
은행대출 경로
잠재 GDP
재정정책
총수요충격
필립스곡선

연습문제

01 실질이자율의 변화로 45°의 총지출곡선은 이동하지만 곡선이 이동하지 않는 이유는 무엇인가?

02 다음의 각 상황에서, *IS* 곡선이 이동할 것인지 아닌지, 만약 이동한다면 어느 방향으로 이동할 것인지를 간단히 설명하라.
a. 소비자들이 미래 소득에 대해 더 낙관적이다.
b. 연방정부가 법인세를 삭감한다.
c. 실질이자율이 상승한다.
d. 기업들이 IT 투자 수익성에 대해 비관적이다.

03 일부 경제학자들은 불황기에는 공장, 사무실용 빌딩, 그리고 기계에 투자하는 사업이 실질이자율의 변화에 덜 민감하다고 믿는다. 만약 이것이 옳다면, *IS* 곡선은 불황기와 호황기에 어떤 차이를 보일 것인가? 답을 *IS* 곡선으로 나타내 보라.

04 뉴욕타임스의 칼럼에서 하버드대학의 글레이저(Edward Glaeser)는 다음과 같은 의견을 제시했다. "1996년과 2006년 사이에 미국의 실질이자율은 1.2%p 하락하였으며, 이론과 자료를 통해 예측해 볼 때 이로 인한 주택가격의 상승률은 10%에 조금 못 미치는 수준일 것이다."
a. 연준은 실질이자율을 어떻게 상승 혹은 하락시킬 수 있는가?
b. 실질이자율의 하락은 왜 주택가격을 증가시키는가?

출처 : Edward Glaeser, "Did Low Interest Rates Cause the Great Housing Convulsion?" *New York Times*, August 3, 2010.

05 다음의 각 상황에서, 가로축에 실업률을 그린 단기 필립스곡선이 이동할 것인지 아닌지, 만약 이동하면 어느 방향으로 이동할 것인지 간단히 설명하라.
a. 예상 인플레이션율의 하락
b. 실제 인플레이션율의 상승
c. 큰 폭의 유가 하락
d. 경기적 실업 증가
e. 좋은 기후조건에 의한 농작물 풍작

06 뉴욕타임스에 한 칼럼니스트가 다음과 같은 글을 실었다. "오쿤의 법칙에 따르면, 실업률은 2009년 초 7.4%에서 1년 후 9%까지만 올라가야 했다. 그러나 2009년 말 실업률은 10%였고 2010년 1월에도 많이 내려가지 않았다."
a. 오쿤의 법칙이 무엇인가?
b. 칼럼니스트가 인용한 자료는 무엇을 설명하는가?

출처 : Louis Uchitelle, "A Broken Economic Law," *New York Times*, February 22, 2010.

07 만약 가계와 기업들의 예상이 완만한 인플레이션(mild inflation) 예상에서 완만한 디플레이션(mild deflation)으로 변한다면, 필립스곡선은 어떻게 될 것인가? 산출갭을 이용한 필립스곡선을 그려 답하라.

08 자연실업률은 때로 인플레이션을 가속화시키지 않을 정도의 실업률(non accelerating inflation rate of unemployment, NAIRU)로 정의되기도 한다. 필립스곡선을 이용할 때, 만약 실업률이 자연실업률과 다르면 인플레이션율이 변

할 것인가?

09 제17장에서 설명한 바와 같이 20세기 중·후반 건설업과 자동차 산업에서의 구조 변화로 인해 자연실업률 수준 자체가 상승하게 되었다. 자연실업률의 상승은 단기 필립스곡선에 어떤 영향을 미치는가? 실업률 형태의 필립스곡선과 산출갭 형태의 필립스곡선을 모두 고려해 답하라.

10 연준이 양(+)의 수요충격에 어떻게 반응하는지 *IS-MP* 모형(산출갭 형태의 필립스곡선을 포함)을 이용해 분석하라. 수요충격이 발생하기 전에 경제는 장기 균형 상태에 놓여 있다고 가정한다. 이때 양(+)의 수요충격의 효과와 연준의 반응을 그래프를 이용하여 분석하라.

11 케인즈와 힉스는 공급 측면을 거의 무시한 채 총산출이 오직 총지출에 의해 결정된다는 경제 모형을 도입하였다. 대공황 기간 동안 집필한 케인즈와 힉스는 왜 총지출에만 초점을 둔 모형을 개발하려고 했는가?

12 힉스가 창안한 거시경제 모형인 *IS-LM* 모형은 화폐시장에서 균형실질이자율과 균형산출량의 조합을 나타내기 위해 *LM* 곡선을 도입하였다. *LM* 곡선은 중앙은행이 통화공급 목표를 선택한다는 것을 전제로 한다. 2000년에 로머(David Romer)는 전통적인 *LM* 곡선을 왜 *MP* 곡선으로 대체하려고 했는가?

13 디플레이션은 장기적으로 경제에 해를 끼친다. 연준이 디플레이션을 어떻게 극복할 것인지 분석하기 위해 *IS-LM* 모형(산출갭-필립스곡선 사용)을 사용하라.

a. *IS-MP* 곡선을 이용하여 디플레이션율이 2%인 장기 거시경제균형을 나타내 보라.

b. 만약 연준이 경제를 인플레이션율 2%인 장기 균형으로 회귀하기 바란다면 연방기금금리 목표를 어떻게 변화시킬 것인가? *IS-MP* 곡선을 이용하여 답하라.

c. 인플레이션율이 높은 수준에서 장기 균형 수준으로 돌아가는 과정을 *IS-MP* 곡선을 이용하여 답하라.

14 연준이 실질이자율 변화를 통해 산출갭과 인플레이션에 영향을 주고자 할 때, 통화정책의 은행대출 경로와 대차대조표 경로는 이 효과를 강화시킬 것인가 아니면 부분적으로 상쇄할 것인가?

15 은행대출 경로에 따르면 확장적 통화정책은 실질이자율 하락 효과에 의존하지 않는다. 또한 긴축적 통화정책은 실질이자율 상승 효과에 의존하지 않는다. 확장적 통화정책이 이자율 하락 없이 어떻게 지출을 자극할 수 있는가? 긴축적 통화정책이 이자율 상승 없이 어떻게 지출을 둔화시킬 수 있는가?

16 앞으로 금융시스템은 계속 확장될 것이고, 자산담보부증권(ABS)과 같이 중소기업에 대해 추가적 자금원이 될 만한 금융상품이 더 많이 개발될 것이다. 이러한 과정에서 은행대출 경로는 더 강화될 것인가 아니면 축소될 것인가? 간략히 설명하라.

18.A 거시경제균형을 설명하기 위해 *IS-LM* 모형을 사용한다

이 장에서 살펴보았던 ***IS-MP* 모형**은 연준이 연방기금금리를 목표로 삼고 그 목표를 달성하기 위하여 공개시장조작을 사용하고 은행시스템의 지준을 조절하는 것을 가정한다. 오늘날 연준을 비롯한 다른 국가의 중앙은행들이 통화정책을 수행함에 있어 연방기금금리와 같은 단기금리를 조절하는 방식을 사용하고 있기 때문에 *IS-MP* 모형을 사용하였다. 그러나 일부 중앙은행은 단기금리보다는 통화공급을 목표로 삼고 있다. 이와 관련하여 *IS-MP* 모형이 도입되기 전에 오랫동안 사용되었던 *IS-LM* 모형을 살펴볼 필요가 있다. 물론 *IS-LM* 모형은 *IS-MP* 모형과 유사하지만, 중앙은행이 단기금리보다는 통화공급을 목표로 삼는다고 전제한다는 점에 차이가 있다.

***IS-LM* 모형** 중앙은행이 통화공급을 목표로 삼는다는 가정하에서의 총수요 모형

IS-LM 모형 역시 생산물시장에 대해서는 *IS* 곡선을 사용한다. 그런데 *IS-LM* 모형은 제17장에서 소개하였던 화폐시장을 명시적으로 포함시키고 있다는 점에서 *IS-MP* 모형과 다르다. *IS-LM* 모형에 의하면 중앙은행이 통화량을 목표로 삼기 때문에 *MP* 곡선이 아닌 ***LM* 곡선**을 이용한다. *LM* 곡선은 화폐시장에서 균형을 이루는 이자율과 산출갭의 조합이다.

***LM* 곡선** 화폐시장의 균형을 이루도록 하는 이자율과 산출갭의 조합을 나타내는 곡선

LM 곡선의 도출

LM 곡선을 도출하기 위해 제17장의 화폐시장의 모형을 사용한다. 화폐시장에서 단기 명목이자율이 결정된다. 그런데 *IS* 곡선에서 생산물시장의 균형은 실질이자율을 사용한다. 따라서 이자율을 통일시키기 위해 예상 인플레이션이 일정하다는 가정하에 명목이자율의 변화와 실질이자율의 변화가 일치한다고 간주한다. 또한 단기 이자율의 변화가 장기 이자율의 변화와 일대일로 상응한다고 가정한다. 이러한 가정들하에서는 장기 실질이자율의 균형이 화폐시장에서 결정된다.

LM 곡선을 도출하기 위해, 산출갭이 증가할 때 실질잔고(real balances)에 대한 수요가 어떻게 되는지 살펴보자. *IS-MP* 모형과 일치시키기 위해 산출량 자체가 아닌 산출갭을 사용하기로 한다. 그림 18A.1(a)에서 경제는 균형점 *A*점에서 출발한다. 이때 소득 증가와 함께 산출갭이 $\tilde{Y}_1$에서 $\tilde{Y}_2$로 증가하면 실질잔고에 대한 수요가 M_1^D에서 M_2^D로 이동하며 가계와 기업들은 소득 증가와 늘어난 거래로 인해 더 많은 실질잔고를 필요로 한다. 실질잔고에 대한 수요가 증가하기 때문에 화폐시장의 균형을 유지하기 위하여 실질이자율은 r_1에서 r_2로 증가해야 한다(*B*점). 이렇게 분석하는 것은 실질잔고의 공급이 일정하다고 가정하기 때문이다. 즉 실질잔고의 공급이 일정한 상태에서 산출이 증가하면 실질이자율도 높아진다. 그림 18A.1(b)는 (a)의 *A*점과 *B*점(산출갭, 이자율)을 평면에 옮겨 그린 것이다. 다양한 산출갭에 대해 그에 상응하는 균형이자율을 연속적으로 표시하면 *LM* 곡선이 된다. 즉 *LM* 곡선은 화폐시장의 균형을 이루도록 하는 이자율과 산출갭의 조합을 나타내는 곡선이다.

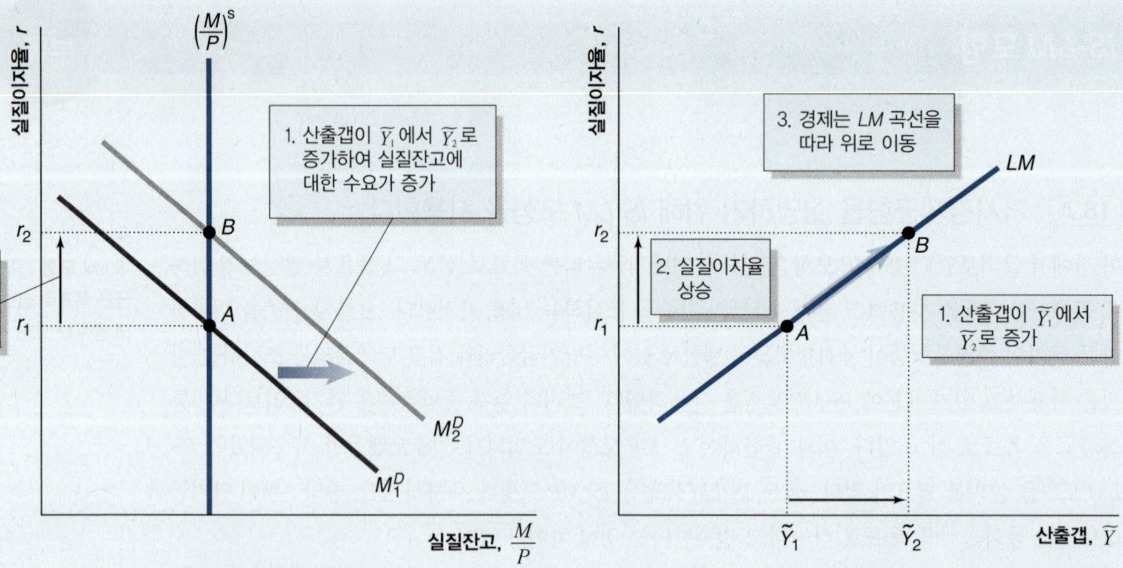

(a) 화폐시장 (b) 곡선

그림 18.A.1 *LM* 곡선의 도출

(a)에서 경제는 균형점 *A*점에서 출발한다. 이때 산출갭이 $\widetilde{Y}_1$에서 $\widetilde{Y}_2$로 증가하면 실질잔고에 대한 수요가 M_1^D에서 M_2^D로 이동하며 가계와 기업은 더 많은 실질잔고를 필요로 한다. 실질잔고에 대한 수요가 증가하기 때문에 화폐시장의 균형을 유지하기 위하여 실질이자율은 r_1에서 r_2로 증가해야 한다(*B*점). (b)는 (a)의 *A*점과 *B*점(산출갭, 이자율)을 평면에 옮겨 그린 것이다. *LM* 곡선은 화폐시장의 균형을 이루도록 하는 이자율과 산출갭의 조합을 나타내는 곡선이다.

LM 곡선의 이동

만약 산출갭 이외에 실질잔고에 대한 수요 또는 공급에 영향을 주는 다른 요인이 변한다면 *LM* 곡선 자체가 이동할 것이다. 그림 18A.2는 통화공급 증가의 효과를 보여 준다. (a)에서 화폐시장은 *A*점에서 균형을 이루고 있다. 이때 중앙은행은 실질잔고의 공급을 $(M/P)^s_1$에서 $(M/P)^s_2$로 증가시킨다. 실질이자율은 r_1에서 r_2로 하락하고 화폐시장의 새로운 균형은 *B*점이 된다. (b)를 볼 때 실질잔고의 증가는 *LM* 곡선을 LM_1에서 LM_2로 우측이동시킨다.

IS-LM 모형에서의 통화정책

그림 18A.3은 *IS* 곡선과 *LM* 곡선을 함께 보여 주고 있다. 두 곡선이 교차되는 곳에서 생산물시장과 화폐시장이 동시에 균형을 이룬다. 주의할 점은 중앙은행의 확장적 통화정책이 단기금리의 인하가 아니라 통화공급의 증가로 나타난다는 것이다. 여기서는 최초의 균형인 *A*점에서 음(−)의 산출갭($\widetilde{Y}_1$) 상태를 가정하였다. 즉 *A*점에서 실질 GDP는 잠재 실질 GDP보다 낮은 상태이다. 이때 그림 18.A.2에서 보았듯이 실질잔고의 공급 증가는 *LM* 곡선을 우측으로 이동시킨다. 만약 중앙은행이 *LM* 곡선을 LM_1에서 LM_2로 이동시킬 정도로 실질잔고를 충분히 증가시킨다면, 새로운 균형은 잠재 실질 GDP 수준을 달성하는 *B*점으로 이동할 것이다. 그와 함께 실질이자율은 r_1에서 r_2로 하락한다.

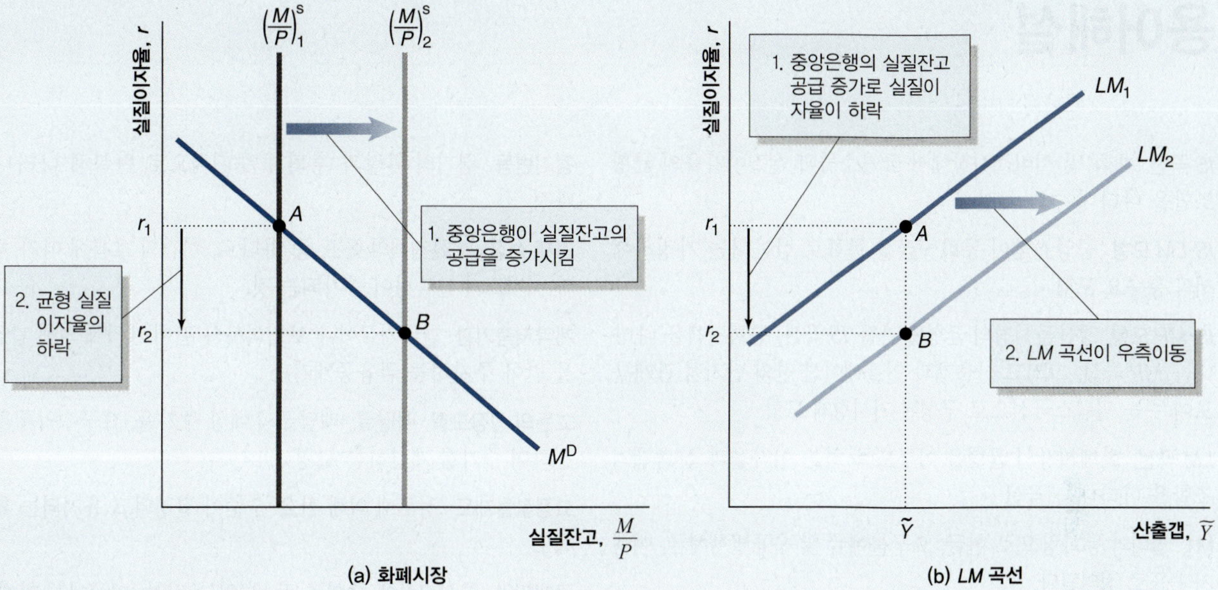

그림 18.A.2 *LM* 곡선의 이동

(a)에서 화폐시장은 *A*점에서 균형을 이루고 있다. 이때 중앙은행은 실질잔고의 공급을 $(M/P)_1^s$에서 $(M/P)_2^s$로 증가시킨다. 실질이자율은 r_1에서 r_2로 하락하고 화폐시장의 새로운 균형은 *B*점이 된다. (b)를 볼 때 실질잔고의 증가는 *LM* 곡선을 LM_1에서 LM_2로 우측이동시킨다.

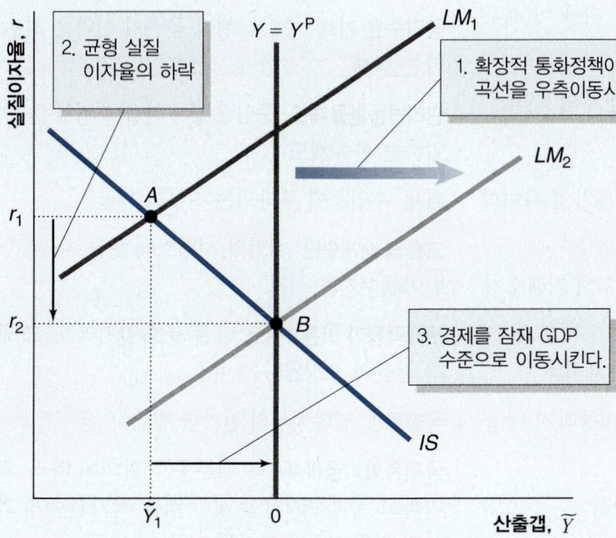

그림 18A.3

확장적 통화정책

최초 균형 *A*점에서, 실질 GDP는 잠재 실질 GDP보다 낮다. 실질잔고의 공급 증가는 *LM* 곡선을 LM_1에서 LM_2로 우측이동시킨다. 새로운 균형은 잠재 실질 GDP 수준을 달성하는 *B*점으로 이동할 것이다. 그와 함께 실질이자율은 r_1에서 r_2로 하락한다.

용어해설

***IS* 곡선** 재화 및 서비스시장에서 국민소득과 실질이자율의 균형 조합을 나타내 주는 곡선

***IS-LM* 모형** 중앙은행이 통화공급을 목표로 삼는다는 가정하에서의 총수요 모형

***IS-MP* 모형** 생산물시장의 균형에 관한 *IS* 곡선, 통화정책을 나타내는 *MP* 곡선, 그리고 산출갭과 인플레이션 간의 단기적 관계를 보여 주는 필립스곡선으로 구성된 거시경제 모형

***LM* 곡선** 화폐시장의 균형을 이루도록 하는 이자율과 산출갭의 조합을 나타내는 곡선

M1 협의의 통화량으로 현금, 요구불예금 및 수표발행예금, 여행자수표로 정의된다.

M2 광의통화로 M1에 들어가는 모든 자산에 10만 달러 미만의 정기예금, 저축성예금, 은행 발행 MMDA, 개인용 MMF가 추가된다.

MMF 단기국채, 양도성예금, 기업어음과 같이 단기 금융상품에만 투자하는 뮤추얼펀드

***MP* 곡선** 연준의 통화정책을 나타내는 곡선

T-계정 대차대조표 항목의 변화를 나타내기 위한 회계 도구

TARP/CPP 은행의 부실자산 매입 및 자본 확충을 위한 미 재무성의 구제금융 프로그램

가치의 저장 미래에 재화와 서비스를 구입하기 위한 부의 축적

개방경제 국제 차입과 대부가 일어나는 경제

갭 분석 은행의 변동금리 자산가치와 변동금리 부채가치 사이의 갭, 즉 차이를 분석하는 것

거래보증금 선물거래에서 채무불이행을 방지하기 위해 거래소가 매수자와 매도자에게 요구하는 최소한의 예치금

거래비용 재화와 서비스의 교환 과정에서 발생하는 제비용

거래상대방 리스크 계약을 맺은 상대방이 의무를 이행하지 않을 위험

거품 자산의 가치가 기본 가치보다 훨씬 커지는 상황

결제일 상품이나 금융자산을 인수 인도하기로 선도계약에 명시된 시점

경기변동 경기의 확장과 후퇴가 주기적으로 반복해 나타나는 과정

경제 성장 통화정책의 목표 중 하나로, 시간의 흐름에 따라 재화와 서비스의 산출량이 증가되는 것

계약저축기관 연금기금이나 보험회사와 같이 계약에 의해 납입금을 받아 투자하는 금융중개기관

고든의 성장모형 배당금, 배당금의 예상 증가율, 요구수익률을 이용하여 주가를 계산하는 모형

고정환율제도 정부에 의해 환율 수준이 결정되고 유지되는 환율제도

공개기업 주식시장에 주식을 팔 수 있는 기업. 미국에는 현재 약 500만 개의 법인회사 가운데 5,100개만이 공개기업임

공개시장매도 연준의 증권(주로 재무성증권) 매도

공개시장매입 연준의 증권(주로 재무성증권) 매입

공개시장조작 연준이 금융시장에서 직접 증권을 매입하고 매각하는 것

공급충격 단기 총공급곡선을 이동시키는 요인으로 생산비용이나 생산기술의 예상치 못한 변화를 의미

공익수호 견해 중앙은행이 공공의 이익을 최우선시 하여 행동한다는 견해

관리변동환율제도 중앙은행이 환율에 영향을 주기 위해 가끔씩 개입하는 환율제도

관세 수입품에 부과되는 정부의 세금

교환의 매개수단 재화와 서비스에 대한 지급수단으로 일반적으로 받아들여지는 성질

구매력평가 이론 서로 다른 통화일지라도 그 구매력이 같아지도록 환율이 조정된다는 이론

국법은행 연방정부의 인가를 받은 은행

국제통화기금(IMF) 브레튼우즈 합의에 따라 고정환율제도를 유지하고 국제수지의 문제를 겪는 국가들에게 최종대부자 역할을 하기 위해 설립된 다국적 기구

규모의 경제 생산량이 늘어나면서 평균 비용이 감소하는 현상

금리스왑 명목원금에 대한 이자지급을 일정 기간 동안 교환하기로 한 계약

금리평가조건 두 나라의 비슷한 채권 간의 이자율 차이는 예상되는 환율의 변화를 반영한다는 조건

금본위제도 고정환율제도의 일종으로 그 제도에 참여한 국가들이 각국의 통화와 금 간의 교환 비율을 정한 뒤 그 비율로 금과 교환할 수 있게 한 환율제도

금융부채 개인 혹은 기업이 갚아야 할 금융 청구권

금융시장 주식, 채권 및 기타 증권을 사고파는 장소 또는 통로

금융자산 지급 청구권이 있는 자산

금융중개기관 은행처럼 저축자로부터 자금을 빌려 차입자에게 빌려 주는 금융회사

금융차익거래 짧은 시간에 일어나는 가격변동을 이용하여 이윤을 얻기 위해 증권을 사고파는 과정

금융회사 기업어음이나 유가증권 등을 매각하여 자금을 조달한 뒤 가계와 기업에 소액대출을 해 주는 비은행금융기관

기간 프리미엄 단기채권을 연속으로 사는 대신 장기채권을 사는 투자자들이 요구하는 추가적인 이자율

기대수익률 미래의 해당 기간에 얻어질 것으로 기대되는 수익률

기대이론 장기채권 이자율이 단기채권 이자율의 평균이라는 이론

기업공개 회사가 처음으로 일반 투자자들에게 주식을 파는 행위

내부정보 증권 관련 정보로서 아직 공개되지 않은 정보

단기 총공급곡선(SRAS) 물가 수준과 기업들에 의해 공급되는 총산출량(실질 GDP) 간의 단기적 관계를 나타내는 곡선

단순대출 채무수단의 일종으로, 차입자가 대출자로부터 원금을 받고 대출 만료 시점에 원금과 이자를 상환하기로 약속하는 것

단순예금승수 애초의 지준 증가에 대하여 은행이 창출해 낸 총예금량의 비율

담보 채무를 이행하지 못하는 경우에 대출자가 압류할 수 있도록 차입자가 대출자에게 저당 잡히는 자산

대규모 개방경제 국내의 저축과 투자의 변동이 세계 실질이자율에 영향을 미칠 만큼 큰 경제

대마불사 정책 금융시스템에 미치는 악영향을 우려하여 대형 금융기관이 파산하도록 놔두지 않는 정책

대차대조표 특정 시점의 개인이나 기업의 재무상태를 나타내는 회계자료

대차대조표 경로 통화정책이 차입자의 순자산에 영향을 주어 지출을 변화시키는 파급경로

도덕적 해이 거래당사자가 거래를 성사시키고 난 이후에 상대방에게 손해를 입힐 가능성. 금융시장의 경우, 차입자가 의도한 대로 자금을 사용하고 있는지 확인할 때 겪는 문제

도드-프랭크 월스트리트 개혁과 소비자보호에 관한 법 금융규제를 개혁하려는 의도로 2010년에 통과된 법안

듀레이션 분석 은행의 자본이 시장이자율에 얼마나 민감하게 변하는가를 분석하는 것

디플레이션 물가 수준의 지속적인 하락

레버리지 투자를 하면서 얼마나 부채를 이용하는지 측정하는 지표

릴레이션십 뱅킹 차입자에 관한 사적 정보를 바탕으로 신용위험을 평가하는 은행의 능력

만기수익률 현재의 자산가격과 그 자산으로부터의 얻게 될 금액의 현재가치를 일치시켜 주는 이자율

매도포지션 선물계약에서 기초자산을 특정일에 팔거나 인도하기로 한 상태

매수포지션 선물계약에서 기초자산을 특정일에 사거나 인수하기로 한 상태

명목이자율 구매력의 변화를 조정하지 않은 이자율

명목환율 외국 통화에 대한 자국 통화의 가치로, 보통 환율이라고 부름

물물교환 재화와 서비스를 직접 다른 재화 및 서비스와 거래하는 교환시스템

뮤추얼펀드 개인들에게 주식을 팔아 모은 자금으로 주식, 채권, 모기지, 단기금융상품 등에 투자하는 금융기관

미래가치 오늘의 투자를 미래 일정 시점의 가치로 나타낸 것

바젤협약 은행의 자본요건에 대한 국제협약

발행시장 주식, 채권 및 기타 증권이 처음 팔리게 되는 금융시장

배당 회사의 이윤 가운데 주주들에게 지급하는 금액

배당금 기업이 주주들에게 지급하는 금액

배당수익률 예상되는 배당금을 현재의 주식가격으로 나눈 것

뱅크런 은행을 신뢰하지 못하는 예금주들이 은행 문을 닫아야 할

정도로 예금을 동시다발적으로 인출하는 과정

법인 법인 형태의 회사로, 주주들은 사업이 실패할 경우에 투자액을 넘어서는 손실을 입지 않도록 보호를 받음

법정불환화폐 지폐와 같이 화폐의 용도로만 쓰일 수 있는 화폐

법정지준 연준이 은행에게 보유를 강제하는 지급준비금

법정지준 요구불예금과 NOW 계정에 대해 연준이 은행에게 보유할 것을 요구하는 최소한의 지준

법정지준율 은행이 예금 가운데 법정지준으로 보유해야 하는 비율

법화 세금 납부와 부채 상환 수단으로 인정되도록 정부가 지정한 화폐

벤처캐피털 신생기업에 투자할 자금을 여러 투자자들에게 모으는 기업

변동환율제도 환율이 외환시장에서 자유롭게 결정되는 제도

보험회사 특정 사건과 관련된 금전적 손실을 보호하기 위한 계약을 담당하는 금융중개기관

복리 시간이 흐르면서 저축의 이자에도 이자가 붙는 과정

본원통화 현금통화와 은행의 지준을 합한 것

부 개인의 총자산의 가치에서 부채의 가치를 뺀 것

부외거래 은행의 자산이나 부채를 변화시키지 않아 대차대조표에 나타나지 않는 은행의 수입창출 활동

부채 개인이나 기업이 갚아야 하는 것

부채-디플레이션 과정 피셔가 처음 정립한 개념으로 자산가격 하락과 물가 하락이 경기후퇴를 가속화시키는 과정

분산투자 위험을 줄이기 위해 부를 여러 자산으로 나누어 구성하는 것

분할상환대출 부채수단의 일종으로, 차입자는 원금과 이자를 포함하는 금액을 분할하여 정기적으로 일정 금액을 상환한다.

분할시장 이론 특정 만기의 채권 이자율이 특정 만기 채권의 수요와 공급에 의해서만 결정된다는 이자율의 기간구조 이론

불태화 외환시장 개입 중앙은행이 외환시장 개입에 의한 본원통화의 변화를 상쇄시키는 방식

브레튼우즈 시스템 각국은 대미 환율을 고정시키며, 미국은 외국 중앙은행이 달러를 금으로 전환해 줄 것을 요구할 때 그에 응하기로 한 제도로 1945년에서 1971년까지 유지됨

비대칭정보 거래상대방 가운데 한쪽이 다른 쪽보다 더 많은 정보를 가지고 있는 경우

비체계적 위험 신제품의 성공이나 실패로 주가가 변동하는 것처럼, 시장 전체가 아닌 특정 자산에만 관련된 위험

사모투자전문회사(또는 구조조정전문회사) 다른 기업의 주식을 매수하는 것을 목적으로 하는 기업

산출갭 실제 GDP가 잠재 GDP에서 몇 퍼센트(%) 이탈해 있는가를 나타냄

상업은행 예금을 받아 대출하는 금융중개 역할을 하는 금융회사

상품화폐 화폐로 사용되지만 화폐용도와 상관없이 가치를 지닌 화폐

선도계약 미래의 일정 시점에 일정 가격으로 매매하기로 한 계약

선물계약 미래의 일정 시점에 상품 또는 금융자산의 일정한 양을 매매하기로 한 표준화된 계약

소규모 개방경제 총저축 규모가 작아 세계의 실질이자율에 영향을 주지 못하는 경제

수익 증권투자로 얻는 총수입. 채권에 대해서는 이표 수입과 채권가격 변화의 합

수익률, *R* 증권투자 수익을 초기 가격에 대한 퍼센트로 나타낸 것. 채권에 대해서는 이표 수입과 채권가격 변화의 합을 초기 가격으로 나눈 것

수표 요청하면 은행이나 금융기관에 예치된 금액을 지급하겠다는 약속

수표발행예금 예금자들이 수표를 발행할 수 있는 예금

순이자마진 유가증권과 대출의 이자수입과 예금과 부채에 지급하는 이자비용 간의 차이를 수익자산의 총가치로 나눈 것

순자산 회사의 총자산에서 총부채를 뺀 것

스왑 각자 미래에 지급해야 할 금액을 서로 교환하기로 한 거래 당사자 간의 합의

승수적 예금 창출 은행 지준의 증가분이 수많은 대출과 예금을 창출하고, 결과적으로 애초의 증가분보다 훨씬 많은 통화공급의 증가를 유발하는 과정

시재금 은행이 보유한 현금으로 ATM의 현금, 타 은행에 예치한 예금도 포함함

신디케이트 신규발행증권을 인수하기 위해 결성된 투자은행들의 모임

신용 위험 차입자의 채무불이행 위험

신용 위험 분석 대출신청자의 신용 상태에 대한 분석

신용부도스왑 기초자산의 가치가 떨어질 경우에 매도자가 매수자에게 금액을 지불하기로 한 파생상품으로, 일종의 보험

신용스왑 신용위험을 줄이기 위해 이자 지급을 교환

신용할당 일정한 이자율에서 대출을 제한하는 것으로, 차입자들이 원하는 만큼 자금을 조달하기 힘듦

실질이자율 구매력 변화를 조정한 이자율

실질화폐잔고, M/P 물가 수준으로 조정된 화폐의 가치

실질환율 한 나라의 재화와 서비스가 다른 나라의 재화와 서비스로 교환되는 비율

안정화 정책 경기변동의 심각성을 줄이고 경제를 안정화시키기 위해 사용하는 통화정책이나 재정정책

양적완화 장기증권을 매입하여 경제를 활성화시키는 중앙은행의 정책

역선택 투자하기 전에 고위험 차입자와 저위험 차입자를 구분할 때 겪는 문제. 보험의 경우, 보험에 가입하려는 사람들이 보험금을 청구할 가능성이 높은 사람들이라는 문제

연금기금 퇴직 후 연금을 지급하기 위해 회사와 종업원의 납입금을 모아 주식, 채권, 모기지 등에 투자하는 금융중개기관

연방공개시장위원회(FOMC) 공개시장조작을 관장하는 12명의 연방준비위원회

연방기금금리 연방기금시장에서 은행들이 자금의 과부족을 해소하려는 목적으로 서로 초단기 대출을 할 때 부과하는 이자율

연방예금보험 저축예금에 대해 25만 달러까지 연방정부가 보장함

연방예금보험공사 상업은행의 예금을 보호하기 위해 1934년에 설립된 연방정부기관

연방준비제도 미국의 중앙은행

연준 미국의 중앙은행

연준은행 연방준비제도의 지역은행으로 재할인대출을 수행함

연준이사회 대통령에 의해 임명되는 7명의 이사로 구성된 연방준비제도의 이사회

연지급의 기준 시간이 소요되는 거래를 용이하게 해 주는 화폐의 특성

오쿤의 법칙 오쿤에 의해 발견된 산출갭과 경기적 실업률 간의 경험적 관계

옵션 파생상품의 일종으로 매수자는 일정 기간 동안 정해진 가격으로 기초자산을 사거나 팔 권리를 가짐

옵션 프리미엄 옵션의 가격

외환 외국 통화의 단위

외환 리스크 환율의 변동으로 기업이 손실을 볼 수도 있는 위험

외환보유고 외화표시의 중앙은행 자산

외환시장 국제 통화가 거래되는 장외시장

외환시장 개입 환율에 영향을 주기 위한 중앙은행의 의도적 행동

요구수익률, r_E 주식 투자의 위험을 보상하기 위해 요구되는 기대수익률

우대금리 예전에는 은행이 우량차입자의 6개월 만기 대출에 적용했던 이자율이지만, 현재는 주로 소규모 차입자에게 적용됨

위험 자산 수익에 존재하는 불확실성의 정도

위험분산 위험을 줄이거나 이전하는 행위

유동성 자산 현금화의 용이성

유동성 위험 은행이 고객의 현금 인출요구를 충족시키기 위해 적정한 가격으로 자산을 매각하거나 자금을 모을 수 없는 상황

유동성 프리미엄 이론(또는 선호처 이론) 이자율의 기간구조에 관한 이론으로, 장기채권 이자율이 투자자들이 예상하는 단기채권 이자율의 평균에다 채권 만기에 따라 증가하는 기간 프리미엄을 더한 것으로 결정된다는 이론

유럽중앙은행 유로를 채택한 유럽국가들의 중앙은행

유럽통화동맹 1992년 유럽을 하나의 단일시장으로 만들고 궁극적으로 단일통화를 도입하기로 한 계획

유로 유럽국가들의 단일통화

유통시장 투자자들이 이미 발행된 증권을 사고파는 금융시장

유한책임 법인회사의 주주들이 투자액 이상의 손실을 입지 않도록 하는 법적 보호장치

은행공황 많은 은행들이 동시다발적으로 뱅크런에 직면하게 되는 상황

은행대출 경로 통화정책이 은행대출에 의존하는 차입자들의 행동에 미치는 효과를 강조하는 파급경로

은행 레버리지 자본 대비 자산의 비율

은행자본 은행자산과 부채 간의 차이이며 자본이라고도 함

은행 지준 은행의 연준 예치금과 시재금의 합

이원적 은행시스템 주정부 인가를 받은 은행과 연방정부 인가를 받은 은행이 공존하는 미국적 은행시스템

이자율 차입의 비용(또는 대출의 대가)으로서, 보통 차입금에 대한 비율로 표시

이자율 위험 시장이자율 변화에 따라 금융자산의 가격이 변동하게 되는 위험

이자율의 기간구조 다른 성질은 같지만 만기가 다른 채권의 이자율 사이의 관계

이자율의 위험구조 만기는 같지만 서로 다른 특성을 가진 채권 이자율 간의 관계

이표채 부채수단의 일종으로 채권의 발행자는 정기적으로 이자를 지급하고 만기일에는 액면금액을 지급한다.

인수 투자은행이 신규발행증권의 가격을 정하고 시장에 되팔아 차익을 남기는 활동

일물일가의 법칙 동일한 상품은 어디서나 같은 가격으로 거래되어야 한다는 기본적인 경제 개념

일일정산 선물가격 변동으로 개별 거래자에게 이익과 손실이 발생하는 것을 거래소가 매일매일 정산하여 거래자의 계좌를 증액하거나 감액함

임의보행 주가의 예측 불가능한 움직임

자기자본이익률(ROE) 자본 대비 세후순이익의 비율

자본손실 자산가격 하락으로 인한 손실

자본이득 자산가격 상승으로 인한 이득

자산 개인이나 기업이 소유한 것으로 가치를 갖고 있는 것

잠재 GDP 모든 기업이 생산능력을 충분히 활용하여 달성할 수 있는 실질 GDP 수준

장기 총공급곡선(LRAS) 물가 수준과 기업들에 의해 공급되는 총산출량(실질) 간의 장기적 관계를 나타내는 곡선

장외시장 전산으로 연결된 증권시장

재정정책 거시경제 목표를 달성하기 위해 정부지출과 조세를 변화시키는 것

재할인대출 연준이 (주로) 상업은행에 대해 제공하는 대출

재할인율 연준이 재할인대출에 부과하는 이자율

재할인정책 재할인율과 재할인 대출조건을 설정하는 정책수단

재할인창구 연준이 은행의 단기 유동성을 충족시켜 주기 위해 재할인대출을 제공하는 통로

적응적 기대 사람들이 어떤 변수의 미래치를 예측할 때 그 변수의 과거치를 기초로 예측한다는 가정

전문화 다른 사람들과 비교해 각자 최선의 능력을 발휘하여 재화와 용역을 생산하는 시스템

전염 한 은행에 발생한 뱅크런이 다른 은행으로 퍼지면서 결국에는 은행공황이 도래하는 과정

전자화폐 인터넷을 통해 재화와 용역을 구입할 때 사용하는 화폐

절상 외국 통화에 대해 자국 통화의 가치가 올라간 것

절하 외국 통화에 대해 자국 통화의 가치가 떨어진 것

정보 차입자 및 자산의 수익에 관련된 사실

정보비용 차입자의 신용도를 구별하고, 또 빌려 간 돈을 차입자가 어떻게 사용하는지 감시하는 데 드는 비용

정치적 경기변동 정책 당국자들이 선거에 앞서 경기를 부양하기 위해 연준에게 이자율을 낮추어 달라고 요구한다는 이론

제한적 약관 자금의 용도에 제한을 두는 채권계약서상의 자세한 조항

주가지수 주식시장의 성과를 측정하는 데 사용되는 평균적인 주식가격

주식 기업의 부분적 소유권을 나타내는 금융증권

주인-대리인 견해 중앙은행이 일반 대중의 이익보다 사적 이익을 극대화하는 방향으로 행동한다는 견해

주인-대리인 문제 경영자(대리인)가 주주(주인)가 아닌 자신의 이익을 추구하는 도덕적 해이 문제

증권 금융시장에서 사고팔 수 있는 금융자산

증권거래소 실제로 직접 대면하여 주식을 매매하는 물리적 장소

증권화 대출 및 거래할 수 없는 금융자산을 증권으로 전환하는 과정

지급결제시스템 거래를 수행하는 메커니즘

지급불능 은행 또는 기업의 자산이 부채보다 작은 상태, 즉 순자산이 음(−)인 상태

지급준비제도 은행으로 하여금 수표발행예금의 일부를 시재금과 연준 예치금으로 보유하도록 하는 제도

지방채 주정부나 지역정부가 발행한 채권

지준 은행자산 가운데 시재금과 연준에 예치한 예금

채권 정부나 기업이 발행한 것으로, 정해진 금액의 상환을 약속한 금융증권

채권등급 신용평가기관이 채권 발행자의 지불능력에 대한 견해를 하나의 등급으로 요약한 것

채무불이행 위험(또는 신용위험) 채권의 발행자가 이자나 원금의 지불을 하지 못하게 될 위험

채무수단 신용시장수단 또는 고정소득자산으로 불리기도 하는 부채의 조달수단으로 단순대출, 할인채, 이표채, 분할상환대출 등이 이에 속한다.

체계적 위험 개별 기업이나 투자자가 아닌 금융시스템 전체에 가해지는 위험

체계적 위험 경기변동에 따라 주가가 오르고 내리는 것과 같이 모든 자산이 공통으로 안고 있는 위험

초과지준 은행의 지준 가운데 필요지준을 넘어 보유하는 부분

초과지준 은행이 법정지준을 초과하여 보유하고 있는 지급준비금

초인플레이션 연 100%를 초과하는 인플레이션율

총공급 기업들이 주어진 물가 수준에서 기꺼이 공급하려는 총산출량, 또는 실질 GDP

총수요곡선 재화와 서비스에 대한 총지출과 물가 수준 간의 관계를 나타내는 곡선

총수요충격 총지출 구성요소의 변화로 *IS* 곡선이 이동하게 된다.

총자산이익률(ROA) 자산 대비 세후순이익의 비율

최종대부자 중앙은행은 지급능력은 있지만 유동성이 낮은 대출자산을 보유한 은행에게 대출해 줌으로써 은행시스템에 최종적으로 신용을 공급하는 원천 역할을 함

콜옵션 파생상품의 일종으로 매수자는 일정 기간 동안 정해진 가격으로 기초자산을 살 권리를 가짐

쿼터 수입품의 양을 정부가 제한하는 것

탈중개화 저축자와 대부자가 은행에서 금융시장으로 빠져나가는 현상

태화 외환시장 개입 중앙은행이 외환시장 개입에 의한 본원통화의 변화를 상쇄시키지 않는 방식

테일러 준칙 경제학자 테일러에 의해 제시된 준칙으로, 연방기금 금리 목표를 정하기 위한 통화정책의 가이드라인

통화량 현금 범위를 넘는 통화의 총량 측정치로 M1 또는 M2가 이에 해당된다.

통화스왑 계약자들이 서로 다른 통화로 표시된 원금을 교환

통화정책 중앙은행이 거시경제 목표 달성을 위해 이자율과 통화량을 관리하는 과정에서 취하는 조치들

투기 선물이나 옵션을 이용하여 자산 가격이 어느 방향으로 움직일지 내기를 거는 행위

투자기관 자금을 모아 대출하거나 유가증권에 투자하는 헤지펀드나 뮤추얼펀드 같은 금융회사

투자은행 신규발행증권의 인수, 기업의 M&A에 대한 자문 등의 금융 활동을 하는 금융기관

파생상품 선물, 옵션 같은 자산으로 주식이나 채권 같은 기초자산에서 경제적 가치가 파생됨

페그 자국 통화를 어떤 나라의 통화에 대해 고정시키는 것

평가절상 다른 통화에 대한 자국통화의 공식적인 가치를 인상함

평가절하 다른 통화에 대한 자국통화의 공식적인 가치를 인하함

폐쇄경제 국제 차입과 대부가 없는 경제

포트폴리오 주식, 채권과 같은 자산의 모음

풋옵션 파생상품의 일종으로 매수자는 일정 기간 동안 정해진 가격으로 기초자산을 팔 권리를 가짐

피셔효과 예상 인플레이션율이 변함에 따라 명목이자율이 일대일로 대응해 변한다는 피셔의 주장

필립스곡선 산출갭(또는 실업률갭)과 인플레이션 간의 단기적 관계를 보여 주는 곡선

할인채 부채수단의 일종으로 채권의 발행자는 만기일에 액면금액을 전부 지급한다. 단, 발행 시에 받는 금액은 액면가보다 작다.

합리적 기대 사람들이 어떤 변수의 미래치를 예측할 때 이용 가능한 모든 정보를 사용하여 최적의 예측을 한다는 가정

행사가격 옵션의 매수자가 기초자산을 사거나 팔 수 있는 가격

행태금융론 행태경제학의 개념을 적용하여 사람들이 금융시장에서 어떻게 결정을 하는지 연구하는 분야

헤지 리스크를 줄이기 위한 조치로, 예를 들어 포트폴리오에 있는 다른 자산의 가치가 감소할 때 가치가 상승하는 파생상품을

매수함

헤지펀드 소수의 부유한 투자자들로부터 자금을 모아 상대적으로 위험이 높은 투자를 하는 펀드

현금-예금 비율(C/D) 비은행민간의 예금(D) 대비 현금(C) 보유 비율

현금통화 비은행부문이 보유한 지폐와 동전

현물가격 현 시점에서 상품이나 금융자산이 사고 팔리는 가격

현재가치 미래에 받게 될 금액을 오늘의 가치로 표시한 것

화폐 재화와 용역에 대한 지불이나 채무 상환의 수단으로 사람들에게 일반적으로 받아들여지는 것

화폐수량설 화폐유통속도가 상수라고 가정하는 화폐와 물가 간의 관계에 대한 이론

화폐의 시간가치 어떤 금액의 가치가 지급되는 시점에 따라 달라지는 것

환율제도 환율 및 국가 간 자본의 이동을 조절하는 시스템

회계의 단위 화폐를 기준으로 가치를 측정하는 방식

효율적 시장 가설 합리적 기대를 금융시장에 적용한 것으로, 증권의 균형가격이 기본 가치와 같다는 가설

출처

Chapter 1 *page 11*, Figure 1.2, Board of Governors of the Federal Reserve System;

Chapter 2 *page 43*, Figure 2.4, *Journal of Money*, *Credit and-Banking* by Alberto Alesina and Lawrence H. Summers. Copyright 1991 by Ohio State University Press (Journals). Reproduced with permission of Ohio State University Press via Copyright Clearance Center; *page 48*, Problem 3.5, Reprinted with permission from Professor Ralph Mathisen.

Chapter 5 *page 152*, *Wall Street Journal*, "Greek Spreads Blow Out . . .Yes, Again," by Matt Phipps. Copyright 2010 by Dow Jones & Company, Inc. Reproduced with permission of Dow Jones & Company, Inc. via Copyright Clearance Center; *page 154*, *Wall Street Journal*, "Fed Paper Looks at Yield Curve-Recession Connection" by Phil Izzo.Copyright 2007 by Dow Jones & Company, Inc. Reproduced with permission of Dow Jones & Company, Inc. via Copyright Clearance Center.

Chapter 6 *page 159*, Figure 6.1 www.world-exchanges.org; *pages184-185* quote included in Problem 3.5, *Wall Street Journal*, "Strong Earnings Season Appears Baked In" by Kelly Evans.Copyright 2010 by Dow Jones & Company, Inc. Reproduced with permission of Dow Jones & Company, Inc. via Copyright Clearance Center.

Chapter 7 *page 198*, MTC Futures, *Wall Street Journal*, August 10,2010. © Dow Jones & Company, Inc. All rights Reserved; *page 204*, MTC Options, *Wall Street Journal*, August 10, 2010. © Dow Jones & Company, Inc. All rights Reserved.

Chapter 9 *page 261*, Solved Problem 9.2, From "Buttonwood's Notebook." *The Economist*, March 30, 2010. Reprinted with permission of *The Economist*; *page 273*, Performance table, *Wall Street Journal*, from "Abacus Deal: As Bad As They Come" by Aaron Lucchetti and Serena Ng. Copyright 2010 by Dow Jones & Company, Inc. Reproduced with permission of Dow Jones & Company, Inc. via Copyright Clearance Center.

Chapter 11 *page 325*, Tabular adaptation of p. 80 ("The End of the Line") from "The Wall Street Guide to the End of Wall Street as We Know It" by Dave Kansas. Copyright © 2009 by *The Wall Street Journal*. Reprinted by permission of Harper-Collins Publishers.

Chapter 15 *page 454*, Adapted from "A Morning at the Desk" from *Implementing Monetary Policy: The Federal Reserve in the 21st Century* by Christopher Burke. Federal Reserve Bank of New York, January 13, 2010; page 462, table showing "Period for money growth." The table is adapted from Table 2 in Benjamin Freidman, "Lessons from Monetary Policy in the 1980s," *Journal of Economic Perspectives*, Vol. 2, No. 3, Summer 1988, p. 62.

찾아보기

ㅇ

ㅊ

ㅋ

ㅌ

ㅍ

ㅎ

기타

MyEconLab과 *Money, Banking, and the Financial System*

Pearson Education/Prentice Hall은 쉽게 배우고 가르치는 것을 돕기 위해 교재와 미디어를 통합하는 작업을 하고 있다. 특히 MyEconLab은 학생들에게 교재를 이해하고 연습문제를 해결하는 데 도움을 주는 동시에 실수를 통해 스스로 배울 수 있는 길을 열어 준다.

연습문제 자동 생성 MyEconLab에는 연습문제가 탑재되어 있으며 학생들이 문제를 푸는 즉시 자동적으로 채점이 되고 다음 단계로 넘어간다.

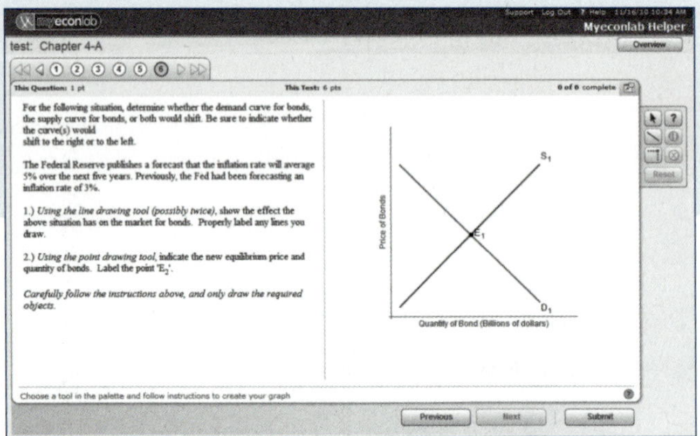

학습계획 제시 문제를 풀고 나면 바로 학습계획이 등장하여 학생들이 내용을 잘 이해하고 있는지, 아니면 무엇을 더 공부해야 하는지에 대해 알려 준다.

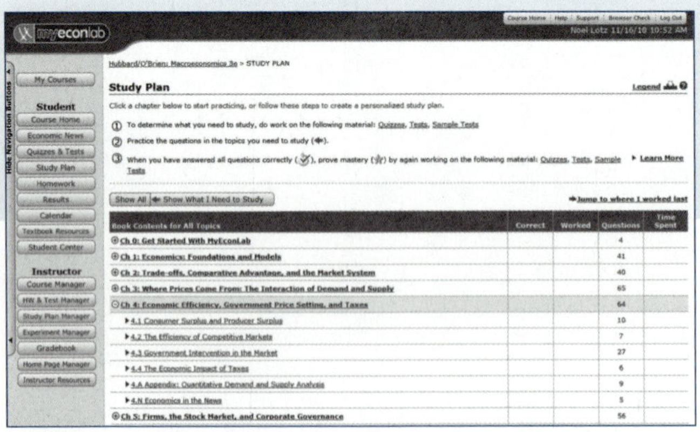

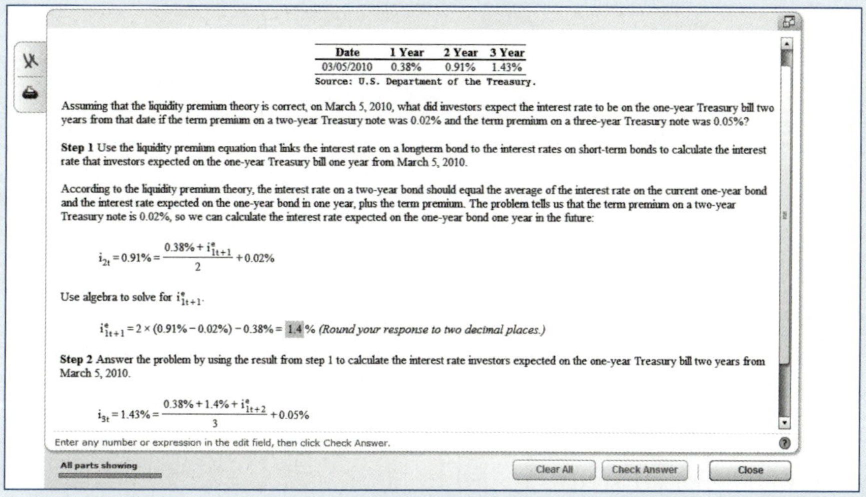

학습자료 제공 이해도를 강화시키기 위해 학습계획-숙제 프로그램은 다음 단계의 학습자료로 연결된다.

- *step-by-step Guided Solution*은 개인교습과 같은 효과를 준다.
- *eText*는 이해가 부족한 경우에 교재의 어떤 부분을 잘 읽어 보아야 할지 알려 준다.
- *graphing tool*은 그래프를 그리고 조작하면서 내용을 이해할 수 있게 해 준다.

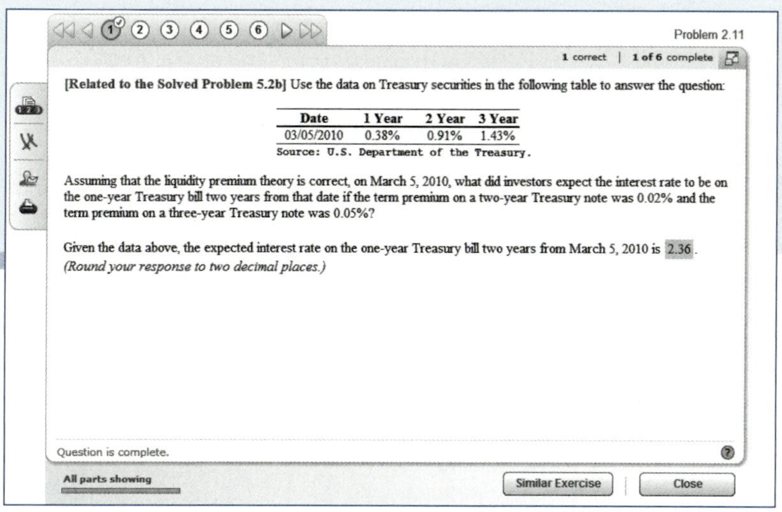

무제한의 연습 학습계획-숙제 프로그램에는 학생들이 충분히 연습할 수 있도록 해 주는 알고리즘이 포함되어 있다. 또한 즉각적으로 피드백이 이루어짐으로써 내용을 완전히 이해할 수 있게 해 준다.